AF652973

भारतीय मानवशास्त्र

लेखक की अन्य पुस्तकें

— भारतीय जनजातीय संस्कृति
(Indian Tribal Culture)

— जटिल समाज का मानव शास्त्र
(Anthropology of Complex Society)

— मानवशास्त्रीय अनुसंधान विधि एवं तकनीक
(Anthropological Research Method and Technique)

— मानवशास्त्रीय सिद्धांत: शास्त्रीय एवं आधुनिक
(Anthropological Theory: Classical and Modern)

लेखक परिचय

गया पाण्डेय, स्नातकोत्तर मानव विज्ञान विभाग, राँची विश्वविद्यालय, राँची, के एक वरीय शिक्षक हैं। सन् 1979 में मास्टर आफ साइंस, एंथ्रोपोलोजी की परीक्षा प्रथम श्रेणी में उत्तीर्ण करने के बाद आपने 1984 में पीएच.डी. की उपाधि प्राप्त की। सन् 1985 में आप स्नातकोत्तर मानव विज्ञान विभाग, राँची विश्वविद्यालय, राँची के यू.जी.सी. सेंटर फार एडवांस स्टडी में रिसर्च एसोसिएट बने। बाद में यहीं पर आपकी पुनर्नियुक्ति व्याख्याता के रूप में हुई। अपने 25 वर्षों के अनुसंधान तथा शिक्षण अनुभवों के आधार पर आपने दर्जनों शोधपत्रों को राष्ट्रीय तथा अंतर्राष्ट्रीय ख्याति प्राप्त अनुसंधान पत्रिकाओं में प्रकाशित कराया। आपके द्वारा कई बृहत शोध परियोजनाओं को लिखित रूप प्रदान किया गया। अनुसंधान कार्य पर आधारित आपने कई पुस्तकों का सहलेखन कार्य किया। आपके द्वारा सहलेखन में प्रकाशित कुछ महत्त्वपूर्ण पुस्तकें निम्नलिखित हैं—

सन वर्शिप इन इंडिया (1992), हिस्ट्री आफ एंथ्रोपोलोजिकल थौट (1993), फोरेस्ट एंड ट्राइबल्स (1997), मानवशास्त्रीय विचारक एवं विचारधाराएँ (2000), आर्टिजन ट्राइब्स आफ बिहार एंड झारखंड (2001), जनजातीय विकास (2001), विकासात्मक मानव विज्ञान (2001), ट्राइबल डेवलपमेंट इन इंडिया (2002), ट्राइबल वूमैन वर्कर्स इन इंडिया (2004) तथा सामाजिक सांस्कृतिक मानवशास्त्र (2005)।

भारतीय मानवशास्त्र
(Indian Anthropology)

यू.जी.सी. के नवीन विश्वव्यापी स्नातक एवं स्नातकोत्तर
पाठ्यक्रम पर आधारित

लेखक
गया पाण्डेय

CONCEPT PUBLISHING COMPANY, NEW DELHI-110059

Cataloging in Publication Data—DK
Courtesy: D.K. Agencies (P) Ltd. <docinfo@dkagencies.com>

Pandey, Gaya, 1954-
Bhāratīya mānavaśāstra : Yū. Jī. Sī. navina viśvavyāpī snātaka evaṃ snātakottara pāṭhyakrama para ādhārita = Indian anthropology / Gayā Pāṇḍeya.
p. cm.
In Hindi.
On Indian anthropology.
Includes bibliographical references (p.)
ISBN 8180693503

1. Anthropology—India. I. Title. II. Title: Indian anthropology.

DDC 301.095 4 22

All rights reserved. No part of this work may be reproduced, stored in a retrieval system, or transmitted in any form or by any means electronic, mechanical, photocopying, micro-filming recording or otherwise, without the prior written permission of the copyright owner and the publisher.

ISBN 81-8069-350-3 (H.B.)

First Published 2006

© Gaya Pandey (*b.* 1954)

Published and Printed by
Ashok Kumar Mittal
Concept Publishing Company
A/15-16, Commercial Block, Mohan Garden
New Delhi-110059 (INDIA)

Phones : 25351460, 25351794
Fax : 091-11-25357103
E-mail : publishing@conceptpub.com

धर्म पत्नी श्रीमती इन्दु देवी, पुत्री सुधा, सुमन, सरिता एवं अणु तथा पुत्र शेखर को साग्रह एवं सविनय समर्पित जिनका निरंतर सहयोग एवं उत्साहवर्द्धन मुझे इस पुस्तक लेखन कार्य में सफलता दिलवाया है।

आमुख

भारतीय मानवशास्त्र मानवशास्त्र की वह शाखा है जिसके अंतर्गत भारतीय समाज, संस्कृति एवं सभ्यता का समकालीन अध्ययन किया जाता है। भारतीय समाज, संस्कृति एवं सभ्यता का अपना इतिहास, अपनी पहचान एवं अपनी विशेषता पायी जाती है। भारतीय समाज, संस्कृति एवं सभ्यता के समकालीन विशेषताओं से विद्वतजनों को परिचित कराना ही इस पुस्तक लेखन के पीछे मुख्य उद्देश्य रहा है। साथ ही साथ भारतीय मानवशास्त्र की उत्पत्ति, निर्माण एवं विस्तार को पाठकों तक पहुँचाना ही हमारा लक्ष्य रहा है। भारतीय मानवशास्त्र के भारतीय एवं विदेशी निर्माताओं के व्यक्तित्व एवं कृतित्व से मानवशास्त्र के विद्यार्थियों को परिचय कराने की अनिवार्यता भी यहां महसूस की गयी है।

भारतीय मानवशास्त्र नामक पत्र की पढ़ायी हमारे देश के विभिन्न विश्वविद्यालयों के मानवशास्त्र विभागों में स्नातक एवं स्नातकोत्तर स्तर पर की जाती है। समाजशास्त्र विषय के अंतर्गत भी इसकी पढ़ायी की जाती है। विभिन्न प्रतियोगी परीक्षाओं में मानव विज्ञान विषय के साथ शामिल होने वाले विद्यार्थियों को भी भारतीय मानवशास्त्र का ज्ञान अर्जित करना होता है। हाल ही में विश्वविद्यालय अनुदान आयोग (यू.जी.सी.), भारत सरकार द्वारा विश्वव्यापी स्नातक एवं स्नातकोत्तर स्तर के पाठ्यक्रम बनाए गए हैं तथा देश के सभी विश्वविद्यालयों में उन्हें मामूली फेरबदल के साथ लागू कर दिया गया है।

भारतीय मानवशास्त्र के ऊपर एक ऐसी पुस्तक की नितांत आवश्यकता महसूस की गयी है जिसमें उस पत्र के अंतर्गत शामिल सभी इकाईयों के संबंध में जानकारी एक ही साथ एक ही पुस्तक में उपलब्ध हो जाये। इस विषय के ऊपर हिन्दी माध्यम में तो और भी पुस्तकों की कमी रही है। अत: हिन्दी माध्यम से अध्ययनरत विद्यार्थियों की समस्याओं को ध्यान में रखकर ही इस पुस्तक की रचना की गयी है। इस पुस्तक में नवीन यू.जी.सी. पाठ्यक्रम के अनुसार समस्त इकाइयों की जानकारी एक साथ देने का मेरा यह छात्रोपयोगी प्रयास है। मुझे आशा ही नहीं वरन् पूर्ण विश्वास है कि यह पुस्तक छात्रोपयोगी एवं शिक्षकोपयोगी होगी तथा भारतीय समाज, संस्कृति एवं सभ्यता में अभिरुचि रखने वाले विद्वानों के लिए लाभदायक सिद्ध होगी।

किसी भी पुस्तक की सफलता पाठकों के मूल्यांकन पर निर्भर करती है। पाठकगणों से हमारा सादर अनुरोध है कि पुस्तक की गुणवत्ता में सुधार हेतु मुझे अपने सुझावों से अनुग्रहीत करें।

मैं उन सभी विद्वानों के प्रति अपना सादर नमन एवं आभार व्यक्त करना चाहता हूँ जिनकी रचनाओं का लाभ हम इस पुस्तक लेखन में प्रत्यक्ष अथवा अप्रत्यक्ष रूप से ले रहे हैं।

मैं अपने परिवार के सदस्यगण माता श्रीमति अनुसुइया देवी, धर्म पत्नी इन्दु देवी, पुत्री—सुधा, सुमन, सरिता, अणु एवं पुत्र शेखर को साग्रह एवं सप्रेम धन्यवाद देना चाहता हूँ जिनके निरंतर सहयोग, शुभकामना एवं उत्प्रेरणा से यह पुस्तक लेखन कार्य सफलता प्राप्त कर सका है।

मैं कंसेप्ट पब्लिशिंग कंपनी के श्री अशोक कुमार मित्तल जी तथा अन्य को सादर एवं साग्रह धन्यवाद देना चाहता हूँ जिन्होंने बड़ी सावधानीपूर्वक मेरे हस्तलिखित पांडुलिपि को मुद्रित किया है।

गया पाण्डेय

मानव विज्ञान विभाग
राँची विश्वविद्यालय
राँची-834008
झारखंड

विषय-सूची

आमुख vii

1. **भारतीय समाज, संस्कृति एवं सभ्यता अध्ययन के दृष्टिकोण** 1
   - ऐतिहासिक दृष्टिकोण 1
   - सिन्धु घाटी सभ्यता 2
   - वैदिक सभ्यता 3
   - जैन एवं बौद्ध धर्म का उत्थान 4
   - मगध साम्राज्य का उत्थान 5
   - भारत पर विदेशी आक्रमण 5
   - मौर्यवंश 6
   - मौर्येतर काल 7
   - शुंगकालीन सभ्यता-संस्कृति 7
   - सातवाहनकालीन सभ्यता-संस्कृति 8
   - कुषाणकालीन सभ्यता-संस्कृति 11
   - गुप्तकालीन सभ्यता-संस्कृति 11
   - हर्षवर्द्धनकालीन सभ्यता-संस्कृति 14
   - राजपूतयुगीन सभ्यता-संस्कृति 16
   - मुसलमानकालीन सभ्यता एवं संस्कृति 18
   - ब्रिटिश शासनकालीन सभ्यता एवं संस्कृति 20
   - स्वतंत्रोत्तर भारत की सभ्यता एवं संस्कृति 23
2. **भारतीय समाज, संस्कृति एवं सभ्यता अध्ययन का भारतीय विद्याशास्त्रीय दृष्टिकोण** 25
   - ब्राह्मण साहित्य 26
   - वेदांग 27
   - स्मृति 27
   - महाकाव्य 27
   - पुराण 28
   - बौद्ध साहित्य 28
   - जैन साहित्य 29
   - धर्मोत्तर साहित्य 29

- नृत्य एवं संगीत 30
- चित्रकला 31
- वास्तुकला 32
- मूर्तिकला 33
- विज्ञान एवं शिल्पशास्त्र 33
- भौतिक एवं रसायन विज्ञान 34
- चिकित्सा विज्ञान 34
- आदर्श एवं मूल्य 35

3. भारतीय समाज, सभ्यता एवं संस्कृति अध्ययन का मानवशास्त्रीय दृष्टिकोण 36

- जनजातीय जीवन शैली 36
- जनजातीय समस्याएं 39
- ग्रामीण जीवनशैली 43
- ग्राम एक मिथक 44
- ग्राम एक सच्चाई 44
- ग्राम की एकता 44
- ग्राम का विस्तार 45
- ग्रामीण समस्याएं 45
- ग्रामीण विकास कार्यक्रम 45
- कृषक आंदोलन 45
- ग्रामीण समाज की मुख्य विशेषताएं 48
- नगरीय जीवनशैली 49
- नगरीय समाज की विशेषताएं 49
- नगरीय समाज की समस्याएं 50
- परंपरा की दृष्टि से भारतीय समाज, संस्कृति एवं सभ्यता का अध्ययन 52
- लघु परंपरा एवं महान परंपरा—दोनों में अंतर, दोनों में संबंध 53
- स्थानीयकरण एवं सार्वभौमिकीकरण 54
- भारत के नगरीय समाज की विशेषताएं 55
- नगरों की सांस्कृतिक भूमिका 56
- नगरीकरण प्रक्रिया 57
- भारत में प्राथमिक तथा द्वितीयक नगरीकरण के उदाहरण 59

4. भारतीय सामाजिक व्यवस्था 61

- वर्ण व्यवस्था 61
- आश्रम व्यवस्था 63
- पुरुषार्थ व्यवस्था 64
- कर्म की अवधारणा 66

- पुनर्जन्म की अवधारणा 67
- ऋण की अवधारणा 67
- जाति व्यवस्था 68
- जजमानी व्यवस्था 72
- संस्कार 77
- हिन्दू विवाह व्यवस्था 85
- हिन्दू नातेदारी व्यवस्था 93
- हिन्दू समाज में धर्म की अवधारणा 99

5. भारतीय जनसंख्या में मानवजातीय तत्व **105**
- रिजले का वर्गीकरण 105
- हैड्डन का वर्गीकरण 106
- हट्टन का वर्गीकरण 106
- गुहा का वर्गीकरण 106

6. पिछड़ा वर्ग **110**
- पिछड़ा वर्ग आंदोलन की शुरुआत 112
- पिछड़े वर्ग की समस्या 113
- सरकारी नौकरियों में अन्य पिछड़ा वर्ग के लिए सुविधाएं 115

7. भारतीय समाज में विविधता एवं एकता **116**
- क्षेत्रीय विविधता 117
- सांस्कृतिक विविधता 118
- सामाजकीय विविधता 118
- भाषायी विविधता 120
- जातीय विविधता 124
- धार्मिक विविधता 124
- भारतीय समाज में एकता 125
- भारतीय समाज में एकता की प्रक्रिया 127

8. भारतीय समाज में नारी की स्थिति **131**
- पूर्व वैदिक काल अथवा ऋग्वैदिक काल 131
- उत्तर वैदिक काल 131
- महा काव्य युग 132
- बौद्ध एवं जैन काल 132
- मौर्यकाल 133
- गुप्तकाल 133
- नवब्राह्मण काल 134
- मध्य युग 134
- ब्रिटिश शासनकाल 135

- आधुनिक काल 136
- भारतीय समाज में नारी की समस्या 137
- लिंग विभेद 138
- घरेलू हिंसा 143
- सामाजिक हिंसा 145
- तिलक–दहेज 146
- शोषण 147
- यौनिक यातना 147
- बलात्कार 148
- वैधव्य 149
- डायन प्रथा 150
- महिला कानून 150
- महिला सशक्तिकरण एवं उद्धार 152
- महिला एवं पंचवर्षीय योजनाएं 155
- स्वयंसेवी कार्यों द्वारा महिला सशक्तिकरण 159

9. भारत में वृहत धर्म **161**

- सरना धर्म 161
- हिन्दू धर्म 162
- जैन धर्म 168
- बौद्ध धर्म 171
- इस्लाम (मुसलमान) धर्म 176
- ईसाई धर्म 181
- सिख धर्म 186
- पारसी धर्म 188
- यहूदी धर्म 189

10. भारत में सामाजिक परिवर्तन **190**

- संस्कृतिकरण 191
- नगरीकरण 196
- उद्योगीकरण 198
- पश्चिमीकरण 200
- धर्मनिरपेक्षीकरण 204
- आधुनिकीकरण 207
- वैश्वीकरण 211

11. भारतीय ग्राम की विशेषताएं **218**

- भारतीय ग्राम की सामाजिक विशेषताएं 219
- भारतीय ग्राम की धार्मिक विशेषताएं 221

- भारतीय ग्राम की आर्थिक विशेषताएं 222
- भारतीय ग्राम की राजनीतिक विशेषताएं 223
- ग्राम जीवन में परिवर्तन 224
- ग्रामीण समस्याएं 234
- ग्रामीण विकास कार्यक्रम 239

12. अनुसूचित जातियां 251

- राज्य स्तरीय वितरण 252
- अनुसूचित जातियों की समस्या 253
- अस्पृश्यता (अपराध) अधिनियम, 1955 255
- अनुसूचित जातियों की संवैधानिक व्यवस्था 258
- अनुसूचित जातियों की विकासात्मक व्यवस्था 259
- प्रशासनिक व्यवस्था 260
- अनुसूचित जातियों की आरक्षणात्मक व्यवस्था 260
- अनुसूचित जातियों से संबंधित कुछ अधिनियम 261
- अनुसूचित जातियों के विकास से जुड़ी संस्थाएं एवं संगठन 264
- अनुसूचित जातियों की कल्याण कार्यक्रम 265
- अनुसूचित जातियां एवं पंचवर्षीय योजनाएं 268
- अनुसूचित जातियों की वर्तमान स्थिति 269
- अनुसूचित जातियों के ऊपर अत्याचार 273
- दलित महिलाएं तिहरे शोषण की शिकार 275
- दलित एवं मानवाधिकार हनन 276
- अनुसूचित जातियों का शोषण 278
- दलित विकास के कुछ सुझाव 285
- दलित आंदोलन 287

13. भारतीय मानवशास्त्र की उत्पत्ति एवं विकास 294

- आरंभिक काल की अवधि 298
- निर्माण काल की अवधि 298
- आलोचनात्मक अथवा विश्लेषणात्मक काल की अवधि 299
- आरंभिक काल के अध्ययन (1774–1999) 300
- निर्माण काल में किए गए अध्ययन 301
- विश्लेषणात्मक काल के अध्ययन एवं अनुसंधान 303
- जनजातीय अध्ययन की परंपरा 304
- ग्राम अध्ययन की परंपरा 306
- जाति अध्ययन की परंपरा 311
- धर्म अध्ययन की परंपरा 317
- शक्ति संरचना के ऊपर अध्ययन एवं अनुसंधान 319

- नगर के ऊपर अध्ययन एवं अनुसंधान 320
- सामाजिक मनोवैज्ञानिक अध्ययन एवं अनुसंधान 322
- लोक साहित्य के ऊपर अध्ययन एवं अनुसंधान 322
- जनजाति-जाति सातत्य के ऊपर अध्ययन 323
- ईसाईकरण के ऊपर अध्ययन 325
- औद्योगिककरण के प्रभाव का अध्ययन 325
- जनजातीय कल्याण एवं विकास योजनाओं का अध्ययन 327
- उत्तर आधुनिकता एवं भारत में मानवशास्त्रीय अनुसंधान 329
- मानवशास्त्रियों द्वारा प्रकाशित कुछ वर्तमान उत्कृष्ट पुस्तकों की सूची 330
- भारत के विभिन्न विश्वविद्यालयों में मानवशास्त्र की पढ़ाई 331

14. भारतीय मानवशास्त्र के निर्माता 333

- शरतचन्द्र राय 333
- निर्मल कुमार बोस 339
- धीरेन्द्र नाथ मजुमदार 344
- श्यामाचरण दुबे 348
- एम.एन. श्रीनिवास 351
- ललिता प्रसाद विद्यार्थी 357
- सच्चिदानंद 368
- के.पी. चट्टोपाध्याय 373
- बिरजा शंकर गुहा 375
- एल.के. अनंत कृष्ण अय्यर 378
- ए. ऐयप्पन 379
- राधाकृष्ण मुखर्जी 380
- गोविन्द सदाशिव धुर्ये 381
- सुरजीत सिन्हा 382
- ईरावती कार्वे 383
- बी.के. राय बर्मन 384

15. भारतीय मानवशास्त्र के विदेशी निर्माता 386

- सर विलियम जान्स 387
- जेम्स प्रिंसेप 387
- अलेक्जैंडर कनिंघम 387
- सर जान मार्शल 388
- राय बहादुर के.एन. दिक्षित 390
- सर मार्टिमर ह्वीलर 390
- एच.एच. रिजले 391
- जे.एच. हट्टन 392

- वेरियर एलविन 393
- सी. वान फ्यूरर हैमेनडार्फ 396
- ए.सी. मेयर 397
- एफ.जी. बेली 398
- ओस्कार लेविस 399
- मिल्टन सिंगर 401
- मैक्कीम मैरियट 403
- डैविड सी. मेंडल बाम 405
- मोरिस ई. ओपलर 405
- हैराल्ड ए. गाउल्ड 408

ग्रंथ विज्ञान 411

अनुक्रमणिका 435

1

भारतीय समाज, संस्कृति एवं सभ्यता अध्ययन के दृष्टिकोण

HISTORICAL APPROACHES TO THE STUDY OF INDIAN SOCIETY, CULTURE AND CIVILISATION

भारतीय समाज, जिसकी पहचान समाजों के समाज, संस्कृतियों की संस्कृति तथा सभ्यताओं की सभ्यता के रूप में होती है, का अध्ययन किसी एक दृष्टिकोण के आधार पर नहीं किया जा सकता है। क्योंकि यहाँ विभिन्न संस्कृतियों एवं समाजों के लोग साथ-साथ सदियों से रह रहे हैं तथा अपनी मिश्रित संस्कृति से भारतीय समाज की पहचान बनाए हुए हैं। यहाँ कई जाति और धर्म के लोग विभिन्न कालों में आए, बसे तथा अपनी-अपनी धार्मिक पुस्तकों की रचना की। अपनी परंपरा, विश्वास एवं धर्म ग्रंथों से भारतीय समाज, संस्कृति तथा सभ्यता को समृद्ध किया। भारतीय समाज के पास अपनी सभ्यता एवं संस्कृति का इतिहास है। इसके पास अपनी विद्या का शास्त्र है। साथ ही साथ इस समाज के लोग एक-दूसरे से पृथक नहीं वरन् अपनी विशिष्टता एवं विशेषज्ञता द्वारा एक-दूसरे पर आश्रित हैं। इस प्रकार विभिन्न मानव जातियाँ एक-दूसरे के पृथक नहीं वरन् एक-दूसरे के पूरक, एक-दूसरे पर आश्रित तथा एक-दूसरे से संबंधित हैं। अत: भारतीय समाज, संस्कृति एवं सभ्यता का अध्ययन निम्नलिखित दृष्टिकोणों के आधार पर किया जा सकता है—

1. ऐतिहासिक दृष्टिकोण (Historical Approach)
2. भारतीय शास्त्रीय दृष्टिकोण (Indological Approach)
3. मानवशास्त्रीय दृष्टिकोण (Anthropological Approach)

ऐतिहासिक दृष्टिकोण

भारतीय समाज, संस्कृति एवं सभ्यता को ऐतिहासिक कालक्रम के अनुसार घटित हुई घटनाओं के आधार पर अध्ययन किया जा सकता है। इस दृष्टिकोण का अनुसरण करते हुए हम भारतीय सभ्यता को विभिन्न ऐतिहासिक घटनाओं का कालक्रम के अनुसार अध्ययन

कर सकते हैं। उदाहरण के लिए हम भारतीय समाज, संस्कृति तथा सभ्यता का अध्ययन निम्नलिखित ऐतिहासिक घटनाओं के संदर्भ में कर सकते हैं—

(i) सिन्धु घाटी की सभ्यता
(ii) वैदिक सभ्यता
(iii) जैन धर्म एवं बौद्ध धर्म का उत्थान
(iv) मगध साम्राज्य का उत्थान
(v) भारत पर विदेशी आक्रमण
(vi) मौर्यवंश की स्थापना
(vii) मौर्योत्तर काल (शुंग वंश, कण्व वंश तथा सातवाहन वंश)
(viii) गुप्त साम्राज्य का उदय एवं विकास
(ix) हर्षवर्धन काल
(x) राजपूत युग (600 AD–1200 AD)
(xi) सिंध पर अरबों का आक्रमण
(xii) हिन्दू अफगानिस्तान पर अरबों और तुर्कों का आक्रमण
(xiii) महमूद गजनवी का आक्रमण
(xiv) मुहम्मद गौरी का आक्रमण
(xv) मुगलकालीन सभ्यता-संस्कृति
(xvi) ब्रिटिश कालीन सभ्यता-संस्कृति
(xvii) स्वतंत्रता प्राप्ति पश्चात् की सभ्यता-संस्कृति

1. सिन्धु घाटी की सभ्यता

सिन्धु घाटी की सभ्यता को ऐतिहासिक सभ्यता न कहकर आद्य ऐतिहासिक सभ्यता कही जाती है। रेडियो कार्बन विधि के अनुसार इस सभ्यता का काल (2300 BC–1750 BC) निर्धारित किया गया है। इस सभ्यता को धातु युगीन सभ्यता, नगरीय सभ्यता तथा व्यापार प्रधान सभ्यता कहा जाता है। समाज का स्वरूप मातृ सत्तात्मक था। समाज में महिलाओं का स्थान उच्च था। मातृदेवी की पूजा की जाती थी। अर्थव्यवस्था कृषि, पशुपालन तथा उद्योग धंधों पर आधारित थी। इस सभ्यता में चार वर्गों के लोग रहते थे जिन्हें विद्वान, योद्धा, व्यापारी तथा श्रमजीवी कहा जाता था। विभिन्न पेशा के लोग साथ-साथ रहते थे। जैसे पुजारी, राजकीय कर्मचारी, ज्योतिषी, जादूगर, वैद्य, व्यवसायी, कुम्भकार, बढ़ई, सुनार आदि। वस्त्र, आभूषण, श्रृंगार प्रसाधन, अस्त्र-शस्त्र, मनोरंजन के साधन के रूप में नृत्य, गीत, खेल-कूद, पशु युद्ध, मृतक संस्कार इत्यादि का प्रचलन था। यह सभ्यता कांस्य सभ्यता, नागरिक सभ्यता, जनतांत्रिक सध्यता, औद्योगिक सभ्यता तथा शांति मूलक सभ्यता थी। इसका अंत 1750 BC के आस-पास अकाल, युद्ध, बाढ़, अग्निकांड, महामारी इत्यादि के कारण हुआ होगा।

यह सभ्यता भारतीय समाज और संस्कृति पर अमिट छाप छोड़ गयी है। आर्य सभ्यता तथा हिन्दू सभ्यता इससे काफी प्रभावित हुई। हमारे सामाजिक तथा आर्थिक जीवन पर भी इस सभ्यता का प्रभाव पड़ा है। इसका प्रभाव धर्म पर भी पड़ा है तथा परवर्ती भारतीय कला भी सिन्धु घाटी सभ्यता की ऋणी है।

2. वैदिक सभ्यता

सिन्धु घाटी सभ्यता अथवा हड़प्पा संस्कृति के पतन के बाद भारत में एक नयी सभ्यता का उदय हुआ। इस सभ्यता के निर्माता आर्य थे। इसलिए इसे आर्य सभ्यता कहा जाता है। यह ग्रामीण सभ्यता थी। इसे दो भागों में बाँटा जाता है—

(i) ऋग्वैदिक काल की सभ्यता या पूर्व वैदिक सभ्यता

(ii) उत्तर वैदिक काल की सभ्यता

पूर्व वैदिक काल—पूर्व वैदिक काल में आर्यों का प्रसार पंजाब तक ही सीमित था। उत्तर वैदिक काल में उनका प्रसार संपूर्ण भारत में हो चुका था। इसका काल निर्धारण 1500 B.C. से 1000 B.C. तक किया गया है। इस अवधि में ऋग्वेद की रचना हुई थी।

पूर्व वैदिक काल की सभ्यता में हमें वर्ण व्यवस्था, पितृ सत्तात्मक संयुक्त परिवार प्रथा, एक विवाह, बहुपत्नी विवाह तथा बहुपति विवाह की प्रथा, विधवा विवाह तथा नियोग प्रथा इत्यादि का उल्लेख मिलता है। अर्थव्यवस्था के आधार पशुपालन, कृषि, उद्योग-धंधा, व्यापार, धार्मिक व्यवस्था में देव मंडल, देवी-देवता, पूजा-पाठ, बलि, प्रार्थना, यज्ञ, मंत्रोच्चारण, पुरोहित इत्यादि का उल्लेख मिलता है। नैतिकता, स्वर्ग-नरक तथा एकेश्वरवाद की धारणा प्रचलित थी। राजनीतिक संगठन का आधार कुल या परिवार था। कुल का नेता कुलप कहलाता था। इससे बड़ी इकाई गोत्र था जिसमें कई कुल आते थे। गोत्रों से बड़ा जन, जनों से बड़ा विश और विश से विकसित राष्ट्र था। विश का स्वामी विशपति तथा ग्राम का मुखिया ग्रामणी कहलाता था। राजा का पद वंशानुगत था पर राजाओं का जनता द्वारा निर्वाचन भी होता था। लेखनकला तथा शिक्षा का विकास हुआ था।

आर्य सभ्यता अनार्य सभ्यता से भिन्न थी। अनार्य लिंग पूजक, देवता विहीन तथा यज्ञ न करने वाले थे।

उत्तर वैदिक काल की सभ्यता—उत्तर वैदिक काल का विस्तार ऋग्वैदिक काल के अंत तथा बौद्ध एवं जैन धर्मों के आरंभ काल के बीच माना जाता है। मोटे तौर पर इस सभ्यता का काल निर्धारण 1000 B.C.–600 B.C. किया गया है।

उत्तर वैदिक युग में आर्यों का जीवन सुव्यवस्थित हो चुका था। शत्रुओं से शांति स्थापित हो गयी थी। बड़े-बड़े नगर बस गए थे। पांचालों की राजधानी कांपिल्य और कुरुओं की राजधानी आसंदीवंत विशाल नगर थे। कौशाम्बी और काशी भी प्रधान नगर थे।

इस काल में कबीलों के संगठन में प्रचुर परिवर्तन हुआ। ऋग्वेद के भरती की शक्ति क्षीण हो चुकी थी उसका स्थान कुरुओं ने ले लिया था। पंचालों का जन कई जनों के

मिश्रण से बना था। इस समय राज्य के साथ-साथ गणराज्य भी थे, जैसे राज्य, साम्राज्य, स्वराज्य, भौज्य, वैराज्य, महाराज्य तथा अधिराज्य। इस समय सम्राट, सार्वभौम और चक्रवर्ती संज्ञाओं का उल्लेख प्रथम बार मिलता है। सम्राट, सार्वभौम और चक्रवर्ती के आदर्शों को पूरा करने के लिए राजा राजपेय, राजसूय और अश्वमेध यज्ञों का अनुष्ठान करते थे। राजा खुद राष्ट्र और धर्म की रक्षा करता था। सामाजिक व्यवस्था के अंतर्गत वर्ण व्यवस्था, पुरुषार्थ, आश्रम व्यवस्था, आहार, वेशभूषा एवं मनोरंजन के बारे में जानकारी मिलती है। लेखन कला तथा शिक्षा पर प्रकाश पड़ता है। अर्थव्यवस्था के अंतर्गत कृषि, पशुपालन, शिल्प, धातु के काम इत्यादि के बारे में जानकारी मिलती है। जाति प्रथा एवं जजमानी प्रथा का भी उल्लेख हमें मिलता है। धार्मिक व्यवस्था के अंतर्गत पुजारी, देवी-देवता, कर्मकांड, यज्ञ, बलि, प्रार्थना, पूजा, भजन, कीर्तन, मंत्रोच्चारण इत्यादि पर प्रकाश पड़ता है।

जैन धर्म एवं बौद्ध धर्म का उत्थान

वैदिक सभ्यता के बाद भारतीय समाज में जैन धर्म एवं बौद्ध धर्म का उदय एक महत्वपूर्ण ऐतिहासिक घटना थी जिसका प्रभाव व्यापक रूप से भारतीय समाज, संस्कृति एवं सभ्यता पर पड़ा है। छठी शताब्दी ईसा पूर्व के आस-पास भारत की पुण्य भूमि पर दो महान व्यक्तियों का पदार्पण हुआ। उनके नाम वर्धमान महावीर (540 B.C.) तथा महात्मा बुद्ध (563 B.C.) था।

जैन अपने धार्मिक गुरु को तीर्थंकर कहते हैं। महावीर जैन धर्म के अंतिम तीर्थंकर थे। अनीश्वरवाद, अहिंसा, वेदों में अविश्वास, आत्मावाद, कर्म एवं जीव के आवागमन सिद्धांत, त्रि-रत्न, पंच महाव्रत, निर्वाण का मार्ग, वर्ण व्यवस्था संबंधी सिद्धांत इत्यादि इस धर्म की मुख्य विशेषताएँ थीं। इसके अपने ग्रंथ तथा संप्रदाय थे। जैन संघों का अपना संगठन था। विलासप्रियता, राजाश्रय की समाप्ति, शक्ति की विभिन्नता, हिन्दू धर्म का पुनरुत्थान, विद्वानों का अभाव, धर्मप्रचारकों का अभाव, कलाकारों के अभाव इत्यादि इस सभ्यता के पतन के मुख्य कारण थे। फिर भी इस सभ्यता का प्रभाव भारतीय दर्शन, कला तथा साहित्य के क्षेत्र में पड़ा है।

बौद्ध धर्म के जन्मदाता भगवान बुद्ध थे। इस धर्म के अपने सिद्धांत हैं—संसार में दुख ही दुख हैं, दुख का कारण है, दुख का निवारण है तथा दुख का अंत है। इस धर्म में चार आर्य सत्य के सिद्धांत प्रतिपादित किए गए हैं। बौद्ध भिक्षुओं का अपना संघ था तथा उनका अपना संप्रदाय था। इसकी अपनी भाषा तथा अपना साहित्य था। बौद्ध धर्म का सिद्धांत व्यावहारिक था तथा समानता पर आधारित था। इसमें मध्यम मार्ग का अनुसरण था तथा जन भाषा का प्रयोग था। ब्राह्मणवाद का विरोध था। इसे राजाओं का संरक्षण प्राप्त था।

अनीश्वरवाद, अनात्मवाद, विभिन्न संप्रदायों में विभाजन, ब्राह्मण धर्म का पुनरुत्थान, राजकीय संरक्षण का अभाव, संस्कृत का प्रयोग, संगठन में भ्रष्टाचार तथा विदेशी आक्रमण

इस सभ्यता के पतन के मुख्य कारण थे। लेकिन बौद्ध धर्म का प्रभाव भारतीय दर्शन, अहिंसा, वर्णव्यवस्था, कला तथा साहित्य पर व्यापक रूप से पड़ा है।

मगध साम्राज्य का उत्थान

प्राचीन ग्रंथों में 16 महानगरों का उल्लेख मिलता है। जिनमें कौशल, मगध, अवन्ति और वत्स मुख्य थे। मगध ने तत्कालीन विचारधारा को विस्तारवाद की तरफ मोड़ दिया। फलस्वरूप भारत में एक सर्वोच्च केन्द्रीय सत्ता का श्रीगणेश हुआ। कालांतर में मगध और भारत पर्यायवाची हो गए तथा मगध का इतिहास भारत का इतिहास बना।

ऋग्वेद में कीकट नामक एक क्षेत्र का उल्लेख मिलता है जिसका राजा प्रेमनंद था। विद्वानों ने कीकट की पहचान मगध से की है। मगध नाम सर्वप्रथम आयुर्वेद और अथर्ववेद में मिलता है। महाकाव्यों के अनुसार मगध की स्थापना बृहद्रथ के हाथों हुई थी। वह वसु का पुत्र तथा जरासंध का पिता था। वसु के द्वारा ही मगध की राजधानी गिरिवज्र (वसुमति) में स्थापित की गयी थी। पुराणों के अनुसार शिशु नागवंश की स्थापना शिशुनाग के हाथों हुई। गौतम बुद्ध के समकालीन बिम्बिसार को इसी वंश का बतलाया गया है। कुछ विद्वानों के अनुसार शिशुनाग का वंश बिम्बिसार के वंश के बाद आया है।

मगध का वास्तविक इतिहास बिम्बिसार से आरंभ होता है जो संभवत: 544 ई.पू. राजसिंहासन पर बैठा। उसने मगध की शक्ति और यश को खूब बढ़ाया। उसने वैवाहिक संधियों के माध्यम से भी अपने राज्य का विस्तार किया। उसकी चार रानियाँ थीं—कौसला (कौशल), चेल्लना (लिच्छवी), वासवी (विदेह) तथा खेभा (मद्र)। ग्राम प्रधान को ग्राम भोजक कहा जाता था जो ग्राम की शासन व्यवस्था देखते थे। मंडल का मांडलिक राजा होता था। उपराजा तथा राजा और महाराजा के पद पाए जाते थे। दंड बड़ा कठोर था।

बिम्बिसार के बाद उसका पुत्र अजातशत्रु मगध की गद्दी पर आसीन हुआ। उसने वैशाली और अवंती के साथ युद्ध किया और मगध की यश और कीर्ति को और आगे बढ़ाया। अजातशत्रु के बाद उदयभद्र तथा उनके बाद अनुरुद्ध मगध के राजसिंहासन पर आसीन हुए। कासी के शासक शिशुनाग मगध की गद्दी पर आसीन हुए तथा शिशुनाग वंश की सत्ता स्थापित की। इसके बाद मगध में नंद वंश की स्थापना हुई।

सांस्कृतिक दृष्टि से मगध में आर्यों एवं अनार्यों की सभ्यता का अद्‌भुत मिश्रण हुआ। मगध में आर्य सभ्यता का प्रसार विलंब से हुआ तथा वहाँ पहुँचते-पहुँचते उसकी शक्ति और श्रेष्ठता की भावना लुप्त हो गयी। वहाँ उदारता एवं समरसता का वातावरण निर्मित हुआ। इसी वातावरण में मगध में बौद्ध तथा जैन धर्म का उत्थान हुआ। अजातशत्रु के बाद शिशुपाल वंश तथा नंदवंश के शासकों ने इसे भारत का प्रथम विशाल साम्राज्य बना दिया था।

भारत पर विदेशी आक्रमण

जिस समय उत्तर-पूर्वी भारत में मगध राज्य का विस्तार हो रहा था। उत्तर-पश्चिम भारत

में राजनीतिक एकता का अभाव था। गांधार, मद्र और कंबोज आदि में कोई भी शक्तिशाली राज्य नहीं था जो इस क्षेत्र को एकसूत्र में बांधकर एकता स्थापित कर सके। परस्पर वैमनस्य एवं संघर्ष के कारण सभी राज्य अलग-थलग थे। इसी समय भारत पर ईरानी एवं यूनानी आक्रमण हुए। भारत के इस भाग का विशेष महत्त्व व्यापारिक मार्ग तथा वाणिज्य एवं व्यापार की दृष्टि से था। ईरान में ह्खानमी वंश का शासन था। इस वंश के शासक राज्य विस्तार के प्रति ज्यादा सचेत थे। इस वंश का संस्थापक साइरस ने सर्वप्रथम आक्रमण किया। उसके बाद इस वंश का तीसरा सम्राट डेरियस ने आक्रमण किया तथा भारत के भाग को अपने शासन के अधीन लाया।

भारत पर ईरानी शासन के फलस्वरूप भारत में ईरानी सिक्के, व्यापारी संबंध तथा लेखन कला का विकास हुआ। खरोष्ठी लिपि का विकास इसी समय हुआ। अशोक के अभिलेखों पर भी इसका प्रभाव पड़ा था। सोने चांदी के सिक्के ईरान के प्रभाव से भारत में आए।

ईरान का आक्रमण दूसरे विदेशी आक्रमणकारियों को भी भारत विजय के लिए उत्प्रेरित किया। महान सिकन्दर का आक्रमण भी इसी मार्ग से हुआ। भारत की भवन निर्माण कला पर ईरानी कला का प्रभाव पड़ा था। इसके कारण उत्तर-पूर्व भारत में एकता स्थापित हुई। यूनानी सिकन्दर का आक्रमण भारत का पश्चिमोत्तर भाग को सदा के लिए विदेशियों के संपर्क में ला दिया। इसका प्रभाव भारतीय इतिहास कला तथा संस्कृति पर व्यापक रूप से पड़ा।

मौर्य वंश

यों तो साम्राज्यवाद एवं राजनीतिक एकीकरण का कार्य हर्यकवंशीय राजाओं ने प्रारंभ किया था। लेकिन इसको पूर्णता प्रदान करने का श्रेय मौर्यवंशीय राजाओं को जाता है। मौर्यवंशीय राजाओं में चन्द्रगुप्त मौर्य तथा अशोक का नाम अग्रगण्य है। इस समय भारत का अधिकांश भाग एक सूत्र में बंध गया और हमारा इतिहास वास्तविक में भारतीय हो गया।

मौर्यकालीन सभ्यता संस्कृति में सम्राट, मंत्री परिषद तथा मंत्री, प्रांतीय शासन, स्थानीय शासन, सेना का प्रबंध, न्याय व्यवस्था, पुलिस एवं गुप्तचर विभाग, कर नीति तथा जनहित कार्य शासन व्यवस्था के अभिन्न अंग थे।

सामाजिक व्यवस्था में वर्ण व्यवस्था एवं आश्रम व्यवस्था पूर्ण विकास की अवस्था में पहुँच चुकी थी। चार वर्ण—ब्राह्मण, क्षत्रिय, वैश्य एवं शूद्र तथा चार आश्रम—ब्रह्मचर्य, गृहस्थ, वानप्रस्थ एवं संन्यास सामाजिक संगठन के मूल आधार थे। साधारण जीवन तथा श्रेष्ठतम नैतिकता पर बल दिया जाता था। आठ प्रकार के विवाह—ब्रह्म विवाह, आर्य विवाह, देव विवाह, प्रजापत्य विवाह, गंधर्व विवाह, असुर विवाह, राक्षस विवाह तथा पैशाच विवाह—प्रचलित थे। अनुलोम तथा प्रतिलोम विवाह भी होते थे।

नट, नर्तक, तमाशागीर, वादक, मदारी, आखेट, घुड़दौड़, हाथी दौड़, मल्ल युद्ध आदि मनोरंजन के साधन थे।

वैदिक धार्मिक क्रियाकलापों क्रिया-विधियों, यज्ञों तथा अनुष्ठानों का प्रचलन था। लेकिन बौद्ध धर्म अपना लेने पर पशु बलि पर रोक लगा दी गयी थी। मूर्तिपूजा प्रचलित थी। तीर्थयात्रा का भी प्रचलन था। भगवत धर्म इसी समय अस्तित्व में आया। जैन धर्म तथा बौद्धधर्म का प्रोत्साहन इस युग में खूब मिला।

कृषि, उद्योग धंधे तथा व्यापार इस युग की अर्थव्यवस्था के प्रमुख आधार थे।

भाषा तथा लिपि के क्षेत्रों में भी इस काल का अनोखा योगदान रहा है। शिक्षित वर्ग की भाषा संस्कृत थी तथा जनसाधारण की भाषा पाली थी। सम्राट अशोक ने पाली भाषा को राजभाषा बौद्ध बन जाने के बाद बनाया था। ब्राह्मी लिपि तथा खरोष्ठी लिपि का प्रचलन था। ब्राह्मी लिपि बायें से दायें लिखी जाती थी तथा आधुनिक देवनागरी लिपि की जननी है। यह समस्त भारत में प्रचलित थी तथा राष्ट्रीय लिपि मानी जाती थी। खरोष्ठी लिपि दायें से बायें लिखी जाती थी तथा केवल उत्तर-पश्चिम सीमा प्रदेश में प्रचलित थी। इस काल में पाणिनीकृत अष्ठाध्यायों संस्कृत व्याकरण का अमूल्य तथा चाणक्य या कौटिल्यकृत अर्थशास्त्र प्रसिद्ध ग्रंथ थे। बौद्ध धर्म के प्रसिद्ध त्रिपिटक ग्रंथों का संचालन भी इसी काल में हुआ था। बौद्ध कथावस्तु भी इसी काल की कृति मानी जाती है। जैन ग्रंथों का संकलन भी इसी युग में किया गया था।

स्थापत्य एवं भवन निर्माण कला का विकास इस युग में विशेष रूप से हुआ। अशोक ने 84 हजार स्तूप, चैत्य तथा विहारों का निर्माण कराया था। गुहा-गृहों का निर्माण भी इस युग में हुआ था। अशोक स्तंभों का भी कला के क्षेत्र में विशेष स्थान है। सारनाथ का स्तंभ इस युग का उत्कृष्ट नमूना है। इस युग में रंगमंच, नाटक-गृह तथा रंगशालाएँ बनायीं जाती थीं। इस युग की एक रंगशालाओं का नमूना सरगुजा की पहाड़ियों में गुहा भवन के रूप में पाया जाता है।

मौर्योत्तर काल

भारत के इतिहास में मौर्योत्तर काल में शुंगवंश, कण्व वंश, कलिंगराज खरबेल सातवाहन तथा यूनानी यवन का शासन स्थापित हुआ। इन वंशों के शासन का प्रभाव भारतीय सभ्यता, संस्कृति तथा समाज पर व्यापक रूप से पड़ा।

शुंग कालीन सभ्यता-संस्कृति

शुंग मौर्यों के उत्तराधिकारी थे। उन्होंने पुरानी शासन व्यवस्था को कायम रखा था। पुष्पमित्र, इस वंश के संस्थापक राजा, दो बार अश्वमेध यज्ञ करके अपनी प्रभुसत्ता की घोषणा की

थी, फिर भी वह सेनापति के नाम से जाना जाता था। शुंग राजा ब्राह्मण थे। उनके शासनकाल में ब्राह्मण धर्म की उन्नति हुई। वर्ण तथा आश्रम व्यवस्था को पुनः संगठित किया गया, जो बौद्ध धर्म के प्रभाव के कारण क्षीण हो गयी थी। इस युग में विभिन्न जातियों का प्रादुर्भाव हुआ था। पंजाब के आरद्र और क्षत्रियगण अरोड़ा और खत्री जातियों में बदल गए। पिपलिवन के मोरिस लोग मोरई जाति के हो गए। रोहितगण के निवासी रस्तोदियों में बदल गए। आग्रेय गण अग्रवाल जाति में परिवर्तित हो गए। अनुलोम तथा प्रतिलोम विवाहों के कारण अलग-अलग जातियाँ बनने लगीं। ब्राह्मण जाति का स्थान सर्वोच्च था। वर्ण व्यवस्थाकारों तथा स्मृतिकारों ने वर्ण तथा आश्रम के कर्त्तव्य पालन पर विशेष बल दिया। वानप्रस्थ तथा संन्यास आश्रम की अपेक्षा गृहस्थ आश्रम को सर्वोपरि बतलाया गया। इस युग में भागवत धर्म की प्रधानता दिनोंदिन बढ़ती गयी। विभिन्न देवी-देवताओं की मूर्तियां बनाकर पूजा की जाने लगी। इसमें कर्मकांड की अपेक्षा भक्ति का प्राधान्य था। शुंगों के समय में साहित्य के क्षेत्र में प्रभूत उन्नति हुई। ब्राह्मण शासक के कारण संस्कृत भाषा और साहित्य का विकास हुआ। संस्कृत भाषा के स्वरूप को स्थिर करने तथा व्याकरण के नियमों को स्पष्ट करने के लिए पतंजलि ने *महाभाष्य* इसी युग में लिखा। मनु द्वारा *मनुस्मृति* इसी युग में लिखा गया जो वर्ण एवं आश्रम व्यवस्था के आधार पर समाज को नए ढंग से संगठित करने का प्रयास है। इस युग की कला में दैनिक जीवन का सजीव चित्रण किया गया था। लोगों के घर, देवताओं की मूर्तियां, साधुओं के आश्रम, गाड़ियाँ, रथ इत्यादि को यथार्थवादी रूप में प्रस्तुत किया गया है। उदाहरण के लिए भरहूत स्तूप जीव-जंतुओं को नैसर्गिक तथा भावनात्मक ढंग से प्रस्तुत किया गया है।

कण्व वंश के शासकों द्वारा शुंगवंश के शासकों द्वारा स्थापित हिन्दू धर्म के पुनरुत्थान एवं पुनरुद्धार की नीति को जारी रखा गया था।

खारबेल जैन धर्म का उपासक था। उन्होंने जैन साधुओं को उदारतापूर्वक दान दिए थे तथा उनके निवास के लिए गुफाएँ बनवायीं थीं। वह कला और साहित्य का प्रेमी था। वह राजर्षि कहलाता था। उसने सिंचाई के लिए 300 वर्ष पुरानी एक नहर का जीर्णोद्धार करवाया था।

सातवाहनकालीन सभ्यता-संस्कृति

इस युग में समाज चार वर्गों में विभक्त था। पहला वर्ग सामंत एवं राज्य के अधिकारियों का था। इसमें महाभोज, महारथी तथा महासेनापति शामिल थे। दूसरा वर्ग आमात्यों, महामात्रों, भाण्डगारिक, सार्थवाह, सौदागर तथा श्रेष्ठी का था। तीसरे वर्ग में वैश्य, लेखक, स्वर्णकार, किसान, गांधिक, ज्योतिषी शामिल थे। चौथे वर्ग में मालाकार, बढ़ई, धींबर, लुहार, मछुआरे, जुलाहे आदि थे। वर्ण तथा आश्रम पर विशेष ध्यान दिया जाता था। जातियों के मिश्रण को रोकने का प्रयास किया गया था। परिवार का मुखिया गृहपति कहलाता था।

अंतरजातीय विवाह की प्रथा प्रचलित थी। विदेशियों से भी विवाह संबंध रखा जाता था तथा उसे हिन्दू समाज में शामिल कर लिया जाता था। इस युग में सोना, चांदी तथा तांबे के सिक्के प्रचलित थे। खेती, शिल्प एवं व्यापार लोगों के मुख्य व्यवसाय थे। सूती कपड़ा, मलमल, मसाला, चमड़ा, औषधि, रेशम, हाथी दांत, नील, मोती, रंग आदि बाहर भेजे जाते थे। नयी मंडियों तथा नगरों का भी निर्माण किया गया था। पैठन, तगर, नासिक, करघटक, गोवर्धन, जुन्नार और बैजयनी उस समय के मशहूर व्यापारिक नगर थे। इस समय वैदिक धर्म का प्रबल उत्कर्ष हुआ। इस समय अश्वमेध यज्ञ तथा राजसूय यज्ञ का प्रचलन था। यज्ञों में गाएँ, घोड़े, हाथी, रथ, रजत पात्र तथा कार्षापन दान में दिए जाते थे। इस समय बौद्ध धर्म भी उन्नत दशा में था। विदेशियों द्वारा ब्राह्मण धर्म तथा बौद्ध धर्म को अपनाया गया था। इस युग में उच्चकोटि के साहित्यिक ग्रंथों की भी रचना की गयी थी। सातवाहन शासकों द्वारा प्राकृत भाषा को प्रोत्साहित किया गया। राजा *हाल* ने प्राकृत भाषा में *गाथा शप्तशती* की रचना की। *गुणाड्य* ने पैशाची प्राकृत में *बृहत्कथा* की रचना की। सर्ववर्मन ने कातन्त्र नामक प्राकृत भाषा का व्याकरण लिखा। राजा हाल के विवाह पर आधारित प्राकृत भाषा में *लीलावती परिणय* नामक काव्य की रचना की गयी। इसके अतिरिक्त वैद्यक, दर्शन तथा ज्योतिषशास्त्र पर भी इस युग में रचना की गयी। इस युग में ब्राह्मणों के आश्रमों एवं बौद्ध के विहारों में लौकिक एवं धार्मिक शिक्षा दी जाती थी। शिक्षा मौखिक होती थी। आध्यापकों के जीवनयापन के लिए राजाओं तथा अन्य वर्गों से दान प्राप्त होता था। इस समय स्तूपों, चैत्यों तथा लयन (भिक्षुओं के निवास स्थान) का निर्माण कलात्मक ढंग से किया गया था।

इस प्रकार सातवाहन राजाओं का शासनकाल भारतीय इतिहास में राजनीतिक एवं सांस्कृतिक दृष्टि से महत्त्वपूर्ण था। जिस प्रकार उत्तर भारत में मौर्यों ने साम्राज्यों के युग का आरंभ किया, उसी प्रकार दक्षिण भारत में साम्राज्यों के युग का आरंभ सातवाहनों द्वारा किया गया। सुदृढ़ शासन व्यवस्था, सामाजिक उदारता, धार्मिक सहिष्णुता, विदेशी व्यापार, विदेश के साथ वैवाहिक एवं व्यापारिक संबंध, प्राकृत भाषा का पुनरुद्धार कला की प्रगति तथा उत्तरी एवं दक्षिणी भारत में सांस्कृतिक एकता का निर्माण इस वंश के शासन की विशेषता थी।

भारतीय सभ्यता एवं संस्कृति पर यूनानी संपर्क का प्रभाव

यूनानियों को यवन के नाम से जाना जाता था। उत्तर-पश्चिम भारत में हिन्द-यूनानी (Indo-Greek) राजाओं के शासन स्थापित होने से भारतीय तथा यूनानी संस्कृतियों में संपर्क स्थापित हुआ। इसके फलस्वरूप सांस्कृतिक आदान-प्रदान आरंभ हुआ। *साहित्य* के क्षेत्र में भारतीयों तथा यूनानियों ने एक-दूसरे की भाषा से अनेक शब्द ग्रहण किए। यूनानियों ने कैंप, सेना और सेनापति वाची शब्द भारतीय शब्दों से ग्रहण किए। कलम,

पुस्तक, खलीन (घोड़े की लगाम) आदि शब्द संस्कृत में यूनानी भाषा से आए हैं। संस्कृत नाटकों पर यूनानी नाटकों का प्रभाव पड़ा है। *हितोपदेश* तथा *पंचतंत्र* में वर्णित पशु-पक्षियों की कहानी पर यूनानी लेखकों का प्रभाव स्वीकार किया गया है। *चिकित्साशास्त्र* के क्षेत्र में भी भारत यूनान का ऋणी है। *गार्गी संहिता* तथा *बृहत्संहिता* में ज्योतिष पर यूनान के प्रभाव को स्पष्ट शब्दों में स्वीकार किया गया है। भारतीय ज्योतिष के रोमक सिद्धांत तथा पौलिथ सिद्धांत निश्चय ही यूनान प्रभाव को बतलाते हैं। फलित ज्योतिष का ज्ञान भारतीयों को पहले से था। लेकिन नक्षत्रों को देखकर भविष्य बतलाने की कला भारतीयों ने सिकन्दरिया के ज्योतिषियों से सीखी थी। भारतीयों ने यूनानियों के राशिचक्र ज्यों की त्यों अपना लिए। भारतीय जामित्र लग्न यूनानी दायामेत्राण का अनुयायी है। *चरक* के वैद्य के आचरण संबंधी नियम यूनानी चिकित्साशास्त्री हिप्पोक्रेटस के नियमों से बहुत कुछ मिलते हैं।

विजेता होते हुए भी यूनानियों ने भारतीय धर्म को अपनाया था। हेलियोडोरस विष्णु का उपासक था। उसने वेस नगर में गरूड़ ध्वज स्थापित किया था। मिनाण्डर ने बौद्ध धर्म स्वीकार कर लिया था।

दर्शनशास्त्र के क्षेत्र में यूनानी भारतीयों के ऋणी हैं। पाइथागोरस के अनुयायी शराब तथा मांस से परहेज करते हैं। पुनर्जन्म, कर्म, तपस्या तथा भोग को यूनानियों ने भारत से सीखी।

यौवनों के राज्य में भारतीय व्यापार को बड़ा प्रोत्साहन मिला। नए-नए व्यापारिक मार्ग खुल गए। भारत में बनी वस्तुएँ विदेशी बाजारों में प्रचुर मात्रा में बिकने लगीं। यूनानी देशों से लेखन सामग्रियाँ भारत में आती थीं। सिकन्दरिया पूर्व और पश्चिम के व्यापारियों का मिलन केन्द्र था। भारतीय मुद्राकला पर भी यूनान का प्रभाव पड़ा था।

शक शासन की सभ्यता-संस्कृति

जिन विदेशी विजेताओं द्वारा उत्तर-पश्चिम भारत में यूनानी सत्ता का विनाश किया गया उनमें शक, पहलव और कुषाण का विशेष स्थान है। शकों के लिए *सीथियन* शब्द का प्रयोग किया जाता है। शक मूलरूप से मध्य एशिया के एक खानाबदोश जाति थे। शक लोग सीस्तान तथा कंधार में बसे हुए थे और वे वहीं तक सीमित रहे। काबुल नदी की ओर उनका बढ़ना असंभव था, क्योंकि उधर यूनानी शक्ति प्रबल थी। अत: वे कंधार तथा बिलोचिस्तान से होकर बोलन दर्रे को पार कर निचले सिन्ध प्रदेश में प्रविष्ट हो गए जिसे भारतीय ग्रंथकारों ने *शक द्वीप* तथा यूनानी भूगर्भवेत्ताओं ने इण्डो-सीथिया कहा है। शकों की सत्ता पूर्व में यमुना नदी तक तथा दक्षिण पूर्व में गोदावरी नदी तक फैली हुई थी। शक नरेशों के भारतीय प्रांतीय शासक क्षत्रप कहलाते थे। क्षत्रप शब्द शायद ईरानियों की उपाधि क्षत्रयावन से लिया गया है। यह शकों तथा पार्थियनों के पुराने संबंध के प्रतीक है। क्षत्रप व्यवस्था में प्रत्येक प्रांत में महाक्षत्रप तथा क्षत्रप हुआ करते थे। क्षत्रप महाक्षत्रप के पुत्र एवं

उत्तराधिकारी होता था। शकों का भारतीयकरण हो गया था। शकों ने हिन्दू धर्न तथा बौद्ध धर्म दोनों को स्वीकार किया तथा प्रचार-प्रसार में योगदान दिया। उनका भारतीयों से वैवाहिक संबंध स्थापित हुआ। वे ब्राह्मण और बौद्धों दोनों को दान देते थे। शक शासन काल में भारतीयों का रोम से व्यापारिक संबंध स्थापित हुआ। रोम से सोना भारत भेजा जाता था। इस काल में संस्कृत नाटक का खूब प्रचार-प्रसार हुआ था। ये लोग संस्कृत प्रेमी थे। यूनानी ज्योतिष को प्रसारित करने में इनका बहुत योगदान था।

कुषाणकालीन सभ्यता-संस्कृति

कुषाणों का पूर्णतः भारतीयकरण हो गया था। उन्होंने भारतीय धर्म और संस्कृति को अपना लिया था। वे भारतीय समाज के अभिन्न अंग बन गए थे। वे क्षत्रिय मान लिए गए थे। भारतीयों ने खान-पान तथा वेशभूषा में उनके संपर्क में आने से अवश्य परिवर्तन किए। चरक ने अपने ग्रंथ *चरक संहिता* में शाकाहारी भोजन तथा मांसाहारी भोजन दोनों का विकल्प दिया। कुषाणों ने भारत में लगज, जीन, पगड़ी, कुरती, पतलून, लंबे कोट शिरस्त्राण इत्यादि का प्रचलन आरंभ किया। इस युग में वाणिज्य और व्यापार के साथ-साथ विभिन्न शिल्पों तथा उद्योगों का भी विकास हुआ। तक्षशिला, पुष्कलावती, पुरुषपुर, मथुरा, हस्तिनापुर, इन्द्रप्रस्थ, श्रावस्ती, कौशाम्बी, वैशाली, पाटलिपुत्र, वाराणसी इत्यादि इस समय के मशहूर नगर थे। इस युग में कला का अद्भुत विकास हुआ था। इस युग में मूर्तिकला की दो विशिष्ट शैलियों—गांधार कला और मथुरा कला का विकास हुआ।

गुप्तकालीन सभ्यता-संस्कृति

गुप्तकाल भारत के इतिहास में सर्वांगीण विकास का काल माना जाता है। इस समय हमारा देश सामाजिक, सांस्कृतिक एवं भौतिक उन्नति की पराकाष्ठा पर पहुँच गया था। यह युग राजनीतिक एकता, धार्मिक सहिष्णुता, सुसंगठित शासन व्यवस्था, एकछत्र शासन, विशाल साम्राज्य, महान सम्राट, हिन्दू धर्म के पुनरुत्थान, साहित्य के क्षेत्र में प्रगति, भारतीय संस्कृति का विदेशों में प्रचार इत्यादि के लिए इतिहास में प्रसिद्ध है। इसे प्राचीन भारत का स्वर्णयुग (Golden Age) कहा जाता है। इसकी तुलना यूनान के पेरिक्लासेज युग तथा रोम के अगस्टस युग से की जाती है। कुछ विद्वानों ने इसे अभिजात्य युग (Classic Age) की संज्ञा दी है।

गुप्तकाल में समाज की आधारशिला वर्ण व्यवस्था थी। जाति प्रथा भी प्रचलित थी। लेकिन कठोरता के स्थान पर उदारता से काम लिया जाता था। ब्राह्मण और शिल्पी जातियों के लोग सैनिक का कार्य करते थे। समाज में ब्राह्मण का उच्च स्थान था। क्षत्रियों को भी समाज में ऊँचा दरजा दिया गया था। वैश्यों को भी योग्यतानुसार समाज एवं शासन में स्थान दिया गया था। छूआछूत की प्रथा प्रचलित थी। दास प्रथा भी प्रचलित थी।

शाकाहार और मांसाहार दोनों ही प्रचलित थे। सूती, ऊनी और रेशमी वस्त्रों का प्रयोग होता था। स्त्री एवं पुरुष दोनों ही शृंगार प्रिय थे। मनोरंजन के अनेक साधन प्रचलित थे। कई बड़े-बंड़े नगरों का विकास हुआ था। स्वच्छता एवं सौंदर्यता का पूरा ख्याल रखा जाता था।

केन्द्रीय शासन, प्रांतीय शासन, नगर शासन, ग्राम शासन, कर-व्यवस्था, न्याय-व्यवस्था, सैन्य व्यवस्था, पुलिस शासन इत्यादि शासन व्यवस्था के अभिन्न अंग थे।

कृषि, व्यवसाय तथा व्यापार आर्थिक व्यवस्था के आधार थे। सिक्के का प्रच्लन था।

ब्राह्मण धर्म का पुनरुत्थान इस युग में हुआ था। पौराणिक धर्म अथवा नवीन हिन्दू धर्म का निर्माण इस युग में हुआ। ब्रह्मा, विष्णु, शिव तथा सूर्य आदि मानव शरीरधारी देवता थे। तीर्थ यात्रा, शांतिक एवं स्वास्तिक पूजा, दान, पुण्य, कर्म और लोकोपकारी कार्य वैदिक धर्म के अंग बन गए। बुद्ध को भी विष्णु का अवतार माना गया। बहुदेववाद का प्रचलन था। हिन्दू धर्म के साथ-साथ बौद्ध तथा जैन धर्म का भी विकास हुआ था।

गुप्तकाल की साहित्यिक, वैज्ञानिक एवं कलात्मक प्रगति से आभास होता है कि उस युग में शिक्षा के क्षेत्र में विशेष प्रगति हुई थी। इस समय संस्कृत भाषा की विशेष प्रगति हुई। यह राज्य भाषा बन गयी थी। इसका प्रयोग अभिलेखों एवं मुद्राओं में होने लगा था। साहित्यकारों की भाषा संस्कृत थी। हरिषेण समुद्रगुप्त का राजकवि एवं प्रशस्तिकार था। वीरसेन साव चन्द्रगुप्त द्वितीय का राजकवि एवं प्रशस्तिकार था। वसु यशोवर्मन का प्रशस्तिकार था। वत्स भट्टी कुमार गुप्त और बंधु वर्मा के प्रशस्तिकार थे। रविकान्सि मखौरी नरेश के प्रशस्तिकार थे। संस्कृत काव्य की शैली सरल, परिष्कृत और अलंकारिक थी। गुप्तकाल अपने कवियों और उनकी कृतियों के लिए विशेष प्रसिद्ध है। कवियों में कालिदास का स्थान अग्रगण्य है। उन्होंने शकुन्तला, मालाविकाग्नि मित्र तथा विक्रमीवंशी नामक नाटक, कुमार संभव तथा रघुवंश नामक महाकाव्य, ऋतुसंहार जैसा गीतिकाव्य और मेघदूत जैसे खंड काव्य की रचना की। उनकी कविता सौंदर्य, सरसता, सरलता, भाव और शब्द चयन के लिए प्रसिद्ध है। वत्स भट्टी ने रावण वध नामक महाकाव्य की रचना की। दण्डिन ने काव्यदर्शन तथा दस राजकुमार चरित की रचना की। भैरवी कीरातार्जुनीय का लेखक था। संभवतः भर्तृहरि भी गुप्तकाल में ही हुए थे। नीतिशतक, शृंगार सतक तथा वैराग्य सतक उनकी महत्त्वपूर्ण रचना है। गुप्तकाल के नाटककारों में कालिदास, शूद्रक और विशाखदत्त है। कालिदास ने *मालविकाग्निमित्रम* और *अभिज्ञानशाकुंतलम* नामक नाटक लिखा। शूद्रक *मृच्छकटिकम* का लेखक था। *मुद्राराक्षस* और *देवीचन्द्र गुप्तम* विशाखदत्त की कृतियाँ हैं।

नीतिशास्त्र से भी संबंधित अनेक ग्रंथों की रचना भी इस युग में हुई। इसमें कामन्दक कृत *नीतिसार* का विशेष उल्लेख है। विभिन्न स्मृतियों की रचना भी इस युग में हुई। जैसे नारदस्मृति, कात्यायन स्मृति, पराशर स्मृति, बृहस्पति स्मृति और याज्ञवल्क्य

स्मृति। संस्कृत का प्रसिद्ध कोषकर अमर सिंह द्वारा अमर कोश की रचना भी इसी युग में हुई। बौद्ध विद्वान चन्द्रगोमी ने चन्द्र व्याकरण की रचना की। राजकुमारों को कथाओं के माध्यम से नीतिपरक उपदेश देने के लिए विष्णु शर्मा ने पंचतंत्र की रचना की। हितोपदेश की रचना भी इसी काल में हुई।

गुप्त युग में ब्राह्मण, बौद्ध और जैन दर्शन का पर्याप्त विकास हुआ। इन धर्मों से संबंधित दार्शनिक ग्रंथों की रचना की गयी। मीमांसा दर्शन पर शबर ने शबर भाष्य लिखा। इसमें याज्ञिक अनुष्ठानों के साथ-साथ आत्मा, ईश्वर, मुक्ति तथा सृष्टि की समीक्षा की गयी। ईश्वर कृष्ण ने सांख्यकारिका नामक ग्रंथ लिखा। जिसमें सांख्य दर्शन की झलक मिलती है। वैशेषिक दर्शन पर प्रशस्तपाद ने प्रशस्तपाद के पदार्थ धर्म संग्रह नामक ग्रंथ लिखा। भोगदर्शन पर व्यास ने व्यास भाष्य की रचना की। न्याय दर्शन पर वात्स्यायन ने न्याय भाष्य लिखा। न्याय भाष्य पर न्याय वर्तिक नामक टीका लिखने वाले उद्योतकर भी इसी युग में हुए थे। बौद्ध धर्म के दर्शन पर भी उनके ग्रंथों की रचना हुई। प्रसिद्ध बौद्ध दार्शनिक असंग ने योगाचर भूमिशास्त्र, प्रकरण आर्यवाचा, महायान सूत्रालंकार, महायानभि धर्म संगीतशास्त्र बज्रछेदिका टीका, महायान सम्परिग्रह नामक अनेक ग्रंथों की रचना की। असंग के भाई बसु बन्धु ने हीनयान तथा महायान के मत पर अनेक दार्शनिक ग्रंथ लिखे। उसका अभिधर्म कोष बौद्धों के बीच काफी प्रिय है। प्रसिद्ध बौद्ध दार्शनिक दिग्नाग भी इसी युग की विभूति था। उसने न्याय दर्शन और तर्कशास्त्र पर अनेक पुस्तकों की रचना की। प्रमाख समुच्च और न्यायमुख उसकी प्रसिद्ध कृति हैं। आर्यदेव चतु:शतक नामक ग्रंथ का लेखक था।

बुद्धघोष की प्रसिद्ध कृति विसुद्धभग्ग तथा सुमंगल विलासिनी हैं। बुद्धदत्त की रचनाओं में अधिधम्मावतार, रूपारूप विभाग एवं विनय विनिच्चय प्रसिद्ध हैं। जैन विद्वानों में सिद्धसेन, भद्रबाहु द्वितीय तथा उमा स्वाति अधिक प्रसिद्ध हुए। जैन न्याय दर्शन पर न्यायावतार सबसे प्रसिद्ध ग्रंथ है। सिद्धसेन का तत्वानुसारणी टीका प्रसिद्ध ग्रंथ है। गुप्तकाल में ब्राह्मण धर्म ग्रंथों का संशोधन एवं परिवर्द्धन भी हुआ। अनेक स्मृतियों एवं सूत्रों पर भाष्य लिखे गए। अनेक पुराणों का संपादन किया गया। रामायण और महाभारत का अंतिम संपादन भी इसी युग में हुआ। पाली साहित्य में दीपवंश और महावंश नामक ग्रंथों का प्रमुख स्थान है।

गुप्तकाल वैज्ञानिक उपलब्धियों के लिए भी उल्लेखनीय है। इस युग में गणित और ज्योतिष के क्षेत्र में विशेष उन्नति हुई थी। शून्य के सिद्धांत का प्रारंभ और दशमल प्रणाली का विकास भी इसी युग में हुआ। इस युग के सबसे बड़े गणितज्ञ आर्यभट्ट थे। उनकी प्रसिद्ध पुस्तक *आर्य भट्टीयम* है। उन्होंने अंकगणित, बीजगणित, ज्यामिति एवं त्रिकोणमित्ति के क्षेत्र में नवीन खोज किए। उसने वृत्त के व्यास एवं परिधि के अनुपात को निश्चित किया। उन्होंने बतलाया कि ग्रहण सूर्य एवं चन्द्रमा के ऊपर पृथ्वी की छाया का परिणाम है। पृथ्वी अपनी धुरी पर सूर्य की परिक्रमा करती है। आर्यभट्ट ने नक्षत्र विज्ञान एवं ज्योतिर्विज्ञान के अनेक सिद्धांतों का प्रतिपादन किया। वे पहले नक्षत्र वैज्ञानिक थे जिन्होंने

कहा कि पृथ्वी अपने कक्ष में चारों ओर घूमती है। उन्होंने नक्षत्रीय गति के परिवर्तनों का भी विवेचन किया। उन्होंने ज्योतिष में जीवा का उपयोग ज्ञात किया तथा ग्रह एवं ग्रहणों से संबंधी अनेक गणना की। उनके सूर्य सिद्धांत नामक ग्रंथ में ग्रहणों के कारणों का सूक्ष्म विवेचन किया गया है। नि:शंक पाण्डु, रंगस्वामी तथा लाट देव इस युग के अन्य ज्योतिष थे। लाटदेव ने पोलिस और रोमन सिद्धांत की व्याख्या की। वराहमिहिर गुप्तकाल के सबसे बड़े खगोलशास्त्री थे। उसने अनेक ग्रंथों की रचना की, जिनमें पंच सिद्धांत, विवाह पहल, योगमाया, बृहत्संहिता, वृज़ातक और लघु जातक विशेष रूप से उल्लेखनीय हैं। उनके ग्रंथ पंच सिद्धांत के अनुसार ज्योतिष के पाँच सिद्धांत हैं—पैतामह सिद्धांत, वशिष्ट सिद्धांत, सूर्य सिद्धांत, पोलिस सिद्धांत और रोमन सिद्धांत। अन्य ग्रंथों में फलित ज्योतिष का विवरण है। ब्रह्मगुप्त एक अन्य ज्योतिष इस काल का था जिसने ब्रह्म सिद्धांत की रचना की थी।

प्रसिद्ध बौद्ध दार्शनिक नागार्जुन रसायन और धातु विज्ञान का ज्ञाता था। उसने विभिन्न भस्मों की खोज की। उसने प्रमाणित किया कि सोना, चाँदी, तांबा आदि खनिज पदार्थों के रासायनिक प्रयोगों से रोगों का निवारण किया जा सकता है। इस समय पारद का भी आविष्कार हुआ। धातु विज्ञान की भी विशेष प्रगति हुई। धातुओं को रासायनिक क्रियाओं द्वारा पिघलाने तथा ढालने की कला का भी विकास हुआ। मेहरौली का लौह स्तंभ इस युग का सुन्दर नमूना है।

गुप्तकाल में चिकित्सा विज्ञान में भी प्रगति हुई। बाणभट्ट प्रथम ने *अष्टांग* संग्रह की रचना की। इसमें चरक संहिता तथा सुश्रुत संहिता का निचोड़ मिलता है। आयुर्वेद का प्रकांड विद्वान और चिकित्सक धन्वन्तरी भी इसी युग में हुआ। नवीनीतकम आयुर्वेद का एक प्रसिद्ध ग्रंथ था जिसमें चरक, सुश्रुत एवं पराशर संहिता के उपयोगी नुक्सों का संग्रह है। इस काल में पशु चिकित्सा पर भी ध्यान दिया गया। हस्तायुर्वेद एवं अश्वशास्त्र पशुओं की चिकित्सा संबंधी पुस्तकें हैं। शल्यशास्त्र का भी ज्ञान चिकित्सकों को था।

गुप्तकाल में कला अपनी सर्वोत्कृष्टता की चरम सीमा पर पहुँच चुकी थी। इस युग का गौरव और वैभव विविध कलाकृतियों एवं स्मारकों में अभिव्यक्त हुआ। इस युग में कला के विभिन्न रूप-अंग-स्थापत्य कला, मूर्तिकला, तक्षणकला, चित्रकला, संगीतकला, मुद्रा निर्माणकला, पकी हुई मिट्टी की मूर्तिकला के सौंदर्य, अभिव्यक्ति, संतुलन तथा परिपक्वता प्राप्त की। शिल्पियों की सुविकसित सौंदर्य भावना, परिमार्जित तथा प्रौढ़ कल्पना, विलक्षण रचना कौशल एवं कार्यक्षमता ने ऐसी कलाकृतियों और स्मारकों का निर्माण किया जो भारतीय कला के क्षेत्र में अद्वितीय माने जाते हैं।

हर्षवर्धनकालीन सभ्यता-संस्कृति

गुप्त साम्राज्य के पतन के बाद भारत की राजनीतिक एकता समाप्त हो गयी तथा विकेन्द्रीकरण

की प्रवृत्ति जागृत हो गयी। गुप्त साम्राज्य के ध्वंसावशेषों पर अनेक राज्यों का उदय हुआ जिनमें हर्षवर्धन तथा उसका काल विशेष रूप से जाना जाता है। हर्ष के शासन में मंत्रिपरिषद्, दंड व्यवस्था, राजस्व व्यवस्था, सैन्य संगठन, प्रांतीय शासन, ग्राम शासन तथा लोकहितकारी कार्य शामिल थे। हर्ष बड़े ही साहित्य प्रेमी थे। उन्होंने अनेक नाटिकाओं की रचना की। प्रियदर्शिका, नागानंद और रत्नावली इनकी प्रसिद्ध नाटिकाएँ थीं। इसके अतिरिक्त अष्टमहाश्री और सुप्रभास्तोत्र भी उसी की रचनाएँ मानी जाती हैं। हर्ष साहित्यानुरागी थे। वे विद्वानों, लेखकों और कवियों के आश्रयदाता एवं संरक्षक थे। राज्य की ओर से विद्वानों को आर्थिक सहायता एवं प्रोत्साहन दिया जाता था। उसके दरबारी कवियों में बाणभट्ट का नाम अग्रगण्य है। हर्षचरित और कादम्बरी उनके दो प्रमुख ग्रंथ हैं। चण्डीशतक और पार्वती परिणय उनकी दो अन्य रचनाएँ थीं। हर्ष के राजदरबारी कवियों में मयूर भट्ट और मातांग दिवाकर का नाम आता है। मयूर भट्ट ने सूर्यशतक, मयूरशतक और आर्यमुक्तमाल नामक ग्रंथों की रचना की।

हर्ष के शासन में शिक्षा की विशेष प्रगति हुई थी। ब्राह्मण चार वेदों का अध्ययन-अध्यापन करते थे। बौद्ध धर्म के आचार्यों को पांच विद्याओं में पारंगत होना अनिवार्य था। ये पांच विद्याएं—व्याकरण, शिल्पस्थान विद्या, चिकित्सा विद्या, हेतु विद्या तथा आध्यात्म विद्या हैं। सात वर्ष के बाद बच्चों की प्राथमिक शिक्षा प्रारंभ की जाती थी जिसमें सिद्धमबंग नामक पुस्तक की पढ़ायी की जाती थी। इसके बाद बच्चों को पांच विद्याओं की शिक्षा दी जाती थी। आचार्यगृह तथा गुरुकुल विद्या प्राप्ति के केन्द्र थे। थानेश्वर, कन्नौज, वाराणसी आदि नगर शिक्षा, शास्त्रों और शिल्पी के केन्द्रस्थल थे। थानेश्वर नगर नर्तकी के लिए संगीतशाला, विद्यार्थियों के लिए गुरुकुल, गायकों के लिए गंधर्व नगर और वैज्ञानिकों के लिए विश्वकर्मा मंदिर था। अनेक विहारों में बौद्ध धर्म तथा दर्शन की शिक्षा दी जाती थी। ऐसे मठों, विहारों में कश्मीर का जयनेन्द्र विहार, पंजाब और जालंधर के विहार, मातिपुर का बौद्धमठ, गया का महापोथिमठ, कर्ण-सुवर्ण का रक्तावित मठ तथा मुंगेर का बौद्ध विहार शिक्षा के प्रमुख केन्द्र थे। नालंदा विहार शिक्षा और विद्या का सबसे प्रमुख केन्द्र था। यहाँ विदेशों से विद्यार्थी अपने संशयों का निवारण करने आते थे। नामांकन के लिए विद्यार्थियों को प्रवेश परीक्षा में उत्तीर्ण होना पड़ता था। नालंदा महा विहार में महायान के अट्ठारह संप्रदायों का सिद्धांत, वेद, हेतु विद्या, शब्द विद्या, चिकित्सा विद्या, तांत्रिक विद्या तथा सांख्य दर्शन की शिक्षा दी जाती थी। हालांकि यह विहार बौद्ध शिक्षा का केन्द्र था फिर भी ब्राह्मण दर्शन और साहित्य के अध्ययन-अध्यापन की यहाँ उपेक्षा नहीं की जाती थी। इस महाविहार में दस हजार विद्यार्थी थे। अध्यापकों की संख्या 1510 थी। शीलभद्र प्रमुख आचार्य थे। प्रत्येक दिन एक सौ आख्यान दिए जाते थे। प्रत्येक विद्यार्थी को उसमें शामिल होना पड़ता था। इस महाविहार में रहने वाले अध्यापक तथा विद्यार्थी को मुफ्त भोजन, दवा तथा वस्त्र राज्य की ओर से दिए जाते थे। हर्ष के एक सौ गाँवों की आमदनी खर्च के लिए दान दी थी।

हर्षवर्धन ने महायान बौद्ध धर्म में दीक्षित होने के पश्चात् इस धर्म के प्रचार के लिए निश्चय किया। उसने महायान धर्म की एक विशेष सभा कन्नौज में आयोजित की। सभी धर्म तथा संप्रदाय के लोगों को भाग लेने के लिए आमंत्रित किया गया था। सभा के लिए एक विशाल संघाराम बनवाया गया था। एक सौ फीट ऊँचा एक मीनार बनवाया गया था। चीनी यात्री हुएनसांग को भाग लेने के लिए आमंत्रित किया गया था। अठारह राज्यों के राजा अपने-अपने राज्यों के प्रसिद्ध श्रमणों एवं ब्राह्मणों के साथ उपस्थित हुए थे।

हर्षवर्धन प्रत्येक पांचवें वर्ष प्रयाग में दान महोत्सव मनाया करता था। इस अवसर पर वे अन्न, धन, रत्न, सुवर्ण आदि बहुमूल्य वस्तुएँ श्रमणों, ब्राह्मणों एवं दीन-अनाथों को दान में देते थे। इस दान महोत्सव में कामरूप के राजा भास्कर वर्मन, बल्ली का राजा ध्रुवसेन के अतिरिक्त अठारह देश के राजाओं ने भाग लिया था। उत्सव के पहले दिन बुद्ध की, दूसरे दिन आदित्य, तीसरे दिन शिव की पूजा की गयी थी। चौथे दिन बौद्ध भिक्षुओं को दान दिया गया था। इसके बाद ब्राह्मणों को दान दिया गया। एक माह तक दीन, हीन, अपाहिजों को दान दिया गया था।

राजपूतयुगीन सभ्यता-संस्कृति

हर्ष की मृत्यु के पश्चात् जिन महान शक्तियों का उदय हुआ उसमें से अधिकतर राजपूत की श्रेणी में आती हैं। इसीलिए इतिहासकारों ने इसे राजपूत युग कहा है। 7वीं सदी से 12वीं सदी तक के काल को राजपूत काल की संज्ञा प्रदान की गयी है। राजनीतिक विकेन्द्रीकरण इस युग की प्रमुख विशेषता थी। वे विदेशी आक्रमणकारियों के विरुद्ध भी एक जुट नहीं हो कर लड़े। गुर्जर-प्रतिहार, राष्ट्रकूट, चालुक्य, चौहान, चंदेल, परमार, गाहड़वाल आदि सभी राजपूत वंश के थे। इस युग में स्वेच्छाचारी, निरंकुश राजतंत्र व्यवस्था का विकास हुआ। इस युग में प्राचीन सामाजिक व्यवस्था नष्ट हो गयी। चार वर्णों के स्थान पर अनेक नवीन जातियों एवं उपजातियों का प्रादुर्भाव हुआ। ये जातियाँ जन्म, निवास स्थान, खानपान के भेदभाव, रीतिरिवाजों, धार्मिक संस्कारों से संबंधित थीं। ब्राह्मणों, क्षत्रियों, वैश्यों की अनेक उपजातियाँ बन गयीं। व्यवसाय के आधार पर एक नयी जाति का उदय हुआ जिसे कायस्थ कहा जाता है। इनका काम नौकरी करना तथा लिखना-पढ़ना था। समाज में ब्राह्मणों का स्थान उच्च था। वे आध्यात्मिक एवं धार्मिक ज्ञान के स्रोत माने जाते थे। वे मंत्री, सभासद, परामर्शदाता, राजपुरोहित और भविष्यवक्ता होते थे। वे अध्ययन-अध्यापन, यज्ञ-अनुष्ठान, धार्मिक कार्य, जजमानवृत्ति, वैद्यगिरी इत्यादि द्वारा अपना जीवन निर्वाह करते थे। क्षत्रिय शासन तथा सैनिक के कार्य करते थे। वैश्य वाणिज्य-व्यापार तथा लेन-देन के कार्य करते थे। शूद्र कृषि, शिल्प इत्यादि का काम करते थे। समाज में अछूतों का एक वर्ग था जो गाँव या नगर के बाहर निवास करते थे।

जातियों में रूढ़िवादिता, असहिष्णुता, संकीर्णता, अनुदारता, वर्धनशीलता आदि अवगुण उत्पन्न हो गए। इससे बंधुत्व एवं राष्ट्रीय भावना के विकास में बाधा पहुँची।

सजातीय विवाह ही ठीक माने जाते थे। लेकिन कभी-कभी अंतरजातीय विवाहों का भी प्रचलन था। बहुपत्नी प्रथा राजाओं में प्रचलित थी। कन्या जन्म बुरा माना जाता था। समाज में स्त्रियों की शिक्षा की व्यवस्था की गयी थी। कला और साहित्य में भी स्त्रियाँ अभिरुचि रखती थीं। हर्ष की बहन राजश्री एक विदुषी महिला थी। राजशेखर की पत्नी अवंती सुन्दरी अपने पांडित्य के लिए प्रसिद्ध थी। भास्कराचार्य की पत्नी लीलावती गणित में प्रवीण थी। इन्दुलेखा, मारूला, मोरिका, विज्जका, शीला, सुभद्रा, पद्मश्री, मदालसा और लक्ष्म संस्कृत की कवियत्रियाँ थीं। अक्का देवी शासन में कुशल थी। कश्मीर में रानी दिद्दा और बारंगल में रूद्राम्बा ने सफलतापूर्वक शासन का संचालन किया। सती प्रथा तथा जौहर व्रत का पालन किया जाता था।

इस युग में लोगों का आर्थिक जीवन मुख्य रूप से कृषि और पशुपालन पर आधारित था। अनावृष्टि और अभाव की स्थिति में राज्य की ओर से आर्थिक सहायता दी जाती थी। सिंचाई के लिए तालाब, कुएँ, झील, बांध और नहर की व्यवस्था थी।

इस युग में बौद्ध धर्म, जैन धर्म तथा ब्राह्मण धर्म कई संप्रदायों में विभक्त थे। लेकिन हिन्दू धर्म का खूब प्रचार-प्रसार हुआ। आत्मा-परमात्मा, माया, वैराग्य, अहिंसा, अवतारवाद, स्वर्ग, मोक्ष, पाप, पुण्य की भावना, मूर्तिपूजा, भक्ति आदि सिद्धांतों को धर्म के रूप में संगठित कर दिया गया। इस नवहिन्दूवाद या ब्राह्मणवाद के समर्थक कुमारिल भट्ट, शंकराचार्य, माधवाचार्य और रामानुज थे। ईश्वर का औतारवाद सिद्धांत इस युग में और भी दृढ़ हो गया। बुद्ध को भी विष्णु का अवतार मान लिया गया और हिन्दू बुद्ध को देवता मानकर उपासना करने लगे। भक्तिवाद का भी खूब विकास हुआ। इसके कारण वैष्णव, शैव शाक्त, ब्राह्मण, सूर्या इत्यादि संप्रदायों का विकास हुआ। विष्णु, शिव, राम, कृष्ण, काली, दुर्गा भवानी आदि की पूजा जोर-शोर से होने लगी। तंत्रवाद का भी खूब प्रचार हुआ। लोग जादू-टोना, तंत्र-मंत्र, ताबीज, टोटका, झाड़-फूंक आदि में विश्वास करने लगे। धर्म का एक रूप तांत्रिक भी हो गया। शैव के भी अनेक संप्रदाय बन गए। जैसे पशुपत, कालमुख, कापालिक, लिंगायत इत्यादि।

हिन्दू धर्म को अधिक व्यापक तथा लोकप्रिय बनाने के लिए कुमारिल भट्ट और शंकराचार्य ने काफी प्रत्यत्न किए। कुमारिल भट्ट ने वेदों की प्रामाणिकता, वैदिक कर्मकांड और मीमांसा पर अधिक बल दिया। शंकराचार्य ने अद्वैतवाद सिद्धांत का प्रचार किया। उन्होंने इसमें प्राचीन उपनिषदों, गीता के दार्शनिक सिद्धांतों तथा बौद्ध धर्म एवं दर्शन के श्रेष्ठतम अंशों को सम्मिलित कर लिया। उन्होंने भारत के विभिन्न भागों में मठ व्यवस्था स्थापित की। लेकिन धर्म में अहंकार, प्रमाद, विलासिता, भ्रष्टाचार, कर्मकांड और अंधविश्वास की प्रधानता हो गयी। रामानुज, माधवाचार्य तथा ज्ञानेश्वर जैसे संतों ने हिन्दू धर्म में व्याप्त दोषों को दूर करने का प्रयास किया। दक्षिण भारत में अलवारों और नायन्मारों की परंपरा चली। तीर्थ यात्राओं और दान-पुण्य की भावनाओं में वृद्धि हुई। राजवंशों द्वारा मंदिरों का निर्माण किया जाता था।

इस युग में विद्यार्थी गुरु के घर या आश्रम में जाकर शिक्षा प्राप्त करते थे। मंदिर और बौद्ध विहार शिक्षण संस्था का कार्य करते थे। बौद्ध विहारों के आचार्य और भिक्षु विभिन्न विषयों की शिक्षा देते थे। बिहार में नालंदा, विक्रमशिला और ओदंतपुरी, पूर्वी बंगाल में विक्रमपुर तथा उत्तरी बंगाल में जगदलपुर प्रसिद्ध शिक्षा केन्द्र थे। विक्रम शिला महाविहार वज्रयान संप्रदाय का सबसे बड़ा अध्ययन केन्द्र था। तंत्रवाद के अध्ययन और प्रसार का श्रेय विक्रमशिला को प्राप्त है। वाराणसी, नदिया (नवद्वीप), वलमी, कन्नौज आदि भी शिक्षा के केन्द्र थे।

राजपूत शासक विद्यानुरागी, साहित्यप्रेमी तथा विद्वानों के आश्रयदाता थे। कुछ शासक स्वयं उच्चकोटि के विद्वान, कवि और लेखक थे। ऐसे शासकों में मुंज, भोज तथा अमोघवर्ष का नाम लिया जाता है। राजा भोज ने ज्योतिष, चिकित्सा, व्याकरण, धर्म, वास्तुकला, ललितकला आदि पर ग्रंथों की रचना की। राजकीय संरक्षण में लेखकों ने नाटक, काव्य, राजनीति, विधि, दर्शन, इतिहास, विज्ञान, चिकित्सा आदि विषयों पर अनेक ग्रंथों की रचना की। संस्कृत, पाली, प्राकृत और अपभ्रंश भाषा में अनेक ग्रंथ लिखे गए। लेकिन संस्कृत भाषा का प्रचुर विकास हुआ। इस युग में सभी महत्त्वपूर्ण ग्रंथ संस्कृत में ही लिखे गए। दानपत्र, प्रशस्तियां, राजकीय आदेश, प्रशासकीय कागज-पत्र आदि संस्कृत में ही लिखे जाते थे। इस युग में हिन्दी, मराठी, गुजराती, बंगला, तमिल, तेलगु, कन्नड़ आदि का भी विकास हुआ। इस युग में अनेक काव्य ग्रंथों की रचना हुई। जैसे कुमार दास का *जानकीहरण,* माघ का *शिशुपाल वध,* श्री हर्ष का *नैषध चरित्र* तथा भारवि का *किरातार्जूनियम* उच्चकोटि के संस्कृत में लिखित महाकाव्य हैं। कश्मीर के कवि राजानवकरत्नाकर ने *हर विजय* तथा अभिनंदन के कादाम्बरी कथासार की रचना की, जयदेव ने गीत गोविन्द की रचना की।

राजपूत युग में कला का अपूर्व विकास हुआ। इस युग में मामल्लपुरम के रथ और प्रतिमाएँ, एलोरा के कैलाश मंदिर और मूर्तियाँ, एलिफैन्टा की प्रसिद्ध मूर्तियों का निर्माण हुआ। इस समय खजुराहो, उड़ीसा, राजस्थान, दक्षिण भारत में चोल साम्राज्य और होयसल राज्य कला के उत्कृष्ट केन्द्र थे।

मुसलमानकालीन सभ्यता एवं संस्कृति

13वीं सदी के आरंभ में दास वंश (Slave Dynasty) की स्थापना के साथ भारत में मुसलमान शासन की शुरुआत हुई। बाहर से आने वाले मुसलमान शासकों की संख्या बहुत कम थी। लेकिन धर्मांतरण द्वारा उनकी संख्या में वृद्धि हुई। जब अल्लाउद्दीन खिलजी ने हिन्दू विरोधी नीति अपनाया, तब दोनों धर्मों के लोगों के बीच संघर्ष की स्थिति उत्पन्न हुई। लेकिन भारतीय इतिहास में यह पहली घटना थी जब भारत के लोग एक विदेशी धर्म को अपने आप में पूर्णतः आत्मसात नहीं कर पाए। इसके पहले जितने भी विदेशी धर्म भारत में आए उनका पूर्णतः भारतीयकरण हो गया था।

मुसलमान शासन का प्रभाव भारतीय समाज, संस्कृति तथा सभ्यता पर व्यापक रूप से पड़ा। निम्न हिन्दू जातियाँ, जिन्हें अछूत होने के कारण अनेक प्रकार की निर्योग्यताओं का सामना समाज में करना पड़ता था, वे समतावादी मुसलमान धर्म से प्रभावित हुए तथा सहर्ष इस्लाम को स्वीकार किए। इस धर्मांतरण के परिणामस्वरूप हमारे समाज में इस्लाम के अनुयायी अस्तित्व में आए। उनकी जीवनशैली, विश्वास, पर्व-त्योहार, धार्मिक केन्द्र, धार्मिक विशेषज्ञ इत्यादि हिन्दुओं से भिन्न थे। हिन्दू और मुसलमान धर्म के स्वाबलंबियों के बीच दो तरह की विचारधारा प्रवाहित हुई। एक विचारधारा प्रगतिशील विचार से संबंधित थी तो दूसरी विचारधारा रूढ़िवाद से संबंधित थी। प्रगतिशील विचारधारा के लोग उदारवादी स्वभाव के थे। जबकि रूढ़िवादी लोग अनुदारवादी थे। ये दो तरह की विचारधाराएँ आज भी प्रचलित हैं। मुसलमान शासकों के संपर्क में आकर भारतीय समाज के मध्य एवं उच्च वर्ग के लोग उनके वस्त्र प्रतिमान, भोजन सामग्रियां एवं आदत तथा व्यवहार को अपना लिए। संबोधन शब्दावलियों को भी दैनिक जीवन में अपनाया गया। रिश्तेदारों, मित्रों, शासकों, पुजारियों इत्यादि को उर्दू भाषा के शब्दों से संबोधित किया जाने लगा। नान, तंदूरी, बिरयानी, पुलाव भारतीय भोजन के अभिन्न अंग बन गए। पुरुष के लिए शेरवानी, अचकन, पैजामा तथा महिलाओं के लिए सलवार, कुरता, चुनरी इत्यादि वस्त्र प्रतिमान अपनाए गए।

इस काल में अनेक भारतीय खेलकूदों का मुसलमानीकरण हो गया था। जैसे पतंग, शिकार, बाज से खेलना, शतरंज इत्यादि। महिलाओं की स्थिति दयनीय हो गयी थी। उन्हें हिन्दू-मुसलमान दंगों का शिकार होना पड़ता था। साथ ही साथ जमींदारों, शासकों, नवाबों तथा सैनिकों के हवस का शिकार होना पड़ता था। इससे उनकी सामाजिक स्वच्छंदता समाप्त हो गयी। बाल विवाह होने लगा। विधवा विवाह पर रोक लग गई। पर्दा प्रथा का पालन अनिवार्य हो गया। सती प्रथा ने जोर पकड़ लिया। महिलाएँ शैक्षणिक दृष्टि से पीछे रह गयीं।

मुसलमान शासकों के शासनकाल में संपूर्ण भारतवर्ष को एकीकृत किया गया तथा समान प्रशासनिक व्यवस्था लागू की गई। समानरूप से कर का निर्धारण किया गया।

मुसलमान धर्म के एकेश्वरवादी दर्शन का प्रभाव बहुदेववादी हिन्दुओं पर पड़ा। हिन्दुओं की मूर्ति पूजा तथा मुसलमानों द्वारा गौ मांस भक्षण एक दूसरे के विरोधी थे। इसके कारण धर्म के नाम पर दंगा, हिंसा, लूट-पाट, शोषण इत्यादि की घटनाएँ घटित होती थीं। इससे चिंतित होकर भारतीय दार्शनिकों में मध्यम मार्ग अपनाया तथा धार्मिक संश्लेषण पर बल दिया। पंजाब का सिख धर्म एक ऐसा ही संश्लेषण था जिसमें मुसलमान धर्म के एकेश्वरवाद तथा हिन्दू धर्म की मूर्ति पूजा रहित परंपराओं को अंगीकार किया गया।

स्वामी रामानुज तथा उनके शिष्यों द्वारा इस्लाम तथा हिन्दू के सर्वोपरि देवताओं के बीच एकता पर बल दिया गया। इसके परिणामस्वरूप भक्ति आंदोलन का उदय हुआ जिसके माध्यम से सहिष्णुता, विश्वबंधुत्व, प्रेम, दया, सहयोग इत्यादि की शिक्षा दी गयी।

अकबर महान द्वारा एक नए धर्म का विकास किया गया जिसे दीन-ए-इलाही कहा जाता है। उसके महान पोता दारा शिकोह के कर-कमलों से उपनिषदों का फारसी अनुवाद तैयार किया गया था।

हिन्दू और इस्लाम के संश्लेषण के फलस्वरूप एक नई भाषा का विकास हुआ जिसमें फारसी तथा हिन्दी शब्दों को मिलाया गया। इस भाषा को उर्दू कहा गया। उर्दू भारत प्रदेश की संप्रेषणात्मक भाषा बन गयी। सभी कार्यालयों में काम-काज फारसी तथा उर्दू भाषा के माध्यम से होने लगा। हिन्दुओं द्वारा भी इस भाषा को सीखा गया तथा मध्यम वर्गीय लोगों द्वारा भी इस भाषा का प्रचार-प्रसार किया गया। आज भी उर्दू हमारे देश की भाषा है। उर्दू का प्रभाव हमारे देश के साहित्य पर पड़ा तथा कविता की भाषा बन गयी। शेरो-शायरी का प्रचलन हुआ। इकबाल और गालिब द्वारा अनेक उर्दू भाषा में कविताओं की रचना की गयी। मुगल शासक कवि एवं साहित्य प्रेमी थे। उनके दरबार में कवियों को उच्च स्थान दिया जाता था।

मुसलमान काल में भारतीय शास्त्रीय संगीत भी प्रभावित हुआ। उनके द्वारा शास्त्रीय संगीतों को राजाश्रय प्रदान किया गया। तानसेन, बैजू बावरा, बाबा रामदास, सूरदास आदि को मुगल दरबार में विशेष सम्मान प्राप्त था। इनके द्वारा भारतीय संगीत को संश्लेषित रूप प्रदान किया गया। इसका नामकरण हिन्दुस्तानी संगीत किया गया। तबला तथा सितार भारतीय संगीत के अभिन्न अंग बन गए। मनोरंजन के लिए मोजरा, कव्वाली, शेरो-शायरी इत्यादि को बढ़ावा दिया गया।

मुसलमान शासकों द्वारा इतिहास लेखन के लिए हिजरी सन का विकास किया गया था। इसके द्वारा भारतीय समाज के अतीत को जानने एवं समझने में सुविधा हुई।

मुसलमान शासक उपवन प्रेमी थे। उनके द्वारा भारत में उपवन विकास की नयी शैली अपनायी गयी जिस पर फारसी एवं टर्की शैली का प्रभाव परिलक्षित होता है। मुसलमान शासकों द्वारा भारत में अनेक नगरों, किलों तथा मीनारों का निर्माण कराया गया था। इनके निर्माण में वास्तुकला की नवीन शैली के साथ-साथ नवीन सामग्रियों का उपयोग किया गया था। विशेष कर लाल बालू पत्थर का प्रयोग खूब किया गया था। दिल्ली का कुतुब मीनार, आगरा का ताजमहल, दिल्ली, आगरा एवं फतेहपुर शिकरी का किला, अकबर तथा इतामादुद दौला के मकबरा इस युग के वास्तुकला के उत्कृष्ट नमूने हैं। भारतीय मंदिरों के निर्माण पर भी वास्तुकला का प्रभाव परिलक्षित होता है। भारतीय मंदिरों के निर्माण में स्तूपों के जगह गुंबजों का प्रयोग होने लगा। मुसलमान शासक रंग-रोगन के प्रेमी थे। उनके द्वारा भारत में चीनी चित्रकला को पर्सिया से लाया गया था। राष्ट्रीय भारतीय चित्रकला स्कूल की स्थापना उनके द्वारा की गयी थी।

ब्रिटिश शासन कालीन सभ्यता एवं संस्कृति

मुगल शासन के अंत के बाद भारत की एकता पुनः समाप्त हो गयी। लेकिन ब्रिटिश शासन

के बाद भारत की एकता पुन: स्थापित हुई। करीब 150 वर्षों तक हमारे देश में ब्रिटिश शासन रहा। इसका प्रभाव भारतीय समाज, संस्कृति एवं सभ्यता पर व्यापक रूप से पड़ा।

इस शासनकाल में भारतीय समाज में ईसाई धर्म का आगमन हुआ। इस धर्म के एकेश्वरवाद एवं कम से कम अनुष्ठान, पढ़े-लिखे हिन्दुओं को प्रभावित किया। हिन्दू धर्म में भी कम से कम अनुष्ठान, समानता एवं स्वतंत्रता के दर्शन को स्वीकार किया गया। वेदांत के उच्च दर्शन को प्राथमिकता प्रदान की गयी। हिन्दू धर्म को उदार बनाया गया तथा अंध-विश्वास के जगह आध्यात्मवाद पर विशेष बल दिया गया। इस समय भारत की भूमि पर ईसाई धर्म प्रचारकों का आगमन हुआ। आदिवासी एवं पिछड़े क्षेत्रों में ईसाई धर्म बहुत जोरों से फैला। इसका स्वेच्छा एवं बलपूर्वक दोनों विधि से प्रचार-प्रसार हुआ। इसका प्रभाव आदिवासी एवं पिछड़े क्षेत्रों की शिक्षा एवं स्वास्थ्य सेवाओं पर व्यापक रूप से पड़ा।

इस काल में ब्रह्म समाज, आर्य समाज, रामकृष्ण मिशन की स्थापना हुई। इन संगठनों के माध्यम से भारतीय समाज में एकता एवं राष्ट्रवाद की भावना विकसित की गयी। इस काल के पहले मुसलमानों के बीच अशिक्षा, बहुपत्नी प्रथा तथा परदा प्रथा प्रचलित थी। महिलाओं का समाज में निम्न स्थान था। सर सैय्यद अहमदखान द्वारा इस्लाम को आधुनिक विज्ञान एवं दर्शन के संदर्भ में प्रस्तुत किया गया। उनके द्वारा अलीगढ़ मुस्लिम यूनिवर्सिटी की स्थापना की गयी।

भारतीय समाज में ब्रिटिश शासन के पहले सती प्रथा, जौहर प्रथा, परदा प्रथा, बाल विवाह, बालिका वध प्रथा, अशिक्षा तथा अंधविश्वास का प्रचलन था। ब्रिटिश शासन काल में सती प्रथा (1829), बाल विवाह प्रथा (1929), दास प्रथा (1843) को समाप्त किया गया एवं विधवा विवाह को (1856) में कानूनी मान्यता प्रदान की गयी। स्कूल, कॉलेज, होटल, छात्रावास, स्टेशन, कार्यालय, कचहरी की स्थापना से जाति प्रथा के व्यवहारों तथा अछूत प्रथा को समाप्त करने में सहायता मिली। भारतीय समाज में मध्यम वर्गों का उदय हुआ।

ब्रिटिश शासन काल में ग्रामीण अर्थव्यवस्था एवं लघु उद्योग धंधों को काफी नुकसान उठाना पड़ा। जमींदार वर्गों का सृजन किया गया। संपूर्ण भारतीय ग्रामों की जमीन को जमींदारी प्रथा के अधीन लाया गया। कृषकों से मनमाना कर वसूला गया। ब्रिटिश सरकार द्वारा ग्रामीण उद्योग धंधों के स्थान पर उद्योगों की स्थापना की गयी। ऊन, वस्त्र उद्योग, कागज, चीनी, चमड़ा, शीशा, दियासलाई, लौह एवं स्टील के उद्योग स्थापित किए गए। यूरोप के औद्योगिक क्रांति को भारत पर थोप दिया गया।

ब्रिटिश शासनकाल में आवागमन एवं संचार में विशेष प्रगति हुई। रेलवे, सड़क, टेलीग्राफ, टेलीफोन, डाक सेवा, अखबार, समाचार पत्र, मैगजीन, रेडियो, सिनेमा का प्रचलन भारतीय समाज में हुआ। हालांकि इन सभी संचार माध्यमों का विकास ब्रिटिश शासक अपने हितों की पूर्ति हेतु करते थे, लेकिन इनके द्वारा भारत में एकता भी स्थापित हुई। इसके कारण लोगों का शोषण और उत्पीड़न भी बढ़ा तथा लोगों को नियंत्रण करने में

सरकार को लाभ मिला। लेकिन आम आदमी भी संसार में होने वाले विकास से परिचित हो गए।

ब्रिटिश शासन काल का प्रभाव भारतीय समाज की शिक्षा व्यवस्था पर भी पड़ा। इसके पहले भारतीय समाजों में शिक्षा मंदिरों, विहारों, मठों, आश्रमों, घरों, मस्जिदों एवं मकताबों के माध्यम से दी जाती थी। इसमें कुछ धार्मिक ग्रंथों के अवतरणों को पढ़ाया जाता था। पुस्तकें स्थानीय भाषाओं में लिखी गयी होती थीं। अक्षर ज्ञान, अंक ज्ञान तथा गणितीय सारणी का ज्ञान प्रदान किया जाता था। ब्राह्मणों तथा उच्च मुसलमान जातियों द्वारा उच्च शिक्षा प्राप्त की जाती थी। शिक्षा का माध्यम संस्कृत, फारसी या अरबी भाषा था। उन्हें साहित्य, विधिशास्त्र, तर्कशास्त्र, चिकित्सा विज्ञान तथा अन्य प्रकार के विज्ञानों की शिक्षा दी जाती थी। पाठ्यक्रम प्राचीन पुस्तकों पर आधारित थे। इसी आधार पर लोगों को साक्षर बनाया जाता था तथा वैज्ञानिक ज्ञान का संचार किया जाता था। ब्रिटिश शासनकाल में शिक्षा को आधुनिक बनाया गया। उच्च शिक्षा के लिए कलकत्ता, मद्रास, बाम्बे, इलाहाबाद में विश्वविद्यालयों की स्थापना की गयी। कई महाविद्यालयों की स्थापना हुई। जिला स्तर पर माध्यमिक विद्यालयों की स्थापना हुई। विभिन्न संकायों—विज्ञान, कला, विधिशास्त्र, चिकित्साशास्त्र, वाणिज्य—की स्थापना हुई। विभिन्न क्षेत्रों में अनुसंधान भी आरंभ हुए। लार्ड मैकावले (1835) की शिक्षा नीति का उद्देश्य भारतीयों के मस्तिष्क में ब्रिटिश शिक्षा या किरानी बनाने वाली शिक्षा का विकास करना था। लेकिन उच्च शिक्षा प्राप्त कर अनेक भारतीय लोगों ने समानता, स्वतंत्रता, तार्किकता इत्यादि पश्चिमी विचारों को अंगीकार किया। जिसके परिणामस्वरूप स्वतंत्रता आंदोलन की शुरुआत हुई। अशोक तथा अकबर के बाद ब्रिटिश शासकों द्वारा संपूर्ण भारत को एक सूत्र में बांधा गया। एक प्रकार की प्रशासनिक व्यवस्था स्थापित की गयी। एक प्रकार का कानून, न्याय व्यवस्था, एक प्रकार के कर, एक प्रकार के मुद्रा आदि संपूर्ण भारत में लागू किया गया। प्रशासन को सुदृढ़ बनाने के लिए भारतीय लोक सेवा, भारतीय पुलिस सेवा, भारतीय शिक्षा सेवा, भारतीय लेखा सेवा इत्यादि की स्थापना की गयी तथा योग्य व्यक्तियों को प्रशासन में शामिल किया गया।

ब्रिटिश शासन काल में एक प्रकार की न्याय व्यवस्था लागू की गयी। पहले न्याय पर केवल उच्च जातियों एवं अभिजात वर्गों का अधिपत्य था। वे न्यायकर्त्ता एवं न्याय निर्माता थे। लेकिन इस समय सभी लोगों को न्याय एवं कानून के समक्ष समान समझा गया। न्यायालयों की स्थापना की गयी। न्यायालयों के तीन स्तर-निम्न, उच्च एवं सर्वोच्च न्यायालय स्थापित किए गए।

ब्रिटिश शासन काल का प्रभाव भाषा एवं साहित्य पर पड़ा। काम-काज की भाषा अंग्रेजी बन गयी। अंग्रेजी माध्यम से पढ़ायी आरंभ हुई। पूरे भारत के लोग अंग्रेजी लिखने, बोलने तथा प्रयोग करने लगे। अंग्रेजी साक्षरों की भाषा बन गयी। हमारे देश के स्वतंत्रता आंदोलन से जुड़े नेता अंग्रेजी बोलना तथा लिखना जानते थे। इसके द्वारा राष्ट्रवाद की भावना जागृत हुई। आजकल भी अंग्रेजी भाषा हम भारतीयों के बीच महत्त्वपूर्ण स्थान

बनाए हुए है। अंग्रेजी माध्यम स्कूलों की संख्या दिनोंदिन बढ़ रही है तथा अंग्रेजी माध्यम से शिक्षा प्राप्त करना उच्च स्थिति का परिचायक माना जाता है।

ब्रिटिश शासन काल में भारतीय इतिहास का लेखन अंग्रेजी भाषा में किया गया। भारतीय इतिहास एवं सभ्यता के अध्ययन के लिए भारतीय पुरातात्विक सर्वेक्षण की स्थापना की गयी। रायल एसियाटिक सोसाएटी आफ बंगाल नामक शोध पत्रिका का प्रकाशन आरंभ हुआ। ब्रिटिश प्रशासकों द्वारा भारतीय संस्कृतियों का अध्ययन कर मोनोग्राफ के रूप में प्रकाशित किए गए। अपने गौरवशाली अतीत का ऐतिहासिक ज्ञान भारतीयों को स्वतंत्रता की लड़ाई लड़ने के लिए बाध्य किया। अखबार, पत्र, पत्रिका, पुस्तक, मैगजीन, काव्य, ग्रंथ इत्यादि की रचना अंग्रेजी भाषाओं में की जाने लगी।

ब्रिटिश शासन काल में पश्चिम पुरुष तथा महिलाओं के वस्त्र प्रतिमान को अपनाया गया। इसका प्रभाव भारतीय नृत्य एवं संगीत पर भी पड़ा। भारतीय संगीत में पश्चिम शैली तथा उपकरणों को अपनाया गया। जाज, पाप, राक इत्यादि भारतीयों द्वारा अपना लिए गए। ब्रिटिश शासन काल में पश्चिम खेल-कूदों, सिनेमा, थिएटर इत्यादि का प्रचार-प्रसार हुआ।

ब्रिटिश शासन काल में ही राष्ट्रवाद एवं प्रजातंत्र की नींव रखी गयी जिसे स्वतंत्रता प्राप्ति के बाद पूर्णरूपेण अपनाया गया।

स्वतंत्रोत्तर भारत की सभ्यता एवं संस्कृति

स्वतंत्रता प्राप्ति के बाद भारत में धर्म निरपेक्ष संविधान के अनुसार प्रजातांत्रिक सरकार का गठन हुआ। सभी लोगों को नागरिकता प्रदान की गयी। शिक्षा, नौकरी, संपत्ति तथा प्रजातांत्रिक प्रक्रिया में किसी प्रकार के भेदभाव को नहीं अपनाया गया। शिक्षा सबके लिए अनिवार्य बनाया गया। सबों को अपनी संस्कृति एवं धर्म पालन की स्वतंत्रता प्रदान की गयी। सरकार द्वारा स्कूल, अस्पताल, रेलवे स्टेशन, बस स्टैंड, कार्यालय, सामुहिक एवं सामुदायिक स्थानों की स्थापना की गयी। सभी लोगों को विकास से जोड़ा गया। महिला, शिशु, वृद्धजन, आदिवासी, हरिजन, पिछड़ा वर्ग इत्यादि को विकास की मुख्य धारा से जोड़ने के लिए कई प्रकार के कार्यक्रम लागू किए गए। दबे-कुचले तथा पिछड़ों को लाभ देने के लिए आरक्षण की व्यवस्था स्थापित की गयी। सभी लोगों को मताधिकार देकर देश एवं राज्य सरकारों के गठन में उनकी भागीदारी सुनिश्चित की गयी।

कृषकों, श्रमिकों, दस्तकारों, उद्योगपतियों के हितों की रक्षा की गयी। समाजवादी तथा पूंजीवादी दोनों विचारधाराओं को साथ-साथ लेकर चलने का प्रयास किया गया। ग्रामीण क्षेत्रों के विकास पर विशेष बल दिया गया। रोजगार के अवसर प्रदान किए गए।

एक तरह की प्रशासनिक तथा न्यायिक व्यवस्था स्थापित की गयी। विभिन्न प्रकार के भारतीय सेवाओं एवं प्रादेशिक सेवाओं में लोगों को योग्यता के आधार पर चुनाव एवं नियुक्ति की गयी।

शिक्षा के विकास के लिए प्रत्येक गाँवों में स्कूल खोले गए। चार-पांच गाँवों पर मिडिल स्कूल तथा 8-10 गाँवों पर हाई स्कूल की स्थापना सरकार द्वारा की गयी। कॉलेजों एवं विश्वविद्यालयों की स्थापना की गयी। विभिन्न संकायों के अध्ययन एवं अनुसंधान आरंभ हुए। अनुसंधान कार्य पर भी विशेष बल दिया गया। यू.जी.सी., आई.सी.एस.एस.आर. आदि संस्थाओं का विकास किया गया। सूचना एवं क्रांति के क्षेत्रों में विशेष प्रगति हुई। विज्ञान एवं तकनीकी क्षेत्रों में भी प्रगति हुई।

भाषा, साहित्य एवं कला के क्षेत्र में भी विशेष प्रगति हुई। खेल-कूदों को विशेष प्रश्रय दिया गया। काम-काज की भाषा हिन्दी, अंग्रेजी तथा स्थानीय को रखा गया। हिन्दी भाषा तथा क्षेत्रीय भाषा के विकास पर विशेष बल दिया गया। सभी संकायों की पुस्तकें हिन्दी भाषा में लिखी जा रही हैं तथा उपलब्ध करायी जा रही हैं।

वास्तुकला, नृत्यकला, चित्रकला, संगीतकला इत्यादि को बढ़ावा देने के लिए विद्यालय तथा महाविद्यालयों की स्थापना की गयी है। फैशन डिजायनिंग के लिए भी कई संस्थान खोले गए हैं। प्रबंधन संस्था स्थापित किए गए हैं। त्योहारों को भारतीय स्वरूप प्रदान करने के लिए राष्ट्रीय त्योहारों की घोषणा तथा उक्त अवसर पर कर्मचारियों को अवकाश दिए जाते हैं। इस प्रकार राष्ट्रीय भावना एवं राष्ट्रवाद के विकास पर विशेष बल दिया जा रहा है। राष्ट्र निर्माण में धर्मनिरपेक्षता जाति निरपेक्षता, लिंग-निरपेक्षता, भाषा निरपेक्ष तथा क्षेत्र निरपेक्षता पर विशेष ध्यान दिया जा रहा है। इन्हीं प्रयासों के फलस्वरूप भारतीय समाज की विशेष पहचान अनेकता में एकता के रूप में बनी है।

इस प्रकार हम पाते हैं कि भारतीय समाज, संस्कृति एवं सभ्यता एक ऐतिहासिक प्रक्रिया है। इसमें समय-समय पर परिवर्तन भी होते आया है। साथ ही साथ इसमें निरंतरता भी बनी हुई है। इसकी निरंतरता एवं परिवर्तनीयता को ऐतिहासिक दृष्टिकोण का अनुसरण करते हुए समझा जा सकता है। इस प्रकार भारतीय सभ्यता, संस्कृति एवं समाज का गौरवशाली अतीत एवं वैभवशाली वर्तमान है। यहाँ हम परंपरा एवं आधुनिकता का अनोखा मिश्रण पाते हैं।

2

भारतीय समाज, संस्कृति एवं सभ्यता अध्ययन का भारतीय विद्याशास्त्रीय दृष्टिकोण

(INDOLOGICAL APPROACHES TO THE STUDY OF INDIAN SOCIETY, CULTURE AND CIVILISATION)

भारतीय सभ्यता, संस्कृति एवं समाज का अध्ययन भारतीय विद्या (Indology) के आधार पर किया जा सकता है। भारतीय विद्याओं का ज्ञान हमें परंपरा तथा सांस्कृतिक धरोहर के रूप में प्राप्त होता है। मानव एक सामाजिक प्राणी है तथा सामाजिक सदस्य होने के नाते वह जो कुछ भी ग्रहण करता है, उसे ही संस्कृति कहा जाता है। सामाजिक सदस्य होने के नाते हम ज्ञान, विज्ञान, कला, संगीत, विश्वास, मनोभावना, नैतिकता इत्यादि को ग्रहण करते हैं। इन सारे तत्वों को ही सांस्कृतिक विरासत कहा जाता है। चूँकि संस्कृति दो प्रकार की होती हैं, अतः सांस्कृतिक विरासत को भी दो भागों में बाँटा जा सकता है—(i) भौतिक तथा (ii) अभौतिक। जो कुछ भी भौतिक वस्तुएँ हम अपने पूर्वजों से ग्रहण करते आए हैं, उन्हें भौतिक सांस्कृतिक विरासत कहा जाता है। लेकिन वे अभौतिक तत्व जिन्हें हम अपने पूर्वजों से प्राप्त करते हैं, उसे अभौतिक सांस्कृतिक विरासत कहा जाता है। जैसे धर्म एवं विश्वास। उसी प्रकार गृह, पुस्तक, शिल्प इत्यादि अभौतिक सांस्कृतिक विरासत हैं। बहुत सारे अभौतिक सांस्कृतिक विरासत हमें अवशेष के रूप में मिले हैं जिनके आधार पर हड़प्पा संस्कृति या सिन्धु घाटी की सभ्यता पर प्रकाश पड़ता है। उन अवशेषों के अध्ययन के आधार पर निष्कर्ष निकाला गया है कि सिन्धु घाटी सभ्यता, कांस्य सभ्यता, नागरिक सभ्यता, जनतांत्रिक सभ्यता, औद्योगिक सभ्यता, शांतिमूलक सभ्यता, पितृप्रधान एवं मातृदेवी प्रधान सभ्यता थी। वैदिक काल से हमें साहित्य विरासत में मिलने लगते हैं। इसके बाद के कालों में भारतीय शासकों, विद्वानों, साहित्यकारों, इत्यादि द्वारा अनेक प्रकार की विद्याओं से संबंधित ग्रंथों की रचना की गयी है। उन ग्रंथों के अध्ययन से भारतीय सभ्यता, संस्कृति एवं समाज को जानने में मदद मिलती है।

भारत का विरासत साहित्य (Heritage Literature of India)

भारतीय साहित्य को दो भागों में बाँटा जाता है—(1) धार्मिक साहित्य तथा (2) धर्मोत्तर साहित्य। धार्मिक साहित्य का अध्ययन तीन वर्गों में विभाजित करके किया जाता है—(i) ब्राह्मण साहित्य, (ii) बौद्ध साहित्य तथा (iii) जैन साहित्य।

1. ब्राह्मण साहित्य

ब्राह्मण साहित्य में सबसे प्राचीन ग्रंथ ऋग्वेद है। ऋग्वेद से प्राचीन आर्यों की धार्मिक, सामाजिक, राजनीतिक तथा आर्थिक व्यवस्था की जानकारी मिलती है। आयुर्वेद, सामवेद तथा अथर्ववेद, उत्तर वैदिक काल के आर्यों के जीवन पर प्रकाश डालते हैं। इस प्रकार वेदों की संख्या चार है। ऋग्वेद को संसार का सबसे प्राचीन धर्म ग्रंथ माना जाता है। यह केवल भारत का विरासत नहीं, वरन् संपूर्ण मानवता का विरासत है।

वेद शब्द की उत्पत्ति मूल शब्द विद् से हुई है जिसका अर्थ ज्ञान होता है। वेदों को श्रुति एवं स्मृति परंपराओं के माध्यम से सदियों तक जीवित रखा गया था। ऐसा विश्वास किया जाता है कि कोई एक व्यक्ति द्वारा वेदों की रचना नहीं की गयी है। वेद की विषयवस्तुओं का आभास ऋषि-मुनियों को सुन करके या अनुभव प्राप्त करके हुआ था। इसका प्रचार-प्रसार श्रुति एवं स्मृति परंपराओं द्वारा होता रहा था।

ऋग्वेद देवताओं की स्तुति में कही गयी श्लोकों (ऋचाओं) का संग्रह है। ऋग्वेद में 10 अध्याय, 1029 प्रकरण तथा 10580 मंत्र हैं। इस ग्रंथ में किसी ऐतिहासिक घटना का वर्णन नहीं है और न ही किसी सामाजिक या राजनीतिक स्थिति का चित्रण। लेकिन इसके अध्ययन से उस समय की सभ्यता का चित्र हमें प्राप्त हो जाता है।

प्रत्येक वेद के तीन प्रमुख भाग हैं—संहिता, ब्राह्मण, आरण्यक या उपनिषद्। संहिता का अर्थ संग्रह होता है। संहिता में देवताओं की स्तुति में गाये जाने वाले मंत्र होते हैं। सभी वेदों के अलग-अलग ब्राह्मण ग्रंथ होते हैं जो कर्मकांड की पद्धति का उल्लेख करते हैं। ब्राह्मण के बाद आरण्यकों का स्थान आता है। इसमें यज्ञ के अतिरिक्त चिंतन का विशेष महत्त्व है। इसी काल में उपनिषदों की रचना की गयी है। उपनिषदों से आर्यों के प्राचीनतम जीवन की जानकारी मिलती है। उपनिषदों ने आरण्यक के दार्शनिक विचार धाराओं को आगे बढ़ाया। इसमें सृष्टि, जीव, ईश्वर, आत्मा, परमात्मा, परलोक आदि का विश्वास किया गया।

ऐतरेय, शतपथ, पंचविश और गोपथ प्रमुख ब्राह्मण ग्रंथ हैं। ब्राह्मण साहित्य भी दो प्रकार के हैं—अर्थवाद और विधि। अर्थवाद साहित्य में मंत्रों के अर्थ दिए गए हैं। विधि साहित्य में यज्ञ की रीतियों का वर्णन है।

आरण्यक साहित्य का संबंध उन लोगों से था जो जंगल में रहकर चिंतन किया करते थे। प्रत्येक ब्राह्मण ग्रंथ के अंत में आरण्यक रहता है। ऐतरेय, कौषीतकी और तैत्तिरीय आरण्यक इन्हीं नामों के ब्राह्मणों से संबद्ध हैं।

उपनिषदों के माध्यम से भारतीय अध्यात्म चिंतन का रूप निखरा है। उपनिषद् के ज्ञान का सार तत्व हैं परमात्मा में व्यक्तिगत आत्मा का विलिन होना। इसमें सर्वव्यापी, निर्गुण, सर्वशक्तिशाली, ब्रह्म की कल्पना की गयी है।

वेदांग

वैदिक काल के अंत में वेदों का अर्थ समझने के लिए *वेदांगों* की रचना की गयी। इस प्रकार वेद के अंगों को ही वेदांग कहा गया है। वेदांग छह हैं—शिक्षा, व्याकरण, कल्प, छन्द, निरुक्त और ज्योतिष। वेदांगों में वेदों की अध्ययन विधि एवं वेदमंत्रों के शुद्ध उच्चारण विधि का वर्णन किया गया है। इसमें धार्मिक रीति-रिवाजों की भी चर्चा है। मनुष्य के कर्त्तव्यों एवं दायित्वों का भी वर्णन वेदांगों में पाया जाता है। इसमें मनुष्य के सोलह संस्कारों का भी वर्णन है। हिन्दू संस्कार एवं संस्कृति की उत्पत्ति इन्हीं संस्कारों से हुई है।

स्मृति

सूत्त साहित्यों के बाद स्मृतियों की रचना की गयी। स्मृतियों में राजा के अधिकारों एवं कर्त्तव्यों से लेकर जनसाधारण के सामाजिक, आर्थिक और धार्मिक विधानों की चर्चा है। याज्ञवल्क्य, नारद एवं पराशर की स्मृतियों से गुप्त काल की शासन व्यवस्था पर प्रकाश पड़ता है।

महाकाव्य

रामायण एवं महाभारत को महाकाव्य की संज्ञा दी जाती है। रामायण की रचना वाल्मीकि तथा महाभारत की रचना वेद व्यास ने की थी। रामायण में राजा दशरथ के पुत्र राम के पावन चरित्र के माध्यम से एक आदर्श राज्य और राजा के कर्त्तव्य की कल्पना की गयी है। युद्ध द्वारा असत्य के ऊपर सत्य का विजय दर्शाया गया है। रामायण मानव समाज, संस्कृति तथा सभ्यता का पथ प्रदर्शक है। यह धर्म, अर्थ, काम और मोक्ष सिद्धि के लिए आदर्श उपस्थित करने वाला एक मौलिक ग्रंथ है।

महाभारत मूलतः कौरवों और पांडवों के बीच हुए संघर्ष की कहानी है। भारतीय नीति के विशाल दर्पण के रूप में महाभारत को पांचवें वेद की संज्ञा दी जाती है। गीता भी

महाभारत का ही एक अंश है। इसके उपाख्यानों में लौकिक धर्म के अनेकानेक ग्रंथों पर विस्तार से प्रकाश डाला गया है। इसमें भारत के महापुरुष तथा विश्व मानव के प्रतिनिधि श्रीकृष्ण, गांडेय अर्जुन, भीष्म, सत्यवादी युधिष्ठिर और दानवीर कर्ण जैसे महान पुरुषों की कथाएँ संग्रहित हैं। उपदेशों की बहुलता के कारण कुछ विद्वान इस ग्रंथ को हिन्दू का वृहतकोश, धर्मशास्त्र तथा पुराण संहिता आदि नामों से पुकारते हैं। इसमें अत्यंत प्राचीन काल के राजा नल, शिवि, दधिचि, सत्यवान-सावित्री आदि आदर्श कथाएँ तथा धर्म, अर्थ, काम एवं मोक्ष के साधन बतलाए गए हैं। यह मोक्ष प्राप्ति के मार्ग बतलाने वाला ग्रंथ हैं। इस प्रकार महाभारत प्राचीन भारतीय समाज, संस्कृति एवं सभ्यता की जानकारी के लिए अमूल्य निधि है।

पुराण

वेदों के समान पुराण भी अत्यंत प्राचीन ग्रंथ हैं। इसमें प्राचीन राजवंशों एवं राजाओं के चरित्र, जीवन वृत्तांत तथा आख्यान संकलित हैं। भारत के प्राचीन ऐतिहासिक कथाओं तथा घटनाओं का सर्वश्रेष्ठ एवं क्रमबद्ध विवरण पुराणों में मिलता है। पुराणों की कुल संख्या अठारह हैं। इसके विषय पाँच हैं—सर्ग, प्रतिसर्ग, वंश, मानवान्तर और वंशानुचरित्र। मत्स्य, ब्रह्माण्ड, भागवत, विष्णु, वायु पुराणों में प्राचीन राजवंशों का उल्लेख मिलता है। इतिहास के लिए इन पुराणों का विशेष स्थान है। पुराणों में शिशुनाग वंश, नंद वंश, मौर्य वंश, शुंग वंश, कण्व वंश, आन्ध्रवंश तथा गुप्त वंश का उल्लेख मिलता है।

दर्शन के छः सिद्धांत

प्राचीन भारत के विभिन्न कालों में दर्शन के छह सिद्धांत प्रचलित थे। उन्हें दर्शन कहा जाता है। वे हैं—गौतम का न्याय, कनाड का वैसे शिक्षा, कपिल का सांख्य, जयमानी का मिमांसा तथा व्यास का वेदांत। न्याय एवं वैसे शिक्षा में सृष्टि के परमाणु सिद्धांत का विवरण मिलता है। सांख्य सजीव आत्मा एवं निर्जीव पदार्थों को सृष्टि का कारक मानता है। मीमांसा में वैदिक कर्मकांड का वर्णन है। वेदांत में वेदों का परमोत्कर्ष का विवरण है।

बौद्ध साहित्य

प्राचीन भारतीय समाज, संस्कृति एवं सभ्यता को जानने के लिए बौद्ध साहित्य का महत्त्व कम नहीं है। बौद्ध साहित्य तीन प्रकार के हैं—जातक, त्रिपिटक और निकाय। इसमें जातक सबसे प्राचीन है। इसमें गौतम बुद्ध के जीवन की घटनाओं का उल्लेख मिलता है। जातक के बाद त्रिपिटक का स्थान आता है। इनकी संख्या तीन है—सूत पिटक, विनय पिटक तथा अभिसम्मपिटक। सूतपिटक में बुद्ध के धार्मिक विचारों और वचनों का संग्रह

हैं। विनयपिटक में बौद्ध धर्म के संघों से संबंधित नियमों का संकलन है। अभिसम्म पिटक में वेद के सिद्धांतों का वर्णन है।

जैन साहित्य

जैन साहित्यों के अध्ययन से भारतीय सभ्यता, संस्कृति एवं समाज के बारे में जानकारी प्राप्त होती है। जैन ग्रंथों में परिशिष्ट वर्ग, आचारांग सूत, कल्पसूत, भगवतीसूत, उवासगदासाओ सूत्र, बारह अंग आदि महत्त्वपूर्ण हैं। आचारांग सूत में जैन भिक्षुओं के आचार नियमों का वर्णन है। भगवती सूत महावीर के जीवन पर प्रकाश डालता है। नायाधम सूत में महावीर की शिक्षाओं का वर्णन है। उवासगदासाओ सूत में जैन उपासकों के नियमों का वर्णन है।

धर्मेत्तर साहित्य

धार्मिक साहित्य की भाँति धर्मेत्तर साहित्यों में भी भारतीय समाज, संस्कृति एवं सभ्यता की जानकारी मिलती है। धर्मेत्तर साहित्य में पाणिनी की अष्टाध्यायी विशेष महत्त्वपूर्ण है। इसमें मौर्यकाल के पूर्व भारतीय समाज, संस्कृति और सभ्यता की जानकारी हमें मिलती है। विशाखदत्त का प्रसिद्ध नाटक मुद्राराक्षस, सोमदेव का कपासरित सागर अैर क्षेमेन्द्र की वृहत्कथा मंजरी मौर्यकालीन सभ्यता संस्कृति पर प्रकाश डालते हैं। कौटिल्य का अर्थशास्त्र मौर्यकालीन सामाजिक तथा धार्मिक दशा पर प्रकाश डालता है। कालिदासकृत अभिज्ञानशाकुंतलम्, मालविकाग्निमित्रम्, रघुवंशम् तथा मेघदूतम्, शूद्रक की मृच्छकट्टिकम, वात्सायन का कामसूत्रम, दण्डी रचित दशकुमार चरितम् आदि से तत्कालीन समाज, संस्कृति एवं सभ्यता पर प्रकाश पड़ता है। पतंजलि के महाभाष्य एवं कालिदासकृत मालविकाग्निमित्रम् से शुंगवंश के बारे में जानकारी मिलती है। भतृहरि द्वारा नीतिशतक, श्रृंगार शतक तथा वैराग्यशतक में क्रमशः नीति, श्रृंगार एवं वैराग्य का विवरण मिलता है। कामन्दककृत नीतिसार में नीतिशास्त्र का विवरण मिलता है। अमर सिंह के अमरकोश, चन्द्रगोभी का चन्द्र व्याकरण, विष्णु शर्मा के पंचतंत्र तथा हितोपदेश में भी भारतीय समाज, संस्कृति एवं सभ्यता की जानकारी प्रदान की गयी है।

भरतकृत नाट्यशास्त्र तथा कालिदासकृत मालविकाग्निमित्रम् में नाट्य संबंधी जानकारी मिलती है जिससे तत्कालीन समाज की संस्कृति एवं सभ्यता पर प्रकाश पड़ता है। चरक एवं सुश्रुत संहिता में चिकित्साशास्त्र एवं शल्य चिकित्सा का विवरण प्राप्त होता है। वराहमिहिरकृत वृहत संहिता में खगोलीय घटनाओं का उल्लेख मिलता है। आर्यभट्ट की पुस्तक आर्यभट्टीयम गणित की महत्त्वपूर्ण पुस्तक मानी जाती है। उनकी पुस्तक सूर्यशतक भी सूर्यग्रहण एवं चन्द्रग्रहण के बारे में महत्त्वपूर्ण सूचना प्रदान करती है।

मुगल शासनकाल में भी कला एवं साहित्य को राजाश्रय प्राप्त था। अनेक विचारकों एवं विद्वानों को अकबर महान का राजाश्रय प्राप्त था। उनके दरबार में अनेक कवि,

संगीतकार, कलाकार तथा व्यंग्यकार को राजाश्रय प्राप्त था। अबुल फैजल अकबर महान का मित्र, चिंतक एवं मार्गदर्शक था। उसने दीन-ए-अकबरी या ईलाही की रचना की। विद्वान राजा दाराशिकोह द्वारा उपनिषदों का फारसी भाषा में अनुवाद किया गया था।

ब्रिटिश शासन काल में राजा राममोहन राय, स्वामी दयानंद सरस्वती, ईश्वरचंद्र विद्यासागर, महात्मा गाँधी तथा अनेक महान भारतीयों द्वारा प्राचीन भारतीय प्रथाओं एवं व्यवहारों की समीक्षा की गयी। कर्मकांड के अंधविश्वासों, जातीय अंधविश्वास, विधवा एवं महिलाओं की दुर्दशा तथा धार्मिक पुनर्जागरण पर विशेष ध्यान दिया गया। वेद का अंग्रेजी में अनुवाद मैक्सम्युलर द्वारा किया गया। अंग्रेजी शिक्षा के प्रसार एवं प्रचार से भारतीय साहित्य में नए विचार जागृत हुए। उपन्यास, कथा, कहानी, नाटक, कविता, लेख इत्यादि लिखे गए। 20वीं सदी में राष्ट्रीय जागरण एवं स्वतंत्रता संग्राम के फलस्वरूप भारतीय साहित्य में राष्ट्रवाद का आगमन हुआ। रवीन्द्रनाथ टैगोर, सुब्रह्मणियम भारती, दिनकर, महात्मा गांधी, जवाहरलाल नेहरू की रचनाएँ हमारे देश की सांस्कृतिक धरोहर बन गयी हैं।

नृत्य एवं संगीत (Dance and Music)

भारतीय संस्कृति में नृत्य एवं संगीत का विशेष स्थान रहा है। नृत्य एवं संगीत को भारतीय राजाओं एवं अभिजात वर्गों द्वारा राजाश्रय प्राप्त था। अठारहवीं शताब्दी के प्रथम चौथाई में मोहम्मद शाह ने बड़े ही उदार ढंग से नृत्य एवं संगीत को संरक्षण प्रदान किया गया था। प्रसिद्ध संगीतकार आदरंग एवं सादरंग वीणावादन में निपुणता प्राप्त किए थे। तंजोर के राजा तुलजाजी स्वयं एक निपुण संगीतकार था। उसने भी संगीत को उदार ढंग से राजाश्रय प्रदान किया था। गुप्तकाल में अनेक नाटकों की रचना की गयी थी। जिससे पता चलता है तत्कालीन सभ्यता एवं संस्कृति में नृत्य एवं संगीत का प्रचलन था। कालिदासकृत मालविकाग्निमित्रम् में कलाभवन का उल्लेख मिलता है। गुप्त सम्राट संगीत प्रेमी थे। उन्होंने उदारतापूर्वक संगीत को संरक्षण दिया था। उनकी व्यक्तिगत अभिरुचि और राजाश्रय में संगीत-कला का खूब विकास हुआ था। सम्राट समुद्रगुप्त वीणा बजाने में निपुण थे। धनी व्यक्तियों के घरों में संगीतशाला हुआ करती थी जहाँ विभिन्न वाद्यों का अभ्यास किया जाता था। नगरों में संगीत की शिक्षा देने के लिए कलाभवन हुआ करते थे। गणदास नामक आचार्य संगीत की शिक्षा देते थे। गीत के साथ वाद्य का सामंजस्य रहता था। राजवंश एवं सभ्य घरानों की कन्याओं को नृत्य की शिक्षा दी जाती थी। वे नृत्य का अभ्यास व्यक्तिगत मनोरंजन के लिए करती थीं। सामूहिक मनोविनोद के लिए नर्तकों एवं नर्तकियों की मंडलियाँ अपना नृत्य दर्शाती थीं। नृत्य प्रतियोगिता का भी आयोजन किया जाता था। गणदास और हरदत्त के बीच नृत्य प्रतियोगिता का आयोजन हुआ था।

मुगल शासन काल में भी नृत्य एवं संगीत को उदारतापूर्वक प्रश्रय दिया गया था। इसमें गीत एवं संगीत दोनों का अद्भुत मिलन हुआ था। संगीतकारों को राजदरबार में

विशेष प्रश्रय दिया जाता था। तानसेन, बैजू बावरा, बाबा रामदास, सूरदास इत्यादि संगीतकारों को मुगल दरबार में विशेष स्थान था। इस काल में तबला एवं सितार हिन्दुस्तानी संगीत के अभिन्न अंग बन गए थे।

आधुनिक भारत में भी नृत्य एवं संगीत को विशेष प्रश्रय मिला है। कत्थकली, मणिपुरी, भरतनाट्यम, ओडिसी नृत्यों को रुकमिणी देवी, मेनका, गोपीनाथ (भरत नाट्यम) मादमेंसिमाकी (कत्थकली), राजकुमार एवं प्रियागोपाल (मणिपुरी), रघुनाथ पाणि एवं संयुक्ता प्राणिग्रही (ओडिसी) इत्यादि के संरक्षण में काफी लोकप्रियता प्राप्त हुई है। उदयशंकर यूरोप एवं अमेरिका में आयोजित भारतीय नृत्य के मशहूर प्रतिनिधि थे। हमारा देश भारत लोकनृत्यों का देश है। जनजातीय क्षेत्रों के जनजातीय नृत्य, पंजाब का भांगड़ा नृत्य, ब्रज का होली नृत्य, उड़ीसा का छौ नृत्य, बिहार तथा उत्तर प्रदेश का कजरी नृत्य, बंगाल का गजर नृत्य अपना विशेष स्थान लोक नृत्यों में रखते हैं। कला एवं संस्कृति मंत्रालय, भारत सरकार द्वारा साहित्य अकादमी, संगीत नृत्य अकादमी, ललित कला अकादमी इत्यादि की स्थापना की गयी है।

चित्रकला (Painting)

गुप्तकाल में चित्रकला का अद्‌भुत विकास हुआ था। चित्रकला के सर्वोत्तम नमूने अजंता से प्राप्त हुए हैं। गुफा संख्या 16-17 के चित्र गुप्तकालीन माने जाते हैं। गुफा संख्या 16 के भित्तिचित्र में मरणासन्न राजकुमारी का चित्र विशेष प्रमुख हैं। गुफा संख्या 17 के चित्र में बुद्ध के जन्म, महामिनिष्क्रमण, संबोधि तथा महापरिनिर्वाण के दृश्य अंकित हैं। जहां अजंता की चित्रकारी धार्मिक विषयों से संबंधित है, वहीं बाघ का चित्र मनुष्य के लौकिक जीवन से संबंधित है। यहाँ का चित्र तत्कालीन वेशभूषा, केश विन्यास तथा अलंकार प्रसाधन को समझने में उपयोगी सिद्ध हुआ है। बाघ की गुफाओं में विहार, चैत्य, स्तूप और सभागृह हैं। इन गुहा विहारों एवं चैत्यों की दीवारों, छतों तथा बरामदों में भिन्न-भिन्न प्रकार के दृश्य अंकित किए गए हैं। पुष्पों, लताओं, हाथियों, मृगों, वृषभों, गायों आदि से भित्तियों, छतों एवं स्तंभों को चित्रित किया गया है। कुछ स्थानों पर बुद्ध की प्रतिमाएँ चित्रित हैं। मध्य राजकीय जुलूस, नृत्य तथा गायन के दृश्य, शोकातुर रमणियों के दृश्य, हाथियों के दौड़ आदि के दृश्य अंकित हैं। बाघ की गुफाओं के चित्र सौंदर्य एवं कला की दृष्टि से अजंता के चित्रों से कम सजीव नहीं हैं।

मुगलकाल में चित्रकला को विशेष मान-सम्मान प्राप्त हुआ था। इस युग की चित्रकला में फारसी एवं भारतीय तत्वों का संश्लेषण एवं मिश्रण हुआ। इसका प्रभाव चित्रकला, मूर्तिकला, आभूषण कला एवं धातु कला पर पड़ा। अकबर की नयी राजधानी फतेहपुर सिकरी में विलासितापूर्ण चित्रकला को प्रदर्शित किया गया है। उन चित्रों में आभूषण, वस्त्र एवं सौंदर्यता को काफी बारीकी से दर्शाया गया है। जयपुर, जोधपुर तथा

बीकानेर के राजमहलों से भी सौंदर्य प्रदर्शित चित्रांकण पाए गए हैं। वर्तमान समय में बिहार का मधुबनी चित्र एवं उड़ीसा का पट्टाचित्र विशेष स्थान बनाए हुए हैं। आज भारतीय लोक समाजों में चित्रकला का प्रचलन है। पर्व-त्योहारों, सामाजिक उत्सवों, विवाहों इत्यादि के अवसर पर तरह-तरह के चित्रांकन किए जाते हैं। रवि वर्मा एवं एम.एफ. हुसैन को चित्रांकण में महत्त्वपूर्ण स्थान प्राप्त है।

वास्तुकला (Architecture)

गुप्तकालीन राजाओं को वास्तुकला में असीम अभिरुचि थी। मोहरा भराडु नामक स्थान के उत्खनन से सभाभवन, जलपान गृह, रसोईघर, भंडार, स्नानघर इत्यादि के अवशेष मिले हैं। धार्मिक भवनों के अवशेष से उस युग के विहारों, स्तूपों, मंदिरों एवं ध्वजस्तंभों की जानकारी प्राप्त होती है। मंदिरों का निर्माण गुप्तकालीन स्थापत्य कला की प्रमुख विशेषता थी। इस युग में शिव, विष्णु तथा अन्य देवी-देवताओं के अनेक मंदिरों का निर्माण किए गए थे। मंदिरों के अवशेष जबलपुर, उदयगिरी तथा भ्रमरा आदि स्थानों से उपलब्ध हुए हैं। जबलपुर के तिगवा नामक स्थान पर एक विष्णु मंदिर है जिसकी छत चपटी तथा प्रवेश द्वार को गंगा-यमुना की आकृतियों से अलंकृत किया गया है। भ्रमरा के शिवमंदिर को ब्रह्मा, गणेश, कार्तिकेय, सूर्य आदि देवताओं से सजाया गया है। मध्य प्रदेश में सिरपुर और बंगाल में पहाड़पुर में ईंटों के बने मंदिर हैं। कानपुर के निकट भीतर गाँव में ईंटों के बने मंदिर मिले हैं जिसमें पौराणिक गाथाएँ प्रतिमाओं के माध्यम से उत्कीर्ण हैं। झांसी जिले में देवगढ़ का दशावतार मंदिर, बीजापुर जिले में एहोल का मंदिर, असम में बृहपरवतिया का मंदिर, उदयगिरी का विष्णु मंदिर, साँची का मंदिर, एरण में वराह तथा विष्णु का मंदिर गुप्तकालीन मंदिरों में प्रमुख स्थान रखते हैं। चित्तौड़, दशपुर, मांडू और आश्रम (बघेलखंड) में सूर्य के मंदिर थे।

सारनाथ का धामेख स्तूप गुप्तकाल की वास्तुकला का उत्कृष्ट नमूना है। इसका आकार गोलाकार है। बिहार के राजगृह में जरासंध की बैठक में स्तूप मिला है। नालंदा में भी बौद्ध विहार के अवशेष मिले हैं।

900 ई. से 1200 ई. के बीच खजुराहो, उड़ीसा, राजस्थान, दक्षिण भारत में चोल साम्राज्य और होयसल राज्य पाँच प्रमुख कला के केन्द्र थे। उड़ीसा का कोर्णाक मंदिर तथा पुरी में भगवान जगन्नाथ का मंदिर भारतीय वास्तुकला तथा मूर्तिकला के उत्कृष्ट नमूने प्रस्तुत करते हैं। मुगलकाल में वास्तुकला पर फारसी प्रभाव परिलक्षित होता है। इस प्रकार भारतीय वास्तुकला में भारतीय तथा फारसी परंपराओं का संश्लेषण अस्तित्व में आया। दिल्ली का कुतुबमीनार, आगरा का ताजमहल, दिल्ली, आगरा और फतेहपुर का किला मुगलकालीन वास्तुकला के सर्वोत्तम उदाहरण हैं। मुगल शासनकाल में मंदिर निर्माण की नयी शैली का विकास हुआ। मंदिरों में स्तूपों के स्थान पर गुंबजों को प्राथमिकता प्रदान की गयी। ताजमहल तथा अकबर का मकबरा भी वास्तुकला में अपना प्रमुख स्थान बनाए हुए है।

ब्रिटिश शासनकाल में भारतीय वास्तुकला पर पश्चिमी शैली का प्रभाव पड़ा है। इसके परिणामस्वरूप आधुनिक एवं परंपरागत शैलियाँ प्रकाश में आयीं हैं। कलकत्ता में विक्टोरिया मेमोरियल तथा नयी दिल्ली में राजधानी का निर्माण पश्चिम अभियंताओं द्वारा किया गया है। अनेक कार्यालय भवनों, गोलघरों, पुलों, स्टेशनों इत्यादि का संरचनात्मक रूप पश्चिमी अभियंताओं द्वारा किया गया है। लेकिन उदयपुर, जयपुर, जोधपुर, मैसूर तथा अन्य स्थानों के आधुनिक भवनों को भारतीय वास्तुकारों ने बनाया है। हरिद्वार, उज्जैन, वाराणसी, महेश्वर, मथुरा, इंदौर का ग्लास निर्मित जैन मंदिर, दिल्ली का बिरला मंदिर, नागदा (म.प्र.) का विष्णु मंदिर पर पश्चिमी शैली का प्रभाव नहीं के बराबर पड़ा है।

मूर्तिकला (Sculpture)

प्राचीन भारत में मथुरा, सारनाथ और पाटलिपुत्र मूर्तिकला विकास के मुख्य केन्द्र थे। मथुरा की मूर्तिकला अपने उत्कर्ष की चरम सीमा पर पहुँच गयी थी। मथुरा में बुद्ध की एक प्रतिमा प्राप्त हुई है जिसमें शांति, करूणा एवं आध्यात्मिक भावनाओं का अपूर्व सम्मिश्रण है। बिहार के सुल्तानगंज में तांबे की 7½ फुट ऊँची बुद्ध की प्रतिमा मिली है जिसमें बुद्ध का दाहिना हाथ अभय मुद्रा में उठा हुआ है। बुद्ध की प्रतिमा सारनाथ से भी मिली है जिसमें बुद्ध को कमलासन में दर्शाया गया है। प्रस्तर खंडों एवं शिला पट्टिकाओं पर भी बुद्ध के विभिन्न घटनाओं को उत्कीर्ण किया गया। बुद्ध काल में हिन्दू धर्म की प्रधानता स्थापित हो गयी थी। इसलिए इस धर्म के देवी-देवताओं की बहुसंख्यक मूर्तिया बनवायी गयीं। ब्रह्मा, विष्णु, शिव, सूर्य, कार्तिकेय, लक्ष्मी, पार्वती आदि की मूर्तियां अधिकाधिक संख्या में बनायी गयीं। शिव के अनेक प्रकार की मूर्तियाँ बनायी गयीं। जैसे एकमुखी, तीनमुखी, चारमुखी तथा पाँचमुखी। अर्द्धनारीश्वर के रूप में भी शिव को दर्शाया गया। शेष नाग पर शयन करती हुई विष्णु की मूर्तियाँ भी बनवायी गयीं। विष्णु के नाभिकमल पर ब्रह्मा को, आकाश में शिव, कार्तिकेय इन्द्र आदि देवताओं को और चरण के समीप लक्ष्मी को दिखाया गया है। इसके अलावा कई स्थानों से सूर्य की मूर्तियाँ मिली हैं। महावीर तथा जैन तीर्थंकरों की भी मूर्तियाँ बनायी जाती थीं।

विज्ञान एवं शिल्पशास्त्र (Science and Technology)

प्राचीन भारत में वेदों के अतिरिक्त गणित, रेखागणित, खगोलविद्या, चिकित्साशास्त्र, शल्य चिकित्सा, कृषि तथा धनुर्विद्या की पढ़ायी होती थी। वैदिक अनुष्ठानों में बलि का विशेष स्थान था। बलि के लिए वेदी का निर्माण किया जाता था। वेदी का आकार रेखागणितीय होता था। इसका आकार वर्गाकार, गोलाकार, त्रिभुजाकार, चतुर्भुजाकार या आयताकार होता था। वर्गाकार, आयताकार, त्रिभुजाकार या गोलाकार वेदी का निर्माण धार्मिक विशेष पुजारी द्वारा किया जाता था।

प्राचीन भारत का सबसे बड़ा गणितज्ञ आर्यभट्ट थे। उन्होंने शून्य के सिद्धांत का प्रतिपादन किया तथा दशमल प्रणाली का विकास किया। उसकी प्रसिद्ध पुस्तक आर्यभट्टीयम थी। उसने अंकगणित, बीजगणित, ज्यामिति एवं त्रिकोणमिति के क्षेत्र में नवीन खोज की। उसने वृत्त के व्यास और परिधि के अनुपात को सुनिश्चित किया। वे अपने समय के सबसे बड़े खगोल-वैज्ञानिक थे। उनकी प्रसिद्ध पुस्तक सूर्य सिद्धांत थी। इस पुस्तक में उन्होंने इस सिद्धांत को प्रतिपादित किया कि सूर्य स्थिर है तथा पृथ्वी अपने धुरी पर सूर्य की परिक्रमा करती है। आर्यभट्ट के नक्षत्र विज्ञान तथा ज्योतिष के विभिन्न सिद्धांतों का प्रतिपादत किया था। वह पहला भारतीय नक्षत्र वैज्ञानिक था जिसने कहा कि पृथ्वी अपने कक्ष में चारों ओर घूमती है। उसने नक्षत्रीय चलन के परिवर्तनों का भी विवेचन किया। उसने बतलाया कि ग्रहण चन्द्रमा अथवा पृथ्वी की छाया का परिणाम है। उन्होंने विभिन्न नक्षत्रों एवं ग्रहों की गति पर भी प्रकाश डाला। वराहमिहिर दूसरा सबसे प्रसिद्ध खगोलशास्त्री था। उसने अनेक ग्रंथों की रचना की जिसमें पंचसिद्धांत, विवाह पटल, योगमाया, वृहत्संहिता, वृहज्जातक और लघुजातक विशेष उल्लेखनीय हैं। पंच सिद्धांत के अनुसार ज्योतिष के पाँच सिद्धांत हैं—पैतामह सिद्धांत, वशिष्ठ सिद्धांत, सूर्य सिद्धांत, पोलिस सिद्धांत और रोमक सिद्धांत। अन्य ग्रंथों में फलित ज्योतिष का विवरण है। ब्रह्मगुप्त इस युग का एक अन्य ज्योतिष था। उसने ब्रह्म सिद्धांत की रचना की।

भौतिक एवं रसायन विज्ञान

प्रसिद्ध बौद्ध दार्शनिक नागार्जुन रासायनिक और धातु विज्ञान का ज्ञाता था। उसने विभिन्न भस्मों की खोज की। उसने प्रमाणित किया कि सोना, चांदी, तांबा आदि खनिज पदार्थों के रासायनिक प्रयोगों से रोगों को दूर किया जा सकता है। इस समय पारद का भी आविष्कार हुआ था। धातु विज्ञान की भी इस समय विशेष प्रगति हुई थी। धातुओं को रासायनिक क्रियाओं द्वारा पिघलाने और ढालने की कला का भी विकास हुआ था। मेहरौली का लौह स्तंभ इसका सुंदर नमूना है।

चिकित्सा विज्ञान

गुप्तकाल चिकित्सा विज्ञान के विकास के लिए भी विशेष स्थान रखता है। इस युग में अन्य विज्ञानों की भांति चिकित्सा विज्ञान की भी प्रगति हुई थी। बाग्भट्ट प्रथम ने अष्टांग संग्रह की रचना की, इसमें चरक संहिता और सुश्रुत संहिता का निचोड़ मिलता है। आयुर्वेद का प्रसिद्ध एवं प्रकांड विद्वान और चिकित्सक धनवंतरी इसी युग में हुआ। नवीनीतकम आयुर्वेद का एक प्रसिद्ध ग्रंथ था। जिसमें चरक, सुश्रुत एवं पाराशर संहिता के उपयोगी नुक्सों का संग्रह है। गुप्तकाल में मानव चिकित्सा के साथ-साथ पशु-चिकित्सा पर भी

ध्यान दिया गया था। हस्तायुर्वेद और अश्वशास्त्र पशुओं की चिकित्सा संबंधी पुस्तकें हैं। इस युग में शल्य-चिकित्सा का भी ज्ञान चिकित्सकों को था। इस प्रकार प्राचीन भारत ज्ञान-विज्ञान के क्षेत्रों में काफी प्रगति किया था।

आदर्श एवं मूल्य (Norm and Value)

हमारे धार्मिक ग्रंथों एवं काव्यों में आदर्श एवं मूल्य की शिक्षा दी गयी है। ये आदर्श रूप मूल्य एक व्यक्ति को संस्था में आदर्श व्यवहार की शिक्षा देते हैं। मनुष्य एक सामाजिक प्राणी है। सामूहिक जीवन जीने के लिए उसे समाज द्वारा स्थापित आदर्शों का पालन करना पड़ता है। वे आदर्श उसे विरासत में प्राप्त होते हैं। अतः वे सामाजिक संपत्ति होते हैं। एक व्यक्ति उन आदर्शों का पालन कर अपने सामाजिक मूल्य की रक्षा करता है तथा समाज के सामने आदर्श उपस्थित करता है। समाज में छात्र जीवन, वैवाहिक जीवन, गृहस्थ जीवन, वाणप्रस्थ जीवन तथा संन्यास जीवन जीने के लिए आदर्श एवं मूल्य निर्धारित किए गए। उन्हीं के अनुरूप एक व्यक्ति से उम्मीद की जाती है कि वह व्यवहार करे तथा सामाजिक विरासत को नष्ट होने से बचाये। एक राजा अपनी प्रजा से, प्रजा अपने राजा से, पिता अपने पुत्र से, पुत्र अपने पिता से, पुत्री अपने पिता से, पिता पुत्री से, पुत्री-पुत्र अपनी माँ से, माँ अपने पुत्र-पुत्रियों से, भाई-भाई से, भाई बहन से, बहन बहन से, एक संबंधी दूसरे संबंधी से सामाजिक आदर्शों एवं मूल्यों के अनुसार व्यवहार करते हैं। आदर्श और मूल्य शास्त्रों द्वारा निर्धारित होते हैं लेकिन समाज उन्हें अपने सदस्यों को सिखाता है, शिक्षा देता है। इस प्रकार मूल्य और आदर्श पीढ़ी दर पीढ़ी हस्तांतरित होते रहते हैं।

3

भारतीय समाज, सभ्यता एवं संस्कृति अध्ययन के मानवशास्त्रीय दृष्टिकोण

(ANTHROPOLOGICAL APPROACHES TO THE STUDY OF INDIAN SOCIETY, CULTURE AND CIVILISATION)

मानवशास्त्र मानव का समग्रता में अध्ययन करता है। यह ऐतिहासिक तुलनात्मक विधि का प्रयोग करता है। साथ ही साथ समकालीन समाजों का अध्ययन कर उनकी जीवनशैली का विवरण प्रस्तुत करता है। यह समाज, संस्कृति एवं सभ्यता का ऐतिहासिक पुनर्निर्माण भी करता है, साथ ही साथ समकालीन समाजों का अध्ययन कर उनकी समानता एवं विविधता को प्रकाश में लाता है। उन समानता एवं विविधता के आधार पर सामान्य नियम की खोज करता है।

समकालीन भारतीय समाज, संस्कृति एवं सभ्यता के अध्ययन के लिए निम्नलिखित मानवशास्त्रीय दृष्टिकोण का अनुसरण किया जा सकता है—

1. जनजातीय जीवनशैली
2. ग्रामीण जीवनशैली
3. नगरीय जीवनशैली।

जनजातीय जीवनशैली

जनजातीय जीवनशैली को जानने के लिए यह जानना आवश्यक है कि जनजाति क्या है तथा उसकी कौन-कौन सी विशेषताएँ हैं। भारत में जनजाति या आदिवासी उन समुदायों को कहा जाता है जो भारतीय जाति व्यवस्था से बाहर थे। उनका निवास स्थान जंगली, पठारी, पहाड़ी, समुद्रतटीय तथा मरुस्थल क्षेत्रों एवं द्वीपों में स्थित होता है। उन स्थानों पर आसानी से नहीं पहुँचा जा सकता है। उन लोगों की अपनी संस्कृति एवं सामाजिक संगठन

होता है। उनकी अपनी राजनीतिक व्यवस्था होती है जिसका प्रमुख प्रधान अथवा जनजातीय प्रधान कहलाता है। हालांकि जनजातीय समुदाय प्रकृतिपूजक रहे हैं तथा अपने धर्म को सरना धर्म कहते हैं, लेकिन समय के साथ वे हिन्दू, बौद्ध, जैन, इस्लाम तथा ईसाई धर्म स्वीकार कर लिए हैं तथा उन धर्मों में अपनी आस्था एवं विश्वास व्यक्त करते हैं। अधिकांश जनजातियों का परिवार पितृसत्तात्मक, पितृरेखीय, पितृस्थानीय तथा पितृवंशीय है, लेकिन कुछ जनजातियों के बीच परिवार मातृसत्तात्मक, मातृरेखीय, मातृवंशीय तथा मातृस्थानीय हैं। उदाहरण के लिए गारो और खासी। उनके मध्य बहुपति प्रथा प्रचलित है। उदाहरण के लिए टोडा, खस, थारू, नायर। जीवन साथी प्राप्त करने के आठ तरीके हैं। लेकिन वधू मूल्य सबसे लोकप्रिय तरीका है।

जनजातीय समुदाय की परंपरागत अर्थव्यवस्था की पहचान खाद्य संकलन, शिकार, पशुचारण, स्थानांतरण कृषि, स्थायी कृषि तथा कारीगरी से बनती है। उनके बीच साप्ताहिक बाजार का प्रचलन है जहाँ वस्तु-विनिमय प्रणाली की प्रधानता थी, लेकिन अब मुद्रा विनिमय अस्तित्व में आ गया है। उनकी परंपरागत अर्थव्यवस्था जीवित रखने वाली रही है, न कि लाभ अर्जित करने वाली। उनके मध्य पुनर्वितरण एवं पारस्परिक अर्थ व्यवस्था का प्रचलन है।

जनजातीय ग्राम की पहचान युवा संगठन, अखरा तथा ससानदिरी (कब्रगाह) से होती है।

अनुसूचित जनजाति जनजातियों का हमारे देश में संवैधानिक नाम है जिसके आधार पर उन्हें संवैधानिक सुरक्षा दिया जाता है तथा कल्याणकारी कार्य किए जाते हैं।

हमारे देश में करीब 533 अनुसूचित जनजातियाँ हैं उनमें से 75 को आदिम जनजातीय समूहों (पी.टी.जी.) के रूप में पहचान की गयी। आदिम जनजातीय समुदायों की पहचान निम्न जनसंख्या, निम्न शिक्षा एवं प्राक्-कृषि तकनीक के आधार पर किया गया है। जिन जनजातियों की जनसंख्या वृहत है उनको वृहत जनजाति (मेजर ट्राइब) कहा जाता है। जिन जनजातियों की जनसंख्या बहुत कम हैं, उनको लघु जनजातियाँ (माइनर ट्राइब्स) कहा जाता है। पांचवीं पंचवर्षीय योजना के बाद जनजातियों के लिए एक विशेष कार्यक्रम चलाया गया है। इस विशेष परियोजना को जनजातीय उप परियोजना (ट्राइबल सब प्लान) कहा जाता है। यह परियोजना अभी भी जारी है। भारत की कुल जनसंख्या का 8.1 प्रतिशत भाग हमारे जनजातीय बंधु द्वारा निर्मित है। हमारे देश की जनजातियाँ हिमालय क्षेत्र, मध्य भारत, दक्षिण भारत तथा द्वीप समूहों में पाए जाते हैं। कुल जनजातीय जनसंख्या का आधा भाग मध्य भारत क्षेत्र में पाया जाता है। इस क्षेत्र के राज्यों का नाम मध्य प्रदेश, छत्तीसगढ़, झारखंड, उड़ीसा तथा पश्चिम बंगाल हैं। 12 राज्यों एवं केन्द्रशासित राज्यों में प्रत्येक में जनजातीय जनसंख्या एक मिलियन से अधिक है। पंजाब, हरियाणा, दिल्ली राज्यों तथा केन्द्रशासित चंडीगढ़ एवं पांडिचेरी में जनजातीय जनसंख्या

का अभाव पाया जाता है। मध्य प्रदेश, छत्तीसगढ़, महाराष्ट्र, उड़ीसा, झारखंड, गुजरात तथा राजस्थान राज्यों में प्रत्येक में जनजातियों की जनसंख्या पांच मिलियन से अधिक है। मध्य प्रदेश एवं छत्तीसगढ़ राज्यों में अकेले ही 15.4 मिलियन जनजातीय रहती हैं। इन दोनों राज्यों को मिला देने से इनमें जनजातीय जनसंख्या का प्रतिशत 22.7 हो जाता है। मणिपुर में सर्वाधिक जनजातीय जनसंख्या (94.75%) पायी जाती है। उत्तर प्रदेश में सबसे कम जनजातीय जनसंख्या (0.21%) पायी जाती है। भील, मीणा, गौंड तथा संथाल प्रत्येक की जनसंख्या अकेले तीन मिलियन से अधिक है।

जनजातीय अर्थव्यवस्था समतामूलक रही है। उनकी अर्थव्यवस्था सरल होने के कारण उन्हें सरल समाज कहा जाता रहा है। आरंभ में उनके समाज में ऊँच-नीच की भावना प्रचलित नहीं थी। सामाजिक संस्तरण का भी अभाव पाया जाता था। जनजातीय प्रधान भी बराबरों का प्रधान हुआ करता था। लेकिन बाह्य जगत के संपर्क में आ जाने के कारण उनके बीच भी निम्नता-श्रेष्ठता, अमीर-गरीब, विकसित-अविकसित की भावना जागृत हो गयी है। मेघालय के गारो और खासी के बीच शासक गोत्र एवं गैर-शासक गोत्रों के बीच ऊँच-नीच की भावना आ गयी है।

जनजातियों के वितरण को संक्षिप्त में निम्नलिखित ढंग से प्रस्तुत किया जा सकता है—

क्षेत्र	वृहत जनजातियाँ
उत्तर-पूर्व	नागा, मिजो, लेपचा, गाड्डी, खासी, गारो, राजी, भोटिया, थारू, जयंतिया आदि
पश्चिम	सेहारिया, भील, मीणा, रेबरी, गरेसिया इत्यादि
मध्य	मुंडा, उराँव, संथाल, गौंड, हो इत्यादि
दक्षिण	नायर, टोडा, इरूलु, कदार, चेंचु इत्यादि
द्वीप समूह	ग्रेट अंडमानिज, जारवा, ओंगे, सेटिनलिज, शांपेन, निकोबारीज इत्यादि

जनसंख्या के अनुसार गौंड जनजाति की जनसंख्या सबसे अधिक (करीब आठ लाख) है। उसके बाद भील जनजाति का स्थान आता है जिसकी जनसंख्या (7.5 लाख) है। संथाल की जनसंख्या (करीब 5 लाख) है। मीणा की जनसंख्या (करीब 2.2 लाख) है। उराँव की जनसंख्या (करीब 2 लाख) है। जारवा की जनसंख्या करीब 50 है, ओंगे की जनसंख्या करीब 100 है तथा अंडमानीज की जनसंख्या करीब 150 है।

जनजातियों द्वारा प्रयोग की जानेवाली भाषाओं एवं बोलियों के अध्ययन से पता चलता है कि उनकी भाषाओं तथा बोलियों का संबंध आस्ट्रा एशिएटिक परिवार, तिब्बती-चीनी परिवार, द्रविड़ परिवार एवं भारोपीय परिवार से हैं। जनजातियों के बीच प्रचलित भाषा परिवारों एवं बोलियों का विवरण निम्नलिखित ढंग से किया जा सकता है—

भाषायी परिवार	वृहत जनजातीय भाषाएँ एवं बौलियाँ
आस्ट्रो एशिएटिक परिवार	खासी, निकोबारी, संथाली, खखारी, हो, मुंडारी, गौंडी, खारिया, खोंड इत्यादि
तिब्बती चीनी परिवार	खांपटी, पकियाल, भोटिया, चंबा, लाहौली, स्वांगली, कन्नौरी, लेपचा, टोटो, गिरी, डफला मिशमी, कच्चारी, दिमासा, गारो, त्रिपुटिया, नागा, सिंगफो, मणिपुरी, लुशाय इत्यादि
द्रविड़ परिवार	कोरवा, कुरूख या उराँव, माल्टो या मालर, कंघी या खोध, कोटा, बड़का, चारवा इत्यादि
भारोपीय परिवार	भील, हाजोंग इत्यादि

जनजातीय समुदायों में प्रचलित भाषा परिवारों से ज्ञात होता है द्रविड़ भाषा परिवार की बोलियाँ बोलने वाली जनजातियाँ दक्षिण भारत एवं मध्य भारत के झारखंड प्रदेश में पायी जाती हैं। आस्ट्रो-एशिएटिक भाषा परिवार की बोलियों को प्रयोग में लाने वाली जनजातियाँ उत्तर-पूर्व हिमालय क्षेत्र, मेघालय, निकोबार द्वीप समूह, मध्य भारत तथा समीपवर्ती पश्चिमी भारत में पायी जाती हैं। तिब्बती-चीनी भाषा परिवार की बोलियाँ बोलने वाली जनजातियाँ हिमालय क्षेत्र में निवास करती हैं। भारोपीय भाषा परिवार की बोलियाँ बोलने वाली जनजातियाँ भारत के अन्य भागों में पायी जाती हैं।

जनजातीय समस्याएँ

हमारे देश की जनजातियों को अनेक प्रकार की समस्याओं का सामना करना पड़ रहा है। उनकी समस्याओं का अध्ययन निम्नलिखित शीर्षक के अंतर्गत किया जा सकता है—

1. संस्कृति संपर्क की समस्या—जनजातीय समाज के लोग अब बाह्य जगत के संपर्क में आ गए हैं। वे लोग हिन्दू, जैन, बौद्ध, इस्लाम (केरल, लक्षद्वीप) ईसाई इत्यादि धर्मों के संपर्क में आ गए हैं तथा उन्हें अपना लिया है। अन्य धर्मों के विश्वासों को अपना लेने के कारण वे लोग अपनी जनजातीय धर्म, विश्वास, परंपरा, रीति-रिवाज इत्यादि का परित्याग कर चुके हैं। उनके बीच अनेक जनजातीय तत्व सदा के लिए समाप्त हो गए हैं अथवा समाप्त होने के कगार पर पहुँच गए हैं। जनजातीय नृत्य, अखरा, युवागृह तथा ससानदीरी विलुप्त होते जा रहे हैं जिनसे जनजातीय पहचान बनती है। जनजातीय युवतियों का विवाह गैर जनजातीय युवकों से हो रहा है। इससे उनमें जनसंख्या की भी समस्या उत्पन्न हो गयी है। संस्कृति संपर्क, उद्योगीकरण एवं शहरीकरण के कारण जनजातीय जीवनशैली का ह्रास हो रहा है। साथ ही साथ कई अवगुण उनके समाज में आ गए हैं। जैसे ऊँच-नीच की भावना, अमीर-गरीब, की भावना, चोरी, डकैती, हीन-भावना, शोषण, उत्पीड़न, भीखमंगी, देह व्यापार इत्यादि।

2. छद्‌म जनजातीयता की समस्या—जनजातीय समाज को छद्‌म जनजातिवाद की समस्या का सामना करना पड़ रहा है। जनजातीय समाज के सदस्य दूसरे धर्म को अपनाकर, आधुनिक शिक्षा प्राप्त कर, शहरीकरण तथा उद्योगीकरण के प्रभाव में आकर जनजातीय तत्वों का परित्याग कर रहे हैं। लेकिन राजनीतिक लाभ प्राप्त करने के लिए जनजातीय तत्वों एवं भावनाओं को उभारने का भरपूर प्रयास करते हैं। इससे वे जनजाति के नाम पर मिलने वाले आरक्षण का लाभ उठाने में सफल हो जाते हैं। एक तरफ तो वे जनजातीयता का परित्याग कर रहे हैं तो दूसरी तरफ जनजातीय होने के लाभ से अशिक्षित जनजातियों को वंचित कर रहे हैं। छद्‌म जनजातीयता एक बहुत बड़ी समस्या जनजातीय समाज के समक्ष उत्पन्न हो गयी है।

3. जंगल की समस्या—जनजाति और जंगल के बीच अन्योन्याश्रय संबंध रहा है। जनजातीय संस्कृति जंगल में ही फली-फूली है। जनजाति और जंगल में सहजीवी संबंध भी रहा है। जंगल जनजातियों को आज तक जीवित रखा है तथा जनजातीय लोग जंगल की रक्षा, पूजा एवं सम्मान करते आए हैं। लेकिन ब्रिटिश सरकार एवं हमारी अपनी सरकार की जंगल नीतियाँ जनजाति विरोधी स्वभाव की रही हैं। जंगल से संबंधित कानून बनाकर जनजातियों को जंगल के ऊपर अपने परंपरागत अधिकारों से वंचित कर दिया गया है। उन्हें जंगल के राजा से जंगल श्रमिक बना दिया गया है। उन्हें शक की निगाह से देखा जा रहा है। उन्हें अपने ही जंगल में शरणार्थी बना दिया गया है। जंगल श्रमिक के रूप में उनका तरह-तरह से शोषण और उत्पीड़न किया जा रहा है। इससे जनजातियों के समक्ष अस्तित्व रक्षा की समस्या उत्पन्न हो गयी है।

4. स्थानांतरण कृषि की समस्या—जनजातीय समाज के लोग स्थानांतरण कृषि द्वारा अपने आपको जीवित रखते हैं। उत्तर-पूर्व राज्यों की जनजातियों में इस खेती को झूम खेती कहा जाता है। झूम खेती करने वालों को झूमिया कहा जाता है। झारखंड की सौरिया पहाड़ियाँ, छत्तीसगढ़ की बैगा तथा अभुज मारिया, भाटिया, भूटिया इत्यादि झूम कृषि द्वारा अपने को पोषित करते हैं। लेकिन ठेकेदारों, सरकारी विभागों, वन-विभागों की मिलीभगत से जंगल की अंधाधुंध कटायी की जा रही है। वन क्षेत्रों में आयी कमी तथा सरकार की झूम खेती विरोधी नीति के कारण स्थानांतरण कृषि को अनेक समस्याओं से जूझना पड़ा है।

5. कृषि की समस्या—कुछ जनजातियाँ सघन रूप से कृषि कर्म करती हैं। जैसे—संथाल, उराँव, मुंडा, हो इत्यादि। इन जनजातियों की जमीन पहाड़ एवं जंगल के आसपास होती है। उनकी सतह ऊँच-नीच होती है। जिन जमीनों में पानी अधिक दिनों तक रह जाता है, उसे दोन जमीन कहा जाता है। जिन जमीनों में पानी नहीं रुक पाता है, उसे टांड़ जमीन कहा जाता है। दोन जमीन में जड़हन धान की खेती की जाती है। टाँड़ जमीन में मोटे तथा जल्द तैयार होने वाले धान, मकई, कोदो, कुरथी, अरहर, तिल, तीसी, सरसों इत्यादि की खेती की जाती है। जनजातियों की खेती वर्षा पर निर्भर करती है। उनके पास सिंचाई के साधन का पूर्णत: अभाव रहता है। अत: अच्छे ढंग से खेती नहीं हो पाती

है। कहने के लिए जमीन तो अधिक रहती है, लेकिन खेती योग्य भूमि कम होती है। उसमें सिंचाई की कोई व्यवस्था नहीं रहती। अत: कृषि कर्म उनके लिए कई तरह की समस्याओं को जन्म देता है। साल भर उसमें रोजगार भी नहीं मिल पाता है। जंगली जानवरों से फसल भी नष्ट हो जाती है।

6. पहचान की समस्या—जनजातीय समाज के लोग अपनी संस्कृति, भूमि एवं अधिकार के प्रति काफी सतर्क रहे हैं। जब उन्हें महसूस होता है कि उनकी संस्कृति, भूमि एवं अधिकार का अतिक्रमण हो रहा है तब वे आंदोलनरत हो गए हैं। तत्कालीन बिहार राज्य (अब झारखंड राज्य) के छोटा नागपुर की जनजातियाँ अंग्रेजों के विरुद्ध लड़ाई लड़े हैं। उदाहरण के लिए मालर विद्रोह (1770), हो विद्रोह (1821), कोल विद्रोह (1831), संथाल विद्रोह (1855)। जनजातियों द्वारा 1857 की स्वतंत्रता लड़ाई भी लड़ी गयी है। उनके द्वारा पुनर्जागरण आंदोलन भी चलाए गए हैं। जैसे बिरसा आंदोलन, ताना भगत आंदोलन, सफाहोर आंदोलन। भाषा की रक्षा के लिए भी आंदोलन हुए हैं। जैसे रघुनाथ मुर्मु आंदोलन, लाखों बोदरा आंदोलन इत्यादि। इससे स्पष्ट होता है कि जब भी उन्हें आभास होता है कि उनकी अपनी पहचान संकट में है तब-तब वे आंदोलन किए हैं, मरने-मारने पर उतारू हो गए हैं। लेकिन जब अपने ही लोग विभिन्न कारणों से अपनी पहचान खोने में ही अपनी श्रेष्ठता को समझने लगें तब अपनी पहचान को बनाए रखना मुश्किल हो जाता है। आजकल जनजातीय समाजों को कुछ ऐसी पहचान समस्या का सामना करना पड़ रहा है।

7. भू-हस्तांतरण की समस्या—ब्रिटिश शासन काल से ही जनजातीय भूमि को सड़क, रेलवे, कार्यालय, कालोनी, बाजार, अस्पताल, डाकघर, स्कूल, कॉलेज के लिए ले ली गयी है। दूसरे जगह से आकर बस गए लोग भी जनजातीय भूमि को खरीद लिए हैं। ठेकेदार तथा महाजनों द्वारा भी जनजातीय भूमि ले ली गयी है। हमारी अपनी सरकार द्वारा भी जनजातीय भूमि को विभिन्न उद्देश्यों से अधिग्रहण किया गया है। जनजातीय भूमि को पट्टा के द्वारा भी लिया जा रहा है। इन सभी कारणों से जनजातियों के समक्ष भूमिहीनता की स्थिति उत्पन्न हो गयी है। छोटा नागपुर काश्तकारी कानून (1908) तथा संथाल परगना काश्तकारी कानून (1948) भी जनजातीय भूमि के हस्तांतरण पर रोक लगाने में सक्षम नहीं हो पाया है। अमीर जनजातियों द्वारा गरीब जनजातियों की भूमि खरीदी जा रही है।

8. विस्थापन की समस्या—जनजातीय समाज के लोगों को विस्थापन की समस्या का सामना करना पड़ा है तथा पड़ रहा है। उद्योगों की स्थापना हेतु जनजातीय भूमि का अधिग्रहण किया गया। उदाहरण के लिए हाटिया, बोकारो, जमशेदपुर, पतरातु, दुर्गापुर, भिलाई इत्यादि। इन स्थानों पर सरकारी उद्योगों की स्थापना हेतु जनजातियों को अपने-अपने गाँवों से विस्थापित होना पड़ा है। हालांकि उन्हें क्षति-पूर्ति एवं पुनर्वास योजनाओं का लाभ मिला है। लेकिन वे पैसा नहीं बचा पाए। उनकी जमीन एवं संस्कृति भी चली गयी। अनेक परिवार अस्तित्वहीन हो गए तथा अनेक परिवार गंदी बस्तियों में शरण लेकर किसी तरह जी रहे हैं।

9. ऋण ग्रस्तता एवं बंधुआश्रम—आजकल रेजा, कुली, दायी इत्यादि के रूप में मजदूरी कमाना एकमात्र अधिसंख्यक जनजातीय परिवार की आय का साधन रह गया है। इसी बल पर उन परिवारों का अस्तित्व टीका हुआ है। लेकिन श्रमिक के रूप में उन्हें साल भर काम एवं मजदूरी उपलब्ध नहीं होती है। मजदूरी का भुगतान भी न्यूनतम मजदूरी कानून के अनुसार नहीं होता। इसके कारण जनजातीय परिवारों को मालिक, महाजन, ठेकेदार इत्यादि से कर्ज लेना पड़ता है। चूँकि वे कर्ज अपनी दैनिक आवश्यकताओं की पूर्ति के लिए लेते हैं। अत: उन्हें सरकारी बैंक या सहयोग समिति के माध्यम से कर्ज नहीं मिल पाता है। आम स्वामित्व के कारण वे अपनी भूमि को बैंक के पास बंधक भी नहीं रख सकते। अत: उन्हें अपने आपको भरण-पोषण के लिए अपने मालिक, महाजन, कर्जदार, ठेकेदार इत्याद के ही पास जाना पड़ता है। महाजन उन्हें बहुत ही ऊँची सूद पर कर्ज देते हैं। मूलधन तथा सूद के भुगतान नहीं करने पर उन्हें अपने श्रम को बंधक रखना पड़ता है। अपने श्रम को बंधक रखकर वे बंधुआ श्रमिक बन जाते हैं। बंधुआ श्रमिक के रूप में उन्हें कम मजदूरी पर सालों-साल या जब तक रुपया-पैसा लौटा नहीं दिया जाता, तब तक काम करना पड़ता है।

10. स्वास्थ्य एवं पोषण की समस्या—जंगल से खाद्य संकलन एवं शिकार के माध्यम से जनजातीय लोग विटामिन, खनिज लवण, प्रोटीन इत्यादि प्राप्त कर लेते थे। लेकिन इस प्रथा पर रोक लग जाने के कारण वे कुपोषण के शिकार हो रहे हैं। काम के अभाव में अपने आपको भोजन नहीं दे पाते तथा भूखे रह जाते हैं। उनका घर हवादार नहीं होता। सूर्य का प्रकाश भी उनके घरों में नहीं पहुंचता। उनके घरों में पैखाना, पेशाबखाना, रसोईघर, नाली इत्यादि का अभाव रहता है। उन्हें शुद्ध पेय जल भी नहीं मिल पाता। गंदे पर्यावरण के कारण भी उन्हें कई तरह के स्वास्थ्य संबंधी समस्याओं का सामना करना पड़ता है। पैसा के अभाव में वे आधुनिक चिकित्सा के लिए अस्पताल नहीं जा पाते। वे अभी भी भूत-प्रेत में विश्वास करते हैं तथा बीमारी के ईलाज के लिए ओझा-गुणी के पास जाते हैं।

11. संचार की समस्या—जनजातीय लोगों का वास स्थान ऐसे जगहों पर होता है जहाँ आसानी से नहीं पहुँचा जा सकता है। उनके वास स्थान जाने वाली सड़कों, पुलों, पुलियों की स्थिति जर्जर रहती है। बिजली का अभाव रहता है। पैदल ही जाना-आना पड़ता है। समान को कंधों या सिर पर ढोकर ले जाया जाता है। उनके पास रेडियो का भी अभाव होता है। अशिक्षित होने के कारण समाचारपत्र उनके लिए अर्थहीन हो जाते हैं। उन्हें अनेक विकास योजनाओं के संबंध में जानकारी नहीं मिल पाती है।

12. प्रवसन की समस्या—जनजातीय समाज के लोगों को काम एवं मजदूरी की खोज में दूसरे स्थानों पर जाना पड़ता है। प्रवासी मजदूर के रूप में उन्हें अनेक प्रकार की समस्याओं का सामना करना पड़ता है। उन्हें शोषित, उत्पीड़ित तथा उपेक्षित होना पड़ता है।

13. अशिक्षा की समस्या—अधिक जनजातीय परिवारों को अपने आप को बचाने के लिए कठिन संघर्ष करना पड़ता है। इस अस्तित्व की लड़ाई में उन्हें शिक्षा की

तुलना में रोटी ज्यादा मूल्यवान लगता है। अत: वे अपने बच्चों का नामांकन स्कूल में नहीं करा पाते हैं। अगर किसी तरह नामांकन हो भी जाता है तो स्कूल नहीं जाते तथा स्कूल छोड़कर घर बैठ जाते हैं। प्रवासी मजदूर के रूप में भटकते रहने से भी उनके बच्चों का स्कूल में नाम नहीं लिख पाता है। जनजातीय महिलाओं में शिक्षा की स्थिति तो और दयनीय हो गयी है। ईसाई जनजातियों में गैर-ईसाई जनजातियों की तुलना में अशिक्षा अधिक है।

इस प्रकार हम पाते हैं कि जनजातीय लोगों की जीवनशैली, सांस्कृतिक व्यवस्था, सामाजिक व्यवस्था, आर्थिक व्यवस्था, धार्मिक व्यवस्था, राजनीतिक व्यवस्था इत्यादि दूसरे समाजों से भिन्न है। उनकी समस्याएँ भी दूसरे समाजों से भिन्न हैं। जनजातीय प्रतिभा-सहयोग, सर्वानुमति, ग्राम शासन, अंतर-ग्राम शासन, कला, कारीगरी इत्यादि जनजातीय समाज की अपनी विशिष्ट पहचान बनाते हैं।

ग्रामीण जीवनशैली

भारत गाँवों का देश है। यहाँ करीब 70 प्रतिशत जनसंख्या गाँवों में निवास करती है। गाँव में रहने वाले लोगों की जीविका का मुख्य आधार खेती, पशुपालन तथा खेती से जुड़े हुए व्यवसाय होते हैं। खेती करने वाले लोगों को कृषक या किसान कहा जाता है। उनके पास अपनी कृषि भूमि, बैल, गाय, भैंस, हल एवं अन्य उपकरण होते हैं। कृषकों के अलावा कुछ ग्रामीण विशेषज्ञ होते हैं जो अपनी कारीगरी से सामानों का उत्पादन कर ग्रामवासियों को आपूर्ति करते हैं। इन्हें कारीगर (Artisan) कहा जाता है। इसके अतिरिक्त गाँव में कुछ लोग ऐसे होते हैं जिनके पास अपनी भूमि नहीं होती है ये अपना श्रम बेचकर यानी मजदूरी कमाकर खाते हैं। अत: ग्रामीण जीवनशैली में हम कृषक, कारीगर एवं श्रमिक को पाते हैं। ये लोग एक-दूसरे पर आश्रित एवं एक-दूसरे से संबंधित होते हैं। ग्रामवासियों एवं देवी-देवताओं के बीच संबंध बनाए रखने के लिए धार्मिक विशेषज्ञ होते हैं जिन्हें ब्राह्मण, पंडित, पुजारी कहा जाता है। ब्राह्मण, पंडित, पुजारी कृषकों, कारीगरों एवं श्रमिकों को धार्मिक सेवाएँ प्रदान करते हैं तथा बदले में उनसे दान-दक्षिणा पाते हैं। समाज में ब्राह्मणों का स्थान सबसे उच्च होता है। कृषकों का स्थान ब्राह्मणों से नीचे रहता है। कृषकों से भी नीचे कारीगरों का स्थान होता है। श्रमिक स्थान सबसे नीचे रहता है।

जनजातीय समाज की तुलना में ग्रामीण समाज जटिल होता है। अगर सच कहा जाये तो यह कई जातियों का समाज होता है जो अपनी-अपनी परंपराओं, प्रथाओं, रिवाजों का पालन करते हैं। सभी जातियाँ अंतर विवाही होती हैं। उनकी परंपरागत पेशा होती है। समाज में उनका निश्चित स्थान होता है। वे भोजन एवं विवाह संबंधी निषेधों का पालन करती हैं। जनजातीय समाज में उत्पादन एवं उपभोग की इकाई परिवार होता है। ग्रामीण समाज में परिवार उत्पादन का नहीं वरन् उपभोग की इकाई होता है।

ग्रामवासियों को बिजली, पानी, शिक्षा, सिंचाई, सड़क इत्यादि समस्याओं का सामना करना पड़ता है। अत: ग्रामीण समाजों में उतना विकास नहीं दिखायी पड़ता है। आजादी के बाद हमारे देश की सरकार ग्रामीण विकास के लिए कई कार्यक्रम तैयार की है तथा लागू की है। भारतीय गाँवों की पहचान जाति प्रथा एवं जजमानी प्रथा से बनती है। जाति प्रथा प्रत्येक जाति की व्यक्तिगत पहचान प्रदान करती है तथा समाज में उसका स्थान सुनिश्चित करती है। जजमानी प्रथा विभिन्न जातियों को सामाजिक-आर्थिक बंधन में बांधकर उनमें आपसी संबंध का विकास करती है।

ग्रामों की परंपरा मौखिक होती है। वहाँ जादू का प्रचलन पाया जाता है। ग्राम समाज में अशिक्षितों की जनसंख्या अधिक होती है।

ग्राम एक मिथक

कई विदेशी विद्वानों का मानना है कि ग्राम एक मिथक धारणा है। इसे ग्राम न कहकर एक लघु संघ कहा जाना ज्यादा उचित होगा। क्योंकि ग्राम की अर्थव्यवस्था बंद अर्थव्यवस्था (Closed Economy) दर्शाती है। ग्राम अपने आप में स्वपर्याप्त होता है। ग्रामवासी अपनी पारस्परिक अर्थ व्यवस्था द्वारा स्वपर्याप्तता का परिचय देते हैं। लेकिन भारतीय ग्राम के बारे में यह धारणा गलत साबित होती है।

ग्राम एक सच्चाई

ग्राम एक मिथक नहीं वरन् सत्य अवधारणा है। एक ग्राम दूसरे ग्राम पर अपनी आवश्यकताओं की पूर्ति के लिए निर्भर रहते हैं। यानी गाँव में रहने वालों का संबंध केवल उसी गाँव से नहीं वरन् अन्य गाँवों से भी होता है। ग्रामवासी विवाह में ग्रामवहिर्विवाही नियम का पालन करते हैं। इसके कारण प्रत्येक गाँव कई गाँवों से विवाह संबंध द्वारा जुड़ जाते हैं। गाँव के लोग नमक, दियासलाई, कपड़ा, मसाला, गहना, बर्तन इत्यादि के लिए दूसरे गाँवों के व्यवसायियों पर निर्भर रहते हैं। इन सभी वस्तुओं का निर्माण सभी गाँवों में नहीं होता है।

ग्राम हमेशा किसी न किसी राजा, जमींदार या जागीरदार से जुड़े रहे हैं। तीर्थाटन एवं धामों की यात्रा करने ग्रामवासी विभिन्न स्थानों पर जाते हैं। इस प्रकार ग्राम हमेशा पृथकता में नहीं रहे हैं। वे वृहत समाज के एक महत्त्वपूर्ण अंग के रूप में रहे हैं।

ग्राम की एकता

ग्रामवासियों के बीच एक ही गाँव के निवासी होने के कारण एकता की भावना प्रचलित रहती है। ग्रामवासियों के बीच हम की भावना रहती है। अपने ग्रामवासियों के लिए हम तथा दूसरे ग्रामवासियों के लिए वे शब्द का प्रयोग करते हैं। ग्रामवासियों के बीच में

सामाजिक उत्सवों के अवसर पर सामाजिक एकता पायी जाती है। ग्रामवासियों के बीच धार्मिक तथा राजनीतिक एकता पायी जाती है। वे पर्व-त्योहार मिलकर मनाते हैं तथा सामाजिक स्वीकृति के अनुसार व्यवहार करते हैं। गाँव के मामलों का निपटारा गाँव में ही कर लिया जाता है।

ग्राम का विस्तार

एक गाँव का विस्तार विवाह, नौकरी, व्यवसाय, प्रवसन, तीर्थाटन, मेला, कचहरी इत्यादि से प्रकट होता है। आजकल तो गाँवों का विस्तार नगर तथा महानगरों तक ही नहीं वरन् विदेशों तक भी हो गया है। इस प्रकार ग्रामीण विश्व नागरिकता का निर्माण हो गया है।

ग्रामीण समस्याएँ

गाँवों को बिजली, पानी, सड़क, अस्पताल तथा सिंचाई जैसी मौलिक सुविधाओं से वंचित रहना पड़ता है। उनके बीच शिक्षा का अभाव रहता है। साथ ही साथ संचार संबंधी सुविधाओं का भी अत्यंत अभाव होता है। इन बुनियादी सुविधाओं के कारण लोग ग्राम छोड़कर शहर की ओर जाने लगे हैं।

ग्रामीण विकास कार्यक्रम

अगर गाँवों को विकसित बनाना है तब गाँवों में बिजली, पानी, अस्पताल, सड़क, शिक्षा तथा संचार जैसी बुनियादी समस्याओं का समाधान करना अनिवार्य होगा।

ग्रामीण विशेषता एवं समस्याओं के बारे में जानकारी आगे आने वाले अध्यायों में दी गयी है।

कृषक आंदोलन (Peasant Movements)

भारत गाँवों का देश है। गाँवों में रहने वाले लोगों की मुख्य पेशा कृषि, कृषि संबंधित लघु उद्योग तथा कृषक श्रमिक के रूप में मजदूरी कमाना रही है। अत: इन सभी पेशाओं से जुड़े हुए लोगों के लिए एक सामान्य शब्द कृषक का प्रयोग किया जाता है। हमारे देश के कृषकों को अपने शोषण एवं उत्पीड़न के विरुद्ध समय-समय पर आंदोलनरत होना पड़ा है। कृषक आंदोलन का इतिहास हमारे देश में ब्रिटिश शासन काल से ही जुड़ा हुआ है जो स्वतंत्रता प्राप्ति के बाद अभी भी किसी न किसी रूप में जारी है। बिहार-बंगाल के नील आंदोलन, मालाबार, केरल के मोपलाह आंदोलन, बंगाल का तेभागा आंदोलन, आंध्रप्रदेश का तेलांगना आंदोलन, बिहार-बंगाल तथा आंध्र प्रदेश का नक्सल आंदोलन इत्यादि कुछ प्रमुख कृषक आंदोलन हमारे देश में हुए हैं।

कृषक आंदोलन के हमारे देश में तीन प्रमुख कारण रहे हैं—

1. अकाल एवं कीमत वृद्धि के कारण कृषकों की आर्थिक स्थिति बदतर हो जाना।
2. जमींदारों एवं जागीरदारों द्वारा कृषकों का शोषण कर स्थिति को बदतर बना देना।
3. अपनी स्थिति को सुधारने के लिए कृषकों को महत्त्वाकांक्षी हो जाना।

ब्रिटिश शासन काल के बिहार तथा बंगाल में नील की खेती के नाम पर ब्रिटिश शासकों द्वारा किसानों को शोषित तथा उत्पीड़ित किया गया। उनकी जमीन की गुणवता में गिरावट आयी। इन सभी समस्याओं के समाधान के लिए नीलहा गोरों के खिलाफ भारतीय कृषकों द्वारा आंदोलन चलाया गया था। इसके परिणामस्वरूप नील की खेती पर रोक लगी थी तथा नील खेती के ठेकेदारों के शोषण से कृषकों को राहत मिली थी। 19वीं सदी आंध्र प्रदेश का मोपलाह आंदोलन मुख्यत: असामी एवं जमींदारों के बीच संघर्ष का परिणाम था। असामी मुख्य रूप से मुसलमान थे तथा जमींदार हिन्दू थे।

स्वतंत्रता प्राप्ति के बाद भारतीय कृषकों, रैयतों, असामियों तथा खेतीहर मजदूरों के बीच अपने अधिकार के प्रति चेतना जाग्रत हुई। वे अपने अधिकार के प्रति जागरूक हुए तथा हवा एवं पानी के समान जमीन में भी अपना हक मांगने लगे। खेतीहर मजदूरों द्वारा उचित मजदूरी की माँग की जाने लगी। इन सभी के परिणामस्वरूप स्वतंत्रता प्राप्ति के पश्चात् हमारे देश में अनेक कृषक आंदोलन हुए तथा कुछ आंदोलन अभी भी जारी हैं।

1940 दशक के अंत में आंध्र प्रदेश के तेलांगना आंदोलन का मुख्य कारण कृषकों द्वारा जमीन में बराबर का हक माँगना था। 1946-47 में हुए बंगाल का तेभागा आंदोलन भी कृषकों द्वारा जमीन में बराबर हक के लिए आयोजित किया गया था। 1950 के दशक में गुजरात में कृषकों द्वारा जमीन में बराबर हक के लिए आंदोलन चलाया गया था जिसे पाडो सत्याग्रह आंदोलन के नाम से जाना जाता है। 1960 के दशक में नक्सल आंदोलन का उदय बंगाल, बिहार तथा आंध्रप्रदेश में हुआ। इस आंदोलन का भी मुख्य लक्ष्य जमीन के वितरण में अपना हक प्राप्त करना था। यह आंदोलन आज भी बिहार, बंगाल, आंध्र प्रदेश, झारखंड, छत्तीसगढ़ तथा मध्य प्रदेश राज्यों में नक्सलवादियों द्वारा चलाया जा रहा है। इस आंदोलन से जुड़े लोग भ्रष्ट पदाधिकारियों, मंत्रियों, ठेकेदारों को भी अपने आंदोलन के अधीन लाया गया है तथा उनसे भी करों की वसूली की जाती है। बिहार में नक्सल आंदोलन के विरुद्ध स्थानीय कृषकों द्वारा भी संगठित होकर आंदोलन चलाए जा रहे हैं जिनका उद्देश्य कृषकों के विरुद्ध संगठित अपराध का सामना करना रहा है। 1970 के दशक में महाराष्ट्र में श्रमिक संगठन आंदोलन का लक्ष्य भी जोतदारों को जमीन में बराबर का हक प्राप्त करना था।

संत विनोबा भावे द्वारा 1950 के दशक में चलाया गया भूदान आंदोलन का भी मुख्य लक्ष्य भी गरीबों के बीच दान में प्राप्त भूमि का वितरण करना था। यह आंदोलन का लक्ष्य शांतिमय ढंग से जमीन प्राप्त करने तथा गरीबों के बीच में वितरण करना था। इस आंदोलन से जमींदारों तथा खेतीहर मजदूरों के बीच संघर्ष की नौबत नहीं आयी थी।

खेती मजदूरों द्वारा न्यूनतम मजदूरी प्राप्त करने के लिए भी पूरे देश में आंदोलन चलाए गए हैं। इनके परिणामस्वरूप पूरे देश के सभी राज्यों में न्यूनतम मजदूरी कानून लागू किए गए हैं।

कृषक मजदूरों द्वारा महिला मजदूरों के यौन शोषण, यौनिक यातना तथा मजदूरी भुगतान में लिंग भेद दूर करने के लिए भी आंदोलन चलाए गए हैं। इसके परिणामस्वरूप कहीं-कहीं पर तो हिंसक घटनाएँ भी घटित हुई हैं तथा मजदूरों एवं किसानों के बीच खूनी संघर्ष भी हुआ है। किसानों के विरुद्ध मजदूरों द्वारा हड़ताल, जबरदस्ती फसल की लूट, संगठित होकर उनके घर-परिवार की बरबादी तथा उनकी जमीन की खरीद-बिक्री पर रोक इत्यादि तरीके से आंदोलन किए गए हैं। शोषण करने वालों को जन अदालत लगाकर बुरी तरह पीटना या मृत्यु दंड देना भी इसमें शामिल है। ऐसे खूनी आंदोलनों का मुख्य लक्ष्य शोषण तथा उत्पीड़न करने वालों को सबक सिखाना तथा बदला लेना रहा है।

कृषक आंदोलन का परिणाम

कृषक आंदोलनों का परिणाम हमारे ग्राम समाज पर व्यापक रूप से पड़ा है। सरकार द्वारा भी भूमि सुधार कार्यक्रम को लागू किया गया। एक किसान के पास भूमि की अधिकतम सीमा का निर्धारण किया गया। कृषक आंदोलनों के मुख्य परिणाम निम्नलिखित हैं—

1. सरकार द्वारा भूमि सुधार कार्यक्रम को लागू करना
2. जोत की अधिकतम सीमा निर्धारित करना
3. अधिकतम सीमा से प्राप्त भूमि को गरीबों के बीच वितरण
4. सरकार द्वारा गृह भूमि का परचा एवं स्वामित्व संबंधी कागजात दिया जाना
5. बंटायीदारी कानून का निर्माण एवं क्रियान्वयन
6. न्यूनतम मजदूरी कानून का निर्माण एवं क्रियान्वयन
7. न्यूनतम मजदूरी कानून का समय-समय पर पुनरावलोकन
8. बंधुआ प्रथा का उन्मूलन
9. महाजनी प्रथा पर रोक
10. यौनिक विभेद समाप्ति संबंधी कानून का निर्माण एवं क्रियान्वयन
11. यौनिक शोषण एवं यातना संबंधी कानून का निर्माण एवं क्रियान्वयन
12. भूमिहीनों के मध्य गैर मंजरुआ भूमि का वितरण
13. बाल मजदूरी प्रथा कानून का निर्माण एवं क्रियान्वयन
14. प्रवासित श्रमिक कानून का निर्माण एवं क्रियान्वयन
15. कृषि को कर से मुक्ति
16. कृषकों के खाद, बीज, कीटनाशक तथा ट्रैक्टर इत्यादि के लिए ऋण की सुविधा
17. किसान क्रेडिट कार्ड योजना का क्रियान्वयन

18. मजदूरों एवं छोटे कृषकों को लघु व्यवसाय के लिए ऋण योजना
19. मजदूरों के लिए गृह निर्माण योजना
20. ग्रामीण सड़क निर्माण योजना
21. सहकारी सहयोग समिति का निर्माण
22. स्वयं सहायता समूह का निर्माण
23. सिंचायी परियोजनाओं का सूत्रीकरण तथा क्रियान्वयन
24. ग्रामीण जनसंख्या का शहर की ओर पलायन।

कृषक आंदोलन की वर्तमान स्थिति

हालांकि हमारे देश में कृषक आंदोलन का एक लंबा इतिहास रहा है। स्वतंत्रता प्राप्ति के बाद कृषक आंदोलन के फलस्वरूप सरकार का ध्यान कृषकों की दयनीय स्थिति की ओर गया तथा उनकी स्थिति में सुधार के लिए अनेक कार्यक्रम तैयार किए गए तथा उन्हें समय-समय पर लागू किया गया। लेकिन अभी भी कृषकों एवं मजदूरों की स्थिति में सुधार अपेक्षा के अनुरूप नहीं हो पाया है। किसानों के उपज का उचित मूल्य उन्हें नहीं मिल पा रहा है। फसल लगाने में जितना खर्च हो रहा है उतना उन्हें बेचकर नहीं मिल पा रहा है। उन्हें घाटा ही घाटा का सामना करना पड़ रहा है। इसके परिणामस्वरूप कृषकों के बीच निराशा के भाव जागृत हो गए हैं। वे कुंठा के शिकार हो रहे हैं। उनका मानसिक संतुलन बिगड़ गया है। कुछ कृषकों में तो निराशा के इतने भाव जागृत हो गए हैं कि वे आत्महत्या पर उतारू हो गए हैं। वे व्यक्तिगत या अपने परिवार के सदस्यों के साथ आत्महत्या कर रहे हैं। कृषकों द्वारा आत्महत्या किया जाना तथा इस घटना में निरंतर वृद्धि यह दर्शाता है कि कृषकों एवं मजदूरों की स्थिति अभी भी दयनीय है। सरकार द्वारा कृषकों के लिए अभी बहुत कुछ करना है।

ग्रामीण समाज की मुख्य विशेषताएँ

ग्रामीण समाज में निम्नलिखित मुख्य विशेषताएँ पायीं जाती हैं—

1. ग्राम समुदाय की मुख्य पेशा कृषि या कृषि आधारित लघु व्यवसाय होती है।
2. इनके शिल्पशास्त्र सरल होते हैं।
3. इनके आकार लघु होते हैं।
4. सदस्य एक-दूसरे को नाम तथा चेहरा से जानते हैं।
5. परिवार, वंश, गोत्र संगठन पाया जाता है।
6. संयुक्त परिवार प्रथा पायी जाती है।
7. परंपरा से बंधे होते हैं।
8. जादू एवं धर्म की प्रधानता रहती है।

9. हम एवं बंधुत्व की भावना रहती है।

10. पारस्परिकता का प्रचलन रहता है।

11. उनकी परंपरा, रिवाज, आदर्श, मूल्य इत्यादि अलिखित रहते हैं तथा मौखिक रूप से हस्तांतरित होते हैं।

12. ये लोग अपनी जमीन, उपकरण, गृह, वृक्ष, पशु इत्यादि की पूजा करते हैं।

13. समाज विरोधी गतिविधियों को सहन नहीं किया जाता है तथा कठोर दंड दिया जाता है।

14. जाति प्रथा एवं जजमानी प्रथा भारतीय ग्राम की मुख्य विशेषता होती है।

15. गरीबी, अशिक्षा एवं कुपोषण पाया जाता है।

16. मजदूरी का भुगतान अनाज में होता है।

17. इनकी परंपरा को लघु परंपरा (Little Tradition) कहा जाता है। लघु परंपरा मौखिक परंपरा होती है। इसमें जादू का प्रचलन रहता है। इनका संबंध वृहत परंपरा से रहता है।

18. गाँवों में पंच-पंचायत का प्रचलन पाया जाता है।

19. प्रत्येक गाँव की अपनी सीमा एवं रकबा होती है। इसकी अपनी जनसंख्या होती है।

20. गाँव में रहने वालों के बीच उत्सवों एवं त्योहारों पर न्यौता, उपहार, भोजन इत्यादि का पारस्परिक विनिमय होता है।

नगरीय जीवन शैली

नगरों, शहरों एवं महानगरों में नगरीय जीवनशैली पायी जाती है। नगरीय समाज का अपना क्षेत्र होता है। उस क्षेत्र में जनसंख्या घनत्व अधिक पाया जाता है। यहाँ के लोगों की आय का मुख्य साधन गैर कृषि पेशा रहता है। शहर का पर्यावरण एवं संस्कृति ग्राम समाज से बिल्कुल भिन्न होता है।

नगरीय समाज की मुख्य विशेषताएं

नगरीय समाज की निम्नलिखित प्रमुख विशेषता पायी जाती हैं—

1. नगर एवं शहरों की आबादी एवं जनसंख्या घनत्व गाँवों की तुलना में बहुत अधिक रहती है।

2. ग्रामीण जनसंख्या का नगरीय क्षेत्र में प्रवसन के कारण नगरों एवं शहरों की जनसंख्या में वृद्धि हो रही है।

3. नगरों में सांस्कृतिक विविधता पायी जाती है क्योंकि विभिन्न क्षेत्रों के लोग अपनी-अपनी संस्कृति के साथ आकर शहर में रहने लगते हैं।

4. गाँव से शहर में आने और रहने का कारण शिक्षा, नौकरी, उपचार, व्यवसाय इत्यादि हो सकता है।

5. शहर का पर्यावरण मानव निर्मित होता है, प्राकृतिक नहीं।

6. शहरीय समाज की अर्थव्यवस्था गैर-कृषि पेशा पर आधारित होती है।

7. नगरीय समाज वर्ग आधारित समाज होता है।

8. नगरीय समाज में सामाजिक नियंत्रण के औपचारिक साधन पाए जाते हैं। जैसे कचहरी, पुलिस, वकील, प्रशासन।

9. शहरीय समाज के लोगों के बीच औपचारिक संबंध पाया जाता है।

10. नगरीय समाज में नातेदारी समूह का नियंत्रण नहीं होता है।

11. नगरीय समाज में वंश समूह या गोत्र समूह जैसा संगठन नहीं पाया जाता है।

12. नगरीय समाज में पड़ोसी की धारणा प्रचलित रहती है।

13. नगरीय समाज के लोग पार्क, होटल, सिनेमा, क्लब, बाजार इत्यादि में अपना अवकाश का समय व्यतीत करते हैं।

14. नगरीय समाज की अर्थव्यवस्था मुद्रा एवं बाजार पर आधारित रहती है।

15. नगरीय समाज में पारस्परिक अर्थव्यवस्था का अभाव पाया जाता है।

16. नगरीय समाज के लोगों को प्रशासन द्वारा नगरीय सुविधाएँ—बिजली, पानी, सड़क, स्वास्थ्य, शिक्षा, संचार प्रदान की जाती है।

17. नगरीय समाज की अर्थव्यवस्था लाभ अभिमुख होती है।

18. नगरीय समाज की सामाजिक संरचना जटिल होती है। यहाँ केवल विनिमय द्वारा सीमित लोगों के साथ पारस्परिक संबंध रखा जाता है।

19. नगरीय समाज के तकनीकी साधन जटिल होते हैं।

20. नगरीय समाज में शिक्षितों की संख्या अधिक होती है।

21. नगरीय समाज में महिलाओं को पढ़ाई तथा काम संबंधी निषेधों का पालन नहीं करना पड़ता है।

22. नगरीय समाज के पास वृहत परंपरा पायी जाती है।

23. नगरीय समाज में उपभोगवाद तथा उपभोग की सामग्रियों के प्रति काफी लगाव पाया जाता है।

24. नगरीय समाज में गंदी बस्तियाँ अस्तित्व में बनी रहती हैं।

नगरीय समाज की समस्याएँ

नगरीय समाज की समस्याएँ निम्नलिखित हैं—

1. **जनसंख्या वृद्धि की समस्या**—ग्रामीण क्षेत्रों से जनसंख्या का प्रवसन शहर की ओर हो रहा है। इसके कारण शहरों में प्रत्येक वर्ष जनसंख्या वृद्धि की समस्या बढ़ती जा रही है।

2. गृह की समस्या—जनसंख्या में वृद्धि के कारण लोगों को घर की समस्या का सामना करना पड़ता है।

3. भाड़े के मकान की समस्या—शहर में सभी लोगों को अपना घर नहीं होता है। इसके कारण उन्हें भाड़ा के मकान में रहना पड़ता है। मकान मालिक, किरायेदारों का शोषण करते हैं। मनमाना ढंग से किराया वसूलते हैं। नहीं तो मकान खाली करा देने का भय दिखाते हैं।

4. पेयजल की समस्या—नगरों में पानी की आपूर्ति प्रशासन द्वारा की जाती है। लेकिन पेय जल आपूर्ति में पक्षपातपूर्ण व्यवहार किया जाता है। जिस क्षेत्र में बड़े-बड़े अधिकारी, पदाधिकारी, मंत्री इत्यादि रहते हैं, वहाँ पानी की आपूर्ति अच्छे ढंग से की जाती है। लेकिन जहाँ गरीबों का वास स्थान होता है, वहाँ पेयजल की आपूर्ति नियमित ढंग से नहीं होती है।

5. बिजली की समस्या—शहर में रहने वाले लोगों को बिजली की समस्या का सामना करना पड़ता है। बिजली की कमी के कारण नियमित रूप से बिजली की आपूर्ति नहीं हो पाती है। नगरीय समाज का जीवन बिजली ऊर्जा पर आधारित रहती है। खाना बनाने, कपड़ा धोने, कपड़ा पर लोहा करने, रेफ्रिजेरेटर, कूलर, वाशिंग मशीन, टी.वी. रेडियो इत्यादि बिजली से संचालित होते हैं। बहुमंजिले मकानों में आने-जाने के लिए लिफ्ट भी बिजली से चलते हैं। बिजली गुल हो जाने पर शहर के लोग त्राहिमाम करने लगते हैं। बिजली की चोरी भी खूब होती है। उद्योगपति बिजली कर्मचारी से मिलकर बिजली बिल का भुगतान नहीं के बराबर करते हैं। बिजली का वितरण भी सभी क्षेत्रों में समान रूप से नहीं हो पाता है।

6. गली की समस्या—शहरीय समाज के लोगों को गली की समस्या का सामना करना पड़ता है। मकान बनाते समय नक्शा का पालन सही ढंग से नहीं किया जाता। इसके कारण गली सकरी हो जाती है। पानी नहीं निकलता है। सभी जगह ट्रक आसानी से नहीं आ जा सकता है। लोगों को आने-जाने में भी असुविधा होती है।

7. नाली की समस्या—शहरीय समाज के लोगों को नाली की समस्या का सामना करना पड़ता है। सभी घरों का पानी नाली नहीं रहने के कारण सड़क पर निकलता है। इसके कारण सड़क और गली में गंदगी भर जाती है। आने-जाने में कठिनाई के साथ-साथ बीमारी भी फैलती हैं।

8. गंदी बस्ती की समस्या—शहर में काम की खोज में गाँवों से अनेक लोग मजदूरी कमाने आते हैं। उनकी आय इतनी नहीं होती कि वे भाड़े के मकान में रह सकें। वे स्टेशन, बस पड़ाव, पार्क, पुल इत्यादि के पास बोरा लकड़ी के सहारे घर उठाकर रहते हैं। इस प्रकार गंदी बस्ती का निर्माण होता है। गन्दी बस्ती के लोग आस-पास के सड़क को शौच के लिए प्रयोग में लाते हैं। इससे पर्यावरण गंदा होता है तथा बीमारियाँ फैलती हैं। अपराध भी बढ़ता है। गंदी बस्ती में रहने वाले बच्चे चिथड़ा, टुकड़ा, चुनकर जीवन यापन करते हैं। उन्हें अपमानित होना पड़ता है तथा वे यौन शोषण के शिकार हो जाते हैं।

9. अपराध की समस्या—शहरीय समाज के लोगों को तरह-तरह के अपराध की समस्या का सामना करना पड़ता है। इनमें चोरी, डकैती, बलात्कार, हत्या, रंगदारी टैक्स वसूली, गुंडा-गर्दी, आवारागर्दी इत्यादि प्रमुख हैं। घर में ताला लगाकर कहीं जाने पर दिन में ही चोरी डकैती हो जाती है। महिलाओं को अवारागर्दी, गुंडागर्दी, यौनिक यातना तथा बलात्कार की समस्या का सामना करना पड़ता है। उनके गले की, नाक, कान के आभूषण जबरदस्ती ले लिए जाते हैं। शहर में मकान बनाने के वक्त रंगदारी टैक्स देना पड़ता है। पर्व-त्योहार के अवसर पर जबरन चंदा माँगा जाता है। नहीं कहने पर उनका जीना हराम कर दिया जाता है। हत्या भी कर दी जाती है।

10. यौन व्यापार की समस्या—शहरों में यौन व्यापार भी काफी फल-फूल रहा है। यह कमाई का एक साधन बन गया है। इसमें केवल गरीब परिवार की ही लड़कियाँ नहीं, वरन् अमीर घर की लड़कियाँ भी शामिल हैं। उनका संपर्क शहर के बड़े-बड़े पदों पर कार्यरत व्यक्तियों से होता है। उनसे उन्हें मोटी रकम तो मिलती ही है। साथ ही साथ उनका कई तरह का काम भी आसानी से हो जाता है।

11. बेरोजगारी की समस्या—शहरीय समाज के लोगों को बेरोजगारी की भी समस्या का सामना करना पड़ता है। अब पढ़-लिख जाने के बाद भी नौकरी नहीं मिल पाती है। अगर मिलती भी है तब वेतन बहुत ही कम मिलता है। इसके कारण युवाओं के मध्य मनोवैज्ञानिक कुंठा का विकास हो रहा है। वे हीन भावना से ग्रसित हो जाते हैं। उनमें कई तरह के मानसिक विकार उत्पन्न हो जाते हैं। वे अपराधी भी बन जाते हैं।

12. भ्रष्टाचार की समस्या—नगरीय समाज के लोगों को भ्रष्टाचार की समस्या का सामना करना पड़ता है। उन्हें किसी भी कार्यालय में काम कराने के लिए घूस देना पड़ता है। बिना घूस के कोई काम नहीं होता है। उन्हें मिलावटी चीजें खाने को मिलती हैं। वे कालाबाजारी के शिकार होते हैं।

परंपरा की दृष्टि से भारतीय समाज, संस्कृति एवं सभ्यता का अध्ययन

मानवशास्त्रियों द्वारा परंपरा की दृष्टि से भी भारतीय समाज, संस्कृति एवं सभ्यता को समझने का प्रयास किया गया है। सुप्रसिद्ध अमरीकी मानवशास्त्री राबर्ट रेडफील्ड ने अपनी पुस्तक *पिजेंट सोसायटी एंड कल्चर* (1956) तथा *थिंकिंग अबाउट सिविलाईजेशन* (1955) में सभ्यता को परंपरा की दृष्टि से परिभाषित करने का प्रयास किया है। उनके अनुसार सभ्यता को धार्मिक दृष्टि से लघु परंपरा एवं महान परंपरा के जटिल संगठन के रूप में परिभाषित किया जा सकता है।

जब रेडफिल्ड कृषक ग्राम का अध्ययन कर रहे थे तब उन्होंने कृषकों के मध्य मौखिक परंपरा का प्रचलन देखा। इस परंपरा में जादू की प्रधानता थी तथा इसका विस्तार क्षेत्र उस ग्राम तक ही सीमित था। उन्होंने कृषक समाज की इस परंपरा को लघु परंपरा की

संज्ञा प्रदान की। कृषक समाज की लघु परंपरा नगरीय समाज की वृहत परंपरा के विपरीत थी। उन्होंने नगरीय समाज में लिखित परंपरा, धार्मिक विशेषज्ञ तथा नैतिक मूल्य का प्रचलन पाया। उन्होंने नगरीय समाज की परंपरा को वृहत परंपरा की संज्ञा प्रदान की।

हालांकि लघु परंपरा एवं महान परंपरा दोनों का विकास दो विभिन्न प्रकार के समाजों में हई थी। लेकिन वे दोनों पृथक नहीं थे। वरन् दोनों के बीच अंतर संबंध, पारस्परिक निर्भरता तथा अंत:क्रिया बनी रहती है। इस प्रकार सभ्यता लघु परंपरा एवं महान परंपरा का जटिल संगठन है।

लघु परंपरा एवं महान परंपरा में अंतर

लघु परंपरा	महान परंपरा
1. यह ग्रामीण कृषक समाज की परंपरा होती है।	1. यह नगरीय पुजारी समाज की परंपरा होती है।
2. यह मौखिक परंपरा होती है।	2. यह लिखित परंपरा होती है।
3. इसमें जादू का प्रचलन रहता है।	3. इसमें धर्म की प्रधानता रहती है।
4. इसमें ग्राम पुजारी का विशेष स्थान होता है।	4. इसमें तीर्थस्थल के पुजारी का विशेष स्थान होता है।
5. इसका विस्तार क्षेत्र ग्राम की सीमा रहता है।	5. इसका विस्तार क्षेत्र वृहत होता है जो तीर्थ स्थल का प्रभाव क्षेत्र दर्शाता है। इसमें कई गाँव और क्षेत्र शामिल रहते हैं।
6. इसे राजाश्रय नहीं प्राप्त रहता है।	6. इसे राजाश्रय प्राप्त रहता है।
7. इसकी अपनी जीवन शैली होती है।	7. इसकी अपनी विशिष्ट जीवन शैली होती है।
8. यह महान परंपरा को मान-सम्मान की दृष्टि से देखती है तथा विशेष आदर प्रदान करती है।	8. यह लघु परंपरा को अपनी पूरक के रूप में देखती है तथा उसे अपने धार्मिक मूल्यों से जोड़े रहती है।
9. इसके द्वारा कृषक समाज अपनी संस्कृति को पीढ़ी दर पीढ़ी हस्तांतरित करते हैं।	9. इसके द्वारा नगरीय समाज के पुजारी वर्ग नैतिक एवं धार्मिक मूल्यों को कृषक समाजों तक पहुँचाते हैं तथा धर्म के नाम पर उन्हें संगठित रखते हैं।
10. वृहत परंपरा लघु परंपरा के लिए अनुकरणीय तथा श्रद्धेय होती है।	10. लघु परंपरा वृहत परंपरा को बनाए रखने में अपना महत्त्वपूर्ण योगदान देते हैं।
11 इसकी उत्पत्ति कृषि आविष्कार के फलस्वरूप हुई है।	11. इसकी उत्पत्ति नियत विकासीय (Orthogenetic) रही है।
12. इसका संबंध नगर निर्माण की पूर्व अवस्था से है।	12. इसका संबंध प्राथमिक नगरीयकरण (Primary urbanisation) से है।

लघु परंपरा एवं महान परंपरा में संबंध

जैसा कि पहले ही लिखा जा चुका है कि लघु परंपरा तथा वृहत परंपरा दोनों का विकास

एक-दूसरे के विपरीत समाजों में हुआ है तथा जिनकी जीवनशैली एक-दूसरे से बिल्कुल भिन्न है। तथापि दोनों परंपराएँ एक-दूसरे के पूरक, एक-दूसरे पर आश्रित तथा एक-दूसरे से संबंधित रहती हैं। दोनों की पारस्परिक निर्भरता को पृथक नहीं किया जा सकता है। वृहत परंपराओं का विकास प्राचीन धार्मिक तथा प्रशासकीय नगरों में हुआ है, इसे राजाश्रय प्राप्त था। राजाओं से संरक्षण पाकर तत्कालीन शिल्पकारों ने किसी विशेष देवी-देवता के नाम पर नदी तट के पास मंदिर बनाए। राजा द्वारा वहाँ पर पंडित-पुजारियों की नियुक्ति हुई। जिन्हें पंडा, ब्राह्मण, पंडित इत्यादि नामों से जाना जाता है। ये लोग संस्कृत तथा अन्य भाषाओं के विद्वान थे। उन्होंने मंदिर में स्थापित देवी-देवताओं की महिमा दर्शाने के लिए अनेक पुस्तकों की रचना की। संरक्षण देने वाले राजा का भी गुणगान अनेक ढंगों से किया गया। देवी-देवताओं तथा राजाओं के बारे में अनेक पौराणिक कथाएँ प्रचारित एवं प्रसारित की गयीं। मंदिर को एक धाम के रूप में स्थापित किया गया। तीर्थ यात्रा की परंपरा विकसित की गयी। विशेष अवसरों पर विशेष पूजा का आयोजन किया गया। लौक एवं कृषक समाज के सदस्यों को महान परंपरा के केन्द्रों से पूजा-पाठ, दान-दक्षिणा तथा तीर्थाटन एवं पुण्य लाभ से जोड़ा गया। महान परंपरा के पुजारी लघु परंपरा के लोगों को अपना जजमान बनाए। पुजारियों का अपना जजमानिका गाँव बन गया। तीर्थाटन एवं पूजा-पाठ के लिए पधारे जजमानों को पुजारी आदर के साथ अपने घर में ठहराते हैं। उन्हें पूजा करने में मदद पहुँचाते हैं। इसके बदले में जजमान उन्हें दान-दक्षिणा देते हैं। जब पुजारी जजमान के गाँव पहुँचते हैं तब जजमान उनका आदर-सत्कार करते हैं। अच्छा से अच्छा भोजन दिया जाता है। विदाई के रूप में अन्न, वस्त्र तथा रुपया दिया जाता है। पुरोहित अपने जजमान को आशीर्वाद देकर अपने घर लौट आते हैं। इस प्रकार धार्मिक दृष्टि से लघु एवं वृहत परंपराओं को संगठित करने का प्रयास किया गया था। यही संगठन धार्मिक सभ्यता का आधार बना। आज भी यह आधार भारतीय सभ्यता की पहचान बनाए हुए है। हमारे देश में गया, वाराणसी, प्रयाग, पुरी, रामेश्वरम्, द्वारिका, हरिद्वार, ऋषिकेश, अयोध्या, मथुरा इत्यादि अनेक शहर धार्मिक केन्द्र के रूप में अस्तित्व में आए। इनकी महान परंपराएँ थीं। इन महान परंपराओं को राजाश्रय प्राप्त था। इनके पुजारी पढ़े-लिखे विद्वान थे। उन लोगों द्वारा वृहत परंपरा एवं लघु परंपरा को एकसूत्र में संगठित करने का प्रयास किया गया।

स्थानीयकरण एवं सार्वभौमिकीकरण

वृहत परंपरा एवं लघु परंपरा के बीच संबंधों को और स्पष्ट करने के लिए अमरीकी मानवशास्त्री मैक्कीम मैरियट द्वारा स्थानीयकरण (Parochialisation) तथा सार्वभौमिकीकरण की अवधारणा का विकास किया गया। उन्होंने कहा कि लघु परंपरा एवं महान परंपरा दो भिन्न स्थानों पर विकसित हुई हैं, लेकिन दोनों के तत्व प्रचार-प्रसार के

द्वारा एक-दूसरे के पास पहुँची हैं तथा अपना महत्त्वपूर्ण स्थान बना लिए हैं। वह प्रक्रिया जिसके द्वारा महान परंपरा के तत्व लघु परंपरा के बीच पहुँचते हैं तथा लघु परंपरा उन्हें अपने स्थानीय पर्यावरण के अनुकूल लिया जाता है, स्थानीयकरण कहलाती है। स्थानीयकरण प्रक्रिया के माध्यम से महान परंपरा की पूजन विधि, देवी-देवताओं, विश्वासों, इत्यादि को लघु परंपरा में स्थान प्राप्त होता है तथा वे उनकी जीवनशैली के अभिन्न अंग बन जाते हैं। उदाहरण के लिए श्रावण माह में देव घर न जाकर किसी नदी से जल भरकर तथा काँवर से ढोकर अपने गाँव स्थित शिव की प्रतिमा पर जलाभिषेक करना।

वृहत परंपरा के पुजारी अपने कृषक जजमानों के गाँव में समय-समय पर आते हैं। वे लोग कृषक समाज की लघु परंपरा के कुछ तत्वों को महान परंपरा में शामिल कर लेते हैं। वृहत परंपरा के तत्वों में शामिल कर लिए जाने के बाद उन लघु परंपरा के तत्वों को भी सार्वभौमिक मूल्य प्राप्त हो जाता है। इस प्रकार लघु परंपरा के तत्वों का सार्वभौमिकीकरण हो जाता है। उदाहरण के लिए कृषक समाज के सभी उत्सवों एवं त्योहारों में चावल से पूजा की जाती है। वृहत परंपरा के पुजारी भी अपने जजमानों को अपने साथ चावल लाने को कहते हैं ताकि चावल से वहाँ स्थित देवी-देवताओं की पूजा की जा सके। इस प्रकार चावल द्वारा पूजा-पाठ विश्व व्यापी रूप धारण कर लिया।

स्थानीयकरण एवं सार्वभौमिकीकरण में अंतर

स्थानीयकरण	सार्वभौमिकीकरण
1. यह महान परंपरा के तत्वों को स्थानीय मान्यता प्रदान करता है।	1. यह लघु परंपरा के तत्वों को सार्वभौमिक मान्यता प्रदान करता है।
2. यह महान परंरा के प्रसार को लघु परंपरा तक ले जाता है।	2. यह लघु परंपरा के प्रसार को महान परंपरा तक ले जाता है।
3. यह दर्शाता है कि महान परंपरा भी लघु परंपरा में स्थान पाता है।	3. यह दर्शाता है कि लघु परंपरा भी महान परंपरा में स्थान पाता है।
4. यह महान परंपरा को लघु परंपरा का आवश्यक अंग बना देता है।	4. यह लघु परंपरा को महान परंपरा का आवश्यक अंग बना देता है।
5. यह दर्शाता है कि लघु परंपरा के लिए महान परंपरा पृथक नहीं है।	5. यह दर्शाता है कि महान परंपरा के लिए लघु परंपरा पृथक नहीं है।
6. यह महान परंपरा और लघु परंपरा के बीच अंत:क्रिया दर्शाता है।	6. यह लघु परंपरा और महान परंपरा के बीच अंत:क्रिया दर्शाता है।

भारत के नगरीय समाज की विशेषताएँ

1. नगरीय समाजों में प्रशासन की दृष्टि से नगर पालिका, महानगरीय परिषद्, अधिसूचित क्षेत्र परिषद्, छावनी क्षेत्र इत्यादि पाए जाते हैं।

2. उस क्षेत्र को नगरीय क्षेत्र घोषित किया गया है जिसकी जनसंख्या कम से कम 10,000 हो।

3. नगरीय क्षेत्र की 75 प्रतिशत जनसंख्या गैरकृषि पेशा में लगी हुई है।

4. शहरी क्षेत्र की जनसंख्या घनत्व कम से कम 1000 व्यक्ति प्रति वर्ग मील होना चाहिए।

5. नगरीय क्षेत्र में औद्योगिक क्षेत्र, कालोनी, पर्यटन स्थल, पार्क, क्लब, सिनेमाघर तथा अन्य नागरिक सुविधाएँ प्रदान की जाती हैं।

6. जनसंख्या के आधार पर भारतीय समाज में निम्नलिखित प्रकार के नगर पाए जाते हैं—

	नामकरण	जनसंख्या
(i)	महानगर	10,00,000
(ii)	श्रेणी I के अंतर्गत आने वाले शहर	1,00,000
(iii)	श्रेणी II के अधीन आने वाले शहर	50,000
(iv)	श्रेणी III के अधीन आने वाले शहर	20,000
(v)	श्रेणी IV के अधीन आने वाले शहर	10,000
(vi)	श्रेणी V के अधीन आने वाले शहर	5,000
(vii)	श्रेणी VI के अधीन आने वाले शहर	5,000 से कम

नगरों की सांस्कृतिक भूमिका

भारतीय नगरों की सांस्कृतिक भूमिका महत्त्वपूर्ण रहती है। नगरों में विभिन्न देव स्थल, मंदिर, चर्च, गुरुद्वारा, जैन मंदिर, बौद्ध मंदिर, मदरसा इत्यादि स्थित होते हैं। अनेक नगर पवित्र नदियों के किनारे या नदियों के संगम पर स्थित हैं। वहाँ नित्य स्नान, ध्यान, पूजा-पाठ, दान-पुण्य, भजन, कीर्तन इत्यादि सांस्कृतिक कार्य संपन्न होते हैं। इससे हमारे देश की संस्कृति को भारतीय स्वरूप प्राप्त होता है तथा विविधता में एकता प्रकट होती है। पर्व-त्योहारों के अवसर पर विभिन्न क्षेत्रों से प्रसिद्ध कलाकार आकर मूर्ति तथा पंडाल का निर्माण करते हैं वहाँ अनेक सांस्कृतिक दृश्य देखने को मिलता है। धार्मिक पर्व-त्योहारों पर झांकियां तथा जुलूस निकाले जाते हैं। इसमें विभिन संप्रदाय के लोग गले से गले लगाकर त्योहार को सफल बनाते हैं। इस तरह भारतीय नगरों में हम सांस्कृतिक संकुल, सांस्कृतिक केन्द्र, सांस्कृतिक विशेषज्ञ तथा सांस्कृतिक माध्यम पाते हैं। इनके द्वारा भारतीय संस्कृति को बनाए रखने में अनोखा योगदान दिया जाता है। इनसे भारतीय परंपरा समृद्ध होती है। सांस्कृतिक परंपराएँ नगर से देहात की ओर भी पहुँचती हैं। देहात से लोग पर्व-त्योहारों के अवसर पर सांस्कृतिक दृश्य देखने तथा तीर्थाटन का लाभ लेने पहुँचते हैं। इस

प्रकार भारतीय नगरों की सांस्कृतिक भूमिका भी महत्त्वपूर्ण रही है। कई मानवशास्त्रियों द्वारा भारतीय नगरों की सांस्कृतिक भूमिका तथा धार्मिक संकुल का अध्ययन किया गया है। उदाहरण के लिए विद्यार्थी द्वारा गया शहर (1961) तथा मानवशास्त्र विभाग राँची विश्वविद्यालय द्वारा काशी, जनकपुर, राजगिर, देवघर, मथुरा, अयोध्या, रामेश्वरम्, तिरुपति द्वारिका, हरिद्वार, ऋषिकेश इत्यादि का अध्ययन अमेरिकी मानवशास्त्री मिल्टन सिंगर द्वारा मद्रास शहर का अध्ययन तथा रेडफिल्ड एवं मैरियट द्वारा बाई शहर का अध्ययन प्रमुख है। इन अध्ययनों के माध्यम से भारतीय नगरों की सांस्कृतिक भूमिका को प्रकाश में लाया गया है। इनके द्वारा लोक-नगरीय सातत्य को भी प्रस्तुत करने का प्रयास किया गया है।

नगरीकरण प्रक्रिया

अमेरिकी मानवशास्त्री राबर्ट रेडफिल्ड ने नगरीकरण प्रक्रिया के ऊपर अनोखा योगदान दिया है। उन्होंने सभ्यता के विस्तार को लोक नगरीय सातत्य एवं लघु परंपरा एवं महान परंपरा के जटिल संगठन के रूप में जानने का प्रयास किया है। उनके द्वारा लोकनगरीय सातत्य एवं लघु एवं महान परंपरा की अवधारणा का विकास किया गया है।

राबर्ट रेडफिल्ड ने नगरीकरण की प्रक्रिया को दो भागों में विभाजित किया है— प्राथमिक नगरीकरण तथा द्वितीयक नगरीकरण।

रेडफील्ड तथा मिल्टन सिंगर ने अपने शोध पत्र कल्चरल रोल आफ सिटी (1956) में सांस्कृतिक विकास एवं परिवर्तन को ऐतिहासिक परिप्रेक्ष्य में समझने का प्रयास किया है। उनके अनुसार संस्कृति के विकास एवं परिवर्तन में शहर महत्त्वपूर्ण भूमिका निभाया है।

लोक समाज, एक आदर्श प्रकार के रूप में, वैसे सामाजिक तत्वों के योग का प्रतिनिधित्व करता है जिसकी पहचान अतीत में स्थापित समांग एवं गैर-शिक्षित समेकित समुदाय के रूप में होती है। इस तरह के समुदाय जनजातीय एवं ग्रामीण समाजों में पाए जाते हैं, शहरों में नहीं।

नगरीय समाज, एक आदर्श प्रकार के रूप में, वैसे समुदाय का प्रतिनिधित्व करता है जिसमें लोक समाज का नियत विकासीय (Orthogenetic) तथा बहुविकासीय (Heterogenetic) परिवर्तन पूर्ण रूप से हो गया है। लोक समाज का शहर के रूप में नियत विकासीय परिवर्तन महान परंपरा एवं इसके विशिष्ट बौद्धिक साहित्यिक वर्ग को प्रकाश में लाया है। साथ ही साथ इस परिवर्तन के कारण प्रशासकीय पदाधिकारी एवं नियम-कानून भी प्रकाश में आए जिनकी उत्पत्ति स्थानीय संस्कृति के नैतिक एवं धार्मिक जीवन से हुई है। विकसित आर्थिक संस्थाएँ भी स्थानीय सांस्कृतिक परिवर्तन के आज्ञाकारी रही हैं। लोक समाज का बहुविकासीय परिवर्तन द्वारा बौद्धिक, सौंदर्य परख, आर्थिक एवं राजनीतिक जीवन को स्थानीय नैतिक मूल्यों से स्वतंत्र कर दिया गया। इस स्वतंत्रता के

कारण, एक तरफ व्यक्तिगत आकांक्षाओं का विकास हुआ तथा व्यक्तिगत हितों की ओर लोग उत्प्रेरित हुए। दूसरी तरफ इस परिवर्तन के कारण क्रांतिकारी, देशीय तथा मानवतावादी दृष्टिकोण का विकास हुआ। इस परिवर्तन के कारण सुधार, प्रगति तथा इच्छित परिवर्तन संभव हो सका।

प्राथमिक नगरीकरण कोर संस्कृति के स्वरूप में स्थान प्राप्त करता है जिसके कारण एक देशज सभ्यता का विकास होता है। यहाँ सभ्यता पूर्व लोक समाज का रूपांतरण कृषक समाज के रूप में होता है। कृषक समाज अपनी मिश्रित संस्कृति के साथ नगरीय केन्द्रों से जुड़ जाते हैं। इस प्रक्रिया में सर्वप्रथम एक धार्मिक संस्कृति का निर्माण होता है। इस धार्मिक संस्कृति को नगरीय साक्षर वर्ग द्वारा महान परंपरा का रूप प्रदान कर दिया जाता है।

द्वितीयक नगरीकरण में एक लोक समाज या सभ्यता पूर्व कृषक समाज विविध संस्कृति वाले नगरीय समाज के संपर्क में आता है। इसके फलस्वरूप एक नयी नगरीय जीवनशैली का विकास होता है। यह नयी नगरीय शैली परंपरागत नगरीय शैली से बिल्कुल भिन्न होती है तथा परंपरागत प्रतिमान के विपरीत होती है। इसके कारण नवीन सामाजिक जीवन की शुरुआत होती है। महानगरीय लोग, बौद्धिक वर्ग तथा कुछ सीमांत लोग देश के अंदर अस्तित्व में आते हैं। प्राथमिक एवं द्वितीयक नगरीकरण की कोई सार्वभौमिक अवस्थाएँ नहीं, चिह्नित की गयी हैं, लेकिन इनका निर्माण तकनीकी विकास एवं अन्य संस्कृतियों के संपर्क के कारण हुआ है।

प्राथमिक एवं द्वितीयक नगरीकरण का सांस्कृतिक परिणाम महत्त्वपूर्ण रहे हैं। प्राथमिक नगरीकरण के फलस्वरूप महान परंपरा का निर्माण एवं विकास होता है। महान परंपरा की अभिव्यक्ति धार्मिक पुस्तकों, शिल्पकला, मूर्तिकला, मंदिर निर्माण कला, चित्रकला, सौंदर्यीकरण इत्यादि के माध्यम से होती है। समय के साथ महान परंपरा एक देशज सभ्यता की कोर संस्कृति बन जाती है, महान परंपरा चेतन ढंग से अपने नैतिक, सौंदर्यपरक, वैधिक तथा अन्य सांस्कृतिक मूल्यों एवं मापदंडों को परिभाषित करती है। इस प्रकार महान परंपरा धार्मिक, नैतिक, सौंदर्य विषयक एवं सांस्कृतिक मूल्यों का स्रोत बन जाती है। यहाँ शिक्षित एवं साहित्यिक वर्ग का उदय अपने आप में महत्त्वपूर्ण होता है। इस श्रेणी के लोग नवीन विचारधाराओं की उत्पत्ति में महत्त्वपूर्ण योगदान देते हैं। स्थानीय संस्कृति द्वारा नियंत्रित नवीन नियम एवं कानून अस्तित्व में आ जाते हैं। आर्थिक क्षेत्र में संसाधनों का बंटवारा परंपरागत पद एवं नैतिक नियमों के अनुसार होता है। यह उत्पादन एवं वितरण दोनों ही के लिए सत्य होता है। इस प्रकार प्राथमिक नगरीकरण में राजनीतिक, आर्थिक, बौद्धिक तथा सौंदर्यविषयक क्रियाकलापों का समन्वयन महान परंपरा के अनुसार होता है।

द्वितीयक नगरीकरण में ऐसी मानसिक स्थिति निर्मित होती है जो स्थानीय संस्कृति के संगत नहीं होती है। ऐसी स्थितियाँ निम्नलिखित हो सकती हैं—

(i) तकनीकी व्यवस्था के अनुकूलन एक उपयुक्त सामंजस्य का विकास

(ii) समूहों के प्रति आम भावना का विकास

(iii) विविध सांस्कृतिक पृष्ठभूमि वाले समूहों की उत्पत्ति

(iv) पूर्व प्रभावी दृष्टिकोण के स्थान पर सापेक्ष महत्त्व वाले दृष्टिकोण का विकास।

इस प्रकार हम पाते हैं कि प्राथमिक नगरीकरण में व्यवस्था के विभिन्न पहलू महान परंपरा के संदर्भ में विकसित होते हैं तथा अस्तित्व में बने रहते हैं। द्वितीयक नगरीकरण में ऐसे संदर्भों का अभाव रहता है तथा उनमें तेज गति से स्वतंत्र विकास होता है।

प्राथमिक एवं द्वितीयक नगरीकरण में अंतर

प्राथमिक नगरीकरण	द्वितीयक नगरीकरण
1. इसकी उत्पत्ति नियत विकासीय (orthogenetic) होती है।	1. इसकी उत्पत्ति बहुविकासीय (heterogenetic) होती है।
2. इस प्रक्रिया में एक लोक समाज का रूपांतरण कृषक समाज में होता है।	2. इस प्रक्रिया में एक लोक समाज का रूपांतरण कृषक समाज में होता है जिसका संबंध आधुनिक नगरों से होता है।
3. इस प्रक्रिया के कारण महान परंपरा का विकास होता है।	3. इस प्रक्रिया के कारण एक नयी आधुनिक जीवनशैली का विकास होता है।
4. इस प्रक्रिया में सर्वप्रथम एक धार्मिक संस्कृति का विकास होता है।	4. इस प्रक्रिया में धर्मनिरपेक्ष संस्कृति का विकास होता है।
5. इस प्रक्रिया द्वारा देशज सभ्यता का विकास होता है।	5. इस प्रक्रिया द्वारा मिश्रित संस्कृति एवं सभ्यता का विकास होता है।
6. इसमें लोग स्थानीय धार्मिक तथा नैतिक मूल्यों से बंधे होते हैं।	6. इसमें लोग स्थानीय नैतिक मूल्यों से स्वतंत्र हो जाते हैं।
7. इसके कारण लघु परंपरा एवं महान परंपरा के बीच अंतर-संबंध स्थापित हुए।	7. इसके कारण मानवतावादी दृष्टिकोण का विकास हुआ।
8. इसके द्वारा परंपराओं को बनाए रखने पर विशेष बल दिया गया।	8. इसके द्वारा सुधार, प्रगति तथा इच्छित परिवर्तन संभव हो सका।
9. इसके द्वारा परंपरागत नगरीय शैली का विकास होता है।	9. इसके द्वारा आधुनिक नगरीय शैली का विकास होता है।
10. ग्रामीण जनता प्राथमिक नगरों को धाम की संज्ञा प्रदान करती है तथा समय-समय पर तीर्थाटन करने जाती है।	10. ग्रामीण जनता द्वितीयक नगरों को काम का स्थान मानती है तथा नौकरी पेशा के लिए उन नगरों में जाती हैं।
11. इसमें अर्थव्यवस्था का बंटवारा परंपरागत पद एवं नैतिक नियमों के अनुसार होता है।	11. इसमें अर्थ का विभाजन विशेषज्ञता के अनुसार होता है। यह विशेषज्ञता तकनीकी ज्ञान से संबंधित होती है।

भारत में प्राथमिक तथा द्वितीयक नगरीकरण के उदाहरण

मानव इतिहास में नगरीकरण प्रक्रिया का एक महत्त्वपूर्ण स्थान रहा है। प्रागैतिहासिक

भारत पर किए गए अनुसंधानों से पता चलता है कि भारत में नगरीय केन्द्रों की उत्पत्ति आज से करीब 5000 वर्ष पहले हुई। मोहनजोदड़ो, हड़प्पा, चान्हदारों, लोथल, कालिबंगम इत्यादि नगर हड़प्पा संस्कृति एवं सिन्धु घाटी सभ्यता के केन्द्र थे। इन नगरों के पश्चात् भारत में काशी, प्रयाग, मथुरा, गया, पाटलिपुत्र, राजगिर इत्यादि नगर प्राचीन भारत में अस्तित्व में आए। इन नगरों की उत्पत्ति या तो धार्मिक केन्द्रों या धार्मिक-प्रशासकीय नगरों के रूप में हुई। ये नगर अपने स्थानीय क्षेत्रों तथा कई अवसरों पर संपूर्ण भारत से जुड़े हुए थे। इन प्राचीन नगरों की उत्पत्ति रेडफील्ड तथा उनके समर्थकों के शब्दों में नियत विकासीय (orthogenetic) थी। ये सभी नगर नगरीकरण की प्राथमिक अवस्था हमारे देश भारतवर्ष में प्रस्तुत करते हैं। ये सभी केन्द्रों की परंपरा महान थी तथा इन स्थानों पर देशज सभ्यता का विकास हुआ था। इन सभ्यता स्थलों की परंपरा भारतीय संस्कृति की कोर संस्कृति बनी।

मुसलमान शासनकाल में अनेक नगरों का निर्माण किया गया। जैसे आगरा, दिल्ली, जोधपुर, फिरोजपुर, दौलताबाद, फतेहपुर सिकरी, फरूखाबाद, सासाराम, औरंगाबाद इत्यादि। इन नगरों को राजधानी, पर्यटक स्थल, कलात्मक केन्दों, प्रशासकीय नगर के रूप में विकसित किए गए थे। इन नगरों को विकसित करने का उद्देश्य धार्मिक नहीं था। इन नगरों को देशज सभ्यता तथा महान परंपरा के केन्द्रों के रूप में नहीं विकसित किए गए थे।

जब विकसित तकनीकी साधनों के साथ ब्रिटिशों का आगमन भारतवर्ष में हुआ तब भारतवर्ष में उद्योग-धंधों पर आधारित नगरों की उत्पत्ति एवं विकास हुआ। तकनीकी संसाधनों एवं वैज्ञानिक ज्ञान के आधार पर प्राकृतिक संसाधनों विभिन्न सामग्रियों के उत्पादन हेतु उद्योगों की स्थापना हुई। उद्योगों की स्थापना के साथ-साथ औद्योगिक नगर अस्तित्व में आए। स्वतंत्रता प्राप्ति के बाद भी अनेक नगर अस्तित्व में आए। जैसे एच.ई.सी., हटिया, जमशेदपुर, बोकारो दुर्गापुर, भिलाई इत्यादि। इन नगरों की उत्पत्ति नियत विकासीय न होकर बहुविकासीय (heterogenetic) थी। इनके मूल्य धार्मिक महान परंपरा से जुड़े नहीं थे, वरन् महान परंपरा के मूल्यों से स्वतंत्र थे। इनका दृष्टिकोण धार्मिक न होकर वैज्ञानिक तथा मानवतावादी था। इसमें जटिल संस्कृति का विकास हुआ जो कि तकनीकी विकास के अनुकूल होती है। इसके कारण क्रांति, प्रगति एवं विकास संभव हो सका। यह भारत में नगरीकरण की दूसरी अवस्था थी जिसे रेडफील्ड तथा उनके सहयोगियों के शब्दों में द्वितीयक नगरीकरण कहा जाता है।

4

भारतीय सामाजिक व्यवस्था

(INDIAN SOCIAL SYSTEM)

विश्व के समाजों में भारतीय समाज का एक अपना स्थान रहा है। अपने ढंग की सामाजिक व्यवस्था के कारण विश्व के समाजों में यह अपना महत्त्वपूर्ण स्थान बना पाने में सफल रहा है। भारतीय सामाजिक व्यवस्था के अंतर्गत हम निम्नलिखित का अध्ययन करते हैं—

(क) वर्ण व्यवस्था
(ख) आश्रम व्यवस्था
(ग) पुरुषार्थ व्यवस्था
(घ) कर्म की अवधारणा
(ङ) पुनर्जन्म की अवधारणा
(च) ऋण की अवधारणा
(छ) जाति व्यवस्था
(ज) जजमानी व्यवस्था
(झ) संस्कार
(ञ) हिन्दू विवाह व्यवस्था
(ट) हिन्दू नातेदारी व्यवस्था
(ठ) धर्म की अवधारणा

(क) वर्ण व्यवस्था

भारतीय धर्मशास्त्रों के अध्ययन से हमें वर्ण व्यवस्था के संबंध में जानकारी प्राप्त होती है। वैदिक साहित्यों के अध्ययन से पता चलता है कि वैदिक आर्यों ने भारतीय समाज में वर्ण व्यवस्था की स्थापना की थी।

वर्ण का शाब्दिक अर्थ रंग होता है। कुछ विद्वानों ने यह अनुमान लगाया है कि आरंभ में आर्य हिन्दुओं ने अपने आपको स्थानीय जनजातियों से अलग करने के लिए वर्ण

शब्द का प्रयोग किया होगा। आर्यों का वर्ण सफेद था। अत: उन लोगों ने अपने लिए सवर्ण शब्द का प्रयोग किया तथा यहां के स्थानीय निवासियों का काला रंग होने के कारण अवर्ण की श्रेणी में रखा था। इस व्यवस्था के अनुसार आरंभ में भारतीय समाज केवल दो वर्णों—सवर्ण और अवर्ण अथवा आर्य एवं अनार्य के बीच विभाजित था।

परंतु वर्ण व्यवस्था की संरचना गुण एवं उद्देश्य के अध्ययन से उपरोक्त प्रस्तुत तर्क युक्तिसंगत नहीं दिखाई पड़ता है। भारतीय वर्ण व्यवस्था का संबंध न तो जन्म से है और न ही रंग से है। वर्ण व्यवस्था का संबंध कर्म, गुण तथा स्वभाव से है। जिसे कर्म, गुण एवं स्वभाव से ग्रहण किया जाये, उसे ही वर्ण कहा जाता है। वर्ण व्यवस्था की अवधारणा के अनुसार प्रत्येक व्यक्ति जन्म से शूद्र हैं, लेकिन कर्म से वह दूसरा जन्म धारण करता है। कर्म से वह ब्राह्मण, क्षत्रिय एवं वैश्य हो सकता है। जो उपरोक्त तीनों कर्मों में से कोई कर्म नहीं धारण करता है वह शूद्र रह जाता है। ब्राह्मण, क्षत्रिय तथा वैश्य को द्विज (दुबारा जन्म धारण करने वाला) कहा गया है। इसी अवधारणा पर वर्ण व्यवस्था आधारित है। इस अवधारणा के आधार पर वर्ण को चार भागों में विभाजित किया गया है, जो निम्नलिखित हैं—

1. ब्राह्मण वर्ण, 2. क्षत्रिय वर्ण, 3. वैश्य वर्ण, 4. शूद्र वर्ण।

ब्राह्मण वर्ण के कर्म—धर्मशास्त्रों में ब्राह्मण वर्ण के लिए मुख्य छह कर्म बतलाए गए हैं—

1. यज्ञ करना, 2. यज्ञ कराना, 3. वेद पढ़ना, 4. वेद पढ़ाना, 5. दान देना तथा दान लेना।

क्षत्रिय वर्ण के कर्म—भारतीय धर्मशास्त्रों के अनुसार क्षत्रिय वर्ण के मुख्य छह कर्म निर्धारित किए गए हैं—

1. यज्ञ करना, 2. वेद पढ़ना, 3. दान देना, 4. प्रजा पालन, 5. दुष्टों का दमन तथा 6. देश की रक्षा।

वैश्य वर्ण के कर्म—धर्मशास्त्रों के अनुसार वैश्य वर्ण के लिए भी छह प्रकार के कर्म निर्धारित किए गए हैं—

1. यज्ञ करना, 2. वेद पढ़ना, 3. दान देना, 4. गौपालन, 5. कृषि तथा 6. वाणिज्य।

शुद्र वर्ण के कर्म—शास्त्रों के अनुसार शुद्र वर्ण का मुख्य कर्म अपने स्वभाव के अनुसार उपर्युक्त तीनों वर्णों में एक या अनेक की सहायता करना है।

वर्ण व्यवस्था की विशेषताएं—वर्ण व्यवस्था की निम्नलिखित विशेषताएं थीं—

1. विभिन्न वर्णों के बीच कर्म का विभाजन
2. विभिन्न वर्णों के बीच आपसी निर्भरता
3. विभिन्न वर्णों के बीच विवाह संबंध
4. विभिन्न वर्णों के बीच भोजन-पानी का संबंध।

वर्ण व्यवस्था में परिवर्तन—वर्ण व्यवस्था में परिवर्तन हो सकता है। यदि शूद्र का पुत्र बुद्धिमान, शिक्षा प्राप्त तथा अच्छे स्वभाव वाला है, तब वह शूद्र नहीं कहा जायेगा। कर्म के अनुसार वह ब्राह्मण, क्षत्रिय अथवा वैश्य वर्ण का माना जायेगा।

वर्ण व्यवस्था से लाभ—वर्ण व्यवस्था के अनेक लाभ थे।

1. इससे सामाजिक व्यवस्था, नियम एवं परंपराएं सुदृढ़ होती थीं।
2. कार्य विभाजन एवं श्रम विभाजन सिद्धांत की रक्षा होती थी।
3. कार्य करने की स्वतंत्रता बनी रहती थी।
4. संघर्ष एवं कलह का अवसर नहीं मिल पाता था।
5. इसका संबंध सामाजिक उन्नति से था।

(ख) आश्रम व्यवस्था

भारतीय समाज में जहां सामाजिक जीवन एवं सामाजिक उन्नति के लिए वर्ण व्यवस्था की स्थापना की गई थी, वह निजी जीवन एवं व्यक्तिगत उन्नति हेतु आश्रम व्यवस्था का निर्माण किया गया था। अतः वह व्यवस्था जिसके द्वारा निजी जीवन एवं व्यक्तिगत उन्नति का मार्ग प्रशस्त किया जाता था, आश्रम व्यवस्था कहलाती थी।

आश्रम व्यवस्था के प्रकार—आश्रम व्यवस्था चार प्रकार की होती थी—

1. ब्रह्मचर्य आश्रम, 2. गृहस्थ आश्रम, 3. वानप्रस्थ आश्रम तथा 4. संन्यास आश्रम।

ब्रह्मचर्य आश्रम—तप और संयम के साथ विद्या का अध्ययन करना तथा वेद एवं ग्रंथों का स्वाध्याय करना ब्रह्मचर्य कहलाता है। स्त्री को कम से कम सोलह तथा पुरुष को कम से कम पच्चीस वर्ष तक ब्रह्मचर्य रहना चाहिए।

प्राचीन समय में गुरुकुल व्यवस्था थी। गुरुकुल प्राचीन विश्वविद्यालयों को कहा जाता था। प्रत्येक गुरुकुल का संचालन शस्त्र एवं शास्त्र विद्या में दक्ष ऋषि मुनियों द्वारा किया जाता था। देश के विभिन्न भागों में स्थित गुरुकुल में राजकुमारों तथा ब्राह्मण कुमारों को शस्त्र विद्या एवं शास्त्र विद्या की शिक्षा दी जाती थी। गुरुकुल आश्रम में प्रवेश के पहले उपनयन अथवा जनेव संस्कार आवश्यक रूप से कर दिया जाता था। उपनयन संस्कार 5 वर्ष, 7 वर्ष, 9 वर्ष एवं 11 वर्ष की अवस्था में संपन्न किया जाता था। उपनयन संस्कार केवल बालकों का किया जाता था। अतः गुरुकुल आश्रम में केवल बालकों का प्रवेश होता था। गुरुकुल आश्रम में मुनि पुत्रों एवं राजकुमारों को ब्रह्मचर्य से संबंधित कठोर नियमों का पालन करना पड़ता था, इसलिए गुरुकुल आश्रम को ब्रह्मचर्य से संबंधित किया गया था। प्रत्येक शिष्यों को जंगल से जलावन जुटाना पड़ता था। भिक्षाटन द्वारा खाद्यान्न इकट्ठा करना पड़ता था। गुरुमाता के आदेशानुसार भोजन बनाने में सहयोग देना पड़ता था। गुरुकुल खर्च का वहन तत्कालीन राजा-महाराजाओं द्वारा किया जाता था, क्योंकि उन्हीं के राजकुमारों को शस्त्र तथा शास्त्र की शिक्षा प्रदान करने के लिए इसकी स्थापना की गई थी। गुरु शस्त्र एवं शास्त्र में निपुणता का प्रमाण देकर अपने शिष्यों को विदा करते थे। शिष्यों को गुरुदक्षिणा भी देना पड़ता था।

मर्यादा पुरुषोत्तम राम ने अपने भाइयों के साथ आचार्य वशिष्ठ के गुरुकुल आश्रम में शस्त्र एवं शास्त्र की शिक्षा प्राप्त की थी। कृपाचार्य, द्रोणाचार्य तथा पितामह भीष्म आचार्य परशुराम के शिष्य थे। भगवान श्री कृष्ण बलराम एवं उनके प्रिय मित्र सुदामा की शिक्षा आचार्य संदीपन मुनि के आश्रम में हुई थी। कौरवों एवं पांडवों की शिक्षा आचार्य द्रोण के आश्रम में हुई थी। सम्राट चंद्रगुप्त के समय में भी गुरुकुल की व्यवस्था थी जिसके कुलपति चाणक्य थे। यह व्यवस्था किसी न किसी रूप में मुगलकाल तक बनी रही थी। ब्रिटिश शासकों द्वारा शिक्षा को धर्मनिरपेक्ष बनाया गया था।

गृहस्थ आश्रम—ब्रह्मचर्य आश्रम से शस्त्र एवं शास्त्र की शिक्षा प्राप्त करने तथा अनुशासित जीवन व्यतीत करने के पश्चात्, एक व्यक्ति को गृहस्थ आश्रम में प्रवेश कराया जाता था। इस आश्रम की आयु 25 से 50 वर्ष तक रहती है। एक व्यक्ति को वैवाहिक तथा पारिवारिक जीवन बिताने की अवधि को ही गृहस्थ आश्रम कहा जाता था। संतानोत्पत्ति करना, उनको योग्य बनाना, धन और ज्ञान प्राप्त करना तथा धर्मयुक्त जीवन बिताना, इस आश्रम के मुख्य लक्ष्य होते थे।

वानप्रस्थ आश्रम—इस आश्रम की आयु 50 से 75 वर्ष तक रखी गयी है। इस आश्रम में गृहस्थ के बोझ से निवृत्त होकर घर से बाहर अथवा वन में रहते हुए स्वाध्याय एवं धार्मिक क्रियाओं की साधना की जाती थी। घर-गृहस्थ का भार पुत्रों पर छोड़कर त्याग पूर्ण जीवन बिताना इस आश्रम का प्रमुख लक्ष्य होता था।

संन्यास आश्रम—यह आश्रम सामान्यत: 75 वर्ष की आयु से ग्रहण किया जाता था। इस आश्रम में परिवार के बंधन से मुक्त होकर जीवन को समाज के लिए अर्पण कर दिया जाता था। विशेष वैराग्य की स्थिति में इस आश्रम को सीधे ब्रह्मचर्य अथवा गृहस्थ आश्रम से भी अपनाया जाता था। संन्यासी को अग्निवेष में रहना पड़ता था। शिखा (चोटी) और सूत्र (यज्ञोपवीत) का परित्याग कर देना पड़ता था। उसे अपना नाम भी बदल देना पड़ता था।

आश्रम व्यवस्था का भारतीय समाज में विशेष महत्त्व था। इस व्यवस्था द्वारा व्यक्ति को शिक्षा-दीक्षा दी जाती थी। उसे विवाहित तथा धर्म युक्त जीवन बिताते हुए धन कमाने के लिए प्रेरित किया जाता था। उसे वानप्रस्थी का जीवन बिताते हुए परलोक की सिद्धी हेतु साधन करने को कहा जाता था। जीवन की अंतिम अवस्था में उसे संन्यासी का जीवन बिताते हुए समाज की सेवा करने के लिए कहा जाता था। इस प्रकार एक व्यक्ति विभिन्न आश्रमों में रहकर अपने विभिन्न लक्ष्यों को प्राप्त करता था। इस व्यवस्था द्वारा वह अपनी व्यक्तिगत उन्नति प्राप्त करता था।

(ग) पुरुषार्थ व्यवस्था

पुरुषार्थ व्यवस्था के संबंध में हमें जानकारी वैदिक साहित्यों में मिलती है। पुरुषार्थ का तात्पर्य एक व्यक्ति के जीवन में प्राप्त होने वाले चार प्रकार के लक्ष्यों से है। इन चार प्रकार

के लक्ष्यों को धर्म, अर्थ, काम तथा मोक्ष कहा जाता है। एक व्यक्ति का जीवन सार्थक तभी होता है जब वह अपने जीवन में धर्म, अर्थ तथा काम को प्राप्त कर लेता है तथा मृत्यु पश्चात् मोक्ष की प्राप्ति कर लेता है।

उपयुक्त विवरण से स्पष्ट होता है कि पुरुषार्थ चार प्रकार का होता है, जिनमें तीन—धर्म, अर्थ तथा काम की प्राप्ति इसी जीवन में होती है। लेकिन मोक्ष प्राप्ति मृत्यु पश्चात् होती है। अब यहां चारों प्रकार के पुरुषार्थ से संबंध में वर्णन प्रस्तुत किया जा रहा है।

धर्म—धर्म की उत्पत्ति धृ धातु से हुई है जिसका अर्थ धारण करना होता है। यानी वह जिसे एक व्यक्ति अपने जीवनकाल में धारण करता है, उसे ही धर्म कहा जाता है। हमारे शास्त्रों में व्यवहृत धर्म शब्द का अंर्थ अंग्रेजी के रेलिजन शब्द के समान नहीं है। अंग्रेजी शब्द रेलिजन का शाब्दिक अर्थ हिन्दी भाषा में धर्म होता है, लेकिन उसका व्यवहार विश्वास, अनुष्ठान, उत्सव, देवी-देवता आदि के लिए होता है। जबकि भारतीय धर्मशास्त्रों में प्रयुक्त धर्म शब्द का संबंध कर्त्तव्य से है। शास्त्रों में लिखा भी गया है कि कर्त्तव्यः धर्मः यानी कर्त्तव्य ही धर्म है। इसका तात्पर्य यह हुआ कि एक व्यक्ति अपने जीवनकाल में कर्त्तव्य को ही धारण करता है, अतः कर्त्तव्य ही धर्म है। एक व्यक्ति जब जन्म धारण करता है, उस समय उसकी स्थिति मात्र पुत्र अथवा पुत्री की होती है। लेकिन जैसे-जैसे एक व्यक्ति बड़ा होता जाता है तथा जीवन की एक अवस्था से दूसरी अवस्था में प्रवेश करता है, उसकी सामाजिक स्थिति बदलती जाती है तथा उसके साथ तरह-तरह के कर्त्तव्य जुड़ते चले जाते हैं। वह जब तक सांस लेता रहता है, वह समाज के प्रति अपने कर्त्तव्यों का पालन करते रहता है। इस प्रकार अगर कोई व्यक्ति पुरुष है तब वह पुत्र धर्म, पिता धर्म, भाई धर्म, राजा धर्म, पितामह धर्म आदि से बंधा रहता है। अगर एक व्यक्ति महिला है तब वह पुत्री धर्म, बहन धर्म, पत्नी धर्म, माता धर्म, भाभी धर्म, रानी धर्म, महारानी धर्म आदि से बंधी रहती है। उसी प्रकार व्यापारी तथा व्यवसायी अपने धर्म से बंधे रहते हैं तथा श्रमिक अपने धर्म से बंधे रहते हैं। साधु अपने संन्यासी धर्म तथा आचार्य अपने आचार्य धर्म से बंधे रहते हैं। युद्ध तथा मरण में भी धर्म का पालन किया जाता है। इस प्रकार मानव जीवन का कोई भी क्षेत्र—सामाजिक, आर्थिक, राजनीतिक आदि धर्म के प्रभाव से अछूता नहीं रहता है।

राजा हरिशचंद्र ने अपने सत्य धर्म के पालन हेतु चंडाल के हाथ अपने आपको बेच दिया था। उनकी पत्नी रानी शैब्या ने पति धर्म पालन करते हुए अपने आपको नौकर बना लिया था। राजा दधिचि ने सत्य धर्म का पालन करते हुए अपनी शरीर को दान कर दिया था जिससे असुरों को परास्त करने वाला अस्त्र वज्र का निर्माण हुआ था। राजा मोरध्वज राजधर्म तथा सत्य धर्म का पालन करते हुए अपने पुत्र को आरी से चीर दिया था। इस प्रकार हम देखते हैं कि प्रत्येक व्यक्ति अपनी स्थिति के अनुसार अपना धर्म का पालन करता है। धर्म से विमुख व्यक्ति अपराधी बन जाता है तथा अपना अस्तित्व खो देता है।

अर्थ—अर्थ का तात्पर्य धन अथवा संपत्ति से होता है। एक व्यक्ति को अपनी विभिन्न सामाजिक स्थिति के अनुसार कर्त्तव्य का पालन करने के लिए अर्थ की आवश्यकता होती है। बगैर अर्थ के कर्त्तव्य का पालन संभव नहीं है। धर्म के मार्ग पर चलते हुए धन-संपत्ति अर्जित करना भी एक व्यक्ति के जीवन का उद्देश्य होता है। बगैर अर्थ के परिवार एवं समाज को चलाना संभव नहीं है। लेकिन अर्थोपार्जन के लिए धर्म के मार्ग से विमुख नहीं होना चाहिए। धर्म से विमुख होकर अर्जित धन एक व्यक्ति को अपराधी बना देता है तथा वह धन बेकार हो जाता है।

काम—काम का तात्पर्य यौन संतुष्टि एवं संतानोत्पत्ति से है। शास्त्रों में धर्म युक्त यौन संतुष्टि हेतु विवाह का प्रावधान है। विवाह में पति-पत्नी गृहस्थ धर्म से बंध जाते हैं तथा धर्म का पालन करते हुए संतानोत्पति करते हैं। संतानोत्पति द्वारा एक पुरुष अपनी वंश परंपरा को आगे बढ़ाता है। जब उसे पुत्र धन की प्राप्ति हो जाती है, तब वह संतुष्ट हो जाता है कि उसके द्वारा अर्जित धन का भोग करने वाला जन्म ले चुका है। उसकी मृत्यु पश्चात् उसका पुत्र संपत्ति का भोग करता है तथा पृथ्वी पर धर्म का पालन कर पिता को स्वर्ग का सुख प्राप्त करने में सहायक होता है।

ऊपर प्रस्तुत धर्म, अर्थ एवं काम नामक पुरुषार्थ की प्राप्ति इसी लोक में हो जाती है।

मोक्ष—मोक्ष का तात्पर्य पुनर्जन्म से मुक्ति से है। इसमें संदेह नहीं है कि जन्म एवं मरण दोनों ही एक व्यक्ति के लिए कष्टदायक हैं। दोनों ही स्थितियों में एक व्यक्ति को असह्य पीड़ा का अनुभव होता है। जन्म-मरण के बंधन से मुक्ति मोक्ष से ही संभव है। इस पुरुषार्थ की प्राप्ति मृत्यु के पश्चात् होती है। इसलिए एक व्यक्ति अपने जीवन में ही मोक्ष प्राप्ति हेतु साधना करता है। हमारे धर्मशास्त्रों के अनुसार धर्म के मार्ग से विचलित न होने वाले व्यक्ति को स्वर्ग एवं मोक्ष की प्राप्ति होती है। जबकि धर्म के मार्ग से विमुख होने वाले व्यक्ति को नरकगामी होना पड़ता है। उन्हें पुनर्जन्म धारण करना पड़ता है।

पुरुषार्थ नामक सामाजिक व्यवस्था के माध्यम से सामाजिक नियंत्रण का प्रयास किया गया है। पुरुषार्थ को आचार शास्त्र एवं नैतिकता से जोड़ा गया है ताकि समाज में व्यक्तियों के व्यवहार पर अंकुश लगा रहे। अगर व्यक्ति के व्यवहार पर नियंत्रण नहीं रहेगा, तब समाज में विघटन की स्थिति उत्पन्न होती रहेगी। मोक्ष की प्राप्ति जीवनकाल में न होकर मृत्यु के बाद होती है। इस धारणा के कारण व्यक्ति अपने धर्म का मार्ग नहीं छोड़ता है। वरन् उसे अपनाते हुए अर्थ एवं काम की प्राप्ति करता है।

(घ) कर्म की अवधारणा (*डीड*)

भारतीय धर्मशास्त्र में कर्म को एक व्यक्ति के जन्म तथा उसके जीवनकाल में घटित होने वाली घटनाएं जैसे—सुख-दुख, सफलता, विफलता, धन आगमन, धननाश तथा मृत्यु के पश्चात् जीवन के लिए उत्तरदायी माना गया है। कर्म की धारणा के अनुसार एक व्यक्ति

अपने पूर्व जन्म में किए गए कर्म के अनुसार ही अपने जीवनकाल में विभिन्न प्रकार का फल पाता है। अत: अगर एक व्यक्ति अपने जीवनकाल में धर्म के मार्ग से नहीं हटता है, तब उसे अगला जन्म में इस जीवन की अपेक्षा अच्छा जीवन जीने का अवसर प्राप्त होता है। सुकर्म का फल अच्छा होता है। सुकर्म करने वाला व्यक्ति स्वर्ग का सुख भोगता है। दुष्कर्म में लिप्त व्यक्ति नरकगामी होता है। उसे अच्छे जीवन जीने का अवसर नहीं मिलता है। भारतीय धर्मशास्त्र के अनुसार अगर अगला जन्म को सुखद बनाना है, तब धर्म के मार्ग का परित्याग नहीं करना चाहिए तथा सुकर्म को सदैव अपनाते रहना चाहिए। इस प्रकार भारतीय सामाजिक व्यवस्था में कर्म की धारणा के माध्यम से सामाजिक नियंत्रण करने का प्रयास किया गया है। कर्म का संबंध केवल इसी जन्म से नहीं, वरन् इस जीवन के बाद के जीवन से भी है।

(ङ) पुनर्जन्म की अवधारणा (*रिबर्थ*)

भारतीय धर्मशास्त्र के अनुसार कर्म एवं पुनर्जन्म में संबंध है। एक व्यक्ति अपने पूर्व जीवन में किए गए कर्म के अनुसार ही पुनर्जन्म धारण करता है। अगर एक व्यक्ति अपने जीवनकाल में धर्म का पालन करते रहता है तथा सत्य कर्म के मार्ग से विचलित नहीं होता है, तब उसे मृत्यु के बाद स्वर्ग की प्राप्ति होती है। वह स्वर्ग का सुख भोगते हुए जन्म मरण के बंधन से मुक्त हो जाता है। यानी उसे मोक्ष की प्राप्ति हो जाती है।

लेकिन अगर कोई व्यक्ति अपने जीवनकाल में धर्म का पालन नहीं करता है तथा सत्य के मार्ग से विचलित हो जाता है, तब उसे नरकगामी होना पड़ता है। उसे बारंबार जन्म लेना पड़ता है तथा नरक का दुख भोगना पड़ता है। अत: भारतीय धर्मशास्त्र के अनुसार पुनर्जन्म से बचने के लिए अथवा अगले जन्म में अच्छा जीवन जीने के लिए एक व्यक्ति को सत्मार्ग का अनुसरण करते हुए अपना जीवन जीना चाहिए।

(च) ऋण की अवधारणा (लोन)

भारतीय धर्मशास्त्र के अनुसार एक व्यक्ति अपने जीवनकाल में अपने कर्मों द्वारा तीन प्रकार का ऋण चुकाता है। तीनों प्रकार के ऋण निम्नलिखित हैं—

(i) गुरु ऋण
(ii) पितृ ऋण
(iii) दैव ऋण

एक व्यक्ति माता-पिता के माध्यम से जन्म धारण करता है। अत: उसके ऊपर पितृ ऋण चढ़ जाता है। बाल्यावस्था में एक व्यक्ति गुरु के पास जाकर शस्त्र एवं शास्त्र की शिक्षा प्राप्त करता है। इस प्रकार उसके ऊपर गुरुऋण चढ़ जाता है। एक व्यक्ति अपने ईश्वर

का ऋणी रहता है जिसने उसे मानवरूपी जीवन प्रदान किया है। अत: उसके ऊपर ईश्वर का ऋण रहता है। भारतीय धर्मशास्त्र के अनुसार व्यक्ति का पावन कर्त्तव्य होता है कि वह अपने जीवनकाल में उपर्युक्त तीनों प्रकार के ऋणों से मुक्ति पा ले। अन्यथा वह स्वर्गगामी नहीं हो सकता है तथा उसे मोक्ष भी नहीं मिल सकता है। एक व्यक्ति के ऊपर सर्वप्रथम गुरु का ऋण चढ़ता है। क्योंकि बाल्यावस्था में वह ब्रह्मचर्य आश्रम में जाकर अपने गुरु से शस्त्र एवं शास्त्र की शिक्षा ग्रहण करता है। गुरु ईश्वर के रहस्य को बतलाते हैं। एक व्यक्ति अपने जीवनकाल में गुरु की पूजा करके तथा अपने पुत्र को शिक्षा प्राप्त करने के लिए भेजकर अपने ऊपर चढ़े गुरुऋण को चुकाता है।

एक व्यक्ति अपने माता-पिता का ऋणी होता है जिसके माध्यम से वह इस पृथ्वी पर अवतरित होता है। जिसके लालन-पालन में माता-पिता को अनेक प्रकार के कष्टों का सामना करना पड़ता है तथा जो उसे शिक्षा ग्रहण हेतु गुरु के पास भेजते हैं। एक व्यक्ति अपने वृद्ध माता-पिता की सेवा करके तथा संतानोत्पति करके उनके वंश परंपरा को आगे बढ़ाकर पितृऋण से मुक्ति पाता है। मृत्यु के बाद अंतिम संस्कार करके भी एक व्यक्ति अपने पितृऋण से उऋण होता है।

एक व्यक्ति अपने ईश्वर का ऋणी होता है जिसने उसे मानव जाति का सदस्य बनाया तथा उसके पास सोचने, समझने, देखने तथा तर्क करने के लिए एक मेधावी मस्तिष्क प्रदान किया है। एक व्यक्ति अपने जीवनकाल में धर्म एवं सत्य मार्ग का अनुसरण करके तथा निरंतर उसके चरणों में भाव-भक्ति रखते हुए दैव ऋण से मुक्ति पाता है। एक व्यक्ति को अपने जीवनकाल में तीनों प्रकार के ऋणों से मुक्ति पाना पड़ता है।

(छ) जाति व्यवस्था

जाति एक सामाजिक अंत:विवाही समूह है जिसकी सदस्यता जन्म के आधार पर ग्रहण की जाती है तथा जिसके सदस्य विवाह, भोजन, पेशा तथा सामाजिक सहवास संबंधी अनेक निषेधों का पालन करते हैं। अगर पश्चिमी समाज में सामाजिक संस्तरण का आधार वर्ग है, तो भारतीय समाज में सामाजिक संस्तरण का आधार जाति है। भारतीय समाज को संचरित तथा एकजुट रखने में जाति व्यवस्था की भूमिका महत्त्वपूर्ण रही है। भारतीय समाज में सामाजिक, आर्थिक, धार्मिक तथा राजनीतिक क्रियाओं का केन्द्र जाति रहा है।

जाति व्यवस्था की विशेषताएं—जाति व्यवस्था की निम्नलिखित विशेषताएं होती हैं—

1. सामाजिक समूह—जाति एक सामाजिक समूह होती है। जाति कई गोत्र समूहों में विभाजित रहती है। एकगोत्र समूह कई वंश समूहों तथा एक वंश समूह कई परिवारों में बंटा होता है। अत: एक ही जाति में गोत्र, वंश तथा परिवार सामाजिक समूह के रूप में कार्य करते हैं।

2. समाज का खंडात्मक (सेगमेंटेड) विभाजन—जाति व्यवस्था हिन्दू समाज के खंडात्मक विभाजन को दर्शाती है। प्रत्येक जाति की अपनी परंपरागत पंचायत होता है जिसके द्वारा उस जाति विशेष की समस्याओं का समाधान किया जाता है।

3. जन्म के आधार पर सदस्यता—एक व्यक्ति जन्म के आधार पर जाति की सदस्यता ग्रहण करता है। दूसरे शब्दों में हम कह सकते हैं कि पिता की जाति एक पुत्र को प्राप्त होती है। अगर पिता की जाति ब्राह्मण होती है, तब पुत्र की जाति भी ब्राह्मण होगी। अगर पिता की जाति शूद्र होगी, तो पुत्र की जाति शूद्र होगी। इस तरह हम पाते हैं कि व्यक्ति अपने कर्म से जाति नहीं प्राप्त करता है, वह जिस परिवार में जन्म लेता है उसी जाति का सदस्य हो जाता है।

4. सामाजिक संस्तरण—जाति व्यवस्था में सामाजिक संस्तरण देखने को मिलता है। सभी जातियों का समाज में स्थान एक बराबर नहीं होता है। कुछ जातियों का समाज में स्थान उच्च होता है, कुछ जातियों का स्थान निम्न होता है, जबकि कुछ जातियाँ समाज में मध्य स्थान रखती हैं। ब्राह्मण जाति का समाज में स्थान उच्च होता है। नाई जाति का स्थान मध्य होता है, जबकि चमार जाति का स्थान समाज में निम्न होता है।

5. भोजन संबंधी निषेध—एक जाति दूसरी जातियों से कैसे भोजन-पानी संबंध रखेगा, इसके लिए समाज द्वारा निषेधों का निर्माण किया गया है। एक जाति के सदस्य अपनी ही जाति के दूसरे परिवारों से कच्चा भोजन (दाल, भात आदि) द्वारा संबंध बनाए रखते हैं। उच्च एवं मध्य हिंदू जातियां पक्का भोजन (पुआ, पुड़ी, सब्जी आदि) द्वारा संबंध बनाए रहती हैं। उच्च तथा मध्य हिंदू जातियाँ निम्न हिंदू जातियों से भोजन-पानी का संबंध नहीं रखती हैं, जबकि निम्न जातियाँ मध्य तथा उच्च जातियों के घर का कच्चा एवं पक्का दोनों प्रकार का भोजन बिना निमंत्रण के भी स्वीकार करती हैं।

6. बैठने की व्यवस्था—जाति व्यवस्था के अंतर्गत कौन-सी जाति दूसरी जाति के पास किस प्रकार बैठेगा तथा सामाजिक सहवास करेगा, इसके लिए भी निषेध बनाए गए हैं। सामाजिक सहवास के समय उन निषेधों का पालन अनिवार्य रूप से किया जाता है। एक ब्राह्मण के समक्ष अन्य जाति के लोग खड़े हो जाते हैं तथा प्रणाम करके आर्शीवाद प्राप्त करते हैं। उसे आदरपूर्वक खाट अथवा चौकी पर बैठाया जाता है। मध्य जाति के सदस्य उच्च जाति के सदस्य के समक्ष खाट पर नहीं बैठते हैं, जबकि वह चौकी, बेंच, कुर्सी आदि पर बैठ सकते हैं। उच्च जाति के पास निम्न जाति का सदस्य न खाट और न चौकी पर बैठता है, वरन् वह जमीन पर बैठता है। अपने सामाजिक स्थिति वालों के साथ मित्रता का संबंध देखा जाता है।

7. अंतर्विवाही समूह—जाति व्यवस्था के अंतर्गत एक जाति अंतर्विवाही समूह होती है। जाति व्यवस्था के अंतर्गत अंतरजातीय विवाह को स्वीकार नहीं किया जाता है। एक जाति कई गोत्र समूह से विभाजित रहती हैं। गोत्र बहिर्विवाही होता है। यानी एक ही गोत्र के पुरुष और महिला के बीच विवाह नहीं हो सकता है।

8. परंपरागत पेशा—जाति व्यवस्था के अंतर्गत प्रत्येक जाति अपनी परंपरागत पेशा से बंधी रहती हैं। अपनी-अपनी परंपरागत पेशा के आधार पर जातियों के बीच पारस्परिक निर्भरता बनी रहती है।

9. नागरिक एवं धार्मिक निर्योग्यताएं—जाति व्यवस्था में सभी जातियों को एक समान सामाजिक तथा धार्मिक अधिकार प्राप्त नहीं रहता है। उच्च जातियों को कई सामाजिक तथा धार्मिक अधिकार प्राप्त होता है। निम्न जातियों को कई अधिकारों से वंचित रखा जाता है। अछूतों के लिए अलग टोला, कुँआ, तालाब आदि होते हैं।

जाति व्यवस्था की उत्पत्ति से संबंधित सिद्धांत—जाति व्यवस्था की उत्पत्ति के संबंध में अनेक सिद्धांतों का प्रतिपादन किया गया है। उन सिद्धांतों के संबंध में जानकारी नीचे प्रस्तुत की जा रही है।

1. दैवीय सिद्धांत—प्रचलित लोकप्रिय परंपराओं के अनुसार जाति व्यवस्था की स्थापना का श्रेय जगत पिता ब्रह्म, संसार के रचयिता को जाता है। जगत पिता ब्रह्मदेव ने जब मानवजाति का सृजन किया, जब सामाजिक संबंध एवं पारस्परिकता को बनाए रखने के लिए जाति व्यवस्था की स्थापना की थी। उन्होंने समाज को जीवधारी के समान देखा। जिस प्रकार एक जीवधारी का शरीर कई अंगों से बना होता है, उसी प्रकार विभिन्न जातियां समाज के अंग हैं। जिस प्रकार शरीर अंगों के बीच अलग कार्य करते हुए भी आपसी निर्भरता रहती है, उसी प्रकार जातियों के बीच भी आपसी निर्भरता बनी रहती है। जिस प्रकार शरीर के अंगों का स्थान निश्चित होता है, उसी प्रकार समाज रूपी शरीर में भी जातियों का स्थान निश्चित होता है। जिस प्रकार शरीर के सभी अंग मिलकर शरीर को गतिशील रखते हैं, उसी प्रकार सभी जातियाँ मिलकर समाज को जीवित रखती हैं, उसे गति प्रदान करती हैं।

जगत गुरु तथा विश्व निर्माता ब्रह्म देव ने ब्राह्मण नामक जाति की रचना कर मस्तिष्क का कार्य सौंप दिया। इसलिए ब्राह्मण की उत्पत्ति ब्रह्म के मस्तिष्क से मानी जाती हैं। शरीर में सुरक्षा का भार हाथ को होता है। अत: जगत गुरु ने क्षत्रिय नामक जाति की रचना कर उसे शासन एवं सुरक्षा का भार सौंप दिया। क्षत्रिय जाति की उत्पत्ति ब्रह्म के हाथ से मानी जाती है। ब्रह्मदेव ने समाज में विभिन्न आर्थिक आवश्यकताओं की पूर्ति हेतु वैश्य नामक जाति का निर्माण किया। वैश्य की उत्पत्ति ब्रह्मा की जांघ से मानी जाती हैं। शूद्र की उत्पत्ति ब्रह्म के पैर से मानी जाती हैं। ब्रह्मा ने समाज में सभी जातियों का स्थान सुनिश्चित कर दिया था। आज भी जाति व्यवस्था के अंतर्गत विभिन्न जातियाँ अपने-अपने स्थान के अनुसार व्यवहार करती हैं।

2. प्रजातीय सिद्धांत—इस सिद्धांत के प्रतिपादक हर्बट रिजले तथा डी.एन. मजुमदार है। इस सिद्धांत के अनुसार भारत में जाति व्यवस्था की उत्पत्ति आर्य आगमन के पश्चात् हुई। आर्यों ने यहां के मूल निवासियों की सामाजिक व्यवस्था से अपने आपको अलग करने के लिए जाति व्यवस्था का निर्माण किया था। इस व्यवस्था का विकास आर्यों

ने पहले गंगा-यमुना नदी के दोआब क्षेत्र में किया। धीरे-धीरे यह व्यवस्था संपूर्ण भारत वर्ष में फैल गई।

3. राजनीतिक सिद्धांत—भारतीय समाजशास्त्री जी.एस. धुर्ये के अनुसार जाति व्यवस्था की उत्पत्ति की व्याख्या राजनीति के आधार पर की जा सकती है। अपनी पुस्तक *कास्ट एंड अकुपेशन* में उन्होंने जाति व्यवस्था की उत्पत्ति से संबंधित राजनीतिक सिद्धांत का प्रतिपादन किया है। इस सिद्धांत के अनुसार आरंभ में समाज के शासन की बागडोर ब्राह्मणों के हाथ में थी। ब्राह्मणों ने सुचारू रूप से शासन करने के लिए जाति व्यवस्था का निर्माण किया।

4. धार्मिक सिद्धांत—हमारे धर्मशास्त्रों के अनुसार जाति व्यवस्था की उत्पत्ति धार्मिक परंपराओं के पालन हेतु हुई। ब्राह्मण समाज में पुजारी का स्थान ग्रहण किया तथा विभिन्न जातियों के बीच धार्मिक अनुष्ठान कराना आरंभ किया। ब्राह्मण धार्मिक अनुष्ठान में अपनी सहायता हेतु विभिन्न जातियों का निर्माण किया। धार्मिक अनुष्ठान में योगदान के आधार पर ही विभिन्न जातियों की उत्पत्ति हुई।

5. पेशात्मक सिद्धांत—इस सिद्धांत के अनुसार जाति व्यवस्था की उत्पत्ति पेशा के आधार पर हुई है। विभिन्न पेशा से जुड़े लोगों के पुत्र भी उसी पेशा में लग गए। बाद में चलकर पेशा जाति विशेष के लिए वंशानुगत बन गई। एक पेशा से जुड़े लोग आपस में ही अपने लड़का-लड़की का विवाह आरंभ कर दिए। इस प्रकार जाति व्यवस्था की उत्पत्ति हुई।

6. संघ सिद्धांत—इस सिद्धांत के अनुसार जाति व्यवस्था की उत्पत्ति संघ की धारणा के आधार पर हुई। जातियाँ संघ के ही परिवर्तित रूप हैं। जब पेशा के आधार पर संघ का निर्माण किया गया जब जाति व्यवस्था की उत्पत्ति हुई।

7. उद्‌विकासीय सिद्धांत—इस सिद्धांत के अनुसार जाति व्यवस्था उद्‌विकास की देन हैं। इस व्यवस्था की उत्पत्ति में विशवास, परंपरा, पेशा, राजनीतिक व्यवस्था, अर्थव्यवस्था, सामाजिक संरचना आदि का महत्त्वपूर्ण योगदान रहा है।

व्यक्तिगत जीवन में जाति का कार्य—व्यक्तिगत जीवन में जाति व्यवस्था के निम्नलिखित कार्य प्रकाश में आते हैं—

1. सामाजिक स्थिति का निर्धारण, 2. मानसिक सुरक्षा, 3. व्यवसाय निर्धारण, 4. वैवाहिक समूह निर्धारण, 5. सामाजिक सुरक्षा।

सामुदायिक जीवन में जाति का कार्य—सामुदायिक जीवन में जाति निम्नलिखित कार्य करती है—

1. धार्मिक भावना की रक्षा, 2. रक्त की शुद्धता, 3. सामाजिक स्थिति, 4. संस्कृति की रक्षा तथा 5. जातीय एकता।

संपूर्ण समाज अथवा राष्ट्र में जाति का कार्य—1. समाज के विकास में सहायक, 2. सामाजिक सुरक्षा, 3. राजनीतिक स्थिरता, 4. श्रम विभाजन, 5. धार्मिक सहिष्णुता, 6. दायित्व निर्वहन की प्रेरणा।

जाति व्यवस्था में आधुनिक परिवर्तन—जाति व्यवस्था में आजकल निम्नलिखित परिवर्तन परिलक्षित होते हैं—

1. ब्राह्मण की स्थिति में परिवर्तन, 2. जातीय संस्तरण में परिवर्तन, 3. पेशा में परिवर्तन, 4. भोजन संबंध में परिवर्तन, 5. जन्म के महत्त्व में कमी, 6. विवाह संबंध में परिवर्तन, 7. अछूतों के अधिकार में परिवर्तन, 8. जातीय समितियों का निर्माण, 9. जातियों के बीच आपसी निर्भरता में परिवर्तन।

जाति व्यवस्था में परिवर्तन लाने वाले कारक—1. पाश्चात्य शिक्षा, 2. नगरीकरण, 3. उद्योगीकरण, 4. धन का महत्त्व, 5. स्वतंत्रता आंदोलन, 6. प्रजातंत्र की स्थापना, 7. धार्मिक आंदोलन, 8. यातायात एवं संचार माध्यमों का विकास, 9. स्त्री शिक्षा का प्रचार, 10. संयुक्त परिवार का विघटन, 11. जाति पंचायत का ह्रास, 12. जजमानी प्रथा का अंत, 13. नवीन कानून का प्रभाव, 14. न्याय व्यवस्था।

जाति व्यवस्था के दोष—1. आर्थिक गतिशीलता में बाधक, 2. श्रम कुशलता में बाधक, 3. राष्ट्रीय एकता में बाधक, 4. प्रजातंत्र विरोधी, 5. निम्न जातियों का शोषण, 6. धर्म परिवर्तन के लिए उत्तरदायी, 7. सामाजिक एकता में बाधक, 8. प्रगति में बाधक, 9. सामाजिक समस्याओं का उत्प्रेरक, 10. नारियों की बदतर स्थिति, 11. अछूत प्रथा का जन्म।

जातीयता—जातीयता अपनी जाति के सदस्यों को जोड़ने तथा संगठित करने की एक प्रक्रिया है। जातीयता जाति व्यवस्था से अलग है। जाति व्यवस्था धीरे-धीरे कमजोर होती जा रही है, लेकिन जातीयता बढ़ती जा रही है। जातीयता के आधार पर एक व्यक्ति अपनी जाति के सदस्यों को लाभ पहुंचाता है। इस कार्य के लिए दूसरी जाति के सदस्यों को छांट दिया जाता है। सरकार पर दबाव डालने तथा सरकारी प्रशासन में भागीदारी के लिए भी जातीयता अथवा जातिवाद का सहारा लिया जाता है। आजकल के चुनाव में हर राजनीतिक दल जातिगत स्थिति को देखते हुए ही चुनाव क्षेत्र में अपने-अपने उम्मीदवार को टिकट देता है। ग्रामीण जनता भी जातीयता के आधार पर अपना वोट दे देती है। जाति को वोट बैंक माना जाता है। आरक्षण भी जातीयता को बढ़ावा देता है।

(ज) जजमानी व्यवस्था

जजमानी व्यवस्था जाति व्यवस्था का एक अभिन्न अंग है। जजमानी व्यवस्था सामाजिक व्यवस्था के साथ-साथ एक आर्थिक व्यवस्था भी है। यह एक सामाजिक व्यवस्था है, क्योंकि इस व्यवस्था के माध्यम से विभिन्न जातियों के बीच पारस्परिक संबंध बना रहता है। साथ ही साथ जजमानी व्यवस्था एक आर्थिक व्यवस्था भी है, क्योंकि इस व्यवस्था के द्वारा विभिन्न पेशा में लगी जातियों के बीच पारस्परिक आर्थिक संबंध बना रहता है। इस प्रकार जजमानी व्यवस्था सदियों से भारतीय समाज को रोजगार उपलब्ध कराती आयी है। साथ ही साथ यह व्यवस्था विभिन्न जातियों के बीच अंतर्संबंध भी स्थापित रखती है।

आरंभ में जजमान शब्द का प्रयोग ब्राह्मण पुरोहितों द्वारा उन जाति के लोगों के लिए किया गया था जो खेती-बाड़ी, शासन तथा दस्तकारी जैसे कर्म में लगे हुए थे। ब्राह्मण धार्मिक विशेषज्ञ होने के नाते गांवों में घूम-घूमकर जजमान की सेवा किया करते थे। इस प्रकार प्रत्येक ब्राह्मण परिवार के पास जजमानी का ग्राम हुआ करता था। उन ग्रामों में जजमान परिवारों के यहाँ से पुरोहित अथवा पंडित या ब्राह्मण को खाद्यान्न, वस्त्र, आभूषण, सब्जी आदि वस्तुएं प्राप्त होती रहती थीं। आरंभ में जजमानी व्यवस्था के अंतर्गत केवल कृषि कर्म, शासन, पशुपालन एवं दस्तकारी में लगी जातियों के यहाँ पुजारी अपनी सेवा प्रदान करते थे। लेकिन कालांतर में जजमानी व्यवस्था का और विस्तार हुआ। धार्मिक तथा सामाजिक अनुष्ठान के अवसर पर केवल पुरोहित की सेवा की ही जरूरत नहीं पड़ती थी वरन् पुरोहित के सहयोगी नाई, कुंभार, बढ़ई, लौहार, माली, पनेरी आदि की सेवा भी अनिवार्य थी। इन जातियों की सेवा आवश्यकता को ध्यान में रखते हुए इन जातियों को भी जजमानी व्यवस्था के अंतर्गत शामिल किया गया। जजमानी व्यवस्था में काम करने वाली इन जातियों को एक विशेष शब्द 'पवनिया' द्वारा पुकारा जाता है। पुजारी के साथ-साथ पवनिया भी जिनके घरों में अपनी-अपनी सेवा प्रदान करते हैं, उन्हें जजमान शब्द द्वारा पुकारते हैं। इस प्रकार पुरोहित, पवनिया तथा जजमान जजमानी व्यवस्था के तीन अंग हैं। पुरोहित अपने जजमान के घर पूजा-पाठ कराता है, खेती-गृहस्थी संबंधी नक्षत्रों की जानकारी देता है तथा व्रत-त्योहार के संबंध में सूचना समय-समय पर देता है। ब्राह्मण धार्मिक अनुष्ठान के साथ-साथ जजमानों के लिए खुशी की कामना करते हैं। इस कार्य के लिए पुरोहित जी को साल में खाने भर अनाज तथा मांगलिक उत्सव पर वस्त्र, आभूषण एवं रुपया दिया जाता है। पुजारी जब अपने जजमान के यहाँ जाते हैं, तब उनका उचित अतिथि सत्कार किया जाता है तथा खाद्यान्न के साथ विदाई की जाती है।

खेती-गृहस्थी एवं संस्कारों के अवसर पर पवनिया को सेवा तथा वस्तु प्रदान करने के लिए आमंत्रित किया जाता है। वे अपने जजमान के घरों में आवश्यकता के अनुसार सेवा प्रदान करते हैं। पवनिया का भुगतान भी वार्षिक दर से किया जाता है। इसके अतिरिक्त वस्त्र, आभूषण, पैसा तथा खाद्य सामग्री भी संस्कार के अवसर पर दिया जाता है।

पुरोहित तथा पवनिया से जो भी परिवार सेवा लेता है, उसे जजमान कहा जाता है। जजमान अपने पुरोहित तथा पवनिया को वार्षिक दर से अनाज में भुगतान करता है।

कोई भी जजमान अपने पुरोहित या पवनिया को नहीं छोड़ सकता है। केवल पुरोहित या पवनिया अपने जजमान को छोड़ सकता है। प्रत्येक पुरोहित तथा पवनिया का जजमानिका गांव बंटा रहता है। पुरोहित तथा पवनिया अपने जजमानिका गांवों को बंधक रख सकता है या किसी दूसरे पुरोहित या पवनिया के हाथ बेच सकते हैं।

जजमानी व्यवस्था की विशेषताएं—1. विभिन्न जातियों के बीच सामाजिक संबंध का निर्वहन, 2. विभिन्न जातियों के बीच आर्थिक निर्भरता, 3. जजमानिका गांव का अस्तित्व, 4. वार्षिक भुगतान, 5. अनाज में भुगतान, 6. इनाम अथवा नेग का प्रावधान,

7. जजमानिका गांव को बेचने की सुविधा, 8. जजमानिका गांव को बंधक रखने की सुविधा, 9. जजमानी व्यवस्था में मुसलमान जाति का समावेश, जैसे चुड़ीहारा, 10. पुत्रों के बीच जजामनिका गांव का विभाजन।

जजमानी व्यवस्था में काम करने वाली जातियां तथा उनका भुगतान—मध्य बिहार के ग्रामीण क्षेत्रों में जजमानी व्यवस्था के अंतर्गत काम करने वाली जातियों एवं उनके भुगतान का विवरण नीचे प्रस्तुत किया जा रहा है—

1. ब्राह्मण या पुरोहित—ब्राह्मण अपने जजमान के घर कथा सुनाता है, पूजा पाठ करता है, खेती-गृहस्थी के समय तथा धार्मिक अनुष्ठान के बारे में सूचना देता है, पर्व त्योहार के बारे में जानकारी देता है। विशेष पूजा की सूची तैयार करता है। इसके लिए प्रत्येक जजमान के घर से 40 किलोग्राम धान अथवा गेहूँ तथा 10 किलोग्राम दाल और आलू मिलता है। इसके अतिरिक्त प्रत्येक माह में 1 किलोग्राम चावल देना पड़ता है। सामाजिक तथा धार्मिक त्योहार के अवसर पर नया वस्त्र दिया जाता है। धार्मिक अनुष्ठान संपन्न के उपलक्ष्य में चावल तथा रुपये दक्षिणा के रूप में दिए जाते हैं। पुरोहित जब भी जजमान के यहां पहुंचते हैं, उनका अतिथि सत्कार किया जाता है तथा दान-दक्षिणा देकर विदाई की ज़ाती है।

2. कंटाह ब्राह्मण—इस ब्राह्मण को मृत्यु संस्कार का विशेषज्ञ माना जाता है। इसका स्थान पुरोहित से निम्न होता है। इसकी पूजा और सेवा मृत्यु के अवसर पर ही की तथा ली जाती है। इसी अवसर पर उसे मुंहमांगा दान-दक्षिणा दिया जाता है। इसमें बिछावन, खाट, घरेलू उपकरण, बरतन, वस्त्र, आभूषण आदि के साथ-साथ अनाज तथा रुपये भी दान-दक्षिणा के रूप में दिए जाते हैं। ये लोग अपने जजमान की आर्थिक स्थिति को देखते हुए ही दान-दक्षिणा की मांग करते हैं।

3. नाई—इसका काम साल भर तक अपने जजमान के परिवार के पुरुष सदस्यों को बाल-दाढ़ी बनाना है। साथ ही साथ संस्कार के अवसर पर जजमान की ओर से गांव तथा पड़ोस वाले एवं रिश्तेदारों को निमंत्रण देना है। इसकी पत्नी नाउन महिला सदस्यों का नाखून समय-समय पर काटकर साफ करती है। इसके लिए नाई तथा नाउन को प्रत्येक सदस्य की दर से साल में 10 किलोग्राम चावल तथा 5 किलोग्राम दाल आलू मिलता है। साथ ही साथ कटनी के अंतिम दिन इसे एक बोझा धान या गेहूँ दिया जाता है। संस्कार के अवसर पर नाई को अनाज, वस्त्र, आभूषण तथा मुद्रा इनाम के रूप में दिए जाते हैं।

बढ़ई—बढ़ई का काम किसान को हल बनाकर देना है तथा समय-समय पर कृषि उपकरण में हैंडिल लगाना होता है। विवाह तथा मरण के अवसर पर लकड़ी के उपकरण प्रदान करना भी इनका कार्य होता है। इन्हें सालाना 20 किलोग्राम धान प्रतिहल के हिसाब से भुगतान किया जाता है। पर्व त्योहार तथा संस्कार के अवसर पर इन्हें भोजन, कपड़ा तथा मुद्रा भी दिए जाते हैं।

कुम्हार—कुम्हार का काम है गृहस्थ के घर मिट्टी के उपकरण की आपूर्ति करना। इसके लिए इसे प्रत्येक घर से 10 किलोग्राम धान मिलता है साथ ही साथ मिट्टी के बर्तन का दाम भी दिया जाता है।

माली—माली त्योहार तथा संस्कार से संबंधित अनुष्ठान के लिए फूल-माला की आपूर्ति करता है। इसके लिए इसे साल में 10 किलोग्राम धान प्रत्येक घर से मिलता है। साथ ही साथ संस्कार के अवसर पर इनाम दिया जाता है।

पनेरी—पनेरी पर्व-त्योहार तथा संस्कार के अवसर पर पान की आपूर्ति करता है। इसके लिए उस असर पर उन्हें इनाम दिया जाता है तथा साल में प्रत्येक घर से 10 किलोग्राम धान दिया जाता है।

धोबी—इस जाति के लोग अपने जजमान के यहाँ छूत का कपड़ा धोते हैं। घर में शिशु जन्म पर माता के कपड़ा को धोबी के यहां भेजा जाता है। मृत्यु होने पर भी 10 दिनों की अवधि बीत जाने के बाद घर के वस्त्रों को धोने के लिए धोबी के यहां भेजा जाता है। इस कार्य के लिए साल में एक धोबी को 20 किलोग्राम धान तथा कपड़ा की धुलाई दी जाती है। पर्व-त्योहार पर उसे भोजन, तथा नया वस्त्र भी दिया जाता है।

डोम—डोम जाति के लोग जजमानी व्यवस्था के अंतर्गत अपने जजमानी के यहां बांस निर्मित विभिन्न प्रकार की टोकरियों की आपूर्ति करते हैं। शादी, पर्व, दुरागमन, विदाई, मृत्यु, श्राद्ध के अवसर पर विभिन्न प्रकार की टोकरी की आवश्यकता पड़ती है। जजमान के यहां टोकरी की आपूर्ति करने के बदले में डोम को प्रत्येक घर से 10 किलोग्राम चावल तथा टोकरी के दाम दिए जाते हैं।

कहार—जजमानी व्यवस्था में कहार जाति के लोग जजमान के यहां शादी, भोज, श्राद्ध भोजन आदि के अवसर पर पानी भरने का काम करते हैं। साथ ही साथ उस अवसर पर जजमान के घरों की सफाई भी करते हैं। कहार की पत्नी कहारिन लड़की के विदाई के समय कुल्ली कराती है। इन सभी कामों के बदले में उसे जजमान के यहां साल में 10 किलोग्राम चावल तथा काम करने की मजदूरी दी जाती है। साथ ही साथ नया वस्त्र, आभूषण एवं खाद्यान्न इनाम के रूप में दिया जाता है।

कोयरी—जजमानी व्यवस्था के अंतर्गत कोयरी जाति के लोग विवाह के अवसर पर हल्दी तथा सब्जी की आपूर्ति करते हैं। इस कार्य के लिए उन्हें साल में 10 किलोग्राम चावल तथा हल्दी एवं सब्जी के दाम दिए जाते हैं। साथ ही इनाम के रूप में वस्त्र, मुद्रा एवं खाद्य सामग्री दिए जाते हैं।

कांदु—इस जाति के लोग जजमानी व्यवस्था के अंतर्गत अपने जजमानों के घर से अनाज ले जाकर सतु तथा भुंजा के लिए भूंजते हैं। विवाह के अवसर पर तथा त्योहार के अवसर पर लावा भुजते हैं। इस कार्य के लिए उन्हें सलाना प्रत्येक जजमान के घर से 10 किलोग्राम चावल मिलता है। पर्व-त्योहार पर खाद्य सामग्री एवं मुद्रा भी दी जाती है।

हलवाई—हलवाई जाति के लोग भोज के अवसर पर अपने जजमान के घर मिठाई तथा पूरी बनाते हैं। इसके लिए उन्हें सलाना 10 किलोग्राम चावल प्रत्येक घर से मिलता है, साथ ही साथ मिठाई-पूरी बनाने के लिए मजदूरी भी दी जाती है। ईनाम के रूप में नया वस्त्र, मुद्रा तथा चावल आदि दिए जाते हैं।

भांड—भांड जाति के लोग अपने आपको ब्राह्मण बतलाते हैं। कुछ लोग इन्हें पिछड़ी जाति बतलाते हैं। इनका काम शादी तथा तिलक के अवसर पर वर-वधू की मंगल कामना हेतु कविता सुनाना है। इसके लिए जजमान के यहां इनका अतिथि सत्कार होता है तथा विदाई के समय अन्न, वस्त्र तथा मुद्रा दिए जाते हैं।

सिंदुरिया—इस जाति के लोग अपने जजमान के घर विभिन्न अवसरों पर सिंदूर-टिकुली की आपूर्ति करते हैं। इसके लिए इन्हें सामान के दाम के साथ-साथ वस्त्र, आभूषण एवं अन्न दिए जाते हैं। हिन्दू जाति के अतिरिक्त कुछ मुसलमान जाति के लोग भी जजमानी व्यवस्था में शामिल हैं। उदाहरण के लिए चूड़ीहारा। यह एक मुसलमान जाति है जो हिन्दू गांवों में पर्व-त्योहार, शादी, मरण आदि के अवसर पर महिलाओं को चूड़ी की आपूर्ति करता है। इसे चूड़ी के दाम के अतिरिक्त प्रत्येक घर से 10 किलोग्राम चावल दिया जाता है। पर्व त्योहार पर भोजन भी दिया जाता है।

धुनिया भी एक प्रकार की मुसलमान जाति है जो अपने जजमान के घर शादी-विवाह के अवसर पर रजाई तथा गद्दा बनाता है। जजमान इसे कपड़ा तथा रूआ बाजार से मंगा देता है या लाने के लिए कह देता है। धुनिया आवश्यकतानुसार रजाई, तोसक तथा तकिया का निर्माण कर देता है। इस कार्य के लिए सामान के दाम तथा मजदूरी के अतिरिक्त प्रत्येक घर से 10 किलोग्राम चावल मिलता है।

जजमानी व्यवस्था के दोष—

1. जाति प्रथा का समर्थक
2. पेशायी गतिशीलता का विरोधी
3. शोषक वर्ग का सहायक
4. अछूत प्रथा को बनाए रखने में सहायक
5. प्रतियोगिता की भावना का अभाव
6. प्रगति में बाधक।

जजमानी प्रथा के गुण—

1. सभी जातियों के लिए रोजगार की व्यवस्था
2. विभिन्न जातियों के बीच सामाजिक निर्भरता
3. विभिन्न जातियों के बीच आर्थिक निर्भरता
4. सभी जातियें का प्रकार्यात्मक महत्व
5. वर्ग संघर्ष का अभाव

जजमानी प्रथा में परिवर्तन—

1. जाति गतिशीलता में वृद्धि
2. पेशायी गतिशीलता में वृद्धि
3. सामाजिक संबंध में तनाव
4. वर्ग संघर्ष की उत्पत्ति।

(झ) संस्कार

एक व्यक्ति के जीवन में आने वाले विभिन्न महत्त्वपूर्ण सामाजिक तथा धार्मिक उत्सवों को संस्कार कहा जाता है। एक व्यक्ति शिशु के रूप में जन्म धारण करता है। शनैः शनैः वह शैशवावस्था से बाल्यावस्था, बाल्यावस्था से किशोरावस्था, किशोरावस्था से युवावस्था, युवावस्था से प्रौढ़ावस्था तथा प्रौढ़ावस्था से वृद्धावस्था में प्रवेश करता है। इस अवस्था में उसे मृत्यु का सामना करना पड़ता है तथा उसकी जीवन-लीला समाप्त हो जाती है। अतः गर्भधारण से लेकर जन्म तथा मरण के बीच एक व्यक्ति के जीवन में अनेक ऐसे अवसर आते हैं, जिन्हें समाज उत्सव के रूप में मानता हैं। उन विशेष अवसरों पर धार्मिक अनुष्ठान संपन्न किए जाते हैं तथा समाज के सदस्यों के साथ उपहार, वस्तु, भोज, अतिथि सत्कार आदि का पारस्परिक विनिमय किया जाता है।

इस प्रकार संस्कार के दो पक्ष होते हैं—

1. धार्मिक पक्ष तथा
2. सामाजिक पक्ष

संस्कार का धार्मिक पक्ष—एक व्यक्ति के जीवन में आने वाले विशेष अवसरों पर धार्मिक अनुष्ठान संपन्न किए जाते हैं। भारतीय विश्वास व्यवस्था में एक व्यक्ति के जन्मधारण तथा गर्भधारण में पितृदेव, ग्राम देव, डिहवार देव, कुलदेव आदि के साथ-साथ अन्य देवी-देवताओं का हाथ रहता है। अतः जीवन में एक अवस्था से दूसरी अवस्था में प्रवेश के समय इन देवी-देवताओं का आशीर्वाद प्राप्त करने का तरीका प्रार्थना, पूजा तथा धार्मिक अनुष्ठान है। धार्मिक अनुष्ठान के माध्यम से देवी-देवताओं को प्रसन्न किया जाता है तथा उनसे जीवन बनाने तथा जीवन में हर तरह की सुख-शांति प्रदान करने के लिए प्रार्थना की जाती है।

संस्कार के धार्मिक पक्ष का संबंध एक व्यक्ति के धर्मपालन अथवा कर्त्तव्य बोध से है। संस्कार के अवसर पर धार्मिक अनुष्ठान किए जाते हैं। धार्मिक अनुष्ठान के माध्यम से धर्म यानी कर्त्तव्य का बोध कराया जाता है। जीवन की विभिन्न अवस्था में एक व्यक्ति विभिन्न सामाजिक पद प्राप्त करता है तथा उसके अनुसार अपने धर्म का पालन करता है। इस प्रकार धर्म की शिक्षा संस्कार के माध्यम से दी जाती है। साथ ही साथ दैवीय शक्तियों को प्रसन्न कर आशीर्वाद प्राप्त किया जाता है।

संस्कार का सामाजिक पक्ष—यह पक्ष एक व्यक्ति को सामाजिक प्राणी बनाने से संबंधित है। जब एक शिशु जन्म धारण करता है, उस समय वह हाड़-मांस का एक पुतला होता है। लेकिन समाज धीरे-धीरे उसे सामाजिक प्राणी बनाता है। उसे पुत्र, पति, पिता, भाई, चाचा, फुफा, मौसा, मामा आदि के रूप में सामाजिकता प्रदान करता है। इन सामाजिक पदों के अनुरूप वह व्यवहार समाज में करता है तथा अपने दायित्वों का निर्वहन करता है। संस्कार के अवसर पर एक व्यक्ति को मात्र सामाजिक प्राणी ही नहीं बनाया जाता है, वरन् इस अवसर पर उस व्यक्ति के रिश्तेदारों का मिलन होता है तथा उपहार, भोज, खाद्य सामग्री, मुद्रा, अतिथि सत्कार आदि का आपसी आदान-प्रदान भी होता है। रिश्तेदारों के बीच आपसी आदान-प्रदान संस्कार को उत्सविक रूप प्रदान करता है। संस्कार संपन्न के अवसर पर ऐसा दृश्य उपस्थित होता है मानो समाज में उत्सव मनाया जा रहा है।

भारतीय धर्मशास्त्र के अनुसार एक व्यक्ति के जीवन में 16 संस्कारों का आगमन होता है। इनमें कुछ महत्त्वपूर्ण संस्कार निम्नलिखित है—

1. गर्भधारण संस्कार—एक व्यक्ति के जीवन में संस्कार का आगमन गर्भधारण से ही हो जाता है। हिन्दू धर्मशास्त्र के अनुसार गर्भधारण एक सामाजिक तथा धार्मिक प्रक्रिया है। सामाजिक तथा धार्मिक नियमों का पालन करते हुए दो विपरीत यौन के व्यक्ति विवाह संबंध में बंध कर सहवास करते हैं, तब गर्भधारण होता है। कभी-कभी गर्भधारण में विलंब होता है। उस स्थिति में विभिन्न देवी-देवताओं की मनौती की जाती है तथा विशेष धार्मिक अनुष्ठान भी कराया जाता है। शास्त्रों के अनुसार हरिवंश पुराण का पाठ जब दंपत्ति सुनते हैं, तब संतान की प्राप्ति होती है। ज्यों ही एक महिला में गर्भवती होने के लक्षण दिखाई देते हैं, परिवार में खुशी का वातावरण छा जाता है। कुल देवी, कुल देवता, छठी माता आदि के नाम से होने वाले शिशु एवं माता के स्वास्थ्य के लिए तरह-तरह की मनौती मानी जाती है। कई समाजों में गर्भधारण की सूचना को सार्वजनिक नहीं किया जाता है। क्योंकि डाइन तथा भूत-प्रेत गर्भ को नष्ट कर सकते हैं।

2. जन्म संस्कार—शिशु जन्म एक परिवार के लिए सुखद अवसर होता है। अपने गोद में शिशु को पाकर माता अपनी सारी प्रसव वेदना भूल जाती है तथा पिता अपना उत्तराधिकारी पाकर धन्य हो जाता है। दादा-दादी अपने वंश विस्तार देखकर फुले नहीं समाते हैं। प्रसव गृह के द्वार पर काँटेदार पौधा की एक छोटी डाली रख दी जाती है। दरवाजे तथा खाट के पास अग्नि देव को स्थापित कर दिया जाता है तथा शिशु एवं माता के बिछावन के पास एक लौह उपकरण रख दिया जाता है। जब शिशु जन्म का समाचार पास-पड़ोस एवं रिश्तेदारों के बीच पहुँचता है, तब वे आकर माता-पिता को बधाई देते हैं तथा शिशु की लंबी आयु की कामना करते हैं। जजमानी प्रथा के अंदर काम करने वाले आकर उपहार माँगते हैं। पास-पड़ोस की महिलाएँ सोहर गान आरंभ कर देती हैं। सोहरगान में ननद तथा भाभी के बीच परिहास संवाद भी सुनाई पड़ता है। शिशु के पिता शिशु जन्म की सूचना अपने पुरोहित जी के पास भेजता है। पुरोहित जी इस सूचना को अपने पास लिखकर रख लेते हैं तथा शुभ दिन तथा नक्षत्र में जन्म कुंडली तैयार करते हैं।

3. छठी—यह संस्कार एक शिशु के जन्म के छठा दिन मनाया जाता है। इसीलिए इस संस्कार को छठी संस्कार कहा जाता है। इस दिन नवजात शिशु एवं उसकी माता को स्नान कराया जाता है तथा प्रदूषण अवधि समाप्त हो जाती है। प्रसव गृह, आंगन, दरवाजा आदि को गोबर पानी से लिपाई कर दी जाती है। ननद, भतीजी अथवा दासी लिपाई का काम करती है, इसके लिए उसे इनाम में नया वस्त्र, आभूषण एवं मुद्रा की प्राप्ति होती है।

छठी के दिन नवजात शिशु तथा माता को स्नान कराया जाता है। पास-पड़ोस की महिलाओं को आशीर्वाद देने के लिए आमंत्रित किया जाता है। माता अपने मैके से आए नववस्त्र पहनती है। शिशु एवं माता कुल देवता का आर्शीवाद प्राप्त कर सभी बड़े-बुजुर्गों का आशीर्वाद प्राप्त करती है। इसके बाद सभी के बीच मिठाई बांटी जाती है। इस दिन छठी माता की पूजा भी की जाती है। छठी माता शिशु तथा माता के स्वास्थ्य की रक्षा करती हैं।

4. बरही संस्कार—यह संस्कार एक शिशु के जन्म के बारहवें दिन संपन्न होता है। इसलिए इसे बरही संस्कार कहा जाता है। इस दिन 12 राशियों की पूजा की जाती है। सभी राशियों के स्वामी सूर्य देव की पूजा की जाती है। फुफा या बहन शिशु के ललाट पर काजल लगाती है। इसके लिए वह अपनी भाभी या माँ से उपहार स्वरूप वस्त्र, आभूषण तथा मुद्रा प्राप्त करती है।

5. सत्ताइसा—यह संस्कार सभी शिशुओं का नहीं होता है। केवल वैसे शिशुओं का सत्ताइसा संस्कार किया जाता है जिनका जन्म अशुभ नक्षत्र में होता है तथा जो अपने पिता के लिए प्राण घातक सिद्ध होते हैं। ऐसे शिशुओं को उसका पिता तब तक नहीं देख सकता है, जब तक उसका सत्ताइसा संस्कार संपन्न नहीं हो जाता है। यह संस्कार जन्म के सत्ताइसवां दिन संपन्न होता है, इसीलिए इसे सत्ताइसा संस्कार के नाम से जाना जाता है। इस संस्कार में 27 नक्षत्रों की पूजा 27 रंग के झंडे के सहारे की जाती है। 27 प्रकार की लकड़ी के सहारे पूजा की जाती है। पुजारी के सहारे धार्मिक अनुष्ठान संपन्न किए जाते हैं। रिश्तेदार शिशु को कुछ उपहार स्वरूप देते हैं। रिश्तेदारों को भोज दिया जाता है।

6. नामकरण संस्कार—जब शिशु एक माह का हो जाता है, तब उसका नामकरण संस्कार किया जाता है। उच्च हिन्दू जातियों में नामकरण संस्कार पुरोहित के माध्यम से किया जाता है। पुरोहित शिशु को दो नाम प्रदान करता है। एक राशि का नाम जिसके बारे में केवल पुरोहित जानता है तथा वह कुल देवता को बतलाता है। दूसरा पुकारू नाम जिसे सार्वजनिक कर दिया जाता है। पुकारू नाम से ही शिशु को सभी लोग पुकारते हैं। ऐसा विश्वास प्रचलित है कि केवल राशि नाम से किया गया जादू प्रभावित होता है। इसीलिए राशि का नाम सभी को नहीं बतलाया जाता है। पुकारू नाम से किया गया जादू प्रभावित नहीं होता है। अत: उसे सभी को बतला दिया जाता है। पुरोहित राशि के नाम के आधार पर शिशु का जन्म कुंडली बना देते हैं। इस कार्य के लिए पुरोहित को इनाम स्वरूप वस्त्र, अन्न तथा मुद्रा दिया जाता है तथा अतिथि सत्कार किया जाता है।

7. अन्न परासन संस्कार—दांत निकलने की घटना एक व्यक्ति के जीवन की महत्त्वपूर्ण घटना है। इसलिए इस घटना को संस्कार के रूप में मनाया जाता है। एक व्यक्ति

जब शिशु के रूप में जन्म लेता है तब उसके मुंह में खाने के लिए दांत नहीं होते हैं। वह अपनी माँ का स्तनपान करता है तथा उसी के सहारे अपने जीवन की छह माह की अवधि काटता है। छह माह के पश्चात् दांत निकलना आरंभ हो जाता है। जब पहला दांत निकलता है, तब शिशु के मामा (मां के भाई) को सूचना भेजी जाती है। मामा अपने घर से कटोरा में दूध-भात लेकर आता है और शिशु को अपने हाथ से खिलाता है। इस अवसर पर पास-पड़ोस की महिला रिश्तेदारों को आमंत्रित किया जाता है। वे सभी मंगल गीत गाती हैं तथा शिशु के मामा से उपहार की मांग करती हैं। माता उन्हें उपहार के रूप में मिठाई तथा मुद्रा देता है।

8. कर्ण भेदन संस्कार—कर्ण भेदन एक व्यक्ति के जीवन में आने वाली एक सामाजिक घटना है, जिसे संस्कार के रूप में मनाया जाता है। इस संस्कार को एक व्यक्ति के तीन वर्ष की आयु पूरा कर लेने के बाद संपन्न कर दिया जाता है। इस कार्य के लिए सोनार जाति के लोग गांव-गांव घूमते चलते हैं। सामान्यत: इस संस्कार को जाड़ा के मौसम में संपन्न किया जाता है। इस कार्य के लिए शिशु की मां सोनार को उपहार स्वरूप मुद्रा देती है। पास-पड़ोस की महिलाएं गीत-गान करती हैं। ऐसा विश्वास किया जाता है कि इस संस्कार संपन्न हो जाने पर एक व्यक्ति के ऊपर वज्र गिरने की घटना नहीं घटित होती है।

9. मुंडन संस्कार—मुंडन संस्कार एक व्यक्ति के जीवन की महत्वपूर्ण घटना है, जिसे संस्कार के रूप में संपन्न किया जाता है। इस संस्कार को 3 वर्ष या 5 वर्ष, की अवधि में संपन्न कर देना चाहिएँ ज्यादातर समाज में इस संस्कार को केवल लड़का के लिए किया जाता है, तथा लड़कियों को इस संस्कार से वंचित कर दिया जाता है। लेकिन कुछ समाजों में लड़का तथा लड़की दोनों के लिए इस संस्कार को संपन्न किया जाता है। इस संस्कार में शिशु के मस्तिष्क में जटा के रूप में पाए जाने वाले बाल को काटकर पवित्र नदी को सुपुर्द कर दिया जाता है। ऐसा विश्वास किया जाता है कि अगर जटा के बाल किसी जादूगर को प्राप्त हो जाये तब अपने जादू द्वारा शिशु को हानि पहुंचा सकता है। इसीलिए शिशु की जटा को देवी-देवता को सुपुर्द करने के बाद नदी माता के संरक्षण में दे दिया जाता है। इस संस्कार को देवी-देवता के स्थान अथवा नदी तट पर संपन्न किया जाता है। इस संस्कार को शिशु की माता, शिशु की फुआ तथा जजमानी व्यवस्था में बाल काटने वाली जाति नाई के सहारे संपन्न किया जाता है। संस्कार संपन्न के अवसर पर पुरोहित जी को भी बुलाया जाता है। पुरोहित जी देवी-देवता के समक्ष मंत्रोच्चारण करते हैं, नाई जटा काटता है फुआ जटा को अपनी आंचल में लेती हैं। इस संस्कार के संपन्न कराने के उपलक्ष में पुरोहित जी, फुआ तथा नाई को शिशु की माता अपनी स्थिति के अनुसार उपहार स्वरूप (नेग) अन्न, वस्त्र, आभूषण तथा मुद्रा देती है। संस्कार संपन्न हो जाने के बाद जटा को नदी माता के आंचल में सौंप दिया जाता है।

10. जनेव अथवा यज्ञोपवित संस्कार—यज्ञोपवित अथवा चूड़ा कर्म संस्कार एक व्यक्ति के जीवन में आने वाला महत्त्वपूर्ण सामाजिक अवसर होता है जिसे हिन्दू

धर्मशास्त्र में संस्कार के रूप में मान्यता प्राप्त है तथा मनाया जाता है। यह संस्कार केवल द्विजजातियों (ब्राह्मण, क्षत्रि एवं वैश्य) के बीच संपन्न किया जाता है। शास्त्रानुसार यह संस्कार केवल कुमारों अथवा बालकों के लिए होता है। कुमारियों अथवा बालिकाओं को इस संस्कार से वंचित किया जाता है। इस संस्कार को पांचवें, सातवें, नौवें अथवा ग्यारहवें साल में अवश्य कर दिया जाना चाहिए। शास्त्रानुसार इस संस्कार का संबंध गुरुकुल तथा आश्रम व्यवस्था से है। इस संस्कार के संपन्न हो जाने के बाद कुमारों को गुरुकुल आश्रम में शस्त्र तथा शास्त्र की शिक्षा हेतु भेज दिया जाता था। यज्ञोपवित धारण कर राजकुमार ब्रह्मचर्य आश्रम के कठोर नियमों का पालन करते हुए शस्त्र तथा शास्त्र की शिक्षा प्राप्त करते थे। शास्त्रानुसार प्रत्येक वर्ण के लिए अलग-अलग प्रकार का जनेव होना चाहिए ब्राह्मण के लिए मुंज निर्मित जनेव का विधान है, क्षत्रिय के लिए ऊन निर्मित जनेव तथा वैश्य के लिए रेशम निर्मित जनेव का विधान है। लेकिन आजकल आरंभ में मुंज का जनेव देकर फिर सूत का जनेव दे दिया जाता है।

जनेव धारण संस्कार के अवसर पर महिला तथा पुरुष रिश्तेदारों को आमंत्रित किया जाता है। शुभ लग्न में यह संस्कार संपन्न होता है। नाई पुरोहित के अनुसार पूजन सामग्रियाँ एक थाल में इकट्ठा कर देता है। महिलाएँ गीत-गान आरंभ करती हैं। विवाहित पुरुष एवं पुरोहित मिलकर मंत्रोच्चारण के बीच जनेव धारण करवाते हैं। जनेव धारण के समय एक व्यक्ति भिक्षुक वेष में रहता है। वह कटि में पीला वस्त्र धारण करके हाथ में पलास का डंडा तथा पैर में खड़ाऊँ धारण करता है। वह विद्या ग्रहण करने के लिए अपने रिश्तेदारों के बीच घूम-घूमकर भिक्षाटन करता है। भिक्षाटन की क्रिया समाप्त हो जाने पर सभी रिश्तेदारों को भोज दिया जाता है।

11. विवाह संस्कार—यह एक ही साथ दो विपरीत यौन के व्यक्तियों के जीवन में आने वाला एक महत्त्वपूर्ण अवसर है जिसे हमारे यहां संस्कार के रूप में संपन्न किया जाता है। यह संस्कार एक लड़का एवं लड़की दोनों के जीवन में अनिवार्य रूप से आता है। इस संस्कार में एक ही जाति के लेकिन भिन्न गोत्र के दो परिवार आपस में अपने पुत्र एवं पुत्री का विवाह तय करते हैं तथा रिश्तेदारी व्यवस्था में प्रवेश करते हैं। विवाह तय हो जाने के बाद लड़का को दुल्हा तथा लड़की को दुल्हन के नाम से पुकारा जाता है। दुल्हा तथा दुल्हन दोनों के घर में त्रिवाह संस्कार के अंतर्गत कई लघु संस्कार संपन्न किए जाते हैं, जिनका विवरण नीचे दिया जा रहा है—

(क) फलदान अथवा सगाई संस्कार—विवाह तय हो जाने के बाद सबसे पहले फलदान अथवा सगाई संस्कार संपन्न किया जाता है। विवाह तय होने के पहले दुल्हा तथा दुल्हन पक्ष के रिश्तेदार कई बार आपस में मिलते हैं। जब विवाह तय हो जाता है तब फलदान अथवा सगाई संस्कार की तिथि तय की जाती है। यह संस्कार शुभ लग्न तथा नक्षत्र में संपन्न किया जाता है। इस अवसर में लड़की पक्ष के रिश्तेदार अपने कुल देवता पर फल तथा मिठाई चढ़ाकर लड़का पक्ष के पास पहुंचते हैं। शुभ वस्त्र में मंत्रोच्चारण

के बीच दुल्हन का पिता अथवा भाई दुल्हा के माथे पर पान, दधि तथा रोली का तिलक लगाता है। इस अवसर पर दुल्हा पक्ष के सभी रिश्तेदार भी उपस्थित रहते हैं। दुल्हा के महिला रिश्तेदार मंगल गान करती हैं। माथे पर तिलक के बाद दुल्हा के हाथ पर कुछ मुद्रा रखते हैं तथा फल एवं मिठाई की टोकरी को दुल्हा के हाथ से स्पर्श कराकर उपस्थित लोगों के बीच वितरित किया जाता है। इसके बाद सभी को भोजन कराया जाता है। दूसरे दिन दुल्हा पक्ष की ओर से मिठाई की टोकरी दुल्हन पक्ष को दिया जाता है। दुल्हन पक्ष के लोग मिठाई की टोकरी के साथ घर लौटते हैं तथा अपने रिश्तेदारों के बीच बांटते हैं। इस सामाजिक क्रिया से शादी तय की सूचना समाज में फैल जाती है। इस अवसर पर दोनों पक्षों के पुरोहित एवं पवनिया के बीच उपहार स्वरूप मुद्रा का वितरण किया जाता है।

(ख) तिलक संस्कार—इस संस्कार में दुल्हन पक्ष के पुरोहित, पवनिया तथा रिश्तेदार दुल्हन से स्पर्श कराकर विभिन्न प्रकार के घरेलू बरतन तथा धान लेकर दुल्हा के घर पहुंचते हैं। वहां पर दुल्हा पक्ष के रिश्तेदार उनका स्वागत करते हैं। रात्रि के शुभ लग्न में मंगल-गान के बीच आंगन में तिलक संस्कार संपन्न होता है। सबसे पहले दुल्हन के भाई के द्वारा दुल्हा का तिलक संस्कार किया जाता है। भाई की अनुपस्थिति में दुल्हन का पिता ही तिलक संस्कार करता है। इसके बाद दुल्हा के हाथ में कटोरा रखकर उसमें सिक्का तथा मुद्रा रखा जाता है। बारी-बारी से सभी बरतन को स्पर्श कराकर तिलक संस्कार संपन्न किया जाता है। इसके बाद दुल्हा तथा दुल्हन के घर से आया हुआ धान पुरोहित आपस में मिलाकर बाँट देते हैं। फिर सामूहिक रूप से सभी लोग भोजन करते हैं। दूसरा दिन सुबह नाश्ता-पानी कराकर दुल्हन पक्ष के लोगों को विदाई की जाती है। विदाई के समय बारात आने की लगन पत्री, बँटा हुआ धान, मिठाई की टोकरी दिया जाता है, साथ-साथ पुरोहित तथा पवनिया को विदाई स्वरूप मुद्रा दिया जाता है।

(ग) मिट्टी कोड़ संस्कार—विवाह की तिथि तय हो जाने के बाद एक रात्रि को शुभ नक्षत्र में दुल्हा तथा दुल्हन की महिला रिश्तेदार अपने-अपने घरों में मिट्टी कोड़ संस्कार संपन्न करती हैं। यह संस्कार दुल्हा तथा दुल्हन दोनों के घर होता है। इसके लिए महिलाएं घर के पास स्थित किसी खेत में बाजा तथा गीत-गान के साथ जाती हैं तथा मिट्टी कोड़ कर लाती हैं। इसी मिट्टी से चुल्हा बनाया जाता है जिसके ऊपर भोजन तैयार कर दुल्हा तथा दुल्हन को अपने-अपने घर में खिलाया जाता है। चुल्हा का संबंध अलग घर निर्माण से है। विवाह के बाद अलग घर का निर्माण होता है।

(घ) मंडपाच्छादन संस्कार—मंडपाच्छादन संस्कार मुख्य रूप से दुल्हन के यहां होता है। हालांकि दुल्हा के यहां भी यह संस्कार संपन्न हेतु आगन के मध्य में आम की पतियों एवं बांस एक गड़दा खेलकर गाड़ दिया जाता है। लेकिन दुल्हन के घर मंडप को अच्छा ढंग से बनाया जाता है तथा सुशोभित किया जाता है। मंडप की तैयारी कच्चा बाँस, सरकंडी, कास आदि के सहारे किया जाता है तथा महिला रिश्तेदारों को गीत-गान के लिए बुलाया जाता है। बाजा, गीत तथा रिश्तेदारों के बीच हंसी-मजाक के मध्य मंडप बनाया जाता है। इसी मंडप में विवाह संपन्न होता है।

(ङ) हल्दी तथा उबटन संस्कार—इस संस्कार के अंतर्गत दुल्हा एवं दुल्हन को हल्दी तथा उबटन लगाकर सुंदर एवं आकर्षक बनाया जाता है। दुल्हा एवं दुल्हन के उम्र में बड़े रिश्तेदार सबसे पहले हल्दी चढ़ाते हैं। इस अवसर पर महिलाएँ मंगल-गान करती हैं, पुरोहित मंत्रोच्चारण करते हैं। नाउन तथा कहारिन हल्दी तथा उबटन बनाती हैं। महिलाएं दुल्हा-दुल्हन को उबटन लगाती हैं। यह एक मनोरम सामाजिक दृश्य उपस्थित करता है।

(च) धृतढ़ारी संस्कार—यह संस्कार विवाह तिथि से एक दिन पहले दुल्हा एवं दुल्हन दोनों के घर संपन्न किया जाता है। इस दिन सबसे पहले पकवान बनाकर कुल देवी एवं कुल देवता की पूजा की जाती है। दुल्हा एवं दुल्हन के माता-पिता उपवास रखते हैं। प्रसाद तथा पकवान तैयार हो जाने पर कुल देवी-देवता के समक्ष माता-पिता साथ-साथ बैठकर पूजा करते हैं। पुरोहित पूजा कराते हैं तथा नाई उनको सहयोग करता है। अन्य महिलाएँ मंगल-गान करती हैं। पूजा समाप्त होने पर प्रसाद वितरण किया जाता है। पुरोहित तथा नाई को, दक्षिणा तथा नेग दिया जाता है।

(छ) पैर-पूजन संस्कार— धृतदारी समाप्त होने के बाद सभी रिश्तेदारों को बुलाया जाता है। दुल्हा एवं दुल्हन के माता-पिता अपने से उम्र तथा पीढ़ी में बड़े रिश्तेदारों के पैर का पूजन करके वर-वधू के जीवन में हर तरह की खुशी के लिए आशीर्वाद प्राप्त करते हैं। यह संस्कार मंगल गान के बीच तथा पुरोहित एवं नाई के सहयोग से संपन्न होता है। पैर पूजन के समय सबसे पहले रिश्तेदार के पैर को बारी-बारी से दुल्हा/दुल्हन के माता-पिता धोते हैं तथा नवीन वस्त्र चढ़ाकर पूजते हैं।

(ज) स्नान संस्कार—विवाह तिथि के दिन सबसे पहले दुल्हा एवं दुल्हन को अपने घर स्नान कराया जाता है। इस अवसर पर मंडप में रखे कलश का पानी प्रयोग में लाया जाता है। उम्र तथा पीढ़ी में बड़े रिश्तेदार बारी-बारी से दुल्हा/दुल्हन के ऊपर घड़ा का पानी छिड़कते हैं। महिलाएँ गीत गाती हैं तथा परिहास संबंध वाले रिश्तेदार आपस में पानी छिड़कर हंसी-मजाक भी करते हैं। इस संस्कार के बाद दुल्हा/दुल्हन को कुँआ अथवा चपा कल के पानी से साबुन लगाकर स्नान कराया जाता है।

(झ) मौर एवं वस्त्र धारण संस्कार—यह संस्कार बारात जाने के ठीक पहले किया जाता है। यह संस्कार दुल्हा के लिए किया जाता है। इस अवसर पर सभी रिश्तेदार एकत्रित होकर दुल्हा को आंगन में लाते हैं। दुल्हा के बहनोई उसके सिर पर मौर बाँधते हैं। बहनोई नहीं रहने पर बहन को ईनाम स्वरूप वस्त्र, आभूषण एवं मुद्रा दिया जाता है। इसके बाद दुल्हा को पोशाक पहनाया जाता है।

(ञ) चुमावन संस्कार—यह संस्कार बारात जाते वक्त, जब दुल्हा सवारी में बैठ जाता है, उस समय किया जाता है। इस संस्कार को करते समय दुल्हा की माता, चाची, फुआ, भाभी, मौसी आदि ललाट पर पान दधि का टीका एवं आंख में काजल करती हैं। यह संस्कार दुल्हा को बारात जाने के क्रम में जादू के प्रभाव को समाप्त करने के लिए किया जाता है। दुल्हा के ऊपर अरवा चावल छिंटका जाता है। इस संस्कार संपन्न हो जाने के बाद दुल्हा तथा उसके रिश्तेदार बाराती के रूप में दुल्हन के गांव की ओर प्रस्थान करते हैं।

(ट) द्वार पूजन संस्कार—यह संस्कार दुल्हन के घर के दरवाजा पर संपन्न होता है। जब बारात दुल्हन के गांव में पहुंच जाती है, तब दुल्हन पक्ष के रिश्तेदार बारात का स्वागत करते हुए दुल्हन के दरवाजा तक लाते हैं। बारात नाच तथा बाजा के साथ दरवाजा पर पहुंचती है। पुरोहित सबसे पहले गणेश भगवान की पूजा करते हैं। इसके बाद दुल्हा की पूजा दुल्हन की महिला रिश्तेदार तथा सहेलियां करती हैं। गान एवं संगीत के मधुर वातावरण में यह संस्कार संपन्न किया जाता है। द्वार पूजन के बाद बारात को जनवासा में लाकर ठहराया जाता है।

(ठ) जनवासा संस्कार—इस संस्कार के अंतर्गत दुल्हन पक्ष के रिश्तेदार बाजा-गाना के साथ बारात पार्टी से मिलने जाते हैं। गीत-संगीत के बीच दुल्हन के पुरोहित मंत्रोच्चारण के साथ सभी बारात पार्टी के सदस्य का स्वागत करते हैं। पुरोहित मंत्र द्वारा शुद्ध किया हुआ अरवा चावल बाराती तथा सराती पार्टी के लोगों के हाथ में देते हैं तथा आशीर्वाद के रूप में दुल्हा के ऊपर छिड़कने को कहते हैं। इसके बदले दुल्हा के रिश्तेदारों को दुल्हन के भाई अथवा पिता द्वारा निमंत्रण दिया जाता है। अंत में बाराती तथा सराती पार्टी के लोग आपस में पान-मसाला का विनिमय कर हर्ष व्यक्त करते हैं।

(ड) वरपरीक्षण संस्कार—बाराती को नाश्ता कराने के बाद शादी से संबंधित संस्कार आरंभ किया जाता है। सबसे पहले दुल्हन के वस्त्र तथा आभूषण को मड़वा में लाया जाता है। फिर बाजा गाजा के साथ दुल्हा को आंगन तक लाया जाता है। दुल्हन की महिला रिश्तेदार एवं सहेलियाँ दुल्हा से तरह-तरह की परीक्षा लेती हैं। यह परीक्षा अभिनय स्वरूप संपन्न होती है। इसमें दुल्हा से तरह-तरह का मजाक किया जाता है। उससे कई प्रश्न भी पूछे जाते हैं। उत्तर न देने की स्थिति में उसे दंड के रूप में मिठाई खाने के लिए मुद्रा देना पड़ता है।

(ढ) कन्या दान संस्कार—यह संस्कार मंडप के अंदर संपन्न होता है। मंडप में दुल्हन के माता-पिता साथ-साथ आसन पर बैठ जाते हैं। इसके बाद दुल्हन को नए वस्त्र और आभूषण से सुसज्जित कर मंडप में माता-पिता के पास बैठाया जाता है। फिर दुल्हन की सहेलियाँ दुल्हा को मंडप में लाती हैं। सहेलियाँ मंगल गान आरंभ करती हैं तथा दुल्हन का पिता कन्या दान करता है। पुरोहित मंत्रोच्चारण के साथ कन्या दान करवाते हैं। वैदिक मंत्रोच्चारण के बीच कन्या का पिता अपनी कन्या को दुल्हा को सुपुर्द करता है।

(ण) सिंदूर दान संस्कार—इस संस्कार में दुल्हा मंत्रोच्चारण के बीच दुल्हन के मांग में सिंदूर डालता है। दुल्हन की सहेलियाँ ताली बजाकर स्वागत करती हैं। इसे सुहाग माना जाता है। इसी के द्वारा सुहागिन का संकेत समाज में जाता है। अतः यह बहुत ही महत्वपूर्ण संस्कार होता है।

(त) भंवर-भ्रमण संस्कार—सिंदूर के बाद दुल्हा एवं दुल्हन के चादरों को एक साथ बाँधकर अग्नि कुंड का सात बार फेरा लगाने को कहा जाता है। दुल्हा एवं दुल्हन पति-पत्नी के रूप में साथ-साथ रहने का शपथ लेते हैं। महिलाएँ तरह-तरह के गीत गाती हैं। इसके साथ ही विवाह संस्कार संपन्न हो जाता है।

(थ) कोहवर संस्कार—विवाह हो जाने के बाद दुल्हा-दुल्हन को कुल देवता घर में लाया जाता है। दुल्हन की सहेलियां दरवाजा छेंकती हैं। दुल्हा को मिठाई खाने के लिए पैसा देना पड़ता है तब उसे कोहवर में जाने की अनुमति दी जाती है। कोहवर में दुल्हा को दुल्हन का मुख दिखलाया जाता है। मुख देखने के बाद दुल्हा दुल्हन को उपहार स्वरूप आभूषण अथवा मुद्रा देता है।

(द) आशीर्वाद संस्कार—कोहवर संस्कार समाप्त हो जाने के बाद आशीर्वाद संस्कार संपन्न होता है। इस अवसर पर वर बधु को पुनः मंडप के अंदर बैठाया जाता है। बारात पार्टी के सदस्यों को मंडप में बुलाया जाता है। सभी सदस्य पुरोहित द्वारा मंत्रोच्चारण के बीच आशीर्वाद के रूप में अरवा चावल को वर-वधू के ऊपर छिड़कते हैं। इसके बाद सभी रिश्तेदारों को कन्या का मुख दिखाया जाता है। वर पक्ष के लोग कन्या को आशीर्वाद के साथ-साथ उपहार देते हैं।

(ध) विदाई संस्कार—विवाह के सुबह में बाराती की विदाई की जाती है। परंपरागत समाज में दुल्हन को विवाह के तुरंत बाद नहीं जाने दिया जाता है। दुल्हन को दुरागमन संस्कार के बाद ही विदाई संस्कार किया जाता है। सबसे पहले दुल्हा को नया वस्त्र, आभूषण, मुद्रा आदि उपहार के रूप में देकर विदाई की जाती है। कन्या के सभी रिश्तेदार वर को कुछ न कुछ उपहार अवश्य देते हैं। दुल्हे की विदाई के बाद बारात पार्टी की विदाई की जाती है। इसके लिए दुल्हन के पिता, उसके रिश्तेदार, पुरोहित एवं पवनिया विदाई सामग्री के साथ जनवास में जाते हैं। वहाँ मंत्रोच्चारण के बीच समधि मिलन संस्कार संपन्न होता है। इसमें दुल्हा तथा दुल्हन के पिता आपस में गले लगते हैं। इसके बाद दुल्हन के पिता वस्त्र, बरतन एवं मुद्रा के साथ समधि की विदाई करता है। समधि के बाद अन्य रिश्तेदारों को वस्त्र एवं मुद्रा के साथ विदाई की जाती है। विवाह कराने के उपलक्ष्य में दोनों समधि एक दूसरे के पुरोहित एवं पवनिया को वस्त्र एवं मुद्रा उपहार स्वरूप देते हैं। जिस समाज में विवाह में दुल्हन की विदाई की जाती है, वहां वर के साथ दुल्हन को भी नया वस्त्र, आभूषण, मुद्रा आदि देकर विदाई की जाती है।

(न) दुल्हन परीक्षण संस्कार—ज्योंही दुल्हा अपनी दुल्हन के साथ घर पहुंचता है, घर में खुशी की लहर दौड़ जाती है। दुल्हा की मां, बहन, चाची, भाभी, फुआ, मौसी, आदि थाल में आरती लेकर दुल्हन का स्वागत करने दरवाजा पर पहुंचती है। दुल्हा की बहन अपने भाई-भाभी की आरती उतारते हुए स्वागत करती हैं। अन्य महिलाएं अरवा चावल की वर्षा से स्वागत करती हैं। इसके बाद दुल्हा-दुल्हन को बांस की टोकरी में पैर रखवाते हुए कुल देवी-देवता घर के दरवाजा तक लाया जाता है। यहां दुल्हा की बहन तथा बहनोई दरवाजा रोकते हैं। इसके लिए उन्हें नेग (उपहार) दिया जाता है। दुल्हा विदाई में प्राप्त आभूषण अथवा मुद्रा का कुछ अंश बहन-बहनोई को उपहार स्वरूप देता है। अन्यथा दुल्हा के पिता अपनी ओर से उपहार स्वरूप कुछ भेंट करते हैं। इसके बाद कोहवर में ले जाकर वर कन्या को कुल देवता का स्पर्श कराया जाता है।

(प) चौठारी संस्कार—विवाह के चौथा दिन चौठारी संस्कार दुल्हा तथा दुल्हन के घर पर संपन्न होता है। दुल्हन के माता-पिता उपवास रखते हैं तथा सत्य नारायण भगवान की कथा सुनते हैं। विवाह के अवसर पर आमंत्रित सभी देवी-देवताओं को पूजा देकर अपने-अपने स्थान पर वापस लौटने की प्रार्थना की जाती है। इसके बाद सभी रिश्तेदारों के बीच प्रसाद वितरण किया जाता है। दुल्हा के यहां भी संस्कार संपन्न होता है। दुल्हा-दुल्हन के विवाह पर आमंत्रित सभी देवताओं की पूजा की जाती है तथा अपने-अपने स्थान पर वापस लौटने की प्रार्थना की जाती है। अंत में सभी रिश्तेदारों के बीच प्रसाद वितरण किया जाता है। इसके बाद आमंत्रित सभी रिश्तेदारों की विदाई की जाती है।

(फ) पुछार संस्कार—इस संस्कार में दुल्हन के पिता अथवा भाई वस्त्र, आभूषण, मिठाई की टोकरी आदि लेकर दुल्हा के घर आता है। इसमें दुल्हा, दुल्हन, दुल्हा के माता-पिता तथा भाई-बहन के लिए उपहार स्वरूप वस्त्र रहता है। दुल्हा की माता पास-पड़ोस की महिलाओं को बुलाकर पुछार के उपहार स्वरूप प्राप्त वस्तुओं को दिखलाती हैं तथा मिठाइयां वितरित करती हैं। पुछार के बाद दुल्हन को वापस मैके भेज दिया जाता है।

12. दुरागमन अथवा द्वितीय गमन संस्कार—यह संस्कार विवाह के एक साल के अंदर शुभ नक्षत्र में संपन्न होता है। दुल्हा अपने साथियों के साथ पूर्व में तय तिथि को बारात लेकर दुल्हन को लाने जाता है। दुल्हन का पिता पलंग, तोशक, टेबल, कुर्सी, रजाई, मच्छरदानी, खाना बनाने तथा खाने के बरतन आदि समान उपहार देकर दुल्हा-दुल्हन की विदाई करता है। दुल्हा-दुल्हन को नया वस्त्र, आभूषण तथा मुद्रा उपहार स्वरूप दिया जाता है। समधि-समधिन तथा अन्य रिश्तेदारों को भी उपहार स्वरूप वस्त्र दिया जाता है। साथ में मिठाई की टोकरी भी दी जाती है।

13. तृतीय गमन संस्कार—दुरागमन संस्कार में करीब छह माह या साल भर रहकर दुल्हन मैके चली आती है। इसके बाद साल के अंदर ही उसका तृतीय गमन संस्कार किया जाता है। इस अवसर पर भी दुल्हा, दुल्हन को उपहार स्वरूप नवीन वस्त्र बरतन एवं आभूषण दिया जाता है ताकि घर गृहस्थी चलाने में दुल्हा-दुल्हन को विशेष कठिनाई का सामना नहीं करना पड़े।

14. सुदिन संस्कार—जब दुल्हन गर्भवती होकर संतान उत्पन्न करती है, तब उसके जीवन में शुभ दिन का शुभारंभ होता है तथा विवाह को सफल माना जाता है। इस शुभ समाचार पाकर दुल्हन के पिता अथवा भाई खुशी से झूम उठता है। वह अपने साथ दुल्हन के लिए वस्त्र, आभूषण तथा नवजात शिशु के लिए भी वस्त्र आभूषण लेकर दुल्हन की ससुराल पहुंचता है।

मृत्यु संस्कार के पूर्व वाणप्रसी एवं संन्यास संस्कारों का उल्लेख धर्मशास्त्रों में मिलता है। लेकित अनुभवाश्रित तथ्यों के आधार पर इन संस्कारों को अब महत्वहीन के रूप में दर्शाया जा सकता है।

15. मृत्यु संस्कार—मृत्यु एक व्यक्ति के जीवन से संबंधित अंतिम संस्कार है। सामान्यत: एक व्यक्ति वृद्धावस्था में मृत्यु प्राप्त करता है। एक व्यक्ति की मृत्यु हो जाने पर कई लघु संस्कार संपन्न किए जाते हैं, जिनके बारे में वर्णन नीचे दिया जा रहा है—

(क) स्वर्गारोहण संस्कार—स्वर्गारोहण संस्कार को अग्नि संस्कार भी कहा जाता है। एक व्यक्ति की मृत्यु हो जाने पर उसके शरीर को अग्नि को समर्पित कर दिया जाता है। अग्नि संस्कार के माध्यम से उसे स्वर्ग भेजा जाता है। उसके रिश्तेदार, मित्र तथा समाज के लोग उसकी अर्थी को लेकर श्मशान घाट जाते हैं। वहाँ उसका पुत्र मुखाग्नि देकर स्वर्ग लोक भेजता है।

(ख) संत समर्पित संस्कार—यह संस्कार अग्नि संस्कार के दूसरे दिन संपन्न होता है। इस दिन मृतक के रिश्तेदार श्मशान घाट जाकर उसके शरीर के जल जाने के बाद बची हुई हड्डियों को चुनकर गंगा अथवा अन्य पवित्र नदी में प्रवाह कर देते हैं। जहां अग्नि संस्कार होता है, वहां तुलसी का पौधा लगा दिया जाता है।

(ग) जल तर्पण संस्कार—ऐसा विश्वास किया जाता है कि मृतक की आत्मा पीपल वृक्ष पर अपना निवास स्थान बना लेती है। दस दिन बीतने के बाद ही या तो वह स्वर्ग जाकर जन्म-मरण से मुक्ति पाता है अथवा उसका पुनर्जन्म होता है। इसलिए अग्नि संस्कार के दूसरे दिन से लेकर 10वें दिन तक पीपल वृक्ष में स्नान करके सुबह पानी दिया जाता है।

(घ) दशकर्म संस्कार—यह संस्कार एक व्यक्ति की मृत्यु के दसवां दिन संपन्न होता है। इस दिन मृतक के नाम पर पिंड दान दिया जाता है। गोत्र समूह के पुरुष सदस्य अपने बाल छिलवाते हैं। गोत्र समूह के परिवारों में छूत की अवधि समाप्त हो जाती है। उस दिन घर, आंगन तथा दरवाजा की सफाई तथा लिपाई की जाती है। रात्रि में गोत्र समूह को भोज दिया जाता है।

(ङ) एकादश कर्म—इस दिन पिंडदान के स्थान पर मृतक के नाम गौदान, बरतन दान तथा सेजया दान किया जाता है। इस दिन के सभी दान में दी गई वस्तुओं के ऊपर कंटाह ब्राह्मण का अधिकार होता है।

(च) द्वादश कर्म संस्कार—यह कर्म मृत्यु के बारहवां दिन होता है। इसीलिए इसे द्वादश कर्म भी कहा जाता है। इस दिन सबसे पहले नारायण भगवान की पूजा की जाती है। इसके बाद पूर्वजों के नाम से पूजा की जाती है तथा मृतक को पितृदेव के स्थान पर स्थापित कर दिया जाता है। इसके बाद घर के आंगन में गौदान, बरतन दान तथा सेजया दान संस्कार संपन्न होता है। यह संस्कार पुरोहित द्वारा संपन्न कराया जाता है। इसलिए इस दान पर उनका अधिकार होता है। सबसे अंत में ब्राह्मण गोत्र बंधु तथा गरीब लोगों को भोजन कराया जाता है। इस अवसर पर रिश्तेदारों को आमंत्रित किया जाता है तथा उनके बीच नेवता का आदान-प्रदान होता है।

16. बरखी संस्कार—यह संस्कार एक व्यक्ति के द्वादश कर्म संस्कार के तीसरे दिन, तीन माह, छह माह अथवा साल भर बाद में किया जाता है। इस दिन भी मृतक के नाम पर पिंडदान दिया जाता है। सभी रिश्तेदारों को आमंत्रित किया जाता है तथा सामूहिक भोज दिया जाता है।

पितृपक्ष पिंडदान संस्कार—यह संस्कार पितृपक्ष में किया जाता है। माता-पिता की मृत्यु के 3 वर्ष बाद में एक व्यक्ति शास्त्रों में वर्णित गया धाम जाकर अपने पूर्वज के नाम पिंड अर्पण करता है। गया धाम के पुरोहित को दान-दक्षिणा देकर वह अपना घर लौटता है तथा सामूहिक भोज का आयोजन करता है। ऐसा विश्वास किया जाता है कि पितृपक्ष पिंड दान के पश्चात् पूर्वजों को मोक्ष की प्राप्ति हो जाती है।

(ञ) हिन्दू विवाह व्यवस्था

हिन्दू समाज एक वृहत समाज है जिसके अंतर्गत कई जातियाँ आती हैं। प्रत्येक जाति का अपना-अपना समाज होता है जो विवाह एवं नातेदारी पर आधारित होता है। हिन्दू समाज की सभी जातियों, जाति अंतर्विवाही नियमों का पालन आवश्यक रूप से करती हैं। दूसरे शब्दों में कहा जा सकता है कि परंपरागत हिन्दू समाज में सजातीय विवाहों का प्रचलन है तथा अंतर्जातीय विवाह पर निषेध पाया जाता है। अंतर्जातीय विवाह करने वाले युग्मों को जाति समाज जाति से बाहर निकाल देता है तथा उनसे उत्पन्न संतानों को दोगला या ब्रह्मशंकर कहा जाता है। समाज में उनका स्थान निम्न होता है। अत: हिन्दू समाज में जातीय नियमों का पालन विवाह के समय आवश्यक रूप से किया जाता है। चूँकि हिन्दू समाज में सभी जातियों का स्थान एक समान नहीं है अत: सभी जातियों के विवाह नियम में कुछ अंतर पाए जाते हैं।

परंपरागत हिन्दू विवाह का स्वरूप—हमारे हिन्दू धर्म शास्त्रों के अध्ययन से पता चलता है कि प्राचीन हिन्दू समाज में आठ प्रकार के विवाह प्रचलित थे, जो निम्नलिखित हैं—

1. देव विवाह, 2. आर्य विवाह, 3. ब्राह्मण विवाह, 4. प्रजापत्य विवाह, 5. गंधर्व विवाह, 6. असुर विवाह, 7. राक्षस विवाह तथा 8. पैसाच विवाह।

1. देव विवाह—देव विवाह समाज में श्रेष्ठ विवाह का उदाहरण था। इस प्रकार के विवाह का प्रचलन देवताओं के बीच था। देव पुत्र तथा देव कन्या का विवाह उत्तम श्रेणी का विवाह माना जाता था। देवताओं का विवाह आर्य कन्याओं एवं ब्राह्मण कन्याओं के साथ भी होता था। उसे भी देव विवाह माना जाता था।

2. आर्य विवाह—देवताओं की तरह प्राचीन भारतीय समाज में आर्य का स्थान भी श्रेष्ठ था तथा आर्य विवाह का भी हिन्दू समाज में उत्तम श्रेणी के विवाह में रखा जाता था। इस प्रकार के विवाह में एक आर्य पुरुष का विवाह आर्य कन्या, देव कन्या अथवा ब्राह्मण कन्या के साथ होता था।

3. ब्राह्मण विवाह—परंपरागत हिन्दू समाज में देव विवाह तथा आर्य विवाह के साथ-साथ ब्राह्मण विवाह को भी श्रेष्ठ विवाह की श्रेणी में रखा जाता था। इस प्रकार के विवाह में एक ब्राह्मण पुरुष का विवाह ब्राह्मण कन्या, देवकन्या अथवा आर्य कन्या से किया जाता था। देव विवाह, आर्य विवाह एवं ब्राह्मण विवाहों को प्राचीन भारतीय समाज में आदर की दृष्टि से देखा जाता था तथा इन तीनों प्रकार के विवाहों को श्रेष्ठ माना जाता था।

4. प्रजापत्य विवाह—इस प्रकार के विवाह प्राचीन राजा महाराजाओं के बीच प्रचलित थे। राजा-महाराजाओं को प्रजापति कहा जाता था। वे लोग स्वयंवर के माध्यम से अपनी पुत्री के लिए योग्यवर का चुनाव करते थे। स्वयंवर में सफल होने वाले पुरुष के साथ राजकुमारी का विवाह धूमधाम के साथ संपन्न किया जाता था। इस प्रकार के विवाहों में सभी राजाओं, युवराजों, राजकुमारों तथा अन्य व्यक्तियों को स्वयंवर में भाग लेने के लिए आमंत्रित किया जाता था। प्रजापत्य विवाह को परंपरागत हिन्दू समाज में मध्यम कोटि का विवाह माना जाता था।

5. गंधर्व विवाह—प्राचीन भारतीय समाजों में गंधर्व विवाह का प्रचलन था। गंधर्व विवाह को भी मध्य श्रेणी के अंतर्गत रखा जाता था। गंधर्व उपदेवता होते थे। उनका स्थान देवताओं से नीचे था। इस प्रकार के विवाह में एक गंधर्व पुरुष का विवाह गंधर्व कन्या, ब्राह्मण कन्या, आर्य कन्या, राजकुमारी इत्यादि के साथ संपन्न होता था।

6. असुर विवाह—प्राचीन भारतीय हिन्दू समाज में असुर विवाह का प्रचलन था। प्राचीन भारत में आर्य, देव, ब्राह्मण, प्रजापति तथा गंधर्व के अतिरिक्त असुरजाति का अधिपत्य था। कई स्थानों पर असुर जाति के राजा हुआ करते थे। असुर विवाह में असुर पुरुष का विवाह असुर कन्या, ब्राह्मण कन्या, आर्य कन्या, राजकुमारी इत्यादि के साथ संपन्न होता था। परंपरागत हिन्दू समाजों में गंधर्व विवाह प्रजापत्य विवाह तथा असुर विवाह को मध्यम श्रेणी के अंतर्गत रखा जाता था।

7. राक्षस विवाह—परंपरागत हिन्दू समाज में राक्षस विवाह का प्रचलन था। प्राचीन भारत में राक्षस जाति के लोग पाए जाते थे। इस प्रकार के विवाह में एक राक्षस पुरुष इच्छा से अथवा इच्छा के विरुद्ध किसी देव कन्या, आर्य कन्या, ब्राह्मण कन्या, असुर, कन्या, गंधर्व कन्या इत्यादि से विवाह करता था। वह विवाह के लिए न तैयार होने वाली कन्याओं को बलपूर्वक उठाकर ले जाता था तथा उसका कौमार्य भंग कर देता था। इस प्रकार उस कन्या का विवाह किसी दूसरे के साथ नहीं हो पाता था तथा वह कन्या उस राक्षस पुरुष की पत्नी बनकर रह जाती थी। उस कन्या से उत्पन्न संतानों को राक्षस जाति में शामिल किया जाता था। राक्षस विवाह को निम्न श्रेणी में रखा जाता था। कोई भी अपनी कन्या का विवाह सहर्ष राक्षस से नहीं करना चाहता था। इसलिए राक्षसों को कन्याओं का अपहरण कर विवाह करना पड़ता था।

8. पैसाच विवाह—प्राचीन परंपरागत हिन्दू समाज में पैसाच विवाह का उल्लेख हमें मिलता है। राक्षस के समान पैसाच को भी समाज में निम्न स्थान प्राप्त था। कोई भी व्यक्ति अपनी पुत्री का विवाह पैसाच पुरुष से नहीं करना चाहते थे। अत: पैसाच पुरुषों को

रूप बदलकर कन्याओं को सम्मोहित कर कौमार्य भंग करके विवाह करना पड़ता था। पैसाच द्वारा बलपूर्वक कौमार्य भंग करके विवाह करना पड़ता था। पैसाच द्वारा बलपूर्वक कौमार्य भंग कर दिए जाने के बाद उस कन्या का विवाह अन्यत्र नहीं हो पाता था वह कन्या उस पैसाच की पत्नी बन जाती थी तथा उससे उत्पन्न संतानों को पैसाच जाति का माना जाता था।

उपरोक्त आठ प्रकार के विवाहों के अतिरिक्त प्राचीन भारतीय समाजों में अनुलोम तथा प्रतिलोम विवाहों का प्रचलन भी था। अनुलोम विवाह में एक उच्च वर्ण अथवा जाति के पुरुष का विवाह निम्न वर्ण अथवा जाति की कन्या के साथ होता था। प्रतिलोम विवाह अनुलोम विवाह का प्रतिकूल था। प्रतिलोम विवाह में एक उच्च वर्ण अथवा जाति की कन्या का विवाह निम्न वर्ण अथवा जाति के पुरुष के साथ होता था। उपरोक्त आठों प्रकार के विवाहों में भी अनुलोम तथा प्रतिलोम विवाह का प्रचलन था।

प्राचीन हिन्दू समाज में संख्या के आधार पर निम्नलिखित प्रकार के विवाह पाए जाते थे—

(i) एक पति-पत्नी विवाह—प्राचीन भारतीय हिन्दू समाजों में ज्यादातर एक पति-पत्नी विवाह का प्रचलन था। उदाहरण के लिए राजा दशरथ के पुत्र राम, लक्ष्मण, भरत तथा शत्रुघ्न के विवाह क्रमश: सीता, उर्मिला, मांडवी तथा स्रुतिलेखा के साथ हुआ था।

(ii) बहुपत्नी विवाह—प्राचीन भारतीय समाज में बहुपत्नी विवाह का प्रचलन भी था। उदाहरण के लिए महाराजा दशरथ की तीन रानियाँ, कौशिल्या, कैकयी तथा सुमित्रा थीं। इस तरह के विवाह राजा-महाराजाओं के बीच प्रचलित था।

(iii) बहुपति विवाह—प्राचीन भारतीय समाज में बहुपति विवाह का प्रचलन था। उदाहरण के लिए द्रौपदी का विवाह पाँच पांडवों—युधिष्ठिर, भीम, अर्जुन, नकुल तथा सहदेव के साथ हुआ था।

प्राचीन भारतीय हिन्दू समाज में विनियोग का भी प्रचलन था। इस प्रकार के विवाह में अपने कुल वंश को आगे बढ़ाने के लिए अपने कुल के किसी विशेष व्यक्ति को आमंत्रित कर संतानोत्पत्ति द्वारा वंश परंपरा को आगे बढ़ाया जाता था। उदाहरण के लिए कौरव, पांडवों तथा विदुर की उत्पत्ति विनियोग विवाह का परिणाम था।

प्राचीन भारतीय समाजों में भाभी-देवर विवाहों का प्रचलन था। उदाहरण के लिए बाली की पत्नी तारा का विवाह सुग्रीव के साथ हुआ था। रावण की पत्नी मंदोदरी का विवाह विभीषण के साथ हुआ था। लेकिन भाभी-देवर विवाहों का उद्देश्य देवर द्वारा भाभी की संपत्ति को उत्तराधिकार में प्राप्त करना एवं उनके पुत्रों को सुरक्षा प्रदान करना था न कि यौन संतुष्टि एवं संतानोत्पत्ति।

हिन्दू समाज में प्रचलित विवाह नियम—वर्तमान समय में हिन्दू समाज में प्रचलित विवाह नियमों को निम्नलिखित शीर्षक में विभाजित कर अध्ययन किया जा सकता है—

1. बहिर्विवाही नियम
2. अंतर्विवाही नियम

3. अधिमान्य नियम

4. निषिद्ध नियम

1. बहिर्विवाही नियम—प्रत्येक हिन्दू जाति के लोग बहिर्विवाही नियम का पालन अवश्य करते हैं। एक जाति कई गोत्र में बंटी होती है। सगोत्र विवाह वर्जित होता है। अत: हिन्दू समाज में विवाह के समय गोत्र पर विशेष ध्यान दिया जाता है। वर एवं कन्या एक ही गोत्र के नहीं होने चाहिए। उत्तर भारत में गांव बहिर्विवाही नियम का पालन भी किया जाता है।

2. अंतर्विवाही नियम—इस नियम के अनुसार हिन्दू समाज में अंतर्जातीय विवाह को प्रतिबंधित किया गया है। केवल सजातीय विवाह का प्रचलन पाया जाता है।

3. अधिमान्य विवाह—दक्षिण भारत के हिन्दूओं के बीच मामा-भांजी तथा ममेरे-फुफेरे भाई बहनों यानि विलिंग सहोदरजों के बीच विवाह अधिमान्य के अनुसार संपन्न होता है। वहां विवाह के समय ऐसे रिश्तेदारों को प्राथमिकता दी जाती है। उत्तर भारत में मामा-भाँजी तथा ममेरे-फूफेरे भाई बहनों के बीच अधिमान्य विवाह नहीं पाया जाता है। कुछ मध्य तथा निम्न स्थान वाली हिन्दू जातियों में विशेष परिस्थिति में भाभी-देवर विवाह तथा जीजा-साली विवाह को अधिमान्य विवाह के रूप में मान्यता प्राप्त है। अगर बिना संतान उत्पन्न किए कोई विवाहित व्यक्ति की मृत्यु हो जाती है या मृत्यु के समय उसके बच्चे अबोध हों तब उस व्यक्ति का छोटा भाई उसकी विधवा से विवाह करता है। अब विधवा उसकी भाभी न रहकर पत्नी बन जाती है। लेकिन इस प्रकार के अधिमान्य विवाह विशेष परिस्थिति में ही संपन्न होते हैं। विशेष परिस्थिति में साली विवाह को भी अधिमान्य विवाह की श्रेणी में रखा जाता है। बांझपन की स्थिति में अथवा पत्नी की मृत्यु होने पर जब एक व्यक्ति दोबारा विवाह करना चाहता है, तब वह अपनी पत्नी की छोटी बहन यानी साली को प्राथमिकता देता है। इस विशेष परिस्थिति में साली-जीजा विवाह को भी अधिमान्य विवाह की श्रेणी में रखा जाता है।

4. निषिद्ध नियम—हिन्दू समाज में विवाह निषिद्ध नियम निम्नलिखित हैं—

(क) गोत्र निषिद्ध नियम—इस नियम के अनुसार हिन्दू जातियों में सगोत्र विवाह पर प्रतिबंध लगाया जाता है।

(ख) अंतरजाति निषिद्ध नियम—इस नियम के अनुसार हिन्दू समाज में अंतरजातीय विवाह पर निषेध लगाया गया है।

(ग) निकटाभिगमन निषेध—इस नियम के अनुसार निकट के रिश्तेदारों जैसे भाई-बहन, सास-दामाद, ससुर-पुतोह, पिता-पुत्री, माता-पुत्र, भावह-भैसुर इत्यादि रिश्तेदारों में किसी भी परिस्थिति में विवाह निषिद्ध है।

(घ) विधवा विवाह निषिद्ध नियम—इस नियम के अनुसार विधवा विवाह पर प्रतिबंध लगाया गया है। हालाँकि मध्य तथा निम्न स्थान वाली हिन्दू जातियों में विधवा को पुन: विवाह करने की स्वतंत्रता रहती है, लेकिन उच्च स्थान वाली हिन्दू जातियों में विधवा विवाह पर प्रतिबंध लगा रहता है।

(ङ) पितृक रिश्तेदार निषिद्ध नियम—इस नियम के अनुसार पिता पक्ष से संबंध रखने वाले लोगों के बीच विवाह वर्जित होता है। इस नियम के अनुसार वर तथा कन्या को सात पीढ़ी तक पितापक्ष से संबंधित नहीं होना चाहिए। सात पीढ़ी के बाद रक्त का बंधन समाप्त हो जाता है तथा विवाह हो सकता है।

(च) मातृक रिश्तेदार निषिद्ध नियम—इस नियम के अनुसार वर एवं कन्या को माता पक्ष से पाँच पीढ़ी तक संबंधित नहीं होना चाहिए। उनके बीच पाँच पीढ़ी के बाद रक्त का बंधन समाप्त हो जाता है। इस प्रकार के नियम उत्तर भारत के हिन्दुओं के बीच प्रचलित है।

हिन्दू समाज में प्रचलित वैवाहिक अनुष्ठान (Marriage Rituals)—हिन्दू समाज में विवाह के अवसर पर अनेक प्रकार के अनुष्ठान वर एवं कन्या दोनों के घर संपन्न होते हैं। वैवाहिक अनुष्ठान का शुभारंभ शादी तय हो जाने के बाद से लेकर दुल्हा के घर दुल्हन के आगमन तक संपन्न होते रहता है। हिन्दू समाज में प्रचलित वैवाहिक अनुष्ठान निम्नलिखित प्रकार के होते हैं—

1. फलदान—हिन्दू समाज में लड़की के पिता अथवा अभिभावक को लड़का के पिता अथवा अभिभावक के पास विवाह संबंध के लिए जाना पड़ता है। शादी तय हो जाने के बाद वर के घर पर कन्या के पिता तथा रिश्तेदारों द्वारा फलदान अनुष्ठान का आयोजन किया जाता है। इस अवसर पर अपने कुल देवता से स्पर्श तथा कन्या से स्पर्श कराए हुए फलों को कन्या के पिता वर के हाथ में दान करता है। इसके बाद वर को आभूषण तथा वस्त्र देता है। यह अनुष्ठान शुभ लग्न में पुरोहित तथा नाई के सहयोग से संपन्न होता है।

2. तिलक—यह अनुष्ठान भी शुभ लग्न में संपन्न होता है। इस अवसर पर कन्या का पिता अथवा भाई कुल देवता एवं कन्या से स्पर्श कराए हुए तांबा, पीतल, स्टील आदि के बरतन वर के घर ले जाकर दान देता है। वर को आभूषण, वस्त्र, रुपये आदि उपहार स्वरूप दिए जाते हैं। तिलक के बाद पुरोहित के सलाह के अनुसार शुभ तिथि को बारात आने का विवरण तैयार किया जाता है। इसे लग्न पत्री कहा जाता है। इसमें बारात तथा बारात पार्टी के संबंध में विवरण रहता है।

3. मंडपाच्छादन—विवाह तिथि के एक दिन पहले कन्या के घर में यह अनुष्ठान संपन्न होता है। इस अवसर पर कुल देवता की पूजा की जाती है तथा भाई बंधुओं द्वारा काशी, बाँस, पेटारी, मूंज इत्यादि के सहारे एक सुंदर विवाह मंडप बनाया जाता है। इसी मंडप में विवाह संपन्न होता है।

4. गोत्र बंधुओं का पूजन—वर के यहाँ बारात जाने के एक दिन पूर्व तथा कन्या के यहाँ बारात आने के सुबह में वर एवं कन्या के माता-पिता द्वारा अपने-अपने उम्र तथा रिश्ते में बड़े रिश्तेदारों के पैर की पूजा कर वर-वधू के मंगलमय पारिवारिक जीवन तथा वंश वृद्धि के लिए आशीर्वाद प्राप्त किया जाता है।

5. बारात प्रस्थान—बारात आने के दिन वर को पाँच रिश्तेदार मिलकर उबटन, हल्दी लगाकर स्नान कराते हैं। इसके बाद उसे नया वस्त्र पहनाया जाता है। बहनें आँख में काजल लगाती हैं, बहनोई माथे पर मोर (विवाह मुकुट) बाँधते हैं। सभी महिला रिश्तेदार

परीक्षण अनुष्ठान करके वर को प्रस्थान कराती हैं। इसके बाद वर पक्ष के सभी पुरुष रिश्तेदार बाराती के रूप में कन्या के गांव जाते हैं।

6. द्वार पूजन—जब बारात कन्या के गाँव पहुंचता है, तब कन्या पक्ष के रिश्तेदार उन्हें आदर के साथ कन्या के दरवाजे तक लाते हैं तथा दरवाजे पर वर एवं बारातियों का पूजन किया जाता है। कन्या की बहनें एवं सहेलियाँ मंगल गान के बीच वर की आरती उतारती हैं।

7. कन्या दान—यह एक महत्त्वपूर्ण अनुष्ठान होता है। सिंदूर दान के पूर्व कन्या का पिता अपनी कन्या को वर के हाथ में देकर कन्यादान करता है तथा वर कन्या की सुरक्षा का भार अपने कंधों पर उठाता है।

8. सिंदूर दान—सिंदूर विवाह का संकेत होता है। भारतीय नारी इसे सुहाग मानती हैं। सिंदूर दान के समय कन्या की सहेलियाँ मंगल गान करती हैं तथा वर शुभ मंत्रोच्चारण के बीच कन्या की मांग में सिंदूर डालता है।

9. विदाई—सुबह में सबसे पहले वर तथा कन्या को वस्त्र आभूषण, रुपये इत्यादि उपहार दिए जाते हैं तथा वर कन्या की विदाई की जाती है। कन्या की सहेलियां अश्रुपूर्ण नेत्रों से कन्या की विदाई करती हैं। इसके बाद बाराती की विदाई की जाती है। वर के घनिष्ठ रिश्तेदारों को वस्त्र एवं रुपये के साथ विदाई की जाती है।

10. कन्या स्वागत—जब कन्या वर के साथ वर के घर पहुंचती है तब उसका स्वागत वर की माता, बहनें तथा अन्य महिला रिश्तेदारों द्वारा किया जाता है। उसकी आरती उतारी जाती है तथा वर कन्या को कुल देवता घर में लाया जाता है।

(छ) हिन्दू नातेदारी व्यवस्था

हिन्दू समाज एक वृहत समाज है। हिन्दू समाज कई जातियों में विभाजित है। यही कारण है कि हिन्दू समाज को समाजों का समाज (सोसायटी आफ सोसायटी) कहा जाता है। हिंदू सामाजिक संरचना में जाति पद व्यवस्था की भूमिका महत्वपूर्ण रहती है। प्रत्येक हिन्दू जाति का स्थान समाज में निश्चित होता है, लेकिन सभी जाति का स्थान बराबर नहीं होता है। कुछ जातियों का स्थान समाज में सर्वोच्च होता है, जबकि कुछ जातियों का स्थान समाज में निम्न होता है। उच्च तथा निम्न स्थानों के बीच कुछ जातियों का स्थान मध्य में होता है। उदाहरण के लिए ब्राह्मण, राजपूत, कायस्थ आदि जातियों का स्थान समाज में उच्च होता है। ब्राह्मण का स्थान समाज में सर्वोच्च होता है, क्योंकि धार्मिक विशेषज्ञ होने के कारण सभी जाति के लोग ब्राह्मण को पूजते हैं तथा मान-सम्मान देते हैं। हरिजनों, अनुसूचित जातियों, दलितों इत्यादि का स्थान समाज में निम्न रहा है। इन जातियों को सदियों से सामाजिक, आर्थिक, धार्मिक तथा राजनीतिक नियोग्यताओं का सामना करना पड़ा है। यादव, कोयरी, कुर्मी, बनिया, लोहरा, बढ़ई, कुम्हार, सोनार, पनेरी, माली, गरेड़ी

इत्यादि जातियों को मध्य स्थान प्राप्त है। इस प्रकार सामाजिक संरचना की दृष्टि से हिन्दू समाज एक जटिल समाज है। सभी जातियों की अपनी-अपनी संस्कृति है तथा विवाह एवं नातेदारी संबंधी नियमों में भी अंतर पाया जाता है। अत: नातेदारी व्यवस्था का कोई एक नियम पूरे हिन्दू समाज पर लागू नहीं होता है। हिन्दू समाज की नातेदारी व्यवस्था जाति प्रथा पर आधारित होती है। साथ ही साथ भारतीय संदर्भ में हिन्दू समाज की नातेदारी व्यवस्था में जातिगत अंतर के अतिरिक्त क्षेत्रीय अंतर भी मिलता है। अत: हिन्दू नातेदारी व्यवस्था की व्याख्या जातिगत प्रथाओं तथा क्षेत्रीय भिन्नताओं के आधार पर की जा सकती है।

हिन्दू नातेदारी व्यवस्था के नियम—हिन्दू समाज में भी अन्य समाजों की भांति नातेदारी का निर्माण रक्त संबंध तथा विवाह संबंध के आधार पर होता है। विवाह साथी होने के लिए रक्त संबंधी नहीं होना चाहिए। रक्त संबंध को ध्यान में रखकर ही हिन्दू समाज में निषेधात्मक नियम बनाए गए हैं। दूसरी ओर हिन्दू समाज कतिपय रिश्तेदारों को विवाह संबंध की श्रेणी में रखता है तथा उन रिश्तेदारों के बीच विवाह की अनुमति प्रदान करता है। इस नियम को अधिमान्य नियम कहा जाता है। अत: नातेदारी व्यवस्था की व्याख्या हम इन्हीं दो प्रमुख नियमों के आधार पर करते हैं। अब इन दोनों नियमों की व्याख्या नीचे प्रस्तुत की जा रही है।

1. हिन्दू नातेदारी व्यवस्था के निषेधात्मक नियम (प्रोहिविटिव रूल)—इस प्रथा के अंतर्गत तीन प्रमुख नियम आते हैं—(क) निकटाभिगमन निषेध, (ख) बहिर्विवाही नियम एवं (ग) अंतर्विवाही नियम। अब इन तीनों निषेधात्मक नियमों की व्याख्या नीचे प्रस्तुत की जा रही है।

(क) निकटाभिगमन निषेध—हिन्दू समाज नातेदारी निर्माण के समय निकटाभिगमन निषेध का पालन आवश्यक रूप से करता है। इस प्रथा के अनुसार माता-पुत्र, पिता-पुत्री तथा सहोदर भाई-बहन के बीच विवाह संबंध वर्जित रहता है। कुछ जनजातीय समाज में पुत्र तथा सौतेली माता के बीच विवाह संपन्न होते हैं। लेकिन हिन्दू समाज सौतेली माता, सौतेला पिता, सौतेला पुत्र तथा सौतेली पुत्री सभी को रक्त संबंध की श्रेणी में रखता है तथा निकटाभिगमन निषेध का पालन करता है। यह प्रथा सभी हिन्दू जातियों में समान रूप से प्रचलित है। हिन्दू समाज चचेरा तथा मौसेरा भाई-बहनों को भी आवश्यक रूप से रक्त संबंध की श्रेणी में लाता है तथा उनके साथ भी निकटाभिगमन निषेध का पालन किया जाता है। हालांकि अधिकांशत: हिन्दू समाज फुफेरे-ममेरे भाई-बहनों को रक्त संबंधी मानते हुए निकटाभिगमन निषेधों का पालन करते हैं। लेकिन दक्षिण भारत के कुछ ब्राह्मण समाज इसके अपवाद हैं। उनके समाज में ममेरे-फुफेरे भाई-बहनों को निकटाभिगमन नहीं माना जाता है तथा उनके बीच विवाह होता है। अत: हिन्दू नातेदारी व्यवस्था में इस बात पर विशेष ध्यान दिया जाता है कि वर एवं कन्या को माता पक्ष एवं पिता पक्ष दोनों की ओर से निकटाभिगमन की श्रेणी में नहीं होना चाहिए। हालांकि दक्षिण भारत के कुछ समाजों में ममेरे-फुफेरे भाई-बहन (क्रांस कजन) को निकटाभिगमन नहीं माना जाता है तथा उनके बीच विवाह होता है।

(ख) बहिर्विवाही नियम—इस नियम के अंतर्गत हिन्दू समाज अपने समूह के बाहर से ही जीवन साथी का चुनाव करता है तथा नातेदारी का निर्माण करता है। बहिर्विवाही नियम सामान्यत: निम्नलिखित हैं—

(i) गोत्रबहिर्विवाही नियम—गोत्र एक काल्पनिक पूर्वज के आधार पर रक्त संबंधियों का समूह होता है। नातेदारी निर्माण में गोत्र समूह की प्रमुख भूमिका रहती है। हिन्दू समाज में सगोत्र विवाह पूर्ण रूप से वर्जित होता है। यानी एक ही गोत्र के वर-कन्या के बीच विवाह संभव नहीं है, चूँकि वे रक्त संबंधी हो जाते हैं। हिन्दू समाज के ब्राह्मण के बीच सात प्रमुख गोत्र प्रचलित हैं, गर्ग, गौतम, भारद्वाज, वशिष्ठ, सांडिल्य, कौडिल्य तथा कश्यप। राजपूत में भी सप्तऋषियों के आधार पर गोत्र पाए जाते हैं। लेकिन कायस्थों में जन्म स्थान के आधार पर गोत्र का निर्माण होता है। पिछड़ी जातियों में स्थान, नदी, साधु आदि के नाम पर गोत्र का प्रचलन है। निम्न हिन्दू जातियों में माता-पिता के जन्म स्थान, समीपस्थ नदी, तीर्थस्थल आदि के नाम पर गोत्र समूह का निर्माण होता है। गोत्र समूह का निर्माण ऋषि, साधु, संत, नदी, जन्म, स्थान, तीर्थ स्थान आदि जिस आधार पर हुआ हो, लेकिन गोत्र समूह के लोग सगोत्र विवाह नहीं करते हैं।

(ii) पिंडा बहिर्विवाही नियम—कश्मीर के ब्राह्मण तथा ऊंच हिन्दू एक पिंडा से उत्पन्न सभी व्यक्तियों को रक्त संबंधी मानते हुए उनके उनके बीच विवाह स्थापित नहीं होता है।

(iii) वंश बहिर्विवाही नियम—इस नियम के अनुसार हिन्दू समाज के सदस्य अपने वंश समूह के सदस्य से बाहर शादी-विवाह संबंध स्थापित करते हैं, क्योंकि वंश समूह के सदस्य रक्त संबंधी माने जाते हैं।

(iv) ग्राम बहिर्विवाही नियम—अगर एक गांव में एक ही जाति के विभिन्न गोत्र समूह के लोग रहते हैं, तब वे लोग ग्राम बहिर्विवाही नियम का पालन करते हैं। उनके अनुसार ग्राम की एक पीढ़ी के सभी लड़का-लड़की आपस में भाई-बहन होते हैं। अत: उनके बीच विवाह संभव नहीं है। हालांकि कुछ हिन्दू जातियां इसके अपवाद भी हैं। जैसे पिछड़ी एवं हरिजन जातियां एक ही गांव के विभिन्न टोले में विवाह कर लेती हैं। यानी उस स्थिति में एक लड़की का ससुराल तथा मैके दोनों एक ही गांव में हो जाता है।

(ग) अंतर्विवाही नियम—इस नियम के अनुसार हिन्दू समाज के लोग अपने ही समूह से विवाह के लिए वर-कन्या का चुनाव कर रिश्तेदारी बंधन में बंधते हैं। आजकल अंतरजातीय संतान को जाति से बहिष्कृत कर दिया जाता है तथा उन्हें दोगला कहा जाता है। उन्हें समाज में कोई भी स्थान नहीं प्राप्त होता है। ऐसे दोगला परिवार आपस में शादी विवाह करते हैं। दोगला संतानों को खानदान, वंश समूह तथा गोत्र समूह में शामिल नहीं किया जाता है। प्राचीनकाल में उच्च जाति विवाही नियम (हाइपरगेमी अथवा अनुलोम विवाह) प्रचलित थे, जिसमें निम्न जाति की कन्या का विवाह उच्च जाति के वर से होता था। प्राचीन काल में निम्न जाति विवाही नियम (हाइपोगेमी अथवा प्रतिलोम विवाह) का

भी प्रचलन था। लेकिन आजकल हिन्दू जातियों में अंतरजातीय विवाह का प्रचलन उच्च वर्गों में देखा जा रहा है। विशेषकर डॉक्टर, इंजीनियर, प्रशासनिक अधिकारी आदि में महिला डॉक्टर, महिला इंजीनियर, प्रशासनिक अधिकारी आदि से विवाह करने का प्रचलन हो गया है। लेकिन परंपरागत हिन्दू समाज में आज भी अंतरजातीय विवाह को मान्यता नहीं प्राप्त हो सका है।

(घ) कुलीन परिवार अंतर्विवाही नियम—हमारे देश में आज भी हिन्दू राजाओं के वंशज निवास करते हैं। वे लोग वर-कन्या का आदान-प्रदान कुलीन राजसी परिवारों में ही करते हैं।

(ङ) जमींदार परिवार अंतर्विवाही नियम—अंग्रेजों के शासनकाल में बड़े-बड़े जमींदार परिवार अस्तित्व में आए। हालांकि जमींदारी प्रथा 1952 में ही समाप्त हो गई, लेकिन जमींदार परिवार के लोग वर-कन्या का आदान-प्रदान अपनी जाति के जमींदार परिवारों में ही करते हैं।

2. हिन्दू नातेदारी व्यवस्था के अधिमान्य नियम (प्रिफ्रेंसियल रूल)—हिन्दू समाज में भी अधिमान्य विवाह का प्रचलन है।

(i) कुलीन विवाह—इस नियम के अंतर्गत कुलीन राजाओं के वंशज अपने परिवार के वर-कन्याओं के विवाह में कुलीन परिवार को प्राथमिकता देते हैं। यानी दो कुलीन परिवारों के बीच ही वर-कन्या का आदान-प्रदान होता है। इस प्रथा में दो कुलीन परिवार से कन्या प्राप्त करने के लिए तीसरे कुलीन परिवार को ढूंढ़ना पड़ता है।

(ii) मामा-भांजी विवाह—ईरावती कार्वे ने अपनी पुस्तक *हिन्दू किनशिप सिस्टम तथा किनशीप आर्गेनाइजेशन इन इंडिया* में दक्षिण भारत के कुछ ब्राह्मणों में मामा (मां के भाई) तथा भांजी (बहन की पुत्री) के बीच अधिमान्य विवाह का उल्लेख किया है। उनके अनुसार कर्नाटक के हविग ब्राह्मण में मामा-भांजी के बीच विवाह को सबसे शुभ माना जाता है। इसीलिए मामा-भांजी विवाह को अधिमान्य विवाह की श्रेणी में रखा गया है। इस समाज में एक मामा अपनी बड़ी बहन की लड़की (भांजी) से अधिमान्य विवाह रचाता है। लेकिन वह छोटी बहन की लड़की से विवाह नहीं रचाता है।

(iii) ममेरे-फुफेरे भाई बहनों के बीच विवाह—यह भी एक अधिमान्य विवाह का उदाहरण है। दक्षिण भारत के तमिल के कल्लर तथा तैलांगना के रेड्डियों के मध्य ममेरे-फुफेरे भाई बहनों (क्रास कजिन) के बीच विवाह संपन्न होता है। यह विवाह अधिमान्य विवाह की श्रेणी में आता है। इन हिन्दू समाजों में ममेरे-फुफेरे भाई-बहनों को रक्त संबंधी की श्रेणी में नहीं रखा जाता है, बल्कि उन्हें विवाह संबंधी की श्रेणी में रखा जाता है। इसलिए विलिंग सहोदरजों के बीच विवाह को शुभ माना जाता है। यह विवाह मैत्री संबंध (एलायंस) तथा पारस्परिकता (रेसिप्रोसिटी) के सिद्धांत पर आधारित होता है।

(iv) भाभी विवाह (लेविरेट)—हिन्दू समाज में भाभी विवाह को अधिमान्य की श्रेणी में रखा गया है। लेकिन सभी हिन्दू समाजों में इसका प्रचलन नहीं है। उच्च हिन्दू

जातियों में भाभी विवाह का प्रचलन नहीं है। जबकि पिछड़ी हिन्दू जातियों तथा दलितों के बीच भाभी विवाह का प्रचलन है तथा इसे अधिमान्य विवाह की श्रेणी में रखा गया है।

(v) साली-विवाह (सोरोरेट)—हिन्दू समाज में साली विवाह को अधिमान्य विवाह की श्रेणी में रखा गया है। यह प्रथा प्रत्येक हिन्दू समाज में प्रचलित है। अगर किसी व्यक्ति की पत्नी मर जाती है अथवा बांझ हो जाती है, तब वह अपनी साली से विवाह करता है।

हिन्दू नातेदारी व्यवस्था की विशेषताएं—रक्त संबंध विवाह के पहले से ही अस्तित्व में रहता है। क्योंकि एक शिशु जब जन्म लेता है, तब उसके माता-पिता होते हैं। जन्म के आधार पर उसे जाति, परिवार, वंश तथा गोत्र में शामिल कर लिया जाता है। रक्त संबंधियों के बीच विवाह नहीं होता है। हिन्दू नातेदारी व्यवस्था में जातिगत एवं क्षेत्रीय विशेषताएं मिलती हैं। इसका कारण यह है कि सभी हिन्दू जातियों की अपनी-अपनी संस्कृति है। उसी संस्कृति के आधार पर नातेदारी व्यवस्था काम करती है। अत: हिन्दू नातेदारी व्यवस्था को हम निम्नलिखित शीर्षक में विभाजित कर अध्ययन कर सकते हैं—

(i) उच्च हिन्दू जातियों की नातेदारी व्यवस्था
(ii) पिछड़ी हिन्दू जातियों की नातेदारी व्यवस्था
(iii) दलित हिन्दू जातियों की नातेदारी व्यवस्था
(iv) उत्तर भारत के हिन्दुओं की नातेदारी व्यवस्था
(v) दक्षिण भारत के हिन्दुओं की नातेदारी व्यवस्था
(vi) कश्मीर क्षेत्र के हिन्दुओं की नातेदारी व्यवस्था

(i) उच्च हिन्दू जातियों की नातेदारी व्यवस्था—उच्च हिन्दू जातियों की नातेदारी व्यवस्था में समानता देखने को मिलती है। ब्राह्मण, राजपूत, कायस्थ आदि उच्च हिन्दू जातियां कहलाती हैं। इन जातियों का परिवार पितृपक्षीय होता है। वंश की गणना पितापक्ष से की जाती है। गोत्र का नामकरण प्राचीन ऋषियों से किया जाता है। गोत्र भी पितृपक्षीय होता है। उच्च हिन्दू जातियों का परिवार पितृ स्थानीय होता है। संपत्ति उत्तराधिकार भी पितृपक्षीय होता है। संपत्ति में केवल पुरुषों का अधिकार होता है। पुत्रियों को केवल विवाह के अवसर पर तिलक, दहेज तथा कीमती उपहार दिया जाता है। उच्च हिन्दू जातियां जाति अंतर्विवाही तथा गोत्र बहिर्विवाही नियम का पालन अवश्य करती है। इनमें विधवा विवाह तथा भाभी विवाह का प्रचलन नहीं पाया जाता है। विधवा की संपत्ति उसके पति के भाइयों अथवा भतीजों को प्राप्त होता है। संतानहीन दंपति की सम्पति भी पति के भाइयों को प्राप्त होती है। केवल पुत्री वाले पिता की सम्पति का उत्तराधिकार पिता के भाइयों अथवा भतीजों को होता है। लेकिन कुछ संपत्ति पुत्री को भी विदाई स्वरूप दी जाती है।

(ii) पिछड़ी हिन्दू जातियों की नातेदारी व्यवस्था—पिछड़ी हिन्दू जातियों का परिवार पितृ स्थानीय तथा संपत्ति उत्तराधिकार पितृपक्षीय होता है। यानी परिवार, वंश, गोत्र, निवास स्थान तथा संपत्ति उत्तराधिकार पिछड़ी हिंदू जातियों का भी उच्च हिंदू जातियों के समान ही रहता है। लेकिन विवाह नियम में अंतर मिलता है। इन हिन्दू जातियों में

विधवा विवाह तथा भाभी विवाह का प्रचलन भी पाया जाता है। इन जातियों का गोत्र कोई ऋषि पुरुष, पूर्वज के वास स्थान, नदी, पहाड़ आदि पर आधारित होता है। कुछ पिछड़ी हिन्दू जातियों में गोत्र नहीं भी पाया जाता है। कुछ पिछड़ी हिन्दू जातियों में वधू मूल्य तथा विलिंग सहोदरज विवाह का भी प्रचलन है। गोलट विवाह में दोनों परिवार आपस में ही लड़की का विनिमय कर विवाह रचाते हैं। एक परिवार अपनी कन्या को दूसरे परिवार में देता है। इस प्रकार दोनों वर एक-दूसरे के साला-बहनोई भी होते हैं। साथ ही साथ सह बंधन द्वारा भी इनमें विवाह होता है, जिसका उदाहरण ममेरा-फुफेरा भाई-बहनों के बीच विवाह है। कुछ पिछड़ी जातियों में तो कन्या मूल्य प्रथा भी पाई जाती है। कन्या के पिता विवाह के समय कन्या देने के लिए कोई खास रकम की मांग वर के पिता से करता है।

(iii) दलित हिन्दू जातियों की नातेदारी व्यवस्था—उच्च हिन्दू जातियों तथा पिछड़ी जातियों के समान दलित हिन्दू जातियों में भी परिवार पितृरेखीय तथा पितृस्थानीय होता है। वंश पितृवंशीय होता है। अगर गोत्र होता है, तो वह भी पितृपक्षीय होता है। कुछ दलितों में गोत्र की धारणा नहीं पाई जाती है। लेकिन कुछ दलितों के बीच गोत्र की धारणा प्रचलित है। कुछ में गोत्र बाल्मिकी मुनी, कश्यप मुनी अथवा पिता के गांव, माता के गांव, नदी, पहाड़ आदि के नाम पर रखा गया है। समान गोत्र के वर कन्याओं में विवाह नहीं होता है। जीवन साथी प्राप्त करने के तीन मुख्य तरीके हैं—(क) कन्या मूल्य, (ख) दो परिवार के बीच साथ-साथ कन्याओं का विनिमय (गोलट विवाह) तथा (ग) सहबंध अथवा गठबंधन द्वारा विवाह।

दलितों में कन्या मूल्य का प्रचलन है। कन्या मूल्य के रूप में अपनी स्थिति के अनुसार धन देना पड़ता है। तलाक होने पर वधू मूल्य लौटाना पड़ता है। पत्नी की मृत्यु हो जाने पर उसी वधू मूल्य से साली के साथ विवाह हो जाता है। अगर वधू मूल्य नहीं जुटा पाता है, तब गोलट विवाह दो परिवारों के बीच होती है। इनमें दोनों एक-दूसरे को लड़की देकर अपने-अपने लड़कों का विवाह करते हैं। इसमें गठबंधन द्वारा विवाह रचाने की प्रथा है। इनमें दो परिवार आपस में विवाह करने के लिए गठबंधन बनाते हैं। एक परिवार दूसरे परिवार को लड़की देता है। लेकिन दूसरी पीढ़ी में उस परिवार को लड़की देना पड़ता है। ममेरा-फुफेरा भाई-बहनों का विवाह इसी गठबंधन का परिणाम होता है। इस प्रकार इनके बीच ममेरा-फुफेरा भाई-बहनों का आपस में विवाह होता है। दलितों के बीच विधवा विवाह तथा भाभी विवाह का प्रचलन भी देखा जाता है। इनमें भगाकर तथा अपहरण करके भी विवाह होता है।

(iv) उत्तर भारत की नातेदारी व्यवस्था—उत्तर भारत की नातेदारी व्यवस्था में क्षेत्रीयता के आधार पर उत्तर भारत की नातेदारी व्यवस्था दक्षिण से थोड़ा अलग दिखती है। उत्तर भारत की उच्च हिन्दू जातियों में मामा-भांजी के बीच विवाह नहीं होता है। इनके बीच ममेरे-फुफेरे भाई-बहनों का विवाह भी नहीं होता है। उत्तर भारत में मातृक तथा पितृक रिश्तेदारों को रक्त संबंधी की श्रेणी में रखा जाता है। अतः इनमें विवाह वर्जित रहता

है। समलिंग तथा विलिंग सहोदरजों को भी रक्त संबंध की श्रेणी में रखा जाता है। इसीलिए ममेरे-फुफेरे भाई-बहनों के बीच विवाह नहीं होता है। लेकिन पिछड़ी तथा दलित हिन्दू जातियों में ममेरे-फुफेरे भाई-बहनों के बीच भी विवाह होते हैं।

(v) दक्षिण भारत की नातेदारी व्यवस्था—दक्षिण भारत की ब्राह्मण जातियों में मामा-भांजी तथा ममेरे-फुफेरे भाई-बहनों के बीच विवाह द्वारा नातेदारी का निर्माण किया जाता है। इस प्रकार के विवाहों में मामा-भांजी को नहीं निकटाभिगमन और नहीं रक्त संबंधी माना जाता है। इसीलिए मामा-भांजी के बीच विवाह संपन्न होता है। यही बात ममेरे-फुफेरे भाई-बहनों के लिए भी लागू होती है। ममेरे-फुफेरे भाई-बहनों को ना ही निकटाभिगम और ना ही रक्तसंबंधी माना जाता है। वरन् उन्हें विवाह संबंधी माना जाता है। उनके बीच विवाह सम्पन्न होता है।

(vi) कश्मीर के हिन्दुओं की नातेदारी व्यवस्था—कश्मीर घाटी के हिन्दुओं में गोत्र नहीं पाया जाता है। गोत्र के स्थान पर यहां पिंड की धारणा प्रचलित है। एक व्यक्ति से जन्म लेने वाले सभी पुरुषों को संपिंडज माना जाता है तथा इनके बीच विवाह का प्रचलन नही है। यहां लड़कियों को संपत्ति उत्तराधिकार नहीं प्राप्त है। लेकिन खरीदी गई संपत्ति में उसे हिस्सा दिया जाता है।

(ठ) हिन्दू समाज में धर्म की अवधारणा

हिन्दू समाज में धर्म शब्द का प्रयोग अंग्रेजी के रेलीजन के समान अर्थ में नहीं किया जाता है। हिन्दू समाज में धर्म शब्द का प्रयोग व्यापक अर्थ में किया जाता है। इस समाज में धर्म को कर्म के साथ जोड़ा गया है तथा धर्म को कर्त्तव्य रूप में परिभाषित किया जाता है। हमारे धर्मशास्त्र में धर्म को कर्त्तव्य: धर्म: के रूप में दर्शाया गया है। अगर हम धर्म शब्द की उत्पत्ति पर विचार करते हैं तब हम पाते हैं कि धर्म की उत्पत्ति धृ धातु से हुई है जिसका अर्थ होता है धारण करना। एक व्यक्ति जब मानव योनि में जन्म लेता है, तब वह क्या धारण करता है। यानी वह अपना कर्त्तव्य धारण करता है। यही कारण है कि धर्म को कर्त्तव्य के रूप में परिभाषित किया जाता है। सामाजिक सदस्य होने के नाते एक व्यक्ति को समाज में अनेक पद उम्र के साथ प्राप्त होते हैं तथा उनके अनुरूप उसे कर्त्तव्य का पालन करना पड़ता है। समय के साथ समाज में उसका स्थान बदलता रहता है। उसकी स्थिति में परिवर्तन के कारण उसके कर्त्तव्य में भी परिवर्तन आते जाते हैं। दूसरे शब्दों में कहा जा सकता है कि उम्र बढ़ने के साथ कर्त्तव्य भी बढ़ते जाते हैं। क्योंकि प्रत्येक सामाजिक स्थिति के अनुरूप एक व्यक्ति को अपने कर्त्तव्य का निर्वाहन करना पड़ता है। व्यक्तियों को हिन्दू समाज में पुत्र धर्म, पिता धर्म, माता धर्म, राजा धर्म, प्रजा धर्म, सत्य धर्म, अतिथि धर्म, साधु धर्म, पत्नी धर्म, माता धर्म, बहन धर्म, रानी धर्म, सास धर्म, ससुर धर्म, दादा धर्म, दादी धर्म इत्यादि का पालन करना पड़ता है। उसी प्रकार जीवन की विभिन्न

आवश्यकताओं के एक व्यक्ति को ब्रह्मचर्य, गृहस्थ, वानप्रस्थ तथा संन्यास आश्रम धर्म का पालन करना पड़ता है।

उपरोक्त विवेचन से स्पष्ट होता है कि हिन्दू समाज में धर्म शब्द का प्रयोग व्यापक अर्थ किया जाता है जिसके अंतर्गत समाज के सभी सदस्य, रिश्तेदार, विभिन्न पेशा के लोग तथा सामाजिक अधिकारी के कर्त्तव्यों को शामिल किया गया है।

धर्म के विषय में सामाजिक मान्यता है कि जो व्यक्ति अपने धर्म से विमुख होता है उसे दैहिक, दैविक एवं भौतिक कष्टों को भोगना पड़ता है। धर्म से विमुख व्यक्ति की संतानें भी अपने पिता के कर्म का फल भोगती हैं। दूसरी तरफ हिन्दू सामाजिक मान्यता के अनुसार जो व्यक्ति धर्म का पालन करता है उसे भौतिक सुखों की प्राप्ति होती है। उसे घर में अन्न, धन तथा लक्ष्मी की प्राप्ति होती है।

एक व्यक्ति के जीवन का उद्देश्य चार प्रकार के पुरुषार्थ की प्राप्ति है। जिसे धर्म, काम, अर्थ तथा मोक्ष के नाम से जाना जाता है। सबसे प्रथम पुरुषार्थ धर्म है। उसी के माध्यम से काम, अर्थ तथा मोक्ष की प्राप्ति होती है। जहाँ धर्म का अर्थ कर्त्तव्य से है, वही काम का अर्थ विवाह द्वारा संतानोत्पत्ति तथा नियंत्रित यौन जीवन से है। अर्थ का तात्पर्य धन से है। प्रत्येक व्यक्ति को अपना घर-गृहस्थी चलाने के लिए धन की आवश्यकता होती है। धन का अर्जन धर्म के माध्यम से होना चाहिए। चोरी, डकेती, लूट, हत्या आदि के माध्यम से अर्जित धन धर्म के अनुरूप नहीं है। ऐसे कर्मों में लगे व्यक्तियों को दंड का भागी बनना पड़ता है। वे तरह-तरह के कष्ट भोगते हैं मोक्ष प्राप्त करने में विफल हो जाते हैं। एक व्यक्ति को धर्म के मार्ग का अनुसरण करते हुए ही धन कमाना चाहिए। धर्म के मार्ग से कमाया हुआ धन ही संतुष्टि प्रदान करता है। धर्म के मार्ग से विचलित होकर अर्जित धन असंतोष के कारण बन जाते हैं तथा दैहिक, दैविक एवं भौतिक दु:खों को आमंत्रित करते हैं।

हिन्दू समाज पर धर्म का प्रभाव—हिन्दू समाज पर धर्म के प्रभाव का अध्ययन निम्नलिखित शीर्षक के अंतर्गत किया जा सकता है—

1. परिवार समूह पर धर्म का प्रभाव
2. दाम्पत्य जीवन पर धर्म का प्रभाव
3. यौन जीवन पर धर्म का प्रभाव
4. पेशा समूह पर धर्म का प्रभाव
5. सामाजिक नियंत्रण पर धर्म का प्रभाव
6. समाजीकरण प्रक्रिया में धर्म का प्रभाव
7. व्यक्तित्व निर्माण में धर्म का प्रभाव
8. संस्कार पर धर्म का प्रभाव
9. पूजा-पाठ पर धर्म का प्रभाव
10. अतिथि सत्कार पर धर्म का प्रभाव

11. युद्ध पर धर्म का प्रभाव

1. परिवार समूह पर धर्म का प्रभाव—मानव एक सामाजिक प्राणी है। मानव समाज का सबसे छोटा स्वरूप परिवार है, जिसमें रक्त संबंधी साथ-साथ रहते हैं। परिवार का प्रत्येक व्यक्ति अपने-अपने कर्त्तव्य से बंधे होते हैं तथा उसी के अनुरूप व्यवहार भी करते हैं। परिवार के सदस्य जैसे माता, पिता, दादा, दादी, भाई-बहन इत्यादि अपने-अपने धर्म से बंधे होते हैं। अगर माता-पिता अपने-अपने धर्म का पालन नहीं करें तो उनकी संतानें अस्तित्वहीन हो जायेंगी। माता अपना माता धर्म निभाती है तो पिता अपना धर्म का पालन करता है। भाई तथा बहन भी अपने-अपने धर्म के अनुरूप कर्त्तव्यों का पालन करते हैं। उसी प्रकार संयुक्त परिवार में दादा, दादी, चाचा, चाची इत्यादि जितने भी परिवार के सदस्य होते हैं वे सभी अपने-अपने कर्त्तव्यों का पालन करते हैं। कहने का तात्पर्य यह है कि धर्म परिवार के सदस्यों को एक-दूसरे के प्रति कर्त्तव्य पालन की शिक्षा देता है। जो व्यक्ति अपने कर्त्तव्य के पालन नहीं करता है उसे अधार्मिक कहा जाता है तथा समाज द्वारा उसकी निंदा की जाती है। समाज वैसे व्यक्तियों को एहसास दिलाता है कि तुम्हारे कर्त्तव्यों को देखने वाली अलौकिक शक्ति तुम्हें दैहिक, दैविक तथा भौतिक संतापों द्वारा बर्बाद कर देगी। अपने-अपने धर्म पालन के कारण ही परिवार के सदस्यों के बीच सहयोग, क्षमा, प्रेम, सुख तथा शांति का वातावरण व्याप्त रहता है।

2. दाम्पत्य जीवन पर धर्म का प्रभाव—हिन्दू धर्मशास्त्र के अनुसार विवाह एक मात्र सामाजिक बंधन नहीं वरन् धार्मिक बंधन है, जिसमें दो विपरीत यौन के व्यक्ति सामाजिक तथा धार्मिक बंधन में बंधकर गृहस्थ आश्रम में प्रवेश करते हैं। गृहस्थ आश्रम में प्रवेश करने के पश्चात् पति-पत्नी अपने-अपने धर्म से बंध जाते हैं तथा दाम्पत्य जीवन से संबंधित कर्त्तव्यों का पालन करते हैं। भारतीय धर्मशास्त्र के अनुसार विवाह के बाद पति अपने पति धर्म तथा पत्नी अपना पत्नी धर्म के अनुरूप आचरण करते हैं। एक भारतीय ललना का पावन धर्म होता है अपने पति के सुख-दुख में साथ देना। भारतीय पत्नी अपने पति के सुख को अपना सुख तथा पति के दुख को अपना दुख समझती हैं। वह अपने पति के प्रति वफादार होती हैं तथा पति को दुख से उबारने का हर संभव प्रयास करती हैं। धर्मशास्त्र में शैब्या, सीता, द्रोपदी आदि नारियों को धर्म पालन के आदर्श के रूप में प्रस्तुत किया जाता है।

शैब्या ने अपने पति सत्य हरिश्चन्द्र के सत्य धर्म पालन के लिए अपने आपको चंडाल के हाथ बेच दिया था तथा रानी से दाई के रूप में काम करना स्वीकार किया था। राजा मोरध्वज की पत्नी अपने पति के सत्य धर्म पालन के लिए अपने पुत्र को आरी से चिरने के लिए सहर्ष तैयार हो गई थी। सीता अपने पति मर्यादा पुरुषोत्तम राम के सत्य धर्म पालन हेतु राजमहल के सुखों को त्याग कर जंगल में चली गई थी। द्रौपदी अपना पत्नी धर्म का पालन करते हुए अपने पांचों पतियों को समान भाव से देखती थी। दूसरे तरफ पति का पावन कर्त्तव्य होता है अपनी पत्नी को सुरक्षा प्रदान करना तथा उसके प्रति निष्ठा रखना

एवं उसकी संपूर्ण आवश्यकताओं की पूर्ति धर्म के मार्ग से करना। आज भी भारतीय नारी अपने धर्म के अनुरूप पति के सुख-दुख को अपना सुख-दुख समझती हैं तथा पति भी एक नारी ब्रह्मचारी धर्म का पालन करते हैं।

3. यौन जीवन पर धर्म का प्रभाव—भारतीय धर्मशास्त्र के अनुसार यौन एक प्रकृति अथवा ईश्वरीय प्रदत्त उपहार है। लेकिन यौन व्यवहार धर्म के अनुरूप होना चाहिए। एक पति को अपनी पत्नी के अतिरिक्त यौन संबंध नहीं रखना चाहिए। उसे एक विवाही धर्म का पालन करना चाहिए। अगर कोई पति यौन व्यवहार में धार्मिक मूल्यों के विपरीत आचरण करता है, तब उसे नाना प्रकार के कष्टों का सामना करना पड़ता है। तब उसे इस लोक के साथ-साथ परलोक में भी कष्ट भोगना पड़ता है। दूसरी तरफ एक पत्नी को भी पतिव्रता धर्म का पालन करना चाहिए। उसे अपने सतीत्व की रक्षा हर कीमत पर करनी चाहिए। जो स्त्री अपने पतिव्रता धर्म का पालन नहीं करती है, उसे नरक में भी स्थान नहीं मिलता है। उसे बारंबार नारी योनि का जीवन व्यतीत करना पड़ता है तथा उसे मोक्ष की प्राप्ति किसी भी स्थिति में नहीं होती है। पत्नी व्रत नहीं पालन करने वाले पतियों की वेश्यागामी के रूप में सामाजिक आलोचना की जाती है। उसी प्रकार पतिव्रता धर्म नहीं पालन करने वाली नारियों को वेश्या, छिनार, कुल्टा आदि के रूप में सामाजिक गाली का सामना करना पड़ता है।

4. पेशा समूह पर धर्म का प्रभाव—हिन्दू समाज के सदस्य कई प्रकार की पेशाओं द्वारा धन अर्जन करते हैं। जैसे—कृषि, पशुपालन, दुग्ध उत्पादन, व्यापार, श्रमिक, नौकरी इत्यादि। सभी पेशा से संबंधित लोग अपने-अपने धर्म का पालन करते हैं। कृषक निष्ठापूर्वक अपने कर्त्तव्य का पालन करते हैं तथा संपूर्ण देशवासियों के लिए अनाज की आपूर्ति करते हैं। पशुपालक निष्ठापूर्वक दुग्ध उत्पादन करते हैं। व्यापारी वर्ग सच्ची निष्ठा से अनाज तथा अन्य प्रकार की वस्तुओं की खरीद-बिक्री करते हैं। किसी भी वस्तु को खरीदने तथा बेचने में वे अपने धर्म का पालन करते हैं। विभिन्न प्रकार के श्रमिक निष्ठापूर्वक अपने श्रम का निष्पादन करते हैं। नौकरी में लगे लोग अपने-अपने कर्त्तव्य का पालन सच्ची लगन से करते हैं। भारतीय धर्मशास्त्र के अनुसार विभिन्न पेशा से संबंधित लोग अगर अपने-अपने कर्त्तव्य का पालन धर्म के मार्ग के अनुरूप नहीं करते हैं, तब उन्हें नाना प्रकार की कठिनाइयों का सामना करना पड़ता है। उन्हें ईश्वरीय दंड का भागी बनना पड़ता है। उनकी पेशा बैठ जाती है। वे दाने-दाने के लिए मुंहताज हो जाते हैं। उनके साथ-साथ उनकी संताने भी कष्ट झेलती हैं। हिन्दू समाज के एक प्रचलित कहावत है कि बड़े पुत्र पिता के धर्मे, खेती उपजे अपना कर्मे। यानी पुत्र का विकास पिता के धर्म से होता है तथा अनाज उत्पादन अपने कर्म से होता है। गलत ढंग से कमाया हुआ धन, कष्ट प्रदान करता है। इनका परिणाम अहितकर होता है। ऐसे धन को भोगने वाला कोई नहीं रह जाता है। ऐसा धन रोग उत्पन्न करता है तथा शरीर एवं आत्मा को अस्वस्थ कर देता है। अगर कोई व्यापारी गलत ढंग से माप-तौल करता हे, तब उसे इस लोक एवं परलोक दोनों स्थानों पर कष्ट भोगना पड़ता है। अगर कोई नौकरी पेशा वाला व्यक्ति अथवा श्रमिक अपने कर्त्तव्य

का निर्वहन सही ढंग से नहीं करता है, तब उसे भी भांति-भंति के कष्टों का सामना करना पड़ता है। इस प्रकार हम देखते हैं कि धर्म का प्रभाव पेशा समूह के ऊपर पड़ता है तथा विभिन्न पेशा वाले लोग अपने-अपने धर्म से बंधे होते हैं।

5. सामाजिक नियंत्रण में धर्म का प्रभाव—हिन्दू समाज में धर्म सामाजिक नियंत्रण में महत्त्वपूर्ण भूमिका निभाता है। हिन्दू धर्मशास्त्र के अनुसार जो व्यक्ति जैसा कर्म करेगा, उसे फल भी उसी अनुरूप मिलेगा। अगर कोई व्यक्ति गैर-सामाजिक तथा गैर-धार्मिक कृत्यों में लीन रहता है, तब उसे अनेक प्रकार के कष्टों का सामना करना पड़ता है। दुष्कर्म जैसे चोरी, डकेती, लूट, हत्या, पाप आदि में संलग्न व्यक्ति कभी भी चैन से नहीं रहता है। उसे अपने कुकृत्यों का फल भोगना पड़ता है। साथ ही साथ उनकी संतानों को भी उनके दुष्कर्मों का फल भोगना पड़ता है। यही कारण है कि चोर, डकैत, लुटेरे अपने बाल-बच्चों को अपने दुष्कर्म से अलग रखने का प्रयास करते हैं। धर्म से बंधे रहने के कारण हिन्दू समाज के सदस्य दुष्कर्म तथा कुकृत्यों की ओर आकर्षित नहीं होते। भारतीय धर्मशास्त्र के अनुरूप एक पुरुष को परायी नारी को माता अथवा बहन के समान मानना चाहिए तथा दूसरों के धन को मिट्टी के समान समझना चाहिए। दूसरों के धन को देखकर ईर्ष्या नहीं करनी चाहिए अथवा अधर्म का मार्ग नहीं अपनाना चाहिए। धर्म के मार्ग पर अग्रसर होकर अर्जित धन का नाश नहीं होता है। वही धन संतुष्टि प्रदान करता है। दुष्कर्म से अर्जित धन नष्ट जरूर हो जाता है अथवा वैसे धन को भोग करने वाला कोई नहीं रह जाता है। इस प्रकार हम पाते हैं कि धर्म की धारणा से हिन्दू समाज में सामाजिक नियंत्रण होता है।

6. सामाजीकरण प्रक्रिया में धर्म का प्रभाव—मनुष्य जब एक शिशु के रूप में जन्म लेता है, उस समय वह मात्र हाड़-मांस का पुतला होता है। लेकिन समाज उसे धीरे-धीरे सामाजिक प्राणी बनाता है। इस प्रकार सामाजीकरण वह प्रक्रिया है जिसके द्वारा एक व्यक्ति को जैविक प्राणी से सामाजिक प्राणी बनाया जाता है। सामाजीकरण प्रक्रिया के माध्यम से सहयोग, दया, क्षमा, त्याग, दान, पुण्य आदि सामाजिक गुणों का विकास किया जाता है। सामाजीकरण के द्वारा ही विभिन्न सामाजिक स्थिति में विभिन्न कर्त्तव्यों का बोध कराया जाता है। भारतीय धर्मशास्त्र के अनुसार सद्गुण एवं कर्त्तव्य धर्म के अभिन्न अंग हैं जिन्हें अपनाकर एक व्यक्ति अपने मानव जीवन को सफल बनाता है। इस प्रकार समाजीकरण के द्वारा धर्म की शिक्षा हिन्दू समाज में दी जाती है जो पीढ़ी दर पीढ़ी हस्तांतरित होती रहती है।

7. व्यक्तित्व निर्माण में धर्म का प्रभाव—एक व्यक्ति के अंदर धार्मिक भावना यानी कर्त्तव्य भावना एवं सद्गुणों का विकास समाजीकरण प्रक्रिया के माध्यम से किया जाता है। यही गुण उस व्यक्ति के व्यक्तित्व निर्माण में सहायक होते हैं। ऐसे गुणों से व्यक्तित्व में निखार आता है तथा व्यक्ति अपने व्यक्तित्व के अनुसार ही व्यवहार करता है। इस प्रकार व्यक्तित्व निर्माण में धर्म की भूमिका महत्त्वपूर्ण रहती है।

8. संस्कार पर धर्म का प्रभाव—एक व्यक्ति के जीवन में आने वाले विभिन्न सामाजिक उत्सवों को संस्कार कहा जाता है। इन सामाजिक उत्सवों के माध्यम से एक व्यक्ति को सामाजिक दायित्वों एवं कर्त्तव्यों का बोध कराया जाता है। संस्कार के अवसर पर विभिन्न रिश्तेदार, पुरोहित तथा जजमानी व्यवस्था में काम करने वाली जातियों के लोग अपने-अपने कर्त्तव्य एवं दायित्व का निर्वहन धर्म के अनुसार करते हैं। इन्हीं कृत्यों से संस्कार एक व्यक्ति के अंतर्गत निर्मित होता है। संस्कार पारिवारिक परंपरा के रूप में एक पीढ़ी से दूसरी पीढ़ी तक हस्तांतरित होते रहता है। संस्कार के अवसर पर व्यक्ति बड़े एवं पूर्वजों से आशीर्वाद प्राप्त करने जाते हैं। प्रत्येक व्यक्ति सामाजिक मूल्यों के अनुसार व्यवहार करके संस्कारी बनना चाहता है। सद्‌गुणों से भरे व्यक्ति को लोग बातचीत के क्रम में संस्कारी की संज्ञा देते हैं तथा उसका उदाहरण प्रस्तुत करते हैं। इस प्रकार हिन्दू समाज में संस्कार निर्माण पर धर्म का प्रभाव परिलिखित होता है।

9. पूजा-पाठ पर धर्म का प्रभाव—हिन्दू धर्मशास्त्र में पूजा पाठ को भी एक व्यक्ति के धर्म से जोड़ा गया है। हिन्दू धर्मशास्त्र के अनुसार एक व्यक्ति के जीवन का उद्देश्य चार प्रकार के पुरुषार्थों—धर्म, काम, अर्थ तथा मोक्ष की प्राप्ति बतलाया गया है। इन चार पुरुषार्थों में तीन पुरुषार्थों—धर्म, काम तथा अर्थ की प्राप्ति इसी लोक में हो जाती है, लेकिन मोक्ष की प्राप्ति दूसरे लोक में होती है। धर्म, अर्थ, काम तथा मोक्ष की प्राप्ति हेतु हिन्दू धर्मशास्त्र में पूजा-पाठ तथा दान-पुण्य पर विशेष बल दिया गया है। पूजा-पाठ तथा दान-पुण्य से इस लोक में अन्न, धन तथा लक्ष्मी की प्राप्ति होती है तथा परलोक में मोक्ष की प्राप्ति होती है।

10. अतिथि सत्कार पर धर्म का प्रभाव—भारतीय धर्मशास्त्र के अनुसार अतिथि देव समान होते हैं—अतिथि देवो भव:। अतिथियों का सम्मान करना एक व्यक्ति का पावन धर्म है। प्राचीनकाल में राजा-महाराजाओं द्वारा अपने संपूर्ण राज का त्याग अतिथि धर्म निभाने के लिए कर दिया जाता था। राजा हरिश्चंद्र अतिथि बनकर आए विश्वामित्र जी को संपूर्ण राज्य दे दिया था। राजा मोर ध्वज ने अतिथि बनकर आए कृष्ण भगवान के शेर को खाने के लिए अपने पुत्र को आरी से चीर दिया था। भारतीय धर्मशास्त्र के अनुसार अतिथि को नाराज करने से अन्न, धन तथा लक्ष्मी का नाश होता है। वैसे लोगों की संपत्ति को भोगने वाला कोई नहीं रह जाता है। अगर कोई अंजान व्यक्ति किसी दरवाजे पर आता है, उसे आदर-सत्कार के साथ बैठाया जाता है। उसके आने का प्रयोजन जाना जाता है। उसे नाश्ता भोजन प्रेमपूर्वक कराकर विदा किया जाता है।

11. युद्ध पर धर्म का प्रभाव—भारतीय धर्मशास्त्र के अनुसार युद्ध में भी धर्म का पालन किया जाना चाहिए। रामायण तथा महाभारत जैसे महान युद्धों में धर्म का पालन किया जाता था। युद्ध धर्म के अनुसार शाम में युद्ध बंद कर दिया जाता था। महिलाओं तथा शिशुओं को युद्ध में आहत नहीं किया जाता था। घायलों का सही उपचार कराया जाता था तथा युद्ध में वीरगति प्राप्त योद्धाओं का अंतिम संस्कार सम्मानपूर्वक किया जाता था।

5

भारतीय जनसंख्या में मानवजातीय तत्व

(ETHNIC ELEMENTS IN INDIAN POPULATION)

जनसंख्या की दृष्टि से भारत एक बहुत बड़ा देश है। इसकी कुल जनसंख्या एक अरब से भी ज्यादा है। चीन के बाद विश्व में जनसंख्या की दृष्टि से भारत का दूसरा स्थान है। पूरे विश्व की 16.8 प्रतिशत जनसंख्या हमारे देश में निवास करती है जो करीब 6 हजार मानवजातीय समूहों में विभाजित है। लेकिन पूरे विश्व की कुल भूमि क्षेत्र का 2 प्रतिशत भाग ही भारत के हिस्से में है।

प्रत्येक मानवजातीय समूह की अपनी-अपनी शारीरिक तथा सांस्कृतिक विशेषताएँ होती हैं। भारत में कौन-कौन से मानव जातीय समूह कब-कब आए, उनकी शारीरिक विशेषताएँ क्या-क्या थीं तथा उनका वर्तमान समय में भौगोलिक वितरण कहाँ-कहाँ है, इन सभी प्रश्नों के समाधान के लिए हमें विभिन्न विद्वानों द्वारा प्रदत्त भारतीय जनसंख्या के प्रजातीय वर्गीकरण की ओर अपना ध्यान केन्द्रित करना होगा। अनेक विद्वानों द्वारा शरीर के कद, चमड़ा, रंग, मस्तिष्क की बनावट, नाक की बनावट, आँख की बनावट एवं रंग, बाल की बनावट तथा रंग एवं रक्त समूहों के अध्ययन के आधार पर भारतीय जनसंख्या में विद्यमान मानवजातीय अथवा प्रजातीय तत्वों को प्रकाश में लाने का प्रयास किया गया है। उनमें से कुछ प्रमुख विद्वानों का वर्गीकरण नीचे प्रस्तुत किया जा रहा है।

1. रिजले का वर्गीकरण

रिजले ने अपनी पुस्तक द *पिपुल आफ इंडिया* (1905) में भारतीय जनसंख्या मं उपस्थित मानवजातीय तत्वों का वर्गीकरण निम्नलिखित प्रकार से किया है—

(i) तर्की-ईरानी (Turko-Iranian)
(ii) इंडो-आर्य (Indo-Aryan)
(iii) सीथो-द्रविड़ (Seytho-Dravid)
(iv) मंगोल (Mongoloid)

(v) आर्य-द्रविड़ (Aryo-Dravid)
(vi) मंगोल-द्रविड़ (Mongoloid-Dravidian)
(vii) द्रविड़ (Dravidian)

2. हैड्डन का वर्गीकरण

हैड्डन की पुस्तक, *वांडरिंग आफ द पिपुल तथा द रेसेस आफ मैन एंड देयर डिस्ट्रीब्यूशन* (1924) के अनुसार भारतीय जनसंख्या में निम्नलिखित मानवजातीय तत्व पाए जाते हैं—

(i) प्राक्-द्रविड़ (Pre-Dravidian)
(ii) द्रविड (Dravidian)
(iii) इंडो अल्पाइन (Indo-Alpine)
(iv) मंगोल (Mongoloid)
(v) इंडो आर्यन (Indo-Aryan)

3. हट्टन का वर्गीकरण

हट्टन ने *सेंसस आफ इंडिया* 1931 में भारतीय जनसंख्या में निम्नलिखित मानवजातीय तत्वों का उल्लेख किया है—

(i) नीग्रिटो (Negrito)
(ii) प्रोटो-आस्ट्रोलायड (Proto Austroloid)
(iii) भूमध्य सागरीय (Mediterranean)
  (A) पूर्व-भूमध्यसागरीय (East Mediterranean)
  (B) भूमध्य सागरीय (Mediterranean)
(iv) अल्पाइन प्रजाति की आर्मिनायड शाखा (Armenoid Branch of Alpine)
(v) मंगोलायड (Mongoloid)
(vi) इंडो-आर्यन (Indo-Aryan)

4. गुहा का वर्गीकरण

गुहा ने अपनी पुस्तक *रेसियल एलेमेंट्स इन इंडियन पोपुलेशन* (Racial Elements in Indian Population) (1935) में भारतीय जनसंख्या में निम्नलिखित मानवजातीय तत्वों का उल्लेख किया है—

1. नीग्रिटो (Negrito)
2. प्रोटो-आस्ट्रोलायड (Proto-Austroloid)

3. मंगोलायड (Mongoloid)
   (A) प्राचीन मंगोलायड (Palaeo-Mongoloid)
      (अ) लंबे सिर वाले (Long headed)
      (ब) चौड़े सिर वाले (Broad-headed)
   (B) तिब्बती मंगोलायड (Tibbeto Mongoloid)
4. भूमध्य सागरीय (Mediterranean)
   (A) प्राचीन भूमध्य सागरीय (Palaeo-Mediterranean)
   (B) भूमध्य सागरीय (Mediterranean)
   (C) पूर्वी-प्रारूप (Oriental Sub type of Mediterranean)
5. पश्चिमी चौड़े सिर वाले (Western Brachycephals)
   (A) अल्पाइन (Alpinoids)
   (B) डिनारीक (Dinarics)
   (C) आर्मिनायड (Armenoids)
6. नार्डिक (Nordics)

सभी विद्वानों द्वारा प्रस्तुत वर्गीकरणों में गुहा के वर्गीकरण को सबसे अधिक मान्यता मिली है। गुहा तथा हट्टन के वर्गीकरण में काफी समानता है। गुहा द्वारा प्रस्तुत पहले तीन वर्गों का संबंध जनजातीय समूह से है। प्रथम दो नीग्रिटो तथा आस्ट्रालायड का संबंध महान नीग्रोआयड प्रजाति से है। अंतिम तीन वर्गों का संबंध महान कौकाशायड प्रजाति से है।

गुहा द्वारा प्रस्तुत भारतीय जनसंख्या में मानवजातीय तत्वों का वर्णन अब विस्तारपूर्वक दिया जा रहा है।

1. नीग्रिटो—इस प्रजाति के लोगों का कद नाटा, बाल अर्ध-गोलाकार, लटो में विभाजित तथा ऊनी, सिर चौड़े, होंठ मोटे, बाल का रंग काला, आंखें काली एवं भूरी होती हैं। यह प्रजाति विश्व में सबसे प्राचीन है। इसी मानव जातीय समूह के लोग भारत के आरंभिक निवासी रहे होंगे। इस प्रजाति के मानवजातीय तत्व आजकल अंडमान निकोबार द्वीप की जनजातियों, कोचीन तथा ट्रावनकोर की कदार एवं पालियन जनजातियों के मध्य पाए जाते हैं।

2. प्रोटो आस्ट्रोलायड—इस मानवजातीय समूह के शरीर के लक्षण नीग्रिटो मानवजातीय समूह के समान होते हैं। केवल इनमें ऊनी बाल नहीं होते हैं। इस प्रजाति के अंतर्गत मध्य तथा दक्षिण क्षेत्र में रहने वाली जनजातियां आती हैं। साथ ही साथ उत्तर भारत की निम्न जातियों में भी इस प्रजाति के तत्व पाए जाते हैं। इस मानवजातीय समूह का आगमन नीग्रिटो के तुरंत बाद हुआ होगा। इस मानव जातीय समूह की हड्डियाँ मोहन-जोदड़ो तथा हड़प्पा से पाए गए हैं, अतः ऐसा विश्वास किया जाता है कि इनका संबंध सिन्धु सभ्यता से रहा होगा।

3. मंगोलायड—मंगोलायड प्रजाति के लोग भी नाटे कद के होते हैं, लेकिन उनके चमड़े का रंग पीला अथवा भूरा होता है। इस प्रजाति के लोगों की उत्पत्ति चीन में हुई तथा भारत में इन मानवजातीय तत्वों का आगमन उत्तर-पूर्व तथा बर्मा से हुआ। इस प्रजाति के लोग हिमालय सीमा क्षेत्र, लद्दाख, सिक्किम, अरूणाचल प्रदेश तथा उत्तर-पूर्वी राज्यों में पाए जाते हैं। गुहा ने मंगोलायड प्रजाति की दो शाखाओं का उल्लेख किया है—(1) प्राचीन मंगोलायड तथा (2) तिब्बती मंगोलायड। प्राचीन मंगोलायड के भी दो भेद पाए जाते हैं—लंबे सिर वाले तथा चौड़े सिर वाले। लंबे सिर वाले लोग असाम और सीमांत प्रांतों में पाए जाते हैं, जबकि चौड़े सिर वाले लोग चटगांव तथा बर्मा में पाए जाते हैं। तिब्बती मंगोलायड प्रजाति के लोगों का आगमन तिब्बत से हुआ है तथा वर्तमान में भूटान तथा सिक्किम में पाए जाते हैं।

4. भूमध्य सागरीय—इस प्रजाति के लोगों की उत्पत्ति पश्चिमी एशिया में हुई तथा ईसा पूर्व चतुर्थ एवं तृतीय सहस्त्रादिक में ये लोग अन्य क्षेत्र में पहुंचे। इनकी मुख्य पेशा कृषि थी तथा इन लोगों के द्वारा उत्तर पश्चिम भारत में प्रथम ग्राम संस्कृति की स्थापना की गई थी। भूमध्य सागरीय प्रजाति के लोगों को गुहा ने तीन उपशाखाओं में विभाजित किया है—(1) प्राचीन भूमध्य सागरीय, (2) भूमध्य सागरीय तथा (3) पूर्वी प्रकार।

प्राचीन भूमध्य सागरीय प्रजाति के लोगों ने ही उत्तर-पश्चिम भारत में कृषि कर्म की शुरुआत की थी। उनका सिर चौड़ा, चमड़ा का रंग काला तथा कद मध्यम था। इस प्रजाति के लोग कन्नड़, तमिल, मलयालम भाषा-भाषी प्रदेश, मध्य भारत एवं दक्षिण भारत में निवास करते हैं। आज के दक्षिण भारत की अधिकांश जनसंख्या में इसी प्रजाति के तत्व पाए जाते हैं। भूमध्य सागरीय प्रजाति के लोगों का आगमन प्राचीन भूमध्य सागरीय प्रजाति के लोगों के बाद हुआ। ये लोग सिन्धु घाटी सभ्यता के निर्माता थे तथा प्रोटो आस्ट्रोलायड प्रजाति के लोगों के साथ भारत में निवास करते थे। आजकल उत्तर भारत के अधिकांश हरिजनों तथा अनुसूचित जातियों में इसी प्रजाति के तत्व पाए जाते हैं।

पूर्वी प्रकार के प्रजातीय तत्व पंजाब, सिन्ध, राजस्थान तथा पश्चिमी उत्तर प्रदेश में पाए जाते हैं। कालांतर में भूमध्यसागरीय प्रजाति की तीनों शाखाएं घुल-मिल गईं। इनमें सांस्कृतिक आदान-प्रदान भी हुआ। इनसे संबंधित लोग मैदानी क्षेत्रों में रहते हैं।

5. पश्चिमी चौड़े सिर वाले—इस प्रजाति की भी तीन शाखाएं—अल्पाइन, डिनारिक तथा आर्मिनायड हैं। यूरोप में अल्पस पर्वत के आस-पास इन प्रजाति के निवास स्थान के कारण इसे अल्पस प्रजाति कहा जाता है। चौड़े कंधे, गहरी छाती, लंबे व चौड़ी टांगें, चौड़ा सिर, छोटी नाक तथा पीलापन लिए त्वचा इस प्रजाति के प्रमुख शारीरिक विशेषताएं हैं। इस प्रजाति के लोग गुजरात, बिहार, मध्यप्रदेश तथा उत्तर प्रदेश में पाए जाते हैं। इस प्रजाति की दूसरी शाखा डिनारी है। डिनारी प्रजाति के लोग बंगाल, उड़ीसा, कठियावाड़, कन्नड़ तथा तमिल भाषा-भाषी क्षेत्र में निवास करते हैं। अर्मिनायड प्रजाति के तत्व मुंबई के पारसी में देखने को मिलता है।

6. नार्डिक व आर्य—इस प्रजाति के लोग सबसे अंत में भारत आए होंगे। इनके चमड़े का रंग गोरा, गुलाबी, बाल सीधे व घुंघराले, आंखें नीली, पूर्ण विकसित नाक तथा सुड़ौल शरीर होता है। इस प्रजाति के लोग पहले पंजाब में आकर बसे होंगे। धीरे-धीरे ये लोग भारत के अन्य भागों में फैल गए। इस समय इस प्रजाति के लोग सिन्धु नदी की ऊपरी घाटी, पांच कोट, कुनार, चितराल नदियों की घाटियां, हिन्दू कुश पर्वत के दक्षिण तथा कश्मीर, पंजाब, राजस्थान आदि प्रदेशों में पाए जाते हैं। भारत में इस प्रजाति का आगमन ईसा पूर्व द्वितीय सहस्राब्दी के मध्य में हुआ होगा।

ऊपर प्रस्तुत विवरण से स्पष्ट होता है कि भारत विभिन्न प्रजातियों तथा संस्कृतियों का मिलन स्थल रहा है। आजकल भारत की जनसंख्या में ऊपर वर्णित सभी प्रजातीय तत्वों का मिलन हुआ है। समय-समय पर यहां विभिन्न प्रजातियां थीं और बस गयीं। उनका सम्मिश्रण भी समय-समय पर हुआ। अति प्राचीनकाल से ही भारत प्रजातियों, धर्मों तथा संस्कृतियों का संगम स्थल रहा है। आज कोई भी प्रजाति यहां शुद्ध रूप से नहीं पायी जाती है। इसलिए कहा जाता है कि भारत कई प्रजातियों का द्रवण पात्र है। भारत में प्रजातियों के विभिन्न प्रकार को देखकर भारत को प्रजातियों का अजायब घर कहा जाता है।

6

पिछड़ा वर्ग

(BACKWARD CLASS)

जाति व्यवस्था भारतीय समाज की प्रमुख विशेषता है। जाति व्यवस्था के अंतर्गत सामाजिक संस्तरण पाया जाता है। समाज में सभी जातियों का स्थान एक समान नहीं रहा है। कुछ जातियों का स्थान समाज में उच्च है, जिसे उच्च जातियां कहा जाता है। कुछ जातियों का स्थान समाज में निम्न है, जिसे निम्न जातियों के नाम से जाना जाता है। उच्च तथा निम्न जातियों के मध्य में भी कई जातियों का स्थान आता है जिन्हें मध्य जातियों के नाम से जाना जाता है। प्राचीनकाल से ही भारत समाज में उच्च जातियों का अधिपत्य रहा है। ब्राह्मण जाति के लोग पूजा-पाठ कराते थे तथा धार्मिक विशेषज्ञ के रूप में समाज में उनका स्थान ऊंचा था। वे धर्माधिकारी, पुजारी, राजगुरु, कुलगुरु राज वैद्य आदि के रूप में सेवा करते थे। उनका भरण-पोषण राजाओं द्वारा होता था। क्षत्रिय जाति के लोग राजवंश से जुड़े हुए थे। कायस्थ जाति के लोग मंत्री तथा दीवान का काम करते थे। इस प्रकार प्राचीनकाल से ही ब्राह्मण, क्षत्रिय जाति के लोगों का स्थान समाज में उच्च था। कालांतर में ब्राह्मण, राजपूत (क्षत्रिय) तथा कायस्थों की कई उपजातियां विकसित हुईं। इन लोगों का जमीन पर पूर्ण अधिकार था। मध्य जातियां इन जातियों के यहां जजमानी प्रथा के अंतर्गत काम किया करती थीं। मध्य जाति के लोग जमीनों पर बंटाईदारी का काम किया करते थे। साथ ही साथ जजमानी व्यवस्था के अंतर्गत धार्मिक तथा सामाजिक उत्सव पर जातीय पेशा के अंतर्गत काम किया करते थे। इन लोगों के पास अपनी जमीन भी हुआ करती थी। लेकिन समाज में इनका स्थान मध्य में आता था। ऊंची जाति के लोग इनके घर का पक्का भोजन (पूरी-सब्जी) स्वीकार करते थे। ये लोग ऊंची जाति के लोगों के सामने बैठते नहीं थे। चूँकि मध्य जाति के लोग आर्थिक रूप से ऊंची जाति के लोगों पर आश्रित थे अत: ये लोग ऊंची जाति के लोगों को मालिक तथा बाबू कहकर पुकारते थे, तथा समाज में उनका आदर करते थे। इन जातियों के अतिरिक्त समाज में कई जातियां ऐसी थीं जो शोषित, वंचित तथा उत्पीड़ित थीं। समाज में उनका स्थान निम्न था। उन्हें अछूत कहा जाता था। उनका भोजन तथा पानी उच्च तथा मध्य जातियों द्वारा स्वीकार नहीं किया जाता है। इन जातियों को

आजकल दलित, हरिजन तथा अनुसूचित जाति के नाम से जाना जाता है। हालांकि प्राचीन समय से ही मध्य जातियों तथा निम्न जातियों की संख्या अधिक थी, लेकिन वे जाति व्यवस्था वाली ग्रामीण समाज में वे सामाजिक रूप से वंचित, आर्थिक रूप से शोषित तथा राजनीतिक रूप से पीड़ित एवं शक्तिहीन थे। वे लोग ऊंची जातियों के विरुद्ध आवाज नहीं उठा पाते थे। अगर कोई ऐसा करने का साहस करता था, उनकी जुबान बंद कर दी जाती थी।

मुगल शासनकाल में भी इन जातियों की स्थिति में कोई विशेष सुधार नहीं हुआ था। उनकी स्थिति समाज में जाति पद व्यवस्था के अनुरूप थी। ब्रिटिश शासनकाल में जमींदारी प्रथा लागू की गई। उच्च जाति के लोग अब जमींदार के रूप में ब्रिटिश शासन व्यवस्था के अंग बन गए। उनमें से कई लोग बड़े जमींदार तो कुछ लोग छोटे जमींदार बनकर ब्रिटिश सरकार के लिए जमींदारी टैक्स वसूलने लगे। इस अवधि में एक परिवर्तन अवश्य हुआ। अब जमींदार केवल ऊंची जाति के लोग ही नहीं थे। वरन् कुछ मुसलमान जाति तथा कुछ मध्य जाति के लोग भी जमींदार बन गए। लेकिन वे जमींदार जाति के ऊपर था। सभी जमींदारों द्वारा मध्य जातियों एवं निम्न जातियों का शोषण एवं उत्पीड़न समान रूप से किया जाता था।

स्वतंत्रता प्राप्ति के पश्चात् जमींदारी प्रथा को समाप्त कर दिया गया। देश में प्रजातांत्रिक सरकार की स्थापना की गई तथा लोकतांत्रिक संविधान के आधार पर शासन स्थापित किया गया। अब सभी जातियों को समान रूप से भारत राज्य का नागरिक बनाया गया तथा उन्हें समान मौलिक अधिकार दिए गए। प्रजातांत्रिक शासन व्यवस्था में सभी जाति के व्यस्क लोगों को चुनाव प्रक्रिया एवं सरकार की स्थापना में भाग लेने का अवसर मिला। अछूत प्रथा को गैर कानूनी घोषित किया गया। पिछड़ों, शोषितों तथा वंचितों के उत्थान तथा विकास के लिए कई संवैधानिक सुरक्षात्मक कदम उठाए गए। इसके परिणाम स्वरूप आज पिछड़ी एवं दलित जातियों का समाज में स्थान उच्च हुआ। समाज की जाति व्यवस्था एवं शक्ति संरचना में परिवर्तन हुआ। राजनीतिक शक्ति में परिवर्तन आया। आजकल मुखिया से लेकर मुख्यमंत्री एवं अन्य उच्च पदों पर पिछड़ी तथा दलित जाति के लोग आसीन हैं। स्वतंत्रता प्राप्ति के 50 वर्षों में उच्च जाति का जमीन पर एकाधिकार समाप्त हो गया। अब पिछड़ी जातियों के पास उच्च जाति की तुलना में अधिक जमीन एवं संपत्ति है। जनसंख्या अधिक होने के कारण राजनीतिक शक्ति भी उनके पास है। राजनीतिक एवं संवैधानिक रूप से उन्हें अन्य पिछड़ा वर्ग कहा जाता है।

1953 में काका कालेकर आयोग के अस्तित्व में आने के पश्चात् पिछड़ा वर्गों की धारणा अस्तित्व में आई। काका कालेकर आयोग के प्रतिवेदन के पश्चात् पिछड़ा वर्गों को दो भागों में विभाजित किया गया—(1) अनुसूची I तथा (2) अनुसूची II। अनुसूची I के अंतर्गत पिछड़े वर्गों के उन समूहों को शामिल किया गया है जो सामाजिक तथा शैक्षणिक दृष्टि से अत्यंत पिछड़े हुए हैं। अनुसूची II के अंतर्गत पिछड़े वर्गों के उन समूहों को शामिल किया गया है जो तुलनात्मक ढंग से ज्यादा विकसित हैं।

चूँकि उच्च जाति के लोग आर्थिक, सामाजिक तथा शैक्षणिक दृष्टि से ज्यादा विकसित थे, अत: सरकारी नौकरियों में उन्हीं जातियों के उम्मीदवार अधिक नियुक्त किए गए। सरकार ने पिछड़ी जातियों के लिए भी आरक्षण का प्रावधान रखा है। मंडल आयोग ने अपने प्रतिवेदन में अन्य पिछड़ी जातियों के लिए 27 प्रतिशत आरक्षण का प्रावधान रखा था। उत्तर तथा मध्य भारत में 1970 के दशक में पिछड़े वर्ग के लोग संगठित होना आरंभ कर दिए थे। हालांकि दक्षिण भारत में पिछड़े वर्गों के लोग काफी पहले से संगठित हो गये थे। सन् 1977 में जब जनता पार्टी की सरकार केन्द्र में स्थापित हुई तब तत्कालीन सांसद बी.पी. मंडल की अध्यक्षता में पिछड़े वर्गों के निर्धारण तथा उनके लिए आरक्षण संबंधी सिफारिश के लिए एक आयोग का गठन करने का निर्णय लिया गया। परिणामस्वरूप 1978 में मंडल आयोग का गठन किया गया था। मंडल आयोग के सिफारिशों को 1990 के पहले लागू नहीं किया जा सका। जब वी.पी. सिंह के नेतृत्व में जनता दल की सरकार 1989 में गठित हुई, तब मंडल आयोग की सिफारिशों को लागू करने का निर्णय लिया गया। मंडल आयोग की सिफारिशों को लागू करने की घोषणा को लेकर हिंदी भाषी प्रदेशों में रहने वाले अन्य पिछड़े वर्ग के लोग एकजुट हुए तथा एक शक्तिशाली राजनीतिक शक्ति के रूप में उनका उदय हुआ। मंडल आयोग की सिफारिशों को लेकर उच्च जाति के कई विद्यार्थियों द्वारा आत्मदाह किया गया तथा मध्य प्रदेश, बिहार एवं उत्तर प्रदेश राज्यों में आंदोलन भी चलाए गए। लेकिन पिछड़े वर्ग के लोग एक जूट होकर राज्य सरकारों में अपना अधिपत्य जमा लिए।

आने वाले दिनों में अब उच्च जाति के लोग शायद ही इन राज्यों में मुख्यमंत्री बन पाएं। हिंदी भाषी राज्यों में मंडल आयोग की लहर ग्राम पंचायत चुनाव से लेकर लोक सभा चुनाव तक में देखी जा सकती है। माननीय सर्वोच्च न्यायालय ने पिछड़े वर्ग के क्रीमीलेयर वाले लोगों को आरक्षण सुविधा से वंचित कर दिया है। सर्वोच्च न्यायालय का यह महत्त्वपूर्ण निर्णय है। क्योंकि आजादी के 53 साल बाद पिछड़े वर्ग में कई लोगों की आर्थिक, सामाजिक तथा शैक्षणिक स्थिति काफी विकसित हो गई है। उनकी तुलना में उच्च जाति के कई लोगों की आर्थिक तथा शैक्षणिक स्थिति काफी निम्न है। नवंबर 1999 में केंद्र सरकार ने अन्य पिछड़े वर्गों की सूची में पहले से चली आ रही 3743 जातियों के अतिरिक्त 127 अन्य जातियों को भी अन्य पिछड़े वर्गों के अंतर्गत शामिल किया है। वर्तमान समय में पिछड़े वर्ग के लोगों की संख्या अधिक है। वे लोग एक राजनीतिक शक्ति के रूप में उभरे हैं। यही कारण है कि राजनीतिक दल पिछड़े वर्गों को विशेष स्थान देने लगे हैं। पिछड़े वर्गों को भी अति पिछड़ा, कम पिछड़ा एवं पिछड़ा वर्गों में विभाजित करने का प्रयास किया जा रहा है। लेकिन अभी तक यह संभव नहीं हो सका है।

पिछड़ा वर्ग आंदोलन की शुरूआत

पिछड़ा वर्ग आंदोलन का इतिहास भी ब्रिटिश शासन काल से जुड़ा हुआ है। ब्रिटिश शासन

काल में हुए पिछड़ा वर्ग आंदोलन को दो भागों में बांटा जा सकता है। प्रथम प्रकार के पिछड़ा वर्ग आंदोलन का नेतृत्व गैर-ब्राह्मण उच्च जातियों द्वारा किया गया था। उदाहरण के लिए प्राचीन मद्रास प्रांत के बेल्लाला, रेड्डी तथा काम्मा आंदोलन, मैसूर वोक्कालिगा तथा लिंगायत आंदोलन तथा महाराष्ट्र के मराठा आंदोलन। तमिलनाडु के रामास्वामी ने 1920 दशक के अंत में आत्म सम्मान आंदोलन की शुरूआत की थी। उन्होंने विवाह अनुष्ठान को बगैर ब्राह्मण पुजारी के सहयोग से संपन्न कराने पर विशेष बल दिया था। गैर-ब्राह्मण आंदोलन के नेताओं ने जाति प्रथा पर प्रहार करते हुए इसे ब्राह्मण उत्पीड़न का अस्त्र बतलाया।

दूसरे प्रकार के पिछड़ा वर्ग आंदोलन की उत्पत्ति गैर-ब्राह्मण जातियों के बीच विभाजन तथा अंतर के कारण हुई। उदाहरण के लिए बिहार का यादव एवं कुरमी आंदोलन, पंजाब का नोनिया आंदोलन, गुजरात का कोली आंदोलन तथा महाराष्ट्र का माली आंदोलन। इन आंदोलनों की शुरूआत जाति पद व्यवस्था में पिछड़ी जातियों के उच्च स्थान की आकांक्षा से हुई। इन पिछड़ी जातियों द्वारा संस्कृतिकरण प्रक्रिया का अनुसरण करते हुए उच्च जातियों की जीवनशैली, विश्वास तथा अनुष्ठान को अपनाया गया। उनके द्वारा अपनी-अपनी जातियों की उत्पत्ति ब्राह्मणदेव या क्षत्रियों से दर्शाया गया तथा जाति पद व्यवस्था में उच्च स्थान की माँग की गयी। उदाहरण के लिए महाराष्ट्र के माली तथा सागर धांगर आंदोलन, बिहार का कुरमी तथा यादव आंदोलन, गुजरात का कोली आंदोलन, कर्नाटक का लिंगायत आंदोलन, उड़ीसा का तेली आंदोलन की शुरूआत 1920 के दशक में संस्कृतिकरण प्रक्रिया के तहत चलाए गए थे। लेकिन इन आंदोलनों के कारण उच्च तथा पिछड़ी जातियों के बीच किसी प्रकार के संघर्ष नहीं हुए थे।

लेकिन स्वतंत्रता प्राप्ति के बाद मंडल आयोग की सिफारिशों को लेकर उच्च जातियों एवं पिछड़ी जातियों के बीच संघर्ष की स्थिति उत्पन्न हो गयी थी। इसका परिणाम बिहार तथा उत्तर प्रदेश राज्यों में चुनाव के समय अभी भी देखा जा सकता है।

पिछड़े वर्ग की समस्या

पिछड़े वर्ग के अधिकांश लोग गाँव में रहते हैं। उनके पास कुछ अपनी जमीन भी होती है, साथ ही साथ वे जमींदारों से जमीन लेकर बंटायी खेती करते हैं। वे कारीगर या दस्तकार जातियाँ भी कहलाती हैं तथा जजमानी प्रथा के अंदर अपनी सेवा प्रदान करती हैं तथा सलाना अनाज में भुगतान पाती हैं। पिछड़े वर्गों की समस्याओं का अध्ययन हम निम्नलिखित शीर्षक के अंतर्गत कर सकते हैं—

1. अंत:क्रिया की कमी—अन्य पिछड़े वर्गों की विभिन्न जातियाँ गांवों में अलग-अलग टोलों में रहती हैं। इन जातियों के बच्चों तथा महिलाओं का उच्च जातियों के बच्चों तथा महिलाओं के साथ अंत:क्रिया नहीं हो पाती है। पिछड़ी जातियों में भी जिनका स्थान

आर्थिक संपन्नता के कारण भिन्न है, उनके बच्चे भी दूसरी पिछड़ी जातियों के बच्चों के साथ खेलना तथा बोलना अच्छा नहीं मानते। अन्य पिछड़ा वर्ग की युवा पीढ़ी इसे अच्छा नहीं मानती है क्योंकि वे भी संपन्न हो गए हैं तथा उनके बीच भी शिक्षा का प्रचार-प्रसार हुआ है। इस प्रथा के कारण भी वर्तमान समय में उच्च जातियों एवं पिछड़ी जातियों के बीच संघर्ष की स्थिति उत्पन्न हो जाती है।

2. निमंत्रण विनिमय का अभाव—उच्च जाति के लोग पिछड़ी जातियों के साथ निमंत्रण का विनिमय नहीं करते हैं। जजमानी प्रथा के अंतर्गत काम करने वाली जाति के लोग उच्च जाति के लोगों का निमंत्रण सहर्ष स्वीकार करते हैं। लेकिन उच्च जाति के लोग उनके निमंत्रण को नहीं स्वीकार करते हैं। पिछड़ी जाति की युवा पीढ़ी इसे बुरा मानती है तथा उनके यहाँ जजमानी प्रथा के अंतर्गत नहीं काम करना चाहती है।

3. दस्तकारी पेशा को बुरा मानना—आजकल पिछड़ी जातियों की युवा पीढ़ी परंपरागत दस्तकारी पेशा को बुरा मान रही है। वे लोग अपनी परंपरागत पेशा को हेय दृष्टि से देखने लगे हैं। लेकिन वे लोग कोई दूसरा काम भी नहीं करते हैं। इसके कारण युवा पीढ़ी को बेरोजगारी का सामना करना पड़ रहा है। उनमें मनोवैज्ञानिक कुंठा का विकास हो रहा है। उनमें कई प्रकार के मनोवैज्ञानिक रोग उत्पन्न हो गए हैं। उनका व्यवहार समाज विरोधी हो रहा है।

4. उच्च जातियों पर आश्रितता—यह सत्य है कि अनुसूची-II के अंदर आने वाली पिछड़ी जातियों की आर्थिक तथा शैक्षणिक स्थिति सुदृढ़ है। लेकिन अनुसूची-I के अंतर्गत आने वाली पिछड़ी जातियों की आर्थिक एवं शैक्षणिक स्थिति बदतर है। इस जाति के लोग अभी भी अपने अस्तित्व के लिए उच्च जाति के लोगों पर आश्रित हैं। ये लोग उच्च जाति के लोगों के यहाँ दैनिक मजदूर, कृषक मजदूर तथा जजमानी प्रथा के अंतर्गत काम करके अपना घर-परिवार चलाते हैं। इस आश्रितता के कारण उन्हें शोषण और उत्पीड़न का सामना करना पड़ता है।

5. बंटायीदारी खेती की समस्या—पिछड़ी जातियों के लोग बंटायीदारी खेती द्वारा अपनी जीविका चलाते हैं। वे लोग उच्च जाति के लोगों से जमीन लेकर बंटायीदारी पर खेती करते हैं। उनके पास अपनी जमीन पर्याप्त नहीं होती है। अत: उन्हें दूसरों से जमीन खेती के लिए लेना पड़ता है। वे अपने परिवार के श्रम से खेती करते हैं। जमींदार लोग उन्हें असामी कहते हैं। उन्हें उपज का आधा हिस्सा मालिक को देना पड़ता है। प्रत्येक साल उन्हें खेती करने के लिए मालिक से अनुमति लेना पड़ता है। असंतुष्ट हो जाने पर मालिक उस जमीन को दूसरे असामी को दे देते हैं। बंटायीदारी कानून के अस्तित्व में आ जाने के कारण, इन असामियों को अनेक प्रकार की समस्याओं का सामना करना पड़ता है। इन्हें बंटायीदारी पर जमीन नहीं मिल पाती। उच्च जातियों एवं पिछड़ी जातियों के बीच संघर्ष की घटनाएं भी अनेक असामियों को श्रमिक बना दिया है।

6. ऋण ग्रस्तता—अनुसूची-II के अंतर्गत आने वाली पिछड़ी जातियों में ऋण ग्रस्तता की समस्या नहीं है। लेकिन अनुसूची-I के अंतर्गत आने वाली पिछड़ी जातियों को

ऋण ग्रस्तता की समस्या का सामना करना पड़ता है। इन जातियों के पास अपनी जमीन बहुत कम होती है। अतः वे अपने एवं अपने परिवार का भरण-पोषण मजदूरी तथा बंटायी खेती के द्वारा करते हैं। उनकी आय इतनी पर्याप्त नहीं होती कि वे अपनी आवश्यकताओं की पूर्ति बिना कर्ज के कर सकें। उन्हें अपने मालिक तथा बनिया महाजन से खाने, पहनने, विवाह, घर मरम्मत करने, श्राद्ध कर्म तथा पर्व त्योहार के लिए कर्ज लेना पड़ता है। कर्ज पर उन्हें मनमाना दर पर सूद देना पड़ता है। अगर वे कर्ज तथा सूद को चुकाने में असमर्थ हो जाते हैं, तब उन्हें बंधुआ मजदूर के रूप में काम करना पड़ता है।

7. स्वास्थ्य एवं पोषण की समस्या—अनेक पिछड़ी जाति के परिवारों को स्वास्थ्य एवं कुपोषण का सामना करना पड़ता है। उनके घर स्वास्थ्य के अनुकूल नहीं होते हैं। उनके घरों में खिड़की, नाली, रसोईघर, शौचघर तथा पेशाब घर का अभाव होता है। एक ही कमरा में वे बकरी, गाय, भैंस के साथ रहते हैं। घर के आगे सड़क का प्रयोग पेशाब तथा शौच के लिए करते हैं। अपने घर के आगे गड्ढा खोदकर उसमें बरतन धोते हैं। उनके यहाँ अपना कुँआ या हैंडपम्प नहीं होता है। उन्हें शुद्ध पेय जल की समस्या का भी सामना करना पड़ता है। ऐसे अस्वस्थ वातावरण में रहने के कारण उनका स्वास्थ्य प्रभावित होता है। उनमें कई तरह की बीमारियाँ फैल जाती हैं। उनमें से अधिकांश परिवार गरीबी रेखा से नीचे जीवनयापन करते हैं। वे अपने शरीर को पर्याप्त मात्रा में कैलोरी नहीं दे पाते हैं। अतः उन्हें कुपोषण का सामना करना पड़ता है।

सरकारी नौकरियों में अन्य पिछड़ा वर्ग के लिए सुविधाएँ

अन्य पिछड़े वर्गों की पहचान जाति तथा सामाजिक, आर्थिक एवं शैक्षणिक स्थिति के आधार पर की गयी है। वर्ष 1990 से सरकारी नौकरियों में अन्य पिछड़े वर्गों के लिए 27 प्रतिशत आरक्षण प्रदान किया गया है। इसके लिए मंडल आयोग के सिफारिशों को ध्यान में रखकर संविधान में संशोधन किया गया था। अन्य पिछड़े वर्गों को आरक्षण का लाभ सुनिश्चित करने के लिए सरकार द्वारा उन्हें कुछ रियायत या छूट प्रदान की गयी है, जो निम्नलिखित हैं—

(i) लिखित परीक्षा एवं साक्षात्कार के अहर्ता अंक में छूट
(ii) प्रत्यक्ष नियुक्तियों में उच्च आयु सीमा में तीन वर्ष की छूट
(iii) लोक सेवा परीक्षा के अवसरों में वृद्धि। अन्य पिछड़े वर्ग के उम्मीदवारों को लोक सेवा परीक्षा में सात बार शामिल होने का अवसर दिया गया है।

पिछड़ा वर्ग कौन है?—भारतीय संविधान में पिछड़ा वर्ग या जाति की परिभाषा नहीं दी गयी है। मंडल आयोग (1978) द्वारा 3743 समुदायों को पिछड़ा वर्ग या जाति के रूप में सूचीबद्ध किया गया है। इनका प्रतिनिधित्व कुल भारतीय जनसंख्या का 52 प्रतिशत है।

7

भारतीय समाज में विविधता एवं एकता

(DIVERSITY AND UNITY IN INDIAN SOCIETY)

भारतीय समाज की पहचान परंपरागत समाज के रूप में होती है जिसमें देवी-देवता में विश्वास, कर्मकांड एवं धर्म पर विशेष बल दिया जाता है। लेकिन आज हम श्रद्धायोग्य धर्म निरपेक्ष आधुनिक राष्ट्र की ओर अग्रसर हो रहे हैं। इसमें संदेह नहीं है कि हिन्दू धर्म एवं जीने का ढंग अपनी सहिष्णुता एवं अहिंसक प्रवृत्ति के कारण इस राष्ट्र को वर्तमान स्वरूप प्रदान करने में महत्त्वपूर्ण भूमिका निभाया है।

परंपरागत हिन्दू समाज जन्म आधारित सामाजिक पद में विश्वास व्यक्त करता था। इसका स्वभाव स्तरीकरण पर आधारित था। नीचे से ऊपर की ओर परिवर्तन कठिन था। अगर कहीं संभव भी था तो उसकी गति बड़ी धीमी थी। एक व्यक्ति का जीवन पुरुषार्थ की धारणा से नियंत्रित होता था। उनका जीवन चार आश्रमों अथवा अवस्थाओं में निर्देशित होता था। पुरुषार्थ एवं आश्रम के अतिरिक्त एक व्यक्ति का जीवन ऋण एवं पुनर्जन्म की धारणा से नियंत्रित होता था। ये सारे मूल्य वर्तमान भारतीय समाज में आदर्श के रूप में रह गए हैं, व्यवहार में नहीं। अगर हम परंपरा को देखें तो हमें अनुष्ठान एवं कर्मकांड के रूप में कुछ परंपराएँ प्रचलित मिलती हैं। ये परंपराएँ भी अब लचीली अवस्था में पायी जाती हैं। यह बात केवल हिन्दू परंपरा के लिए ही सत्य नहीं है, वरन् गैर-हिन्दू संप्रदायों के लिए भी सत्य हैं। आज सभी संप्रदायों के पर्व-त्योहारों को राष्ट्रीय पर्व-त्योहार घोषित कर दिया गया है। इन अवसरों पर राष्ट्रीय अवकाश की भी घोषणा की जाती है ताकि धर्मनिरपेक्ष रूप से सभी संप्रदाय के लोग मिल-जुलकर राष्ट्रीय पर्व का आनंद लें तथा भारतीयता को बनाए रखने में सहयोग करें।

आज हमारे राष्ट्र भारत का स्थान नृत्य, संगीत, सिनेमा, खेल-कूद तथा ज्ञान-विज्ञान के क्षेत्रों में विश्व में प्रमुख हैं। छः भारतीयों को अंतर्राष्ट्रीय नोबल पुरस्कार विजेता घोषित किया गया है। इनके नाम रवीन्द्रनाथ टैगोर, सर सी.वी. रमण, एस. चन्द्रशेखर, मदर टेरेसा, एच.जी. खुराना तथा अमर्त्य सेन हैं।

हमारे योगदान का महत्त्व विश्व समुदाय द्वारा आंका गया है। हमारी आयुर्वेदिक पद्धति को भी विश्व समुदाय में स्थान मिला है। हमारी आधुनिकता केवल पश्चिमीकरण की नकल नहीं है। वरन् देशज परंपरा एवं आधुनिक लक्ष्य तथा तर्क का परिणाम है।

भारतीय समाज में विविधता

भारतीय समाज में व्याप्त विविधता की चर्चा हम निम्नलिखित उपशीर्षकों के अंतर्गत कर सकते हैं—

(i) क्षेत्रीय विविधता (Regional Diversity)
(ii) सांस्कृतिक विविधता (Cultural Diversity)
(iii) समाजकीय विविधता (Societal Diversity)
(iv) भाषायी विविधता (Linguistic Diversity)
(v) जातीय विविधता (Caste Diversity)
(vi) धार्मिक विविधता (Religious Diversity)

(i) क्षेत्रीय विविधता

हमारा राष्ट्र भारत कई क्षेत्रों में बंटा हुआ है। उदाहरण के लिए पश्चिमोत्तर भारत, पूर्वोत्तर भारत, मध्य भारत, दक्षिण भारत तथा द्वीप समूह भारत। इन्हीं सभी क्षेत्रों के अंतर्गत हमारे देश के 28 राज्य तथा 5 केन्द्र शासित प्रदेश आते हैं। प्रत्येक राज्य की अपनी-अपनी जनसंख्या तथा प्राकृतिक संसाधन होते हैं—

(अ) जनसांख्यिकीय विविधता—हमारे देश में प्रति मिनट 31 नए शिशुओं का जन्म होता है। इस तरह प्रत्येक दिन 45,000 व्यक्ति हमारे देश की जनसंख्या में जुड़ जाते हैं। जनसंख्या वृद्धि के कारण जनसंख्या घनत्व में भी वृद्धि हुई है। जनसंख्या घनत्व 1981 में 216 था जो 1991 में 267 हो गया। जनसंख्या घनत्व सबसे अधिक दिल्ली (6352) में है तथा सबसे कम अरूणाचल प्रदेश (10) में है। 15 राज्यों एवं केन्द्र शासित प्रदेशों में जनसंख्या घनत्व राष्ट्रीय औसत (267) से अधिक है। इनमें से कुछ राज्य हैं—चंडीगढ़ (5,632), पांडिचेरी (1642), लक्षद्वीप (1616), पश्चिम बंगाल (767), बिहार (497) तथा असम (286)। राष्ट्रीय औसत से कम जनसंख्या घनत्व वाले राज्य हैं—महाराष्ट्र (257), मध्य प्रदेश (149), नागालैंड (73) तथा मिजोरम (33)।

(ब) लिंग अनुपात विविधता—भारत के विभिन्न क्षेत्रों में लिंग अनुपात विविधता पायी जाती है। भारत में लिंग अनुपात हमेशा पुरुषों के अनुकूल रहा है। यह महिलाओं के लिए हमेशा प्रतिकूल रहा है। लिंग अनुपात 1901 में 972 था। यह घटकर 927 1991 में हो गया। 2001 में लिंग अनुपात बढ़कर 933 हो गया है। फिर भी यह महिलाओं के लिए

अनुकूल नहीं है। सभी राज्यों एवं केन्द्र शासित प्रदेशों में केरल ही एक मात्र ऐसा राज्य है जहाँ लिंग अनुपात महिलाओं के अनुकूल (1036) है। यहाँ 1981 में लिंग अनुपात 1032 था जो 1991 में बढ़कर 1036 हो गया है। कम लिंग अनुपात वाले राज्य हैं—चंडीगढ़ (790), दिल्ली (827), अरूणाचल प्रदेश (859), हरियाणा (856), पंजाब (882), उत्तर प्रदेश (879) इत्यादि। अधिक लिंग अनुपात वाले राज्य हैं—हिमाचल प्रदेश (976), उड़ीसा (971), तमिलनाडु (974), पांडिचेरी (979)।

(स) साक्षरता विविधता—हमारे देश के विभिन्न राज्यों में साक्षरता विविधता भी पायी जाती है। 2001 के जनगणना प्रतिवेदन के अनुसार प्रति 1000 व्यक्ति में 650 व्यक्ति हमारे यहां साक्षर हैं। पुरुषों के बीच साक्षरता दर 76 प्रतिशत तथा महिलाओं के बीच साक्षरता दर 54 प्रतिशत है। सभी राज्यों एवं केन्द्र शासित प्रदेशों में केरल राज्य की साक्षरता दर सबसे अधिक (90 प्रतिशत) है। बिहार राज्य की साक्षरता दर सबसे कम (38 प्रतिशत) है। अनुसूचित जनजातियों के बीच साक्षरता दर 29 प्रतिशत है। इनके बीच पुरुषों साक्षरता 41 प्रतिशत तथा महिला साक्षरता 18 प्रतिशत है।

(ii) सांस्कृतिक विविधता

हमारा देश सांस्कृतिक विविधता का देश है। यहाँ विभिन्न क्षेत्रों में रहने वाले लोगों का वस्त्र, भोजन, गृह, नृत्य, संगीत, देवी-देवता, पर्व-त्योहार तथा उनके मनाने का तरीका अलग-अलग है। जंगली तथा पहाड़ी क्षेत्रों में रहने वाले लोगों की संस्कृति अलग तरह की है। समुद्र तटीय क्षेत्रों में रहने वाले लोगों की संस्कृति भिन्न है। मरुस्थल में रहने वाले लोगों की संस्कृति अपने तरह का है जबकि समतल क्षेत्र में रहने वालों की संस्कृति अपने-आप में अलग है। इस प्रकार हमारा देश सांस्कृतिक विविधता से भरा हुआ है।

(iii) समाजकीय विविधता

समाज के स्वरूप के आधार पर भी हमारा देश विविधता का अनोखा उदाहरण प्रस्तुत करता है। समाज के स्वरूप एवं जीवनशैली के आधार पर हमारा देश जनजातीय जीवन शैली, कृषक जीवन शैली तथा नगरीय जीवन शैली का उदाहरण प्रस्तुत करता है। हमारे देश में 533 जनजातीय समुदाय के लोग रहते हैं। इनकी जीवन शैली अन्य समाजों की जीवन शैली से बिल्कुल भिन्न है। जनजातीय समाज के संबंध में विस्तारपूर्वक वर्णन अध्याय तीन के अंतर्गत किया गया है। अत: यहाँ पर उनका विवरण नहीं प्रस्तुत किया जा रहा है।

भारत गाँवों का देश है। 1981 के जनगणना प्रतिवेदन के अनुसार असम राज्य को छोड़कर हमारे देश में 5,57,137 गाँव हैं, जिसमें 73 प्रतिशत (4,06,723) छोटे गांव थे जिनकी जनसंख्या 1000 से कम थी। 16.9 प्रतिशत (94,486) गाँवों की जनसंख्या 2000 से कम थी। केवल 0.32 प्रतिशत (1834) गाँवों की जनसंख्या 10,000 से अधिक थी।

उत्तर प्रदेश वर्तमान उत्तरांचल राज्य के साथ सबसे अधिक गाँवों वाला राज्य है। यहाँ भारत के कुल गाँव का 20.2 प्रतिशत (1,12,566) गाँव स्थित हैं। वर्तमान छत्तीसगढ़ के साथ मध्य प्रदेश का दूसरा स्थान था। यहाँ कुल गाँवों का 12.12 प्रतिशत गाँव (71,352) स्थित हैं। इसके बाद झारखंड के साथ बिहार का स्थान आता है जहाँ कुल भारतीय गाँवों का 12.8 प्रतिशत (67,546) गाँव स्थित हैं। केरल राज्य को छोड़कर सभी राज्यों में छोटे-छोटे गाँवों की संख्या अधिक है। यहाँ कुल 1,219 गाँवों में से 905 गाँव वृहत गाँव की श्रेणी में आते हैं जिनकी जनसंख्या 10,000 से अधिक है। देश के कुल 1834 बड़े गाँवों में से 905 बड़े गाँव केवल केरल में स्थित हैं।

सारणी 7.1: 1981 की जनगणना के अनुसार राज्यों में गाँवों का वितरण

क्र.सं.	राज्य/केन्द्रशासित प्रदेश	गाँवों की कुल संख्या
1.	आंध्र प्रदेश	27,379
2.	बिहार झारखंड सहित	67,546
3.	गुजरात	18,114
4.	हरियाणा	6,745
5.	हिमाचल प्रदेश	16,807
6.	मध्य प्रदेश छत्तीसगढ़ सहित	71,352
7.	महाराष्ट्र	39,354
8.	उड़ीसा	46,553
9.	उत्तर प्रदेश उत्तरांचल सहित	1,12,556
10.	पंजाब	12,342
11.	राजस्थान	34,008
12.	पश्चिम बंगाल	38,024
13.	कर्नाटक	27,028
14.	तमिलनाडु	15,831
15.	केरल	1,219
16.	अंडमान तथा निकोबार द्वीप समूह	491
17.	अरूणाचल प्रदेश	3,257
18.	लक्षद्वीप	7
19.	मेघालय	4,902
20.	मिजोरम	721
	कुल गाँव	5,57,137

गाँवों में रहने वाले परिवारों की मुख्य पेशा कृषि या कृषि से जुड़ी हुई कुछ अन्य पेशा रहती है। इसीलिए उन्हें कृषक कहा जाता है। कृषक समाज की जीवनशैली जनजातीय समाज से बिल्कुल भिन्न होती है। प्रत्येक जाति के अपने देवी-देवता तथा पर्व-त्योहार होते हैं तथा उनके समाज के भी अपने देवी-देवता एवं पर्व-त्योहार होते हैं। उनके बीच

संस्तरण पाया जाता है। संस्तरण के अनुसार ही समाज में उनका पद एवं स्थान निर्धारित होता है। वे कृषि कर्मों को सभी कर्मों से श्रेष्ठ मानते हैं। जमीन को माता के रूप में पूजते हैं। वे कृषि उपकरण एवं पशुधन की भी पूजा समय-समय पर करते हैं। अनाज को वे धरती माता की संतान मानते हैं तथा उसकी भी पूजा करते हैं तभी उसका भोग लगाते हैं। अनाज से ही वे गृहस्थ आश्रम के धर्म का पालन करते हैं तथा उचित ढंग से अतिथि सत्कार करते हैं। कृषक समाज की विशेषता का भी वर्णन अध्याय तीन के अंतर्गत विस्तारपूर्वक किया गया है।

नगरीय समाज की जीवनशैली जनजातीय एवं कृषक समाज से बिल्कुल भिन्न होती है। हमारे देश में 12 महानगर हैं जिनकी जनसंख्या दस लाख या उससे अधिक है। कोलकाता, मुंबई, दिल्ली, चेन्नई, हैदराबाद, अहमदाबाद, कानपुर, पूना, नागपुर, लखनऊ तथा जयपुर महानगरों की श्रेणी में आते हैं।

भारत में जितने भी नगर हैं उनको दो श्रेणी में विभाजित किया जा सकता है—(i) परंपरागत नगर तथा (ii) आधुनिक नगर। परंपरागत नगरों की जीवनशैल। आधुनिक नगरों से भिन्न होती है। परंपरागत नगरों में धार्मिक देशज सभ्यता की महान परंपरा पायी जाती है। लेकिन आधुनिक नगरों में जटिल संस्कृति के साथ धर्म निरपेक्षता एवं आधुनिक पेशा, व्यवसाय इत्यादि पर विशेष बल दिया गया है। नगरीय समाज की जीवनशैली का भी विवरण विस्तारपूर्वक अध्याय तीन के अंगर्तत दिया गया है।

(iv) भाषायी विविधता (Linguistic Diversity)

भारतीय जनसंख्या में विद्यमान मानवजातीय तत्वों का अध्ययन करते समय हम लोगों ने देखा कि भारत अनेक प्रजातियों या मानव जातीय तत्वों का मिलन स्थल रहा है। जहाँ मानवजातीय तत्वों के निर्धारण का आधार शारीरिक विशेषताएँ हैं, वहीं भाषायी समूहों का आधार सामाजिक रहा है। क्योंकि भाषाओं का सामाजिक महत्त्व होता है तथा क्षेत्रीय पहचान के निर्धारण में उनकी विशेष भूमिका रहती है।

हालांकि भाषा, बोली तथा वाणी का प्रयोग समानार्थक शब्दों के रूप में किया जाता है, लेकिन तीनों शब्दों की अवधारणाएँ बिल्कुल भिन्न हैं। भाषा के पास लिपि होती है। इसे राजाश्रय प्राप्त होता है। राज्य द्वारा इसका प्रचार-प्रसार किया जाता है। इसे बढ़ावा देने के लिए पुस्तकों तथा व्याकरण की रचना की जाती है। यह राज्य के लिए काम-काज का साधन बनती है। बोली भाषा से पहले अस्तित्व में आयी है। इसके पास लिपि नहीं होती है। लेकिन इसके पास एक वाणी समुदाय होता है। वाणी समुदाय के लोग आपस में बातचीत करके संवाद विनिमय करते हैं। वाणी समुदाय के सभी सदस्य बोली के प्रतिभागी होते हैं। बोली बातचीत का साधन होती है। वाणी का तात्पर्य व्यक्तिगत बोलने की शैली से है। इसे वक्ता को देखकर अवलोकन किया जा सकता है। किसी वाणी समुदाय के अंतर्गत उतनी ही व्यक्तिगत शैली होती है जितने उसके सदस्य होते हैं। आरंभिक ऐतिहासिक काल

में हमारे देश में तीन मुख्य भाषाएँ थीं—संस्कृत, पाली तथा प्राकृत। हालांकि अनेक बोलियां हमारे देश में बोली जाती थीं। शिक्षित वर्गों, कचहरी तथा संभ्रात लोगों की भाषा संस्कृत थी। सामान्य लोगों की भाषा पाली एवं प्राकृत थी। बाद में चलकर हिन्दी, बंगाली, पंजाबी, मराठी, सिन्धी, असमी तथा उर्दू भाषा का विकास हमारे देश में हुआ। ब्रिटिश शासनकाल में हमारे देश में अंग्रेजी भाषा का विकास हुआ।

सुप्रसिद्ध विदेशी भाषा वैज्ञानिक जी.ए. ग्रियर्सन ने अपनी पुस्तक *लिंग्विस्टिक्स सर्वे आफ इंडिया* में भारत में 179 भाषाएँ तथा 544 बोलियों का उल्लेख किया है। हालांकि इसे स्वीकार नहीं किया गया है, क्योंकि अधिकांश बोलियों को उन्होंने भाषा की संज्ञा प्रदान की थी।

भारतीय संविधान की आठवीं अनुसूची में 15 भाषाओं का उल्लेख मिलता है। वर्तमान समय में आठवीं अनुसूची में 22 भाषाओं को शामिल किया गया है। हिन्दी और अंग्रेजी हमारे देश के कार्यालय अथवा कामकाज की भाषा है। कई राज्यों में त्रिभाषिक सूत्र अपनाया गया है जिनमें हिन्दी, अंग्रेजी तथा क्षेत्रीय भाषा को रखा गया है। हमारे देश भारत को 12 वृहत भाषायी क्षेत्रों में विभाजित किया जा सकता है—

1. कश्मीरी, 2. पंजाबी, 3. हिन्दी-उर्दू, 4. बंगाली, 5. असामीज, 6. उड़ीया, 7. तेलुगु, 8. तमिल, 9. मलयालम, 10. कन्नड़, 11. गुजराती तथा 12. मराठी।

भारत की भाषायी विविधता को निम्नलिखित सारणी के माध्यम से दर्शाया जा सकता है—

सारणी 7.2: 1981 की जनगणना के अनुसार भाषायी वितरण

क्र.सं.	भाषा	प्रतिशत (1981)
1.	हिन्दी	42.9
2.	बंगाली	8.3
3.	तेलुगु	8.2
4.	मराठी	8.0
5.	तमिल	7.6
6.	उर्दू	5.7
7.	गुजराती	5.4
8.	मलयालम	4.2
9.	कन्नड़	4.2
10.	उड़ीया	3.7
11.	पंजाबी	3.2
12.	असामीज	1.6
13.	सिन्धी	0.3
14.	कश्मीरी	0.5

स्रोत—पार्ट IV B (II) सेरिज I सेंसर आफ इंडिया, 1981।

भारत की सभी भाषाओं एवं बोलियों को चार मुख्य भाषा परिवारों में वर्गीकृत किया गया है, जो निम्नलिखित हैं—

1. आस्ट्रो-एशिएटिक भाषा परिवार या निषाद भाषा परिवार
2. चीनी-तिब्बती भाषा परिवार या किरात भाषा परिवार
3. द्रविड़ भाषा परिवार
4. आर्य भाषा परिवार

1. आस्ट्रो-एशिएटिक भाषा परिवार या निषाद भाषा परिवार—इस भाषा परिवार को मुख्यत: दो शाखाओं में विभाजित किया जाता है—(1) मुंडा तथा (2) मान-ख्मेर। मुंडा शाखा के अंतर्गत 14 जनजातीय भाषाएँ आती हैं। इनमें संथाली भाषा बोलने वालों की संख्या सबसे अधिक है। मान-ख्मेर शाखा के अंतर्गत दो समूहों को शामिल किया गया है जो भौगोलिक दृष्टि से एक-दूसरे से काफी दूर हैं। उदाहरण के लिए मेघालय में बोली जाने वाली खासी भाषा तथा निकोबार द्वीप समूह में बोली जाने वाली निकोबारीज भाषा। मुंडा शाखा की भाषाएँ झारखंड राज्य के छोटानागपुर एवं संथाल परगना में बोली जाती हैं। साथ ही साथ इस शाखा की भाषाएं उड़ीसा के मयूरमंज तथा कोंधमहल तथा महाराष्ट्र के बेतुल में बोली जाती हैं। इस भाषा परिवार के अंतर्गत बोली जाने वाली अन्य बोलियाँ मुंडारी, खखारी, गोंडी, सवरा, खारिया तथा गदबा हैं।

2. चीनी-तिब्बती भाषा परिवार या किरात भाषा परिवार—इस भाषा परिवार के मुख्यत: दो शाखाओं में विभाजित किया जाता है—(1) थाई तथा (2) तिब्बती-बर्मी। थाई समूह के अंतर्गत असम की अहोम तथा खांपटी शाखाएँ आती हैं जो अब प्राय: विलुप्त हो गयी हैं। तिब्बती-बर्मी समूह को तीन शाखाओं में विभाजित किया जाता है, जो निम्नलिखित हैं—

1. तिब्बती-हिमालय शाखा
2. उत्तरी असम या अरूणाचल प्रदेश
3. असम-बर्मी शाखा।

तिब्बती-हिमालय शाखा के अंतर्गत दो खंड आते हैं—तिब्बती खंड तथा हिमालय खंड। तिब्बती खंड के अंतर्गत तिब्बती, बाल्टी, लद्दाखी, लाहुली, शेरण तथा सिक्किम भूटिया भाषाएँ आती हैं। सिक्किम भूटिया तथा तिब्बती भाषाओं के बोलने वालों की संख्या सबसे अधिक है। हिमालय खंड के अंतर्गत आने वाली भाषाएँ चंबा, किन्नौरी तथा लेपचा हैं। इनमें किन्नौरी भाषा के प्रयोगकर्त्ता सबसे अधिक हैं।

उत्तरी असम या अरूणाचल शाखा के अंतर्गत मिरी, अबोर, अका, डफला, मिश्मी तथा मिशिंग भाषाएँ शामिल हैं।

असम-बर्मी शाखा के अंतर्गत भी कई भाषाएँ आती हैं। जैसे बोडो, नागा, कचिन, कुकीचीन तथा बर्मी। इनमें से प्रत्येक भाषा के अंतर्गत कई बोलियाँ आती हैं। उदाहरण के लिए कचारी, गारो, त्रिपुरी, अंगामी, आओ, सेमा, रेंगमा, काबुई, सिंगफो, मणिपुरी,

लुशाय, मिकिर आदि। इस परिवार की भाषा तथा बोली का प्रयोग उत्तर-पूर्व हिमालय क्षेत्र तथा उत्तर एवं उत्तर-पश्चिम हिमालय क्षेत्र की जनजातियाँ करती हैं।

तिब्बती-हिमालय क्षेत्र की भाषा लद्दाख, हिमाचल प्रदेश तथा सिक्किम प्रदेशों में बोली जाती हैं।

अरूणाचल तथा असम-बर्मी शाखा की भाषा असम, मेघालय, नागालैंड, मिजोरम, मणिपुर तथा त्रिपुरा में बोली जाती हैं।

3. द्रविड़ भाषा परिवार—द्रविड़ भाषा परिवार को तीन समूहों में विभाजित किया गया है—

(i) उत्तर-पश्चिमी समूह, (ii) उत्तरी समूह तथा (iii) दक्षिणी समूह।

उत्तर-पश्चिम समूह के अंतर्गत ब्राहुई समूह की भाषाएँ आती हैं। उत्तरी समूह के अंतर्गत तेलुगु, कुई, कुरूख, माल्टो तथा कोलामी भाषाएँ आती हैं। दक्षिणी समूह के अंतर्गत तमिल, कन्नड़, मलयालम, कोडगु, टोडा, टुलु तथा येरुकुला भाषाएँ आती हैं। इस समूह के अंतर्गत 90 प्रतिशत द्रविड़ भाषा के बोलने वाले लोग आते हैं। द्रविड़ भाषा मुख्यत: डेक्कन पठार तथा सटे हुए समुद्र तटीय मैदान में बोली जाती है। इन भाषाओं को प्रदेश की भाषा भी कहा जा सकता है। तेलुगु भाषा आंध्र प्रदेश में, कन्नड़ भाषा कर्नाटक में, तमिल तमिलनाडु में तथा मलयालम केरल में बोली जाती है। कुर्ग्स भाषा कर्नाटक में, गोंडी आंध्र प्रदेश तथा उड़ीसा में, कुरुख तथा माल्टो भाषा झारखंड में बोली जाती है।

4. इंडो-आर्य भाषा परिवार—हमारे देश भारत की करीब दो-तिहाई लोग एक या कोई दूसरी आर्य भाषा का प्रयोग करते हैं। भौगोलिक दृष्टि से भी इस भाषा के बोलने वाले लोगों का क्षेत्र बहुत वृहत है। इसका क्षेत्र गुजरात से असम तथा कश्मीर से कोंकण तट तक है। इंडो-आर्य भाषाएँ कई समूहों में विभाजित हैं, जो निम्नलिखित हैं—

(i) डार्डिक, (ii) उत्तर-पश्चिमी, (iii) मध्य, (iv) पूर्वी, (v) उत्तरी, (vi) मगधी, (vii) दक्षिणी तथा (viii) रोमा।

डार्डिक समूह के अंतर्गत काश्मीरी, शिवा, डार्डी तथा कोहिस्तानी भाषाएँ आती हैं। उनमें कश्मीरी भाषा के प्रयोग करने वालों की संख्या करीब 20 लाख है, जबकि अन्य भाषाओं के प्रयोग करने वालों की संख्या 10 लाख से कम है।

उत्तर-पश्चिमी समूह के अंतर्गत लेहांडी, पंजाबी, सिन्धी तथा कच्छी भाषाएँ आती हैं।

उत्तरी समूह के अंतर्गत पहाड़ी भाषाएँ आती हैं जिन्हें तीन समूहों में विभाजित किया जा सकता है—पश्चिमी, मध्य तथा पूर्वी शाखाएँ। पश्चिमी शाखा का प्रतिनिधित्व कुल्लई, मध्य शाखा का प्रतिनिधित्व कुमायुंनी तथा गोरखाली तथा पूर्वी शाखा का प्रतिनिधित्व गोरखाली या नेपाली भाषा द्वारा किया जाता है।

मध्य समूह बहुत ही वृहत है तथा दो शाखाओं में विभाजित है—पहली राजस्थानी-गुजराती तथा दूसरी हिन्दी-उर्दू। पहली शाखा के अंतर्गत मारवाड़ी, मेवारी, मालवी,

गुजराती, गुज्जारी इत्यादि भाषाएँ आती हैं। हिन्दी-उर्दू शाखा के अंतर्गत उर्दू तथा विभिन्न प्रकार की हिन्दी भाषाएँ आती हैं। जैसे खड़ी बोली, ब्रज, बंगरू, बुंदेली, अवधी, बघेली तथा छत्तीसगढ़ी।

मगधी समूह भी बहुत वृहत है तथा इसकी चार मुख्य शाखाएँ हैं—बिहारी, बंगाली, असामी तथा उड़ीया। बिहारी भाषा को पुनः मगधी, भोजपुरी तथा मैथिली बोलियों में विभाजित किया गया है।

दक्षिणी समूह के अंतर्गत मराठी तथा कोकणी भाषाएं आती हैं। रोमा रोमणी की भाषा है।

(v) जातीय विविधता

भारत की पहचान जातीय विविधता से भी होती है। जाति व्यवस्था यहाँ की मुख्य सामाजिक व्यवस्था रही है। हमारे देश में करीब 6 हजार जातियाँ हैं जिनमें हिन्दू, मुसलमान तथा आदिवासी सभी शामिल हैं। हिन्दू समाज में विभिन्न जातियों का स्थान भिन्न-भिन्न रहा है। ब्राह्मण जातियों का स्थान सर्वश्रेष्ठ रहा है। ब्राह्मण जातियों के बाद क्षत्रिय जातियों का स्थान आता है। उसके बाद वैश्य जातियों का स्थान आता है। सबसे निचले स्थान पर शूद्र जातियों को रखा गया है। जाति के लोग अपनी जातिगत पहचान एवं पवित्रता को बनाए रखने के लिए अंत:विवाही नियम का पालन करते हैं। उनकी परंपरागत जातिगत पेशा होती है। अपनी जाति के साथ कच्चे भोजन द्वारा संबंध बना रहता है। दूसरी जाति के साथ पक्की भोजन द्वारा संबंध पाया जाता है। शूद्रों के साथ दूसरी जाति के लोग भोजन-पानी संबंध नहीं रखते हैं।

आजादी के बाद विभिन्न जातियों को संविधान के प्रावधानों के अनुकूल राजनीतिक वर्गों में विभाजित किया गया है। ब्राह्मण तथा क्षत्रिय जातियों को उच्च जातियों की श्रेणी में रखा गया है। वैश्य जातियों को पिछड़ी जातियों की श्रेणी में रखा गया है। शूद्र जातियों को अनुसूचित जातियों की श्रेणी में रखा गया है तथा आदिवासियों को अनुसूचित जनजातियों की श्रेणी में रखा गया है। मुसलमान जातियों को भी अगड़ी तथा पिछड़ी जातियों में विभाजित किया गया है। जातीय विविधता तथा आरक्षण सुविधाओं एवं मतदान के लिए जातीय दंगा भी हो जाता है।

(vi) धार्मिक विविधता

भारत धार्मिक विविधता वाला देश है। यहाँ विभिन्न धार्मिक संप्रदाय के लोग साथ-साथ रहते हैं, अपने देवी-देवता की पूजा करते हैं तथा अपना-अपना पर्व-त्योहार मनाते हैं।

भारत में विभिन्न धार्मिक संप्रदायों तथा उनके अनुयायियों का प्रतिशत नीचे सारणी में दिया जा रहा है—

सारणी 7.3: धर्म के अनुसार भारतीय जनसंख्या का वर्गीकरण

क्र.सं.	धार्मिक समूह	संख्या (दस लाख में)	प्रतिशत (1991)
1.	हिन्दू	672.6	82.41
2.	मुसलमान	95.2	11.67
3.	ईसाई	18.9	2.32
4.	सिख	16.3	1.99
5.	बौद्ध	6.3	0.77
6.	जैन	3.4	0.41
7.	अन्य	3.5	0.43

अन्य के अंतर्गत पारसी तथा यहूदी धर्म के अनुयायी आते हैं। पारसी धर्म के अनुयायियों का प्रतिशत हमारे देश में 0.3 है, जबकि हमारे देश की जनसंख्या का 0.1 प्रतिशत भाग यहूदी धर्म के अनुयायियों से निर्मित हैं। इन आठ धर्मों के अतिरिक्त हमारे देश में जनजातीय धर्म भी पाया जाता है, जिसे सारना धर्म की संज्ञा आजकल दी जाती है। इनकी संख्या हमारे देश में 8 प्रतिशत है। जनजातीय धर्म भी हमारे देश का एक देशज धर्म है। आठ वृहत धर्मों में हिन्दू, बौद्ध, जैन तथा सिख धर्म हमारे देश के देशज धर्म हैं। इस्लाम, ईसाई, पारसी तथा यहूदी धर्म हमारे यहाँ बाहर से लाए गए हैं।

भारतीय समाज में एकता

भारतीय समाज प्राचीन, मध्य एवं वर्तमान ऐतिहासिक कालों में अपनी एकता प्रदर्शित कर एक संयुक्त संस्कृति का सृजन किया है जिसका स्वभाव अति भारतीयता से ओतप्रोत है। भारतीय समाज द्वारा एक मुख्य धारा संस्कृति की सृष्टि की गयी है जिसमें सभी शासकों की ओर से कोई व्यवधान नहीं उपस्थित किया गया। वरन् विभिन्न शासकों ने आंतरिक गतिशीलता को बनाए रखने में अपना महत्त्वपूर्ण योगदान दिया था। भारतीय समाज की सांस्कृतिक व्यवस्था हमेशा राजनीतिक व्यवस्था से स्वतंत्र होकर अपनी स्थिति को बरकरार रखी हुई है। अनेक प्राचीन राज्यों के बीच युद्ध क्षेत्रीय स्तर हुआ करते थे, लेकिन देश के स्तर पर सांस्कृतिक एकता बनी रहती थी। चक्रवर्ती राजा एवं अश्वमेध यज्ञ की धारणा प्राचीन भारत की राजनीतिक एकता पर प्रकाश डालती है। अनेक राजाओं द्वारा अपने साम्राज्य का विस्तार किया जाता था। वे अपने साम्राज्य का विस्तार अनेक भौगोलिक क्षेत्रों को शामिल करके करते थे। चन्द्रगुप्त मौर्य, अशोक, समुद्रगुप्त, कनिष्क, खारवेला इत्यादि

महाराजाओं द्वारा वृहत साम्राज्य का नियंत्रण किया जाता था। अशोक की महानता जग जाहिर है। गुप्तकाल को भारत का प्राचीन स्वर्ण काल कहा जाता है। सभी राजाओं एवं महाराजाओं द्वारा भारतीय संस्कृति के प्रचार-प्रसार में अनोखा योगदान दिया गया। मंदिर शिल्पकला का विस्तार संपूर्ण भारत में हुआ। धाम तथा तीर्थाटन की धारणा विकसित हुई। धार्मिक विशेषज्ञ एवं धार्मिक अनुष्ठान धामों तथा तीर्थाटनों से जुड़ गया। सभी प्राचीन धार्मिक स्थल महान परंपरा एवं देशज सभ्यता के रूप में अपना स्थान बनाए। महान परंपरा का विस्तार क्षेत्रों में क्षेत्रीयता के साथ-साथ राष्ट्रीयता का भी विकास हुआ। क्षेत्रीय लघु परंपराओं एवं राष्ट्रीय लघु परंपराओं को महान परंपराओं से सभ्यता के केन्द्रों द्वारा जोड़ा गया। महान परंपरा एवं लघु परंपरा के बीच घनिष्ठ संबंध के कारण राष्ट्रीय भावना का विकास हुआ। यह भावना भारतीय समाज को एक सूत्र में बांधा। इस प्रकार प्राचीन महान महाराजाओं एवं राजाओं, शिक्षित पुजारियों, शिल्पशास्त्रियों तथा शिक्षित वर्गों द्वारा प्राचीनकाल में महान पारंपरिक धर्मस्थलों का विकास कर भारतीय समाज की लघु परंपरा वाले ग्रामीण समाजों को उनसे जोड़ने का सुखद प्रयास किया गया। इसके फलस्वरूप प्राचीन भारतीय समाज की सांस्कृतिक व्यवस्था में एकता स्थापित हुई।

मध्य युग में इस्लाम धर्म का आगमन भारतीय धराधाम पर हुआ। इसके परिणामस्वरूप भारतीय संस्कृति में इस्लाम परंपरा का योगदान हुआ। बंगाल, लखनऊ तथा हैदराबाद के साथ-साथ अनेक स्थान भारतीय सांस्कृतिक परंपरा में इस्लामिक परंपरा के योगदान के संबंध में महत्त्वपूर्ण सूचना प्रदान करते हैं। इस्लाम का विश्वास मूर्ति पूजा में नहीं है। यह एक गैर-स्तरण धर्म है तथा यह एकेश्वरवाद में विश्वास व्यक्त करता है। भारतीय परंपरा के ऊपर इस्लाम के प्रभावों का अध्ययन तीन कालों में विभाजित करके किया जा सकता है—

(i) मुसलमान शासनकाल में, (ii) ब्रिटिश शासनकाल में तथा (iii) आजादी की लड़ाई की अंत अवस्था में।

मुसलमान शासनकाल में अनेक हिन्दू देवी-देवताओं के मंदिरों को तोड़ा गया तथा बलपूर्वक धर्म परिवर्तन कराया गया। इस काल में हिन्दू तथा मुसलमानों के बीच संघर्ष एवं तनाव की स्थिति उत्पन्न हुई। साथ ही साथ सांस्कृतिक अनुकूलन का भी प्रयास हुआ। सूफी संतों के मध्यम मार्ग का प्रभाव हिन्दुओं पर पड़ा। अकबर का दीन-ए-ईलाही धर्म कई धर्मों का मिश्रण था। इसके द्वारा राष्ट्रीय एकता स्थापित करने का प्रयास किया गया। ब्रिटिश शासन काल में अनेक सुधारवादी कदम भारतीय समाज के लिए उठाए गए। इसका प्रभाव व्यापक रूप से हिन्दुओं के ऊपर पड़ा। धीरे-धीरे इस्लाम ने अपना उदार चरित्र खो दिया तथा इस्लामिक परंपरा का अत्यंत राजनीतिकरण हो गया। स्वतंत्रता संग्राम की अंतिम अवस्था में हिन्दू एवं मुसलमान धर्मों के बीच तीव्र गति से विभाजन हुआ। इसके परिणामस्वरूप इस्लामिक राष्ट्र पाकिस्तान का उदय हुआ (1947)।

आधुनिक काल में ब्रिटिश शासन द्वारा पश्चिमी संस्कृति का प्रवेश भारतीय समाज में कराया गया। पश्चिमी समाज में प्रचलित अनेक संस्थाओं की उत्पत्ति एवं विकास

भारतीय समाज में हुआ। आधुनिक शिक्षा, बैंक व्यवस्था, प्रशासन, सैन्य संगठन, आधुनिक चिकित्साशास्त्र एवं विधिशास्त्र इत्यादि का विकास भारतीय समाज में हुआ। इनके कारण भारतीय समाज में अनेक परिवर्तन हुए। अनेक कुप्रथाओं जैसे—बाल विवाह, सती प्रथा, बेगार प्रथा इत्यादि को समाप्त किया गया। पश्चिमी शिक्षा पद्धति के कारण भारतीय समाज में विवेकपूर्ण एवं धर्मनिरपेक्ष ताकतों का उदय हुआ। पश्चिमी विज्ञान एवं तकनीकी विकास तथा यातायात एवं संचार व्यवस्था द्वारा भारतीय समाज की जीवनशैली में परिवर्तन लाया गया। यह परिवर्तन भौतिक विकास से संबंधित था। भारतीय समाज का उद्योगीकरण हुआ। साहस एवं विकास द्वारा उद्योगीकरण को बढ़ावा मिला। सरकार का जनतांत्रिक स्वरूप, मानवाधिकार तथा व्यस्कों का मताधिकार भारतीय समाज को विश्व चुनौतियों का सामना करने की शक्ति प्रदान की है।

इस प्रकार भारतीय समाज में प्राचीन, मध्य एवं आधुनिक कालों में सांस्कृतिक एकता अपना महत्त्व बरकरार रखी हुई है। समय-समय पर भारतीय समाज में संघर्ष तथा तनाव की भी स्थिति आयी। लेकिन वह क्षणिक थी। उससे सांस्कृतिक एकता पर आंच नहीं आयी।

भारतीय समाज में एकता की प्रक्रिया

भारतीय समाज में एकता की प्रक्रिया को दो ढंगों से देखा जा सकता है—(i) अंतर्निहित एकता तथा (ii) संकटग्रस्त एकता।

भारतीय समाज की एकता को सबसे अधिक संकट का सामना हमारे देश के विभाजन के समय करना पड़ा था। जब 1947 में भारत का विभाजन हिन्दुस्तान तथा पाकिस्तान राष्ट्र के रूप में हो गया, हिन्दुओं तथा मुसलमानों के बीच सांप्रदायिक दंगे हुए। यह दृश्य राष्ट्र विकास प्रक्रिया का बाधक था। जनजागरण अभियान तथा उचित शैक्षणिक अभियान के माध्यम से हिन्दुओं एवं मुसलमानों के बीच उत्पन्न खायी को पाटने का प्रयास किया गया था।

हमारे देश की राष्ट्र निर्माण प्रक्रिया का मूल केन्द्र बिन्दु एकता ही रही है। हमारे समाज में एकता के भाव अनेक अवधारणाओं में निहित हैं। उदाहरण के लिए द्रवण पात्र (Melting point), सांस्कृतिक मोजेइक (Mosaic) एवं बहु समाज (Plural Society) की अवधारणाएँ भारतीय समाज में अंतर्निहित एकता की ओर संकेत करती हैं। उपरोक्त तीनों अवधारणाओं का विकास पश्चिमी विचारधारा के कारण हुआ है। द्रवण पात्र की अवधारणा के अनुसार एक क्षेत्र विशेष की स्वतंत्र संस्कृतियां आस-पास रहते हुए भी अपनी स्वतंत्रता बनाये रखती हैं। लेकिन वे सभी संस्कृतियां द्रवित होकर एक राष्ट्रीय संस्कृति का निर्माण करती हैं। दूसरे शब्दों में कहा जाये तो उन संस्कृतियों का द्रवण एक संयुक्त समग्रता के रूप में एकपात्र में हो जाता है। यह द्रवण पात्र राष्ट्र के रूप में जाना जाता

है। इसका तात्पर्य यह हुआ कि विभिन्न संस्कृतियाँ अपना मतभेद खोकर एक एकल पहचान को एक आम भाषा के साथ बाहर निकालती हैं। लेकिन यह अवधारणा भारतीय संदर्भ में सही नहीं प्रतीत होती है जहाँ भाषायी विविधता पायी जाती है।

सांस्कृतिक मोजेइक की अवधारणा के अनुसार विभिन्न संस्कृतियाँ अपनी विभिन्नता के बावजूद भी सहअस्तित्व के बंधन में बंधे रहती हैं तथा एक राष्ट्रीय पहचान प्रस्तुत करती हैं। यह अवधारणा भारतीय संदर्भ में सही प्रतीत होती है। लेकिन आलोचकों का कहना है कि भारत सांस्कृति मोजाइक का प्रतिनिधित्व नहीं करता है क्योंकि भारत में मुख्य धारा संस्कृति का विकास नहीं हो पाया है। अंततोगत्वा बहुसमाज की अवधारणा भारतीय समाज के लिए सही प्रतीत होती है। बहुसमाज की अवधारणा के अनुसार मौलिक पहलुओं में बहुलता। उदाहरण के लिए क्षेत्र, भाषा, भोजन, धर्म, वस्त्र, आभूषण, खान-पान इत्यादि। लेकिन इन सभी बहुलता के बावजूद राजनीतिक ढंग से एकजुटता का प्रदर्शन। इस प्रकार राजनीतिक एकता में प्रतिभागिता इसका मूल आधार है। लेकिन अगर सचमुच में कहा जाये तो भारतीय समाज केवल राजनीतिक एकता ही नहीं प्रदर्शित करता है, वरन् भारतीय समाज में सामाजिक, धार्मिक सांस्कृतिक एकता भी पायी जाती है।

भारतीय दृष्टि से हमारे राष्ट्र भारत के पास एक भिन्न राष्ट्रीय पहचान है। यह पहचान यौगिक संस्कृति के बावजूद भी बनी हुई है। हमारे देश की राष्ट्रीय अखंडता का संबंध वृहत लक्ष्य की प्राप्ति है। यह वृहत लक्ष्य राष्ट्र तत्व से संबंधित हैं। राष्ट्र तत्व की प्राप्ति में हमारे देश की विभिन्न स्वतंत्र संस्कृतियाँ अपनी भिन्नता का परित्याग कर एक जटिल समग्रता के रूप में एक जूट हो गयीं। जटिल समग्रता ही भारतीय समाज की मुख्य धारा संस्कृति के रूप में अपनी पहचान बनायी हुई है। इसकी तुलना हम विशाल बरगद वृक्ष से कर सकते हैं। विशाल बरगद वृक्ष भारतीय मूल संस्कृति की जटिल समग्रता है। इसकी शाखाएँ भारत की विभिन्न स्वतंत्र संस्कृतियाँ हैं।

हमारे देश में विभिन्न जातियाँ सदियों से साथ रह रही हैं। सभी जातियों की सांस्कृतिक प्रथाएँ, पेशाएँ तथा समाज में स्थान भिन्न-भिन्न रहा है। फिर भी वे एकजूट होकर भारतीय समाज एवं संस्कृति को अक्षुण्ण बनाए रही। वे एक दूसरे के साथ जजमानी प्रथा द्वारा जुड़ी हुई हैं।

हमारे देश में कई धर्मों के लोग सदियों से साथ-साथ रहते आए हैं। मुसलमान लोग भी भारतीय जजमानी प्रथा के अभिन्न अंग बन गए हैं। वे लोग भी भारतीय सामाजिक आर्थिक व्यवस्था के महत्त्वपूर्ण अंग हैं। यहाँ पर मूल द्वारिका का उदाहरण प्रस्तुत किया जा सकता है। मूल द्वारिका (गुजरात), हिन्दू के चार धामों में से एक है। वहाँ पर पाँच कब्र पाए जाते हैं। उन कब्रों को मुसलमान पंच पीर कहते हैं तथा उन पर हरे चादर चढ़ाते हैं। हिन्दू उन पाँचों कब्रों को पंच पीर कहते हैं तथा पीला चादर चढ़ाते हैं। हमारे देश में अनेक स्थानीय मुसलमान देवता हैं जिनके अनुयायी हिन्दू तथा मुसलमान दोनों हैं। उदाहरण के लिए पुरानी दिल्ली का सैयद बाबा, उत्तर प्रदेश बाराबंकी में देव शरीफ, राजस्थान में अजमेर शरीफ।

भारतीय मंदिर संस्कृति एवं शिल्पशास्त्र के विकास में मुसलमान जाति के शिल्पकारों की भूमिका महत्त्वपूर्ण रही है। मध्यकाल में ही सबसे ज्यादा मंदिर बने हैं। मंदिरों में गुंबजों को स्थान मिला है। मंदिर के आसपास चढ़ावा के लिए फल, सिंदूर, चुड़ी, माला, धागे के हार, चादर इत्यादि के विक्रेता, मुसलमान भी रहते हैं। मंदिर में बाजा बजाने का काम मुसलमान लोग करते हैं। मुसलमान लोग भी छठ व्रत करते हैं तथा सूर्य को हिन्दू के साथ अर्घ देते हैं। हिन्दू लोग भी मनौती के रूप में तजया के अवसर पर दाहा रखते हैं तथा उसे कब्रगाह तक ले जाते हैं। मुसलमान त्योहार के अवसर पर खेलकूदों में स्थानीय हिन्दू तथा हिन्दू के पर्व-त्योहार में स्थानीय मुसलमान भाग लेते हैं। हिन्दू, मुसलमान, सिख तथा ईसाई पर्वों को हमारे यहाँ राष्ट्रीय त्योहार की संज्ञा प्रदान की गयी है तथा उक्त अवसरों पर राष्ट्रीय अवकाश प्रदान की जाती है।

हमारे देश की महान चार धाम की धार्मिक परंपरा पूरे राष्ट्र को एक सूत्र में बांधती है। ये चारों धाम हमारे देश के चारों दिशाओं में स्थित हैं। गुजरात में द्वारिका (पश्चिम दिशा), उड़ीसा में पुरी (पूर्व दिशा), तमिलनाडु में रामेश्वरम (दक्षिण दिशा) तथा उत्तरांचल में बदरी नाथ (उत्तर दिशा) चारों धाम की श्रेणी में आते हैं। इन चारों धामों के तीर्थाटन से दैहिक, दैविक तथा भौतिक कष्टों से मुक्ति मिल जाती है तथा मोक्ष की प्राप्ति होती है। इन चारों धामों में भारत राष्ट्र की धारणा अंतर्निहित है। इसके अलावा 12 ज्योतिर्लिंग पूरे देश में स्थापित हैं आंध्र प्रदेश का तिरुपति, बिहार का गया, उत्तर प्रदेश के काशी एवं प्रयाग, जम्मू कश्मीर के वैष्णव देवी, असम में कामाख्या पीठ, राजस्थान में पुष्कर को भी भारतीय तीर्थाटन का महत्त्वपूर्ण हिस्सा माना गया है। आंध्र प्रदेश में पुत्री पुरथी के सत्य साईं बाबा, महाराष्ट्र में शीरडी के साईं बाबा, पांडीचेरी के श्री अम्मा एवं अरविन्दों घोष भारतीय समाज के धार्मिक, भाषायी एवं क्षेत्रीय भिन्नता के बावजूद भारतीयों के लिए प्राणदायक हैं। आगरा के ताजमहल, दिल्ली के जामा मस्जिद तथा लाल किला, हैदराबाद का चार मीनार, लखनऊ का बड़ा इमाम बाड़ा आदि की वास्तु कलाएँ भारत के सभी कोनों से दर्शकों को आकर्षित करती हैं।

उपरोक्त विवरणों से स्पष्ट होता है कि भारत प्राचीन, मध्य एवं आधुनिक कालों में सामाजिक, धार्मिक, सांस्कृतिक, राजनीतिक, क्षेत्रीय एवं भाषायी एकता का उदाहरण प्रस्तुत करता आया है। यह भी सत्य है कि भारत सांस्कृतिक, सामाजिक, धार्मिक, भाषायी तथा क्षेत्रीय विविधता में भी अपना महत्त्वपूर्ण स्थान रखता है। लेकिन विविधता के बीच एकता ही भारतीय मूल संस्कृति की पहचान रही है। यही कारण है कि भारत विश्व के समक्ष अनेकता में एकता का अनोखा उदाहरण प्रस्तुत करता है।

ऊपर के वर्णन से स्पष्ट होता है कि भारत एक विविधता से भरा-पड़ा देश है जहाँ बहुक्षेत्रीय, बहुभाषी, बहुजातीय, बहुसांस्कृतिक लोग साथ-साथ रहते हैं। इसमें संदेह नहीं कि उनके क्षेत्र, भाषा, धर्म, संस्कृति इत्यादि में अंतर रहता है, लेकिन उनमें एकता भी देखी जाती है। रामायण तथा महाभारत की कथा सभी भाषाओं में लिखी गयी है। सभी जाति

तथा धर्म के अधिकांश लोग गांवों में साथ-साथ रहते हैं तथा कर्त्तव्य को अपना धर्म मानते हैं। सभी संस्कृतियों में सामाजिक गुणों के विकास पर बल दिया जाता है। सभी धर्म के त्योहारों में दूसरे धर्म के लोग उत्साहपूर्वक भाग लेकर उत्सव को सफल बनाते हैं। तीर्थ स्थल तथा मेले में सभी संप्रदाय के लोग एक-दूसरे को सहायता करते हैं तथा तीर्थाटन एवं मेला का लाभ उठाते हैं। हिन्दू समाज के लोग दुख निवारण के लिए मौलवी तथा पादरी के पास जाते हैं। उसी प्रकार मुसलमान तथा ईसाई भी दुख निवारण के लिए हिन्दू गुणी तथा ओझा के पास जाते हैं। बाढ़, भूकंप, महामारी, अकाल के समय सभी लोग एकजूट होकर मानवता की सेवा में उतर जाते हैं तथा स्वयं सेवी कार्य करते हैं। इस प्रकार भारत अनेकता में एकता का अनोखा उदाहरण प्रस्तुत करता है। अनेकता में एकता ही भारतीय सभ्यता की पहचान हैं। यही भारतीय समाज का मूल मंत्र है। त्योंहि भारतीय समाज की कल्पना किसी के मस्तिष्क में उत्पन्न होती हैं, त्योंहि मानवजातीय, धार्मिक, सांस्कृतिक, क्षेत्रीय तथा भाषाई विविधता वाला देश की तस्वीर उस व्यक्ति के मानस पटल पर अंकित हो जाता है। लेकिन जब वह भारतीयता की पहचान ढूंढने लगता है, तब उसे अनेकता में एकता दिखायी देती है। विविधता में एकता को बनाए रखने में सभी धर्म के अनुयायियों को त्याग करना पड़ा है तथा भारतीयता संबंधी तत्वों को अपनाना पड़ा है। यही कारण है कि भारत की पहचान विविधता दर्शाने वाले तत्वों से नहीं की जाती है। वरन् भारतीयता की पहचान विविधता में निहित एकता से की जाती है। इस एकता को बनाए रखने में भारत वर्ष के सभी जाति, धर्म, क्षेत्र, भाषा एवं संप्रदाय की भूमिका अतीत से ही महत्त्वपूर्ण रही है। अतीत से ही भारत में अनेकता के बीच एकता के बीज बोये गए हैं।

8

भारतीय समाज में नारी की स्थिति

STATUS OF WOMEN IN INDIAN SOCIETY

भारतीय नारी, जिसे भारतीय समाज में पुत्री, पत्नी, माता, सास, दादी तथा नानी के रूप में जीवन की विभिन्न अवस्थाओं में सामाजिक पद प्राप्त होते हैं, की स्थिति सभी कालों में एक समान नहीं रही है। विभिन्न कालों में उसकी स्थिति में परिवर्तन होते आया है। सिंधु घाटी सभ्यता माता प्रधान थी तथा मातृदेवी की पूजा की जाती थी। समाज का स्वरूप मातृसत्तात्मक था। इस प्रकार हड़प्पा संस्कृति में भारतीय समाज में नारी की स्थिति उच्च थी। माता के रूप में नारी का स्थान बड़ा ही आदरणीय था। समाज में परदा प्रथा नहीं थी। स्त्रियां विलासप्रिय होती थीं। धार्मिक तथा सामाजिक उत्सवों में स्त्री पुरुष समान रूप से भाग लेते थे।

पूर्व वैदिक काल अथवा ऋग्वैदिक काल

इस काल में भारतीय समाज में स्त्रियों को सम्मान दिया जाता था, लेकिन वे संपत्ति की उत्तराधिकारिणी नहीं होती थीं। कन्या, पत्नी तथा माता के रूप में नारी की काफी प्रतिष्ठा थी। परदा-प्रथा का प्रचलन नहीं था। स्त्रियों को अनेक स्वतंत्रताएं प्राप्त थीं। कन्या के लालन-पालन का भार परिवार पर था। कन्या के रूप में नारी गृहस्वामिनी कहलाती थी। उसके धार्मिक तथा सामाजिक अधिकार पति के समान थे। वह धर्म के कामकाज में हिस्सा लेती थी। स्त्रियां स्वतंत्र रूप से बाहर आ जा सकती थीं तथा यज्ञों एवं उत्सवों में भाग लेती थीं। इस युग में घोषा, लोपामुद्रा, विश्ववारा जैसी नारियां ऋषि पद पा चुकी थीं। स्त्रियों द्वारा मंत्रों की रचना भी की जाती थी।

उत्तर वैदिक काल

उत्तर वैदिक काल में स्त्रियों की दशा पहले से खराब हो गई थी। उनका कानूनी अधिकार सीमित था। वे चल अथवा अचल संपत्ति की स्वामिनी नहीं हो सकती थीं। इस समय धनी

वर्ग तथा राजाओं के बीच एक से अधिक विवाह करने की प्रथा चल पड़ी थी। इससे भी स्त्रियों के अधिकार सीमित हो गए थे। स्त्रियों की अर्जित संपत्ति पर पिता या पति का अधिकार रहता था। बहुपत्नी विवाह के कारण कई स्त्रियों का जीवन कष्टमय हो जाता था। स्त्री एवं पुरुष की समानता की भावना समाप्त हो गई थी। समाज में पिता की प्रधानता बढ़ गई थी। मैत्रायणी संहिता में नारी को पासा एवं सुरा के साथ-साथ तीन बुराइयों में गिना जाता था। इस काल में पुत्री की अपेक्षा पुत्र की कामना अधिक की जाती थी। कन्या का जन्म अभाग्य का लक्षण समझा जाता था। ऐतेरेय ब्राह्मण में कहा गया है कि पुत्री ही सभी दुखों का स्रोत एवं पुत्र ही परिवार का रक्षक है। उत्तर वैदिक काल में बाल-विवाह का उदाहरण नहीं मिलता है। अर्थव्यवस्था से पता चलता है कि कन्याएं आजीवन अविवाहित भी रहती थीं। लेकिन विवाह सामान्यत: अनिवार्य था तथा अविवाहित पुरुष को यज्ञ करने का अधिकार नहीं था। बिना स्त्री के पुरुष स्वर्गगामी नहीं हो सकता था। बिना नारी के पुरुष अपूर्ण समझा जाता था। इस काल में पुरुष को बहुपत्नी विवाह का अधिकार था, लेकिन स्त्रियों को बहुपति विवाह का अधिकार नहीं था। याज्ञवलक्य की दो पत्नियां थीं। ऐतेरेय ब्राह्मण में हरिशचंद्र की एक सौ पत्नियों का उल्लेख मिलता है। बहुविवाह की प्रथा धनी तथा राजकीय वर्ग तक सीमित थी। साधारण स्तर के व्यक्ति एक ही विवाह करते थे।

तैत्तिरीय संहिता से पता चलता है कि विधवा को पुन: विवाह का अधिकार था। इस युग में सजातीय एवं अंतरजातीय विवाह के उदाहरण भी मिलते हैं। शतपथ ब्राह्मण में ऋषि चयवन एवं राजा अयाती की पुत्री सुकन्या के विवाह का उल्लेख मिलता है। इस काल में स्त्रियों की शिक्षा पर विशेष ध्यान दिया जाता था। उनके ज्ञानार्जन में कोई रुकावट नहीं थी। गार्गी तथा मैत्रेयी की दृष्टांतों से पता चलता है कि अनेक नारियां इस युग में बौद्धिक गौरव प्राप्त कर चुकी थीं। गार्गी ने महर्षि याज्ञवल्क्य को राजा जनक की सभा में शास्त्रार्थ के लिए ललकारा था। स्त्रियों को यज्ञ में सम्मिलित होने का पूरा अधिकार था। फिर भी उत्तर वैदिक काल में नारियों की दशा पहले से खराब थी।

महाकाव्य युग

इस युग में बहुपति एवं बहुपत्नी प्रथा प्रचलित थी। विनियोग द्वारा संतानोत्पत्ति की स्वीकृति थी। सीता, द्रौपदी, गंधारी इत्यादि के रूप में नारियों को विशेष सम्मान प्राप्त था। नारियाँ अपने पति के धर्म पालन में पूर्ण सहयोग करती थीं। उनके सतीत्व शक्ति के आगे दुराचारियों का अंत हो जाता था।

बौद्ध एवं जैन काल

बौद्ध एवं जैन कालीन भारतीय समाज में स्त्रियों की दशा अधिक संतोषजनक नहीं थी।

हालांकि बौद्ध धर्म समानता सिद्धांत का समर्थक था, लेकिन प्रारंभ में स्त्रियों को संघ में प्रवेश करने की आज्ञा नहीं थी। कन्याओं की शिक्षा-दीक्षा का ध्यान रखा जाता था। हालांकि इस काल में परदा की जटिल प्रथा नहीं थी, लेकिन उनके शील तथा लज्जा का ध्यान रखा जाता था तथा पुरुषों से थोड़ा बहुत परदा अवश्य करना पड़ता था। कुछ स्त्रियां गणिका अथवा वेश्या का कार्य किया करती थीं। जातक कथाओं में गणिकाओं की कुटिलता तथा समृद्धि का उल्लेख है। वाराणसी गणिकाओं का प्रसिद्ध केंद्र था। वैशाली की आम्रपाली का भी उल्लेख मिलता है। अनेक योग्य तथा सुशिक्षित नारियों के भी उदाहरण मिलते हैं। अनेक स्त्रियां बौद्ध तथा जैन धर्म में दीक्षित भी होने लगी थीं।

मौर्यकाल

मौर्यकालीन भारतीय समाज में स्त्रियों का ऊंचा स्थान था। वे पति की संपत्ति की अधिकारिणी समझी जाती थीं। सामाजिक कार्यों में भाग लेने की उन्हें पूर्ण स्वतंत्रता थी। लेकिन अधिकांश स्त्रियां गृहकार्य में संलग्न रहती थीं। बड़े-बड़े घरानों में मर्यादा की रक्षा हेतु कुछ अंशों में परदा रखा जाता था। राज्य की ओर से स्त्रियों की सुरक्षा तथा अधिकारों की रक्षा पर विशेष बल दिया जाता था। स्त्रियों को विवाह विच्छेद का अधिकार था। वे अत्याचार के विरुद्ध न्यायालय का सहारा ले सकती थीं। स्त्रियों पर अत्याचार करने वालों को राज्य की ओर से कठोर दंड दिया जाता था। स्त्रियों में अंध विश्वास की मात्रा अधिक थी। असभ्य समाजों में स्त्रियों का विक्रय भी होता था। वेश्यावृत्ति भी प्रचलित थी। गणिकाएं अनेक प्रकार से राजाओं का मनोरंजन करती थीं। स्वतंत्र रूप से वेश्यावृत्ति करने वाली स्त्रियां रूपाजीवी कहलाती थीं। स्त्रियां गुप्तचर तथा सम्राट की अंगरक्षिका नियुक्त होती थीं। स्त्रियां बौद्ध भिक्षु भी थीं तथा वे परिचारिका का काम भी करती थीं।

गुप्तकाल

गुप्तकालीन भारतीय समाज में स्त्रियों की दशा पूर्ववर्ती युग की अपेक्षा दयनीय थी। इस युग में कुछ विदुषी महिलाओं का उल्लेख मिलता है। लेकिन उनकी संख्या नगण्य थी। समाज में विवाह का महत्त्वपूर्ण स्थान था। एक पत्नी प्रथा सर्वमान्य थी, फिर भी धन-संपन्न परिवारों और राजवंश में बहुपत्नी विवाह की प्रथा प्रचलित थी। यज्ञों एवं धार्मिक अनुष्ठानों में केवल महारानी को ही भाग लेने का अधिकार था। इस समय बाल विवाह का प्रचलन था। बाल विवाह के कारण नारी शिक्षा के क्षेत्र में पीछे हो गईं। इस समय विधवा विवाह का प्रचलन था। अंतर जातीय विवाह भी होते थे। विवाह न करने वाली विधवाओं को कठोर सात्विक जीवन व्यतीत करना पड़ता था। बेमेल विवाह का भी प्रचलन था। विभिन्न जातियों, संप्रदायों एवं वंशों के बीच विवाह होते थे। अनुलोम तथा प्रतिलोम विवाह भी

समाज में होते थे। शूद्र कन्याओं से भी विवाह किया जाता था। विदेशियों के साथ विवाह किए जाते थे। कदंब और इच्छवाकु वंश के ब्राह्मणों ने विदेशी शकों की पुत्रियों से विवाह किया था।

स्त्रियां समाज में स्वतंत्रतापूर्वक घूमती थीं। वे व्यवसायी तथा चिकित्सक से बात कर सकती थीं, लेकिन अजनबी व्यक्तियों से बात करने का अधिकार उन्हें नहीं था। अविवाहित कन्याओं, विधवाओं तथा पत्नियों पर कुछ सामाजिक बंधन प्रचलित थे। सती प्रथा राजवंशों तक सीमित थी। लेकिन सतीप्रथा वृहत स्तर पर प्रचलित नहीं थी तथा इसका धार्मिक महत्त्व नहीं था। यह विधवाओं पर छोड़ दिया गया था कि वे आत्मदाह करें अथवा साधवी बनकर जीवन व्यतीत करें। इस समय गणिकाओं और नगर वधुओं की प्रथा प्रचलित थी। मंदिर में देवदासियां रहती थीं। स्त्रियों को सीमित आर्थिक अधिकार प्राप्त थे। भाई के न रहने पर बहन पिता की संपत्ति की स्वामिनी होती थी। दहेज में मिले धन पर नारी का अधिकार पूरा होता था। इसे स्त्रीधन कहा जाता था। माताएँ अपने स्त्रीधन को अपनी कन्याओं को दे देती थीं। महिलाओं को स्त्रीधन के अतिरिक्त किसी भी संपत्ति के अधिकार से वंचित रखा गया था। स्त्रियों को स्वयं संपत्ति मान लिया गया था जिसे बेचा-खरीदा जा सकता था। सुखी एवं समृद्ध परिवारों में साहित्य एवं संस्कृति की शिक्षा दी जाती थी। इस काल में शीला भट्टारिका आदि महिलाएं कवयित्रियों एवं लेखकों के रूप में विख्यात थीं। उच्च जाति की स्त्रियां शासन एवं धार्मिक कार्यों में हाथ बंटाती थीं।

नवब्राह्मण काल

नवब्राह्मण अथवा हिन्दू कालीन भारतीय समाज में नारियों की स्थिति अत्यंत दयनीय हो गई थी। बाल विवाह का प्रचलन था, जिसके कारण महिलाएं शिक्षा के क्षेत्र में अत्यंत पीछे रह गईं तथा आरंभ से ही उन्हें गृहपत्नी के रूप में काम करना पड़ता था। उच्च जातियों में महिलाओं को धार्मिक अनुष्ठान का अभिन्न अंग माना जाता था। विधवाओं को पुनः विवाह का अधिकार नहीं था। वे या तो आत्मदाह कर लेती थीं अथवा साध्वी का जीवन व्यतीत करती थीं। लेकिन निम्न जातियों में महिलाओं को धार्मिक अधिकार नहीं था। वे विधवा होने पर विवाह करने के लिए स्वतंत्र थीं। उन जातियों में विधवा विवाह का प्रचलन था। उच्च जाति तथा राजवंशों में बहुपत्नी विवाह का प्रचलन था, लेकिन विधवा विवाह का प्रचलन नहीं था। एक पत्नी विवाह सर्वमान्य विवाह का स्वरूप था। सती प्रथा का पालन उच्च जाति अथवा राज घराने की महिलाएं करती थीं। मंदिरों में देवदासी प्रथा का प्रचलन था। स्त्री को धन-संपत्ति रखने का अधिकार नहीं था।

मध्य युग

मध्ययुगीन भारतीय समाज में नारियों की स्थिति और खराब हो गई थी। धर्म परिवर्तन तथा

कन्याओं पर अत्याचार के भय से बाल विवाह की संख्या में और वृद्धि हुई। कन्याओं का विवाह बचपन में ही कर दिया जाता था ताकि आक्रमणकारियों की दृष्टि अविवाहित कन्याओं पर नहीं पड़े। स्त्रियों को सती प्रथा तथा जौहर व्रत का पालन भी करना पड़ता था। लेकिन इस प्रकार की प्रथा उच्च जातियों तथा राजघरानों तक ही सीमित थी। कन्याओं तथा महिलाओं को परदा प्रथा का पालन आवश्यक रूप से करना पड़ता था। इससे वे शिक्षा के क्षेत्र में पिछड़ती चली गईं। उन्हें घर की चारदिवारी के अंदर ही जीवन व्यतीत करना पड़ता था। उन्हें धन संपत्ति रखने का अधिकार नहीं था। जोर-जुर्म द्वारा धर्म परिवर्तित कराई गई महिलाओं तथा उनकी लड़कियों को समाज स्वीकार नहीं करता था। उन्हें लाचार होकर वेश्यावृत्ति अपनाना पड़ता था। वेश्याएं अमोद-प्रमोद के साधन होती थीं। वेश्याओं को नृत्य, गीत तथा शारीरिक सुख से राजाओं तथा दरबारियों को खुश करना पड़ता था। कुछ नारियों को तो जासूसी का काम करना पड़ता था। लेकिन प्रशासन में नारी का स्थान नहीं था। लड़की की तुलना में लड़का को ज्यादा मान-सम्मान प्राप्त होता था। महिलाएं गृहस्वामिनी होती थीं, लेकिन पारिवारिक स्तर पर निर्णय पुरुष द्वारा ही लिया जाता था।

मुसलमानों में विवाह एक संविदा था। एक पुरुष अपनी पत्नी को कभी भी तलाक दे सकता था तथा उसे किसी प्रकार संपोषण खर्च नहीं देना पड़ता था। वह अपनी तलाकशुदा पत्नी को अपने भाग्य पर छोड़ देता था। मुसलमान समाज में विवाह, तलाक तथा उत्तराधिकार का नियंत्रण शरियत कानून या मुसलमान व्यक्तिगत कानून के अनुसार होता था। आज भी समान नागरिक संहिता के अभाव में शरियत मुसलमान समाज में प्रभावशाली हैं। मुसलमान धर्म उन्हें शिक्षा से भी वंचित किए हुए था।

ब्रिटिश शासन काल

ब्रिटिश शासन कालीन भारत समाज में नारियों की दशा सुधारने के कई प्रयत्न किए गए। स्कूल तथा कॉलेज की स्थापना की गई तथा स्त्रियों को भी पढ़ने-पढ़ाने का अधिकार दिया गया। हालांकि इस अवधि में स्कूल तथा कॉलेज की संख्या बहुत कम थी तथा केवल धनी परिवार की महिलाओं को ही पढ़ने का अवसर मिला, लेकिन भारतीय नारियों में शिक्षा का प्रवेश इस अवधि में आवश्यक रूप से हुआ। ब्रिटिश शासकों द्वारा बाल विवाह प्रथा (1929), सती प्रथा (1829) तथा दास प्रथा (1843) को समाप्त कर दिया गया था। विधवा विवाह को कानूनी मान्यता ब्रिटिश शासकों द्वारा 1856 में दी गई थी। ब्रिटिश शासकों के इन प्रयासों से भारतीय समाज में नारियों की स्थिति में सुधार हुआ। लेकिन अधिकांश परंपरागत परिवारों में नारी शिक्षा पर ध्यान नहीं दिया गया। ग्रामीण समाजों में बाल विवाह का प्रचलन बना रहा। उच्च जातियों में स्त्रियों को चारदिवारी से बाहर निकलने पर प्रतिबंध लगा रहा। उन्हें भाई, पिता अथवा पति के साथ बाहर जाने दिया जाता था। संयुक्त परिवार का प्रचलन था जिसमें सत्ता पुरुष मुखिया के हाथ में रहती थी।

पारिवारिक या सामाजिक निर्णय में स्त्रियों को हिस्सा नहीं लेने दिया जाता था। उच्च जातियों के धार्मिक अनुष्ठान में नारियों को शामिल किया जाता था। पुत्र के रहने पर पिता की संपत्ति में लड़कियों को उत्तराधिकार प्राप्त नहीं था। लड़कियों को मुखाग्नि देने का अधिकार नहीं था। उन्हें श्मशान घाट जाना वर्जित था। परंपरागत ग्राम पंचायत में नारियों की भागीदारी नहीं रहती थी। महिलाएँ अपने पिता, भाई या पति के माध्यम से पंचायत में भाग लेती थीं। निम्न जातियों की महिलाओं को जमींदारों तथा उनके आदमियों द्वारा दैहिक शोषण किया जाता था। इस काल में भी वेश्यावृत्ति का प्रचलन था। राजाओं तथा जमींदारों एवं उनके दरबारियों को वेश्याएँ गीत, नृत्य तथा यौन सेवा द्वारा मनोरंजन किया करती थीं। इस काल में तिलक तथा दहेज प्रथा का खूब प्रचलन था।

आधुनिक काल

स्वतंत्रता प्राप्ति के पश्चात् भारतीय समाज में नारियों की दशा बदलने के लिए हमारी प्रजातांत्रिक सरकार द्वारा कई सकारात्मक कदम उठाए गए हैं। नारी शिक्षा पर विशेष बल दिया गया है। आज हमारे प्रत्येक ग्राम में प्राथमिक विद्यालय हैं। चार-पांच गांवों पर मिडिल स्कूल हैं, जबकि दस से बीस गांवों को मिलाकर एक उच्च विद्यालय है। प्रत्येक जिला स्तर तथा कुछ प्रखंड स्तर पर कॉलेज हैं। इन शैक्षणिक संस्थाओं के अस्तित्व में आने से नारी शिक्षा में प्रगति हुई है। अब नारियों को मात्र घर की वस्तु नहीं माना जाता है। उन्हें पढ़ने-लिखने तथा कमाने का समान अधिकार दिया गया है। सरकार के इन सब प्रयासों के फलस्वरूप आज हम नारियों को केवल शिक्षित ही नहीं वरन् विभिन्न प्रकार की सेवाओं--शिक्षक, चिकित्सक, अभियंता, वकील इत्यादि में पाते हैं। आज वे मात्र गृह पत्नी नहीं, वरन् विभिन्न प्रकार के व्यवसाय तथा सूचना तकनीकी में भी आगे बढ़ गई हैं। बाल-विवाह का प्रचलन धीरे-धीरे समाप्त हो रहा है। उन्हें व्यस्क होने पर तथा अपनी मर्जी से विवाह करने का अधिकार दिया गया है। उन्हें अंतर्जातीय तथा अंतर्धार्मिक विवाह करने का अधिकार दिया गया है। शिक्षण संस्थाओं में नामांकन तथा नौकरियों में महिलाओं के लिए स्थान सुरक्षित किए गए हैं। सरकार के द्वारा महिलाओं के लिए लोक सभा एवं राज्य विधान सभाओं में 33 प्रतिशत स्थान सुरक्षित करने का प्रस्ताव है। सरकार द्वारा महिलाओं पर अत्याचार को रोकने के लिए महिला आयोग का गठन किया गया है। आज महिलाएं राजनीतिक क्षेत्र में मुखिया से लेकर मुख्यमंत्री एवं प्रधानमंत्री के पद पर भी आसीन हुई हैं। उन्हें चुनाव प्रक्रिया में समान रूप से भाग लेने का अधिकार दिया गया है। पिता की संपत्ति में पुत्रियों का समान अधिकार प्राप्त है। विधवाओं को पुनर्विवाह का अधिकार दिया गया है। माननीय सर्वोच्च न्यायालय द्वारा कार्य-स्थान पर कामकाजी महिलाओं को शारीरिक यातना देने पर कठोर दंड निर्धारित किया गया है। गरीबी रेखा से नीचे जीवन-बसर करने वाली महिलाओं के स्वास्थ्य स्थिति के लिए कई कल्याणकारी योजनाएं

चलाई जा रही हैं। जैसे आई.सी.डी.सी. मातृत्व लाभ योजना इत्यादि। मजदूर महिलाओं की सुरक्षा हेतु भी अनेक प्रकार की योजनाओं का सृजन किया गया है। हमारे केन्द्र तथा राज्य सरकारों के प्रयत्न से भारतीय समाज में नारी की स्थिति अवश्य उच्च हुई है तथा लड़कियों को समाज में सम्मान प्राप्त हुआ है। लेकिन परंपरागत ग्रामीण समाज में अभी भी नारियों को कुपोषण, कुप्रथा, शोषण, उत्पीड़न तथा अत्याचार का शिकार होना पड़ रहा है। आज भी परंपरागत समाज में लड़की पैदा होना दुर्भाग्य माना जाता है। लड़की को पराया धन माना जाता है, तथा लड़का को अपना धन माना जाता है। लड़की जन्म के समय परिवार समाज में उत्सव का माहौल नहीं रहता है। लेकिन लड़का जन्म के समय विशेष उत्सव तथा सामाजिक भोज का आयोजन किया जाता है। आज भी हिन्दू समाज में वर मूल्य प्रथा का प्रचलन जोरों पर है। जिसमें लड़की के पिता को तिलक के रूप में मोटी रकम तथा दहेज के रूप में आधुनिक सुख-सुविधा के साधन देना पड़ता है। तिलक तथा दहेज प्रथा के कारण लड़कियों को पिता घर तथा ससुराल दोनों जगह अपमानित होना पड़ता है। अपने माता-पिता लड़की को पराया धन मानते हैं। बचपन में उसकी पढ़ाई-लिखाई पर ध्यान न देकर तिलक तथा दहेज के लिए पैसा जमा करते हैं तथा जल्द से जल्द विवाह कर देना चाहते हैं। विवाह के बाद जब लड़की ससुराल जाती है तब तिलक-दहेज कम लाने के कारण उसे अपमानित होना पड़ता है। प्रत्येक साल कितनी पुत्रियां तथा नववधुएं दहेज की बलिबेदी पर चढ़ जाती हैं। उनकी हत्या ससुराल वालों द्वारा कर दी जाती है अथवा उन्हें आत्महत्या का सहारा लेना पड़ता है। आजकल शहरी तथा ग्रामीण क्षेत्रों में भी महिला भ्रूण हत्या की संख्या दिनोंदिन बढ़ती जा रही है। यह स्पष्ट दर्शाता है कि समाज अभी भी पुरुष मानसिकता से ग्रसित है तथा समाज में नारियों का स्थान सम्मान योग्य नहीं है। जब तक समाज की मानसिकता में बदलाव पूर्णरूपेन नहीं होगा, तब तक नारी समाज में अपने अधिकार से वंचित रहेंगी।

भारतीय समाज में नारी की समस्या

पुरुष एवं प्रकृति (नारी) सृष्टि के अनुपम उपहार हैं। प्रत्येक परिवार एवं समाज का नर और नारी आवश्यक अंग होते हैं। समाज-परिवार को चलाने में पुरुष एवं नारी दोनों का बहुमूल्य योगदान रहा है। सृष्टि को आगे बढ़ाने में भी दोनों का योगदान मूल्यवान है। एक परिवार समाज में नारी से हमारा रिश्ता माता, दादी, पत्नी, बहन, चाची, भाभी, मौसी, फुआ इत्यादि का हो सकता है। प्रत्येक समाज की करीब आधी मानव शक्ति महिलाओं द्वारा निर्मित होती है। हमारे देश का लिंग अनुपात 1991 की जनसंख्या के अनुसार 929 तथा 2001 के अनुसार 933 है। लेकिन यह अत्यंत ही दुर्भाग्य की बात है कि हमारे समाज में महिलाओं को समानता से वंचित कर दिया जाता है तथा उनके अधिकार एवं स्वतंत्रता समाप्त कर दिए जाते हैं।

महिलाएँ हमारी परंपरा एवं संस्कृति के संपोषक एवं संरक्षक रही हैं। परिवार रूपी संस्था की प्रथम शिक्षिका माँ होती है। उन्हें धनदेवी लक्ष्मी का अवतार माना जाता है। उन्हें विद्यादात्री माँ शारदा का अवतार तथा शक्ति स्वरूपा कहा गया है। लेकिन व्यवहार में उन्हें शक्ति, बुद्धि एवं धनविहीन बना दिया जाता है। हमारे यहाँ उपदेश में कहा जाता है कि जहाँ नारियों की पूजा होती है, वहाँ देवी-देवताओं का वास होता है। लेकिन हमारे समाज में नारियों को यातना, शोषण, हिंसा, उत्पीड़न एवं बलात्कार का शिकार होना पड़ता है। हम भारतीय समाज में नारियों की समस्याओं का अध्ययन निम्नलिखित उपशीर्षकों के अंतर्गत कर सकते हैं—

(i) लिंग विभेद (Gender Discrimination)

लिंग एक प्राकृतिक वस्तु है। परिवार, वंश, गोत्र, पदवी, उत्तराधिकार इत्यादि को पीढ़ी-दर-पीढ़ी बनाए रखने के लिए दोनों लिंगों (पुरुष एवं महिला) का समान महत्त्व है। अभाग्यवश भारतीय समाज में लिंग विभेद का एक महत्त्वपूर्ण कारक रहा है। कतिपय जनजातीय समाजों को छोड़कर हमारे यहाँ समाज का स्वरूप पितृसत्तात्मक, परिवार का स्वरूप पितृपक्षीय, स्थान का स्वरूप पितृस्थानीय, वंश एवं गोत्र का स्वरूप भी पितृरेखीय रहा है। इन समाजों में पुत्र को वंश तथा पुत्री को पराया धन या उपहार की वस्तु माना जाता है। इस प्रकार पुत्र को पुत्री की तुलना में अधिक मूल्यवान समझा जाता है। इस विशेष मूल्य के कारण हमारे समाज में लिंग विभेद प्रथा के रूप में प्रचलित रहती है तथा पीढ़ी-दर-पीढ़ी जारी रहती है। हमारे समाज में महिलाओं को अनेक प्रकार के निषेधों का पालन करना पड़ता है जिसके कारण वे अपने सामाजिक, सांस्कृतिक, धार्मिक, राजनीतिक तथा वैधिक अधिकारों से वंचित हो जाती हैं।

अगर हम शाब्दिक अर्थ में जाएँ तब लिंग का तात्पर्य पुरुष या महिला होना है। इसका प्रयोग संज्ञाओं को पुल्लिंग या स्त्रीलिंग या उभयलिंग के रूप में विभाजित करने के लिए भी किया जाता है। विद्वानों द्वारा जेंडर एवं सेक्स के बीच अंतर स्पष्ट करने का प्रयास किया गया है। उनके अनुसार सेक्स जेंडर शब्द का विपरीतार्थक नहीं हो सकता है। सेक्स का संबंध उन शारीरिक विशेषताओं से है जिसके आधार पर मानवरूपी प्राणी को पुरुष या स्त्री की संज्ञा प्रदान की जाती है। दूसरे तरह जेंडर का संबंध मानसिक एवं सामाजिक विशेषताओं से है जिनके द्वारा मानवीय व्यवहारों का श्रेणीकरण पुल्लिंग एवं स्त्रीलिंग के रूप में किया जाता है। इस प्रकार पुरुष एवं महिला सेक्स में अंतर का आधार शारीरिक है। लेकिन पुल्लिंग एवं स्त्रीलिंग जेंडर में अंतर का आधार सामाजिक एवं मानसिक निर्माण है।

जब आदमी और औरत को पुल्लिंग एवं स्त्रीलिंग का आधार मानकर समाज उनकी स्थिति, भूमिका एवं अधिकार में विभेद का निर्माण करता है, तब उसे लिंग विभेद कहा जाता है।

विभिन्न संस्थाओं में लिंग विभेद—हमारे समाज में विभिन्न संस्थाओं एवं संगठनों में विभेद के दृश्य उपस्थित होते हैं। हालांकि भारतीय संविधान की धारा 15(1) में धर्म, जाति, प्रजाति, लिंग, जन्मस्थान इत्यादि के आधार पर किसी भी प्रकार के विभेद को निषिद्ध माना गया है। तथापि लिंग विभेद भारतीय समाज की एक कटु सत्य व्यवहार है। अब हम विभिन्न संस्थाओं में प्रचलित लिंग विभेद का वर्णन करने जा रहे हैं—

(i) परिवार में लिंग विभेद—समाज का सबसे लघु इकाई परिवार है। इसका निर्माण पुरुष एवं महिला को विवाह बंधन में बंध जाने तथा संतानोत्पत्ति कर गृहस्थ आश्रम में प्रवेश करने के बाद होता है। यानी पुरुष एवं महिला के विवाह बंधन में बंध जाना तथा गृहस्थ आश्रम धर्म का पालन करते हुए धर्म, अर्थ, काम एवं मोक्ष को प्राप्त करना ही परिवार रूपी संस्था के महान कार्य हैं। इसमें महिला एवं पुरुष दोनों की भूमिका बराबर होती है। लेकिन परिवार का मुखिया पति या पुरुष होता है तथा वही परिवार में सत्ता का केन्द्र होता है। लिंग के आधार पर परिवार में श्रम का विभाजन होता है। पुरुष को कमाने वाला कहा जाता है तथा स्त्री को गृह पत्नी की संज्ञा प्रदान की जाती है तथा उसे घरेलू कामों में व्यस्त रखा जाता है। आजकल अनेक महिलाएं नौकरी तथा व्यवसाय में लगी हुई हैं। वे अपने पति के समान समय पर काम करने जाती हैं तथा समय से घर लौटती हैं। कामकाजी होने के बावजूद उन्हें घरेलू कामों से मुक्ति नहीं मिलती है। काम पर जाने से पहले नाश्ता खाना तैयार करना पड़ता है। अपने पति को काम पर भेजने के बाद वे काम पर जाती हैं। काम से लौटने के बाद वे पति को चाय नाश्ता बनाकर देती हैं। इस प्रकार महिलाओं को कामकाजी होने के बावजूद गृह पत्नी की ही स्थिति प्राप्त होती है। गृहपत्नियां भी घर में कम काम नहीं करती हैं, जिसका मूल्य उनके पतियों द्वारा कमायी गयी मजदूरी या वेतन से कहीं ज्यादा होता है, लेकिन उनकी कमायी को गैर-उत्पादक की श्रेणी में रखा जाता है।

भारत में करीब 30 प्रतिशत परिवार का अस्तित्व महिलाओं की कमायी पर आश्रित है। उन परिवारों को महिला मुखिया परिवार.कहा जाता है। लेकिन यह श्रेणी.केवल उन्हें दायित्व बोध कराती है, शक्तिबोध नहीं। परिवार की मुखिया रहने पर भी उन्हें शारीरिक एवं मानसिक यातना का शिकार होना पड़ता है।

समाजीकरण परिवार का मुख्य कार्य है। समाजीकरण प्रक्रियाओं में भी लिंग विभेद विद्यमान रहता है। पुत्र एवं पुत्रियों का समाजीकरण अलग-अलग ढंग से होता है। पुत्र अपने पिता के साथ घर के बाहर के कामों को सीखता है। पुत्री अपनी माता के साथ घरेलू कामों को सीखती है। वह अपने भाइयों को खाना बनाकर तथा परोस कर खिलाती है। उनके जूठे बर्तनों को साफ करती है। पुत्री के जीवन का उद्देश्य विवाह एवं माता बनना होता है। जबकि पुत्र के जीवन का उद्देश्य पढ़-लिखकर अच्छी नौकरी पाना रहता है। पुत्री को घरेलू कामों में व्यस्त रखा जाता है। पुत्र को बाहर पढ़ने के लिए भेजा जाता है। क्योंकि पुत्र को अपना धन तथा पुत्री को पराया धन माना जाता है। पुत्री जन्म पर शोक मनाया जाता है तथा पुत्र जन्म पर जश्न मनाया जाता है। पुत्र की सभी इच्छाएँ अविलंब पूर्ण की जाती

हैं। पुत्रियों को अपनी सीमित इच्छाओं के लिए अनेक बार अनुनय विनय करना पड़ता है। पुत्र को खूब दूध पिलाया जाता है। पुत्री को भरपेट अन्न भी नसीब नहीं होता है। पुत्र को तुरंत इलाज कराया जाता है। पुत्री को अपने भाग्य भरोसे छोड़ दिया जाता है। इस प्रकार परिवार से ही लिंग विभेद बाहर आता है तथा समाज के अन्य संस्थाओं में फैल जाता है।

(ii) धार्मिक संस्थाओं में लिंग विभेद—हमारे धार्मिक साहित्यों में नारी के प्रति दोहरा चरित्र दर्शाया गया है। एक ओर उन्हें देवी, दुर्गा, लक्ष्मी, सरस्वती इत्यादि की संज्ञा दी गयी है, तो बाल विवाह, सती प्रथा तथा विधवा से संबंधित प्रतिबंधित जीवन हमारे समाज में महिलाओं के अपमानजनक स्थिति पर प्रकाश डालता है। विधवाओं को किसी भी प्रकार के धार्मिक अनुष्ठान या कर्मकांड में भाग नहीं लेने दिया जाता है। जबकि विधुर को हर तरह के कर्मकांड एवं धार्मिक अनुष्ठान में भाग लेने की पूर्ण स्वतंत्रता रहती है। महिलाओं को यज्ञ कराने का अधिकार नहीं है। वे धार्मिक विशेषज्ञ भी नहीं हो सकतीं। बलि देना उनके लिए वर्जित है। ज्यादा पूजापाठ करने पर उन्हें डायन भी कहा जाता है। अपने माता, पिता या पति का अंतिम संस्कार करना उनके लिए धार्मिक दृष्टि से निषिद्ध माना गया है।

(iii) शैक्षिणक संस्थानों में विभेद—हम जिस भी स्कूल के वर्ग में जाते हैं, वहाँ लड़कों का नामांकन अधिक तथा लड़कियों का नामांकन कम मिलता है। वर्ग में लड़कों की तुलना में लड़कियाँ कम उपस्थित रहती हैं। लड़कियां लड़कों की तुलना में अधिक स्कूल की पढ़ायी छोड़ देती हैं। आज हमारे समाज में पुरुष एवं महिला की साक्षरता दर में काफी अंतर है। पुरुष साक्षरता जहाँ 75.85 है, वहीं महिला साक्षरता 54.16 है। ग्रामीण समाजों, अनुसूचित जनजातियों एवं अनुसूचित जातियों के बीच महिला साक्षरता दर अत्यंत दयनीय है। कई सामाजिक तथा सांस्कृतिक निषेधों के कारण लड़कियों को स्कूल नहीं भेजा जाता है तथा उन्हें अशिक्षित रह जाने के लिए बाध्य कर दिया जाता है। एक आम धारणा यह भी है कि पढ़ी-लिखी लड़कियों के विवाह में अधिक धन खर्च होता है। इसके कारण भी लड़कियों की पढ़ायी पर विशेष ध्यान नहीं दिया जाता है।

(iv) आर्थिक संस्थाओं में विभेद—परिवार को चलाने के लिए लिंग के अनुसार श्रम विभाजन में महिलाओं के हिस्से में घरेलू कामकाज सौंपा गया है। आरंभ में जब मानव अपने अस्तित्व के लिए प्रकृति के साथ कठिन संघर्ष कर रहा था तब महिला एवं पुरुष के बीच श्रम का विभाजन लिंग के अनुसार नहीं था। पुरुष एवं महिला साथ-साथ खाद्य संकलन, शिकार तथा मत्स्य मारण का काम करते थे। दोनों साथ-साथ पाषाण अस्त्र बनाते थे। हालांकि गर्भधारण की अंतिम अवस्था, प्रसवकाल तथा आरंभिक शिशुपालन अवधि में उन्हें संरक्षण की आवश्यकता होती है। लेकिन अन्य दिनों में वे पुरुषों के साथ कंधा से कंधा मिलाकर अस्तित्व भरी संघर्ष का सामना करती थीं। यह स्थिति खाद्य संकलन, शिकार, पशुचारण तथा स्थानांतरण कृषि की अवस्था तक बनी रही। कृषि अवस्था के आविष्कार के साथ स्थायी ग्राम जीवन की शुरुआत हुई तथा महिलाओं को लिंग के

अनुसार श्रम विभाजन में घरेलू काम-काज तक सीमित कर दिया गया। हल जोतना, बीज बोना इत्यादि कामों को महिलाओं के लिए निषिद्ध कर दिया गया। इस प्रकार लिंग विभेद आर्थिक संस्थाओं में आरंभ हुआ।

हालांकि संगठित क्षेत्रों में महिलाओं को समान काम के लिए समान मजदूरी का भुगतान किया जाता है। लेकिन असंगठित क्षेत्रों में महिलाओं के साथ वेतन भुगतान में भेदभाव किया जाता है। उन्हें समान काम तथा समान अवधि के लिए पुरुष मजदूरों की तुलना में कम मजदूरी का भुगतान किया जाता है। सरकारी ठेकेदार भी ठेके के काम में मजदूरी भुगतान के समय लिंग विभेद कर देते हैं।

परिवार नामक संस्था में तो महिलाओं को संपत्ति उत्तराधिकार प्राप्त नहीं है। पिता की संपत्ति पुत्र को प्राप्त होती है। पुत्री अपने पिता की संपत्ति उत्तराधिकार में प्राप्त नहीं करती है। केवल पुत्री वाले पिता की संपत्ति भाइयों या भतीजों को उत्तराधिकार में मिल जाती है। एक महिला अपनी पति के संपत्ति में हिस्सा नहीं प्राप्त करती है। उसे संपत्ति रखने का अधिकार भी नहीं दिया गया है। उसे विधवा हो जाने पर केवल जीने का खर्च (खोरिश) दिया जाता है। महिलाओं को अपने जीवन तक अपने गहनों पर अधिकार होता है। उनकी मृत्यु के बाद गहना पुत्र वधुओं की संपत्ति बन जाती है।

(v) राजनीतिक संस्थाओं में विभेद—भारतीय महिलाओं को राजनीतिक संस्थाओं में भी विभेद का शिकार होना पड़ता है। अधिकांश ग्रामीण परिवारों में महिलाओं को पारिवारिक स्तर के निर्णय में शामिल नहीं किया जाता है। परंपरागत पंच व्यवस्था, पंचायत व्यवस्था, जाति पंचायत ग्राम पंचायत तथा अंतरग्राम पंचायत में महिलाओं की सहभागिता पर प्रतिबंध लगाया जाता है। उन्हें अपने केस को भी पंचायत के समक्ष रखने का मौका नहीं दिया जाता है। उनकी बातों को उनके पिता, भाई या पति पंचायत के समक्ष रखता है। इस प्रकार परंपरागत राजनीतिक संस्थाओं में उनकी सहभागिता नहीं रहती है।

स्वतंत्रता प्राप्ति के बाद व्यस्क महिलाओं को मताधिकार प्रदान किया गया है। उन्हें पंचायत, नगरपालिका, नगर निगम विधान सभा तथा लोक सभा में मतदान करने का अधिकार दिया गया है। उन्हें चुनाव लड़ने का भी अधिकार दिया गया है। लेकिन वे ज्यादातर उदासीन रहती हैं तथा घर द्वार की जिम्मेदारी से बंधी रहती हैं। वे अपनी इच्छा से मतदान भी नहीं करती हैं। कई समाजों में महिलाओं को मतदान केंद्र तक जाना वर्जित किया गया है।

भारतीय संविधान के 73वाँ एवं 74वाँ संविधान संशोधन के अंतर्गत ग्रामीण तथा शहरी महिलाओं को पंचायत, नगरपालिका, नगर निगमों जैसे शासी निकायों में एक-तिहाई प्रतिनिधित्व सुनिश्चित कर दिया गया है। विधान सभा तथा लोक सभा में महिलाओं के लिए एक-तिहाई सीटों के आरक्षण संबंधी विधेयक अभी भी संसद में विचाराधीन है।

(vi) लिंग विभेद : एक नारीवादी विश्लेषण—लिंग विभेद को नारी-आंदोलन की दृष्टि से विश्लेषण करना यहाँ अनिवार्य प्रतीत होता है। हमारे समाज में लिंग विभेद को सामाजिक मान्यता प्राप्त है। तभी एक महिला को जन्म से लेकर मरण तक लिंग विभेद का

सामना करना पड़ता है। समाज में पुरुष को घर बैठे खाना तथा महिलाओं को दिन-रात घर में काम करना बुरा नहीं माना जाता है। एक बीमार महिला अपनी बीमारी की हालत में भी खाना बनाकर पति तथा बच्चों को खिलाती है। बीमारी में भी उसे आराम नहीं मिलता। लेकिन एक स्वस्थ पति अपनी पत्नी एवं बच्चों का खाना नहीं बना सकता, उनके कपड़ों को नहीं धो सकता। ऐसा लिंग विभेद के कारण नहीं किया जाता। नारीवादी लिंग विभेद को अच्छा नहीं मानते। वे लोग नारीवाद या नारी आंदोलन को सिद्धांत एवं व्यवहार दोनों में स्वीकार करते हैं।

नारीवाद सिद्धांत एवं व्यवहार दोनों हैं। नारीवादी पुरुष एवं महिला समानता के संबंध में केवल उपदेश नहीं देते, वरन् उसे व्यवहार में भी अमल लाते हैं। नारीवादी केवल विभिन्न संस्थाओं में नारियों के शोषण, उत्पीड़न, अत्याचार को केवल पहचान ही नहीं करते, वरन् उनके विरुद्ध आवाज भी बुलंद करते हैं। महिलाओं के शोषण, उत्पीड़न एवं अत्याचार के खिलाफ क्रियात्मक कार्यवाही भी करते हैं। वे महिलाओं को मान-सम्मान दिलाने का हर संभव प्रायास करते हैं। इस प्रकार नारीवादी विचार एवं क्रिया दोनों से पुरुष-नारी समानता की बात करते हैं।

नारीवादियों का मानना है कि पुरुष एवं महिला को अलग-अलग ढंग से देखने का आधार शारीरिक अंतर नहीं होना चाहिए। नारीवादियों द्वारा पितृ सत्तात्मकता, पुरुष प्रधानता, महिला दमन तथा नारी उत्पीड़न जैसे शब्दों का प्रयोग लिंग विभेद की व्याख्या हेतु किया जाता है। नारीवादियों का कहना है कि महिलाओं के पास केवल प्रजनन क्षमता ही नहीं वरन् उत्पादन क्षमता भी है। अतः महिलाओं को केवल प्रजननकारी न माना जाये वरन् उन्हें भी पुरुषों के समान उत्पादनकारी माना जाए। उत्पादक एवं गैर-उत्पादक कार्यों का विभाजन बंद होना चाहिए। सभी महिलाओं को कर्मी माना जाए। उनके घरेलू कामों को भी उत्पादक काम की श्रेणी में रखा जाए।

नारीवादियों के अनुसार महिलाओं को शारीरिक, मानसिक तथा बौद्धिक दृष्टि से कमजोर नहीं सोचा जाए। उन्हें भी मानसिक तथा बौद्धिक विकास का अवसर प्रदान किया जाए। अगर उन्हें भी पढ़ने-लिखने का उचित अवसर मिले तो वे पुरुषों की तुलना में किसी काम में पीछे नहीं रह सकती हैं।

महिलाओं की शारीरिक बनावट को उनकी अयोग्यता एवं निर्योग्यता का परिचायक नहीं माना जाना चाहिए। यह सत्य है कि अपने जीवन के कुछ अवधि में अस्थायी रूप से जनजीवन में सक्रिय भाग नहीं ले पाती हैं। उदाहरण के लिए गर्भावस्था, शिशु जन्म तथा शिशु पालन। लेकिन इन सभी जिम्मेदारियों के बावजूद वे दो तरह की कार्य भूमिका निभाती हैं। एक ओर वे घरेलू काम करके घर के उत्थान में पूर्ण सहयोग देती हैं, तो दूसरी तरफ वे मजदूरी तथा वेतन अर्जित कर अपने घर की आय को सुदृढ़ कर देती हैं। पुरुष केवल एक ही तरह के काम करते हैं। लेकिन इसके बावजूद उन्हें पत्नी ही कहा जाता है। उनकी पहचान उत्पादनकर्त्ता के रूप में नहीं हो पाती है। चूंकि नारीवादी पुरुष प्रधानता को

चुनौती देते हैं, अतः उन्हें पुरुषों से घृणा करने वाला, गृह शांति भंग करने वाला, घर तोड़ने वाला आदि कहा जाता है। लेकिन इस तरह के आरोप सरासर गलत हैं। नारीवादी पुरुष प्रधान व्यवस्था के विरोध में संघर्ष करते हैं। उनका संघर्ष महिलाओं के साथ किए जा रहे अन्यायों एवं महिला उत्पीड़न में लिप्त व्यक्तियों से है। नारीवादियों का लक्ष्य महिलाओं को पुरुषों के विरुद्ध भड़काना नहीं है। वरन् उनका लक्ष्य एक ऐसे समाज का निर्माण करना है जिसमें नारी-पुरुष समानता की स्थापना हो। यह समाज नारी-पुरुष समानता के लिए विचार एवं क्रिया दोनों से समर्पित रहे। इस प्रकार लिंग समानता की स्थापना नारी आंदोलन का मुख्य लक्ष्य है। नारी समानता का तात्पर्य यहाँ उस स्थिति से है जिसमें पुरुष एवं महिला के साथ समान रूप से व्यवहार किया जाता है। लिंग संवर्ग समाज में पुरुष एवं महिला को अपने विकल्पों को कार्यरूप देने की स्वतंत्रता रहती है। वहाँ न तो एक महिला के साथ कोई विभेद किया जाता है, और न ही किसी पुरुष को प्राथमिकता दी जाती है। लिंग संवर्ग सामाजिक व्यवस्था में पुरुष एवं महिला को उत्पीड़क सामाजिक अपेक्षाओं से मुक्त कर दिया जाता है। इस समाज में पुरुष एवं महिला दोनों इस ढंग से रहते हैं तथा कार्य करते हैं जिससे दोनों को संतुष्टि मिलती है, किसी अन्य की संतुष्टि नहीं।

लिंग समानता की दिशा में प्रथम प्रयास वैसे समाज का निर्माण करना है जिसमें पुरुष एवं महिला के बीच सभी प्रकार की असमानता को समाप्त किया जा सके। लिंग संवर्ग समाज में महिला एवं पुरुष को किसी काम करने या न करने का विकल्प खुला रहता है। लिंग समानता की प्राप्ति तभी होती है जब कोई महिला अपने आपको निम्न नहीं समझती या कोई पुरुष अपने आपको श्रेष्ठ नहीं समझता है। एक महिला को यह नहीं समझना चाहिए कि माता होना उसकी कमजोरी है। वरन् मातृत्व को उसे अपनी शक्ति समझना चाहिए। शिशु पालन की जिम्मेवारी माता एवं पिता दोनों को निभानी चाहिए, केवल माताओं को नहीं।

लिंग संवर्ग समाज में पुरुष एवं महिला को उनके द्वारा किए गए कामों के लिए सम्मान दिया जाता है। जो काम वे नहीं कर पाते उसके लिए उन्हें अपमानित नहीं किया जाता है। यहाँ गृहपति एवं गृहपत्नी दोनों को समभाव से देखा जाता है। खाना बनाने तथा खिलाने में पुरुष-महिला दोनों हाथ बंटाते हैं। यहाँ शारीरिक एवं मानसिक यातना का कोई स्थान नहीं है। यहाँ विकास का अवसर दोनों को समान रूप से प्रदान किया जाता है। दोनों के समान रूप से प्रदान किया जाता है। दोनों के मानवाधिकारों की रक्षा समान रूप से की जाती है। लिंग संवर्ग समाज में महिला को आदर एवं सम्मान के साथ जीने का अधिकार मिलता है। वे अपने जीवन को घर एवं घर से बाहर सम्मानपूर्वक जीती हैं।

2. घरेलू हिंसा (Domestic Violence)

जब एक पुरुष एवं महिला पति-पत्नी के बंधन में बंधकर संतान की सृष्टि करते हैं तब

परिवार या घर का सृजन होता है। अकेले न तो पुरुष और न ही कोई महिला परिवार का निर्माण कर सकती है। लेकिन दुर्भाग्यपूर्ण बात यह है कि महिलाओं, जिनके साथ घर शब्द घनिष्ठ रूप से जुड़ा हुआ है, को अपने ही घर में घरेलू हिंसा की स्थिति झेलनी पड़ती है। उनके साथ हिंसक व्यवहार करने वाला कोई और नहीं वरन् उनके पति, सास, ससुर, ननद, भैंसुर इत्यादि रिश्तेदार ही होते हैं। जब एक महिला अपने मैके से डोली में ससुराल के लिए रवाना होती है, तब उसे मैके की याद बहुत सताती है। लेकिन पति के प्यार, सास-ससुर के स्नेह, ननद जैसी सहेली तथा गोतनी जैसी बहन की कल्पना से वह अपने मैके को शनैः-शनैः भूलने का प्रयास करती है। वह सपने में भी नहीं सोचती है ससुराल से उसकी अर्थी समय से पहले उठ जायेगी। उसकी समस्त आशाओं पर पानी फिर जायेगा और वह मैके एवं ससुराल दोनों जगहों से चल बसेगी। महिलाओं के ऊपर घरेलू हिंसा शारीरिक एवं मानसिक यातना, मार-पीट, जला देना, जहर दे देना, नदी या कुँआ में फेंक देना, आग जला देना, दागना, गुप्तांग पर प्रहार करना, बलात्कार इत्यादि के रूप में घटित होती हैं।

घरेलू हिंसा घर-परिवार में घटित होने वाले हिंसक व्यवहारों को कहा जाता है। घरेलू हिंसा में अपने घर के ही सदस्य किसी दूसरे सदस्य के प्रति हिंसक व्यवहार करने लगते हैं। उसे खाना नहीं देते, उसके साथ मारपीट करते, उसको गाली-गलौज द्वारा मानसिक यातना देते, उसकी सतीत्व लूटते, उसे कुंआ, नदी तालाब में फेंक देते, उसे जलाकर मार देते, उसे फांसी पर लटका देते या अपने व्यवहार से उसे आत्महत्या के लिए बाध्य कर देते हैं। यों तो घरेलू हिंसा के अंतर्गत परिवार के किसी भी सदस्य को शामिल किया जाता है, लेकिन महिलाओं को अक्सर ही घरेलू हिंसा की स्थिति झेलनी पड़ती है। केवल देहाती तथा ग्रामीण क्षेत्र में रहने वाली महिलाओं को ही घरेलू हिंसा का सामना नहीं करना पड़ता है, वरन् शहरी क्षेत्र में रहने वाली महिलाओं को भी अक्सर ही इस स्थिति का सामना करना पड़ता है। घरेलू हिंसा केवल आदिवासी तथा हरिजन तथा पिछड़ी जातियों तक ही सीमित नहीं है, वरन् उच्च जाति की महिलाओं को भी अक्सर ही इस स्थिति का सामना करना पड़ता है। अतः नारी के ऊपर घरेलू हिंसा जाति, धर्म एवं क्षेत्र से ऊपर की घटना है। 1995 के मानव विकास प्रतिवेदन के अनुसार हमारे देश में दो-तिहाई विवाहित महिलाओं को घरेलू हिंसा की स्थिति झेलनी पड़ती है। हमारे देश में घरेलू हिंसा की घटना में 1989—1999 के बीच 278 प्रतिशत की वृद्धि हुई है। महिलाओं के प्रति हो रही अपराधिक घटनाओं में से 30 प्रतिशत उनके घर में ही होती हैं।

हमारे देश में महिलाओं को घरेलू हिंसा का सामना अतीत से ही करना पड़ा है। लेकिन हाल के वर्षों में घरेलू हिंसा में आश्चर्यजनक ढंग से वृद्धि हुई है। आज हम भौतिक युग में जी रहे हैं। हमारे व्यवहार का नियंत्रण उपभोगवाद एवं बाजारवाद से हो रहा है। नारियों को तो आरंभ से ही उपहार की वस्तु माना जाता रहा है। उनके रूप लावण्य को तो समाज उपभोग की दृष्टि से देखता ही है। लेकिन इस उपभोगवादी युग में लोगों की आकांक्षाएं महिलाओं से और बढ़ गयी हैं। अब लोग सोचने लगे हैं कि विवाह में महिलाएँ

अपनी सुंदरता के साथ-साथ उपभोग की कीमती वस्तुएं जैसे घर, कार, फर्निचर, ए.सी., फ्रिज, कलर टी.वी., सेल फोन तथा अच्छी मात्रा में नगद राशि लेकर आये। महिलाओं से उपभोग की कीमती वस्तुएं समाज के लोग प्राप्त करना चाहते हैं। विवाह के बाद भी उन्हें मैके से नगद राशि तथा कीमती उपभोग की वस्तुएँ लाने को कहा जाता है। विवाहित महिलाएँ ऐसा नहीं करना चाहती हैं। इसलिए उन्हें घरेलू हिंसा का शिकार होना पड़ता है। आधुनिक कीमती वस्तुओं की माँग घरेलू हिंसा को और बढ़ावा दे रही है।

महिलाओं को घरेलू हिंसा से सुरक्षा प्रदान करने के लिए प्रभावशाली कानून बनाने की आवश्यकता है। केन्द्र सरकार द्वारा घरेलू हिंसा से सुरक्षा संबंधी एक विधेयक 2001 में लाया गया था लेकिन इस विधेयक का विरोध महिला संगठनों द्वारा किया गया। यह विधेयक अभी भी सरकार के पास विचाराधीन है।

घरेलू हिंसा को समाज किसी परिवार का व्यक्तिगत मामला मानता है। यही कारण है कि पड़ोसी, जाति, समुदाय घरेलू हिंसा के विरुद्ध आवाज नहीं उठाते। यह तो घर-घर का मामला माना जाता है। महिलाएँ भी बहुत प्रकार की घरेलू हिंसा को किसी से बतलाती नहीं हैं। वे सब कुछ अपनी नियति समझकर झेलती जाती हैं। जब जीवन जीना असंभव हो जाता है तब वे जहर खाकर, नदी या कुंआ में कूदकर, फांसी लगाकर या जहर खाकर अपना प्राणांत कर लेती हैं।

3. सामाजिक हिंसा (Social Violence)

महिलाओं को सामाजिक हिंसा की स्थिति भी झेलनी पड़ती है। महिला भ्रूण हत्या (Foeticide) तथा बालिका वध (Female Infanticide)। ये दो प्रथाएँ सामाजिक हिंसा से जुड़ी हुई होती हैं, क्योंकि इन्हें समाज की स्वीकृति प्राप्त रहती है। इस सामाजिक हिंसा में समाज की महिलाएँ भी शामिल रहती हैं। वे भी नहीं चाहती कि वे बेटी को जन्म दें तथा उनका लालन-पालन करें।

पूरे देश में प्रत्येक वर्ष करोड़ों महिला भ्रूणों की हत्या कर दी जाती है। इस हत्या को अंजाम देने वाले कोई अनपढ़ गंवार व्यक्ति नहीं होते। वरन् पढ़े-लिखे डॉक्टर होते हैं जिनका समाज में उच्च स्थान होता है। इनमें से कई महिला डॉक्टर भी होती हैं। पढ़ी-लिखी तथा अच्छे पद पर कार्यरत महिला भी अपनी पुत्री को गर्भ में ही नष्ट कर देती हैं। यह हमारे समाज की पुत्री के प्रति हिंसक व्यवहार दर्शाता है। 1971 में हमारे देश की सरकार द्वारा मेडिकल टर्मिनेशन आफ प्रिग्नेंसी एक्ट का निर्माण किया गया। इस कानून के अंतर्गत चिकित्सा की दृष्टि से अनिवार्य होने पर गर्भपात को वैध बना दिया गया है। लेकिन इसका तात्पर्य यह कदापि नहीं की केवल महिला भ्रूणों की हत्या की जाये। पहले केवल महानगरों में लिंग निर्धारण केन्द्र पाए जाते हैं। लेकिन आज कल ऐसे केन्द्र गाँव-देहातों में भी पाए जाते हैं।

ऐसी सामाजिक हिंसा के पीछे पुत्रियों को परिवार पर बोझ समझा जाना है। पुत्रियों के विवाह के समय तिलक-दहेज की व्यवस्था करनी पड़ती है। तिलक-दहेज की राशि एवं सामग्री बड़ी विशाल होती है। इसी आर्थिक भय से लोग पुत्री को जन्म ही नहीं देना चाहते तथा गर्भ में ही उनकी हत्या कर दी जाती है।

हमारे समाज में बालिका वध प्रथा भी कई समाजों में प्रचलित है। इस प्रथा के अंतर्गत बालिकाओं को जन्म लेने के बाद बाल्यावस्था में कभी-कभी वध कर दिया जाता है। कुछ समाजों में पुत्री जन्म की सूचना पास-पड़ोस को दिए बगैर ही गला घोंटकर मार दिया जाता है। मरे हुए जन्म की सूचना समाज में फैला दी जाती है। तमिलनाडु तथा राजस्थान के कुछ क्षेत्रों में यह प्रथा आज भी जोरों पर प्रचलित है।

इन दोनों अमानवीय प्रथाओं के कारण हमारे देश का लिंग अनुपात प्रभावित हुआ है तथा हमारे देश के हरियाणा तथा पंजाब राज्यों में लड़की खरीदकर विवाह करने की प्रथा प्रचलित हो गयी है। फिर भी लोग इस प्रथा को बनाए रखे हुए हैं।

4. तिलक-दहेज (Dowry)

हमारे देश एवं समाज में जब विवाह का मौसम आता है तब चारों तरफ दहेज, तिलक, उपहार इत्यादि की चर्चा होती रहती है। कोई कहता है खूब तिलक-दहेज लेकर बहू आयी है। कोई कहता अच्छे घर से आयी है, खूब उपहार लायी है। कोई कहता कंगाल घर से आयी है, कुछ नहीं लायी है। बाप सोने के लिए खटिया मचिया भी नहीं दिया। इस तरह की चर्चा से तिलक दहेज के प्रचलन की ओर हमारा ध्यान स्वत: ही चला जाता है।

तिलक-दहेज उस भुगतान को कहा जाता है जिसे नगद या वस्तु के रूप में पुत्री का पिता दुल्हा अथवा दुल्हा के पिता को अपनी पुत्री के विवाह के समय देता है। यह सत्य है कि विवाह से नए परिवार एवं घर का निर्माण होता है। घर को चलाने के लिए नगद एवं विभिन्न प्रकार की वस्तुओं की आवश्यकता होती है। लेकिन घर चलाने के लिए लड़की के पिता के ऊपर ही सब कुछ बोझ लाद देना कहां तक उचित है। उसके घर की लड़की भी चली जाती है तथा साथ में नगद एवं सामान भी। इसके बावजूद लड़की का जीवन ससुराल में सुखद रहेगा या नहीं, इस पर प्रश्नचिह्न लगा रहता है।

प्राचीन समय में तिलक-दहेज का भुगतान राजाओं, जमींदारों तथा जागीरदारों के बीच चरम पर था। आजादी के बाद नवधनाढ्य वर्ग, नौकरशाही वर्ग, नव शासक वर्ग इत्यादि का उदय हुआ। इसके कारण समाज में तिलक-दहेज प्रथा और चरम पर पहुँच गयी।

उपभोगतावाद एवं बाजारवाद के कारण तिलक-दहेज की दर में अप्रत्याशित रूप से वृद्धि हुई है। जो लड़का जितना ही पढ़ा-लिखा होता है उसकी तिलक-दहेज दर उतनी ही अधिक होती है। डॉक्टर, इंजीनियर, नौकरशाह इत्यादि की तिलक दर अत्यधिक होती

है। तिलक दर का निर्धारण नौकरी एवं शिक्षा के स्तर, माता-पिता के वर्तमान पद तथा सामाजिक स्थिति, पैतृक संपत्ति इत्यादि के आधार पर होता है। तिलक-दहेज की मांग करने तथा लेन-देन में महिलाएँ भी पीछे नहीं रहती हैं।

अपनी इच्छा से तिलक-दहेज देना तथा जोर-जबरदस्ती तिलक-दहेज लेने में अंतर होता है। प्रत्येक पुत्री के माता-पिता के पास अपनी पुत्री के विवाह के लिए एक बजट होता है, जिसके अनुसार वह अपनी पुत्री की शादी पर सहर्ष खर्च करने को तैयार रहता है। लेकिन जब उससे बलपूर्वक उसके बजट से अधिक मांग की जाती है तथा देने के लिए बाध्य किया जाता है, तब विचित्र स्थिति उत्पन्न हो जाती है। आजकल तो विवाह के बाद भी तिलक-दहेज की मांग की जाती है। हमारे देश में दहेज के लिए मृत्यु की घटना में भयंकर वृद्धि हुई है। हमारे यहाँ प्रत्येक वर्ष करीब सात हजार विवाहित महिलाओं को दहेज मृत्यु का सामना करना पड़ता है।

हमारी सरकार के द्वारा तिलक-दहेज के विरुद्ध अनेक कानून बनाए गए हैं। तिलक-दहेज निषेध कानून 1961 से ही अस्तित्व में है। इस कानून में 1976, 1984 तथा 1986 में संशोधन भी किए गए हैं। दहेज देना तथा लेना दोनों दंडनीय अपराध हैं। इस नियमों को तोड़ने वालों को आर्थिक दंड एवं कैद दोनों तरह की सजा हो सकती है। लेकिन इन कानूनों की सरेआम धज्जी उड़ाकर तिलक-दहेज का लेन-देन समाज में जारी है। कानून बनाने वाले तथा रक्षा करने वाले इस लेन-देन में और गंभीर रूप से शामिल हैं। इसीलिए दहेज का अंत नहीं हो रहा है। यह दिनोंदिन और बढ़ता जा रहा है।

5. शोषण (Exploitation)

शोषण शब्द का स्वभाव आर्थिक है। इसका संबंध किसी को जोर-जबरदस्ती करके आर्थिक क्षति पहुँचाना है। हमारे देश में श्रमिक बल का आधे से भी अधिक भाग महिलाओं द्वारा निर्मित है। ये महिलाएँ गांव-देहात में रहती हैं। ये लोग असंगठित क्षेत्र जैसे खेत, खलिहान, मकान, सड़क, ईंटा-भट्ठा इत्यादि में कुली तथा रेजा के रूप में काम करती हैं। असंगठित क्षेत्रों में रोजगार सुनिश्चित नहीं रहता है। इसमें मजदूरों की सुरक्षा के लिए कोई नियम नहीं होते हैं तथा किसी प्रकार की सुविधा नहीं दी जाती है। महिला मजदूर मजदूरी के भुगतान में शोषित की जाती हैं। उन्हें पुरुष श्रमिकों के बराबर मजदूरी का भुगतान नहीं किया जाता है। कुली रेजा के रूप में ठेकेदारों तथा दलालों द्वारा उनका दैहिक शोषण भी किया जाता है।

6. यौनिक यातना (Sexual Harassment)

महिलाओं को कार्य स्थान, सड़क, रेलवे स्टेशन, बस पड़ाव, बाजार, मेला इत्यादि में

यौनिक यातना की स्थिति का सामना करना पड़ता है। कार्यस्थल पर उन्हें अपने मालिकों, पदाधिकारियों, साथी पुरुष कर्मियों, ठेकेदारों तथा मेठों द्वारा यातना दी जाती है तथा उत्पीड़ित किया जाता है। उनके साथ अभद्र शाब्दिक एवं गैर शाब्दिक व्यवहार किया जाता है। उनके चरित्र पर कीचड़ उछाला जाता है। उन्हें साथ सिनेमा चलने, होटल चलने, खाना खाने तथा पिकनिक मनाने का प्रस्ताव दिया जाता है। उन्हें किसी के साथ अवैध संबंधी बताकर मानसिक यातना भी दी जाती है। उनके पास बैठकर उनके शरीर, बाल, साड़ी इत्यादि से संपर्क बनाने का प्रयास भी किया जाता है। महिलाओं को इस तरह की स्थिति का सामना चौराहों, सड़कों, मेलों, बाजारों में भी करना पड़ता है। उनके पोशाक, शारीरिक बनावट, आभूषण, परिधान, चाल, आवाज इत्यादि पर अनेक प्रकार के यौनिक व्यंग्य किए जाते हैं। उनके लिए अश्लील शब्द का प्रयोग किया जाता है। उन्हें अश्लील चित्र दर्शाया जाता है। उनके रक्षक भी भक्षक का काम करते हैं। हमारे माननीय सर्वोच्च न्यायालय द्वारा यौनिक यातना को प्रतिबंधित कर दिया गया है तथा इसमें शामिल व्यक्तियों के लिए दंड निर्धारित किया गया है। उन्हें कानून के अधीन लाया गया है।

माननीय सर्वोच्च न्यायालय द्वारा कार्यस्थल पर यौनिक यातना के अंतर्गत निम्नलिखित व्यवहारों पर प्रतिबंध लगाया गया है—

(i) शारीरिक संपर्क या यौनिक संपर्क की दिशा में अग्रसर
(ii) यौनिक अनुमति के लिए प्रार्थना या बल प्रयोग
(iii) कामुक भाषा का प्रयोग
(iv) अश्लील साहित्य का प्रदर्शन
(v) कोई भी शारीरिक या मौखिक क्रिया जिसमें अवांच्छित यौन तत्व शामिल हो

7. बलात्कार (Rape)

हमारे समाज में महिलाओं को घर में तथा घर के बाहर बलात्कार का शिकार होना पड़ता है। घर में अपने ही ससुर, जेठ तथा देवर द्वारा कई महिलाओं को बलात्कार का शिकार बनाया गया है। कई महिलाओं को घर में अन्य पुरुष रिश्तेदारों द्वारा बलात्कार किया गया है। घर के बाहर जंगल, खेत, अर्द्धनिर्मित मकानों, पूलों, पुराने जर्जर मकानों, पहाड़ों तथा कार्यस्थलों पर बलात्कार का शिकार महिलाओं को होना पड़ता है। कहने का तात्पर्य यह है कि किसी भी क्षण किसी महिला का बलात्कार अपने या पराये आदमियों से हो सकता है।

बलात्कार एक ऐसी लैंगिक क्रिया है जिसमें एक पुरुष किसी महिला के साथ बगैर उसकी अनुमति के बलपूर्वक शारीरिक संबंध स्थापित करता है। यह पुरुष की विकृत मानसिकता दर्शाती है। बलात्कार के भय से अनेक महिलाएँ सभी जगह काम या पढ़ाई करने नहीं जाती हैं। वे प्रगति में पीछे रह जाती हैं। डाकू, लुटेरे, पुलिसकर्मी, सैन्यबल इत्यादि द्वारा महिलाओं की अस्मिता लूट ली जाती है। रक्षक ही भक्षक बन जाते हैं

बलात्कार के केस दर्ज कराने वाली महिलाओं को पुलिस द्वारा भी बलात्कार का शिकार होना पड़ता है। एक अनुमान के अनुसार प्रत्येक वर्ष करीब 17,000 महिलाओं को बलात्कार का शिकार होना पड़ता है। लूटेरों, आततायियों, बदमाशों, दंगायियों द्वारा सामूहिक बलात्कार को अंजाम दिया जाता है तथा उनकी हत्या भी कर दी जाती है। बदले की भावना से भी महिलाओं के साथ बलात्कार किया जाता है।

सिनेमा, टी.वी. द्वारा धड़ल्ले से नग्नता का प्रदर्शन, विज्ञापन में नग्नता का प्रदर्शन, विकृत मानसिकता, नारी को भोग की वस्तु मानना, गरीबी, बेरोजगारी इत्यादि बलात्कार के लिए उत्तरदायी हैं। बलात्कार की घटना से महिला तथा उनके परिवार में भय व्याप्त हो जाता है तथा महिलाओं को हर जगह पढ़ने तथा काम करने नहीं जाने दिया जाता है। इससे उनका विकास बाधित होता है। अतिआधुनिकता अपनाने के कारण भी महिलाओं को बलात्कार का शिकार होना पड़ता है।

भारत में बलात्कार पर प्रतिबंध लगाने के उद्देश्य से सर्वप्रथम कानून का निर्माण ब्रिटिश शासनकाल में 1861 में किया गया था। यह कानून त्रुटिपूर्ण था। क्योंकि महिलाओं को ही साबित करना पड़ता था कि वे अपनी इच्छा से सहवास नहीं किए थे। उनके साथ जोर जबरदस्ती नहीं की गयी थी। जोर-जबरदस्ती का एक मात्र प्रमाण शारीरिक चोट या क्षति को माना जाता था। सन् 1983 में इस कानून में संशोधन किया गया। इस संशोधन के माध्यम से दो प्रकार के परिवर्तन हुए—(i) हिरासत की अवधि में घटित होने वाले बलात्कार को भी अपराध की श्रेणी में लाया गया, तथा (ii) बलात्कार की घटना में लिप्त व्यक्ति को कम से कम 7 वर्ष तक जेल की सजा एवं हिरासत में बलात्कार के अंजाम देने वालों, गर्भवती महिला के साथ बलात्कार करने वालों तथा 12 वर्ष से कम उम्र की लड़कियों के साथ बलात्कार करने वालों को कम से कम 10 वर्ष जेल काटने की सजा निर्धारित की गयी है।

इन कानूनों के अस्तित्व में आने के बाद भी बलात्कार की घटना में कोई कमी नहीं आयी है। बलात्कार की घटना में दिनोंदिन बढ़ोत्तरी होती जा रही है। यह स्थिति तब है जब अधिकांश बलात्कार के केस थाना में प्रतिवेदित नहीं किए जाते। लाज तथा भय के कारण महिलाएँ बलात्कार के केस को प्रतिवेदित भी नहीं करती हैं।

8 . वैधव्य (Widowhood)

परंपरागत भारतीय समाजों में विधवाओं को अनेक प्रकार की समस्याओं का सामना करना पड़ता है। विधवाओं को अभागिन कहा जाता है। उन्हें पुनर्विवाह की स्वतंत्रता नहीं दी जाती। उन्हें पति की संपत्ति में हिसा नहीं दिया जाता। उन्हें अच्छा वस्त्र तथा आभूषण नहीं पहनने दिया जाता। उन्हें अच्छा भोजन भी नहीं करने दिया जाता। उन्हें किसी से हंसकर बोलने नहीं दिया जाता। सामाजिक तथा धार्मिक उत्सव में उन्हें भाग नहीं लेने दिया जाता। सुबह में उनका मुँह देखना अशुभ माना जाता है। यात्रा पर उनका दर्शन भी अशुभ माना

जाता है। जवानी में विधवा होना अत्यंत अशुभ माना जाता है। बुढ़ापा में विधवा होना उतना बुरा नहीं माना जाता। लेकिन उन्हें भी अनेक प्रकार के धार्मिक तथा सामाजिक निषेधों का पालन आवश्यक रूप से करना पड़ता है। सन् 1856 ई. में प्रसिद्ध समाज सुधारक ईश्वर चंद्र विद्यासागर के प्रयास से विधवा पुनर्विवाह अधिनियम अस्तित्व में आया। इस कानून के अस्तित्व में आने से विधवा के प्रति व्यवहार में परिवर्तन अवश्य आया है तथा आधुनिक समाजों में विधवा विवाह को अशुभ तथा बुरा नहीं माना जा रहा है।

9. डायन प्रथा (Witchcraft)

गाँव-देहात की महिलाओं को डायन प्रथा की समस्या का सामना करना पड़ता है। जिस महिला को कोई संतान नहीं होती, जो विधवा हो जाती है, जो विशेष पूजा-पाठ करने लगती है, जो अपने अधिकार के लिए मुँह खोल देती है, उन्हें समाज अपमानित करने के लिए डायन कह देता है। डायन प्रसिद्ध काला जादूगरनी होती है। उसके पास कुवचन एवं कुदृष्टि होती है। साथ ही साथ मारक एवं हानिकरण में वह निपुण मानी जाती है। वह किसी को देखकर, बोलकर तथा जादुई क्रिया करके हानि पहुँचाती है। वह किसी व्यक्ति को लाचार बना देती है या समय से पहले मृत्यु लोक भेज देती है। लेकिन ये सभी विश्वास वास्तविकता से परे हैं। वास्तव में डायन के आरोप लगाकर महिलाओं की संपत्ति हड़प ली जाती है। उसके साथ बलात्कार किया जाता है। उसे मानसिक यातना दी जाती है। उसे अपमानित किया जाता है। उसे तिरस्कृत जीवन जीने के लिए बाध्य कर दिया जाता है। हमारी सरकार द्वारा 2000 में डायन प्रथा विरोधी कानून बनाया गया है। लेकिन इसका पालन सही ढंग से नहीं होता है। डायन के नाम पर महिलाओं का शोषण एवं उत्पीड़न जारी है।

10. महिला कानून की जानकारी एवं जागरूकता

हमारी सरकार महिलाओं के प्रति हो रहे लिंग भेद, घरेलू हिंसा, सामाजिक हिंसा, अत्याचार, शोषण एवं उत्पीड़न से परिचित थी। ब्रिटिश शासन काल में भी लिंग-भेद दूर करने तथा महिलाओं को अधिकार दिलाने के प्रयास किए गए थे। 1883 में दास प्रथा को प्रतिबंधित कर दिया गया था। 1829 में सती प्रथा पर रोक लगा दी गयी थी। 1929 में बाल विवाह पर रोक लगा दी गयी थी। 1856 में विधवा पुनर्विवाह को कानूनी मान्यता प्रदान की गयी थी। इन कानूनों का निर्माण ब्रिटिश शासनकाल में हुआ था जिसके कारण महिलाओं की सामाजिक स्थिति में सुधार हुआ था।

आजादी के बाद प्रजातांत्रिक संविधान की स्थापना हमारे देश में हुई। इसके तहत एक ऐसी सामाजिक व्यवस्था का सूत्रीकरण किया गया जिसमें पुरुष एवं महिला को समान रूप से मान-सम्मान प्राप्त हो सके।

भारतीय संविधान की धारा 14 के अंतर्गत पुरुष एवं महिला को समान अधिकार एवं अवसर प्रदान किए गए हैं। संविधान की धारा 15(1) के अंतर्गत लिंग के आधार पर विभेद को वर्जित किया गया है। संविधान की धारा 15(3) के अंतर्गत महिलाओं के लिए विशेष प्रावधान की व्यवस्था निर्धारित की गयी है। संविधान की धारा 16(2) के अंतर्गत नियुक्ति एवं भुगतान में किसी प्रकार के विभेद को वर्जित माना गया है।

राज्य नीति निर्देशक सिद्धांतों के अंतर्गत महिलाओं के सम्मान तथा विकास हेतु निम्नलिखित तत्वों को निर्धारित किए गए हैं—

(i) पुरुष एवं महिला दोनों को समान रूप से जीने के पर्याप्त साधन प्राप्त करने का अधिकार प्रदान किया गया है।
(ii) समान काम के लिए पुरुष एवं महिला को समान भुगतान का प्रावधान।
(iii) महिला श्रमिकों के स्वास्थ्य एवं शक्ति को अपमानित नहीं किया जा सकता।
(iv) कार्य एवं मातृत्व के लिए न्याय तथा मानवीय स्थिति उपलब्ध कराने का प्रावधान।

संविधान के अंतर्गत वर्णित प्रावधानों का अनुसरण करते हुए हमारे देश की सरकार द्वारा कई कानून बनाए गए हैं, जो निम्नलिखित हैं—

1. हिन्दू विवाह अधिनियम, 1955—इस अधिनियम के द्वारा एक पति-पत्नी विवाह को आवश्यक बनाया गया। इसके द्वारा हिन्दू, सिख, बौद्ध तथा जैन के बीच विवाहों को कानूनी मान्यता प्रदान की गयी। इसके द्वारा अंतरजातीय विवाह तथा संबंधियों के बीच विवाह को भी वैध माना गया है। यह अधिनियम पत्नी को भी तलाक का बराबर अधिकार प्रदान करता है। इस कानून में लड़की के लिए विवाह की न्यूनतम उम्र 15 वर्ष तथा लड़कों के लिए 18 वर्ष रखी गई थी। इसे अब बढ़ाकर लड़की के लिए 18 वर्ष तथा लड़के के लिए 21 वर्ष कर दी गयी है।

2. हिन्दू उत्तराधिकार अधिनियम, 1956—इस अधिनियम के द्वारा पुत्रियों को भी पुत्रों के समान उत्तराधिकार प्रदान किया गया है। पुत्री भी अपने पिता की संपत्ति पुत्र के समान उत्तराधिकार में समान रूप से प्राप्त कर सकती है। इस कानून के द्वारा महिलाओं को संपत्ति का अधिकार प्रदान किया गया है। लेकिन यह कानून केवल स्वअर्जित संपत्ति में लागू होगा, पैतृक संपत्ति में नहीं।

3. दहेज निषेध अधिनियम, 1961—इस अधिनियम के द्वारा दहेज प्रथा पर रोक लगाया गया है। इसमें बाद में कई बार संशोधन किए गए हैं।

4. मातृत्व लाभ अधिनियम, 1961—इस अधिनियम के अंतर्गत किसी संस्था में 80 दिनों तक काम कर चुकी महिला को वेतन के साथ 133 दिन छुट्टी का प्रावधान है। इस अधिनियम द्वारा छुट्टी की अवधि में महिलाओं को नौकरी से निलंबन या बर्खास्तगी पर प्रतिबंध लगाया गया है। यह कानून मिलों, खदानों, दुकानों तथा अन्य प्रतिष्ठानों पर लागू होता है जहाँ दस या 10 से अधिक श्रमिक कार्यरत हों।

5. समान वेतन भुगतान अधिनियम, 1971—इस कानून के द्वारा समान कार्य के लिए महिलाओं को पुरुष के समान ही वेतन भुगतान की व्यवस्था स्थापित की गयी है।

6. महिलाओं के अश्लील प्रदर्शन (निषेध) अधिनियम, 1986—इस अधिनियम के द्वारा दूरदर्शन, सिनेमा, पत्र-पत्रिका इत्यादि में महिलाओं के अश्लील प्रदर्शन पर प्रतिबंध लगाया गया है तथा इसे दंड के अधीन लाया गया है।

7. विशेष विवाह अधिनियम, 1954—इस अधिनियम के द्वारा अंतरजातीय तथा अंतरधार्मिक विवाहों को मान्यता प्रदान की गयी है। विवाह पदाधिकारी के समक्ष विवाह को वैध माना गया है।

8. हिन्दू अभिग्रहण एवं पालन अधिनियम, 1956—इस कानून के माध्यम से हिन्दू समाज में लड़का या लड़की को गोद लेने की प्रथा तथा पालन-पोषण को वैध बनाया गया है।

9. अनैतिक एवं अवैध व्यापार (निषेध) अधिनियम, 1956—इस कानून के माध्यम से अनैतिक एवं अवैध व्यापार जैसे यौन सेवा की खरीद-बिक्री पर रोक लगा दी गयी है। इस अधिनियम को 1986 में संशोधित भी किया गया है।

10. परिवार न्यायालय अधिनियम, 1984—इस अधिनियम के अंतर्गत पारिवारिक झगड़ों के निपटारा के लिए परिवार न्यायालय की स्थापना का प्रावधान है।

11. राष्ट्रीय महिला आयोग अधिनियम, 1990—इस अधिनियम के तहत राष्ट्रीय तथा राज्य स्तर पर महिला आयोग गठित करने को अति आवश्यक बनाया गया है।

पंचायत, नगर पालिका तथा नगरनिगमों में महिलाओं को एक-तिहाई आरक्षण प्रदान किया गया है। लेकिन विधान सभाओं तथा लोक सभा में महिलाओं के लिए एक-तिहाई आरक्षण संबंधी विधेयक अभी सरकार के पास विचाराधीन है।

उपरोक्त वर्णित कानूनों में से अधिकांश के बारे में महिलाओं को जानकारी नहीं है। कुछ के बारे में अगर जानकारी है तो भी आधी-अधूरी। कोई ऐसा माध्यम या एजेंसी भी नहीं है जो महिलाओं को कानून एवं अधिकार की जानकारी गाँवों तक जाकर दे। पुरुष वर्ग भी नहीं चाहते कि उन कानूनों की जानकारी महिला को हो ताकि वे अपने अधिकार एवं स्वतंत्रता की मांग घर में न कर बैठें।

महिला सशक्तिकरण एवं उद्धार
(Women Empowerment and Emancipation)

सशक्तिकरण का तात्पर्य सभी सामाजिक संस्थाओं में विकल्पों को व्यवहार में लाने, निर्णय लेने तथा हिंसा से मुक्ति पाना है। उद्धार का तात्पर्य सभी प्रकार के बंधन या उत्पीड़न से मुक्ति पाना है।

भारतीय समाज में नारी की स्थिति पश्चिमी समाज से बिल्कुल भिन्न है। पश्चिमी समाज में नारी होना कोई समस्या नहीं है। क्योंकि वहाँ उन्हें विभिन्न प्रकार के निषेधों के माध्यम से स्वतंत्रता एवं अधिकार से वंचित नहीं किया जाता। उन्हें अत्याचार, बलात्कार, शोषण, उत्पीड़न, अशिक्षा, लिंग भेद इत्यादि समस्याओं का सामना नहीं करना पड़ता है। भारतीय समाज में नारी की स्थिति समानतामूलक नहीं है। यहाँ महिलाओं को अनेक प्रकार की सामाजिक, सांस्कृतिक, आर्थिक, धार्मिक, राजनीतिक तथा पोषणात्मक निषेधों का पालन करना पड़ता है। इन निषेधों के बंधन में बंध जाने के कारण उन्हें अपनी स्वतंत्रता एवं अधिकार से वंचित होना पड़ता है। साथ ही साथ उन्हें अमानवीय यातनाओं तथा अनैतिक व्यवहारों का सामना करना पड़ता है। लिंग भेद, घरेलू हिंसा, बलात्कार, सामूहिक बलात्कार, उत्पीड़न, शोषण एवं अत्याचार जैसी समस्याएँ उनकी आम समस्या हैं। ब्रिटिश शासनकाल (सती प्रथा निषेध अधिनियम, 1829) से ही हमारे देश में महिलाओं को रीति-रिवाज, प्रथा एवं निषेधों से मुक्ति प्रदान करने का प्रयास किया गया है। आजादी प्राप्ति के बाद भी महिलाओं को सुरक्षा प्रदान करने के लिए अनेक कानून बनाए गए हैं। लेकिन केवल कानून बना देने से ही महिलाओं को शोषण, उत्पीड़न, अत्याचार इत्यादि से मुक्ति नहीं मिल सकती। वरन् कानून के साथ वैसे वातावरण का निर्माण करना है, जिसमें पुरुष तथा महिला दोनों के द्वारा स्वतंत्रता एवं समानता समान रूप से व्यवहार में लाया जाए। नारी सशक्तिकरण का मुख्य लक्ष्य पुरुष एवं नारी दोनों के लिए समतामूलक समाज का निर्माण करना है।

अब यहाँ प्रश्न यह उठता है कि सशक्त महिला किसको कहा जाये सशक्त महिला की पहचान निम्नलिखित ढंग से की जा सकती है—

(i) वह महिला जिसे अपने तथा अपने समाज के जीवन में विकल्प एवं निर्णय की स्वतंत्रता हो,

(ii) वह अपने परिवार या किसी सामाजिक संस्था में हिंसा का शिकार नहीं हो पायी हो,

(iii) वह इस प्रकार से अपना जीवन व्यतीत करती हो, जिसमें मान-सम्मान बना हो,

(iv) परिवार एवं समाज के क्रिया-कलाप में उसे समान अवसर प्राप्त हों,

(v) वह अपने कानून एवं अधिकार से अवगत हो तथा उसे अपने हितों की रक्षा हेतु व्यवहार में लाती हो।

अब दूसरा प्रश्न यहाँ यह उपस्थित होता है कि क्यों महिलाओं को शक्ति संपन्न एवं अधिकार संपन्न बनाया जाये? इस प्रश्न के समाधान के लिए हम परिवार एवं समाज में नारी की भूमिका पर अपनी दृष्टि डालें। किसी भी समाज की आधी जनसंख्या महिलाओं द्वारा निर्मित होती है। समाज के आधा संख्या बल को क्यों नहीं शक्ति संपन्न तथा अधिकार

संपन्न बनाया जाये। महिला जननी होती है। उन पर शिशु जन्म तथा शिशु पालन का दायित्व रहता है। वे अपने परिवार के सदस्यों को भोजन प्रदान करती हैं तथा स्वास्थ्य का पूर्ण ध्यान रखती हैं। वे घर आंगन के वातावरण को साफ सुथरा रखती हैं। इस प्रकार गृह में स्वास्थ्य वातावरण निर्माण में उनका योगदान बड़ा ही मूल्यवान होता है। महिलाएँ घर के लिए ही नहीं वरन् संपूर्ण समाज एवं समुदाय के लिए मूल्यवान होती हैं। वे गाँव के वातावरण को स्वस्थ बनाए रखने में महत्त्वपूर्ण योगदान देती हैं। जंगल, खेत, खलिहान, नौकरी, पेशा इत्यादि में भी अपना योगदान देती हैं तथा परिवार की आय वृद्धि में योगदान देती हैं। जब परिवार एवं समाज में महिलाओं का योगदान इतना महत्त्वपूर्ण होता है तब उन्हें तो आवश्यक रूप से अधिकार संपन्न होना चाहिए। शक्ति एवं अधिकार संपन्न महिलाओं द्वारा ही शक्ति संपन्न समाज का निर्माण संभव है। अधिकार संपन्न महिलाएं स्वस्थ परिवार एवं समाज का निर्माण करती हैं।

भारत में नारी मुक्ति आंदोलन—ब्रिटिश सरकार के पहले भारत में नारियों की स्थिति अत्यंत दयनीय थी। उन्हें समाज में सम्मानजनक स्थान नहीं प्राप्त था। सती प्रथा, जौहर प्रथा, महिला शिशु हत्या, बाल विवाह इत्यादि महिलाओं की तत्कालीन स्थिति पर पूर्णतः प्रकाश डालते हैं। बहुपत्नी प्रथा, विधवा विवाह पर निषेध तथा महिलाओं की शिक्षा पर प्रतिबंध से भी उस समय के समाज में नारी की स्थिति पर प्रकाश पड़ता है। जब ब्रिटिश का आगमन भारतवर्ष में हुआ तब करीब 200 वर्ष तक उन्होंने भारतीय समाज की प्रथाओं में किसी प्रकार का हस्तक्षेप नहीं किया। लेकिन जब उनकी स्थिति सुदृढ़ हो गयी, तब उनके द्वारा भारतीय समाज की कुप्रथाओं को समाप्त कर सुधारवादी कदम उठाए गए। भारतीय सुधारवादियों का भी उन्हें सहयोग मिला। भारतीय सुधारवादियों द्वारा महिला मुक्ति आंदोलन चलाए जा रहे थे। सुधारवादियों के कदमों को ब्रिटिश सरकार ने धनात्मक ढंग से ग्रहण किया। उनके द्वारा नारियों को उत्पीड़क प्रथाओं से मुक्ति दिलाने के लिए कई कानून बनाए गए। 1829 में सती प्रथा (निषेध) अधिनियम का निर्माण हुआ। पुनः करीब 100 वर्ष बाद बाल विवाह (निषेध) अधिनियम का निर्माण 1929 में किया गया। लेकिन इसके बावजूद सती की घटना आज भी छुटपुट ढंग से राजस्थान तथा अन्य राज्यों में जारी है। आज हमने विज्ञान एवं तकनीकी क्षेत्रों में काफी प्रगति कर ली है, लेकिन आज भी सती प्रथा, बलात्कार, लिंग-भेद, यौन-यातना, शोषण, उत्पीड़न इत्यादि की घटनाएँ स्पष्ट कहती हैं कि हमारे समाज में नारियों को अभी भी उत्पीड़क प्रथाओं तथा व्यवहारों से मुक्ति नहीं मिल पायी है।

19वीं सदी के समाज सुधारकों द्वारा नारी शिक्षा पर विशेष बल दिया गया। क्योंकि नारी को उत्पीड़क प्रथाओं से मुक्ति शिक्षा ही दिला सकती है। इसी के तहत गाँवों में स्कूलों की स्थापना की गयी शिक्षा के चलते महिलाएँ घर की चार दीवारी से बाहर निकलीं। शिक्षित होने पर उन्हें कई प्रकार की कुप्रथाओं से मुक्त होने का अहसास हुआ।

20वीं सदी में अनेक महिलाएं पढ़-लिखकर वकील, डॉक्टर, प्राध्यापक इत्यादि बनीं। आजादी की लड़ाई अनेक महिलाओं को स्वतंत्रता संग्राम से जोड़ दिया। स्वतंत्रता संग्राम में वे अपना योगदान देकर आजादी के बाद सामाजिक कुप्रथाओं को दूर करने का भी बिगुल फूंक दिया गया। आजादी के बाद तो महिला मुक्ति के लिए महिला संगठन अस्तित्व में आए। स्वयं सहायता समूह का निर्माण किया गया। आजकल नारी आंदोलन को मानवाधिकार, जीने योग्य विकास, पर्यावरण विकास इत्यादि से जोड़ दिया गया है।

इस तरह हम देखते हैं कि नारी आंदोलन की शुरुआत आरंभ में कुछ पुरुषों द्वारा शुरू की गयी थी। बाद में चलकर नारी आंदोलन की बागडोर महिलाओं के हाथ में आयी। 1880 से 1930 के बीच में पूरे देश में अनेक महिला संगठन अस्तित्व में आए। आजादी प्राप्त करते-करते हमारे देश में महिला आंदोलन का एक मजबूत आधार तैयार हो गया था।

अत: नारी आंदोलन का तात्पर्य यहां वैसे व्यक्तिगत अथवा सामूहिक संघर्षों से है जिसके द्वारा नारियों को कुप्रथाओं से मुक्ति दिलायी जाती है तथा पुरुष-नारी के अधिकारों एवं स्वतंत्रता के प्रति समतामूलक समाज का निर्माण किया जाता है। इसका उद्देश्य महिलाओं को अधिकार दिलाने के लिए संघर्ष करना, महिलाओं को उत्पीड़न से मुक्त करना, महिलाओं को अधिकार दिलाना, उनको अपने अधिकारों के प्रति जागरूक बनाना तथा उन्हें शक्ति संपन्न एवं अधिकार संपन्न बनाना है।

महिला एवं पंचवर्षीय योजनाएँ

हमारे देश में पंचवर्षीय योजना के अंतर्गत योजना निर्माण की प्रकिया 1951 से आरंभ हुई। आज हम प्रथम पंचवर्षीय योजना से आगे बढ़ते हुए दसवीं पंचवर्षीय योजना में पहुँच गए हैं। प्रत्येक पंचवर्षीय योजना में अलग-अलग दृष्टिकोण अपनाए गए हैं। उनमें अलग-अलग योजनाओं का सूत्रीकरण तथा क्रियान्वयन किया गया है। एक पंचवर्षीय योजना समाप्त होने की अवधि में चलायी गयी योजनाओं का मूल्यांकन तथा पुनरावलोकन किया जाता है। इसी के आधार पर किसी योजना को अगले पंचवर्षीय योजना में शामिल किया जाता है अथवा उसके स्थान पर नयी योजना का सूत्रीकरण एवं क्रियान्वयन किया जाता है।

प्रथम पंचवर्षीय योजना (1951-56)—प्रथम पंचवर्षीय योजना में महिला कल्याण को गति प्रदान करने के लिए पर्याप्त सेवाएँ उपलब्ध करायी गयी थीं। कल्याण योजनाओं के माध्यम से परिवार एवं समुदाय में महिलाओं को वैध भूमिका निभाने योग्य बनाया गया। इस पंचवर्षीय योजना में कल्याण पर विशेष ध्यान देकर महिलाओं को केवल लाभुक अथवा लाभ प्राप्त करने वाली समझा गया था। इस अवधि में महिला कल्याण को बढ़ावा देने के लिए केन्द्र एवं राज्य स्तर पर विशेष संगठन स्थापित किए गए थे। 1953 में केन्द्रीय समाज कल्याण परिषद की स्थापना की गयी थी। इस परिषद द्वारा महिलाओं के आर्थिक उत्थान के लिए कई कदम उठाए गए थे। इसकी शाखाएँ सभी राज्यों में हैं।

द्वितीय पंचवर्षीय योजना (1956-61)—इस पंचवर्षीय योजना के अंतर्गत भी महिला कल्याण के लिए सेवाएँ उपलबध करायी गयी हैं। महिलाओं के बीच शिक्षा के प्रसार-प्रचार के लिए संक्षिप्त पाठ्यक्रम भी तैयार किए गए थे। महिलाओं के कल्याण के लिए सामाजिक, आर्थिक योजनाएँ चलायी गयी थीं।

तृतीय पंचवर्षीय योजना (1961-66)—महिला कल्याण को ध्यान में रखकर इस पंचवर्षीय योजना के अंतर्गत सामाजिक-आर्थिक कार्यक्रम चलाए गए थे।

चतुर्थ पंचवर्षीय योजना (1969-74)—इस पंचवर्षीय योजना के अंतर्गत भी महिला कल्याण को ध्यान में रखकर सामाजिक-आर्थिक योजनाएँ चलायी गयीं। कामकाजी महिलाओं के लिए छात्रावास का निर्माण किया गया। इसी पंचवर्षीय योजना में महिलाओं के लिए लघु ठहराव गृह का भी निर्माण किया गया। महिला की स्थिति का पता लगाने के लिए एक समिति का गठन भी किया गया जो अपना प्रतिवेदन 1974 में सरकार के समक्ष प्रस्तुत किया, प्रतिवेदन का शीर्षक 'समानता की ओर' था।

पंचम पंचवर्षीय योजना (1974-79)—चतुर्थ पंचवर्षीय योजना के अंत में महिला स्थिति आकलन समिति द्वारा 'समानता की ओर' शीर्षक प्रतिवेदन सरकार के समक्ष प्रस्तुत किया गया था। इस प्रतिवेदन में महिला विभेद को प्रकाश में लाया गया तथा उसे दूर करने के लिए सुझाव दिए गए। इस प्रतिवेदन पर लोक सभा में भी चर्चा हुई तथा कल्याण दृष्टिकोण का पुनरावलोकन किया गया। पुनरावलोकन के क्रम में यह तथ्य प्रकाश में आया कि कल्याण दृष्टिकोण अपेक्षा के अनुकूल नहीं है। अतः कल्याण दृष्टिकोण के स्थान पर विकास दृष्टिकोण को अपनाया जाना चाहिए। 1976 में कल्याण मंत्रालय के अधीन महिला कल्याण एवं विकास कार्यालय की स्थापना की गयी। महिला रोजगार के लिए चार कार्य समूह की स्थापना की गयी। महिलाओं के लिए व्यस्क शिक्षा कार्यक्रम की शुरुआत की गयी। कृषि एवं ग्राम विकास में महिलाओं को शामिल किया गया।

छठी पंचवर्षीय योजना (1979-84)—इस पंचवर्षीय योजना के बाद की अवधि में महिला विकास दृष्टिकोण में व्यापक परिवर्तन किया गया। प्रथम पंचवर्षीय योजना से लेकर पंचम पंचवर्षीय योजना तक महिला कल्याण दृष्टिकोण पर विशेष बल दिया गया था। इस दृष्टिकोण के अंतर्गत महिलाओं को कल्याण योजनाओं के तहत लाभकृत बनाया जाता था। यानी महिलाओं को कुछ दे दिया जाता था। इस दृष्टि से महिलाएँ केवल लेने योग्य थीं, योगदान करने योग्य नहीं। लेकिन षष्ठ योजना से कल्याण दृष्टिकोण के स्थान पर विकास दृष्टिकोण अपनाया गया। इस दृष्टिकोण के अंतर्गत महिलाओं को विकास का प्रतिभागी बनाया गया, मात्र पहले जैसा लक्ष्य नहीं। महिलाओं के सर्वांगीण विकास पर विशेष ध्यान दिया गया। छठी पंचवर्षीय योजना के अंत में मानव संसाधन विकास मंत्रालय के एक अंग के रूप में महिला एवं शिशु विकास विभाग की स्थापना की गयी। इस विभाग की स्थापना महिला एवं शिशु विकास के लिए नीतियों के निर्धारण, योजनाओं का सूत्रीकरण तथा क्रियान्वयन के लिए किया गया था।

सप्तम पंचवर्षीय योजना (1985-90)—इस पंचवर्षीय योजना के अंतर्गत महिला के लिए रोजगार के अवसर सृजन के लिए विशेष ध्यान दिया गया तथा अनेक कार्यक्रम चलाए गए। महिला विकास के लिए दो महत्त्वपूर्ण योजनाएँ लागू की गयीं—प्रशिक्षण एवं रोजगार सहायता (STEP) तथा ग्रामीण एवं निर्धन महिलाओं के लिए जागरूकता सृजन कार्यक्रम (AGP)। भविष्य में महिला विकास के दिशा-निर्देश को प्रकाश में लाते हुए तीन प्रतिवेदनों को भी इसी पंचवर्षीय योजना में प्रस्तुत किया गया। ये प्रतिवेदन निम्नलिखित हैं—

(i) स्वनियुक्त महिला एवं गैर औपचारिक क्षेत्र में महिला के ऊपर राष्ट्रीय कमीशन (श्रम शक्ति) प्रतिवेदन

(ii) महिला के ऊपर राष्ट्रीय संदर्भ योजना प्रतिवेदन

(iii) महिला विकास से संबंधित सार्क निर्देश पुस्तिका का प्रकाशन

1990-2000 दशक को बालिका दशक सार्क द्वारा घोषित किया गया।

अष्टम पंचवर्षीय योजना (1992-97)—इस पंचवर्षीय योजना के अंतर्गत महिला विकास के लिए दो वृहत संगठनों की स्थापना की गयी। प्रथम महिलाओं के सामाजिक सशक्तिकरण से संबंधित संगठन तथा द्वितीय महिलाओं के आर्थिक सशक्तिकरण से संबंधित संगठन। राष्ट्रीय महिला आयोग अधिनियम (1990) के तहत राष्ट्रीय महिला आयोग की स्थापना। इस पंचवर्षीय योजना के अंतर्गत की गयी। इसका मुख्य दायित्व महिलाओं के अधिकार एवं हितों की रक्षा करना है। 1993 में राष्ट्रीय महिला कोष की स्थापना की गयी है। इसका मुख्य लक्ष्य निर्धन महिलाओं को लघु ऋण उपलब्ध कराना है।

इसी पंचवर्षीय योजना में 73वां एवं 74वां संविधान संशोधन विधेयक लाया गया तथा उसे संसद की मंजूरी प्रदान की गयी। इस संविधान संशोधन द्वारा ग्राम पंचायत एवं स्थानीय स्वशासी निकायों में महिलाओं के लिए एक-तिहाई स्थान आरक्षित किया गया। आज करीब 40,000 महिलाएँ पूरे देश में ग्राम पंचायत तथा स्थानीय स्वशासी निकायों में स्थान प्राप्त किए हैं।

नवम पंचवर्षीय योजना (1997-2002)—इस पंचवर्षीय योजना में महिला विकास के क्षेत्र में दो महत्त्वपूर्ण उपलब्धियाँ प्रकाश में आयीं। पहला का संबंध महिला विकास के दृष्टिकोण में परिवर्तन से है। इसके पहले महिलाओं को विकास का लक्ष्य समूह अथवा प्रतिभागी की दृष्टि से देखा जाता था। लेकिन ऐसे पर्यावरण निर्माण पर ध्यान नहीं दिया जाता था, जिससे महिलाएँ अपनी स्वतंत्रता एवं अधिकारों का प्रयोग कर सकें।

नवम पंचवर्षीय योजना में महिलाओं के सशक्तिकरण के साथ-साथ ऐसे पर्यावरण निर्माण पर भी ध्यान दिया गया जिससे महिलाएँ अपनी स्वतंत्रता एवं अधिकारों का प्रयोग कर सकें। इस लक्ष्य की प्राप्ति हेतु 2001 में महिला सशक्तिकरण के लिए राष्ट्रीय नीति को सरकार द्वारा स्वीकार किया गया।

इस योजना अवधि में महिला विकास के लिए दूसरा महत्त्वपूर्ण कदम महिला घटक योजना का अभिग्रहण था। इस योजना द्वारा केन्द्र एवं राज्य सरकारों को निर्देश दिया

गया कि सभी क्षेत्रों के 30 प्रतिशत राशि/लाभों को महिला विकास के लिए निर्धारित किया जाये।

महिला सशक्तिकरण वर्ष, 2001—भारत सरकार द्वारा 2001 को महिला सशक्तिकरण वर्ष मनाने की घोषणा की गयी। इसके तहत तीन मुख्य लक्ष्यों को निर्धारित किया गया।

(i) वृहत पैमाने पर पुरुष एवं महिलाओं को महिलाओं की समस्या से अवगत कराना

(ii) संसाधन नियंत्रण में महिला की भागीदारी को बढ़ावा देना

(iii) महिलाओं के आत्मबल एवं स्वतंत्रता से संबंधित पर्यावरण का निर्माण करना।

इस पंचवर्षीय योजना में राष्ट्र के सामाजिक, आर्थिक एवं राजनीतिक जीवन में पुरुषों एवं महिलाओं की समान सहभागिता के लिए अनेक प्रकार के कार्यक्रम लागू किए गए। 2001 में दो मुख्य कार्यक्रम स्वयंसिद्ध एवं स्वआधार चलाए गए।

स्वयं सिद्ध एक समेकित कार्यक्रम हैं जो महिलाओं को स्वसहायता समूह के माध्यम से सशक्तिकरण का बढ़ावा देता है। इस कार्यक्रम द्वारा महिला विकास हेतु राज्य एवं केन्द्र सरकारों द्वारा चलायी जा रही सभी योजनाओं को प्रखंड स्तर पर एक साथ लाने का प्रयास किया गया था। सरकार द्वारा स्वशक्ति योजना का सृजन एवं कार्यान्वयन भी किया गया। इस योजना के माध्यम से गाँवों एवं देहातों में स्वयं सहायता समूहों के निर्माण पर विशेष बल दिया गया। स्वयं सहायता समूहों के माध्यम से महिलाओं को आर्थिक सहायता प्रदान करने के लिए राशि उपलब्ध करायी गयी। स्वयं सहायता समूह अपने सदस्यों को छोटे-छोटे व्यापार के लिए ऋण भी मुहैया कराता है।

स्वआधार योजना का सूत्रीकरण एवं क्रियान्वयन भी इसी योजना काल में हुआ। इस योजना के अंतर्गत लाचार विधवाओं, जेल की सजा पायी महिलाओं, परित्यक्त महिलाओं, प्राकृतिक आपदा में बची महिलाओं, यौन अपराध के शिकार महिलाओं को पुनर्वासित करने संबंधी कार्यक्रम चलाए गए। इस योजना के अंतर्गत आश्रयगृह निर्माण के द्वारा पुनर्वास योजना को समग्रता में लागू करने का प्रावधान रखा गया तथा उनसे संबंधित योजनाओं को लागू किया गया।

दशम पंचवर्षीय योजना (2002-2007)—दशम पंचवर्षीय योजना अप्रैल 1, 2002 को अस्तित्व में आई। इस योजना के आरंभ के साथ महिला सशक्तिकरण के लिए एक कार्य बल का गठन किया गया। इस कार्य बल का मुख्य दायित्व महिला विकास के लिए भविष्य में लागू की जाने वाली योजनाओं के संबंध में दिशा निर्देश प्रदान करना था। इस कार्य बल की अनुशंसाएं निम्नलिखित हैं—

1. भूमंडलीकरण के कारण उत्पन्न चुनौतियों का सामना करने के लिए महिलाओं को अपने आप तैयार करने के लिए सहायता प्रदान की जाये।

2. हालांकि महिलाओं को शक्ति प्रदान करने के लिए अनेक योजनाओं का सूत्रीकरण एवं क्रियान्वयन हुआ हे, लेकिन सामाजिक भेदभाव के कारण इन सभी योजनाओं का लाभ सभी महिलाओं को नहीं मिल पाया है। अतः स्वास्थ्य, शिक्षा एवं क्षमता निर्माण पर खर्च करते हुए उन्हें आगे बढ़ाया जाये।

3. पिछले 10 वर्षों में शिक्षा, स्वास्थ्य एवं कल्याण पर खर्च में कमी की जाती रही है। इसके परिणामस्वरूप महिला विकास को क्षति पहुंची है। अतः उन क्षेत्रों पर खर्चा बढ़ाया जाये जो वास्तविक में महिला विकास में धनात्मक योगदान देते हैं।

स्वयंसेवी कार्यों द्वारा महिला सशक्तिकरण

महिला सशक्तिकरण संघर्ष में नारी आंदोलन का योगदान कम नहीं रहा है। स्वतंत्रता प्राप्ति के पूर्व अखिल भारतीय नारी सम्मेलन, भारत महिला मंडल, भारतीय नारी संघ, भारतीय राष्ट्रीय महिला परिषद् इत्यादि अस्तित्व में आए। इन संगठनों के माध्यम से महिलाओं के साथ हो रहे सामाजिक विभेद की समस्या को निश्चित रूप से उठाया गया। लेकिन उनके विचार एवं क्रिया पितृसत्तात्मक के ऊपर प्रश्नचिह्न लगाने के लिए पर्याप्त नहीं थे। इन संगठनों के माध्यम से बाल विवाह, परदा प्रथा तथा महिलाओं के लिए मताधिकार आदि समस्या को प्रकाश में लाया गया। इन संगठनों का निर्माण उच्च एवं मध्य वर्गीय महिलाओं द्वारा की गयी थी। 1940 में जब स्वतंत्रता संग्राम अपनी चरम स्थिति में था, अखिल भारतीय महिला कांग्रेस द्वारा महिलाओं के प्रति हो रहे सामाजिक विभेद को बारंबार प्रकाश में लाया गया। महिला कांग्रेस ने जोर देते हुए कहा कि आज हम विदेशी सरकार एवं शासन को समाप्त करने के लिए संघर्ष कर रहे हैं। लेकिन हमारे देश के पुरुषों को अपनी माताओं, पत्नियों, पुत्रियों एवं बहनों के अधिकार एवं स्वतंत्रता के ऊपर भी विचार आवश्यक रूप से करना चाहिए। वे भी हमारे ही शरीर के अंग हैं तथा उनमें भी हमारा ही रुधिर प्रवाहित होता है। अपने विचारों के माध्यम से महिला संगठनों ने जोर दिया कि केवल आजादी प्राप्ति से भारतीय समाज में महिलाओं के उत्पीड़न का अंत नहीं होगा। अतः स्वतंत्र सरकार में उनकी समानता एवं आर्थिक न्याय पर विशेष ध्यान देना होगा। हालांकि आजादी के पूर्व महिला आंदोलन में आम नारी की भागीदारी नहीं हो पायी थी। लेकिन आजादी के बाद नारी आंदोलन के लिए मार्ग अवश्य खोल दिए गए थे।

आजादी प्राप्ति के बाद भी वैसे नारी समूहों एवं संगठनों को अस्तित्व में आने में 25 वर्ष लग गये, जो महिलाओं की समस्या को नारीवादी दृष्टि से देखे एवं प्रस्तुत करे। वर्ष 1975-85 दशक को अंतरराष्ट्रीय महिला दिवस के रूप में घोषणा के साथ हमारे देश के कई विश्वविद्यालयों में महिला अध्ययन से संबंधित पाठ्यक्रम लागू किए गए तथा महिला अध्ययन की पढ़ायी विश्वविद्यालय एवं कॉलेज स्तर पर आरंभ की गयी। महिला समूहों द्वारा महिलाओं की समस्याओं को प्रचार-प्रसार करने की दिशा में प्रभावशाली प्रयास

आरंभ किए गए। पूरे देश में अनेक महिला समूह अस्तित्व में आए, जिनके द्वारा लिंग भेद की समस्या को प्रस्तुत किया गया तथा लिंग आधारित असमानता को दूर करने के लिए क्रियात्मक कार्यक्रम चलाए गए। इन समूहों को स्वतंत्र महिला समूह के नाम से भी जाना जाता है। इन समूहों को किसी राजनीतिक दल से लगाव एवं संबंध नहीं था। इन महिला समूहों का विश्वास केवल समस्या समाधान के लिए ज्ञापन सौंपने अथवा नेताओं से मिलने से नहीं था। इनका लक्ष्य एक ऐसे संगठन का निर्माण करना था जिसमें महिलाएँ जुड़कर अपनी समस्या की चर्चा करें तथा अपनी उत्पीड़न दूर करने संबंधी नीतियों को निर्धारित करें। हालांकि शिक्षित मध्यवर्गीय महिलाओं द्वारा इन समूहों का निर्माण एवं नियंत्रण किया गया, लेकिन इन समूहों द्वारा कामकाजी महिलाओं, आदिवासी महिलाओं, कृषक समाज की महिलाओं तथा दलित महिलाओं की समस्या को प्रकाश में लाया गया।

स्वतंत्र महिला आंदोलन में सभी जातियों एवं वर्गों की महिलाओं की सहभागिता थी। स्वतंत्र महिला समूहों द्वारा प्रगतिशील आंदोलन में हाथ बंटाया गया। जैसे छात्र आंदोलन, जनजातीय आंदोलन, पर्यावरण सुरक्षा आंदोलन, समान मजदूरी के लिए आंदोलन, न्यूनतम मजदूरी के लिए आंदोलन, महंगाई के विरुद्ध आंदोलन इत्यादि।

क्रिया के द्वारा सशक्तिकरण

स्वतंत्र महिला समूह उत्पीड़न, अन्याय एवं विभेद के विरुद्ध संघर्ष में विश्वास करता है। इसके लिए यह समूह किसी के साथ समझौता नहीं करता है। यह समूह इस तथ्य से पूर्ण परिचित है कि महिला सशक्तिकरण को तब तक नहीं प्राप्त किया जा सकता है जब तक परिवार, शिक्षा, अर्थव्यवस्था, धार्मिक व्यवस्था तथा राजनीतिक व्यवस्था में व्याप्त लिंग भेद को दूर नहीं किया जाए। इन स्वतंत्र समूहों द्वारा दहेज, बलात्कार, घरेलू हिंसा, सामाजिक हिंसा, यौन यातना, नशाखोरी इत्यादि समस्याओं पर क्रियात्मक व्यवहार किया जाता है। इस समूह के सदस्य जरूरतमंद महिलाओं के पास जाती हैं तथा उनकी समस्या के निदान हेतु क्रिया करती हैं। इस समूह की महिलाएँ पुलिस, थाना, सरकारी पदाधिकारी, नेता इत्यादि से मिलती हैं तथा महिलाओं को न्याय एवं सम्मान दिलाने में सहयोग करती हैं।

स्वतंत्र महिला समूहों की शक्ति का सरकारी पदाधिकारी एवं एजेंसी का अहसास हुआ है। महिलाओं की समस्या को सुलझाने में इन महिला समूहों को सरकारी अभिकरणों द्वारा आमंत्रित किया जाता है। सरकार महिला समूहों को जनजागरण अभियान में भी शामिल कर रही हैं। यह समूह सरकार की उन्हीं नीतियों का समर्थन करता है जिसमें उन्हें अपने मूल सिद्धांत से समझौता नहीं करना पड़े।

9

भारत में वृहत धर्म

MAJOR RELIGIONS IN INDIA

भारत एक बहुधार्मिक देश है। यहाँ सरना, हिन्दू, जैन, बौद्ध, मुसलमान, सिख, ईसाई, पारसी, यहूदी इत्यादि धर्म के लोग साथ-साथ रहते हैं तथा अपने देवी-देवता की पूजा करते हैं। वे अपने-अपने धर्म के पर्व-त्योहार को मनाते हैं। सभी धर्म के अनुयायी अपने-अपने धर्म के देवी-देवताओं की पूजा अपने-अपने रीति-रिवाज के अनुसार करते हैं। सभी धार्मिक समूहों के अपने-अपने पर्व-त्योहार होते हैं जिसे वे अपनी परंपरा के अनुसार मनाते हैं। प्रत्येक धर्म के अपने तीर्थ-स्थल, धार्मिक संकेत तथा धार्मिक विशेषज्ञ होते हैं। विश्व के चार धर्मों की उत्पत्ति भारत में हुई है। उदाहरण के लिए हिन्दू, जैन, बौद्ध तथा सिख। हालांकि पारसी एक विदेशी धर्म है, लेकिन इसके सबसे अधिक अनुयायी भारत में ही पाए जाते हैं। विश्व में मुसलमान धर्म के अनुयायी के लिए संख्या में भारत दूसरा स्थान रखता है। प्रथम स्थान इंडोनेशिया को प्राप्त है।

1. सरना धर्म

भारत में अगर विभिन्न धर्मों की उत्पत्ति पर दृष्टि डाली जाये तब स्पष्ट होता है कि यहाँ सबसे पहले सरना धर्म की उत्पत्ति हुई होगी। यहाँ की जनजातियाँ यहाँ के मूल निवासी थीं। प्रकृति से उनका घनिष्ठ संबंध था। वे प्रकृति पूजक तथा पूर्वज पूजक थे। प्राकृतिक वस्तुओं जैसे नदी, पहाड़, जंगल, समुद्र, झरना, सूर्य, चांद, तारा, आकाश, पशु-पक्षी, पेड़-पौधा, सर्प इत्यादि को अलौकिक शक्ति मानकर जनजातियां उनकी पूजा करती हैं। जनजातियों के बीच पूर्वज पूजा प्रचलित है। वे अपने पूर्वजों की पूजा वर्ष में एक बार अवश्य करते हैं। जनजातियों के बीच लिंग एवं योनि की पूजा भी प्रचलित थी। प्रत्येक जनजातीय गांवों में सरना-स्थल, संसादिरी (कब्रगाह) तथा अखरा (नृत्य स्थान) अवश्य पाया जाता है। इन्हीं विशेषताओं के आधार पर वे अपने धर्म को सरना धर्म कहते हैं। सरना गांव का वह भूखंड होता है जिसमें जंगल के अवशेष के रूप में कुछ पेड़-पौधे रहते हैं।

जनजातीय गांव-समुदाय के सभी देवी-देवताओं का वास सरना स्थल में ही होता है। सरना स्थल की पूजा ही सरना धर्म के नाम से जानी जाती है।

2. हिन्दू धर्म

आज से करीब 3000 वर्ष ईसा पूर्व भारत में आर्यों का आगमन हुआ। आर्यों द्वारा भारत में हिन्दू धर्म को जन्म दिया गया। आर्य हिन्दू थे तथा उन्हीं के द्वारा हिन्दू धर्म का प्रचार-प्रसार पहले उत्तर भारत में तथा कालांतर में दक्षिण भारत एवं अन्य भारतीय क्षेत्रों में हुआ। आज हिन्दू भारत का बहुसंख्यक समुदाय है तथा भारत की पहचान हिन्दू समाज से होती है। यहां की मूल जातियों तथा आर्य हिन्दुओं के बीच धार्मिक तत्वों का आदान-प्रदान हुआ था। जैसे प्रकृति पूजा, शिवलिंग पूजा, नाग पूजा, वृक्ष पूजा, चैत्य पूजा इत्यादि ये सभी तत्व कभी जनजातीय धर्म के अंग थे। लेकिन हिन्दुओं द्वारा अपने धर्म में इन तत्वों को भी स्थान मिला। बाद में चलकर हिन्दू राजाओं के योगदान से कई धार्मिक स्थल बनवाए गए तथा पुजारी की स्थापना की गई। इसके फलस्वरूप संपूर्ण भारत में मंदिर तथा तीर्थ स्थल पाए जाते हैं। उन स्थानों पर आज भी पूजा अर्चना बड़ी धूमधाम से की जाती है। हिन्दू धर्म के प्रभाव में आकर हमारे जनजातीय बंधुओं ने भी हिन्दू पर्व-त्योहार को अपनाया तथा हिन्दू पर्व-त्योहार मनाने लगे। इस प्रकार हमारा हिन्दू धर्म सनातन धर्म बना।

छठी शताब्दी ईसा पूर्व भारतीय समाज में जैन तथा बौद्ध धर्म की उत्पत्ति हुई। इन दोनों धर्मों—जैन तथा बौद्ध—की उत्पत्ति वैदिक कालीन धर्म के विरुद्ध प्रतिक्रिया के फलस्वरूप हुई। उत्तर वैदिक काल में वैदिक धर्म का स्वरूप खर्चीला, पेचीदा एवं दुष्कर हो गया था। कर्मकांड एवं बलिदान धार्मिक अनुष्ठान समाज के सभी लोगों के लिए संभव नहीं था। इसके लिए धन, पशुधन एवं धार्मिक विशेषज्ञों की आवश्यकता होती थी। ब्राह्मण धार्मिक विशेषज्ञ के रूप में धार्मिक अनुष्ठान, कर्मकांड एवं बलि-संपन्न कराते थे। उन कार्यों के लिए वे सोना, चांदी, गोधन, भूमि इत्यादि मांगते थे। सर्वप्रथम इस जटिल एवं खर्चीले धार्मिक अनुष्ठानों के विरुद्ध प्रतिक्रिया के रूप में उपनिषदों एवं दर्शनशास्त्रों की रचना की गई। लेकिन उपनिषदों की विचारधारा समाज के उच्च वर्ग तक ही सीमित थी। सामान्य जनता अपनी धार्मिक आवश्यकता की पूर्ति हेतु एक सरल धर्म की खोज में थी। इसी समय वैदिक धर्म के विरुद्ध प्रचार करने वाले महावीर तथा गौतम बुद्ध का आर्विभाव इस धरा-धाम पर हुआ। इन दोनों धर्म उपदेशकों ने वैदिक धर्म का रूप बदल दिया। इन धर्म उपदेशों द्वारा वैदिक धर्म के स्थान पर जैन तथा बौद्ध धर्म की नींव रखी गयी। जैन तथा बौद्ध धर्म का स्वरूप सरल तथा आम जनता के लिए सहज भी था।

मुसलमान धर्म की स्थापना हजरत मोहम्मद द्वारा सातवीं शताब्दी ईसा बाद में की गई थी। उन्हें देवदूत के रूप में मान्यता प्राप्त थी। यों तो भारतीय समाज मुसलमान आक्रमणकारियों का मुकाबला आठवीं शताब्दी के आसपास से कर रहा था, लेकिन

तेरहवीं शताब्दी के प्रारंभ में दास सल्तनत की स्थापना के साथ भारतीय समाज में मुसलमान धर्म अस्तित्व में आया। हालांकि बाहर से आने वाले मुसलमानों की संख्या बहुत कम थी, लेकिन स्थानीय हिन्दुओं का मुसलमान में परिवर्तन बहुत जोरों से हुआ था। करीब पांच सौ वर्षों के मुगल शासन द्वारा भारतीय समाज में मुसलमान धर्म के अनुयायियों की संख्या में केवल वृद्धि ही नहीं की गयी, वरन् वृहत समाज के साथ सामंजस्य स्थापित कर मुसलमान धर्म को स्थायित्व भी प्रदान किया गया। इसके परिणामस्वरूप आज करीब 13 करोड़ मुसलमान धर्म के अनुयायी भारतीय समाज में रहते हैं।

ईसाई धर्म की स्थापना ईसा मसीह द्वारा आज से करीब 2000 वर्ष पूर्व में की गई थी, लेकिन भारतीय समाज में ईसाई धर्म की स्थापना ब्रिटिश शासनकाल में वृहत रूप से हुई। ब्रिटिश शासन काल में ईसाई धर्म के प्रचार के लिए यहां की गरीब, अशिक्षित तथा उपेक्षित जनजातियों का चुनाव किया। सर्वप्रथम गरीब, अशिक्षित जनजातियों के मध्य ईसाई धर्म प्रचारकों द्वारा अस्पताल तथा स्कूलों एवं कॉलेजों की स्थापना की गयी। स्वास्थ्य एवं शिक्षा के क्षेत्र में सेवा प्रदान कर ईसाई धर्म प्रचारक भोली-भाली जनजातियों को ईसाई धर्म के अनुयायी बनाने में सफल हुए। आज ईसाई धर्म भी भारतीय समाज का अभिन्न अंग बन गया है। मुसलमान धर्म जितना 1000 वर्ष में भारतीय समाज को प्रभावित नहीं कर पाया, ईसाई धर्म मात्र 200 वर्ष में भारतीय समाज को प्रभावित करने में सफल हुआ।

स्वतंत्रता प्राप्ति के बाद भारतीय समाज में प्रजातांत्रिक व्यवस्था स्थापित की गई। भारतीय समाज को जनतांत्रिक ढंग से चलाने के लिए धर्म निरपेक्ष संविधान की रचना की गई तथा उसे लागू किया गया। इसके फलस्वरूप आज भारत में सभी व्यक्ति को भारतीय नागरिक होने के नाते अपने-अपने धर्म को मानने का अधिकार दिया गया है। आज भारतीय समाज में सभी धर्म के अनुयायी पाए जाते हैं, जो अपने धार्मिक संकेत, रीति-रिवाज तथा पर्व त्योहार का पालन अपने-अपने ढंग से करते हैं। इस प्रकार आज भारतीय समाज की पहचान बहुधार्मिक समाज के रूप में होती है। भारतीय समकालीन समाज में हिन्दू धर्म, मुसलमान धर्म तथा ईसाई धर्म के अनुयायी हम भारतीय ही रहे हैं। यही कारण है कि हम विश्व के समक्ष अनेकता में एकता का अनोखा उदाहरण प्रस्तुत करते हैं। अब यहां भारत के वृहत धर्मों के संबंध में जानकारी प्रस्तुत की जा रही है।

इन धर्मों के अतिरिक्त भारत में सिख, यहूदी तथा पारसी धर्म के अनुयायी भी रहते हैं जिनके बारे में विवरण आगे विस्तारपूर्वक किया गया है।

(i) पूर्व-वैदिक कालीन धर्म

हड़प्पा संस्कृति के पतन के बाद भारत में एक नयी सभ्यता का उदय हुआ, जिसके निर्माता आर्य थे। इसीलिए इस सभ्यता को आर्य सभ्यता कहा जाता है। चूंकि इस सभ्यता के विषय में हमारा ज्ञान ऋग्वेद पर आधारित है। इसलिए इस सभ्यता को ऋग्वैदिक सभ्यता भी कहा

जाता है। भारत में आर्यों का आगमन एक ही बार नहीं हुआ। वे छोटे-छोटे समूह में कई बार कई सदियों से भारत आए। वे घोड़ा तथा रथ से भलीभांति परिचित थे। वे पशुपालक झुंड में रहते थे तथा आरंभ में थोड़ा-बहुत कृषि कर्म भी करते थे। वे युद्ध कला में प्रवीण थे तथा उनके पास अधिक सक्षम युद्ध सामग्रियां उपलब्ध थीं। वे आरंभ में सतलुज तथा यमुना नदी के दोआब में अपना निवास स्थान स्थापित किए थे जिसे वे आर्यावर्त अथवा ब्रह्मव्रत कहते थे। ऋग्वेद प्रकृति की शक्तियों एवं देवताओं की स्तुति में कही गयी ऋचाओं अथवा श्लोकों का संग्रह है। इन श्लोकों को मंत्र भी कहा जाता है। इन मंत्रों की रचना किसी एक ऋषि के द्वारा या किसी एक निश्चित अवधि में नहीं हुई थी। इन मंत्रों की रचना विभिन्न ऋषियों द्वारा विभिन्न अवधि में की गयी थी। इन मंत्रों को मौखिक परंपरा द्वारा एक व्यक्ति से दूसरे व्यक्ति तक पहुंचाया जाता था। बाद में इन सभी मंत्रों को संकलित करके ऋग्वेद के रूप में प्रकाशित किया गया। पूर्व-वैदिक कालीन सभ्यता का काल निर्धारण 1500 ई.पू. से 1000 ई.पू. किया गया है। ऋग्वेद में 10 अध्याय 1029 प्रकरण या सूक्त तथा 10580 ऋचाएं या मंत्र हैं। आरंभ में आर्यों का निवास स्थान सप्त सिन्धु प्रदेश था। इन लोगों को हड़प्पा सभ्यता के लोगों तथा स्थानीय लोगों के साथ युद्ध भी हुआ था। आरंभिक आर्यों की अर्थव्यवस्था मुख्य रूप से पशुपालन पर आधारित थी, हालांकि वे कुछ कृषि कर्म भी करते थे। उनके बीच गाय की प्रधानता काफी थी। गाय केवल दूध या दूध से बनी सामग्री के लिए उनके बीच नहीं पायी जाती थी। वरन् गाय की पहचान धन-संपत्ति के रूप में होती थी। गाय उपहार विनिमय का साधन भी थी। गाय के लिए लड़ाइयां भी लड़ी जाती थीं। गाय इस अवस्था में धार्मिक मूल्य नहीं प्राप्त की थी। गौ मांस खाया जाता था तथा अतिथियों को दिया जाता था। पशुपालन के अतिरिक्त बढ़ई गिरी, लोहारगिरी, सुनारगिरी, कुम्हारगिरी, जुलाहगिरी इत्यादि भी पेशा के रूप में प्रचलित थे।

इस काल में समाज का स्वरूप पितृसत्तात्मक था। संयुक्त परिवार का प्रचलन था। एक विवाह एवं बहुविवाह दोनों का प्रचलन था। वर्ण-आश्रम एवं पुरुषार्थ धर्म का पालन किया जाता था। समाज में नारियों का स्थान उच्च था। इस काम में प्राकृतिक शक्तियों का मानवीकरण हो गया था तथा उनकी पूजा देवी-देवता के रूप में की जाती थी। इंद्र, अग्नि, सूर्य, पृथ्वी, वरुण, मित्र, अदिति, उषा इत्यादि उनके प्रमुख देवी-देवता थे। इन देवताओं को खुश करने के लिए मंत्र, प्रार्थना, श्लोकों इत्यादि पढ़े जाते थे। साथ ही साथ देवी देवताओं को प्रसन्न करने के लिए यज्ञ किए जाते थे तथा बली दी जाती थी। प्रार्थना तथा स्तुति के साथ-साथ भोजन सामग्री देवताओं को अग्नि, खुले आकाश या वृक्ष के नीचे अर्पित किए जाते थे।

दूध, घी, मांस, अन्न, सोमरस इत्यादि चढ़ावे के रूप में चढ़ाए जाते थे। पितरों से धन, जन एवं शक्ति के लिए प्रार्थना की जाती थी। मृतकों की अंत्येष्टि विधिवत की जाती थी। प्रारंभ में यज्ञ की विधि सरल थी। कालांतर में यज्ञ अनुष्ठान जटिल हो गया। यज्ञ में अनुष्ठान के लिए पुरोहित की आवश्यकता हुई। यज्ञ में पर्याप्त धन व्यय होता था। पुरोहित

को दक्षिणा में स्वर्ण, गाय तथा दास–दासियां दिए जाते थे। इसलिए यज्ञ राजा एवं धनी लोगों तक ही सीमित रह गया था।

ऋग्वैदिक धर्म में नैतिक आदर्शों पर भी विशेष बल दिया जाता था। मृत्यु के बाद जीवन की कल्पना पाप के लिए दंड तथा पुण्य के लिए पुरस्कार के रूप में की गई थी। इस विश्वास के अनुसार पापी नरक जाता है तथा पुण्य आत्मा को स्वर्ग मिलता है। इस प्रकार—पाप–पुण्य एवं स्वर्ग–नरक की कल्पना भी की गयी थी। पुनर्जन्म की कल्पना भी स्पष्ट रूप से विकसित नहीं हो पाई थी। आर्य शरीर के विनाश के बाद भी जीवन का अंत नहीं मानते थे। विश्वास करते थे कि मृत्यु पश्चात् शरीर को जीवित रखने वाला तत्व यमलोक, परलोक अथवा स्वर्गलोक चला जाता है।

ऋग्वैदिक आर्य अनेक देवी–देवताओं की आराधना किया करते थे। लेकिन एकेश्वरवाद में भी उनका विश्वास था। अनेक देवी–देवताओं को एक ही शक्ति का अलग–अलग रूप माना जाता था।

(ii) उत्तर वैदिक कालीन धर्म

ऋग्वैदिक काल की समाप्ति तथा जैन एवं बौद्ध धर्म के अस्तित्व में आने के बीच के काल को उत्तर वैदिक काल कहा जाता है। उत्तर वैदिककालीन सभ्यता का काल निर्धारण 1000 ई.पू. 600 ई.पू. किया गया है। इस अवधि में आर्य सभ्यता का विस्तार सप्त सिन्धु प्रदेश से बाहर गंगा यमुना नदी के बीच भागों में हुआ। इस काल में वर्तमान उत्तर प्रदेश, बिहार, बंगाल तथा उत्तरी मध्य प्रदेशों में आर्यों का आगमन हो गया था। उत्तर वैदिक काल में तीन अन्य वेदों—सामवेद, आयुर्वेद तथा अथर्ववेद—की रचना की गयी थी। साथ ही साथ प्रत्येक वेदों के लिए ब्राह्मण, आरण्य एवं उपनिषद ग्रंथों की रचना भी की गयी थी। संहिता में देवताओं के लिए प्रयुक्त स्तुति मंत्र का संकलन रहता है। ब्राह्मण संहिता में धार्मिक अनुष्ठान, यज्ञ क्रिया विधि, बलि इत्यादि का विवरण रहता है। ऐतरेय, शतपथ, पंचविश तथा गोपथ मुख्य ब्राह्मण ग्रंथ हैं। आरण्य संहिता का संबंध उन लोगों से था जो जंगल में रहकर चिंतन किया करते थे। प्रत्येक ब्राह्मण ग्रंथ के अंत में आरण्यक रहता है। आरण्यक साहित्य में कर्मकांड तथा याज्ञिक विधियों का वर्णन नहीं पाया जाता है। यहां केवल दार्शनिक चिंतनों का वर्णन पाया जाता है। उपनिषद भी एक प्रकार का दार्शनिक साहित्य है। इसमें सर्वव्यापी, निर्गुण, सर्वशक्तिशाली ब्रह्म की कल्पना दर्शायी गयी है। इसमें ब्रह्म, आत्मा और सृष्टि के विषय में गंभीर विचार व्यक्त किए गए हैं। वेद के अंग को वेदांग कहा गया है। इसमें वेद के अध्ययन और वेद मंत्र के उच्चारण की विधि बताई गई है। वेदांग छह हैं—शिक्षा, व्याकरण, कल्प, छंद निरुक्त और ज्योतिष।

इस काल में लौह पिघलाने से संबंधित कर्म तथा स्थायी रूप से कृषि कर्म अस्तित्व में आए। कृषि मौसम के आगमन पर कृषि की शुरुआत उत्सव के रूप में राजा तथा पुरोहित

द्वारा की जाती थी। कृषि कर्म के साथ-साथ पशुपालन भी एक महत्त्वपूर्ण व्यवसाय था। अधिकाधिक संख्या में गाय रखना वैभव एवं ऐश्वर्य का प्रतीत था। गौदान पवित्र समझा जाता था। गाय वध वर्जित था। सूत, व्याध, जलोप जीवी, कृषक, रथकार, सुवर्णकार, रजक, रज्जकार, रंगसाज, रसोईया, कुम्हार, बढ़ई, लोहार, नर्तक, गायक, महावत, चर्मकार, ज्योतिषी, वैद्य तथा नाई का व्यवसाय प्रचलित था।

समाज का स्वरूप पितृसत्तात्मक था। एक विवाह तथा बहुविवाह का प्रचलन था। वर्ण, आश्रम एवं पुरुषार्थ सामाजिक व्यवस्था के रूप में प्रचलित थे। विवाह में गोत्र अंतर्विवाही नियम का प्रचलन नहीं था, यानी संगोत्र विवाह वर्जित था। इस काल में समाज में नारी का स्थान निम्न था।

उत्तर वैदिक काल में कर्मकांड की प्रधानता थी। यज्ञ एवं बलि से संबंधित अनुष्ठान काफी जटिल तथा खर्चीला हो गए थे। कई नए यज्ञों की धारणा विकसित हुई तथा उनमें जानवरों की बलि दी जाती थी। धर्म में वेदवाद, कर्मकांड तथा आडंबर की प्रधानता दी जाने लगी। अश्वमेध यज्ञ, राजसूय यज्ञ तथा वाजपेय जैसे खर्चीले तथा विशाल यज्ञों का विकास इसी काल में हुआ था। यज्ञ तथा याज्ञिक बलि से संबंधित कर्मकांड के नियम भी इसी युग में बनाए गए। यज्ञशालाओं तथा हवन कुंडों का निर्माण हुआ। समाज में पुरोहितों का महत्व बढ़ गया। देवताओं को प्रसन्न रखने के लिए प्रार्थना का महत्व नहीं रह गया। अब उन्हें यज्ञों के माध्यम से प्रसन्न किया जाता था। यज्ञों का आयोजन सामूहिक तथा व्यक्तिगत रूप से किया जाता था। ब्राह्मण एवं पुरोहितों को यज्ञ संपन्न कराने के बदले में गोदान, भूमि दान, अन्न दान, वस्तुदान तथा स्वर्णदान देना पड़ता था। ऋग्वैदिक काल में वरुण तथा इंद्र की प्रधानता थी। उत्तर वैदिक काल में उनका स्थान विष्णु तथा रुद्र ने लिया। सूर्य तथा शिव भी महत्त्वपूर्ण देवता इस युग के थे। इन देवताओं के साथ-साथ अप्सरा, गंधर्व, नाग आदि अर्द्ध देव योनियों की कल्पना की गई थी।

हिन्दू धर्म की विशेषताएँ—हमारे देश की करीब 83 प्रतिशत जनसंख्या का धर्म हिन्दू है। भारत के अतिरिक्त हिन्दू धर्म के अनुयायी एशिया के अन्य देशों, अफ्रीका, कैरेबियन द्वीप समूह, फिजी तथा ब्रिटेन में पाए जाते हैं। हिन्दू विश्व के सबसे प्राचीन धर्मों में से एक है। इस धर्म को सनातन धर्म कहा जाता है तथा इसकी जड़ को हम लोग पुरातात्विक स्रोतों के आधार पर सिन्धु घाटी सभ्यता से जोड़ सकते हैं। पुरातात्विक मानवशास्त्रियों का मानना है कि शिवलिंग पूजा तथा माँ शक्ति की पूजा प्राक् आर्य काल में अस्तित्व में आ गयी थी। इसका काल निर्धारण 3000–2000 B.C. रखा गया है। अत: हिन्दू धर्म एक सनातन धर्म है तथा इसके विचार एवं व्यवहारों में विश्व के अन्य धर्मों की तुलना में ज्यादा विविधता है।

हिन्दू धर्म के सिद्धांत किसी एक धार्मिक पुस्तक तक सीमित नहीं है। इस धर्म का कोई एक ऐतिहासिक संस्थापक नहीं है। हिन्दुओं द्वारा 33 करोड़ देवी-देवताओं की पूजा की जाती है। दूसरी तरफ हिन्दुओं का विश्वास एक ईश्वर में भी है, जिससे सभी जन्म लेते

हैं तथा मृत्यु के बाद उसी में विलीन हो जाते हैं। सबसे महत्त्वपूर्ण बात इस धर्म के साथ यह है कि हिन्दू धर्म के अनुयायी होने के लिए ईश्वर के अस्तित्व में विश्वास व्यक्त करना कोई आवश्यक नहीं है। बल्कि उन्हें हिन्दू धर्म में विश्वास करना अति आवश्यक है। हिन्दू धर्म के अनुयायी एक तरफ बहुदेववादी हैं तो दूसरे तरफ एकेश्वरवादी हैं। सभी हिन्दुओं के विश्वास एवं व्यवहार एक समान नहीं हैं। हिन्दू धर्म के पास धार्मिक साहित्य का एक विशाल समूह है। उदाहरण के लिए वेद, पुरान, दर्शन, तंत्र इत्यादि। इनमें से कुछ साहित्यों का संबंध दर्शन से है, तो कुछ का संबंध अनुष्ठान तथा कर्मकांड से है।

हिन्दू धर्म का संबंध हिन्दू समाज से है। इसमें यह कहना बड़ा ही कठिन है कि इसकी शुरुआत कहाँ से होती है और इसका अंत कहां होता है। यही कारण है कि अनेक विद्वानों हिन्दू धर्म को जीवन जीने का तरीका कहते हैं। हिन्दू धर्म का सामाजिक आधार हम जाति व्यवस्था में पाते हैं। ऋग्वेद के अनुसार जाति की उत्पत्ति ईश्वर द्वारा की गयी है। चार सामाजिक श्रेणियों, जिन्हें वर्ण कहा जाता है, की उत्पत्ति पुरुष के शरीर से हुई है। पुरुष पहला व्यक्ति था जिसे अग्नि की आहुति दे दी गयी थी। इस श्रेणी के अंतर्गत अछूतों को नहीं शामिल किया गया था। इन्हीं वर्णों से ही कालांतर में जाति की उत्पत्ति हुई। जातियों की संख्या अनेक है। जातियों द्वारा अंत:विवाही नियम, गोत्र बहिर्विवाही नियम, जातीय पेशा, पर्व-त्योहार, सामाजिक स्थान, धार्मिक स्वच्छता तथा खान-पान संबंधी अनेक नियमों का पालन किया जाता है।

हिन्दू धर्म के साथ कुछ निश्चित अवधारणाएँ जुड़ गयी हैं जिन्हें धर्म, कर्म तथा मोक्ष की संज्ञा प्रदान की जाती है। इन्हीं अवधारणाओं के आधार पर हिन्दू समाज में व्यक्तिगत जीवन नियंत्रित होता है। इस अवधारणा के अनुसार एक व्यक्ति को अपनी जाति, लिंग तथा उम्र के अनुसार कर्त्तव्य का पालन करना चाहिए। पूर्व जन्मों के बुरे एवं भले कर्मों के बीच के संतुलन को कर्म कहा जाता है। एंक व्यक्ति का कर्म निर्धारित करता है कि एक व्यक्ति का अगला जन्म मानव योनि या पशु योनि में होगा या उसे जन्म-मरण के बंधन से मुक्ति मिल जायेगी। जन्म-मरण के चक्र से मुक्ति को ही मोक्ष कहा जाता है। बिना दायित्व निर्वहन एवं सुकर्म के मोक्ष की प्राप्ति संभव नहीं है।

समय के साथ हिन्दू धर्म में अनेक परिवर्तन आए इसके अनेक संप्रदाय बन गए। दूसरे धर्मों के प्रभाव से इस धर्म में भी सहिष्णुता एवं उदारता के स्थान पर क्षणिक कट्टरता भी आयी। अनेक कुप्रथाओं का जन्म हुआ। जैसे बालिका वध, बाल विवाह, सती प्रथा, जौहर प्रथा, परदा प्रथा इत्यादि। भक्ति मार्ग के द्वारा हिन्दुओं एवं मुसलमानों के बीच शांति एवं सहिष्णुता का वातावरण कायम किया गया। ब्रिटिश शासकों तथा हमारे देश के समाज सुधारकों के प्रयास से कुप्रथाओं पर अंकुश लगाया गया। वैदिक धर्म को पुनर्जीवित करने का प्रयास किया गया। आजादी के बाद धर्मनिरपेक्षीकरण, समानता के सिद्धांत एवं बुद्धि-विवेक के कारण भी हिन्दू धर्म में अनेक परिवर्तन हुए हैं।

3. जैन धर्म

600 वर्ष ईसा पूर्व में भारत की पुण्य भूमि पर जैन धर्म का उदय हुआ। इस धर्म के संस्थापक वर्धमान महावीर थे। उनका जन्म 540 ई.पू. में उत्तर बिहार के वैशाली के निकट कुंड ग्राम में एक क्षत्रिय परिवार में हुआ था। उनकी माता त्रिशला लिच्छवि नरेश चेतक की बहन थी। इस प्रकार महावीर का जन्म एक सुप्रसिद्ध, प्रतिष्ठित एवं समृद्ध क्षत्रिय घराने में हुआ था। इनका विवाह यशोदा नामक सुंदर राजकुमारी के साथ हुआ था। 468 ई.पू. में 72 वर्ष आयु में महावीर को पावापुरी में निर्वाण की प्राप्ति हुई। उनके द्वारा चलाया हुआ जैन धर्म आज भी जीवित है। भारत के कोने-कोने से प्रतिवर्ष सहस्त्रों जैनी पावापुरी की तीर्थ यात्रा पर आते हैं।

जैन अपने धार्मिक गुरु को तीर्थंकर कहते हैं। जैन जनश्रुतियों के अनुसार चौबीस तीर्थंकरों ने समय-समय पर जैन धर्म का प्रचार किया है। वर्धमान महावीर जैनों के अंतिम तीर्थंकर थे। जैन धर्म के प्रवर्तक ऋषिभदेव अयोध्या के सूर्यवंश में उत्पन्न हुए थे। पार्श्वनाथ इस धर्म के तेइसवें तीर्थंकर थे। वे वैदिक धर्म के कर्मकांड एवं देववाद के कटु आलोचक थे। वे प्रत्येक व्यक्ति को मोक्ष का अधिकारी समझते थे। पार्श्वनाथ ने ही जैन धर्म के चार महत्त्वपूर्ण सिद्धांतों—अहिंसा, सत्य, असत्य तथा अपरिग्रह—की स्थापना की थी। वर्धमान महावीर ने पार्श्वनाथ के सिद्धांत में ब्रह्मचर्य सिद्धांत का योगदान दिया।

जैन धर्म के प्रमुख सिद्धांत—जैन धर्म के प्रमुख सिद्धांत निम्नलिखित हैं—

1. अनीश्वरवाद—जैन धर्म ईश्वर की सत्ता स्वीकार नहीं करता है। यह ईश्वर को सृष्टिकर्त्ता, पालनकर्त्ता नहीं मानता। इसके अनुसार ईश्वर जीव में ही निहित शक्तियों का श्रेष्ठतम व्यक्तिकरण है। इस धर्म के अनुसार आत्मा की सर्वोत्तम स्थिति ही ईश्वर है। यह सृष्टि के निर्माण एवं नष्ट होने में विश्वास नहीं करता। सृष्टि अनंत एवं अनादि है। जैनी ईश्वर के स्थान पर अपने तीर्थंकरों की पूजा करते हैं।

2. अहिंसा—जैन धर्म यज्ञ तथा अनुष्ठान का विरोधी है। इसमें अहिंसा पर विशेष बल दिया गया है। यज्ञों में पहले पशुओं की बलि दी जाती थी। जैन धर्म द्वारा हिंसा का विरोध किया गया। यह धर्म जड़ तथा चेतन सभी में जीव का वास मानता है। जैन धर्म के अनुसार आत्मा का शुद्धिकरण ज्ञान से नहीं वरन् उपवास, अहिंसा, सत्य, त्याग तथा इंद्रिय निग्रह से किया जा सकता है। जैन धर्म अनुयायी अहिंसा का पालन कठोरता से करते हैं। जैनी अभी भी मुंह पर कपड़ा बांधकर चलते हैं, सूर्योदय से पहले भोजन कर लेते हैं, रात में दीप नहीं जलाते हैं, पानी छानकर पीते हैं, रास्ता बहार कर चलते हैं, खेती, आखेट तथा युद्ध में भाग नहीं लेते हैं।

3. वेदों में अविश्वास—जैन धर्म वैदिक कर्मकांड के विरुद्ध एक संगठित आंदोलन था। यज्ञ, बलि तथा कर्मकांड के लिए जैन धर्म में कोई स्थान नहीं है।

4. आत्मावाद—जैन धर्म के अनुयायी आत्मा के अस्तित्व तथा उसके अमरत्व में विश्वास करते हैं। उनके अनुसार जड़ तथा चेतन सभी पदार्थों में आत्मा निवास करती है। आत्मा से ज्ञान होता है तथा आत्मा क्रियाशील रहती है। आत्मा स्वभाव से शुद्ध होती है।

5. कर्म में विश्वास—जैनी लोग कर्म में पूरा विश्वास रखते हैं। इनके अनुसार कर्म के अनुसार ही शरीर, वंश तथा सुख-दुख की प्राप्ति होती है। इनके अनुसार कर्म का फल भोगने के लिए ही पुनर्जन्म होता है। कर्म फल से छुटकारा पाकर ही मनुष्य निर्वाण की ओर अग्रसर होता है।

6. त्रिरत्न—जैन धर्म के प्रमुख सिद्धांत त्रिरत्न के नाम से जाने जाते हैं। त्रिरत्न के अंतर्गत सम्यक ज्ञान, सम्यक दर्शन तथा सम्यक कर्म को गिना जाता है। सम्यक ज्ञान का अर्थ है जैन धर्म और मुक्ति के विषय में संपूर्ण और सच्चा ज्ञान। सम्यक दर्शन का अर्थ होता है तीर्थंकरों में पूर्ण विश्वास करना। सम्यक कर्म का अर्थ तीर्थंकरों के समान आचरण एवं व्यवहार करना। इन तीन रत्नों के द्वारा ही मनुष्य कर्म बंधन से मुक्त होकर मोक्ष प्राप्त कर सकता है।

7. तपस्या का महत्त्व—जैन धर्म में तपस्या को विशेष महत्त्व दिया गया है। तपस्या इंद्रियों को वश में करने का अपूर्व साधन है। तपस्या दो प्रकार के हैं—(i) बाह्य तपस्या तथा (ii) आंतरिक तपस्या। अनशन द्वारा शरीर को कष्ट देना तथा रसों का परित्याग करना ही बाह्य तपस्या है, जबकि पापों का प्रायश्चित करना, विनय, सेवा, ध्यान, स्वाध्याय इत्यादि आंतरिक तपस्या है।

8. पंच महाव्रत—जैनियों के अनुसार कर्म बंधन से आत्मा को मुक्ति दिलाने के लिए पांच महाव्रत को अपनाना चाहिए। ये पांच महाव्रत—अहिंसा, सत्य, अस्तेय, ब्रह्मचर्य एवं अपरिग्रह हैं।

9. निर्वाण मार्ग—जैन धर्म के अनुसार निर्वाण जीवन का अंतिम लक्ष्य है। सदाचारी जीवन तथा कठोर नियमों का पालन से निर्वाण का मार्ग प्रशस्त हो जाता है। इस मार्ग को अपनाकर निम्न वर्ण वाला व्यक्ति भी निर्वाण प्राप्त कर सकता है।

10. वर्ण व्यवस्था संबंधी सिद्धांत—जैन धर्म वर्ण व्यवस्था की निंदा नहीं करता है। किन्तु इस धर्म में जन्म पर आधारित वर्ण व्यवस्था को स्वीकार नहीं किया गया है। इस धर्म में वर्ण एवं जाति का आधार कर्म को माना गया है। कर्म ही एक व्यक्ति को ब्राह्मण, क्षत्रिय, वैश्य अथवा शूद्र बनाता है।

11. मूर्ति पूजन—प्रारंभ में जैन धर्म में मूर्ति पूजा का स्थान नहीं था। लेकिन बाद में जैनी महावीर तथा अन्य तीर्थंकरों की मूर्ति पूजा करने लगे थे।

12. जैन धर्म के ग्रंथ—वर्धमान महावीर के मूल उपदेश 14 जिल्दों में संकलित थे। इस संकलन को पूर्व कहा जाता है। बाद में जैन साधुओं ने 12 अंगों की रचना की जिसे 12 अंग के नाम से जाना जाता है। इन अंगों में उपांग, मूल और सूत्र को भी शामिल किया गया है।

13. जैन धर्म के संप्रदाय—जैन धर्म के दो संप्रदाय अस्तित्व में आए—(i) श्वेतांबर तथा (ii) दिगंबर। श्वेतांबर संन्यासी वस्त्र धारण करते हैं, जबकि दिगंबर नग्न रहते हैं। श्वेतांबर की अपेक्षा दिगंबरों में अधिक कट्टरता पायी जाती है।

पतन का कारण—जैन धर्म के पतन से संबंधित निम्नलिखित कारण थे—

1. विलास प्रियता—जैन धर्म के पतन का एक मुख्य कारण था नि:स्वार्थ तथा त्यागी भिक्षुओं का विलासप्रिय हो जाना।

2. राज्याश्रय की समाप्ति—कुछ समय बाद जैन धर्म को राजाओं का आश्रय मिलना बंद हो गया था। मुसलमान अत्याचारों से आक्रांत हिन्दू जाति को इस समय शांति प्रिय धर्म की आवश्यकता नहीं थी।

3. संप्रदायों में विभाजन—जैन धर्म अनेक संप्रदायों में बंट गया था जिसके कारण उसकी शक्ति विच्छिन्न हो गयी थी।

4. हिन्दू धर्म का पुनरुत्थान—जैन धर्म के पतन का एक महत्त्वपूर्ण कारण था हिन्दू धर्म को पुन: जीवित किया जाना। पुनर्जीवित होने के बाद हिन्दू धर्म इतना आकर्षक बन गया कि सभी लोगों ने उसे अपनाना आरंभ कर दिया। जैन धर्म का पूर्ण पतन नहीं हुआ है। आज भी करीब 13 लाख जैन धर्म के अनुयायी भारत के गुजरात, राजस्थान, मध्य प्रदेश तथा बिहार में रहते हैं। ये अधिकतर व्यवसायी वर्ग से आते हैं।

जैन धर्म की देन—जैन धर्म परोक्ष तथा प्रत्यक्ष रूप से भारतीय संस्कृति तथा विचारधारा को प्रभावित किया है। जैन धर्म की देन की चर्चा हम निम्न ढंग से कर सकते हैं—

दर्शन—जैन धर्म का दर्शन व्यापक और विस्तृत है। दर्शन के क्षेत्र में स्यादवाद और अनेकांतवाद का सिद्धांत बिल्कुल मौलिक है। जैन दर्शन जहां एक ओर अतिव्यापक है, वहीं दूसरी ओर गंभीरता से युक्त है। इसमें एक ओर जहां व्यक्ति की उन्नति की ओर ध्यान दिया गया है, वहीं दूसरी ओर सभी के कल्याण कामना भी की गयी है। जैन धर्म का अहिंसा सिद्धांत ने भारतवर्ष की सामाजिक, आर्थिक तथा राजनीतिक व्यवस्था को प्रभावित किया था। समाज में अहिंसा सिद्धांत के कारण पशुबलि पर रोक लगी। कर्मकांड तथा यज्ञ में बलि देने की प्रथा को समाप्त कर दिया गया था। कृषि कर्म तथा पशुपालन से अनाज तथा दुग्ध उत्पादन में बढ़ावा मिला। तत्कालीन राजाओं ने जैन धर्म के अहिंसा सिद्धांत को अंगीकार किया तथा अपने राज्यों में कड़ाई से लागू करवाया।

कला—धर्म तथा दर्शन के अतिरिक्त कला के क्षेत्रों में जैन धर्म की महत्त्वपूर्ण देन है। जैन धर्म के अनुयायियों ने अनेक मंदिरों, मूर्तियों तथा चित्रों का निर्माण किया, जो कला के उत्कृष्ट नमूने हैं। इस संदर्भ में उदयगिरि का टायगर गुफा तथा एलोरा की इंद्रसभा विशेष रूप से उल्लेखनीय हैं। अनेक पाषाण स्तंभों का निर्माण भी इस धर्म के अनुयायियों ने किया था। खजुराहो और आबु के जैन मंदिर कला के उत्तम नमूने हैं। ग्वालियर के जैन मंदिर का अपना स्थान है। स्तूपों की पाषाण रोलिग, अलंकृत प्रवेश द्वार, पाषाण छत्र आदि कला के नमूने हैं।

साहित्य—जैनियों द्वारा ब्राह्मणों की संस्कृत भाषा के स्थान पर प्राकृत भाषा को अपनाया गया है। इससे प्राकृत भाषा साहित्य का विकास हुआ।

4. बौद्ध धर्म

बौद्ध धर्म की स्थापना गौतम बुद्ध द्वारा की गयी थी। उनका जन्म 563 ई.पू. नेपाल की तराई में स्थित कपिलवस्तु के निकट लुम्बिनी नामक ग्राम में हुआ था। वे शाक्य क्षत्रिय कुल के थे। वे कुलीन परिवार में जन्म लिए थे। सिद्धार्थ इनका बचपन का नाम था। इनकी पत्नी का नाम यशोधरा तथा पुत्र का नाम राहुल था। भोग विलास तथा मोहमाया के जाल को त्यागकर सिद्धार्थ ने बौद्ध धर्म की नींव रखी। जिस स्थान पर उन्हें ज्ञान की प्राप्ति हुई थी, उसे बोध गया कहा जाता है।

बौद्ध धर्म के सिद्धांत—भगवान बुद्ध के धार्मिक उपदेशों में चार आर्य सत्य सिद्धांत प्रसिद्ध हं। ये चार आर्य सत्य सिद्धांत निम्नलिखित हैं—

1. दुख—(Home of suffering) संसार में सर्वत्र दुख है। जन्म, मरण, बुढ़ापा और रोग दुख हैं। प्रिय का वियोग और अप्रिय का संयोग दुख है। इच्छित वस्तु की प्राप्ति न होना भी दुख है। संसार का प्रत्येक प्राणी इस दुख से पीड़ित है।

2. दुख समुदाय (दुख का कारण) (Desires Generate Suffering)—बौद्ध धर्म के अनुसार तृष्णा, अतृप्त इच्छा आदि दुख के कारण हैं। इसी तृष्णा से मोह के कारण जीव संसार में आवागमन के चक्कर में फंसा रहता है। इसी तृष्णा से अहंकार, ममता, राग, द्वेष, कलह आदि दुख उत्पन्न होते हैं।

3. दुख निरोध (Suffering can be removed)—बुद्ध ने रूप, वेदना, संज्ञा, संस्कार और विज्ञान के निरोध को ही दुख का निरोध माना। उसके अनुसार तृष्णा के विनाश से ही दुख का निवारण संभव है। सभी मनुष्य जीवन-मरण से छुटकारा पा सकता है। पुनर्जन्म तथा अन्य दुखों से मुक्ति की अवस्था निर्वाण कहलाती है।

4. दुख निरोधगामिमिनी प्रतिपदा (Adherence to Noble Path)—बुद्ध ने बतलाया कि यज्ञ, बलि, देवताओं की पूजा, प्रार्थना, मंत्रोच्चारण तथा तपस्या से निर्वाण की प्राप्ति संभव नहीं है। कठोर तपस्या द्वारा शरीर को कष्ट देने से भी निर्वाण की प्राप्ति संभव नहीं है। शाश्वत सुख की प्राप्ति हेतु उन्होंने मध्यम मार्ग को उचित बतलाया। मध्यम मार्ग से उनका मतलब था मनुष्य को न तो अधिक वासना में लिप्त होना चाहिए और न शरीर को अधिक कष्ट देना चाहिए। तृष्णा तथा अन्य दूषित संस्कारों के निवारण हेतु बुद्ध ने आठ मार्गों (अष्टांगिक मार्ग) का प्रतिपादन किया है। उनके द्वारा प्रतिपादित अष्टांगिम मार्ग निम्नलिखित हैं—

(i) सम्यक दृष्टि (Right View)—चार आर्य सत्यों को पहचानना ही सम्यक दृष्टि है। मनुष्य में सत्य-असत्य को पहचानने की शक्ति और पाप-पुण्य एवं सदाचार-दुराचार में विभेद करने का सामर्थ्य होना चाहिए।

(ii) सम्यक संकल्प (Right Aspiration)—सम्यक संकल्प का तात्पर्य उनसे है जो लिप्सा और आसक्ति से छुटकारा दिलाए तथा सबके हृदय में सबके लिए प्रेम का भाव जगाये।

(iii) सम्यक वाक् (Right Speech)—सम्यक वाक् का तात्पर्य सत्य, विनम्रता तथा मृदुता से ओत प्रोत वाणी से है।

(iv) सम्यक कर्मात (Right Action)—सत्य कर्म ही सम्यक कर्मात है। प्रत्येक व्यक्ति को अहिंसा तथा सदाचार के नियमों का पालन करना चाहिए। ऐसा काम करना चाहिए जिससे दूसरों को लाभ हो।

(v) सम्यक आजीवन (Right Living)—जीवन के लिए अपवित्र तथा भ्रष्ट साधनों का उपयोग नहीं किया जाना चाहिए।

(vi) सम्यक व्यायाम (Right Effort)—प्रत्येक व्यक्ति को बुरे विचारों से छुटकारा पाने के लिए मानसिक अभ्यास करना चाहिए तथा नैतिक एवं आध्यात्मिक उत्थान हेतु प्रयत्न करना चाहिए।

(vii) सम्यक स्मृति (Right Mindfulness) —मनुष्य को सदैव याद रखना चाहिए कि उनके सभी कार्य विवेक और सावधानी से हो। बौद्ध धर्म में यह स्मृति चार रूपों में उल्लेखित है—

(क) कायानुपश्यना—शरीर के प्रत्येक संस्कार तथा चेतना के प्रति जागरूक रहना

(ख) वेदानुपश्यना—सुख-दुख की अनुभूतियों के प्रति सजग रहना

(ग) चितानुपश्यना—चित के राग द्वेष को पहचानना

(घ) धर्मानुपश्यना—शरीर, मन और वचन की चेष्टा को समझना।

(viii) सम्यक समाधि (Rigth Contemplation)—जो शारीरिक बंधनों और मानसिक लगावों से उत्पन्न बुराइयों को दूर करे।

बुद्ध के अनुसार जो भी व्यक्ति उक्त अष्टांगी मार्गों के अनुसार आचरण एवं आवरण करेगा, उसे निर्वाण की प्राप्ति होगी। इसके लिए यज्ञ, बलि तथा पुरोहितों की मध्यस्थता की आवश्यकता नहीं होगी।

अपने अनुयायियों के लिए बुद्ध ने एक आचार विधान भी तैयार किया था। इस आचार विधान में दस नैतिक उपदेशों का वर्णन है—

1. अस्तेय, 2. अहिंसा का पालन, 3. मद्यपान निषेध, 4. अपरिग्रह व्रत का पालन, 5. ब्रह्मचर्य का पालन, 6. नृत्य-गान का त्याग, 7. पुष्प तथा सुगंधित वस्तुओं का त्याग, 8. असमय भोजन का त्याग, 9. कोमल शैया का त्याग तथा 10. कामिनी कंचन का त्याग।

बुद्ध ने आत्मा तथा ईश्वर के अस्तित्व को अस्वीकार करते हुए पुनर्जन्म और कर्म के सिद्धांत को स्वीकार किया। बुद्ध का मत था कि पुनर्जन्म आत्मा का नहीं वरन् अनित्य अहंकार का होता है। जब मनुष्य की तृष्णा और वासना नष्ट हो जाती है तब उसे निर्वाण प्राप्त होता है। बौद्ध धर्म में वेद की प्रामाणिकता को अस्वीकार किया गया है। यज्ञ, अनुष्ठान

तथा धार्मिक आडंबर का विरोध किया गया है। ऊंच-नीच, अमीर-गरीब, जाति-पाति की भावना की निंदा की गयी है। बौद्ध धर्म में बौद्ध धर्म का मार्ग सभी जातियों के लिए खुला था। बौद्ध धर्म के द्वारा भारतीय समाज में धार्मिक तथा सामाजिक क्रांति लाने का प्रयास किया गया था।

बौद्ध धर्म के संप्रदाय—समय के साथ धार्मिक विषयों को लेकर बौद्ध धर्म दो संप्रदाय में विभाजित हो गया था। ये दो संप्रदाय—(i) हीनयान तथा (ii) महायान थे।

हीनयान में बौद्ध धर्म का मूलरूप पाया जाता है। यह जैन धर्म की भांति अनीश्वरवादी है। इसमें कम्म (कर्म) तथा धम्म (धर्म) को सर्वोपरि स्थान दिया गया है। इस संप्रदाय के लोगों का मुख्य लक्ष्य मोक्ष की प्राप्ति है। पालि त्रिपिटक हीनयान का मुख्य ग्रंथ है। इस संप्रदाय का अधिक प्रचार दक्षिण में हुआ। वर्तमान में यह लंका, बर्मा और थाईलैंड में जीवित है। महायान संप्रदाय का निर्माण जनसाधारण के लिए किया गया था। क्योंकि हीनयान के आदर्शों का पालन जनसाधारण के लिए संभव नहीं था। महायान संप्रदाय में जनसाधारण की चिंता और प्रयास देखा गया है। महायान संप्रदाय करूणा पर विशेष बल देता है। प्राजापारमिता, दुखावती व्यूह, दशभूमिक सूत्र तथा समाधिकरण सूत्र महायानिक ग्रंथों में प्रसिद्ध है। महायान का प्रचार अधिकतर उत्तर भारत में हुआ है।

बौद्ध सभा—बौद्ध धर्म के प्रचार हेतु चार बौद्ध सभाएं संपन्न हुई थीं। इन सभाओं के माध्यम से बुद्ध के उपदेशों का संग्रह, शुद्धि तथा समयानुसार संशोधन भी किया गया था। इसके परिणामस्वरूप बौद्ध धर्म नया स्वरूप, नया जीवन तथा नया उत्साह पाकर बढ़ता गया। पहली बौद्ध सभा राजगृह में हुई थी। इसमें बुद्ध के उपदेशों का संकलन किया गया था। उन उपदेशों को उपदेश, साधन तथा सिद्धांत जैसे तीन भागों में त्रिपिटक नाम से रखा गया था। दूसरी सभा वैशाली में हुई थी, जिसमें इन ग्रंथों में सुधार हुआ। तीसरी सभा सम्राट अशोक द्वारा बुलायी गयी थी जिसमें बौद्ध साहित्य का अंतिम संकलन किया गया था। चौथी सभा कनिष्क के शासनकाल में हुई थी जिसमें प्राचीन बौद्ध ग्रंथों पर भाष्य लिखे गए।

बौद्ध धर्म के पतन का कारण—हमारे लिए यह आश्चर्य की बात है कि बौद्ध धर्म जनसाधारण में तेजी से लोकप्रिय हुआ, लेकिन शीघ्र ही अपनी जन्मभूमि से निर्वासित हो गया। बौद्ध धर्म के पतन के निम्नलिखित कारण थे—

1. अनीश्वरवादी तथा अनात्मावादी होने के कारण साधारण जनता में बौद्ध धर्म लोकप्रिय नहीं हो सका।

2. बौद्ध धर्म का विभिन्न संप्रदायों में विभाजन के कारण इसकी शक्ति क्षीण हुई।

3. आरंभ में बौद्ध धर्म मूर्ति पूजा विरोधी था, लेकिन कालांतर में इस धर्म में भी मूर्ति पूजा आरंभ तथा तंत्र-मंत्र पद्धति का प्रचलन भी हो गया। महायान संप्रदाय में बुद्ध की मूर्ति, पूजा तथ तंत्र-मंत्र की प्रधानता पायी जाती है।

4. ब्राह्मण धर्म के पुनरुत्थान के कारण भी इस धर्म का पतन हुआ। शंकराचार्य तथा कुमारिल भट्ट जैसे विद्वानों ने ब्राह्मण धर्म के सिद्धांतों को पुनर्जीवन प्रदान किया। भगवान बुद्ध को विष्णु का अवतार माना गया।

5. राजकीय संरक्षण के अभाव में भी बौद्ध धर्म को गहरा धक्का लगा। अहिंसक होने के कारण राजाओं का संरक्षण बाद में बौद्ध धर्म को नहीं मिल सका था।

6. बौद्धों ने आम जनता की भाषा पालि को त्यागकर संस्कृत भाषा को अपनाया था, जिसके कारण भी इस धर्म की अवनति हुई।

7. बौद्ध मठों तथा संघों में व्याप्त भ्रष्टाचार के कारण भी इस धर्म का पतन संभव हुआ है। बौद्ध बिहार में स्त्रियों के प्रवेश के कारण भिक्षुओं की विलासिता चरम सीमा पर पहुच गयी थी। नैतिकता नष्ट होने से बौद्ध धर्म को गहरा आघात पहुंचा।

8. विदेशी आक्रमणकारियों द्वारा विहारों को नष्ट कर दिया गया था। इसके कारण भी बौद्ध धर्म को पतन का सामना करना पड़ा।

बौद्ध धर्म की देन—बौद्धधर्म अपनी जन्म भूमि से लुप्त होने के बावजूद भी भारतीय समाज एवं संस्कृति पर इस धर्म की अमिट छाप देखी जा सकती है। बौद्ध धर्म के प्रभाव को निम्नलिखित शीर्षक के अंतर्गत दर्शाया जा सकता है—

1. धर्म का प्रभाव—बौद्ध धर्म के प्रभाव में आने से भारतीय समाज में प्रचलित कर्मकांड, बलि तथा यज्ञ पर व्यापक प्रतिकूल प्रभाव पड़ा है। बौद्ध धर्म के अहिंसा का व्यापक प्रभाव है। अहिंसा के उपदेशों को अपनाने के फलस्वरूप हिन्दू समाज में पशुओं की बलि प्रथा समाप्त हुई। यज्ञ में बलि देने की प्रथा का अंत हुआ। समाज में निरामिष भोजन की ओर आकर्षण बढ़ा है। भगवान बुद्ध को विष्णु का अवतार माना गया है। वैष्णव लोग निरामीष भोजन करते हैं। शाकाहारी भोजन करने वालों की संख्या में वृद्धि बौद्ध धर्म के प्रभाव को दर्शाता है। साधु तथा साधु जीवन का हिन्दू समाज में आगमन बौद्ध धर्म के प्रभाव को प्रस्तुत करता है। बौद्ध भिक्षुओं से प्रभावित होकर वैष्णव, शैव तथा शाक्त संप्रदाय के साधु हिन्दू समाज में अस्तित्व में आए। बौद्ध धर्म के प्रभाव के कारण हिन्दू समाज में प्रचलित कई प्रकार की धार्मिक कुरीतियों का अंत हुआ। पुजारियों का वर्चस्व समाप्त हुआ तथा पुजारियों द्वारा कर्मकांड तथा यज्ञ के नाम पर शोषण का अंत हुआ।

2. राजनीतिक जीवन पर प्रभाव—भारतीय समाज में जाति प्रथा, ऊंच-नीच के भेदभाव, सामाजिक असमानता इत्यादि को समाप्त करने की दिशा में बौद्ध धर्म का व्यापक प्रभाव दिखाई देता है। बौद्ध धर्म के अस्तित्व में आने से पहले पेशा पर आधारित वर्ण व्यवस्था जन्म पर आधारित सामाजिक व्यवस्था का रूप धारण कर ली थी। भारतीय समाज में विभिन्न जातियों के कई स्तर बन गए थे। उनमें ऊंच-नीच के भेदभाव उत्पन्न हो गए थे। महिलाओं तथा शूद्रों एवं गरीब वैश्यों का समाज में कोई स्थान नहीं था। उन्हें शिक्षा से वंचित रखा जाता था। उन्हें कई प्रकार के सामाजिक, धार्मिक, आर्थिक तथा राजनीतिक अधिकारों से वंचित रखा जाता था। इन लोगों द्वारा बौद्ध धर्म स्वीकार कर लिया गया था, क्योंकि बौद्ध धर्म के अष्टांगिका मार्ग नैतिकता से ओत-प्रोत हैं। आज भी भारतीय समाज में उन आठ अष्टांगिक मार्गों का प्रभाव परिलक्षित होता है।

3. बौद्धिक स्वतंत्रता एवं साहित्य पर प्रभाव—बौद्ध धर्म के कारण भारतीय समाज में साहित्य एवं चिंतन के क्षेत्र में नवजागरण आया। अंधविश्वास का स्थान तर्क एवं

ज्ञान ने लिया। इससे लोगों में आत्म-विश्वास पैदा हुआ। बौद्धों ने अपने धर्म प्रचार के लिए नवीन साहित्य का सृजन किया। उनकी रचनाओं में पाली भाषा का साहित्य समृद्ध हुआ। बौद्धों ने कुछ प्रसिद्ध अपभ्रंश कृतियों की रचना की थी। ललित विस्तार, मिलिन्द पनही, महावस्तु, मंजुश्री मूल कल्प, दिव्या बदान, सारि पुत्र-प्रकरण, बुद्ध चरित्र एवं जातक कथाएं बौद्ध धर्म की अमूल देन हैं। बौद्ध विहार शिक्षा के केंद्र थे। बिहार में नालंदा तथा विक्रमशीला एवं गुजरात में बल्लमी प्रसिद्ध विद्या केंद्र थे। नागार्जुन, वसुमित्र, दिनांग तथा धर्मकीर्ति ने विद्या तथा ज्ञान की प्रगति में योगदान दिया।

4. कला पर प्रभाव—भारतीय कला भी बौद्ध धर्म से प्रभावित हुई। बौद्ध धर्म से प्रभावित वास्तु कला, मूर्ति कला और चित्रकला के अनेक उदाहरण उपलब्ध है। सांची, भरहुत और नागार्जून के स्तूप, अजंता एवं एलोरा के भीत्ति-चित्र, गुफाओं में बने मंदिर तथा अशोक स्तंभ भारतीय कला के उत्कृष्ट उदाहरण माने जाते हैं। बौद्ध मंदिरों, स्तूपों तथा मूर्त्तियों के निर्माण से वास्तुकला और मूर्तिकला के क्षेत्र में नई शैलियों का विकास हुआ। जिसे गंधार कला के नाम से जाना जाता है। बौद्ध धर्म का विस्तार विदेशों में भी हुआ। थाईलैंड, कंबोडिया, जावा, सुमात्रा, बर्मा, श्रीलंका, तिब्बत और नेपाल की संस्कृति पर भारतीय संस्कृति की स्पष्टतः छाप मिलती है।

5. आर्थिक जीवन पर प्रभाव—बौद्ध धर्म के अस्तित्व में आने से पहले व्यापारियों और कुलीनों के पास आपार संपत्ति एकत्र हो गयी थी। इससे सामाजिक तथा आर्थिक विषमता उत्पन्न हो गयी थी। बौद्ध धर्म में धन संग्रहण करने पर जोर दिया गया। बौद्ध धर्म के अनुसार हिंसा, क्रूरता और घृणा के कारण गरीबी है। किसानों को बीज, व्यापारियों को धन तथा मजदूरों को मजदूरी मिलनी चाहिए। बौद्ध आचार संहिता में विलास प्रियता पर रोक लगायी गयी थी। कर्जदार तथा दासों को बौद्ध धर्म में प्रवेश का अधिकार नहीं था।

जैन धर्म तथा बौद्ध धर्म में समानता—1. जैन और बौद्ध दोनों धर्म की उत्पत्ति वैदिक कर्मकांड और यज्ञ विधान की प्रतिक्रिया से हुई है। दोनों धर्मों में ब्राह्मण, यज्ञ, बलि एवं कर्मकांड का विरोध किया गया है।

2. दोनों धर्मों में पुनर्जन्म, कर्म तथा निर्वाण के सिद्धांत को स्वीकार किया गया है।

3. दोनों धर्मों के प्रवर्तक क्षत्रिय राजवंश के थे तथा दोनों धर्मों ने संस्कृत को छोड़ कर लोक भाषा को अपनाया गया है।

4. दोनों धर्म में तर्क की प्रधानता को स्वीकार की गयी है।

जैन धर्म तथा बौद्ध धर्म में अंतर—1. जैन धर्म में त्याग और आत्मपीड़न पर विशेष बल दिया गया है, जबकि बौद्ध धर्म में मध्यम मार्ग को अपनाया गया है।

2. जैन धर्म में दिव्य शक्ति की सत्ता को स्वीकार नहीं किया गया है, जबकि बौद्ध धर्म में दिव्य शक्ति की सत्ता को स्वीकार किया गया है।

3. जैन धर्म की मूल पुस्तकें प्राकृत भाषा में है, जबकि बौद्ध धर्म की पुस्तकें पाली भाषा में है।

4. बौद्ध धर्म जैन धर्म की तुलना में ज्यादा परिवर्तनशील था। इसलिए उसका विकास विदेशों में भी हुआ।

5. इस्लाम (मुसलमान) धर्म

इस्लाम धर्म के संस्थापक हजरत मौहम्मद थे। आप छठी शताब्दी के प्रथम पैगंबर थे। इस धर्म को आरंभिक सातवीं शताब्दी ईसा बाद अरब में संगठित किया गया था। वे इस्लाम धर्म के पैगम्बर थे। उन्हें देवदूत के रूप में जाना जाता था। इस्लाम धर्म के अस्तित्व में आने से पहले अरब के निवासी कई लड़ाकू जनजातियों में विभक्त थे। इस्लाम धर्म की उत्पत्ति के कारण उनसे झगड़ालू जनजातियों के बीच राजनीतिक एकता स्थापित हुई थी तथा वत्स साम्राज्य की स्थापना की गयी थी। वत्स साम्राज्य के अंतर्गत अरब, ईरान, सीरिया, मिस्त्र, मध्य एशिया, उत्तरी अफ्रीका तथा भारत के कुछ हिस्से आते थे। इस्लामी सभ्यता के कारण भाईचारा की भावना विकसित हुई थी तथा ऊंच-नीच के भेद-भाव समाप्त हुए थे। भारत में तेरहवीं शताब्दी के आरंभ में दास वंश की स्थापना के साथ मुसलमान शासन की स्थापना हुई। राजनीतिक शक्ति के कारण भारतीय समाज पर इस्लाम धर्म का प्रभाव अस्तित्व में आया। भारत में बाहर से आने वाले मुसलमान शासकों की संख्या कम थी। लेकिन उन मुसलमान शासक द्वारा यहां के स्थानीय लोगों को धर्मांतरण के लिए उत्प्रेरित किया गया। मुसलमानों द्वारा धर्मांतरण के लिए उन हिन्दू जातियों का चुनाव किया गया जिनकी समाज में कोई स्थिति नहीं थी अथवा जिनका स्थान भारतीय समाज की जाति पद व्यवस्था में निम्न था। ये लोग अपने अधिकारों से वंचित, शोषित तथा उत्पीड़ित थे। मुसलमान शासकों ने उनके बीच भाईचारा का संदेश दिया तथा प्रचलित सामाजिक विभेद को समाप्त करने का वादा किया। इस प्रकार भारतीय समाज के सदस्यों को मुसलमान धर्म की ओर आकर्षित किया गया। कुछ लोगों को बलपूर्वक भी मुसलमान धर्म स्वीकार करने के लिए बाध्य किया गया। इन सभी प्रयासों के फलस्वरूप भारत में मुसलमान धर्म के अनुयायियों की संख्या दिनोंदिन बढ़ती गयी। मुसमान धर्म स्वीकार करने वाले भी हमारे समाज के सदस्य थे। इसीलिए आरंभ में विशेष प्रतिक्रिया नहीं हुई। लेकिन जब अल्लाउद्दीन खिलजी ने हिन्दू विरोधी नीति को अपनाया, तब हिन्दू समाज में पुनर्जागरण आंदोलन आरंभ हुआ तथा हिंसा की घटनाएं घटित हुईं। साथ ही साथ समझौता एवं मेल-मिलाप की प्रक्रिया भी आरंभ हुई। लेकिन करीब 3000 वर्ष के भारतीय इतिहास में किसी विदेशी धर्म को पूर्ण रूप से पहली बार नहीं अपनाया गया।

इस्लाम धर्म के सिद्धांत—इस्लाम धर्म से संबंधित पवित्र शास्त्र को कुरआन के नाम से जाना जाता है। कुरआन में हजरत मोहम्मद के उपदेशों को संकलित किया गया है। उन उपदेशों को ईश्वर के आदेश अथवा मुसलमान धर्म के सिद्धांत के रूप में जाना जाता है। प्रत्येक मुसलमान धर्म अनुयायियों से यह आशा की जाती है कि वे कुरआन में वर्णित उपदेशों का पालन आवश्यक रूप से करेंगे।

मुसलमान धर्म के पांच सिद्धांत निम्नलिखित हैं—

1. एकेश्वर—अल्लाह एक मात्र ईश्वर है तथा मोहम्मद उनके पैगंबर है।

2. भिक्षा-दान—गरीबी तथा असहायों को भिक्षा-दान द्वारा मदद करना सबसे अच्छा कर्म है।

3. प्रार्थना—प्रत्येक मुसलमान को एक दिन में पांच बार नमाज पढ़ना चाहिए। उसे शुक्रवार को दो पहर के बाद सामूहिक नमाज में आवश्यक रूप से भाग लेना चाहिए।

4. उपवास—प्रत्येक मुसलमान को रमजान के पवित्र माह में सभी दिन उपवास रखना चाहिए। उसे सुबह से शाम तक कुछ भी नहीं ग्रहण करना चाहिए।

5. तीर्थ यात्रा—प्रत्येक मुसलमान को अपने जीवनकाल में हज के लिए मक्का जाना चाहिए। मक्का का तीर्थाटन मुसलमान धर्म का अभिन्न अंग है।

मुसलमान धर्म के अन्य प्रधान उपदेश—उपरोक्त पांच प्रधान सिद्धांतों के अतिरिक्त मुसलमान धर्म के अन्य प्रधान उपदेश निम्नलिखित हैं—

1. उत्तम कर्म पर बल—मुसलमान धर्म में उत्तम कर्म पर विशेष बल दिया जाता है। मुसलमान धर्म के अनुसार हमारे विचार, कर्म एवं वचन उत्तम होना चाहिए।

2. न्याय का दिन—मुसलमान धर्म के अनुसार न्याय का दिन होता है। मृत्यु के पश्चात् आत्मा का कर्म के अनुसार पुनर्जन्म होता है। अच्छे कर्म से जुड़े व्यक्ति की आत्मा को ईनाम स्वरूप स्वर्ग की प्राप्ति होती है। जबकि बुरे कर्म से जुड़े व्यक्ति की आत्मा को दंड स्वरूप नरक की प्राप्ति होती है।

3. मुसलमान बंधुत्व—मुसलमान धर्म अपने सभी अनुयायियों को समान दृष्टि से देखता है। मुसलमान धर्म में सभी व्यक्ति एक समान होते हैं। उनमें ऊंच-नीच अथवा अमीर-गरीब का भेद-भाव नहीं रहता है।

4. नियम का पालन—प्रत्येक मुसलमान को विवाह एवं विवाह-विच्छेद संबंधी कुरआन में वर्णित नियमों का पालन आवश्यक रूप से करना चाहिए।

5. सेवा—प्रत्येक मुसलमान का कर्त्तव्य है कि वह बंदी रिहाई में सहयोग दे, असहायों को मदद करे, भूखों को भोजन दे तथा धार्मिक युद्ध में भाग ले।

मुसलमान धर्म से संबंधित निषेध—मुसलमान धर्म में व्यक्ति के कुछ कर्मों पर निषेध लगाए गए हैं, जो निम्नलिखित हैं—

1. मूर्ति पूजा—मुसलमान धर्म मूर्ति पूजा में विश्वास नहीं करता है। इस धर्म के अनुसार सिर्फ एक ईश्वर है जिनका नाम अल्लाह है। मूर्ति-पूजा पाप के बराबर है। मुसलमान धर्म के अनुयायियों के लिए मूर्ति पूजा वर्जित है।

2. सूअर—मुसलमान धर्म में सूअर को अशुद्ध पशु माना गया है तथा सूअर का मांस खाना वर्जित है।

3. पाप कर्म—मुसलमान धर्म के अनुसार किसी को तकलीफ पहुंचाना पाप समान है। अतः एक मुसलमान को इस तरह के पापों से अलग रहना चाहिए।

4. सूद खोरी—मुसलमान धर्म के अनुसार सूद खोरी को वर्जित रखा गया है। सूद खोरी एक पाप कर्म है। इससे गरीबों का शोषण होता है। अत: मुसलमान धर्म सूदखोरी की स्वीकृति प्रदान नहीं करता है।

5. नियम से विचलन—मुसलमान धर्म में कुरआन में वर्णित नियमों से विचलन को स्वीकृति प्रदान नहीं किया गया है। अत: एक मुसलमान को अपने धर्मशास्त्र में वर्णित नियमों का पालन आवश्यक रूप से करना चाहिए।

मुसलमान धर्म का भारतीय समाज पर प्रभाव—भारतीय समाज पर मुसलमान धर्म के प्रभाव का वर्णन निम्नलिखित शीर्षक के अंतर्गत किया जा सकता है।—

धर्म पर प्रभाव—मुसलमान धर्म के एकेश्वरवादी दर्शन का प्रभाव हिन्दू समाज के बहुदेववादी व्यवहारों पर पड़ा है। हालांकि हिन्दू धर्म में एकेश्वरवाद का विकास मुसलमान धर्म के आगमन से पहले हो चुका था, लेकिन व्यवहार में बहुदेववादी दृष्टिकोण का ही प्रचलन था। हिन्दू धर्म में परम ब्रह्म परमेश्वर की अवधारणा विकसित हो गई थी, लेकिन समाज में हिन्दू धर्म के अनेक संप्रदाय थे तथा विभिन्न देवी-देवताओं की पूजा की जाती थी। मुसलमान धर्म के एकेश्वरवादी दृष्टिकोण को देखते हुए हिन्दू समाज में त्रिदेव, पंचदेव इत्यादि की धारणा विकसित हुई। इस काल में हिन्दू तथा मुसलमान धर्म के अनुयायियों के बीच खूनी संघर्ष की घटनाएं घटित हुईं। इन घटनाओं के कारण संश्लेषणात्मक प्रभावों का जन्म संपूर्ण भारत में हुआ। सिख धर्म एक अलग प्रकार का संश्लेषण था। यह धर्म हिन्दू तथा मुसलमानों के बीच खाई को पाटने का एक प्रयास था। सिख धर्म में इस्लाम धर्म के एकेश्वरवाद तथा मूर्ति पूजा रहित हिन्दू धर्म की परंपराएं शामिल हैं। भारतीय समाज में इस्लाम धर्म की उत्पत्ति से पूर्व हिन्दू धर्म कई संप्रदायों में विभक्त था। जैसे वैष्णव, शैव तथा शाक्त। तीनों संप्रदायों के अलग-अलग अनुयायी थे तथा उनके अलग-अलग धार्मिक केंद्र थे। उन संप्रदायों के बीच आपस में संघर्ष भी होता था। लेकिन जब मुसलमान शासकों ने हिंदुओं को धर्मांतरण के लिए मजबूर किया तथा निम्न जाति के लोगों को अपने धर्म अपनाने हेतु आकृष्ट किया, तब हिन्दू धर्म के विभिन्न संप्रदायों बीच एकता स्थापित करने का प्रयास किया गया। इन प्रयासों के फलस्वरूप एकेश्वरवाद की धारणा में मजबूती प्रदान की गयी। साथ ही साथ विभिन्न संप्रदायों को मिलाकर एक संयुक्त संप्रदाय का निर्माण किया गया। जैसे त्रिदेव, पंचदेव, वैष्णव, शैव, शाक संप्रदायों के एक ही स्थान पर मंदिर, शिव-सूर्य शक्ति संप्रदाय के मंदिर इत्यादि। अछूत प्रथा तथा सामाजिक-आर्थिक निर्योग्यता से उबकर अधिक संख्या में निम्न हिन्दू जाति के लोग इस्लाम धर्म से प्रभावित हुए थे तथा इस्लाम धर्म के अनुयायी धर्मांतरण के माध्यम से बन गए थे। अब हिन्दू तथा इस्लाम धर्म के अनुयायियों के बीच खूनी संघर्ष भी होने लगे थे। ठीक उसी वक्त स्वामी रामानुज तथा उनके शिष्यों ने हिन्दू तथा इस्लाम धर्म के सर्वोपरि ईश्वर के बीच एकता पर बल दिया। उनके प्रयासों के फलस्वरूप भक्ति आंदोलन अस्तित्व में आया। उन लोगों ने

भक्ति आंदोलन के माध्यम से सहिष्णुता तथा विश्व बंधुत्व का उपदेश दिया। साथ ही साथ भक्ति आंदोलन के माध्यम से हिन्दू समाज में प्रचलित अनेक अंध विश्वासों को समाप्त करने का प्रयास किया। मुगल शासक अकबर महान ने एक नवीन संश्लेषणात्मक धर्म दीन-ए-ईलाही का प्रचार किया। उनके महान पौत्र दारा शिकोह ने उपनिषद का पारसी अनुवाद प्रकाशित किया था।

उपरोक्त सभी क्रियाकलांपों का हिन्दुओं पर व्यापक प्रभाव पड़ा तथा हिन्दुओं का विभाजन दो समूहों में हो गया था। अल्पसंख्यक समूह द्वारा प्रगतिशील दृष्टिकोण के माध्यम से सुधारों को स्वीकार किया गया था। जबकि वृहत समूह द्वारा प्रतिक्रिया के रूप में अपने विश्वासों तथा रीतियों को और शास्त्र सम्मत बनाया गया। इस प्रकार के विभेद आज भी देखे जा सकते हैं।

कला एवं वास्तुकला के ऊपर प्रभाव—इस्लाम धर्म का प्रभाव कला एवं वास्तुकला के ऊपर विशेष रूप से दिखाई देता है। मुसलमान शासनकाल में वास्तुशास्त्र की नवीन शैली का केवल विकास ही नहीं हुआ था, वरन् वास्तुकला में नवीन कच्ची सामग्रियों का प्रयोग भी किया गया था। लाल बालू पत्थर तथा संगमरमर का प्रयोग किया गया था। विशाल भवनों, किलाओं तथा मीनारों का निर्माण हुआ था। इन संरचनाओं में विस्तृत आंतरिक प्रदेशों, विशालकाय तोरण, वृहत गुंबजों की प्रधानता थी। दिल्ली का कुतुबमीनार, आगरा का ताजमहल, दिल्ली, आगरा तथा फतेहपुर सिकरी का किला, अकबर का मकबरा इस काल की कला एवं वास्तुकला के उत्कृष्ट नमूने हैं। हिन्दू मंदिर निर्माताओं ने भी स्तूप के स्थान पर गुंबज को स्वीकार किया था। मुगल शासकों को चित्रांकन एवं चित्रसाजी से विशेष लगाव था। मुगल शासकों द्वारा हिन्दू मुसलमान चित्रकारों को प्रोत्साहित किया गया था। जहांगीर के शासनकाल में राष्ट्रीय भारतीय चित्रकला स्कूल की स्थापना की गई थी।

संगीत पर प्रभाव—भारतीय समाज में गुप्तकाल से ही शास्त्रीय संगीत का प्रचलन था। मुगल शासकों ने शास्त्रीय संगीत को और विस्तार प्रदान किया। औरंगजेब को छोड़कर सभी मुगल शासक संगीत के प्रेमी तथा संरक्षक थे। वे संगीतकारों को राजकीय आश्रय प्रदान करते थे। संगीतकार मुगल दरबार में स्थान पाते थे। तानसेन, बैजूबावरा, बाबा रामदास, सूरदास आदि द्वारा हिन्दुस्तानी संगीत का विकास किया गया था। भारतीय संगीत के अंतर्गत तबला एवं सितार का आगमन हुआ। कई नवीन भारतीय संगीत स्कूलों की स्थापना हुई। भारतीय संगीत में कव्वाली लोकप्रिय संगीत बना।

उपवन पर प्रभाव—मुसलमान शासकों के समय में कई महत्त्वपूर्ण उपवनों का विकास किया गया था। मुगल शासकों द्वारा उपवनों की नवीन शैली परसिया तथा तुर्कीस्तान से लाई गयी थी। बाद में उपवनों की महत्ता को स्वीकार किया गया तथा उपवन भारतीय सौंदर्य परंपरा के अभिन्न अंग बन गए।

भाषा पर प्रभाव—इस्लाम तथा हिन्दू के संश्लेषण के कारण एक नवीन भाषा का विकास हुआ था, जिसे उर्दू कहा जाता है। उर्दू भाषा का विकास पारसी एवं हिन्दी शब्दों से हुआ था। 18वीं शताब्दी के पश्चात् उर्दू कचहरी की भाषा बन गई थी। करीब-करीब सभी कार्यालयों में भाषाई विनिमय उर्दू भाषा के माध्यम से होता था। कुलीन हिन्दुओं तथा मध्यम वर्गीय लोगों द्वारा भी उर्दू भाषा को अपनाया गया है। आज बड़ी संख्या में लोग उर्दू का प्रयोग करते हैं। हिन्दी भाषा का भी उर्दूकरण हुआ है। कुछ उर्दू के सामान्य शब्दों का अर्थ आम जनता भी समझती है। उर्दू साहित्य का माध्यम भी बना। भारत के कई महान कवियों की कविता उर्दू भाषा में प्रकाशित हुई, जैसे इकबाल एवं गालिब।

सामाजिक जीवन पर प्रभाव—मुसलमान धर्म का प्रभाव भारतीय सामाजिक जीवन पर भी पड़ा था। मुसलमान धर्म के प्रभाव में आकर हिन्दू जीवन पद्धति, सामाजिक तरीका तथा व्यवहार में परिवर्तन हुआ। उच्च एवं मध्य वर्गीय लोग शासक वर्ग के समीप थे। इसलिए वे लोग अपने हिन्दू जीवन पद्धति में परिवर्तन लाए। इसके परिणामस्वरूप मुसलमान आचार-व्यवहार की भाषा, संबोधन एवं भोजन जीवन के अंग बन गए। भारतीय भोजन आदतों में नान, बिरयानी, तंदूरी, पुलाव आदि का महत्वपूर्ण स्थान प्राप्त है। तंबाकू का भी प्रचलन हुआ। मुसलमान वस्त्र जैसे शेरवानी, अचकन, पैजामा, सलवार, कुरता, चुनरी का प्रभाव पड़ा। अनेक खेलकूदों का भी इस्लामीकरण हुआ था। जैसे शिकार, शतरंज, पतंग लड़ाई, जुआ इत्यादि।

मुसलमान धर्म का प्रतिकूल प्रभाव भारतीय नारियों की स्थिति पर पड़ा। समाज में नारी का स्थान निम्न हो गया। इन्हें हिन्दू मुसलमान दंगों के दंश झेलना पड़ता था। साथ ही साथ मुसलमान शासकों, जमींदारों, नवाबों तथा सैनिकों द्वारा नारियों को शोषित तथा उत्पीड़ित किया जाता था। उन्हें घर के आंगन तक ही सीमित होना पड़ता था। बाल विवाह का प्रचलन बढ़ गया था। विधवा पुनर्विवाह पर प्रतिबंध था। उन्हें परदा प्रथा का पालन करना पड़ता था। भारतीय नारी शिक्षा के क्षेत्र में और पिछड़ गयी थीं।

प्रशासन पर प्रभाव—मुसलमान धर्म का प्रभाव भारतीय प्रशासनिक व्यवस्था पर भी पड़ा। अशोक महान के बाद पहली बार मुगल शासनकाल में संपूर्ण भारतीय उपमहाद्वीप को एक प्रशासनिक व्यवस्था के अंतर्गत लाया गया था। संपूर्ण राष्ट्र को प्रांतों में विभाजित कर दिया गया था। सभी प्रांतों में एक समान नियम कानून थे तथा समान प्रशासनिक व्यवस्था थी। सभी प्रांतों में जमीन की गुणवत्ता के अनुसार समान कर देना पड़ता था।

इतिहास लेखन पर प्रभाव—इस्लाम धर्म का प्रभाव भारतीय समाज में इतिहास लेखन पर भी हुआ। इसके पहले भारतीय समाज में इतिहास लेखन कथा-कहानी के रूप में किया जाता था जिसमें किसी दिन, तारीख तथा साल का वर्णन नहीं मिलता था। हिन्दुओं के बीच कई प्रकार के साल संबतों का प्रयोग किया जाता है। मुसलमान शासकों द्वारा हिजरी संवत् का अनुसरण करते हुए इतिहास लेखन आरंभ किया गया था। इससे अतीत को समझने में काफी सहायता मिली थी।

6. ईसाई धर्म

ईसाई धर्म की स्थापना ईसा मसीह द्वारा प्राचीन समय में मध्य एशिया के फिलिस्तीन में किया गया था। आज से करीब 2000 वर्ष पहले इस धर्म की स्थापना की गई थी। पश्चिमी समाजों में ईसा मसीह के जन्म को आधार मानकर ऐतिहासिक लेखन में काल विवरण प्रस्तुत किया जाता है।

ईसाई धर्म के मुख्य उपदेश एवं विश्वास—ईसाई धर्म के उपदेश एवं विश्वास निम्नलिखित हैं—

1. एकेश्वरवाद—ईसाई धर्म के अनुसार एक विश्वव्यापी ईश्वर है तथा ईसा-मसीह उनके पुत्र हैं।

2. मानवतावाद—ईसाई धर्म के विश्वास के अनुसार मानवतावाद सबसे बड़ा धर्म है। ईसाई धर्म में दयालुता, सच्चाई, ईमानदारी तथा नैतिक गुणों पर विशेष बल दिया गया है।

3. पश्चाताप—ईसाई धर्म में पश्चाताप के ऊपर भी विशेष बल दिया गया है। इस धर्म के विश्वास के अनुसार पश्चाताप में जादुई शक्ति होती है। जो व्यक्ति नम्र भाव से दयालु ईश्वर की शरण में जाकर अपने पाप कर्मों पर पश्चाताप करते हैं, उन्हें सर्वव्यापी प्रभू क्षमादान देते हैं।

4. सेवा—ईसाई धर्म के अनुसार मानव सेवा सबसे बड़ा धर्म है। ईसाई धर्म हमें विश्व बंधुत्व की शिक्षा देता है। इसके अनुसार मानव की सेवा सबसे उत्तम धर्म और कर्म है।

ईसाई के धर्मशास्त्र—ईसाइयों के धर्मशास्त्र को बाइबल के नाम से जाना जाता है। इस धर्म ग्रंथ में यहूदियों के इतिहास तथा धार्मिक विश्वासों के संबंध में वर्णन मिलता है। साथ ही साथ इसमें ईसा मसीह का जीवन तथा उपदेशों का विवरण भी हमें प्राप्त होता है। आरंभ में इसी रचना यहूदी भाषा में की गई थी।

भारतीय समाज में ईसाई धर्म का प्रभाव—यों तो ईसाई धर्म की उत्पत्ति करीब 2000 वर्ष पूर्व में हुई है, लेकिन भारतीय समाज में ईसाई धर्म की उत्पत्ति ब्रिटिश शासनकाल में हुई है। अत: भारतीय संदर्भ में ईसाई धर्म का इतिहास करीब 200 वर्ष पुराना है। ब्रिटिश शासक ईसाई धर्म के समर्थक थे। अत: ब्रिटिश शासनकाल में ईसाई धर्म प्रचारकों का प्रवेश भारतीय समाज में हुआ। ईसाई धर्म प्रचारकों ने मानवता की सेवा तथा शिक्षा के माध्यम से भारतीय समाज की जनजातियों के मध्य अपना स्थान बनाया। अस्पताल तथा स्कूलों के माध्यम से ईसाइयों ने गरीब तथा भोलीभाली जनजातियों को प्रभावित किया तथा धर्मांतरण के माध्यम से उन्हें ईसाई बनाया गया। आज करीब एक करोड़ ईसाई धर्मावलंबी भारतीय समाज में निवास करते हैं। ईसाई धर्म का प्रसार भारत वर्ष के सभी कोनों में जनजातियों तथा पिछड़ी जातियों के बीच हुआ। आज भारत के सभी भागों में गिरिजाघर देखे जाते हैं जहां ईसाई धर्म के अनुयायी सप्ताहिक रविवारीय प्रार्थना करते हैं।

ईसाइयों के बारे में ऐसा कहा जाता है कि मुसलमान 1000 वर्ष में भारतीय समाज और संस्कृति को जितना प्रभावित नहीं कर पाए, उतना ईसाई मात्र 200 वर्षों में कर दिए। ईसाइयों तथा मुसलमानों के बीच कुछ मौलिक अंतर थे। मुसलमान विजेता के रूप में भारत आए तथा स्थायी रूप से यहां बस गए। ईसाई विदेशी विजेता के रूप में भारत आए। ईसाइयों ने भारत को उपनिवेश के रूप में देखा तथा शोषित किया। ईसाइयों ने भारत की परंपरागत सामाजिक, आर्थिक, राजनीतिक तथा धार्मिक संरचनाओं को तोड़ दिया था। अंत में उन्हें यहां से भागने के लिए मजबूर कर दिया गया था।

भारतीय समाज पर ईसाई धर्म के प्रभावों का वर्णन निम्नलिखित शीर्षक के अंतर्गत किया जा सकता है—

1. धार्मिक जीवन पर प्रभाव—ईसाई धर्म के संपर्क में आने से भारतीय विश्वासों, परंपराओं तथा रीति-रिवाजों में परिवर्तन हुआ। ईसाई धर्म का प्रसार संपूर्ण भारतवर्ष में हुआ। आदिवासियों तथा पिछड़े क्षेत्रों के लोगों का ईसाई धर्मांतरण भय एवं प्यार दोनों विधि से किया गया। लेकिन शिक्षा एवं स्वास्थ्य सेवा के क्षेत्र में ईसाई धर्मदूतों का विशेष योगदान रहा। ईसाई धर्म प्रचारकों द्वारा जनजातीय तथा पिछड़े क्षेत्रों में धर्म के नाम पर स्कूल, कॉलेज तथा अस्पताल खोले गए। इस प्रकार मानवता तथा सेवा को आधार बनाकर ईसाई धर्म की ओर भारतीयों को आकृष्ट किया गया। इस धर्म के प्रभाव में आकर शिक्षित भारतीय एकेश्वरवादी विचारधारा तथा कम से कम धार्मिक अनुष्ठान की ओर अग्रसर हुए। ईसाई धर्म के समानता एवं स्वतंत्रता सिद्धांत को भी हिन्दू समाज में स्वीकार किया गया है। ईसाई धर्म के प्रभाव में आकर धार्मिक कट्टरता, अंधविश्वास, अनुष्ठान की बहुलता तथा पुजारी की आवश्यकता पर आक्रमण किया गया। वेदांत के उच्च दर्शन को स्वीकार किया गया। हिंदू धर्म को श्रेष्ठ बनाने का प्रयास किया गया।

ब्रिटिश शासन काल में कई हिन्दू धर्म सुधारक अस्तित्व में आए तथा हिन्दू धर्म में परिवर्तन लाकर उसे सर्वश्रेष्ठ बनाने का प्रयास किए। राजा राममोहन राय द्वारा ब्रह्म समाज की स्थापना की गई। उन्होंने उपनिषद, इस्लाम, ईसाई तथा उदारवाद के तत्वों को जोड़कर विश्व के सभी मानव के लिए एक ईश्वर सिद्धांत का प्रतिपादन किया। स्वामी दयानंद सरस्वती ने आर्य समाज की स्थापना की। ब्राह्मण की सत्ता को अस्वीकार करते हुए उन्होंने कर्मकांड एवं मूर्ति पूजा को भी अनुचित बतलाया। आर्य समाज के माध्यम से उन्होंने हिन्दू धर्म को पुनर्जीवन प्रदान किया। राम-कृष्ण परमहंस द्वारा वेदांत को संपूर्ण मानवता के धर्म के रूप में स्वीकार किया गया। उनके शिष्य विवेकानंद द्वारा राम-कृष्ण मिशन की स्थापना की गई थी।

ईसाई धर्म का प्रभाव मुसलमान समाज पर भी पड़ा। ईसाई धर्म से प्रभावित होकर मुसलमान समाज में प्रचलित सामाजिक बुराइयों, जैसे परदा प्रथा, बहुपत्नी प्रथा, नारी अशिक्षा तथा समाज में निम्न स्थान को दूर करने का प्रयास किया गया। सर सैयद अहमद खान द्वारा आधुनिक दर्शन एवं ज्ञान से प्रभावित होकर इस्लाम धर्म को पुनर्परिभाषित करने का प्रयास किया गया।

2. सामाजिक जीवन पर प्रभाव—ईसाई धर्म का व्यापक प्रभाव भारतीय समाज के सामाजिक जीवन पर पड़ा। ईसाई धर्म के सिद्धांत से प्रभावित होकर भारतीय समाज में प्रचलित कई प्रकार की कुरीतियों तथा अंधविश्वासों को समाप्त किया गया। जैसे बाल विवाह, सती प्रथा, परदा प्रथा, नारी अशिक्षा तथा बालिका वध प्रथा। भारतीय समाज में उदारवादी तत्वों को अपनाते हुए विधवा पुनर्विवाह को वैधता प्रदान की गई। अछूत प्रथा, दास प्रथा तथा बेगारी प्रथा को समाप्त करने के लिए सार्थक प्रयास किए गए। स्कूल, महाविद्यालय, छात्रावास, चाय दुकान, भोजनालय आदि की स्थापना के माध्यम से जाति प्रथा तथा अछूत प्रथा को समाप्त करने की दिशा में सकारात्मक कदम उठाए गए। ईसाई धर्म के प्रभाव से भारतीय समाज में मध्यम वर्ग की रचना हुई। मध्यम वर्ग के लोग परंपरावादी होते हुए उच्च जीवन स्तर प्राप्त करना चाहते हैं, लेकिन निम्न आय उनकी विवशता होती है।

3. शिक्षा पर प्रभाव—ईसाई धर्म का प्रभाव शिक्षा पर व्यापक रूप से हुआ है। ईसाई धर्म के आगमन के पूर्व भारतीय समाज में शिक्षा का स्वरूप धर्मनिरपेक्ष नहीं था। सभी जाति तथा धर्मों के लिए एक प्रकार की शिक्षा व्यवस्था नहीं थी। ईसाइयों द्वारा स्कूल, महाविद्यालय तथा विश्वविद्यालयों की स्थापना की गई। सभी जाति तथा धर्म के लोगों को उन शिक्षण संस्थान में नामांकन की व्यवस्था की गई। सभी जाति तथा धर्म को उन शिक्षण संस्थान में नामांकन की छूट दी गई थी। स्कूल, कॉलेज तथा विश्वविद्यालयों में पाठ्यक्रम का निर्माण पश्चिमी समाजों में प्रचलित शिक्षा पद्धति पर किया गया था। इस प्रकार की शिक्षा का उद्देश्य किरानी पैदा करना था ताकि ब्रिटिश शासकों के प्रशासनिक कार्यों को आसानी से निपटाया जा सके। लेकिन अनेक शिक्षित भारतीय ईसाई—समाज की समानता, तार्किक तथा व्यक्तिगत स्वतंत्रता के आदर्शों से प्रभावित होकर स्वतंत्रता संग्राम में कमर कसकर कूद गए थे। आज भी भारतीय शैक्षणिक व्यवस्था पश्चिमी मॉडल से प्रभावित है।

अर्थव्यवस्था पर प्रभाव—ईसाई धर्म के प्रभाव भारतीय समाज की अर्थव्यवस्था पर भी व्यापक रूप से पड़ा है। ईसाई समाज के आने के पूर्व भारतीय अर्थव्यवस्था तकनीकी रूप से पिछड़ी हुई थी, लेकिन भारतीय समाज में आर्थिक स्वावलंबन की स्थिति थी। कृषि तथा ग्राम उद्योगों के माध्यम से स्वावलंबन की स्थिति बनी हुई थी। ईसाई समाज के संपर्क में आने के बाद भारतीय ग्रामों के आर्थिक स्वावलंबन, ग्रामोद्योगों तथा नगरीय दस्तकारी को समाप्त कर दिया गया। किसानों को नगद फसल उपजाने के लिए बाध्य किया गया तथा वैसी वस्तुओं को उत्पादित करने के लिए प्रेरित किया गया जिनसे इंग्लैंड स्थित कारखानों में कच्चे मालों की आपूर्ति की जाये। ब्रिटेन में कच्चे मालों को भेजने से स्थानीय बाजारों में स्थानीय वस्तुओं की कीमत में वृद्धि हो गई। साथ ही साथ ब्रिटेन में उत्पादित वस्तुओं को भारतीय बाजारों में कम कीमत पर बेचा जाने लगा। इस प्रकार भारतीय अर्थव्यवस्था की रीढ़ टूट गई। ईसाई धर्म अनुयायी शासकों द्वारा जमींदारी व्यवस्था लागू की गई। इससे कृषकों तथा दस्तकारों का जीवन प्रभावित हुआ। अब वे कृषि मजदूर हो

गए। इस प्रकार जमीन पर दबाव बढ़ गया। भारतीय उद्योगों को नष्ट करने के बाद, ईसाई अनुयायी शासकों द्वारा भारत में उद्योगों की स्थापना की गई। जूट तथा वस्त्र के कारखाने लगाए गए। कोयला तथा खनन उद्योगों की स्थापना उन्नीसवीं शताब्दी में की गई। बीसवीं शताब्दी के आरंभ में ऊनी वस्त्र, कागज, चीनी, दियासलाई तथा चर्म उद्योगों की स्थापना की गई। लौहा तथा स्टील उद्योग भी लगाए गए।

4. यातायात तथा आवागमन पर प्रभाव—ईसाई धर्म अनुयायी द्वारा भारतीय समाज में यातायात एवं आगमन के साधन विकसित किए गए। रेल मार्ग, सड़क मार्ग, दूरभाष, रेडियो, सिनेमा इत्यादि का विकास भी किया गया। यातायात एवं आवागमन के साधनों के विकास द्वारा आम जनता पर शासन आसानी से किया गया। इसके कारण आम जनता को शोषण उत्पीड़न का शिकार भी होना पड़ा। संचार सेवाओं के विकास से भारतीय समाज विश्व समुदाय से जुड़ गया था।

5. भारत का एकीकरण—ईसाई धर्म अनुयायी ब्रिटिश शासकों द्वारा भारत को एकजूट बनाने का प्रयास किया गया। अशोक महान तथा अकबर महान के शासनकाल को छोड़कर भारत में कभी भी राजनीतिक एकता स्थापित नहीं हो पाई थी। सैकड़ों राजसी राज्य थे तथा प्रत्येक राज्य की अपनी राजधानी थी। साम्राज्यवादी नीति का अनुसरण करते हुए ब्रिटिश शासकों ने उन राज्यों को भय, मोह तथा राजनीतिक सुधार के नाम पर अपने अधिकार में लाए। जब वे भारत छोड़कर जा रहे थे, तब आधा से अधिक भारत पर उनका शासन था तथा अन्य भागों पर उनका आधिराज्य था। उनके प्रयासों से संपूर्ण भारत को एक प्रशासनिक व्यवस्था, एक कानून, एक मुद्रा से जोड़ दिया गया था।

6. प्रशासनिक व्यवस्था पर प्रभाव—ईसाई धर्म अनुयायी ब्रिटिश शासकों का प्रभाव भारतीय प्रशासनिक व्यवस्था पर भी व्यापक रूप से पड़ा था। उनके द्वारा भारतीय समाज में द्वितांत्रिक शासन व्यवस्था स्थापित की गई। उनके ही प्रभाव से भारतीय समाज में सरकार की तीन व्यवस्था—कार्यपालिका, विधायिका तथा न्यायपालिका आज भी प्रचलित है। भारतीय समाज में धर्म निरपेक्ष संविधान तथा प्रजातांत्रिक सरकार के गठन में ईसाइयों की भूमिका महत्वपूर्ण रही है। उनके द्वारा भारतीय प्रशासनिक सेवा, भारतीय पुलिस सेवा, भारतीय शिक्षा सेवा इत्यादि का गठन किया गया था।

7. न्याय व्यवस्था पर प्रभाव—ईसाई धर्म एवं ब्रिटिश शासन का प्रभाव भारतीय समाज की न्याय व्यवस्था पर पड़ा है। ईसाई धर्म के आगमन के पहले भारतीय समाज में कानून तथा न्याय शासकों द्वारा स्थापित किए जाते थे तथा तोड़े जाते थे। सभी व्यक्तियों के लिए एक समान न्याय व्यवस्था नहीं थी। विभिन्न जातियों के लिए अलग-अलग कानून थे। समाज में निम्न स्थान वाली जातियों के लिए अलग कानून थे। उन्हें न्याय व्यवस्था में शामिल होने का अधिकार नहीं था। लेकिन न्याय व्यवस्था में शामिल लोगों द्वारा बनाए गए कानूनों का पालन उनके लिए अनिवार्य था। कानून नहीं पालन करने पर दंड स्वरूप उन्हें प्रताड़ित किया जाता था। उन्हें शोषित, उत्पीड़ित तथा वंचित के समान समाज में जीवन

जीना पड़ता था। ईसाई धर्म के अनुयायी ब्रिटिश शासकों ने पुराने कानूनों को बदल दिए। दंड संहिता का निर्माण किया गया, जो आज भी भारतीय समाज में प्रमुख स्थान बनाए हुए है। न्याय व्यवस्था के अंतर्गत विभिन्न स्तर के न्यायालय का निर्माण किया गया जैसे सर्वोच्च न्यायालय, उच्च न्यायालय, जिला न्यायालय इत्यादि। अपराध नियंत्रण के लिए पुलिस की व्यवस्था की गई। इस प्रकार संपूर्ण भारतीय समाज में एक समान न्याय व्यवस्था की स्थापना की गई। इसके कारण भारतीय समाज की एकता और सुदृढ़ हुई।

8. भाषा पर प्रभाव—ईसाई मिशन तथा ईसाई धर्म अनुयायी ब्रिटिश शासकों द्वारा भारतीय समाज में अंग्रेजी भाषा का विकास किया गया। अंग्रेजी भाषा का विकास संपूर्ण भारतीय समाज में हुआ। इसके पहले भारतीय समाज की भाषा एक नहीं थी। अलग-अलग क्षेत्रों में अलग-अलग भाषाएं बोली जाती थीं। एक भाषा के विकास के कारण भारतीय समाज में राष्ट्रवाद की भावना को मजबूती मिली। हमारे देश के सभी नेतागण अंग्रेजी भाषा के विद्वान थे। महात्मा गांधी तथा जवाहरलाल नेहरू अंग्रेजी भाषा के अच्छे विद्वान थे। यही बात अन्य नेताओं के लिए भी सत्य थी। आज भी भारतीय समाज में अंग्रेजी भाषा के प्रति विशेष लगाव देखा जाता है। सभी सक्षम लोग अपने बच्चों को अंग्रेजी माध्यम के स्कूलों में पढ़ाना चाहते हैं। आज भी भारतीय समाज में अंग्रेजी पत्रपत्रिका, पुस्तकें इत्यादि के प्रति विशेष लगाव देखा जाता है।

9. वस्त्र पर प्रभाव—ईसाई धर्म समर्थक ब्रिटिश शासकों का प्रभाव भारतीय समाज के वस्त्र प्रतिमान पर भी देखा जा सकता है। भारतीय समाज के परंपरागत वस्त्र धोती, कुरता, गमछा, साड़ी, सट्टा, झूला, सलवार, समीज, फ्राक इत्यादि थे। लेकिन ब्रिटिश शासनकाल में भारतीय समाज के वस्त्र प्रतिमान में परिवर्तन हुआ। पुरुष पैंट, शर्ट, कोट, हैट, पैताबा, जूता इत्यादि पहनने लगे। महिलाओं में भी आधुनिक वस्त्रों की ओर झुकाव हुआ। स्कर्ट, ब्लाउज, जींस पैंट, शर्ट इत्यादि की ओर लड़कियों का झुकाव देखा जा सकता है।

10. संगीत पर प्रभाव—ईसाई धर्म समर्थक ब्रिटिश शासकों का प्रभाव भारतीय शास्त्रीय संगीत पर भी पड़ा। परंपरागत सितार, तबला, वीणा, हारमोनियम इत्यादि के स्थान पर आर्केस्ट्रा पर आधारित संगीत अस्तित्व में आया। पश्चिमी संगीतों का प्रभाव भारतीय सिनेमा उद्योगों तथा गीत-संगीत पर व्यापक रूप से पड़ा।

11. इतिहास पर प्रभाव—ईसाई धर्म के अनुयायी ब्रिटिश शासकों का प्रभाव भारतीय समाज के इतिहास पर भी व्यापक रूप से पड़ा। ब्रिटिश शासन के पहले भारतीय समाज के इतिहास के बारे में बहुत कम जानकारी थी। ब्रिटिश शासनकाल में भारतीय इतिहास को पुनर्निर्मित किया गया। अर्कियोलोजिकल सर्वे ऑफ इंडिया की स्थापना की गई। प्राचीन मंदिर-मस्जिद, शिलालेख, चित्रांकन इत्यादि का अध्ययन आरंभ किया गया ताकि भारतीय संस्कृति एवं सभ्यता के अतीत स्वरूप को समझा जाये तथा भारतीय इतिहास का पुनर्निर्माण किया जा सके।

12. राष्ट्रवाद एवं प्रजातंत्र पर प्रभाव—ईसाई धर्म समर्थक ब्रिटिश शासकों द्वारा भारतीय समाज में प्रजातंत्र की नींव डाली तथा राष्ट्रवाद की भावना विकसित की गई। राष्ट्रवाद की भावना से प्रेरित होकर भारतीय समाज के सदस्य ब्रिटिश शासकों को यहां से खदेड़ दिया। स्वतंत्रता की लड़ाई में सभी भारतीय समाज के सदस्यों का महत्त्वपूर्ण योगदान था। यहां लड़ाई जाति, धर्म, भाषा, क्षेत्र इत्यादि की सीमा से ऊपर उठकर लड़ी गई थी। इस प्रकार भारतीय समाज पर ईसाई धर्म का व्यापक प्रभाव पड़ा था।

7. सिख धर्म

सिख धर्म पाली शब्द शिखा से लिया गया है। इस शब्द की उत्पत्ति संस्कृत शब्द शिष्य से भी लगती है। शिखा का अर्थ चोटी एवं शिष्य का अर्थ विद्यार्थी होता है। सिख दस गुरुओं के शिष्य होते हैं। सिखों के प्रथम गुरु गुरु नानक (1469–1539) थे। उनके अंतिम गुरु गुरु गोबिन्द सिंह (1666–1708)। सिख उसको कहा जाता है जो दस गुरुओं एवं गुरु गोबिन्द साहिब में आस्था रखता हो। गुरुग्रंथ साहिब सिखों का धर्मग्रंथ है। इसकी रचना सिखों के पांचवें गुरु अर्जुन देव द्वारा 1604 ई. में किया गया था। सिख पंथ हिन्दू धर्म के वैष्णव संप्रदाय की एक प्रशाखा है। इसका संबंध भक्ति संप्रदाय से है। गुरु नानक पंजाब की भक्ति परंपरा के प्रधान प्रवक्ता थे।

गुरु नानक के पिता तालवांडी ग्राम के राजस्व अधिकारी थे। यह ग्राम लाहौर शहर से 40 मील की दूरी पर स्थित है। वे खत्री जाति से आते थे। खत्री अपने आपको क्षत्रिय कहते हैं। 29 वर्ष की अवस्था में गुरु नानक को रहस्यवादी अनुभव हुआ जिसके परिणामस्वरूप उन्होंने घोषणा की कि न तो कोई हिन्दू है और न ही कोई मुसलमान। उन्होंने अपने अनुयायियों के बीच प्रचलित सभी प्रकार के विभेदों को समाप्त किया। उन्होंने अनेक यात्राएँ कीं तथा जहां कहीं भी गए मानव समानता का उपदेश लोगों को दिया। पंजाब के गाँवों के लोग उन्हें सभी धर्मों के राजा कहते हैं तथा याद करते हैं। हिन्दू उन्हें गुरु तथा मुसलमान उन्हें संत मानते हैं।

गुरु नानक हिन्दू धर्म के अनेक परंपरागत विश्वासों को स्वीकार किए, लेकिन अछूत प्रथा को अस्वीकार करते हुए उस पर जमकर प्रहार किए। गुरु नानक के सिख धर्म से संबंधित विश्वास निम्नलिखित थे—

(i) ईश्वर पिता, स्वामी, प्रेमी तथा सभी प्रकार के उपहारों का महान दाता है।
(ii) ईश्वर निराकार एवं निर्गुण है।
(iii) रब, रहिम, गोबिन्द, मुरारी, हरि इत्यादि ईश्वर के अनेक नाम हैं।
(iv) ईश्वर ओंकार, सतकरतार सही सृष्टिकर्त्ता तथा सतनाम (सत्य नाम) हैं।
(v) सिख धर्म का धार्मिक संकेत ओंम है।

व्यवहारिक रूप में समानता स्थापित करने के लिए गुरु नानक द्वारा निःशुल्क लंगर (भोजनालय) की स्थापना की गयी थी। इस लंगर में उनके सभी जाति के अनुयायी साथ बैठकर भोजन ग्रहण करते थे। लंगर सिख पंथ में प्रधान स्थान रखता है। लंगर के अतिरिक्त गुरु में अटूट श्रद्धा सिख पंथ का मूल है। कोई भी व्यक्ति गुरु के बिना मोक्ष नहीं प्राप्त कर सकता है। लेकिन गुरु आदर का तात्पर्य गुरु पूजा से नहीं है। सिख पंथ ईश्वर एवं गुरु में स्पष्ट रूप से अंतर मानता है। एक गुरु ईश्वर का अवतार नहीं होता है। वह अपने आपको ईश्वर का दास एवं सेवक समझता है।

सिखों के सभी दस गुरु निम्नलिखित हैं—

1. गुरु नानक (1469–1539)
2. गुरु अंगद (1504–1552)
3. अमरदास (1479–1574)
4. रामदास (1534–1581)
5. गुरु अर्जुन (1563–1606)
6. हरगोविन्द (1595–1664)
7. हरराय (1630–1661)
8. हरकिशन (1656–1664)
9. तेज बहादुर (1621–1675)
10. गुरु गोबिन्द सिंह (1666–1708)

गुरु नानक ने ज्ञानोदय हेतु तपस्या एवं शरीर को कष्ट देने को अस्वीकार किया। उन्होंने साधु एवं तप के स्थान पर गृहस्थ आश्रम को प्रचारित प्रसारित किया। उन्होंने अपने अनुयायियों को पवित्र व्यक्ति की संगति में रहने का सुझाव दिया। उनका कहना था कि एक व्यक्ति को ईश्वर का नाम बारंबार लेना चाहिए तथा भजन-कीर्तन में भाग लेना चाहिए। भजन-कीर्तन के माध्यम से एक व्यक्ति मोक्ष प्राप्त कर सकता है।

सिख धर्म के अनुयायी हमारे देश में कुल जनसंख्या के दो प्रतिशत भाग निर्मित करते हैं। इस धर्म के अनुयायी मुख्यतः पंजाब में केन्द्रित हैं। लेकिन प्रायः हमारे देश के सभी महानगरों एवं नगरों में इस धर्म के अनुयायी तथा धार्मिक संकेत (गुरुद्वारा) पाए जाते हैं। इस संप्रदाय के लोग विदेशों में भी अच्छी संख्या में पाए जाते हैं। सिख तथा हिन्दू के बीच विवाह भी संपन्न होता है। लेकिन वे लोग अपनी पृथक पहचान बनाए रखते हैं। लंगर तथा गुरुद्वारा नामक संस्थाएँ इस धर्म को जीवित रखने में अपना महत्त्वपूर्ण योगदान देती हैं। आजकल सिखों द्वारा अपना राजनीतिक संगठन भी बना लिया गया है। उदाहरण के लिए गुरुद्वारा प्रबंधक समिति एवं अकाली दल। गांव देहात के सिख कई इकाइयों में बंटे होते हैं जो जाति के समान होती हैं। गुरुद्वारा में सभी सिखों का प्रवेश मान्य है। लेकिन शादी में वे लोग सामाजिक निषेधों का पालन आवश्यक करते हैं।

8. पारसी धर्म (Zoroastrianism)

पारसी धर्म का इतिहास करीब तीन हजार वर्ष प्राचीन है तथा यह धर्म अभी भी जीवित है। यह प्राचीन प्राक-इस्लाम ईरान का सबसे महत्त्वपूर्ण धर्म रहा है। पारसी धर्म की जड़ों को पूर्वी ईरान के जनजातीय एवं पशुपालक समाजों के बीच निर्धारित किया जा सकता है। इस धर्म की उत्पत्ति 1000 वर्ष ईसा पूर्व हुई थी तथा यह प्रथम ईरानी साम्राज्य के समय विकसित हुआ था।

पारसी धर्म का नामकरण इसके संस्थापक जराथुष्ट्र या जरतुश्त के नाम पर किया गया है। जराथुष्ट्र प्रथम सहस्राब्दी ईसा पूर्व के आरंभ में रहता था। पारसी धर्मग्रंथ में वर्णित कथा के अनुसार जब विश्व दुष्टों के हाथ में आ गया था तब धरती माता परम शक्तिमान ईश्वर के समक्ष गाय के वेष में प्रकट हुईं। उन्होंने ईश्वर से अपनी सुरक्षा के लिए अनुनय-विनय किया। धरती माता की प्रार्थना को स्वीकार करते हुए ईश्वर ने धरती माता को वचन दिया कि वह उसकी रक्षा के लिए जराथुष्ट्र नामक योद्धा को भेजेंगे। वह योद्धा पृथ्वी की रक्षा करेगा। ईरान के राये नामक शहर में राजा पौरुष्य को एक पुत्र रत्न की प्राप्ति हुई। उसका नाम स्पितमा रखा गया। जो बाद में चलकर जराथुष्ट्र हुआ। राजा को भय था कि उसके पुत्र को तानाशाही प्रधान मार डालेगा। अत: वह जराथुष्ट्र को अपने नाना के घर भेज दिया। वहीं पर वे बड़े हुए। वे 15 वर्ष की अवस्था में ही लोगों को उपदेश देने लगे। उनका उपदेश ही पारसी धर्म का मूल है।

पारसी धर्म का दूसरा नाम जरतुश्ती धर्म भी है। इसका नामकरण जरतुश्त से किया गया है जिसका अर्थ होता है बुद्धिमान या बुद्धिमान ईश्वर। इसे ही पारसी धर्म में संपूर्ण विश्व के रचयिता माना गया है। इस धर्म के अनुयायियों का मानना है कि प्रत्येक वस्तुएँ ईश्वर से ही जन्म पाती हैं तथा उन्हीं में विलीन हो जाती हैं। ईश्वर का कोई आकार नहीं होता है। जराथुष्ट्र की विशेषता एवं उपदेशों का संकलन गाथा नामक धर्म ग्रंथ में किया गया है।

पारसी धर्म में धरती माँ का स्थान अत्यन्त ही मूल्यवान है। धरती माँ ही सभी जीवों का भरण पोषण करती हैं तथा सभी सजीवों एवं निर्जीवों का भार वहन करती हैं। जब पृथ्वी पर जीवन व्याप्त रहता है तब जरतुश्त उनकी देख-रेख करता है। लेकिन मृत्यु के बाद वह उनमें विलीन हो जाता है। पारसी धर्म की पहचान अग्नि है। वे लोग अग्निपूजक होते हैं। पारसी धर्म ग्रंथ के अनुसार अग्नि सबसे पवित्र ईश्वर की सृष्टि है। पारसी धर्म के अनुयायी अपने मृतकों को अग्नि में नहीं जलाते हैं। क्योंकि इससे अग्नि अपवित्र हो जायेगी। इस संप्रदाय के लोग शव को जल में प्रवाहित भी नहीं करते हैं। शव के अंतिम संस्कार के लिए ये लोग ईंट या पत्थर का प्लेटफार्म बनाते हैं। यह प्लेटफार्म खुले आकाश के नीचे स्थित रहता है। इसे शांति टावर कहा जाता है। यही पर लाश को रखा जाता है ताकि उसे पक्षी खाकर सद्गति प्रदान करें। हड्डियां सूर्य, वर्षा एवं हवा के माध्यम से टूटकर प्लेटफार्म के मध्य भाग में स्थित गड्ढे में जमा होती हैं। यहाँ धरती माता के वक्षस्थल में विभिन्न वर्गों के लोगों का मिलन हो जाता है।

हमारे देश भारत में पारसी धर्म के अनुयायियों का आगमन करीब आठवीं शताब्दी ईसा बाद हुआ था। इस संप्रदाय के लोगों की जनसंख्या हमारे देश में करीब एक लाख है तथा पश्चिमी भाग में स्थित है। इस संप्रदाय के कुछ परिवारों द्वारा हमारे देश में महान औद्योगिक सफलता प्राप्त की गयी है। उदाहरण के लिए टाटा। धार्मिक रीति-रिवाजों को छोड़कर वे लोग महाराष्ट्र तथा गुजरात के व्यापार समुदायों के समान हैं। पारसी लोग भारत के आधुनिकीकरण के नेता रहे हैं।

9. यहूदी धर्म

यहूदी धर्म के अनुयायियों को यहूदी कहा जाता है। यहूदी धर्म के लोगों का प्राचीन भारत में उपनिवेश कोचीन तथा महाराष्ट्र में पाए जाते थे। इन दोनों उपनिवेशों में आज उनकी जनसंख्या करीब 20,000 के आस-पास है। 1020 ई. में कोचीन के महाराज द्वारा यहुदियों को बसने की अनुमति प्रदान की गयी थी। तब से वे लोग यहाँ रह रहे हैं तथा अपने अधिकारों का प्रयोग कर रहे हैं। उन्हें हाथी पर सवार होकर तथा राज्य छतरी धारण करके यात्रा करने का अधिकार प्रदान किया गया है। बाद में यहूदी संप्रदाय के लोग यहाँ दो वर्गों में विभाजित हो गए—सफेद वर्ग एवं श्याम वर्ग। सफेद वर्ग के लोग अपनी उत्पत्ति मूल प्रवासियों से मानते हैं। ये लोग श्याम वर्ग के साथ वैवाहिक तथा खान-पान संबंध नहीं रखते हैं।

महाराष्ट्र में रहने वाले यहुदियों की संख्या अधिक है। ये लोग अपने आपको इस्राइल पुत्र कहते हैं। वे लोग अनेक कोंकणी गाँवों में रहते हैं तथा तेल चुआने का काम करते हैं। अतः उनकी सामाजिक स्थिति अच्छी नहीं मानी जाती है। कोचीन के यहुदियों के समान कोंकणी यहूदी भी श्वेत तथा श्याम वर्गों में विभाजित हैं। ये दोनों वर्ग एक-दूसरे के साथ वैवाहिक संबंध तथा भोजन संबंध नहीं रखते हैं।

10

भारत में सामाजिक परिवर्तन

(SOCIAL CHANGE IN INDIA)

कोई भी समाज स्थिर नहीं रहता है, वरन् समय के साथ उसमें परिवर्तन होता रहता है। भारतीय समाज में भी समयानुसार परिवर्तन होते आया है। सामाजिक परिवर्तन एक प्रक्रिया है जिसके द्वारा नए समाज, नयी जीवनशैली एवं नए सामाजिक संबंध का विकास होता है। सामाजिक परिवर्तन के कारण समाज में नवीन तत्वों को अपनाया जाता है तथा प्राचीन तत्वों में बदलाव लाया जाता है। समाज में नए-नए आविष्कार होते रहते हैं। उन आविष्कारों का प्रचार-प्रसार एक समाज से दूसरे समाज में होता है। समाज द्वारा उन आविष्कारों को अपनाया जाता है। इसके कारण नवीन विश्वास, मूल्य, व्यवहार इत्यादि अस्तित्व में आते हैं। इस प्रकार सामाजिक परिवर्तन एक शाश्वत सत्य है। परिवर्तन तो समाज में होते ही रहता है। लेकिन परिवर्तन का प्रभाव सकारात्मक एवं नकारात्मक दोनों प्रकार का हो सकता है।

कुछ परिवर्तन तो समाज में स्वत: ही होते हैं। समाज के सदस्य गतिशील रहते हैं। वे दूसरे समाज के संपर्क में आते हैं। वहाँ के लोगों की जीवनशैली तथा संस्कृति से अवगत होते हैं। बातचीत में वे एक-दूसरे से विचारों का आदान-प्रदान करते हैं। समाज के सदस्य स्वत: तर्क-वितर्क करते हैं कि क्या अच्छा है, क्या बुरा है, किसे अपनाना चाहिए, किसे छोड़ दिया जाना चाहिए, किसको अपनाने से क्या-क्या फायदा होगा, किसे त्यागने से क्या-क्या नुकसान होगा। इस प्रकार आपसी आदान-प्रदान, तर्क-वितर्क एवं लेन-देन के माध्यम से समाज में स्वत: परिवर्तन होते रहता है। इसे स्वत: (Spontaneous) सामाजिक परिवर्तन कहा जाता है।

समाज में कुछ परिवर्तन उत्प्रेरित रहते हैं। उन्हें योजनाबद्ध ढंग से लाया जाता है। जब योजनाबद्ध ढंग से समाज में कोई परिवर्तन लाया जाता है, तब उसे योजनाबद्ध (Planned) परिवर्तन या उत्प्रेरित (Induced) परिवर्तन कहा जाता है। इसका प्रभाव सकारात्मक एवं नकारात्मक दोनों प्रकार का हो सकता है। उदाहरण के लिए स्वतंत्रता प्राप्ति के बाद भारतीय समाज में विकास योजनाओं का सूत्रीकरण तथा क्रियान्वयन के माध्यम से अनेक प्रकार के परिवर्तन लाए गए हैं। उनमें से कुछ का प्रभाव नकारात्मक भी रहा है।

सुप्रसिद्ध मानव शास्त्री एवं समाज शास्त्री एम.एन. श्रीनिवास ने अपनी पुस्तक सोशल चेंज इन मार्डन इंडिया (1966) में भारतीय समाज की परिवर्तन प्रक्रियाओं का विस्तारपूर्वक उल्लेख किया है। उनके अनुसार भारतीय समाज की परिवर्तन प्रक्रियाओं की व्याख्या निम्नलिखित शीर्षक के अंतर्गत की जा सकती है—

(क) संस्कृतिकरण (Sanskritisation)
(ख) नगरीकरण (Urbanisation)
(ग) उद्योगीकरण (Industrialisation)
(घ) पश्चिमीकरण (Westernisation)
(ङ) धर्म निरपेक्षीकरण (Secularisation)
(च) आधुनिकीकरण (Modernisation)
(छ) वैश्वीकरण (Globalisation)

(क) संस्कृतिकरण (Sanskritisation)

श्रीनिवास के अनुसार संस्कृतिकरण सामाजिक परिवर्तन से संबंधित एक प्रक्रिया है जिसके द्वारा भारतीय समाज में परिवर्तन लाया गया है तथा लाया जा रहा है। भारतीय समाज जाति पद प्रधान समाज रहा है। यहाँ विभिन्न जातियों का स्थान समाज में एक समान नहीं रहा है। कुछ जातियों का स्थान समाज में उच्च रहा है, जबकि कुछ जातियों का स्थान समाज में नीचे रहता है। कुछ जातियों का स्थान उच्च तथा निम्न जातियों के मध्य में रहता है। मध्य एवं निम्न स्थान वाली जातियों के लिए उच्च स्थान वाली जातियों की जीवनशैली आदर्श अथवा मॉडल के रूप में रहती है। उच्च एवं निम्न जाति के लोग सोचते हैं कि अपनी विशिष्ट जीवनशैली के कारण समाज में उच्च जातियों का स्थान उच्च रहा है, लोग श्रद्धा रखते हैं तथा मान-सम्मान देते हैं। अत: उन जातियों की जीवनशैली का अगर अनुकरण किया जाये तब अपने समाज के लिए वे भी आदर्श तथा मॉडल बन सकते हैं। समाज उन्हें भी श्रद्धा एवं सम्मान के साथ देखेगा तथा व्यवहार करेगा। ऐसा व्यवहार कर मध्य या निम्न स्थान वाली जातियां उच्च स्थान वाली जातियों के स्थान को नहीं पा लेना चाहती हैं। वरन् अपने समान स्थान वाली जातियों के बीच अपने को आदर्श या मॉडल के रूप में प्रस्तुत करना चाहती हैं। यही कारण है कि संस्कृतिकरण प्रक्रिया के द्वारा लाए गए सामाजिक परिवर्तन से समाज में संघर्ष, ईर्ष्या या घृणा की स्थिति नहीं आयी है। यह परिवर्तन प्रक्रिया प्राचीनकालों से भारतीय समाज में जारी है।

अत: संस्कृतिकरण एक परिवर्तन प्रक्रिया है जिसके माध्यम से मध्य एवं निम्न स्थान वाली हिन्दू जातियां उच्च स्थान वाली हिन्दू जातियों की जीवनशैली, रीति-रिवाज, संस्कार, पूजापाठ, विचार कर्मकांड इत्यादि अपनाकर अपना स्थान अपने समाज में उच्च दर्शाने का प्रयास करती हैं। चूंकि समाज में सबसे उच्च स्थान ब्राह्मण जाति का होता है,

अत: ब्राह्मण जाति की जीवनशैली अपनाकर निम्न हिन्दू जातियाँ अपने समाज में परिवर्तन लाती हैं। यही कारण है कि श्रीनिवास ने संस्कृतिकरण को ब्राह्मण जातीय परिवर्तन बतलाया है। चूंकि निम्न स्थान वाली जातियां उच्च स्थान वाली जातियों की जीवनशैली अपनाने का प्रयास करती है, अत: श्रीनिवास ने संस्कृतिकरण प्रक्रिया को उपरिमुखी परिवर्तन प्रक्रिया बतलाया है।

संस्कृतिकरण का ब्राह्मण जातीय मॉडल—श्रीनिवास ने अपनी पुस्तक *रेलिजन एंड सोसायटी एमांग कुर्गस आफ साउथ इंडिया* (1952) में सर्वप्रथम संस्कृतिकरण प्रक्रिया का उल्लेख किया है। उन्होंने देखा कि मैसूर के हरिजन ब्राह्मण की जीवनशैली अपना रहे थे। जैसे सुबह स्नान करना, सूर्य को जल देना, ललाट में चंदन लगाना, जनेव पहनना, नित्य मंदिर जाकर पूजा करना, मंत्रोच्चारण एवं प्रार्थना करना, मांस-मदिरा का त्याग करना, बिना नहाए तथा पूजा-पाठ किए भोजन नहीं करना इत्यादि। इतना ही नहीं, वे कंटाह ब्राह्मण (मृत्यु संस्कार विशेषज्ञ) के घर का भोजन-पानी नहीं ग्रहण करते थे। ब्राह्मण जाति की जीवनशैली अपनाकर मैसूर की हरिजन तथा अछूत जातियां अपने समकक्ष जातियों से समाज में अपना स्थान उच्च दर्शाना चाहती थीं। हरिजन जातियां अन्य निम्न स्थान वाली जातियों को यह संदेश देना चाहती थी कि ब्राह्मण जातीय जीवनशैली अपनाकर वे अपने समाज में ऊंचा स्थान प्राप्त कर ली है। इस प्रकार श्रीनिवास की संस्कृतिकरण की अवधारणा आरंभ में ब्राह्मण जातीय मॉडल पर आधारित थी। यही कारण था कि उन्होंने संस्कृतिकरण को ब्राह्मण जातीय परिवर्तन बतलाया। साथ ही साथ उन्होंने इस परिवर्तन को उपरिगामी परिवर्तन भी बतलाया। श्रीनिवास ने कहा कि इस प्रकार के परिवर्तन केवल निम्न स्थान वाली जातियों तक ही सीमित नहीं हैं, वरन् मध्य स्थान वाली जनजातियाँ भी संस्कृतिकरण प्रक्रिया द्वारा अपने समाज में परिवर्तन लाने का प्रयास करती ही है। लोहार जाति का उदाहरण प्रस्तुत करते हुए उन्होंने कहा कि लोहार जाति का भोजन-पानी ब्राह्मण जाति को स्वीकार नहीं है, अत: समाज में अपना स्थान उच्च बतलाने के लिए लोहार जाति के लोग विश्वकर्मा ब्राह्मण की संतान बतलाते हैं। अपने को विश्वकर्मा ब्राह्मण कहते हैं। उसी प्रकार सोनार जाति के लोग अपने आपको कुबेर ब्राह्मण की संतान बतलाते हैं। कायस्थ जाति के लोग अपने आपको चित्रगुप्त ब्राह्मण की संतान तथा चित्रगुप्त ब्राह्मण बतलाते हैं। इस प्रकार हम देखते हैं कि भारतीय समाज में ब्राह्मण मॉडल को अपनाकर निम्न तथा मध्य हिन्दू जातियों द्वारा सामाजिक परिवर्तन लाने का प्रयास किया गया है।

बाद में श्रीनिवास ने अपनी पुस्तक सोशल चेंज इन मार्डन इंडिया में संस्कृतिकरण की अवधारणा को और विस्तृत किया है। उनके अनुसार भारतीय समाज में संस्कृतिकरण प्रक्रिया में केवल ब्राह्मण जातीय मॉडल को ही नहीं अपनाया गया है। वरन् संस्कृतिकरण प्रक्रिया का संबंध क्षत्रिय जातीय तथा वैश्य जातीय मॉडल से भी है। हिन्दू समाज में ब्राह्मण के बाद क्षत्रिय जाति (राजपूत) का स्थान आता है। अत: क्षत्रिय अथवा राजपूत मॉडल को

अपनाकर भारतीय समाज में परिवर्तन लाया गया है। मध्य तथा निम्न स्थान वाली जातियां राजपूतों की जीवनशैली अपनाकर अपने आपको क्षत्रिय अथवा राजपूत बतलाती हैं। वे अपने आपको किसी वीर क्षत्रीय की संतान बतलाती हैं।

ब्राह्मण जातीय संस्कृतिकरण का प्रभाव क्षत्रिय तथा वैश्य वर्ण वाली जातियों पर भी पड़ा है। बहुत से राज परिवार के पुरुष तथा महिलाएं ब्राह्मण जातीय जीवनशैली को अपनाते आए हैं। जैसे प्रात:कालीन स्नान, पूजा, मंत्रोच्चारण, मांसाहारी भोजन का त्याग इत्यादि। उसी प्रकार वैश्य वर्ण से संबंधित जातियों में भी ब्राह्मण जातीय संस्कृतिकरण का मॉडल प्रकाश में आता है। वैश्य वर्ण से संबंधित जातियों द्वारा भी ब्राह्मण जातीय जीवनशैली अपनाया गया है। उदाहरण के लिए सेठ–साहुकार तथा अन्य पिछड़ी जातियों द्वारा ब्राह्मण जाति की जीवनशैली, विचार तथा विश्वास अपनाए गए हैं। उन जातियों के सदस्यों द्वारा नित्य स्नान तथा पूजा के बाद भोजन किया जाता है। कई वैश्य वर्ण के लोग मंत्रोच्चारण तथा पाठ भी करते हैं। कई मंदिर तथा मठों के पुजारी भी इस वर्ण में आते हैं।

श्रीनिवास के अनुसार संस्कृतिकरण प्रक्रिया के द्वारा संपूर्ण भारतीय समाज में परिवर्तन लाया गया है। इसलिए भारतीय संदर्भ में संस्कृतिकरण की अवधारणा सार्वभौमिक है। संस्कृतिकरण भारतीय समाज को अतीत से ही प्रभावित करते आया है, कर रहा है तथा करता रहेगा। भारतीय समाज में संस्कृतिकरण को सार्वभौमिक होने का मुख्य कारण जाति व्यवस्था तथा विभिन्न जातियों के बीच सामाजिक संस्तरण है। जाति व्यवस्था संपूर्ण भारत वर्ष में पायी जाती है। पूरे भारतवर्ष में जातियों के बीच सामाजिक संस्तरण पाया जाता है। सामाजिक संस्तरण के अनुसार ही विभिन्न जातियों का स्थान समाज में निर्धारित होता है। जाति पद व्यवस्था तथा सामाजिक संस्तरण में ब्राह्मण जाति का स्थान सर्वोपरि रहा है। यही कारण है कि भारतीय समाज की अन्य जातियों द्वारा संस्कृतिकरण के लिए ब्राह्मण जातीय मॉडल का अनुसरण किया गया है। क्षत्रिय, वैश्य तथा शूद्र वर्ण से संबंधित जातियों द्वारा ब्राह्मण जातीय मॉडल को आदर्श मानकर जीवनशैली, पर्व–त्योहार, रीति–रिवाज तथा विचार में परिवर्तन लाया गया है।

संस्कृतिकरण का क्षत्रिय मॉडल—ब्राह्मण जाति के बाद भारतीय समाज में स्थान क्षत्रिय जाति का आता है। क्षत्रिय जातियों का संबंध राज परिवारों, योद्धाओं तथा वीरतापूर्ण कर्मों से रहा है। अत: भारतीय समाज में क्षत्रिय जातीय मॉडल द्वारा भी संस्कृतिकरण हुआ है। कई वैश्य वर्ण से संबंधित पिछड़ी जातियों द्वारा अपने आपको क्षत्रिय का वंशज, राजपूत जाति, योद्धागिरी में प्रवीण इत्यादि के रूप में प्रस्तुत किया जाता है। उदाहरण के लिए बिहार की कुरमी तथा कोयरी जाति के लोग मर्यादा पुरुषोतम राम के पुत्र लव तथा कुश की संतान बतलाते हैं। यादव जाति के लोग अपने आपको यदुवंशी बतलाते हैं। कहार जाति के लोग अपने आपको रवानी क्षत्रिय बतलाते हैं। राजवार, एक अनुसूचित जाति, के लोग अपने आप को चंद्रवंशी क्षत्रिय बतलाते हैं। दुसाध, एक अनुसूचित जाति, के लोग अपने आपको गहलौत क्षत्रिय कहते हैं। इन जातियों का स्थान जाति पद व्यवस्था में मध्य

तथा निम्न है। लेकिन क्षत्रिय जातीय मॉडल की संस्कृतिकरण प्रक्रिया द्वारा इन जातियों के सदस्य सनाज में अपना स्थान उच्च दर्शाते हैं। क्षत्रिय की भांति अपने नाम के साथ ठाकुर तथा सिंह लगाते हैं। अपने पूर्वजों को वीर राजपुत्र योद्धा बतलाते हैं तथा उनका संबंध राजवंशों से दर्शाते हैं। विवाह तथा श्राद्ध के अवसर पर मांस-मदिरा का सेवन तथा नाच-गान का आयोजन करते हैं।

संस्कृतिकरण का वैश्य मॉडल—क्षत्रिय एवं वैश्यों के बीच भारतीय समाज में सत्ता के लिए संघर्ष होते आया है। बहुत सारी वैश्य वर्ण की जातियों द्वारा भी क्षत्रिय मॉडल के संस्कृतिकरण अपनाया गया है। गरेड़ी जाति के लोग पालवंश से अपने आपको संबंधित बतलाते हैं। राजा के समान वे लोग मांस-मदिरा का सेवन करते हैं। सामाजिक उत्सव पर नाच-गान का आयोजन करते हैं। उसी प्रकार तेली, बनिया, सुडी, सोनार, लोहार, ठठेरा, बढ़ई इत्यादि जाति के लोग कुबेर तथा विश्वकर्मा की संतान बतलाते हैं। उनके अनुसार कुबेर तथा विश्वकर्मा, वैश्य वर्ण से आते थे। कई अन्य जातियों द्वारा व्यवसाय, व्यापार, दुकानदारी इत्यादि अपनाए जा रहे हैं। उन लोगों द्वारा लक्ष्मी पूजा बड़ी धूमधाम से मनायी जाती है। लक्ष्मी पूजा वैश्य वर्ण की जातियों द्वारा विशेष रूप से मनायी जाती है। वैश्य वर्ण की जातियों के समान अन्य जाति के लोग भी अपनी दूकान अथवा व्यापार केन्द्र के पास शुभ लाभ का संकेत बना देते हैं तथा अपनी दूकान अगरबत्ती जलाकर तथा लक्ष्मी-गणेश की पूजा कर खोलते हैं। इस प्रकार वैश्य मॉडल का संस्कृतिकरण भी भारतीय समाज में देखा जाता है। पशुपालन, व्यापार, कृषि कर्म तथा दस्तकारी कर्म वैश्य वर्ण के महत्त्वपूर्ण कर्म थे। बाद में शूद्र वर्ण की जातियों द्वारा पशुपालन, पशुव्यापार, दस्तकारी तथा कृषि कर्म के स्थान बना लिया गया।

श्रीनिवास ने इस तथ्य को स्पष्ट करते हुए लिखा है कि संस्कृतिकरण द्वारा सामाजिक परिवर्तन एक भारतीय ऐतिहासिक सच्चाई है। इस प्रतिक्रिया द्वारा भारतीय समाज में परिवर्तन होते आया है। संस्कृतिकरण की विशेषता यह है कि इस प्रक्रिया द्वारा सामाजिक परिवर्तन लाने से सामाजिक संरचना, सामाजिक संस्तरण तथा जाति व्यवस्था में किसी प्रकार का परिवर्तन नहीं होता है। अतः संस्कृतिकरण के माध्यम से लाए गए परिवर्तन से सामाजिक असंतुलन की स्थिति नहीं उत्पन्न होती है। इस प्रतिक्रिया द्वारा परिवर्तन के साथ-साथ सामाजिक संतुलन भी बना रहता है।

जनजातीय समाज में संस्कृतिकरण—संस्कृतिकरण प्रक्रिया द्वारा केवल निम्न एवं मध्य हिन्दू जातियों में ही सामाजिक परिवर्तन नहीं लाया जाता है, वरन् जनजातियों के माध्यम भी संस्कृतिकरण के माध्यम से सामाजिक परिवर्तन लाया गया है। जनजातीय समाज हिन्दू समाज के संपर्क में लंबी अवधि से रहा है। अतः हिन्दू जातियों की जीवनशैली, रीति-रिवाज, विचार, भोजन, पानी, विश्वास, कर्मकांड इत्यादि जनजातियों द्वारा अपना लिए गए हैं। जनजातियों के मध्य भी जाति प्रथा, अछूत प्रथा तथा सामाजिक संस्तरण प्रचलित हो गया है।

मुंडा, पाहन, बैगा, पुजारी अपने आपको ब्राह्मण के वंशज बतलाते हैं। इन लोगों द्वारा ब्राह्मण पुजारी की जीवन शैली अपना ली गयी है। ये लोग धार्मिक अनुष्ठान के समय स्नान करके पूजन स्थल पर जाते हैं। चंदन तथा रोली ललाट में लगाते हैं। मंत्रोच्चारण करते हैं तथा जनजातियों एवं ईश्वर के बीच मध्यस्थता का काम करते हैं। उरांव समाज के ताना भगत ब्राह्मण की जीवनशैली अपना लिए हैं। ये लोग नित्य उठकर स्नान तथा पूजा-पाठ करते हैं। पूजा के समय ललाट में चंदन तथा रोली लगाते हैं। इनके बीच मांस-मदिरा का प्रचलन नहीं है। ये लोग दूसरी जनजातियों के घर का भोजन पानी स्वीकार नहीं करते हैं।

जनजातीय समाज में संस्कृतिकरण का केवल ब्राह्मण जातीय मॉडल ही उपलब्ध नहीं है, वरन् क्षत्रिय जातीय तथा वैश्य जातीय संस्कृतिकरण के मॉडल भी उपलब्ध होते हैं। छोटानागपुर की चेरो, खरवार, संथाल तथा भूमिज जनजातियां अपने-आपको क्षत्रिय के वंशज बतलाती हैं। ये लोग आपने आपको क्षत्रिय तथा राजवंश की संतान बतलाकर गौरवान्वित महसूस करते हैं। राजस्थान की भील, मध्यप्रदेश की गौड तथा पांडव, उत्तर प्रदेश की थारू जनजातियां भी अपने-आपको क्षत्रिय की संतान बतलाती है तथा राज घराने से अपना संबंध दर्शाती है। राजपूत तथा क्षत्रिय के समान अपने को बहादुर योद्धा बतलाते हैं तथा नाम के साथ सिंह अथवा ठाकुर का प्रयोग करते हैं।

जनजातीय समाज में वैश्य मॉडल का संस्कृतिकरण भी प्रचलित है। कई जनजातियों द्वारा वैश्य जातियों की पेशा अपना ली गयी है। ये लोग वैश्य वर्ण की जातियों के समान उत्पादन कर बाजार में बेचते हैं। वैश्य जातियों के समान ये लोग अपने-अपने अस्त्रों तथा दुकानों की नित्य पूजा करके काम आरंभ करते हैं। उदाहरण के लिए छोटानागपुर की असुर जनजातियों लोह व्यापार से संबंधित है। मध्य प्रदेश की अगारिया भी लौह व्यापार से जुड़ी हुई हैं। नीलगिरी की कोटा बढ़ईगिरी का काम करती है।

विसंस्कृतिकरण (डिसंस्कृटाइजेशन)— श्रीनिवास के अनुसार विसंस्कृतिकरण संस्कृतिकरण की विपरीत प्रक्रिया है। जहां संस्कृतिकरण प्रक्रिया में निम्न तथा मध्य स्थान वाली जातियां अथवा जनजातियां उच्च हिंदू जातियों की जीवनशैली, रीति-रिवाज, पर्व-त्योहार, विचार, विश्वास इत्यादि को अपनाकर अपने आपको सुसंस्कृत कहने लगती हैं, तथा संस्कारी होने का दावा करती हैं, वहीं विसंस्कृतिकरण एक निम्नगामी प्रक्रिया है। इसमें उच्च हिन्दू जातियों द्वारा निम्न हिन्दू जातियों की जीवनशैली, विचार, विश्वास इत्यादि अपना लिया जाता है। वे लोग संस्कारहीन तथा कुसंस्कारी बन जाते हैं। संस्कृतिकरण एक उच्च गामी प्रक्रिया है, इसका संबंध उच्चगामी गतिशीलता से है, जबकि विसंस्कृतिकरण एक निम्न गामी प्रक्रिया है। इसका संबंध निम्न गामी गतिशीलता से है। संस्कृतिकरण का सबसे अच्छा उदाहरण ब्राह्मण जातीय मॉडल है। विसंस्कृतिकरण का अच्छा उदाहरण शूद्र मॉडल है। उदाहरण के लिए आजकल शहरों में शौचालय खुल गए हैं तथा अनेक जूता की दुकान भी खुल गई हैं। उन दुकानों पर ब्राह्मण तथा राजपूत जाति के लोग काम करते हैं। कभी जूता तथा शौचालय के पास ब्राह्मण जाना नहीं चाहते थे। लेकिन व्यवसाय गतिशीलता के कारण समाज में उच्च स्थान वाली ब्राह्मण जाति के लोगों को भी चमड़े के जूते की

दुकान तथा सुलभ शौचालय में काम करना पड़ता है। कई ब्राह्मण जाति के लोग अपने से निम्न तथा शूद्र जाति की महिला से विवाह करके अपना ब्राह्मणत्व खो चुके हैं। वे अब मांस-मदिरा का सेवन करते हैं तथा पूजा-पाठ से उनका कोई संबंध नहीं रह गया है। उनकी संतानों को दोगला कहा जाता है तथा उनमें ब्राह्मण संस्कार का अभाव पाया जाता है। उसी प्रकार क्षत्रिय तथा वैश्य के बीच भी विसंस्कृतिकरण प्रक्रिया प्रचलित है। क्षत्रिय तथा वैश्यों द्वारा शूद्र जातियों के कर्म, विचार, विश्वास, व्यवहार इत्यादि अपनाए जा रहे हैं। इस प्रकार उनके बीच भी क्षत्रिय तथा वैश्य जातीय संस्कारों की समाप्ति होती जा रही है तथा उनमें संस्कारहीनता की स्थिति उत्पन्न होती जा रही है। उनमें मांस-मदिरा सेवन की प्रवृत्ति बढ़ती जा रही है। आत्मसंयम घटता जा रहा है। समाज उन्हें संस्कारी की पंक्ति से हटाकर कुसंस्कारी की श्रेणी में रखता है। संस्कृतिकरण के कारण सामाजिक संतुलन नहीं बिगड़ता है, लेकिन विसंस्कृति के कारण कभी-कभी सामाजिक संतुलन बिगड़ने लगता है।

(ख) नगरीकरण (Urbanisation)

नगरीकरण सामाजिक परिवर्तन से संबंधित एक प्रक्रिया है। नगरीकरण प्रक्रिया द्वारा नगरीय समाज की उत्पत्ति होती है। नगरीय समाज की सामाजिक संरचना, विचार, रीति रिवाज, व्यवहार तथा जीवनशैली लोक तथा ग्रामीण समाजों से भिन्न होती है। नगरीय समाज पेशा पर आधारित होता है। नगरीय समाज में विभिन्न पेशा वाले लोग साथ-साथ रहते हैं तथा अपने पेशा से संबंधित कर्म करते हैं। नगरीय समाज की अर्थव्यवस्था बनाए रखने के लिए नागरिक प्रशासन हाता है। नगरी समाज का स्वरूप जटिल होता है।

सिन्धु घाटी सभ्यता के समय ही नगरीकरण प्रक्रिया के माध्यम से भारतीय समाज में परिवर्तन लाए जाते रहे हैं। आज से करीब 5000 वर्ष पहले भारत में सिन्धु घाटी सभ्यता के निवासियों द्वारा नगरीकरण की प्रक्रिया अपनायी गयी थी। नगरीकरण प्रक्रिया के फलस्वरूप मोहन जोदड़ो, हड़प्पा, चान्हुदारों, लोथल, कालिबंगम इत्यादि नगर अस्तित्व में आए थे। उन नगरों की अर्थव्यवस्था व्यापार एवं बाजार पर आधारित थी। नगर में शांति बनाए रखने के लिए नागरिक कानून तथा नागरिक प्रशासन की व्यवस्था थी। सिन्धु घाटी सभ्यता के पश्चात् भारत में वैदिक सभ्यता की उत्पत्ति हुई। वैदिक सभ्यता का प्रसार संपूर्ण भारतवर्ष में हुआ। वैदिक काल में अनेक प्राचीन नगरों की उत्पत्ति धार्मिक केन्द्रों, राजधानियों एवं प्रशासनिक केन्दों के रूप में हुई। उदाहरण के लिए काशी, प्रयाग, मथुरा, गंधार, अयोध्या, राजगिर, पाटलिपुत्र, गया, वैशाली, हरिद्वार, ऋषिकेश इत्यादि। इन नगरों के अस्तित्व में आने के पीछे धार्मिक तथा प्रशासनिक कारण उत्तरदायी थे। कुछ नगरों का प्रभाव क्षेत्र किसी विशेष क्षेत्रफल तक ही सीमित न होकर संपूर्ण भारतवर्ष था। अमरीका मानवशास्त्री राबर्ट रेडफिल्ड के अनुसार उन प्राचीन नगरों की उत्पत्ति नियत विकासीय

(आर्थोजिनेटिक) थी। भारतीय सभ्यता के संदर्भ में उन प्राचीन नगरों की उत्पत्ति प्राथमिक नगरीकरण की स्थापना दर्शाती है।

मुसलमान शासनकाल में प्रशासनिक तथा पर्यटन एवं सुंदरीकरण को ध्यान में रखकर कई नगरों का निर्माण किया गया। उदाहरण के लिए आगरा, दिल्ली, जोधपुर, फिरोजपुर, दौलताबाद, फतेहपुर सिकरी, फरूकाबाद इत्यादि। इन नगरों की जीवनशैली बाजार तथा व्यापार पर आधारित थी। लेकिन सबसे ज्यादा भारतीय समाज में नगरों की उत्पत्ति ब्रिटिश शासनकाल में हुई। ब्रिटिश शासकों द्वारा प्रशासन की दृष्टि से प्रत्येक जिला मुख्यालयों में नगर निर्माण की प्रक्रिया आरंभ की गयी। वहाँ कार्यालय, स्कूल, कॉलेज, छात्रावास, आवासीय कालोनी, अस्पताल इत्यादि की स्थापना हुई। पानी, बिजली, खाद्य सामग्री, व्यापार, व्यवसाय तथा निवास की सुविधा प्रदान की गयी। ब्रिटिश शासकों द्वारा उद्योगों की स्थापना की गयी तथा उद्योगों पर आधारित नगरीय समाज अस्तित्व में आए। यह नगरीकरण की दूसरी अवस्था थी जिसमें उद्योग धंधों के कारण नगरीय समाज अस्तित्व में आए। नगरीकरण का व्यापक प्रभाव भारतीय समाज पर पड़ा। नगरीकरण के कारण लोगों का गांवों से नगर की ओर पलायन आरंभ हुआ। विभिन्न व्यवसाय तथा पेशों से जुड़े लोग एक-दूसरे की आवश्यकता पूर्ति हेतु अपने-अपने कर्म करने लगे तथा चीजों को उत्पादन एवं खरीद विक्रय से जुड़ गए।

नगरीकरण का प्रभाव सामाजिक संरचना पर पड़ा। नगरों में ग्रामीण संयुक्त परिवार के स्थान पर नाभिकीय परिवारों का प्रचलन हुआ। नगरीय समाज में सामाजिक संबंध नातेदारी पर आधारित न होकर पेशासमूह एवं मित्रता पर आधारित हुआ। विभिन्न जाति धर्म के लोग साथ-साथ रहने लगे। सभी धर्म के लोग अपने-अपने पड़ोसियों के सुख-दुख में साथ देने लगे तथा भोजन पानी संबंध विकसित किए। अंतरजातीय तथा अंतरधार्मिक विवाहों का प्रचलन आरंभ हुआ। नगर के निवासी विभिन्न धर्मों के उत्सवों एवं जुलूसों में भाग लेने लगे। यहां धर्मनिरपेक्ष समाज की स्थापना हुई।

नगरीकरण का प्रभाव नारी की स्थिति पर व्यापक रूप से पड़ा। जहां ग्रामीण समाजों में नारियों को आंगन तक सीमित रखा जाता था। वहीं नगरीय समाज में बालिका शिक्षा पर विशेष ध्यान दिया जाने लगा। महिलाएं विभिन्न प्रकार की पेशा एवं नौकरी में प्रवेश कीं। अब वे घर तक सीमित नहीं रहीं। वे बाजार, व्यापार, व्यवसाय, नौकरी इत्यादि से जुड़ गयीं। पारिवारिक निर्णय में महिलाओं की भूमिका महत्त्वपूर्ण हुई।

नगरीय समाज में पढ़े-लिखे लोगों का प्रवेश तथा संपर्क के कारण कई सामाजिक बुराइयों, कुप्रथाओं एवं कुरीतियों को दूर किया गया। बाल विवाह में परिवर्तन हुआ। सती प्रथा समाप्त किया गया। बेगार प्रथा, दास प्रथा समाप्त हुई, छुआछूत की भावना समाप्त हुई। सामाजिक दूरी कम हुई। यहाँ के लोग इलाज के लिए ओझा पर आश्रित न होकर डॉक्टर तथा आधुनिक दवा पर आश्रित हुए। भूत-प्रेत, डायन, चुड़ैल इत्यादि में विश्वास का अंत हुआ।

विभिन्न धर्म वालों को एक-दूसरे के धर्म, विश्वास तथा विचार को जानने का अवसर समाज में मिला। इससे जातीय तथा धार्मिक दूरी समाप्त हुई। रांजनीतिक जागरूकता नगरीय समाज में बढ़ी। लोग मताधिकार के प्रयोग की ओर आकर्षित हुए। नगरीय समाज के लोग जातीय तथा धार्मिक बंधन को त्यागकर विभिन्न नए-नए व्यवसाय की ओर अग्रसर हुए।

इस प्रकार हम देखते हैं कि नगरीकरण का प्रभाव भारतीय समाज के सामाजिक, आर्थिक, धार्मिक, राजनीतिक, स्वास्थ्य, आवागमन, गृह, शिक्षा इत्यादि क्षेत्रों पर व्यापक रूप से पड़ा है। नगरीकरण के कुछ नकारात्मक प्रभाव भी समाज पर पड़ा है। नगरीय समाज के लोग भोग-विलासप्रिय हो गए हैं। भोग-विलास सामग्री की प्राप्ति हेतु वे लोग अनैतिक कदम भी उठा रहे हैं। घुसखोरी नौकरी पेशा में कैंसर के रूप में प्रचलित है। नगरीय समाज़ में वेश्यावृत्ति की घटना दिनोंदिन बढ़ रही है। यौन अपराध की घटनाओं में भी वृद्धि होती जा रही है। विभिन्न पेशा से संबंधित अपराध अस्तित्व में आए हैं। नगरीय समाज में दो नंबर का काम-धंधा जोर पकड़ते जा रहे हैं। आर्थिक दूरी के कारण नगरीय समाज में कुंठा की भावना विकसित हो रही है। आत्महत्या की घटनाओं में वृद्धि हो रही है। आजकल शहर में रहना, जमीन तथा मकान प्राप्ति हेतु लोग अनैतिक कर्म की ओर अग्रसर हो रहे हैं। घुसखोरी, चोरी, डकैती, हत्या, आत्महत्या इत्यादि की घटनाओं में दिनोंदिन वृद्धि होती जा रही है। ये सारी घटनाएं आजकल नगरीय समाज में चर्चा का विषय बन गयी हैं।

(ग) उद्योगीकरण (Industrialisation)

उद्योगीकरण सामाजिक परिवर्तन से संबंधित एक प्रक्रिया है। उद्योगीकरण प्रक्रिया के माध्यम से औद्योगिक समाज की स्थापना होती है। औद्योगिक समाज की सामाजिक संरचना, विचार, विश्वास, व्यवहार तथा जीवन शैली भिन्न होती है। यों तो उद्योगों की स्थापना भारतीय समाज में अतीत काल से होती आ रही है। प्रागैतिहासिक समाजों में भी पाषाण उपकरण उद्योगों की स्थापना भारत के विभिन्न भागों में हुई थी। वैदिक कृषि काल में विभिन्न प्रकार के ग्रामीण उद्योगों का विकास हुआ था। लेकिन पाषाण उपकरण उद्योगों तथा ग्रामीण उद्योग धंधे के अस्तित्व में आने से भारत में औद्योगिक समाज की स्थापना नहीं हुई थी। ब्रिटिश शासनकाल में भारतीय समाज में उद्योगीकरण की प्रक्रिया तेज गति से आरंभ हुई।

ब्रिटिश शासन स्थापित होने के पश्चात् अंग्रेज शासकों ने भारतीय ग्रामीण उद्योगों को बर्बाद कर दिया। गांव की आत्मनिर्भरता तथा ग्रामीण उद्योगों को नष्ट कर दिया गया। ब्रिटिश शासकों द्वारा भारत में उद्योगों की स्थापना की जाने लगी। उन्नीसवीं शताब्दी के मध्य में जूट तथा कपड़ा मिलों की स्थापना की गयी एवं कोयला खानों की स्थापना की गयी। बीसवीं शताब्दी के आरंभ में ऊनी वस्त्रों, कागज, चीनी, चमड़ा, दियासलाई, शीशा,

लोहा तथा स्टील उद्योगों की शुरुआत की गयी। इस प्रकार भारत में औद्योगिक क्रांति लाई गयी। औद्योगिक क्रांति के फलस्वरूप उद्योग पर आधारित नगरों का निर्माण हुआ। इस अवस्था में खनिज संसाधनों का शोषण आरंभ हुआ। खनिज पर आधारित उद्योगों को चलाने के लिए विदेशी तकनीकी विशेषज्ञ नियुक्त किए गए। इस प्रकार उद्योगीकरण तथा नगरीकरण में घनिष्ठ संबंध रहा है। उद्योगीकरण के कारण नगरीकरण की गति तीव्र हुई है, लेकिन नगरीकरण की घटना उद्योगीकरण के बिना भी घटित हुई है।

स्वतंत्रता प्राप्ति के बाद भारत के प्राकृतिक संसाधनों से संपन्न पहाड़ी, पठारी तथा जंगली क्षेत्रों में कई प्रकार के उद्योगों की स्थापना की गयी है। उदाहरण के लिए बोकारो, हटिया, दुर्गापुर, राउरकेला, जमशेदपुर, पतरातु इत्यादि। उन स्थानों पर उद्योगों-धंधों की स्थापना से औद्योगिक नगरीय समाज अस्तित्व में आए। देश के विभिन्न भागों से विभिन्न स्तर के विशेषज्ञ नौकरी करने आए। विभिन्न प्रशासकीय पदाधिकारियों तथा कर्मचारियों की नियुक्ति की गयी। नियुक्ति में जाति तथा धर्म को आधार न बनाकर योग्यता को आधार बनाया गया। इस प्रकार विभिन्न जाति, धर्म तथा संप्रदाय के लोगों को साथ-साथ रहने तथा काम करने का मौका मिला। आवासीय कालोनी का निर्माण हुआ। विभिन्न जाति, धर्म तथा क्षेत्र के लोग अपने साथ अपनी परंपरा रीति-रिवाज, पर्व-त्योहार, विचार, विश्वास इत्यादि को साथ लाए। औद्योगिक नगरीय समाज की आवश्यकता पूर्ति हेतु, व्यापारी, व्यवसायी, महाजन, ठेकेदार इत्यादि का प्रवेश हुआ। औद्योगिक नगरीय समाज की अन्य आवश्यकताओं की पूर्ति हेतु स्कूल, अस्पताल, कॉलेज, विश्वविद्यालय, थाना-पुलिस प्रशासन इत्यादि की व्यवस्था की गयी। इस प्रकार औद्योगिक नगरीय समाज में जटिल संस्कृति का उदय हुआ।

उद्योगीकरण का प्रभाव भारतीय समाज के, आर्थिक, धार्मिक, राजनीतिक, शैक्षणिक, स्वास्थ्य इत्यादि पर व्यापक रूप से पड़ा। उद्योगीकरण के कारण संयुक्त परिवार के स्थान पर नाभिकीय परिवार अस्तित्व में आया। संयुक्त परिवार का विघटन होने लगा। संयुक्त परिवार के सदस्यों के बीच संघर्ष तथा तनाव की स्थिति उत्पन्न हुई। नातेदारी पर आधारित समाज का विघटन आरंभ हुआ। मित्रता, पेशा तथा पड़ोसी पर आधारित समाज का निर्माण हुआ। औद्योगिक शहर में छुआछूत की भावना तथा विभिन्न जातियों एवं धर्मों के बीच सामाजिक दूरी समाप्त हुई। अंतरजातीय तथा अंतरधार्मिक विवाह अस्तित्व में आए। अपने रक्त संबंधी पराए हो गए तथा साथ-साथ रहने वाले पराए अपनो की श्रेणी में आ गए। नए-नए सामाजिक संबंध अस्तित्व में आए।

उद्योगीकरण का प्रभाव नारियों की स्थिति पर व्यापक रूप से पड़ा। औद्योगिक समाज में नारी शिक्षा पर विशेष ध्यान दिया जा रहा है। इन समाजों में लड़कियों तथा महिलाओं को घर के अंदर तक सीमित नहीं रखा जाता है। उन्हें अच्छे स्कूलों तथा कॉलेजों में पढ़ाया जा रहा है। लड़कियों तथा महिलाओं को अच्छे नौकरी तथा व्यवसाय के लिए उत्प्रेरित किया जा रहा है। लड़कियों में विवाह उम्र बढ़ा है तथा बाल विवाह पर रोक लगी है। विधवा पुनर्विवाह को बढ़ावा मिला है। आज हर प्रकार की नौकरी तथा व्यवसाय में नारियों का प्रवेश हो रहा है।

औद्योगिक नगरीय समाज की अर्थव्यवस्था बाजार पर आधारित होती है। उद्योगों से निर्मित सामानों को बेचकर पदाधिकारियों तथा कर्मचारियों का वेतन दिया जाता है। औद्योगिक समाज की विभिन्न आवश्यकताओं की पूर्ति हेतु दुकानदार, व्यापारी, महाजन, सूदखोर लोगों को ऋण अथवा साख पर सामान की आपूर्ति करते हैं तथा समय-समय पर वसूली करते हैं।

औद्योगिक समाज के धार्मिक जीवन पर उद्योगीकरण का व्यापक प्रभाव पड़ा है। विभिन्न धार्मिक विश्वास वाले लोग कार्यालय के साथ-साथ काम करते हैं तथा आवासीय कालोनी में साथ-साथ रहते हैं। वे लोग एक-दूसरे के सुख-दुख में साथ देते हैं। एक-दूसरे के पर्व त्योहार में भाग लेते हैं तथा एक-दूसरे के घर घूम-घूमकर पर्व-त्योहार का आनंद उठाते हैं।

उद्योगीकरण का प्रभाव राजनीतिक जीवन पर भी व्यापक रूप से पड़ा है। प्रत्येक उद्योगों में अधिकारियों तथा कर्मचारियों के अपने संघ होते हैं जो उनके फायदे के लिए संघर्ष करते हैं। संघ के माध्यम से समझौता किया जाता है। समझौता नहीं होने की स्थिति में हड़ताल पर जाना पड़ता है। औद्योगिक समाज में लोग शोषण तथा उत्पीड़न के विरुद्ध संघर्ष करने में नहीं हिचकते हैं। वे लोग अपने अधिकारों तथा दायित्व के प्रति सचेत रहते हैं। औद्योगिक समाज के सदस्य अपने स्वास्थ्य के प्रति सचेत होते हैं। व्यवस्थापक द्वारा अपने कर्मचारियों को स्वास्थ्य सेवाएं उपलब्ध करायी जाती हैं। उनके बीच स्वास्थ्य सेवा के लिए अस्पताल की स्थापना की जाती है। कर्मचारियों तथा पदाधिकारियों को आवागमन की सुविधा प्रदान करने के लिए सड़क का निर्माण कराया जाता है तथा आवास से आने-जाने के लिए बस की व्यवस्था की जाती है। बच्चों के लिए स्कूल की स्थापना की जाती है। उपरोक्त विवरण से स्पष्ट प्रतीत होता है कि उद्योगीकरण प्रक्रिया द्वारा भारतीय समाज में व्यापक परिवर्तन लाए गए हैं। लेकिन उद्योगीकरण का प्रभाव हमेशा सकारात्मक नहीं रहा है। उद्योगीकरण के कारण कुछ अनैतिक घटनाएं भी अस्तित्व में आयी हैं। उद्योगीकरण के कारण आम नागरिकों को दुकानदारों, साहूकारों, महाजनों, ठेकेदारों इत्यादि के शोषण का शिकार होना पड़ता है। उद्योगीकरण के कारण भोग-विलास की प्रवृत्ति का विकास हुआ है। लोगों के बीच अनैतिक घटनाओं का विकास हुआ है। चोरी, डकैती, लूट-पाट, हत्या, आत्महत्या, भ्रष्टाचार, यौनाचार तथा वेश्यावृत्ति का विकास भी औद्योगिक नगरीय समाज में हुआ। इसके कारण विस्थापन एवं पुनर्वास की समस्या उत्पन्न हुई है।

(घ) पश्चिमीकरण (Westernisation)

श्रीनिवास के अनुसार भारतीय समाज में परिवर्तन से संबंधित एक महत्वपूर्ण प्रक्रिया पश्चिमीकरण है। पश्चिमीकरण प्रक्रिया के माध्यम से गैर-पश्चिमी देशों में परिवर्तन लाया गया है। भारतीय समाज में पश्चिमीकरण की प्रक्रिया ब्रिटिश शासनकाल में आरंभ हुई।

ब्रिटिश शासकों द्वारा पश्चिमी समाज की जीवनशैली, रीति-रिवाज, खान-पान, वस्त्र, विचार तथा व्यवहार का विकास भारतीय समाज में किया गया। श्रीनिवास ने ब्रिटिश शासनकाल में लाए गए भारतीय समाज में परिवर्तनों की व्याख्या पश्चिमीकरण की अवधारणा के आधार पर की है।

श्रीनिवास के अनुसार ब्रिटिश शासक पश्चिमीकरण प्रक्रिया के एजेंट थे जिनके माध्यम से पश्चिमी समाजों की रीति-रिवाज तथा जीवनशैली का प्रचार-प्रसार भारतीय समाज में हुआ। भारतीय समाज के करीब संपूर्ण पहलुओं पर पश्चिमीकरण का प्रभाव परिलक्षित होता है। ब्रिटिश शासनकाल का प्रभाव अर्थव्यवस्था, समाज, शिक्षा, भाषा, आवागमन तथा यातायात, उद्योग की स्थापना, धर्म, प्रशासनिक व्यवस्था, न्याय व्यवस्था, संगीत, इतिहास, वस्त्र, राष्ट्रवाद एवं प्रजातंत्र पर पड़ा। भारतीय समाज पर पश्चिमीकरण के कारण परिवर्तन का वर्णन निम्नलिखित शीर्षक के अंतर्गत किया जा सकता है—

1. सामाजिक जीवन में परिवर्तन—ब्रिटिश शासनकाल में नारी तथा दलितों की स्थिति में परिवर्तन लाने का प्रयास किया गया था। 1929 ई. में बाल विवाह प्रथा का उन्मूलन किया गया था। 1829 ई. में सती प्रथा को समाप्त किया गया था। विधवा पुनर्विवाह को 1856 में मान्यता प्रदान की गयी थी। अछूतों के जीवन स्तर में सुधार लाने के लिए दास प्रथा तथा बेगार प्रथा का अंत 1843 ई. में किया गया था। इस सभी कानूनी प्रयासों से नारियों एवं दलितों की स्थिति में सुधार लाने का प्रयास किया गया था। ब्रिटिश शासनकाल में शिक्षण संस्थानों की स्थापना की गयी। छात्रावास, चाय दुकान तथा भोजनालयों की स्थापना की गयी, जहां सभी जाति धर्म तथा लिंग के लोगों का प्रवेश बिना रोक-टोक के था। ब्रिटिश शासकों द्वारा रेल तथा बस सेवा आरंभ की गयी थी जिसमें सभी लोगों के लिए यात्रा करने की व्यवस्था थी। इस प्रकार ब्रिटिश शासनकाल में नारी तथा दलित अछूतों की स्थिति को सुधारने का प्रयास किया गया। इसका प्रभाव भारतीय समाज पर व्यापक रूप से पड़ा।

2. आर्थिक जीवन में परिवर्तन—ब्रिटिश शासनकाल में भारतीय समाज की अर्थव्यवस्था में भी व्यापक परिवर्तन हुआ। यहाँ की आत्मनिर्भर ग्रामीण अर्थव्यवस्था को नष्ट कर दिया गया। स्थानीय ग्रामीण उद्योगों एवं कुटीर उद्योगों को समाप्त कर दिया गया। ब्रिटिश शासकों द्वारा जूट, कपड़ा, ऊनी, चीनी, कागज, चमड़ा, दियासलाई, शीशा इत्यादि के उद्योगों की स्थापना की गई। यहां से कच्चा माल ब्रिटेन भेजा जाता था तथा वहाँ के मिल के बने कपड़ों को यहां स्थानीय बाजार में सस्ते दर पर बेचा जाता था। इससे भारतीय अर्थव्यवस्था बुरी तरह प्रभावित हुई। ब्रिटिश शासकों द्वारा जमींदारी प्रथा की शुरुआत की गयी। इसके कारण कृषि मजदूरों की संख्या में वृद्धि हुई।

3. यातायात एवं आवागमन में परिवर्तन—ब्रिटिश शासनकाल में रेल सेवा, बस सेवा, जल जहाज सेवा, हवाई जहाज सेवा, टेलीग्राफ सेवा, दूर संचार सेवा, डाक सेवा, समाचारपत्र, पत्रिका, रेडियो, सिनेमा इत्यादि का विकास किया गया। इसके फलस्वरूप

भारत के विभिन्न भाग एक-दूसरे से जुड़ गए तथा भारत का संबंध विदेशों से स्थापित हुआ। विभिन्न क्षेत्र के लोग एक-दूसरे की संस्कृति, परंपरा, रीति-रिवाज, विश्वास, व्यवहार, जीवनशैली से अवगत हुए तथा आपस में सांस्कृतिक तत्वों का आदान-प्रदान हुआ।

4. शिक्षा में परिवर्तन—ब्रिटिश शासनकाल के पहले भारतीय समाज में शिक्षा की व्यवस्था सभी जाति, धर्म तथा लिंगों के लिए नहीं थी। उच्च जाति के राजकुमारों तथा युवराजों के लिए शिक्षा की व्यवस्था थी। लेकिन उच्च कुल की बालिकाओं के लिए शिक्षा की कोई व्यवस्था नहीं थी। दलितों तथा अछूतों एवं आम जनता के लिए किसी प्रकार की शिक्षा की व्यवस्था नहीं थी। मुसलमान शासनकाल में मुसलमानों को कुरआन की शिक्षा देने के लिए मदरसा थे। मदरसा में बालिकाओं का प्रवेश वर्जित था। ब्रिटिश शासनकाल में स्कूलों, कॉलेजों तथा विश्वविद्यालयों की स्थापना की गयी। उनके प्रयास से शिक्षित भारतीयों की उत्पत्ति हुई। शिक्षित भारतीयों का प्रवेश विभिन्न सरकारी सेवाओं तथा कार्यालयों में हुआ। शिक्षित भारतीयों द्वारा स्वतंत्रता आंदोलन की नींव डाली गयी।

5. प्रशासनिक व्यवस्था में परिवर्तन—ब्रिटिश शासकों द्वारा भारतीय प्रशासनिक व्यवस्था में परिवर्तन लाने का प्रयास किया गया। प्रशासन की दृष्टि से विधायिका, कार्यपालिका तथा न्यायपालिका का गठन किया गया। भारतीय नागरिक सेवा, भारतीय पुलिस सेवा, भारतीय शिक्षा सेवा, भारतीय वित्त सेवा इत्यादि की स्थापना की गयी। इन परिवर्तनों का व्यापक प्रभाव भारतीय समाज पर पड़ा।

6. न्याय व्यवस्था में परिवर्तन—ब्रिटिश शासन के पहले कानून बनाने तथा तोड़ने का अधिकार शासकों को था। शासक वर्ग जैसा चाहते थे वैसा कानून बनाते थे। ब्रिटिश शासकों द्वारा भारतीय जनता के लिए एक प्रकार के कानून तथा न्याय व्यवस्था की स्थापना की गयी। कानून के नजर में राजा-रंक, अमीर-गरीब सभी को एक समान रखा गया। ब्रिटिश शासकों द्वारा भारत के सभी लोगों तथा क्षेत्रों के लिए एक प्रकार के कानून बनाए गए। भारतीय अपराध संहिता का सृजन किया गया। सर्वोच्च न्यायालय, उच्च न्यायालय तथा जिला सत्र न्यायालय की स्थापना सम्पूर्ण भारतवर्ष में की गयी। आधुनिक थाना-पुलिस का निर्माण भी ब्रिटिश शासनकाल में किया गया।

7. धार्मिक जीवन में परिवर्तन—ब्रिटिश शासनकाल में ईसाई धर्मप्रचारकों का आगमन भारतीय समाज में हुआ। एकेश्वर तथा सेवा को धार्मिक आधार बनाकर ईसाई धर्म प्रचारक भारतीय समाज में पिछड़े वर्गों के बीच गए। जनजातियों, दलितों तथा पिछड़े के बीच शिक्षा सेवा तथा स्वास्थ्य सेवा को बढ़ावा देकर ईसाई धर्म की ओर आकृष्ट किया गया। अधिक संख्या में आदिवासी, दलितों तथा पिछड़ी जातियों द्वारा ईसाई धर्म स्वीकार कर लिया गया। इस प्रकार ब्रिटिश शासनकाल में भारतीय समाज में ईसाई धर्म, गिरिजाघर, ईसाई पर्व-त्योहार इत्यादि का प्रवेश हुआ। हिन्दू धर्म के विश्वासों को परिवर्तित किया गया। इसी समय कुरीतियों तथा कुप्रथाओं को समाप्त करने का प्रयास किया गया। इसी समय अनेक हिन्दू समाज सुधारकों का जन्म भी हुआ। ब्राह्मण समाज, आर्य समाज, राम कृष्ण मिशन इत्यादि ब्रिटिश शासनकाल में ही अस्तित्व में आए।

8. भाषा में परिवर्तन—ब्रिटिश शासकों द्वारा भारतीय समाज के बीच अंग्रेजी भाषा का विकास किया गया। इस भाषा का विकास भारत के सभी क्षेत्रों में हुआ। सभी जाति तथा धर्म के लोगों के बीच अंग्रेजी भाषा का विकास हुआ। शोध कार्य एवं पुस्तक लेखन में अंग्रेजी भाषा का प्रयोग आरंभ हुआ। अंग्रेजी भाषा का प्रभाव अभी भी शिक्षा पर व्याप्त है। बच्चों को पढ़ाने के लिए माता-पिता सरकारी स्कूलों को छोड़कर निजी स्कूलों के पास जा रहे हैं। हमारे देश में राष्ट्र भाषा के रूप में हिन्दी को मान्यता प्राप्त है, लेकिन दक्षिण भारत के राज्यों द्वारा हिन्दी भाषा के अपनाने पर विरोध प्रकट किया जाता है। अंग्रेजी भाषा के द्वारा एक भारतीय विश्व के किसी भी देश में जाकर अपना पक्ष प्रस्तुत कर सकता है। स्वतंत्रता संग्राम के अधिकांश नेता अंग्रेजी भाषा के विद्वान थे। अंग्रेजी जानने बोलने वाले व्यक्तियों को भारतीय समाज में विशेष स्थान प्राप्त है। अंग्रेजी भाषा में प्रकाशित पत्र-पत्रिका का भी भारतीय समाज में विशेष स्थान प्राप्त हुआ है। भारतीय इतिहास, मानव जाति तथा समाज पर अनेक पुस्तकों की रचना इसमें की गयी थी। आज भी अंग्रेजी हमारे देश के कार्यालयों में काम-काज की भाषा है।

9. वस्त्र में परिवर्तन—पश्चिमीकरण प्रक्रिया के द्वारा भारतीय समाज के वस्त्र एवं परिधान में परिवर्तन हुआ है। पश्चिमीकरण प्रक्रिया द्वारा भारतीय समाज में पैंट, शर्ट, सूट, कोट, टाई, जूता, पैताबा इत्यादि का प्रवेश हुआ है। किशोरियों एवं नवयुवतियों के बीच जींस, पैंट, शर्ट, कोट, जूता, पैताबा इत्यादि का प्रचलन देखा जाता है।

10. संगीत में परिवर्तन—पश्चिमीकरण प्रक्रिया का प्रभाव संगीत पर पड़ा है। भारतीय शास्त्रीय संगीत उपकरणों—सितार, तबला, हारमोनियम, वीणा इत्यादि के स्थान पर आर्केस्ट्रा पर आधारित पश्चिमी संगीत अस्तित्व में आया है। भारतीय फिल्म संगीत एवं गीत पर भी पश्चिमीकरण का व्यापक प्रभाव पड़ा है।

11. इतिहास में परिवर्तन—पश्चिमीकरण प्रक्रिया द्वारा भारतीय इतिहास को पुनर्जीवित करने का प्रयास किया गया है। अंग्रेजों के आगमन के पहले भारतीय इतिहास के बारे में बहुत कम जानकारी थी। यूरोपीय विद्वानों तथा सरकारी पदाधिकारियों द्वारा भारत के अतीत को फिर से खोजकर के पुनर्जीवित किया गया। प्राचीन लेखों का अध्ययन किया गया। भारतीय पुरातात्विक सर्वेक्षण की स्थापना की गयी। संस्कृत में लिखे गए ग्रंथों का अध्ययन किया गया। प्राचीन मंदिरों, स्तंभों, स्तूपों, मूर्तिकला, चित्रकला इत्यादि को सुरक्षित रखा गया। उन सभी पुरातात्विक स्रोतों से प्राप्त आंकड़ों को क्रमबद्ध ढंग से प्रस्तुत कर भारतीय इतिहास का लिखित रूप प्रदान किया गया।

12. राष्ट्रवाद एवं प्रजातंत्र—पश्चिमीकरण प्रक्रिया के द्वारा भारतीय समाज में राष्ट्रवाद तथा प्रजातंत्र की नींव डाली गयी। पढ़े-लिखे लोगों के मन में देशभक्ति की भावना जागृत हुई तथा प्रजातांत्रिक शासन की ओर झुकाव हुआ। उनके द्वारा देश की स्वतंत्रता के लिए भारतवासियों के बीच राष्ट्रीय भावना विकसित की गयी। स्वतंत्रता संग्राम आरंभ हुआ तथा भारत आजाद हुआ। स्वतंत्र भारत में प्रजातांत्रिक शासन व्यवस्था की स्थापना की गयी।

संस्कृतिकरण एवं पश्चिमीकरण—श्रीनिवास के अनुसार संस्कृतिकरण एवं पश्चिमीकरण दोनों ही प्रक्रियाएं हैं जिनके माध्यम से भारतीय समाज में परिवर्तन लाया गया है। लेकिन पश्चिमीकरण प्रक्रिया की शुरुआत ब्रिटिश शासनकाल में की गयी। स्वतंत्रता प्राप्ति के बाद भारत सरकार द्वारा पश्चिमीकरण प्रक्रिया को और तीव्र गति प्रदान की गयी। दूसरी तरफ संस्कृतिकरण प्रक्रिया भारतीय समाज में वैदिक काल से ही जारी है तथा जब तक जाति, पद व्यवस्था भारतीय समाजों में है तब तक जारी रहेगी। स्वतंत्रता प्राप्ति के बाद भी भारत में जाति प्रथा एक सामाजिक सच्चाई है। इसीलिए स्वतंत्र भारत में भी संस्कृतिकरण प्रक्रिया द्वारा सामाजिक परिवर्तन हो रहा है।

पश्चिमीकरण एवं उद्योगीकरण—ऐसा कहा गया है कि पश्चिमी समाजों द्वारा ही भारतीय समाज में औद्योगिक क्रांति लाई गयी है, जिसके कारण कई नगरों की उत्पत्ति हुई। लेकिन पश्चिमीकरण तथा औद्योगिक नगरीकरण के बीच संबंध स्थापित करते समय सावधानी बरतने की आवश्यकता प्रतीत होती है। क्योंकि पश्चिमीकरण का प्रभाव ग्रामीण क्षेत्रों में पाया जाता है जबकि औद्योगिक नगरीकरण का संबंध केवल शहरों से है। कई सुदूर ग्रामीण क्षेत्र में निवास करने वाली जनता की जीवनशैली में पश्चिमी समाज का प्रभाव शहर में रहने वाले लोगों से ज्यादा दिखाई देता है। पश्चिमीकरण का संबंध केवल नई संस्थाओं को जन्म देने से ही नहीं है जैसे समाचार पत्र, चुनाव, ईसाई मिशन इत्यादि। वरन् पश्चिमीकरण का संबंध प्राचीन संस्था में मौलिक परिवर्तन लाने से भी है।

(ङ) धर्मनिरपेक्षीकरण (Secularisation)

श्रीनिवास के अनुसार धर्मनिरपेक्षीकरण एक परिवर्तन प्रक्रिया है जिसके माध्यम से भारतीय समाज में परिवर्तन लाया गया है। श्रीनिवास के अनुसार भारतीय समाज में धर्मनिरपेक्षीकरण प्रक्रिया की नींव ब्रिटिश शासन काल में डाली गयी थी। ब्रिटिश शासकों द्वारा धर्म से ऊपर उठकर स्कूल, कॉलेज, यूनिवर्सिटी की स्थापना की गयी थी। जात, धर्म तथा लिंग से ऊपर उठकर रेल सेवा, बस सेवा, जहाज सेवाएं, शिक्षा सेवा, वित्त सेवा, संचार सेवा, भारतीय नागरिक सेवा, भारतीय आचार संहिता इत्यादि की स्थापना की गयी थी। जैसे-जैसे यातायात, संप्रेषण, नगर, शहर तथा शिक्षा केन्द्रों में वृद्धि होती गयी वैसे-वैसे धर्मनिरपेक्षीकरण की प्रक्रिया और तेज होती गयी। दो महान विश्व युद्धों तथा महात्मा गांधी के असहयोग आंदोलन के कारण भी धर्मनिरपेक्षीकरण प्रक्रिया को गति मिली।

आजादी प्राप्ति के पश्चात् धर्म निरपेक्षीकरण प्रक्रिया को राष्ट्रीय एजेंडा में शामिल किया गया। धर्म-निरपेक्ष संविधान की स्थापना की गयी तथा प्रजातांत्रिक एवं जनतांत्रिक शासन व्यवस्था स्थापित की गयी। जाति, धर्म, लिंग, भाषा, क्षेत्र इत्यादि से उठकर भारतवासियों को भारतीय नागरिकता तथा मौलिक अधिकार प्रदान किए गए। कानून के समक्ष सभी भारतवासियों को एक समान माना गया। सभी लोगों एवं क्षेत्रों के विकास हेतु

योजनाबद्ध ढंग से विकास योजनाओं का सृजन तथा कार्यान्वयन किया गया। भारतीय समाज एवं संस्कृति पर धर्मनिरपेक्षीकरण प्रक्रिया का व्यापक प्रभाव पड़ा। धर्मनिरपेक्षीकरण एक परिवर्तन प्रक्रिया है जिसके द्वारा जाति, धर्म, भाषा, क्षेत्र, लिंग इत्यादि से ऊपर उठकर सभी के हित पर ध्यान दिया जाता है। धर्मनिरपेक्षीकरण का भारतीय समाज एवं संस्कृति पर प्रभावों का वर्णन निम्नलिखित शीर्षक के अंतर्गत किया जा सकता है—

1. नागरिकता पर प्रभाव—स्वतंत्र भारत में निवास करने वाले सभी भारतवासियों को जाति, धर्म, भाषा, क्षेत्र, लिंग से ऊपर उठकर भारतवर्ष की नागरिकता प्रदान की गयी है।

2. मौलिक अधिकार पर प्रभाव—सभी भारतीय नागरिक को मौलिक अधिकार दिए गए हैं चाहे वे किसी भी जाति, धर्म, लिंग, भाषा तथा क्षेत्र के हों। सभी को बोलने, काम करने, मजदूरी पाने, ज्ञान अर्जित करने, संपत्ति रखने इत्यादि के अधिकार दिए गए हैं।

3. यातायात एवं संप्रेषण पर प्रभाव—धर्मनिरपेक्षीकरण का प्रभाव यातायात एवं संप्रेषण पर पड़ा है। हमारे देश में सभी देशवासियों को यात्रा करने, रेल सेवा, बस सेवा, जहाज सेवा का लाभ उठाने तथा पाने का अधिकार है। सभी लोग साथ-साथ बैठकर यात्रा करते हैं तथा यात्रा सुविधा का लाभ उठाते हैं।

4. शिक्षा पर प्रभाव—हमारे देश में सभी जाति, धर्म, लिंग, भाषा तथा क्षेत्र के लोगों को शिक्षा प्राप्त करने का अधिकार दिया गया है। 14 वर्ष तक की आयु वाले बच्चों की शिक्षा सरकार निःशुल्क प्रदान करती है। सामाजिक रूप से पिछड़े लोगों के बीच शिक्षा के उत्थान हेतु आरक्षण की व्यवस्था की गयी है। इसके कारण आज सभी जाति, धर्म तथा लिंग के बीच शिक्षा का प्रचार एवं प्रसार हुआ है।

5. अछूत प्रथा पर प्रभाव—धर्मनिरपेक्षीकरण का प्रभाव अछूत प्रथा पर पड़ा है। धर्मनिरपेक्ष संविधान के कारण अछूत प्रथा को मिटाने में सहायता मिली है। अछूत प्रथा समाप्त हुई। आज सभी जाति के लोग साथ-साथ रेल तथा बस में यात्रा करते हैं। साथ-साथ भोजनालय में नाश्ता तथा भोजन करते हैं, साथ-साथ सिनेमा देखते हैं। साथ-साथ सरकारी मैदान में खेलते हैं। साथ-साथ कार्यालय में काम करते हैं। साथ-साथ कालोनी में रहते हैं।

6. जाति प्रथा पर प्रभाव—धर्मनिरपेक्षीकरण प्रक्रिया के माध्यम से सामाजिक दूरी तथा भेदभाव को समाप्त करने में मदद मिलती है। अब सभी जाति के लोग पढ़े-लिखे हैं। सभी जाति के लोग जाति प्रथा की बुराइयों को हटाने में मदद करते हैं। साथ-साथ पढ़ने तथा काम करने वाले लोगों के बीच भोजन-पानी संबंध विकसित हुआ है।

7. नौकरी पेशा पर प्रभाव—धर्मनिरपेक्षीकरण प्रक्रिया के कारण सभी जाति तथा धर्म के लोग कोई भी पेशा तथा नौकरी में प्रवेश पा सकते हैं। इसके कारण एक शूद्र जाति का व्यक्ति अच्छा होटल का मालिक बनता है तथा एक ब्राह्मण जाति का व्यक्ति सुलभ शौचालय में नौकरी करता है। एक हरिजन सरकारी पदाधिकारी बन जाता है तथा एक ब्राह्मण सहयोगी अथवा किरानी बनता है।

8. प्रवसन पर प्रभाव—धर्मनिरपेक्षीकरण प्रक्रिया के कारण भारतवर्ष के नागरिक को किसी राज्य अथवा क्षेत्र में नौकरी तथा काम करने की स्वतंत्रता दी गयी है। इसके कारण नौकरी, काम तथा धंधा के लिए अंतरराज्यीय प्रवसन की घटना प्रकाश में आयी हैं। लोग नौकरी पेशा के लिए दूसरे राज्य में जाकर बस गए हैं।

9. नारी की स्थिति पर प्रभाव—धर्मनिरपेक्षीकरण प्रक्रिया के कारण नारियों की शैक्षणिक, सामाजिक, राजनीतिक तथा आर्थिक स्थिति में सुधार हुआ। अब नारियों को घर तक सीमित नहीं रखा जाता है। सरकार द्वारा उन्हें स्नातक स्तर तक की शिक्षा मुफ्त कर दी गयी है। सरकारी नौकरी में महिलाओं के लिए स्थान आरक्षित हैं। आज महिलाएं हर तरह की नौकरी तथा पेशा में प्रवेश पायी हैं। महिलाओं को चुनाव लड़ने की स्वतंत्रता दी गयी है। लोक सभा तथा विधान सभाओं में महिलाओं के लिए 33 प्रतिशत आरक्षण का विधेयक अभी लोकसभा में लंबित है। महिलाओं को अंतरजातीय तथा अंतरधार्मिक विवाह करने की स्वतंत्रता दी गयी है।

10. धार्मिक जीवन पर प्रभाव—धर्मनिरपेक्षीकरण का प्रभाव भारतीय समाज के धार्मिक जीवन पर पड़ा है। आज भारतवासियों को एक-दूसरे के धार्मिक त्योहारों में भाग लेने की स्वतंत्रता प्राप्त है। सभी लोगों को एक-दूसरे के तीर्थ स्थलों को देखने की स्वतंत्रता है। सभी लोगों को एक-दूसरे के धार्मिक मेलों में भाग लेने तथा समान खरीदने एवं बेचने की स्वतंत्रता है।

11. राजनीतिक जीवन पर प्रभाव—धर्मनिरपेक्षीकरण का प्रभाव भारतीय समाज के राजनीतिक जीवन पर पड़ा है। आज सभी जाति, धर्म, लिंग, भाषा तथा क्षेत्र के व्यस्क नागरिकों को मताधिकार प्रदान किया गया है। सभी व्यस्क लोगों को चुनाव लड़ने का अधिकार दिया गया है।

12. न्याय व्यवस्था पर प्रभाव—धर्मनिरपेक्षीकरण का व्यापक प्रभाव भारतीय न्याय व्यवस्था पर पड़ा है। अब सभी व्यक्तियों के लिए समान कानून हैं। कानून के उल्लंघन करने पर सभी को दंडित करने का प्रावधान है। सभी लोग अपने हितों की रक्षा हेतु तथा न्याय के लिए न्यायालय तक जा सकते हैं। सभी लोगों के लिए थाना, पुलिस, कचहरी, न्यायालय आदि की व्यवस्था की गयी है।

संस्कृतिकरण एवं धर्मनिपेक्षीकरण—श्रीनिवास के अनुसार भारतीय समाज में संस्कृतिकरण एवं धर्मनिरपेक्षीकरण की प्रक्रिया प्रचलित है। इन दोनों प्रक्रियाओं में धर्मनिरपेक्षीकरण का स्वभाव ज्यादा सामान्य है तथा इसका प्रभाव सभी भारतवासियों पर पड़ा है। लेकिन संस्कृतिकरण प्रक्रिया से केवल हिन्दू तथ जनजातीय समूह प्रभावित हुए हैं। धर्मनिरपेक्षीकरण का संबंध सभी जातियों से है, जबकि संस्कृतिकरण का संबंध केवल निम्न हिन्दू जातियों एवं जनजातियों से है। धर्मनिरपेक्षीकरण के कारण भारतीय समाज में सामाजिक, आर्थिक, राजनीतिक, धार्मिक तथा न्यायिक जीवन में परिवर्तन हुआ है, जबकि संस्कृतिकरण के कारण केवल हिन्दू तथा जनजातियों के सामाजिक तथा धार्मिक

जीवन में परिवर्तन आता है। धर्मनिरपेक्षीकरण के कारण हिंदू सामाजिक संस्तरण, परंपरागत पेशा, राजनीतिक प्रमुख, धार्मिक प्रभुत्व इत्यादि में परिवर्तन आया है। भारतीय समाज के दैनिक जीवन, अनुष्ठान, सामाजिक उत्सव, पेशा इत्यादि पर धर्मनिरपेक्षीकरण प्रक्रिया का प्रभाव परिलक्षित होता है।

(च) आधुनिकीकरण (Modernisation)

श्रीनिवास के अनुसार आधुनिकीकरण एक प्रमुख परिवर्तन प्रक्रिया है जिसके माध्यम से भारतीय समाज में परिवर्तन लाया गया है। आधुनिकीकरण प्रक्रिया द्वारा परंपरागत रीति-रिवाज, परंपरा, विचार, विश्वास, जीवनशैली, व्यवस्था इत्यादि में परिवर्तन लाया जाता है। इस प्रक्रिया में परंपरागत रीति-रिवाजों, विश्वास, प्रथा, व्यवस्था इत्यादि को नवीन या आधुनिक बनाया जाता है। परिवर्तन लाकर परंपरागत रीति-रिवाजों, विश्वास, प्रथा व्यवस्था इत्यादि को आधुनिक रूप प्रदान किया जाता है। श्रीनिवास के अनुसार आधुनिकीकरण का संबंध पश्चिमी देशों के संपर्क से है। गैर पश्चिमी देशों में पश्चिमी देशों से प्रत्यक्ष अथवा अप्रत्यक्ष संपर्क के कारण आधुनिकीकरण की प्रक्रिया आरंभ हुई है। आधुनिकीकरण एक प्रक्रिया है जिसके द्वारा पुरानी रीति रिवाजों, परंपराओं, विश्वासों, व्यवहारों एवं मूल्यों को आधुनिक बनाया जाता है। आधुनिकीकरण प्रक्रिया के पीछे सकारात्मक परिवर्तन का भाव निहित होता है। कोई भी समाज के सदस्य परंपरागत मूल्य को त्याग कर आधुनिक मूल्यों को तभी अपनाते हैं, जब वे उनके लिए उपयोगी सिद्ध होते हैं। प्रसिद्ध भारतीय समाजशास्त्री एम.एन. श्रीनिवास ने अपनी पुस्तक *सोशल चेंज इन मार्डन इंडिया* (1966) में आधुनिकीकरण की अवधारणा का विकास किया है। उन्होंने गैर पश्चिमी देशों में पश्चिमी देशों द्वारा लाए गए प्रत्यक्ष अथवा अप्रत्यक्ष परिवर्तन की व्याख्या के लिए आधुनिकीकरण की अवधारणा विकसित की है। उनके अनुसार आधुनिकीकरण एक प्रक्रिया है जिसके द्वारा गैर-पश्चिमी देशों में पश्चिमी देशों के संपर्क से सामाजिक-सांस्कृतिक परिवर्तन लाया जाता है पश्चिमीकरण आचारशास्त्रीय ढंग से उदासीन होता है। आधुनिकीकरण की अवधारणा पश्चिमीकरण से भिन्न है। आधुनिकीकरण का संबंध आचारशास्त्र से है। इसमें संदेह नहीं कि आधुनिकीकरण प्रक्रिया द्वारा समाज में परिवर्तन लाया जाता है। लेकिन यह परिवर्तन उस समाज के उद्देश्य एवं आचारशास्त्रीय मानदंड को ध्यान में रखकर किया जाता है।

भारतीय समाज पर आधुनिकीकरण का प्रभाव—भारतीय समाज अपनी अनोखी परंपरा एवं रीति-रिवाजों के लिए प्रसिद्ध रहा है। यह समाज परंपरा से बंधा हुआ रहता है। भारतीय समाजों में परंपरा को तोड़ना सामाजिक नियम को उल्लंघन करना माना जाता है। अत: इन समाजों में परंपरागत निषेधों का पालन सामाजिक जीवन का अनिवार्य अंग बन गया है। भारतीय समाज ब्रिटिश शासनकाल में आधुनिक समाज के संपर्क में आए। ब्रिटिश शासकों तथा ईसाई धर्मप्रचारकों ने परंपरागत समाज के मध्य स्कूल-कॉलेज की स्थापना

की। उनके मध्य शिक्षा का प्रसार हुआ तथा रोजगार एवं नौकरी की खोज में वे शहर आए। अब उनका संपर्क आधुनिक समाज से हुआ। इस संपर्क के कारण विचार-व्यवहार एवं मूल्यों में परिवर्तन हुआ तथा वे आधुनिकता की ओर बढ़े। आज भारतीय समाज के ऊपर आधुनिकता का प्रभाव जीवन के सभी क्षेत्रों में देखा जा सकता है। हालांकि आधुनिकता का प्रभाव भौतिक सांस्कृतिक तत्वों पर ज्यादा दिखाई देता है। लेकिन अभौतिक सांस्कृतिक तत्व भी आधुनिकता के प्रभाव से वंचित नहीं रहे हैं। भारतीय समाजों के ऊपर आधुनिकीकरण के प्रभाव को निम्नलिखित ढंग से वर्णन किया जा सकता है—

1. वस्त्र का प्रभाव—आरंभ में भारतीय समाज के लोग अपना परंपरागत वस्त्र पहनते थे। कुछ समाज के सदस्य अन्य जातियों के लिए वस्त्र का निर्माण अपनी परंपरागत पेशा के अंतर्गत करते थे। लेकिन जब वे आधुनिक समाज के संपर्क में आए, तब वे आधुनिक वस्त्र धारण करने लगे हैं। अब पैंट, शर्ट, कुर्ता-पायजामा, सलवार, सूट, नाइटी आदि का प्रचलन सुदूर ग्रामीण क्षेत्रों में भी देखा जा सकता है। अब वे परंपरागत जूता-चप्पल के स्थान पर आधुनिक ढंग से निर्मित जूता-चप्पल का प्रयोग करते हैं।

2. आभूषण पर प्रभाव—भारतीय समाज के सदस्य विशेषकर महिलाएं आरंभ से ही आभूषण धारण करती रही हैं। उनके आभूषण स्थानीय कलाकारों द्वारा मूंगा, कौड़ी, शंख, चकमक पत्थर, चांदी, सोना आदि द्वारा निर्मित किए जाते थे। साथ-ही-साथ पीतल, तांबा, स्टील आदि से निर्मित आभूषण भी वे धारण करती थीं। धागा निर्मित आभूषण भी प्रयोग में लाया जाता था। कुछ लोग सोना-चांदी के गहना भी धारण करते थे। इनके अतिरिक्त जंगली पेड़-पौधे के फूल तथा बीज से भी माला बनाकर आभूषण के रूप में ग्रहण किया जाता था। अब जब भारतीय समाज आधुनिक समाज के संपर्क में आ गए हैं, तब वे आधुनिक व्यवसायियों द्वारा निर्मित आधुनिक गहनों का प्रयोग करने लगे हैं।

3. आवास का प्रभाव—भारतीय समाज के लोग अपने परंपरागत ढंग से घास-फूस, लकड़ी, पत्ता, झाड़ी आदि के सहारे घर का निर्माण करते थे। आरंभ में लकड़ी एवं घासपत्ती आदि के सहारे दीवार एवं छत बनाए जाते थे। ऐसे मकान को झोपड़ी कहा जाता है। इसके बाद मिट्टी की दीवार एवं लकड़ी तथा खपरैल की छत बनाये जाने लगे। इन मकानों में खिड़की तथा दरवाजा नहीं के बराबर होते थे। कुछ मकान दो मंजिले भी बनाए जाते थे। लेकिन आधुनिक समाज के संपर्क में आकर ये लोग अब ईंट, सीमेंट, छड़ आदि के सहारे मकान बना रहे हैं। मकान में खिड़की तथा दरवाजा के अलावा रसोईघर, शौचालय, स्नानघर भी पाए जाते हैं। घर एवं गली में नाली बनाए जाते हैं ताकि घर का आंगन को साफ सुथरा रखा जा सके। पहले समुदाय के सदस्यों के साथ सेवा विनिमय के आधार पर घर बना लिया जाता था। अब इन्हें राजमिस्त्री तथा श्रमिकों की आवश्यकता पड़ती है।

4. घरेलू उपकरण पर प्रभाव—आधुनिकीकरण प्रक्रिया के अंतर्गत भारतीय समाज के लोग अपने परंपरागत घरेलू उपकरण में भी परिवर्तन ला रहे हैं। पहले उनके घर

में खाना मिट्टी के बरतन अथवा एल्यूमिनियम के बरतन में पकाए जाते थे। अब स्टील के बर्तन में खाना पकाया जाता है। पहले पानी जमा करने तथा खाने-पीने के लिए मिट्टी के बर्तन होते थे, अब स्टील तथा प्लास्टिक के बर्तन प्रयोग में लाते हैं। अब उनके घरों में आधुनिक खटिया, पलंग, टेबल, कुर्सी, मचिया आदि देखे जा सकते हैं।

5. मनोरंजन के साधन पर प्रभाव—भारतीय समाज के सदस्य अपने परंपरागत खेल-कूद द्वारा मनोरंजन किया करते थे। नौजवान, व्यस्क तथा बूढ़े नाच-गान तथा बाद्य यंत्रों द्वारा मनोरंजन किया करते थे। लेकिन आधुनिक समाज के संपर्क में आने से अब उनके पास रेडियो, टी.वी., लाउडस्पीकर आदि आधुनिक मनोरंजन के साधन उपलब्ध हैं। बच्चे गेंद, वॉलीबाल, क्रिकेट खेलते हैं। नौजवान तथा व्यस्क सिनेमा देखने शहर आते हैं। बच्चे भी सिनेमा तथा सर्कस देखने शहर आते हैं। इनके मध्य ताश तथा चेस का प्रचलन भी है। अब कबड्डी, चीका, बाघ-बकरी, राजा-चोर-सिपाही का खेल समाप्त होते जा रहा है।

6. यातायात के साधन पर प्रभाव—आरंभ में भारतीय समाज के सदस्य समान को एक स्थान से दूसरे स्थान पर ले जाने के लिए अपने कपाल या कंधा का प्रयोग करते थे। कपाल या कंधे पर बोझ रखकर एक स्थान से दूसरे स्थान ले जाते थे। आधुनिक समाज के संपर्क में आने पर समान ढोने के लिए उनके पास अब साइकिल, रिक्शा, टायर गाड़ी, स्कूटर, टैम्पू, ट्रक, रेल, जल जहाज, हवाई जहाज आदि आधुनिक साधन देखे जा सकते हैं।

7. शिक्षा पर प्रभाव—भारतीय समाज में परंपरा एवं सामाजिक नियम के संबंध में शिक्षा परिवार के माध्यम से दी जाती थी। अब आधुनिंक विद्यालयों के माध्यम से ज्ञान-विज्ञान एवं न्याय तथा कानून की शिक्षा-दी जाती है। इसके फलस्वरूप संयुक्त परिवार प्रथा समाप्त होती जा रही है। परंपराओं को अंधविश्वास के रूप में देखा जा रहा है। तर्क-वितर्क के आधार पर रीति-रिवाजों में परिवर्तन लाया जा रहा है। आधुनिक शिक्षा उनके मध्य भोग-विलास के प्रति उनकी मानसिकता को बढ़ा रही है।

8. उपचार व्यवस्था पर प्रभाव—अभी भी भारतीय समाज के अधिकांश लोग बीमारी को भूत-प्रेत, देवी-देवता तथा कुदृष्टि का परिणाम मानते हैं। वे लोग बीमारी का इलाज परंपरागत ओझा, वैद्य तथा परंपरागत स्थानीय दवाओं के माध्यम से करते हैं। लेकिन आधुनिक समाज के संपर्क में आने से उपचार के लिए उनका झुकाव आधुनिक चिकित्सा व्यवस्था की ओर हुआ है। अब बहुत लोग बीमारी के लिए भूत-प्रेत, कुदृष्टि तथा कुवचन को दोषी नहीं मानते। उनका मानना है कि जब शरीर है तो साथ ही साथ रोग भी है। अत: रोग का इलाज डॉक्टर से होना चाहिए न कि ओझा, गुणी आदि से। अब वे बीमारी, प्रसव आदि के समय स्वास्थ्य केन्द्र, अस्पताल आदि में जाते हैं। उनके बीच परिवार नियोजन के आधुनिक साधन भी पहुंच गए हैं।

9. सामाजिक जीवन पर प्रभाव—भारतीय समाज नातेदारी व्यवस्था पर आधारित समाज होता है। चूंकि इस समाज के सभी सदस्य रक्त अथवा विवाह संबंध से बंधे रहते

हैं, अतः उनमें हम की भावना देखी जाती रही है। समाज के सभी सदस्य एक-दूसरे को निस्वार्थ भाव से सेवा करते हैं तथा सुख-दुख में भागीदार बनते हैं। लेकिन आधुनिक समाज के संपर्क में आने से अब इस समाज के सदस्य नौकरी पेशा के लिए शहर तथा दूसरे राज्य की ओर पलायन कर रहे हैं। शहर तथा अन्य स्थान पर जाने से इनका परंपरागत समाज बिखर रहा है। नए-नए स्थानों पर नए-नए लोगों के साथ सामाजिक संबंध विकसित हो जाता है, अथवा वे अलग-अलग पड़ जाते हैं। ऐसी स्थिति में वे आत्मकेन्द्रित होते रहे हैं। भारतीय समाज के मध्य पहले दहेज, कीमती उपहार, आदि का प्रचलन नहीं था, लेकिन आधुनिक समाज के संपर्क में आने से उनके बीच भी दहेज तथा कीमती उपहार का प्रचलन पनपने लगा है।

10. सांस्कृतिक जीवन पर प्रभाव—भारतीय समाजों में कुछ ऐसी संस्थाएं थीं जिनके माध्यम से संस्कृति सिखाई जाती थी। उदाहरण के लिए संयुक्त परिवार प्रथा, युवागृह, अखाड़ा इत्यादि। इन संस्थाओं में ग्राम समाज के सदस्य रात्रि-विश्राम तथा शादी-विवाह के समय नृत्य, संगीत तथा वाद्य यंत्रों की शिक्षा ग्रहण करते थे। पर्व त्योहार के समय ग्राम समाज के लोग अखाड़ा नामक संस्था के माध्यम से सांस्कृतिक कार्यक्रम आयोजित किया करते थे। इन अवसरों पर स्त्री-पुरुष साथ-साथ अथवा अलग-अलग नृत्य करते थे। लेकिन आधुनिक समाज के संपर्क में आने पर अब इन नृत्यों एवं संगीतों को हेय दृष्टि से देखा जा रहा है। अब आधुनिक वाद्य संगीतों की धुन पर नाच-गान का आयोजन होता है। स्थानीय शराब के स्थान पर अंग्रेजी शराब का सेवन इन अवसरों पर किया जा रहा है।

11. आर्थिक जीवन पर प्रभाव—भारतीय समाज के आर्थिक जीवन पर भी आधुनिकीकरण का प्रभाव व्यापक ढंग से पड़ा है। अब वे परंपरागत पेशा के स्थान पर आधुनिक पेशा अपना रहे हैं अथवा परंपरागत पेशा को आधुनिक ढंग से कर रहे हैं। अब वे खेती आधुनिक ढंग से कर रहे हैं। उन्नत किस्म के बीज, खाद, कीटनाशक दवा आदि का प्रयोग कर रहे हैं। सिंचाई के लिए आधुनिक साधन का प्रयोग हो रहा है तथा नगदी फसल (क्रैश क्रॉप) की ओर विशेष ध्यान दिया जा रहा है। पशुपालन के अंतर्गत आधुनिक विधि से उन्नत नस्ल के गाय-भैंस पाले जा रहे हैं। आधुनिक विधि से मुर्गीपालन, बकरी पालन तथा सुअर पालन पर ध्यान दिया जा रहा है। अब उनकी अर्थव्यवस्था अस्तित्व-अभिमुख न होकर मुद्रा अभिमुख हो गयी है।

12. धार्मिक जीवन पर प्रभाव—आधुनिकीकरण का प्रभाव भारतीय समाज के धार्मिक विश्वास, रीति-रिवाज एवं पर्व-त्योहार पर भी पड़ा है। आधुनिक समाज के संपर्क में आने से भारतीय समाज के सदस्य धार्मिक कुरीतियों एवं अंधविश्वासों को त्याग दिए हैं। कुछ लोग तो अपने धर्म को मानव धर्म कहने लगे हैं, जबकि कुछ लोग ने ईसाई धर्म स्वीकार कर लिया है। आज भारतीय समाज के पांच प्रमुख धार्मिक समूह हैं—जैन, बौद्ध, हिन्दू, मुसलमान और ईसाई। इन धार्मिक समूह के लोग आजकल अपने-अपने

त्योहारों को आधुनिक ढंग से मनाते हैं। पर्व-त्योहार के अवसर पर आधुनिक वाद्य संगीतों के साथ-साथ धार्मिक जुलूस का आयोजन किया जाता है।

13. राजनीतिक जीवन पर प्रभाव—भारतीय समाजों में सामाजिक नियमों का पालन करना उनके सामाजिक जीवन का अभिन्न अंग था। सामाजिक नियमों का पालन कराने के लिए ग्राम प्रधान, जाति प्रधान आदि राजनीतिक संस्थाएं थीं। प्रत्येक समाज का अपना-अपना कानून होता था तथा इन कानूनों को परंपरागत राजनीतिक संस्थाओं द्वारा पालन कराया जाता था। दोषी को दंड भी दिया जता था। लेकिन आजकल तो हर स्थान पर राज्य का कानून चलता है तथा इसकी देख-रेख आधुनिक पंचायत, थाना तथा कचहरी के माध्यम से होता है। आधुनिक राजनीतिक संस्थाओं के अस्तित्व में आ जाने से अब परंपरागत राजनीतिक संस्थाएं मृतप्राय हो गई है अथवा होती जा रही हैं।

(ङ) वैश्वीकरण (Globalisation)

1990 के दशक की शुरुआत के साथ विश्व में विकास की एक नयी प्रक्रिया का शुभारंभ हुआ जिसे भूमंडलीकरण, वैश्वीकरण या खगोलीकरण के नाम से जाना जाता है। इस प्रक्रिया के माध्यम से संपूर्ण विश्व के देशों को समान आर्थिक विकास की प्रक्रिया में शामिल किया गया है। 1991 से ही हमारी सरकार उदारीकरण, निजीकरण एवं भूमंडलीकरण की नीति का अनुसरण कर रही है।

मिश्रित अर्थव्यवस्था—1991 के पहले हमारे देश में आर्थिक विकास हेतु मिश्रित दृष्टिकोण अपनाया जाता था। इस दृष्टिकोण को अपनाए जाने के पीछे तर्क दिया जाता था कि वैसे उद्योग जो देश की अर्थव्यवस्था के लिए क्रांतिक महत्त्व रखते हैं उन पर सरकार का पूर्ण नियंत्रण आवश्यक रूप से होना चाहिए। उन क्रांतिक उद्योगों के ऊपर पूर्ण नियंत्रण से सरकार विकास योजनाओं के लिए संसाधन जुटाकर विभिन्न क्षेत्रों में विकास की गति को तेज करेगी। सरकारी क्षेत्रों के अतिरिक्त निजी क्षेत्रों को भी उद्योग तथा व्यापार उद्यम की स्थापना हेतु आमंत्रित किया जाता था। लेकिन उन्हें सरकार द्वारा स्थापित कानूनों का पालन करना अनिवार्य होता था। निजी उद्योगपति एवं उद्यमी भी सरकारी कानून से बंधे होते थे।

सार्वजनिक क्षेत्र से प्राप्त राजस्व का अच्छा-खासा हिस्सा सरकार सार्वजनिक क्षेत्र के उद्यमों की स्थापना पर खर्च कर देती थी। सरकार प्रथम पंचवर्षीय योजना में 81.1 करोड़ की राशि सरकारी क्षेत्रों में उद्यमों की स्थापना पर खर्च की थी। यह खर्च नवम् पंचवर्षीय योजना में बढ़ाकर 34,200 करोड़ कर दी गयी थी। इस दृष्टिकोण का मुख्य लक्ष्य गरीबी दूर करना, असमानता को मिटाना तथा सामाजिक न्याय के साथ आर्थिक विकास प्राप्त करना था।

प्रथम पंचवर्षीय योजना से लेकर अब तक सार्वजनिक क्षेत्र के उद्यमों का फैलाव बड़ी तेजी से एवं विस्तारपूर्वक हुआ। इसके परिणामस्वरूप राजस्व से प्राप्त आय का भारी

हिस्सा सार्वजनिक क्षेत्र के उद्यमों पर खर्च हो जाता था, अन्य विकासात्मक उद्देश्यों की पूर्ति में नहीं।

मिश्रित अर्थव्यवस्था के सकारात्मक पहलू—हालांकि मिश्रित अर्थव्यवस्था के सकारात्मक परिणाम भी हमारे समाज में आए। इसके फलस्वरूप हमारे देश में औद्योगिक विस्तार हुआ तथा औद्योगिक उत्पादन में वृद्धि हुई। गरीबी एवं बेरोजगारी दूर करने की दिशा में प्रयास किया गया। हालांकि गरीबी और बेरोजगारी को पूर्णरूप से मिटाया नहीं जा सका, लेकिन कुछ हद तक उन्हें दूर करने की दिशा में सार्थक पहल अवश्य की गयी। गरीबी रेखा के नीचे रहने वाले लोगों की संख्या में कमी आयी। हम अनाज उत्पादन में आत्मनिर्भर हुए। अब खाने के लिए अनाज हमें बाहर से नहीं मंगाना पड़ता है। वरन् अब हम अपने उद्योगों द्वारा उत्पादित सामानों को बाहर भेजने लगे हैं। हम अपने बचत से विकास के अपने संसाधन जुटाने में सफल हुए हैं। हमारे देश के शैक्षणिक संस्थानों से शिक्षा एवं प्रशिक्षण प्राप्त कर अनेक वैज्ञानिक तथा तकनीकी ज्ञान के विशेषज्ञ बने हैं। उन लोगों द्वारा देश के औद्योगिक एवं तकनीकी विकास में पूर्ण योगदान दिया गया है। कई क्षेत्रों में आज हम आत्मनिर्भर बन गए हैं।

मिश्रित अर्थव्यवस्था के नकारात्मक पहलू—मिश्रित अर्थव्यवस्था के नकारात्मक परिणाम भी हमारे देश को भुगतना पड़ा है। इस दृष्टिकोण के कारण अपेक्षित औद्योगिक विकास का लक्ष्य नहीं प्राप्त किया जा सका। 1965-80 के दशक में जब भारतीय अर्थव्यवस्था सबसे नियंत्रित थी उस समय औद्योगिक उत्पादन का विकास दर 4 प्रतिशत प्रति वर्ष घटकर हो गया था। जबकि 1950-65 के बीच यह दर 8 प्रतिशत प्रतिवर्ष था। निजी उद्योगों को नियंत्रित करने वाले नियमों में कमी के कारण इस स्थिति का सामना करना पड़ा। इन नियमों में कमी के कारण निजी क्षेत्र की आर्थिक शक्ति को कम नहीं किया जा सका। सार्वजनिक क्षेत्र के उद्यमों में भ्रष्टाचार, कार्यक्षमता में ह्रास तथा प्रभावहीन प्रबंध कौशल हावी हो गए। अनेक सार्वजनिक क्षेत्र के उद्योग बीमार हो गए तथा अनेक घाटे में चलने लगे।

परिवर्तन की आवश्यकता—मिश्रित अर्थव्यवस्था के नकारात्मक पहलुओं के अतिरिक्त कीमतों में अत्यधिक वृद्धि, पर्याप्त पूंजी की कमी, आर्थिक विकास की धीमी गति तथा तकनीकी पिछड़ेपन के कारण भी सरकार को अपनी नीति में परिवर्तन लाने के लिए सोचने को विवश होना पड़ा। सरकारी खर्च राजस्व प्राप्ति की तुलना में काफी बढ़ गयी। 1991 तक हमारे ऊपर विदेशी कर्ज इतना बढ़ गया कि हम मात्र सूद के भुगतान करने में भी असमर्थ हो गए। हम लोग आयात के बदले में भुगतान करने के अयोग्य होने लगे थे। इस आर्थिक संकट ने हमारी सरकार को विदेशी संस्थाओं से कर्ज लेने के लिए विवश कर दिया। विश्व बैंक तथा अंतरराष्ट्रीय मुद्रा कोष जैसी अंतरराष्ट्रीय संस्थाओं के पास हमें उधार लेने जाना पड़ा। इन सभी के परिणामस्वरूप हमारी सरकार को एक नयी आर्थिक नीति को सूत्रबद्ध करने के लिए उत्प्रेरित किया। इसे नयी आर्थिक नीति (NEP)

के नाम से जाना जाता है। नयी आर्थिक नीति के तीन पहलुएं निम्नलिखित हैं—

(i) उदारीकरण (Liberalisation)

(ii) निजीकरण (Privatisation)

(iii) भूमंडलीकरण (Globalisation)

उदारीकरण (Liberalisation)—उदारीकरण प्रक्रिया का संबंध घनिष्ठ रूप से निजीकरण से है। निजीकरण प्रक्रिया के अंतर्गत सार्वजनिक क्षेत्रों का विनिवेश अथवा हस्तांतरण निजी क्षेत्रों के पास कर दिया जाता है। यह सार्वजनिक क्षेत्र के स्थान पर निजी क्षेत्र का बढ़ावा देता है। निजीकरण प्रक्रिया द्वारा कार्य क्षमता की वृद्धि होती है। इससे राज्य को अधिक राजस्व की प्राप्ति होती है। इसके द्वारा अंश स्वामित्व (Share Ownership) का विस्तार होता है। साथ ही साथ निर्णय निर्माण का विकेन्द्रीकरण होता है।

इसमें संदेह नहीं है कि उदारीकरण का संबंध निजीकरण से है। लेकिन इस प्रक्रिया के दो मुख्य तत्व निम्नलिखित हैं—

(i) इस प्रक्रिया के माध्यम से निजी क्षेत्रों को वैसे क्रियाकलापों के लिए आमंत्रित किया जाता है अथवा अनुमति प्रदान किया जाता है जिन्हें पहले केवल सार्वजनिक क्षेत्रों के लिए सीमित रखा जाता था।

(ii) इस प्रक्रिया के माध्यम से उन सभी नियमों एवं नियमावलियों में छूट प्रदान की जाती है जिनके द्वारा निजी क्षेत्रों के विकास पर प्रतिबंध लगाया जाता था।

पहले जो अनेक कार्य सार्वजनिक क्षेत्र के उद्यमों द्वारा किए जाते थे, वे अब निजी क्षेत्र के उद्यमों द्वारा किए जाते हैं। क्योंकि उन क्षेत्रों को अब निजी क्षेत्रों के लिए छोड़ दिया गया है। पहले निजी क्षेत्रों को अनेक प्रकार के सामानों के उत्पादन के लिए सरकार से अनुमति प्राप्त करना आवश्यक होता था। लेकिन अब इस नियम को कतिपय सामानों जैसे शराब, सिगरेट, घातक रसायनों, विस्फोटक सामग्रियों, इलेक्ट्रॉनिक गुड्स तथा एरोस्पेस, दवा एवं औषधीय सामग्रियों को छोड़कर सभी सामानों के उत्पादन को निजी क्षेत्र के लिए स्वतंत्र कर दिया गया है। इसके द्वारा सार्वजनिक क्षेत्र के लिए आरक्षित उद्योगों की संख्या में भी कमी कर दी गयी है। सार्वजनिक क्षेत्र के लिए आरक्षित उद्योगों की संख्या 17 से घटाकर 3 कर दी गयी हैं। अब निजी क्षेत्रों का प्रवेश कोर उद्योगों में भी संभव हो गया है। जैसे लोहा, स्टील, बिजली, हवाई यातायात, जल जहाज निर्माण, सुरक्षा सामग्रियां एवं अन्य हैवी मशीनरी। निजी क्षेत्रों को अन्य कानूनों से स्वतंत्र कर दिया गया है, जैसे—

1. निजी क्षेत्रों को अब सरकार से लाइसेंस प्राप्त करना आवश्यक नहीं रहा।

2. कच्चे माल मंगवाने के लिए सरकार से आदेश प्राप्त करना भी आवश्यक नहीं रह गया है।

3. मूल्य निर्धारण एवं वितरण के लिए सरकार से अनुमति प्राप्त करना आवश्यक नहीं रहा।

4. वृहत वाणिज्य कंपनियों के निवेश पर अब कोई प्रतिबंध नहीं रहा।

अगर सत्य कहा जाये तब उदारीकरण प्रक्रिया के माध्यम से अनेक सरकारी औपचारिकताओं को सरल बना दिया गया ताकि अधिक से अधिक उद्योगपति भारत में आकर सामानों का उत्पादन करें।

वैश्वीकरण—वैश्वीकरण प्रक्रिया का सरल शब्दों में अर्थ अपनी अर्थव्यवस्था को विश्व की अर्थव्यवस्था के साथ जोड़ देना है। दूसरे शब्दों में हम कह सकते हैं कि अपनी अर्थव्यवस्था को वैश्विक अर्थव्यवस्था में शामिल कर लेना ही भूमंडलीकरण है। इस प्रक्रिया द्वारा हम विश्व स्तर अथवा अंतरराष्ट्रीय स्तर पर आर्थिक रूप से एक दूसरे के साथ जुड़ जाते हैं तथा एक-दूसरे पर निर्भर हो जाते हैं। भूमंडलीकरण की प्रक्रिया कई स्तरों पर होती है। इसके कुछ उदाहरण निम्नलिखित हैं—

1. दूसरे देश के उत्पादनकर्त्ता हमारे देश में आकर अपनी सेवा एवं सामान बेचने के लिए स्वतंत्र हैं।

2. हमारे देश के उत्पादनकर्त्ता भी विदेशों में जाकर अपनी सेवा एवं सामग्री बेच सकते हैं।

3. विदेशी पूंजीपति हमारे देश में पूंजी लगाकर उद्यमों की स्थापना कर सकते हैं।

4. हमारे देश के पूंजीपति विदेशों में पूंजी लगाकर उद्यमों की स्थापना कर सकते हैं।

5. भूमंडलीकरण का संबंध केवल पूंजी के वैश्विक गति से नहीं है। वरन् इसका संबंध वैज्ञानिक, तकनीशियन तथा श्रमिकों को एक देश से दूसरे देश काम करने के लिए जाने से भी है।

पहले हमारे देश की सरकार द्वारा अपने घरेलू उत्पादकों को सुरक्षा प्रदान करने की दृष्टि से सामानों के आयात पर प्रतिबंध लगाया गया था। इस प्रतिबंध के कारण देश में तकनीकी क्षमता का विकास हुआ। नयी आर्थिक नीति में भारतीय अर्थव्यवस्था को वैश्विक अर्थव्यवस्था से जोड़ दिया गया। इसके परिणामस्वरूप पूंजी, तकनीक एवं अनुभव का अप्रतिबंधित विनिमय विश्व के विभिन्न देशों के बीच संभव हो सका। इस नीति का अनुसरण करते हुए हमारी सरकार आयात नीति से संबंधित प्रतिबंधों को समाप्त कर दी है। आयातित सामानों पर कर में भी कमी कर दी गयी है। इसके कारण विदेशी पूंजीपति हमारे देश में पूंजी निवेश करने आ गए हैं।

वैश्वीकरण एवं उदारीकरण का प्रभाव—हमारे देश में भूमंडलीकरण एवं उदारीकरण प्रक्रिया को अपनाए हुए एक दशक से ज्यादा हो गया है। इस अवधि में इन प्रक्रियाओं द्वारा हमारे देश में कई दृश्य एवं अदृश्य परिवर्तन लाए गए हैं। हालांकि हम लोग रोजगार संरचना में ज्यादा परिवर्तन नहीं ला पाए हैं, लेकिन संचार क्षेत्रों जैसे—टेलीफोन, रंगीन टी.वी. तथा कम दामों में इलेक्ट्रॉनिक गुड्स की उपलब्धि में हम लोग अच्छी सेवाएं प्राप्त किए हैं। अनेक खाद्य संस्करण कंपनियों का आगमन हमारे यहां हुआ है। इन कंपनियों द्वारा शीतलपेय की आपूर्ति की गयी है। साथ ही साथ कुछ भोजन सामग्रियों को भी बाजार में इनके द्वारा बेची जाती हैं। ये सब भूमंडलीकरण के दृश्य

परिवर्तन हैं। अनेक विदेशी कंपनियों का आगमन स्वास्थ्य एवं सफाई सेवाएं उपलब्ध कराने के लिए हो रहा है। जैसे साबुन, सर्फ, सैनिटरी टावेल, कंडोम इत्यादि।

वैश्वीकरण के द्वारा अदृश्य परिवर्तन भी हमारे समाज में लाया गया है, जो निम्नलिखित हैं—

1. सामान एवं सेवा के व्यापार में भारत का विश्व के हिस्से में न्यूनतम वृद्धि हुई है। इस क्षेत्र में दूसरे देशों की तुलना में हमारी प्रगति बड़ी धीमी गति से है।

2. भारत में वस्तु एवं सेवा के उत्पादन में विदेशी प्रत्यक्ष निवेश की बढ़ोतरी हुई है। यह बढ़ोतरी 1991 में 174 करोड़ से बढ़कर 2000 में 9338 करोड़ तक पहुँच गयी।

3. हमारे देश में विदेशी मुद्रा भंडार में भी बढ़ोतरी हुई है। विदेशी मुद्रा भंडार 1991 में 4822 करोड़ से बढ़कर 2000 में 152924 करोड़ हो गया है।

4. हमारे देश में दामों पर नियंत्रण हुआ है। कीमतों की बढ़ोतरी में कमी आई है। यह 1991 में 12 प्रतिशत थी जो घटकर 2000 में 5 प्रतिशत आ गयी।

5. इस प्रक्रिया का एक मुख्य लक्ष्य रोजगार के अवसर का सृजन भी था। हालांकि नयी आर्थिक नीति के अंतर्गत नए रोजगार के अवसर सृजित किए जा रहे हैं, लेकिन देश के लोगों को रोजगार उपलब्ध कराने में यह नीति असफल रही है। नयी आर्थिक नीति ग्रामीण क्षेत्रों में अतिरिक्त रोजगार मुहैया नहीं करा सकी है।

6. हालांकि औद्योगिक विकास दर में बढ़ोतरी हुई है, लेकिन यह अपेक्षित स्तर नहीं प्राप्त कर पाया है।

7. विश्व व्यापार संगठन (WTO) विकासशील देशों में भूमंडलीकरण एवं उदारीकरण की प्रक्रिया को बहुत प्रभावित किया है। विश्व व्यापार संगठन की स्थापना 1995 में संयुक्त राष्ट्र के सदस्य देशों द्वारा की गयी थी। इसका मुख्यालय जिनेवा में स्थित है। इस संगठन का मुख्य उद्देश्य विश्व के देशों के बीच अंतरराष्ट्रीय व्यापार का संचालन खुला, एकसमान एवं गैर विभेदात्मक ढंग से करना है। इस संगठन में शामिल देशों को कुछ सामान्य नियमों का पालन करना पड़ता है, जो निम्नलिखित हैं—

1. द्विपक्षीय समझौता
2. आयात कोटा का निर्धारण
3. निर्यात कोटा का निर्धारण

वैश्वीकरण के पक्ष में तर्क—वैश्वीकरण के पक्ष में निम्नलिखित तर्क प्रस्तुत किए जाते हैं—

1. अंतरराष्ट्रीय संगठन विश्व बैंक, अंतरराष्ट्रीय मुद्रा कोष, आर्थिक विकास एवं सहयोग संगठन, विश्व व्यापार संगठन इत्यादि वैश्वीकरण प्रक्रिया का समर्थन करते हैं। इन संस्थाओं एवं संगठनों का मानना है कि विभिन्न देशों के बीच व्यापार से प्रत्येक देश संपन्नता की स्थिति प्राप्त कर सकती है। इससे अंतरराष्ट्रीय समुदाय के बीच खुशहाली बढ़ेगी, क्योंकि सभी को समान नियमों का पालन करना होगा। वैश्वीकरण के द्वारा श्रम

मानक तथा मानवाधिकार मानक का पालन होता है। इसके द्वारा व्यापार में शामिल देश मानवाधिकार एवं पर्यावरणीय संतुलन संबंधी व्यवहारों का पालन समान रूप से करते हैं। इस प्रकार वैश्वीकरण की प्रक्रिया से मानवाधिकार एवं जीने योग्य विकास की अवधारणा को विशेष बल मिला है।

2. वैश्वीकरण के समर्थकों का मानना है कि वैश्वीकरण गरीब देशों की विकास दर को बढ़ाता है तथा गरीबी में कमी लाता है।

3. वैश्वीकरण के माध्यम से रोजगार एवं राष्ट्रीय आय में वृद्धि होती है, क्योंकि इससे प्रतियोगी उद्योगों के बीच पूंजी का स्थानांतरण होता है।

4. वैश्वीकरण के समर्थकों का मानना है कि इसके चलते व्यापार में शामिल देशों के लोगों का जीवन स्तर उच्च हो जाता है।

5. कई विकासोन्मुख देशों—मैक्सिको, टर्की, इजिप्ट तथा थाईलैंड द्वारा वैश्वीकरण के पक्ष में समर्थन दिया गया है।

6. आस्ट्रेलिया के विदेश मंत्री ने अपने विचार व्यक्त करते हुए वैश्वीकरण का समर्थन किया है। उनका मानना है कि वैश्वीकरण के कारण आस्ट्रेलिया का सकल घरेलू उत्पाद में बढ़ोतरी हो गयी है, रोजगार के अवसर बढ़ गए हैं, योग्यता की पूछ बढ़ गयी है, पारिवारिक आय में वृद्धि हुई है तथा जीवन स्तर उच्च हो गया है।

7. इस प्रक्रिया द्वारा उत्तर आधुनिकवाद का विकास हुआ है। विभिन्न देशों के लोग एक-दूसरे की समस्या, संस्कृति, जरूरत इत्यादि से अवगत हो गए हैं। अपने विचार रखने के लिए अंतरराष्ट्रीय प्लेटफार्म तथा फोरम का निर्माण हुआ है।

वैश्वीकरण के विरोध में तर्क—वैश्वीकरण के विरोध में निम्नलिखित तर्क दिए जाते हैं—

1. इस प्रक्रिया के कारण बाजार पर से राज्य का नियंत्रण समाप्त हो जाता है।
2. समाज आधारित मूल्य के स्थान पर बाजार आधारित मूल्य स्थापित हो जाती है।
3. इसके कारण बाजार अभिमुख संस्कृति का विकास होता है।
4. वैश्वीकरण उपभोक्तावाद को बढ़ावा देता है।
5. वैश्वीकरण नारियों को विज्ञापन की सामग्री बना दिया है।
6. यह प्रक्रिया देह-व्यापार को बढ़ावा देती है।
7. यह प्रक्रिया पूंजीपतियों का समर्थन करती है।
8. यह प्रक्रिया अमेरिकी साम्राज्यवाद का विस्तार करती है।
9. इसके द्वारा पूरे विश्व में अमेरिकी संस्कृति का प्रचार-प्रसार जोरों से हो रहा है।
10. इस प्रक्रिया द्वारा अमीर देशों द्वारा गरीब देशों के ऊपर अपने मूल्य थोपे जा रहे हैं।

11. यह प्रक्रिया गरीब देशों के नागरिकों को और गरीब बना देती है।
12. इस प्रक्रिया द्वारा विनिवेश को बढ़ावा मिलता है।
13. मार्क्सवादियों के अनुसार यह प्रक्रिया गरीबों के शोषण को बढ़ावा देती है।
14. इससे असमानता का बढ़ावा मिलता है।
15. यह घरेलू एवं देशज व्यवसायों को नुकसान पहुंचाती है।
16. इस प्रक्रिया द्वारा प्राकृतिक संसाधनों का विनाश, नुकसानदायक रसायनों का उत्पादन तथा जैविक कृषि का विघटन गरीब देशों में होता है।
17. इस प्रक्रिया से गरीब देशों में वन संपदा को नुकसान पहुंचता है तथा अपर्याप्त नियंत्रण द्वारा खानों का विकास होता है।
18. वैश्वीकरण की प्रक्रिया श्रमिक हितों एवं कार्य स्थल मानदंडों की पूर्ति नहीं कर पाती है।
19. यह प्रक्रिया श्रमिक संगठन विरोधी भी है।

11

भारतीय ग्राम की विशेषताएँ

(CHARACTERISTICS OF INDIAN VILLAGE)

भारत गांवों का देश है। यहां करीब 70 प्रतिशत लोग गांव में निवास करते हैं। इन लोगों की मुख्य पेशा कृषि एवं कृषि से जुड़ी हुई अन्य लघु व्यवसाय रही हैं। इसीलिए भारत को कृषि प्रधान देश कहा जाता है तथा भारत की आत्मा गांवों में निवास करती है। हमारे देश में करीब साढ़े पांच लाख गांव हैं। प्रत्येक पांच में से चार से अधिक भारतीय गांवों में रहते हैं। विश्व के किसी भी देश में इतनी अधिक संख्या में लोग गांवों में नहीं रहते हैं।

भारत में ग्राम सभ्यता की शुरुआत आर्य आगमन के पश्चात् मानी जाती है। आर्य सभ्यता ग्रामीण तथा कृषि प्रधान थी। आरंभ में आर्य पशुपालक के रूप में आए थे। लेकिन धीरे-धीरे सप्त सिन्धु में उनके द्वारा स्थायी कृषि कर्म तथा ग्राम जीवन की नींव डाली गयी थी। आर्य सभ्यता सप्त सिन्धु से संपूर्ण उत्तर-पश्चिम भारत में फैल गयी। कालांतर में आर्य सभ्यता दक्षिण भारत में भी पहुँची। स्थायी कृषि के लिए भूमि के आस-पास घर बनाकर रहना आवश्यक था। इससे ग्राम जीवन अस्तित्व में आया। कृषि कर्म में सहयोग तथा दुग्ध उत्पादन के लिए कृषि के साथ-साथ ग्रामवासियों द्वारा पशुपालन भी अपनाया गया। कृषकों की विभिन्न आवश्यकताओं की पूर्ति हेतु ग्रामीण दस्तकार या कारीगर जातियां अस्तित्व में आयीं। ये लोग अपनी-अपनी कारीगरी को परंपरागत पेशा के रूप दिए तथा ग्राम जीवन की जजमानी प्रथा से जुड़ गए। जजमानी प्रथा को नियंत्रित करने के लिए पुजारियों का उदय हुआ। कुछ जातियों द्वारा श्रमिक का जीवन अपनाया गया। अब प्रत्येक गांव की सीमा निर्धारित की गयी। एक गांव में कृषक, पुरोहित, दस्तकारी एवं मजदूरी से जुड़ी जातियाँ साथ-साथ रहने लगीं।

भारतीय गांव स्वावलंबन सिद्धांत पर काम करते थे। गांव में रहने वाली सभी जातियों की आवश्यकता पूर्ति जजमानी प्रथा द्वारा हो जाती थी। प्राचीन भारतीय राजाओं तथा मुगल शासकों द्वारा ग्राम स्वावलंबन तथा जजमानी प्रथा को तोड़ने का प्रयास नहीं किया गया था। अंग्रेजों के शासनकाल में भारतीय ग्राम स्वावलंबन को नष्ट कर दिया गया। जमींदार वर्ग का सृजन किया गया। लघु तथा कुटीर उद्योगों के नष्ट होने से मजदूरों की

संख्या में वृद्धि हुई तथा जमीन पर बोझ बढ़ गया। कृषकों को नगद फसल लगाने के लिए बाध्य किया गया। कृषकों, आसामियों तथा मजदूरों का शोषण तरह-तरह से किया जाता था। परिणामस्वरूप भारतीय गांवों की स्थिति अत्यंत शोचनीय बन गयी। अंग्रेजों ने गांवों की समृद्धि का अपहरण करके सात समुद्र पार अपने महलों में घी के दिए जलाए। गांव के पढ़े-लिखे लोग तथा उर्वर मस्तिष्कों ने गांवों को छोड़कर नगर अथवा शहर को अपना निवास स्थान बना लिया। फलस्वरूप आज हमारे गांव शोषितों, वंचितों, परित्यक्तों, संगठित अपराधों, दरिद्रों का श्मशान बन गए हैं। मानव जीवन से संबद्ध प्राय: सभी दोष गांवों में केन्द्रीभूत हो गए हैं। अत: भारत के विकास के लिए साढ़े पांच लाख गांवों को विकसित करने की आवश्यकता है।

भारतीय ग्राम की विशेषताएं—भारतीय ग्राम की विशेषताओं का अध्ययन निम्नलिखित शीर्षक के अंतर्गत किया जा सकता है—

(क) भारतीय ग्राम की सामाजिक विशेषताएं

(ख) भारतीय ग्राम की धार्मिक विशेषताएं

(ग) भारतीय ग्राम की आर्थिक विशेषताएं

(घ) भारतीय ग्राम की राजनीतिक विशेषताएं

(क) भारतीय ग्राम की सामाजिक विशेषताएं

भारतीय ग्राम की सामाजिक विशेषताएं निम्नलिखित हैं—

(i) विभिन्न जातियों का साथ-साथ निवास—एक भारतीय गांव में विभिन्न मानवजाति के लोग साथ-साथ रहते हैं। किसी एक मानवजाति से निर्मित गांव विरले ही पाए जाते हैं। एक गांव में एक जाति कई गोत्र समूह में तथा एक गोत्र कई वंश समूह में विभक्त रहता है। वंश समूह एक सहयोगी रिश्तेदार समूह होता है जिसका निर्माण रक्त संबंध के आधार पर होता है। हालांकि भारतीय ग्राम एक इकाई के रूप में कार्य करता है, लेकिन गांव कई परिवार में विभक्त रहता है। सभी परिवार के अपने-अपने घर होते हैं तथा उनकी अपनी-अपनी संपत्ति होती है। बहुत गांवों में हिन्दू मुसलमान साथ-साथ रहते हैं।

(ii) विभिन्न जातियों के अलग-अलग टोले—एक भारतीय गांव में विभिन्न जातियों के अलग-अलग टोले होते हैं जिसमें उस जाति विशेष के परिवार साथ-साथ रहते हैं। जाति के आधार पर टोला का नामकरण किया जाता है। जैसे—ब्राह्मण टोला, यादव टोला, हरिजन टोला, मुसलमान टोला इत्यादि।

(iii) जाति प्रथा—भारतीय गांव में जाति प्रथा का प्रचलन है। विभिन्न जाति के लोग एक गांव में साथ-साथ रहते हैं, लेकिन जातिपद व्यवस्था के अनुसार व्यवहार करते हैं। गांव समाज में सभी जातियों का स्थान एक समान नहीं है। कुछ जातियों का स्थान सर्वोपरि होता है। जैसे—ब्राह्मण, भूमिधर, राजपूत इत्यादि। कुछ जातियों का स्थान सबसे

निम्न होता है। जैसे शूद्रवर्ण के अंतर्गत आने वाली जातियां जिन्हें हरिजन अथवा अनुसूचित जाति कहा जाता है। जबकि कुछ जातियों का स्थान मध्य में आता है। उदाहरण के लिए यादव, कोयरी, कुरमी, बनिया, तेली, लोहार, बढ़ई, मलाह, नाई, कुम्हार इत्यादि। इस प्रकार जाति प्रथा तथा सामाजिक स्तरण भारतीय ग्राम की विशेषता होती है।

(iv) अछूत प्रथा—भारतीय गांव में अछूत प्रथा का प्रचलन पाया जाता है। समाज में उच्च तथा मध्य स्थान वाली जातियां, अनुसूचित जातियों तथा मुसलमान जातियों को अछूत मानती है। हरिजन तथा मुसलमान जाति के लोग गांव समाज में उच्च तथा मध्य स्थान वाली जातियों के घर से भोजन तथा पानी ग्रहण करते हैं, लेकिन उच्च तथा मध्य स्थान वाली जातियां हरिजनों तथा मुसलमानों के घर से भोजन-पानी नहीं स्वीकार करती हैं।

(v) सामाजिक भेदभाव—भारतीय ग्राम में विभिन्न जातियों का स्थान भिन्न होने के कारण सामाजिक भेद-भाव भी दिखाई पड़ते हैं। उच्च तथा मध्य स्थान वाली जातियों के परिवार में अगर किसी प्रकार का उत्सव होता है, तब हरिजन तथा मुसलमान जाति के लोगों को आमंत्रित नहीं किया जाता हे। उनसे उम्मीद की जाती है कि वे बिना निमंत्रण के आकर भोजन करें। निर्धनता के कारण हरिजन जाति के लोग बिना निमंत्रण के भी भोजन करने चले आते हैं। उन्हें घर के आंगन में नहीं जाने दिया जाता है। दरवाजा के आगे कहीं बैठने को कहा जाता है। खाने के बाद उन्हें पतल उठाकर खुद फेंकना पड़ता है।

(vi) सामाजिक दूरी—भारतीय ग्राम में विभिन्न जाति के लोग अलग-अलग टोला में रहते हैं। विभिन्न जाति के लोग एक-दूसरे से दूरी बनाए रखते हैं। विभिन्न जाति की स्त्रियों के बीच अंत:क्रिया शायद ही हो पाती हैं।

(vii) भोजन-पानी संबंध—उच्च तथा मध्य स्थान वाली जातियों के बीच पक्का भोजन (पूरी, सब्जी इत्यादि) द्वारा भोजन पानी संबंध बना रहता है। मध्य स्थान वाली जातियां उच्च स्थान वाली जातियों के घर से कच्चा एवं पक्का दोनों प्रकार के भोजन ग्रहण करती हैं। दलितों के घर का भोजन-पानी अन्य जातियों द्वारा नहीं स्वीकार किया जाता है।

(viii) संयुक्त परिवार—भारतीय ग्राम में संयुक्त परिवार का प्रचलन देखा जाता है। संयुक्त परिवार प्रथा में एक माता-पिता से उत्पन्न विभिन्न पुत्रों के परिवार एक ही छत के नीचे साथ-साथ रहते हैं। संयुक्त परिवार का एक ही मुखिया होता है तथा एक ही चुल्हा से बना भोजन सभी सदस्य करते हैं।

(ix) अंतरजातीय विवाह निषेध नियम—भारतीय गांवों में अंतरजातीय तथा अंतरधार्मिक विवाहों का प्रचलन नहीं है। अंतरजातीय तथा अंतरधार्मिक विवाह करने वाले युग्मों को समाज से बहिष्कृत कर दिया जाता है। उनसे किसी भी प्रकार का संबंध नहीं रखा जाता है। उनसे उत्पन्न संतानों को दोगला कहा जाता है। उन्हें भी समाज स्वीकार नहीं करता है।

(x) गोत्र बहिर्विवाही नियम—भारतीय गांव में रहने वाले विभिन्न जातियां अपने बच्चे के विवाह में गोत्र बहिर्विवाही नियम का पालन कड़ाई से करते हैं। सगोत्र विवाह को

सामाजिक मान्यता नहीं दी जाती है तथा सगोत्र विवाह करने वाले युग्मों को दंड के रूप में समाज से निकाल दिया जाता है।

(xi) गांव बहिर्विवाही नियम—भारतीय गांव में बसने वाली जातियां विवाह के समय गोत्र ही नहीं वरन् गांव बहिर्विवाही नियम का पालन भी करती हैं। एक ही जाति के विभिन्न गोत्र समूह अगर एक ही गांव में रहते हैं, तब भी उनके बच्चों के बीच विवाह संबंध स्थापित नहीं हो पाता है। क्योंकि गांव के निवासी होने के नाते वे गांव बहिर्विवाही नियम का पालन करते हैं।

(xii) बाल विवाह प्रथा—भारतीय गांवों में अशिक्षा के कारण बाल विवाह का प्रचलन पाया जाता है। माता-पिता बाल्यावस्था में ही अपने पुत्र-पुत्रियों की शादी करके अपने कर्त्तव्य से मुक्त होना चाहते हैं। इसीलिए वे बाल्यावस्था में ही अपने बच्चों का विवाह कर देते हैं।

(xiii) तिलक-दहेज प्रथा—भारतीय गांवों में विवाह के समय तिलक-दहेज प्रथा का प्रचलन है। ग्रामवासी जमीन जायदाद बेचकर अथवा कर्ज लेकर अपनी पुत्री के विवाह के समय तिलक-दहेज पर खर्च करते हैं। तिलक-दहेज के प्रचलन के कारण उनकी आर्थिक स्थिति दिनोंदिन दयनीय होती जा रही है। विवाह एवं भोज में खर्च करना सामाजिक प्रतिष्ठा से जुड़ा रहता है। विवाह तथा भोज पर भी ग्रामवासी बहुत खर्च करते हैं। इससे उनकी आर्थिक स्थिति नाजुक बनी रहती है।

(ख) भारतीय ग्राम की धार्मिक विशेषताएं

एक भारतीय ग्राम की निम्नलिखित धार्मिक विशेषताएं पायी जाती हैं—

(i) आम ग्राम देवता एवं देवी का केन्द्र—प्रत्येक भारतीय गांव में ग्राम देवता तथा ग्राम देवी के निवास स्थान मंदिर, टीला, पत्थर, जड़ इत्यादि के रूप में रहता है। जैसे शिवमंदिर, भगवती मंदिर, बजरंगबली स्थान, ब्राह्मदेव स्थान, सती स्थान, डिहवार बाबा इत्यादि। इन धार्मिक केन्द्रों पर गांव में निवास करने वाली सभी जाति के लोग समय-समय पर पूजा-पाठ करते हैं।

(ii) आम पूर्वजदेव वासस्थान—भारतीय ग्राम में पूर्वजों के नाम से एक वासस्थान होता है, जहां प्रत्येक पूर्वज के नाम पर एक पत्थर गड़ा रहता है।

(iii) आम शमशान घाट—प्रत्येक भारतीय गांव का एक आम शमशान घाट होता है जहां मृतकों को अंतिम संस्कार किया जाता है।

(iv) आम पुरोहित—प्रत्येक गांव का एक पुरोहित होता है जो ग्रामवासियों के यहां समय-समय पर पूजा पाठ करवाता है। वह पर्व-त्योहार के संबंध में सूचना देता है।

(v) आम पर्व त्योहार—प्रत्येक भारतीय गांव के लोग होली, दशहरा, रामनवमी इत्यादि पर्व को सामूहिक रूप से मनाते हैं। सामूहिक रूप से पर्व मनाने के लिए ग्रामवासी आपस में चंदा एकत्र करते हैं। जुलूस में सभी लोग भाग लेते हैं।

(vi) सामूहिक पूजा-पाठ—गांव को विपत्ति से उबारने के लिए सामूहिक पूजा-पाठ का आयोजन किया जाता है जिसमें चंदा करके पूजन सामग्री लायी जाती है। पूजा-पाठ में गांव के सभी परिवारों के सदस्य भाग लेते हैं।

(vii) सामूहिक भजन-कीर्तन—पर्व-त्योहार तथा पूजा-पाठ के अवसर पर सामूहिक भजन-कीर्तन का आयोजन किया जाता है, जिसमें गांव के सभी सदस्य भाग लते हैं।

(viii) धार्मिक मेला—प्रत्येक भारतीय ग्राम के निवासी पर्व-त्योहार के अवसर पर पास-पड़ोस के मेला में जाकर आवश्यकता के अनुरूप वस्तुओं की खरीद तथा बिक्री करते हैं।

(ix) तीर्थाटन—प्रत्येक भारतीय ग्रम के लोग विभिन्न पर्व-त्योहार के अवसर पर तीर्थ यात्रा करते हैं। प्रत्येक तीर्थ स्थल पर उनके पंडा तथा पुजारी होते हैं। पंडा पुजारी अपने जजमान को उचित आदर-सत्कार करते हैं। बाद में जजमान पंडा पुजारी को दान-दक्षिणा देते हैं। जब पुरोहित जजमान के घर आते हैं तब उन्हें अतिथि सत्कार के साथ-साथ अन्न, वस्त्र, पैसा देकर विदा किया जाता है।

(x) अंतर ग्राम पूजा—कभी-कभी कई आस-पास के गांवों के निवासी मिलकर पूजा-पाठ का आयोजन करते हैं। इसके लिए सभी गांवों के निवासियों से चंदा एकत्र किया जाता है। चंदा प्राप्त करके पूजा-पाठ का आयोजन किया जाता है।

(ग) भारतीय ग्राम की आर्थिक विशेषताएं

एक भारतीय ग्राम की निम्नलिखित आर्थिक विशेषताएं पायी जाती हैं—

(i) प्रत्येक गांव का अपना रकबा—प्रत्येक भारतीय गांव का अपना रकबा होता है जिसका सीमांकन किया हुआ रहता है। गांव की भूमि गांव में रहने वाले परिवारों के मध्य वितरित रहती है। एक गांव की सीमा दूसरे गांव से अलग रहती है।

(ii) भूमि का असमान वितरण—गांव में भूमि का वितरण असमान रूप से रहता है। कुछ जातियों के पास भूमि आवश्यकता से कहीं अधिक रहती है। कुछ जातियों के पास भूमि कामचलाऊ होती है। जबकि कुछ जातियों के पास भूमि नहीं के बराबर होती है।

(iii) मालिक अथवा जमींदार—गांव में जिन जातियों के पास भूमि अधिक होती है, उन्हें मालिक अथवा जमींदार कहा जाता है। जमींदार परिवार के लोग अपने से खेती का काम नहीं करते हैं। ये लोग मजदूर लगाकर कृषि कर्म करते हैं। एक जमींदार के यहां गांव के कई मजदूर साल भर खेती का काम करते हैं।

(iv) दस्तकारी जातियां—प्रत्येक भारतीय ग्रम में दस्तकारी कर्म से जुड़ी जातियां रहती हैं। जैसे बढ़ई, लोहार, हलवाई, पनेरी, माली, कुम्हार, नाई, धोबी, डोम, चमार इत्यादि। इन जातियों द्वारा परंपरागत पेशा अपनायी जाती है। अपनी परंपरागत पेशाओं द्वारा इन जातियों के सदस्य ग्राम में रहने वाली अन्य जातियों की आवश्यकता पूर्ति करते हैं।

(v) जजमानी प्रथा—ग्राम में जजमानी प्रथा के माध्यम से दस्तकारी कर्म से लगी हुई जातियां अन्य जातियों को अपनी सेवा प्रदान करती है। उन्हें सेवा के बदले में साल भर में दो बार अनाज का भुगतान किया जाता है। इसके अलावा पर्व-त्योहार, शादी, श्राद्ध इत्यादि के अवसर पर भोजन, वस्त्र, अनाज तथा पैसा भी उन्हें दिया जाता है।

(vi) बटाई प्रथा—प्रत्येक ग्राम में मालिकों द्वारा अपनी जमीन को बटाईदारों के बीच वितरित किया जाता है। बटाईदारों को फसल उपजाकर आधा फसल मालिकों को देना पड़ता है। मालिक बटाईदारों अथवा आसामियों का पोषण करते हैं।

(vii) मजदूरी प्रथा—प्रत्येक ग्राम में मालिक तथा मजदूर साथ-साथ रहते हैं। मजदूर अपने मालिक के यहां काम करते हैं तथा मजदूरी पाते हैं। विभिन्न प्रकार के मजदूरों की मजदूरी अलग-अलग होती है।

(viii) आम गली तथा सड़क—प्रत्येक ग्राम में गली तथा सड़क के लिए आम भूमि होती है, जिस पर सभी ग्रामवासियों का समान रूप से अधिकार होता है। ग्रामवासी उस गली सड़क से बेहिचक कहीं आते-जाते हैं।

(ix) आम पशुचारण भूमि—प्रत्येक ग्राम में आम पशुचारण भूमि होती है जिस पर गांव के लोगों को पशुचारण का अधिकार होता है।

(x) आम खेल-कूद भूमि—प्रत्येक गांव की आम खेल-कूद की भूमि होती है जहां के सभी बच्चे साथ-साथ खेलते हैं। इस पर सभी ग्रामवासियों का समान अधिकार होता है।

(xi) आम स्कूल भूमि—प्रत्येक ग्राम की आम स्कूल भूमि होती है जहां गांव के बच्चे पढ़ने जाते हैं।

(xii) आम धार्मिक केन्द्र भूमि—प्रत्येक ग्राम की आम धार्मिक केन्द्र भूमि होती है जहां प्रत्येक ग्रामवासी समय-समय पर पूजापाठ करते हैं। वहाँ विभिन्न देवी-देवताओं के संकेत रहते हैं।

(xiii) आम पितृदेव भूमि—प्रत्येक गांव में पितृदेव के नाम पर आम भूमि होती है जहां पूर्वजों के नाम से पत्थर गाड़े जाते हैं।

(xiv) कृषि कर्म की प्रधानता—प्रत्येक गांव के निवासियों की मुख्य पेशा कृषि तथा कृषि से जुड़ी हुई अन्य प्रकार की पेशाएं होती हैं।

(xv) पशुपालन—कृषि कर्म के अतिरिक्त ग्रामवासी दुग्ध उत्पादन तथा खेत की जुताई के लिए पशुपालन का काम भी करते हैं। ये लोग गाय, भैंस, बैल, बकरी, सुअर, मुर्गीपालन इत्यादि द्वारा पैसा भी कमाते हैं।

(घ) भारतीय ग्राम की राजनीतिक विशेषताएं

एक भारतीय ग्राम में निम्नलिखित राजनीतिक विशेषताएं पायी जाती हैं—

(i) पंच प्रथा—प्रत्येक भारतीय ग्राम में पंच प्रथा पायी जाती है। पांच पंचों के

माध्यम से गांव के दो परिवारों के बीच उत्पन्न झगड़ों का निपटारा किया जाता है। पंच का फैसला दोनों पक्षों को मान्य होता है। ग्रामवासी पंच में परमेश्वर का वास मानते हैं।

(ii) परंपरागत ग्राम पंचायत—ग्राम स्तर की समस्याओं के समाधान हेतु प्रत्येक गांव में परंपरागत पंचायत व्यवस्था होती है जिसमें प्रत्येक परिवार के मुखिया ग्राम पंचायत में भाग लेते हैं। सभी लोग मिलकर ग्राम की समस्याओं को सुलझाने का प्रयास करते हैं।

(iii) जाति पंचायत—भारतीय गांव में जाति स्तर की समस्याओं को सुलझाने के लिए जाति पंचायत की व्यवस्था पायी जाती है। जाति पंचायत केवल जाति विशेष की समस्याओं को सुलझाने का प्रयास करती है। इसमें पास-पड़ोस के गांवों की जाति के लोग सदस्य होते हैं। दूसरी जाति के लोगों का प्रवेश इसमें नहीं होता है।

(iv) जाति नेता—प्रत्येक गांव में प्रत्येक जाति के कुछ लोग जाति नेता के रूप में जाने जाते हैं। इन लोगों को अपनी जाति के लोगों के बीच विशेष स्थान प्राप्त होता है। ये लोग अपनी जाति की समस्याओं को सुलझाने का प्रयास करते हैं।

(v) प्रबल जाति—प्रत्येक गांव में प्रबल जाति की धारणा पायी जाती है। समाज में स्थान, भूमि स्वामित्व, तथा संख्या के आधार पर एक जाति को उस गांव की प्रबल जाति रूप में मान्यता मिल जाती है। प्रबल जाति के नाम से ही उस गांव को जाना जाता है।

(vi) आधुनिक ग्राम पंचायत—स्वतंत्रता प्राप्ति के पश्चात् सभी भारतीय गांवों को आधुनिक ग्राम पंचायत के अधीन लाया गया है। सभी व्यस्क ग्राम वासियों को मताधिकार प्रदान किया गया है तथा सभी व्यस्क ग्रामवासियों को ग्राम सभा का सदस्य बनाया गया है। ग्रामवासी मुखिया, परपंच तथा कार्यकारणी सदस्य के चुनाव लड़ने के लिए स्वतंत्र होते हैं।

(vii) राजनीतिक दल के सदस्य—प्रत्येक गांव में राजनीतिक दल के कुछ सदस्य होते हैं जो चुनाव के समय दल विशेष के लिए काम करते हैं।

(viii) राजनीतिक दल समर्थक—प्रत्येक गांव में राजनीतिक दलों के समर्थक होते हैं जो चुनाव के समय दल के लिए काम करते हैं।

(ix) चुनाव समीकरण—मुखिया, सरपंच, कार्यकारिणी सदस्यों, विधायक, सांसद के चुनाव के समय गांव में जातिगत समीकरण बनते रहते हैं।

(ङ) ग्राम जीवन में परिवर्तन

भारतीय गांवों में समयानुसार परिवर्तन होता रहा है। लेकिन भारतीय ग्रामों में सबसे ज्यादा परिवर्तन स्वतंत्रता प्राप्ति के पश्चात् हुआ है। स्वतंत्रता प्राप्ति के बाद अछूत प्रथा पर रोक लगाई गयी, जमींदारी प्रथा को समाप्त कर दिया गया। भूहदबंदी कानून लागू किए गए। ग्राम में रहने वाले सभी जाति, धर्म तथा लिंग के लोगों के लिए शिक्षा की व्यवस्था की गयी। सभी जाति, धर्म तथा लिंग के लोगों के लिए मतदान देने तथा प्रजातांत्रिक व्यवस्था

में भाग लेने की व्यवस्था की गयी। सार्वजनिक स्थलों पर छुआछूत मानने वाले को अपराधी घोषित करने तथा दंडित करने की व्यवस्था की गयी। इन सभी प्रकार के सरकारी प्रयासों के फलस्वरूप भारतीय ग्राम जीवन में परिवर्तन आए। उन परिवर्तनों का प्रभाव भारतीय ग्राम जीवन के सभी क्षेत्रों—सामाजिक, आर्थिक, धार्मिक, स्वास्थ्य तथा राजनीतिक में परिलक्षित होता है। भारतीय ग्राम जीवन में परिवर्तन का अध्ययन हम निम्नलिखित शीर्षक के अंतर्गत कर सकते हैं—

1. भारतीय ग्राम के सामाजिक जीवन में परिवर्तन
2. भारतीय ग्राम के आर्थिक जीवन में परिवर्तन
3. भारतीय ग्राम के राजनीतिक जीवन में परिवर्तन
4. भारतीय ग्राम के धार्मिक जीवन में परिवर्तन

1. सामाजिक जीवन में परिवर्तन—भारतीय ग्राम में सामाजिक जीवन में परिवर्तन का अध्ययन निम्नलिखित उपशीर्षक के अंतर्गत किया जा सकता है—

(क) अछूत प्रथा में परिवर्तन—करीब 58 वर्षों की आजादी के बाद अब भारतीय गांव में छुआछूत प्रथा में परिवर्तन आने लगा है। अब अनुसूचित जातियों को अछूत नहीं समझा जाता है। अब जब वे मालिक के दरवाजे पर जाते हैं, उन्हें बैठने के लिए कहा जाता है। जिनके घर में वे काम करते हैं, उस घर के आंगन में प्रवेश पर अब निषेध नहीं हैं। मालिक लोग उन्हें बुलाने उनके घर जाते हैं। आदरपूर्वक निमंत्रण पाने पर वे लोग किसी के घर भोजन करने जाते हैं। हरिजन जाति के लोग भी हलुवाई से पुड़ी, सब्जी, मिठाई बनाकर अपने मालिक को विवाह के अवसर पर आमंत्रित करते हैं। किसी कारणवश नहीं आने पर पुरी, सब्जी तथा मिठाई मालिक के घर भेज देते हैं। अब अछूतों के घर का पक्का भोजन तथा पानी उच्च तथा मध्य स्थान वाली जातियों द्वारा स्वीकार किया जाने लगा है। मालिक तथा अछूत अब साथ-साथ बस, रेल इत्यादि में यात्रा करते हैं। दोनों साथ-साथ चाय दुकान, पान दुकान तथा भोजनालय में देखे जाते हैं। इस प्रकार भारतीय गांव में प्रचलित अछूत प्रथा में धीरे-धीरे परिवर्तन हो रहा है।

(ख) सामाजिक दूरी में परिवर्तन—अब गांव के सामाजिक जीवन में विभिन्न जातियों के बीच सामाजिक दूरी घट रही है। अब सभी जाति के लड़के साथ-साथ स्कूल जाते हैं। वे एक ही साथ वर्ग में बैठते हैं। वे साथ-साथ दो पहर का भोजन करते हैं। शाम में साथ-साथ खेलते हैं। इस प्रकार विभिन्न जातियों के बीच सामाजिक दूरी घट रही है। विभिन्न जाति की महिलाएं भी महिला पंचायत के माध्यम से एक-दूसरे के समीप पहुंची है। उनके बीच बातचीत तथा अंत:क्रिया पंचायत के अवसर पर होती है।

(ग) शैक्षणिक स्थिति में परिवर्तन—आजादी के बाद करीब प्रत्येक गांवों में एक प्राथमिक स्तर के विद्यालय की स्थापना की गयी है। पांच-सात गांवों के ऊपर एक मिडिल स्कूल की स्थापना की गयी है तथा बीस से पच्चीस गांवों के ऊपर एक उच्च विद्यालय की स्थापना की गयी है। इन सभी प्रकार के स्कूलों को अस्तित्व में आने से

ग्रामवासियों की शैक्षणिक स्थिति में परिवर्तन हुआ है। अब गांव में साक्षर से लेकर उच्च शिक्षा प्राप्त व्यक्ति मिल जाते हैं। अब तो काफी संख्या में शिक्षित बेरोजगार युवक गांव में पाए जाते हैं। इन युवकों द्वारा ग्राम की विकास योजनाओं तथा राजनीति में दिलचस्पी ली जाती है।

(घ) नारी स्थिति में परिवर्तन—पहले उच्च जाति की नारियों को घर के आंगन तक सीमित रखा जाता था। उन्हें गांव में घूमने नहीं दिया जाता है। बच्चियों को घर से बाहर पढ़ने के लिए नहीं जाने दिया जाता था। लेकिन अब गांवों में बच्चियों को स्कूल से लेकर कॉलेज तथा शिक्षा प्राप्त करने के लिए भेजा जाता है। महिलाओं को महिला पंचायत, ग्राम सभा इत्यादि में भाग लेने जाने दिया जा रहा है। अब महिलाओं को नौकरी करने तथा व्यवसाय करने के लिए उत्प्रेरित किया जा रहा है। पहले बिना भाई वाले बहनों को पिता की संपत्ति में हिस्सा नहीं दिया जाता था। उन्हें उत्तराधिकार से वंचित कर दिया जाता था। लेकिन अब वैसी लड़कियां अपने पिता की संपत्ति को उत्तराधिकार में प्राप्त कर रही हैं।

(ङ) भोजन-पानी-संबंध में परिवर्तन—पढ़े-लिखे हरिजनों तथा साफ से रहने वाले हरिजनों के साथ ग्राम की अन्य जातियां भोजन-पानी स्वीकार करने लगी हैं। हरिजन जातियां अब बिना निमंत्रण के कहीं भोजन ग्रहण नहीं करती हैं। निमंत्रण पाने के बाद ही वे कहीं भोज में शामिल होती हैं। जिस जाति के लोग उन्हें निमंत्रण देते हैं, उसे वे लोग भी शादी के अवसर पर निमंत्रण देते हैं। निमंत्रण के साथ-साथ नेवता का आदान-प्रदान भी होता है।

(च) बाल-विवाह प्रथा में परिवर्तन—शिक्षा के प्रचार-प्रसार के कारण गांव समाजों में भी बाल-विवाह प्रथा में परिवर्तन आया है। अब अठारह वर्ष के पहले विवाह करना कानूनी जुर्म माना जाता है। अत: अब ज्यादातर विवाह 18 वर्ष के बाद ही संपन्न होते हैं।

(छ) तिलक दहेज प्रथा में परिवर्तन—पढ़ाई-लिखाई तथा आधुनिक पेशा में ग्रामवासियों के प्रवेश हो जाने के कारण तिलक तथा दहेज प्रथा में और शोषण जुड़ा गया है। लोग कर्ज लेकर अथवा जमीन बेचकर अधिक तिलक-दहेज दे रहे हैं। अब देखा-देखी सभी जातियों में तिलक-दहेज प्रथा अस्तित्व में आ गयी है। सभी जाति के लोग तिलक लेने और देने लगे हैं। तिलक लेना-देना सामाजिक प्रतिष्ठा के साथ जुड़ गया है। कम तिलक दहेज लेकर आने वाली पुत्र वधूओं को प्रताड़ित किया जता है जिसके कारण दहेज मृत्यु की घटनाएं घटित हो रही हैं। कुछ लोग अपवाद स्वरूप बिना तिलक-दहेज के विवाह करने लगे हैं। लेकिन ऐसे लोगों की संख्या नगण्य है।

(ज) श्राद्ध तथा विवाह भोजन में परिवर्तन—सामाजिक श्राद्ध तथा भोज में अब गांवों में परिवर्तन हो रहा है। पहले जहां गांव समाज के सभी सदस्यों को आवश्यक रूप से श्राद्ध तथा भोजन में आमंत्रित किया जाता था। वहीं अब उक्त अवसरों पर कुछ अपने लोगों तथा मित्रों को ही आमंत्रित किया जाता है। पहले जहां गांव के सभी लोग

बैठकर भोज के अवसर पर तैयार की जाने वाली भोजन सामग्रियों की सूची बनाते थे। अब परिवार तथा मित्रगण के सहयोग से सारी व्यवस्था कर ली जाती है। पहले गांव घर के लोग भोजन स्वयं बनाकर लोगों को खिलाते थे। अब भोज के अवसर पर भोजन बनाने वालों को भाड़ा पर लाया जाता है।

(झ) संयुक्त परिवार का विघटन—आजकल गांवों में संयुक्त परिवार का विघटन बड़ी तेजी से हो रहा है। अब माता-पिता के जीवनकाल में ही संयुक्त परिवार टूटता जा रहा है। संयुक्त परिवार के टूटने से वृद्ध जनों को नुकसान उठाना पड़ रहा है। उन्हें तरह-तरह की समस्याओं का सामना करना पड़ रहा है।

2. आर्थिक जीवन में परिवर्तन—भारतीय ग्राम के आर्थिक जीवन में परिवर्तन को निम्नलिखित शीर्षक के अंतर्गत अध्ययन किया जा सकता है—

(क) जोत के आकार में परिवर्तन—भूहदबंदी कानून के अस्तित्व में आने तथा प्रत्येक पीढ़ी में पुत्रों के बीच जमीन के विभाजन के कारण अब गांव में जोत के आकार में परिवर्तन हुआ है। अब बड़े-बड़े जोतदार नहीं रह गए हैं। 10 बीघा भूमि वाले अब अपने आपको जमींदार के रूप में गिनते हैं।

(ख) कृषि कर्म में परिवर्तन—अब कृषि कर्म के लिए आधुनिक तकनीकी, खाद, बीज, कीटनाशक इत्यादि का विकास हुआ है। अब ट्रेक्टर के द्वारा जमीन की जुताई की जाती है। प्रत्येक गांव में अब ट्रैक्टर दिखाई देते हैं। अब अधिक उपज देने वाली फसलों की खेती की जाती है। साथ ही साथ नगद फसल की ओर विशेष आकर्षण हुआ है। कुछ गांवों में जहां मजदूरों की समस्या है, वहां आसामी प्रथा का विकास हुआ है। जमीन के मालिक अपने आसामियों को नगद राशि पर साल भर के लिए जमीन दे देते हैं। कुछ लोग नौकरी तथा व्यवसाय की खोज में शहर में आकर बस गए हैं। वे लोग भी अपनी जमीन को नगद रुपया पर साल भर के लिए अपने आसामी को देते हैं।

(ग) मजदूरी में परिवर्तन—आजकल गांव में परंपरागत मजदूरी प्रथा समाप्त कर दी गयी है। पहले चरवाहा, बनिहारा, बंधुआ मजदूर इत्यादि के रूप में काम लिया जाता था। वैसे मजदूरों को परंपरागत ढंग से मजदूरी का भुगतान किया जाता था। साथ ही साथ सालों भर नाश्ता तथा भोजन मजदूरों को जमीन मालिक द्वारा दिया जाता था। जमीन भी खेती के लिए दी जाती थी। पर्व-त्योहार तथा शादी-विवाह के अवसर पर उन्हें मालिक द्वारा वस्त्र, अनाज तथा रुपये इनाम के रूप में दिए जाते थे। लेकिन अब बाल श्रम प्रथा समाप्त कर दी गयी है। बंधुआ मजदूर प्रथा भी समाप्त कर दी गयी है। अब मजदूरी का भुगतान न्यूनतम मजदूरी कानून के आधार पर किया जाता है। अब उन्हें मालिकों द्वारा सूद पर अथवा सूद रहित ऋण नहीं दिया जाता है। मजदूरी का भुगतान भी नगद के रूप में होने लगा है।

(घ) परंपरागत जाति पेशा में परिवर्तन—पहले जजमानी प्रथा के अंतर्गत विभिन्न जातियों द्वारा परंपरागत जातीय पेशा संबंधी सेवाएं जनमानों को प्रदान की जाती थी। जातीय पेशा करने वाले लोगों को पवनिया कहा जाता था। पवनियां जिनके यहां अपनी

सेवा प्रदान करते थे उन्हें जजमान कहा जाता था। जजमान के घर में पवनिया साल भर समय-समय पर अपनी सेवा देते थे। जजमान पवनिया को रबी फसल तथा धान की फसल कटने पर मजदूरी के रूप में अनाज की निश्चित मात्रा दिया करते थे। बढ़ई, लोहार, कुम्हार, नाई, चमार, धोबी, माली, पनेरी, डोम, इत्यादि जजमानी प्रथा के अंतर्गत अपनी सेवा प्रदान करते थे। लेकिन अब पढ़े-लिखे लोगों द्वारा परंपरागत जातीय पेशा तथा जजमानी प्रथा को हीन समझा जा रहा है। अब वे लोग अपने हाथ द्वारा निर्मित वस्तुओं को बाजार में नगद राशि पर बेचना चाहते हैं। अब जजमानी प्रथा गांव से धीरे-धीरे समाप्त होती जा रही है।

(ङ) विभिन्न प्रकार के व्यवसाय समूह—पहले भारतीय गांव में कृषक, दस्तकार तथा मजदूर पाए जाते थे। लेकिन अब विभिन्न प्रकार के व्यवसाय ग्रामवासियों द्वारा अपना लिए गए हैं। कृषक लोग मजदूरी की समस्या देखते हुए अपनी ज्यादा से ज्यादा जमीन बटाईदारी अथवा सलाना पट्टा पर दे रहे हैं। वे लोग अब अच्छे नस्ल के गाय-भैंस पालकर दुग्ध उत्पादन में लग गए हैं। पहले जहां दूध बेचना लक्ष्मी बेचने के बराबर समझा जाता था तथा उच्च जातियों की प्रतिष्ठा के विपरीत समझा जाता था, वहीं अब गाय पालन-भैंस पालन तथा दुग्ध उत्पादन कर पैसा कमाना अच्छा समझा जा रहा है। उच्च जाति के लोग बकरी पालन तथा मछली पालन की ओर आकृष्ट हुए हैं। कुछ लोग दुकान खोलकर ग्रामवासियों को दैनिक उपभोग की सामग्रियां उपलब्ध कराते हैं। उनके बीच पशु पालन, मुर्गी पालन, बकरी पालन इत्यादि का प्रचलन बढ़ा है। निम्न स्थान वाली जातियों के बीच भी बटाईदारी प्रथा की ओर आकर्षण बढ़ा है। वे लोग भी पशु पालन, बकरी पालन, मुर्गी पालन तथा सूअर पालन की ओर आकर्षित हुए हैं। सरकार द्वारा अनुसूचित जातियों को छोटे-छोटे व्यवसाय—जैसे फेरीवाला, गुमटी दुकान, चाय दुकान, साइकिल रिपेयरिंग दुकान, लाउडस्पीकर, बैंड बाजा इत्यादि के लिए अनुदान तथा ऋण की राशि उपलब्ध कराई गयी है। इनके परिणमस्वरूप गांव में विभिन्न व्यवसाय समूह की उत्पत्ति हुई है। अब मजदूर लोग गांव में ही मजदूरी नहीं करते हैं वरन् अधिक मजदूरी पाने के लिए वे लोग दूसरे स्थानों तथा राज्यों में भी जाते हैं। वहां अधिक मजदूरी कमाकर अपने घर पैसा लाते हैं।

(च) नौकरी वाले वर्ग का उदय—58 वर्षों की स्वतंत्रता तथा आधुनिक शिक्षा के प्रसार के कारण आज ग्राम समाज की सभी जातियों के बीच नौकरी करने वाले लोग अस्तित्व में आए हैं। समाज में उच्च, मध्य तथा निम्न स्थान वाली जातियों के बीच भी छोटे-बड़े सरकारी पद पर काम करने वाले व्यक्ति पाए जाते हैं। जिस गांव में अधिक नौकरी पेशा वाले लोग रहते हैं, उस गांव का स्थान उच्च होता है। आस-पास के गांवों में उसकी गिनती सभ्य तथा संपन्न गाँव के रूप में होती है। केवल पुरुष ही नहीं, वरन् सभी जाति की महिलाएं भी नौकरी में प्रवेश पायी हैं। वे शिक्षिका, ग्राम सेविका, नर्स, किरानी इत्यादि के रूप में सरकारी नौकरी से जुड़ गयी हैं। शिक्षा के कारण गांव के आर्थिक जीवन में व्यापक परिवर्तन हुआ है। कुछ महिलाएं सरकार से ऋण प्राप्त कर सिलाई प्रशिक्षण केन्द्र-बुनाई प्रशिक्षण केन्द्र, आटा चक्की तथा चावल मशीन भी चला रही हैं।

(छ) खानदानी धनाड्य द्वारा जमीन का बेचा जाना—गांव में उच्च स्थान वाली जातियों को खानदारी धनाड्य के रूप में सामाजिक मान्यता प्राप्त है। लेकिन जमींदारी उन्मूलन, भूहदबंदी कानून तथा प्रत्येक पीढ़ी में पुत्रों के बीच जमीन के विभाजन के कारण अब उच्च स्थान वाली जातियों के पास जमीन की कमी हो गयी है। चूंकि उनके पास पहले अधिक जमीन थी, इसलिए उस जाति के लोग शिक्षा प्राप्त कर स्कूल शिक्षक, कर्मचारी, ग्राम सेवक, किरानी इत्यादि के रूप में नौकरी करने नहीं गए। अब वे चाहते हैं लेकिन किसी प्रकार की नौकरी नहीं मिल पाती है। शादी-विवाह के अवसर पर उन्हें खर्च अधिक करना पड़ता है। चूंकि शादी-विवाह पर अधिक तिलक-दहेज देना उनकी प्रतिष्ठा से जुड़ा रहता है। खेती से आय घट गयी है। अत: अब उन्हें जमीन बेचकर तिलक दहेज देना पड़ रहा है। प्रत्येक साल विवाह के समय उच्च जातियों द्वारा जमीन बेची जाती है। कई उच्च जाति के लोग भूमिहीनता तथा ऋणग्रस्तता से तंग आकर गांव छोड़ शहर की ओर कमाने के लिए पलायन कर रहे हैं।

(ज) नए धनाड्य वर्ग का उदय—अब भारतीय गांव में नए धनाड्य वर्ग का उदय हुआ है। मध्य तथा निम्न स्थान वाली जातियों में नौकरी करने वाले लोग अधिक संख्या में होते हैं। ये लोग छोटी-छोटी नौकरी, जैसे सिपाही, सैनिक, निम्न प्राथमिक स्कूल शिक्षक, ग्राम सेवक, पंचायत सेवक, चपरासी इत्यादि से पैसा कमाते हैं। ये लोग अपने परिवार को घर पर रखते हैं। इससे उनका वेतन करीब-करीब बच जाता है। पत्नी तथा बच्चे अपनी जमीन पर काम करते हैं अथवा मजदूरी कमाते हैं तथा छोटे बच्चे गांव के स्कूल में पढ़ते हैं। ऐसे लोगों के पास आजकल अच्छा रुपया-पैसा जमा हो गया है। ये लोग अब उच्च जाति के लोगों से अच्छा दाम पर प्रत्येक साल जमीन खरीदते हैं। ये लोग जमीन इजारा तथा सलाना पट्टा पर भी लेते हैं। पहले ये मजदूरी करते थे अब ये मजदूर रखते हैं।

(झ) अच्छे-अच्छे भवन निर्माण—अब गांव के लोग मिट्टी के घर तथा खपरैल की छत के नीचे नहीं रहते हैं। नौकरी तथा अन्य पेशा वाले लोग पैसा कमाकर अपने-अपने घर को ईंट, बालू, गिट्टी तथा सीमेंट से नए डिजाइन में तैयार कर रहे हैं। अब सीमेंट, बालू, गिट्टी तथा छड़ से निर्मित छत के नीचे भी कई परिवार रहने लगे हैं। करीब-करीब सभी लोग पक्के मकान बनाने की ओर आकृष्ट हुए हैं। सरकार द्वारा अनुसूचित जातियों तथा गरीबी रेखा से नीचे वाले परिवारों को इंदिरा आवास योजना द्वारा पक्के मकान उपलब्ध कराए जा रहे हैं।

(ञ) आधुनिक सवारी—पहले जहां गाँव में बैल, गधा, घोड़ा, बैल-गाड़ी, टमटम गाड़ी इत्यादि समान ढोने के काम में लाए जाते थे। अब रिक्शा, स्कूटर, टैम्पू, ट्रैक्टर इत्यादि गांव में पाए जाते हैं। प्रत्येक गांव में आधुनिक सवारी पाए जाते हैं। कुछ गांव में तो पैसा कमाने के लिए ट्रैक्टर तथा कार भी पाए जाते हैं।

3. राजनीतिक जीवन में परिवर्तन—58 वर्ष की स्वतंत्रता तथा प्रजातांत्रिक प्रक्रियाओं में भाग लेने के कारण आज भारतीय गांव के राजनीतिक जीवन में महत्त्वपूर्ण

परिवर्तन हुआ है। भारतीय गांव के राजनीतिक जीवन में परिवर्तन को निम्नलिखित शीर्षक के अंतर्गत अध्ययन किया जा सकता है—

(क) प्रबल जाति की अवधारणा में परिवर्तन—पहले गांव में जिस जाति का स्थान समाज में उच्च होता था तथा जिसके पास जमीन का अधिपत्य होता था, उस जाति को उस गांव की प्रबल जाति के रूप में सामाजिक मान्यता मिलती थी। ऐसी जाति के लोगों के नाम से ही उस गांव को जाना जाता था। संख्या में कमी रहने के बावजूद भी इन जातियों को प्रबल जाति का स्थान प्राप्त होता था। प्रबल जाति के लोगों को ग्राम तथा अंतर ग्राम स्तर की समस्याओं को सुलझाने के लिए पंच के रूप में आमंत्रित किया जाता था। लेकिन प्रजातांत्रिक संस्थाओं तथा प्रक्रियाओं के अस्तित्व में आने से, प्रबल जाति की सामाजिक मान्यता अब धीरे-धीरे समाप्त होती जा रही है। प्रजातांत्रिक प्रक्रियाओं में जिस समाज के पास संख्या अधिक है, उसे ही प्रबल जाति का स्थान प्राप्त है।

(ख) पंचव्यवस्था में परिवर्तन—पहले गांव के झगड़ा को गांव के पंचों द्वारा सुलझाने का प्रयास किया जाता था। लेकिन अब पंच व्यवस्था द्वारा गांव के झगड़ों का समाधान नहीं हो पा रहा है। अब दोनों पक्ष पंच के स्थान पर वैसे लोगों को बुलाना चाहते हैं जो पंच के समान दूध का दूध और पानी का पानी न करें, वरन् वकील की भांति गलत को भी सही-ठीक कर दे तथा हर हालत में फैसला उनके पक्ष में जाये। अब भले लोग पंच के रूप में पंचायती करने जाने में हिचकते हैं। परिणामस्वरूप अब झगड़ों का निपटारा थाना, वकील तथा कचहरी के माध्यम से होने लगा है।

(ग) परंपरागत ग्राम पंचायत में परिवर्तन—पहले गांव में बसने वाले प्रत्येक परिवार के मुखिया परंपरागत ग्राम पंचायत के सदस्य होते थे। सभी परिवार के मुखिया किसी वरीय सदस्य के गांव के मालिक अथवा मुखिया के रूप में चुनते थे। वे सभी लोग मुखिया को सहयोग करते थे। ग्राम पंचायत की बैठक बुलाने पर सभी लोग आवश्यक रूप से भाग लेते थे। परंपरागत ग्राम पंचायत के माध्यम से ही ग्राम की रक्षा की जाती थी तथा ग्राम स्तर की समस्याओं को सुलझाया जाता था। लेकिन अब गांव जाति तथा पारिवारिक राजनीति का अखाड़ा बन गया है। इसके कारण परंपरागत ग्राम पंचायत महत्त्वहीन होकर अंततोगत्वा अस्तित्वहीनता के कगार पर पहुंच गया है।

(घ) जाति पंचायत में वृद्धि—प्रजातांत्रिक संस्थाओं तथा प्रक्रियाओं में संख्या बल का महत्त्व देखते हुए भारतीय गांव में जाति पंचायत का महत्त्व बढ़ गया है। गांव में निवास करने वाली प्राय: सभी जातियों का जाति पंचायत अस्तित्व में आ गया है। जाति पंचायत की बैठक समय-समय पर होती रहती, जिसमें जातीय समस्याओं पर विचार-विमर्श किया जाता है। लेकिन ग्राम पंचायत, विधान सभा तथा लोकसभा के चुनाव के समय जाति पंचायत का महत्व और बढ़ जाता है। जाति पंचायत में किस पार्टी अथवा किस व्यक्ति को मत देना है, इसके बारे में निर्णय लिया जाता है।

(ङ) नए समीकरण का निर्माण—मुखिया, सरपंच, कार्यकारिणी, बाजार समिति, विधान सभा तथा लोक चुनाव के समय गांव में नए समीकरण बनते हैं। पहले जहां गांव के मालिक अथवा प्रबल जाति की इच्छा अनुसार गांव के अन्य जाति के लोग मतदान करते थे। अब उन्हें चुनाव जीतने अथवा अपने पक्ष के लोगों को विजय दिलाने के लिए गांव की अन्य जातियों के साथ समीकरण बनाना पड़ता है। पहले प्रबल जाति के लोग गांव की अन्य जातियों से मत नहीं मांगने जाते थे। वे लोग मतदान अधिकारी से मिलकर उनका मत डाल देते थे। लेकिन अब परिस्थिति बदल गयी हैं। अब उच्च तथा प्रबल जाति के लोग हाथ जोड़कर मत मांगने गांव के प्रत्येक जाति के दरवाजे तथा सदस्य के पास जाते हैं। इतना करने पर भी यह कोई आवश्यक नहीं है कि गांव की सभी जाति के लोग उन्हें समर्थन करने को तैयार हो जाएं।

(च) अनुसूचित जाति को शक्ति बोध—गांव के राजनीतिक जीवन में परिवर्तन के कारण अनुसूचित जातियों को अपनी शक्ति का बोध हुआ है। पहले उन्हें सामाजिक तथा राजनीतिक अधिकारों से वंचित रखा जाता था। स्वतंत्रता प्राप्ति के बहुत दिनों बाद तक उन्हें मत नहीं देने दिया जाता था। उन्हें डरा-धमका कर उनका मत लूट लिया जाता था। लेकिन अब उनमें राजनीतिक जागरूकता आयी है। अब आस-पास के हरिजन संगठित होकर बिना भय के अपना मत का प्रयोग करते हैं। इतना ही नहीं अपना संख्या बल को देखते हुए वे लोग मुखिया, सरपंच, बाजार समिति तथा कार्यकारिणी का चुनाव लड़ने लगे हैं तथा विजयी भी हुए हैं तथा हो रहे हैं। ग्राम पंचायत के चुनाव में वे लोग जातिगत समीकरण भी बनाते हैं तथा मुखिया अथवा सरपंच के पद पर उस समीकरण के आधार पर आसीन होते हैं।

(छ) पिछड़ी जाति तथा मुसलमानों को शक्ति बोध—प्रजातांत्रिक संस्थाओं तथा प्रक्रियाओं के अस्तित्व में आने से गांव में निवास करने वाली पिछड़ी जातियों तथा मुसलमानों को अपनी राजनीतिक शक्ति का आभास हुआ है। अपने संख्या बल को ध्यान में रखकर पिछड़ी तथा मुसलमान जातियां अपने-अपने समुदाय से मुखिया, सरपंच कार्यकारिणी सदस्य इत्यादि को चुनने में सफल हुई हैं। ग्राम पंचायत चुनाव के समय गांव में विभिन्न जातियों के बीच समीकरण बनता है तथ बिगड़ता है। कभी अगड़ी तथा दलित जातियां समीकरण बनाकर मत का प्रयोग करती हैं। कभी पिछड़ी तथा मुसलमान जातियाँ समीकरण के आधार पर अपनी जाति के उम्मीदवार को विजयी बनाती हैं। कभी पिछड़ी तथा दलित जातियों के बीच समीकरण का निर्माण होता है। समीकरण का निर्माण भारतीय ग्राम के राजनीतिक जीवन में महत्वपूर्ण परिवर्तन लाया है।

(ज) नारी को शक्ति बोध—प्रजातांत्रिक संस्थाओं तथा प्रक्रियाओं के अस्तित्व में आने से भारतीय ग्राम की नारियों को अपनी राजनीतिक शक्ति का बोध हुआ है। पहले ग्राम की नारियां ग्राम पंचायत के चुनाव में अपने मत का प्रयोग नहीं करती थीं, किसी पद के लिए चुनाव नहीं लड़ती थीं। महिलाएं ग्राम पंचायत की ग्रामसभा में भी भाग नहीं लेती

थीं। लेकिन अब उनमें अपने अधिकार तथा शक्ति की ओर जागरूकता बढ़ी है। अब वे मुखिया, सरपंच, कार्यकारिणी सदस्य, बाजार समिति, विधानसभा तथा लोकसभा के चुनाव भी लड़ती हैं। गांव की महिलाएं अब मुखिया, सरपंच, कार्यकारिणी सदस्य इत्यादि के रूप में अपनी भूमिका निभा रही हैं।

(झ) नक्सलवाद का प्रभाव—भारतीय ग्राम जीवन पर नक्सलवाद या उग्रवाद का प्रभाव पड़ा है। गांव के दलित तथा पिछड़ी जातियों के बीच कई नक्सली, उग्रवादी तथा अतिवामपंथी पार्टियां अपना पैर जमा चुकी हैं। इन नक्सलवादी पार्टियों का मुख्य लक्ष्य राजनीतिक शक्ति प्राप्त करना है। चूंकि संख्या बल दलितों तथा पिछड़ी जातियों के पास है, अतः नक्सलवादियों द्वारा दलितों तथा पिछड़ी को अपने तरफ आकर्षित किया जा रहा है। अगड़ी जाति के किसानों को शोषक तथा उत्पीड़क बताकर उन्हें निर्मम तथा भयावह ढंग से हत्या की जा रही है। उनके बन्दूक लूट लिए जा रहे हैं। उन पर कर लाद दिए जा रहे हैं। कर नहीं देने पर खलिहान तथा घर लूट लिए जाते हैं। खेती पर आर्थिक नाकेबंदी लगा दी जाती है। इससे भी नहीं हुआ तो उन्हें सपरिवार मौत के घाट उतार दिया जा रहा है। नक्सलवादी आंदोलन से उच्च जातियों तथा जमीन के मालिक बने अन्य जातियों के बीच आतंक का वातावरण व्याप्त हो गया है।

(ञ) निजी सेनाओं का प्रचलन—नक्सलवादी आंदोलन से निपटने के लिए जमीन पर अधिकार रखने वाली जातियों द्वारा निजी सेनाओं का गठन किया गया है। निजी सेनाओं के अस्तित्व में आने से गांव में नक्सलवादी समर्थक लोगों के बीच भय का वातावरण व्याप्त हो गया है। निजी सेनाओं द्वारा नक्सलियों तथा उन्हें समर्थन देने वाली पार्टियों के लोगों से बदला लिया जा रहा है।

(ट) संगठित अपराध का प्रचलन—नक्सली समूहों तथा निजी सेनाओं के बीच टकराव के कारण गांवों में संगठित अपराध की घटना जोरों पर है। गांव में रहने वाले किसी जाति विशेष के लोगों पर संगठित ढंग से अपराध करके समूह में कई लोगों की हत्या कर दी जाती है। संगठित अपराध के कारण ग्राम जीवन दुष्कर बन गया है तथा लोगों का गांव छोड़कर शहर की ओर पलायन हो रहा है।

4. धार्मिक जीवन में परिवर्तन—भारत को धर्म निरपेक्ष राष्ट्र घोषित करने, भारत में धर्मनिरपेक्ष संविधान लागू करने तथा प्रजातांत्रिक शासन स्थापित किए जाने के फलस्वरूप धार्मिक जीवन में व्यापक परिवर्तन आया है। भारतीय ग्राम के धार्मिक जीवन में परिवर्तन का अध्ययन निम्नलिखित शीर्षक के अंतर्गत किया जा सकता है—

(क) दलितों का मंदिर में सहर्ष प्रवेश—पहले गांव के मंदिर में दलितों का प्रवेश वर्जित था। ये लोग गर्भ गृह में, जहां मूर्त्तियां स्थापित रहती हैं, नहीं जाते थे। प्रवेश द्वार से भगवान को प्रणाम कर इनको लौट जाना पड़ता था। अगर भगवान के चरण में कुछ चढ़ाना होता था, तब इन्हें पुजारी की मदद लेनी पड़ती थी। लेकिन भारतीय गांव के धार्मिक जीवन में व्यापक बदलाव आया है। अब दलित लोग बेहिचक मंदिर में प्रवेश कर

पूजा-पाठ करते हैं तथा भगवान के चरण में प्रसाद चढ़ाते हैं। अब पुजारी रहे या न रहे, ये लोग स्वयं मंत्रोच्चारण कर पूजा-पाठ कर लेते हैं।

(ख) मंदिर में दलित तथा पिछड़ी जाति के पुजारी—भारतीय गांव में कई मंदिर अथवा धार्मिक केन्द्रों के पुजारी दलित तथा पिछड़ी जाति के पाए जाते हैं। ये लोग उन मंदिरों में महंत तथा सेवक के रूप में अपनी सेवा देते हैं तथा जो भी चढ़ावा चढ़ता है उससे अपना खर्च चलाते हैं।

(ग) दलितों द्वारा मंदिर निर्माण—कई गांवों में दलित जाति के द्वारा मंदिर निर्माण का कार्य संपन्न किया गया है। इस जाति के लोग गांव के लोगों तथा पास-पड़ोस के गांवों से चंदा एकत्रित करके सूर्य मंदिर, शिव मंदिर, हनुमान, भगवती मंदिर का निर्माण कराते हैं। पहले मंदिर निर्माण का कार्य उच्च तथा प्रबल जातियों द्वारा किया जाता था। लेकिन अब विभिन्न दलित तथा पिछड़ी जातियों द्वारा मंदिर निर्माण कार्य गांवों में किया जा रहा है।

(घ) दलित द्वारा रामायण पाठ—गांव में दलित जाति के लोग संगठित होकर चैती तथा अश्विनी दुर्गा पूजा के अवसर पर रामायण पाठ कराते हैं। उक्त अवसर पर चंदा एकत्रित करके ब्राह्मण विशेषज्ञों को बुलाया जाता है तथा भोजन, वस्त्र, दान, दक्षिणा देकर विदा किया जाता है।

(ङ) दलित द्वारा अखंड हरिकीर्तन—आजकल भारतीय गांवों में दलितों द्वारा 24 घंटा, 48 घंटा या 72 घंटा के अखंड हरि-कीर्तन जाप कराया जाता है। इसके लिए दलितों द्वारा घूम-घूम कर चंदा एकत्र किया जाता है। सभी जाति के लोग चंदा देते हैं तथा अखंड हरि-कीर्तन को सफल बनाने में सहयोग करते हैं।

(च) दलित द्वारा यज्ञ—आजकल भारतीय गांवों में दलित जातियों द्वारा यज्ञ अनुष्ठान कराया जाता है। इसके लिए सभी ग्रामवासियों से चंदा एकत्र किया जाता है। यज्ञ के लिए विशेषज्ञ को भोजन, वस्त्र दान, दक्षिणा देकर आदरपूर्वक विदाई किया जाता है।

(छ) दलित द्वारा जनेव धारण—आजकल संस्कृतिकरण प्रक्रिया के तहत सामूहिक समारोह में दलितों द्वारा जनेव धारण किया जा रहा है।

(ज) दलित के घर ब्राह्मण का प्रवेश—पहले दलित जातियों के यहां ब्राह्मण का प्रवेश वर्जित था। उनके यहां पूजा-पाठ तथा शादी विवाह का काम नाई करता था। नाई ब्राह्मण को पूजा-पाठ में सहयोग करता है। अतः वह पूजा-पाठ की विधि जान जाता है। चूंकि ब्राह्मण दलितों को अछूत मानते थे, इसलिए उनके घर में पूजा-पाठ तथा शादी विवाह के अवसर पर नहीं जाते थे। अब पढ़े-लिखे तथा नौकरी पेशा वाले दलित जजमान के घर में ब्राह्मण को उच्च जातियों के यहां से अधिक सत्कार किया जाता है तथा दक्षिणा दिया जाता है।

(झ) धार्मिक जुलूस में दलित को विशेष स्थान—आजकल भारतीय गांव के धार्मिक जुलूस में हरिजनों या दलितों को विशेष स्थान दिया जाता है। दलित जाति के लोग लाठी, भाला, गड़सा, तलवार इत्यादि खेलते हैं। साथ-ही-साथ बैंड बाजा बजाते हैं और भजन-कीर्तन गाते हुए नृत्य भी करते हैं।

(ञ) पर्व-त्योहार में दलित का स्थान—आजकल सभी हिन्दू पर्व त्योहारों के मनाने में ग्राम स्तर पर दलितों को विशेष स्थान दिया जाता है। दलितों के सहयोग से गांव के पर्व-त्योहार में आनंदमय वातावरण का निर्माण होता है। आजकल गांव के धार्मिक जीवन में सभी जातियों को जोड़ने की व्यवस्था की जाती है।

(च) ग्रामीण समस्याएं

इसमें संदेह नहीं है कि भारत गांवों का देश है तथा भारत की आत्मा गांवों में निवास करती है लेकिन गांवों में निवास करने वाले लोगों को अनेक प्रकार की समस्याओं का सामना करना पड़ता है। ग्रामीण क्षेत्रों की समस्याएं शहरी क्षेत्र की समस्याओं से बिल्कुल भिन्न होती हैं। अगर ग्रामीण क्षेत्र की समस्याओं का सही ढंग से निदान ढूंढा जाये तब ग्रामीण जीवन को स्वर्ग समान बनाया जा सकता है। ग्रामीण क्षेत्र की समस्याओं का अध्ययन निम्नलिखित शीर्षक के अंतर्गत किया जा सकता है—

1. गली एवं नाली की समस्या
2. ग्रामीण पथ की समस्या
3. सिंचाई की समस्या
4. पेय जल की समस्या
5. बिजली की समस्या
6. शिक्षा की समस्या
7. स्वास्थ्य की समस्या

1. गली एवं नाली की समस्या—भारत गांवों का देश है, लेकिन ग्रामवासियों को गली एवं नाली की समस्या का सामना करना पड़ रहा है। गांवों की आबादी दिनोंदिन बढ़ती जा रही है। आबादी बढ़ने से प्रत्येक पीढ़ी में घर का विभाजन होते जा रहा है। आबादी बढ़ रही है लेकिन घर की जमीन नहीं बढ़ रही है। अत: ग्रामवासी गली को संकुचित करते जा रहे हैं। गांव की गली की स्थिति गांव में कई स्थानों पर ऐसी रहती हैं जहां चार पहिया वाहन क्या दोपहिया वाहन तथा पैदल चलने वालों को कठिनाई का सामना करना पड़ता है। घरों की संख्या बढ़ जाने के कारण गली में गिरने वाली नालियों की संख्या में भी आशातीत वृद्धि हुई है। जहां दो पहिया तथा चार पहिया वाहन जाने लायक गली भी है वहां ठीक ढंग से नाली नहीं बनाने के कारण आवागमन में कठिनाई होती हैं। गांव की गली तथा नाली की सबसे खराब हालत बरसात के दिनों में होती हैं। पानी तथा कीचड़ से भरे गली में आदमी, मवेशियों, ट्रैक्टर इत्यादि को आने-जाने में काफी कठिनाई का सामना करना पड़ता है। गली एवं नाली की समस्या से उबरकर कुछ लोग गांव से हटकर अपना घर बना रहे हैं। लेकिन वहां वे असुरक्षित महसूस करते हैं।

2. ग्रामीण पथ की समस्या—भारतीय ग्रामवासियों को ग्रामीण पथ की समस्या का सामना करना पड़ता है। प्रत्येक गांव में मुख्य सड़क से जोड़ने वाली सड़क का अभाव पाया जाता है। कुछ गांव ऐसे हैं जहां इस तरह की समस्या का सामना नहीं करना पड़ता है, लेकिन अधिकांश गांव ऐसे हैं जहां इस तरह की समस्या का सामना करना पड़ता है, अधिकांश गांव ऐसे हैं जहां गांव को मुख्य सड़क मार्ग से जोड़ने वाली सड़क का अभाव पाया जाता है। ग्रामवासी आपस में जमीन का विनिमय कर इस समस्या का समाधान ढूंढ सकते हैं। लेकिन आपसी विवाद के कारण समस्या और उलझ जाती है। गांव को मुख्य सड़क से जोड़ने वाले पथ के अभाव में ग्रामीणों, मवेशियों, गाड़ियों इत्यादि के आने-जाने में काफी कठिनाई का सामना करना पड़ जाता है। गर्मी के दिन में फसल काटने पर खेत में रास्ता बनाकर वहां जाया जाता है। लेकिन और दिनों में उस गांव में जाना मुश्किल हो जाता है। ऐसे ग्रामवासियों को अपने दरवाजा तक सभी वस्तुएं सवारी द्वारा नहीं पहुंच पाती हैं। उन्हें ढुलाई में ज्यादा भाड़ा देना पड़ता है। उन्हें किसी के खेत से सवारी ले जाने के लिए खुशामद करना पड़ता है। सभी मौसम में समान नहीं पहुंच पाता है। खेती के उपज को बेचने में कठिनाई होती है। खाद-बीज लाने में भी कठिनाई का सामना करना पड़ता है। जहां गांव को मुख्य पथ से जोड़ने वाली सड़क उपलब्ध है, वहां पक्कीकरण के अभाव में ग्रामीणों को बरसात के दिनों में विशेष तथा अन्य दिनों में सामान्य समस्याओं का सामना करना पड़ता है।

भारत में 58 वर्ष स्वतंत्रता प्राप्ति के बाद भी बहुत गांव अभी ऐसे हैं जिन्हें प्रखंड कार्यालय से पक्की सड़क द्वारा जुड़ने का सौभाग्य नहीं प्राप्त हुआ है। ऐसे गांवों के निवासियों को कहीं भी आने-जाने में कठिनाइयों का सामना करना पड़ता है। बच्चे, बूढ़े, महिलाओं तथा सामान्य लोगों को पैदल छोड़कर आने-जाने का कोई साधन उपलब्ध नहीं होता है। गरमी तथा जाड़ा के दिनों में तो रिक्शा, ट्रैक्टर, कार, टमटम इत्यादि किसी तरह गांव में पहुंच जाते हैं। लेकिन बरसात के दिनों में वहां पैदल जाने के अलावा कोई रास्ता नहीं रह जाता है। बूढ़े तथा बीमार व्यक्तियों को बरसात के दिनों में डोली तथा खटोली से ले जाना पड़ता है। पक्की सड़क के अभाव में ग्रामवासियों को समान ले जाने-ले आने के लिए भाड़ा भी तीन गुना-चौगुना देना पड़ता है। इस प्रकार पक्की सड़क के अभाव में उनका शोषण भी होता है। सड़क के अभाव में ग्रामीण क्षेत्रों में अपराध पर भी नियंत्रण पाने में दिक्कत होती है। पुलिस तक सूचना मिलने के पहले अपराधी अपराध करके निकल जाते हैं। आजकल संगठित अपराध के लिए अपराधियों तथा उग्रवादियों द्वारा वैसे गांवों का चुनाव किया जा रहा है, जहां पक्की सड़क तथा आवागमन के अन्य साधन का अभाव रहता है।

3. सिंचाई की समस्या—भारतीय गांवों की अर्थव्यवस्था कृषि पर आधारित है। लेकिन कृषि के लिए सिंचाई के साधन का होना अनिवार्य है। अभी भी अधिसंख्यक गांव ऐसे हैं जहां सिंचाई के लिए नहर तथा लिफ्ट सिंचाई का अभाव पाया जाता है। भारतीय

किसान कृषि कर्म के लिए वर्षा पर निर्भर रहते हैं। अगर वर्षा अच्छी होती है तब फसल भी ठीक होती है। लेकिन वर्षा के अभाव में फसल ठीक नहीं होती है। सिंचाई के साधन के अभाव में भारतीय किसान को मौसम के साथ जुआ खेलना पड़ता है। अधिकांश वर्ष खाद-बीज भी दंड के रूप में लग जाते हैं। मजदूरी भी दिनोंदिन बढ़ती जा रही है। मजदूर के प्रवसन के कारण भी मजदूर की समस्या का सामना करना पड़ता है।

4. पेयजल की समस्या—भारतीय ग्रामवासियों को पेयजल की समस्या का सामना करना पड़ता है। मरुभूमि में स्थित भारतीय ग्राम को तो पेयजल की समस्या का सामना करना नियति है, लेकिन समतल भूमि में बसे भारतीय गांवों को भी पेयजल की समस्या का सामना करना पड़ता है। कई गांव ऐसे हैं जहां अभी तक चापाकल नहीं पहुंच सका है। वहां के निवासी कुआं अथवा पोखरा के पानी का प्रयोग पीने के लिए करते हैं। पोखरा तथा कुआं का जल पीने से उनके बीच कई प्रकार की बीमारियां समय-समय पर फैलती रहती हैं। कुछ गांवों में चापाकल उपलब्ध हैं, लेकिन उन पर प्रबल जातियों का अधिपत्य रहता है। वे लोग मध्य तथा निम्न स्थान वाली जातियों को पानी नहीं भरने देते हैं। सरकार के प्रयास से कुछ गांवों के हरिजन तथा पिछड़ी जातियों के टोले में भी पेयजल के लिए चापाकल लगवाए गए हैं। लेकिन उन चापाकलों को लगाने में पाइपों की चोरी की गयी है जिसके कारण काफी गहराई तक पाइप नहीं जा सकता है। ऐसे चापाकल गर्मी के दिनों में सूखकर बेकार हो जाते हैं। कुछ चापाकलों के ऊपरी भाग चोरी चले गए हैं। कहने का तात्पर्य यह है कि सरकार द्वारा लगाए गए चापाकल ज्यादा संख्या में बेकार पड़े हुए हैं। उनसे पेयजल की आपूर्ति नहीं हो पा रही है। ग्रामीण लोगों की पेयजल की समस्या ज्यों की त्यों बनी हुई है। कुछ ग्रामवासी तो आपस में चंदा करके चापाकल लगवाए हैं जो ज्यादा सफल हो रहे हैं। चापाकल की देख-रेख के लिए ग्राम स्तर समिति का निर्माण नहीं हुआ है।

5. बिजली की समस्या—ग्रामीण क्षेत्रों में निवास करने वाली जनता को बिजली की समस्या का सामना करना पड़ता है। कुछ ग्रामों का विद्युतीकरण हुआ है, लेकिन अधिकांश गांवों में अभी बिजली पहुंचना बाकी रह गया है। जहां बिजली नहीं पहुंच पायी है, वहां के निवासी बारंबार ऐसी बात करते हुए पाये जाते हैं कि शायद उनके जीवनकाल में गांव में बिजली की रोशनी आयेगी। जहां बिजली पहुंच गयी है, वहां भी बिजली आपूर्ति नहीं की जाती है। कई जगह ट्रांसफार्मर बिगड़े पड़े रहते हैं। उनमें डालने के लिए सरकार के पास तेल नहीं है। कुछ गांवों में बिजली के खंभे तथा तार दिखाई देते हैं, लेकिन उन गांवों में आज तक बिजली नहीं पहुंच पायी है। कुछ गांवों में बिजली के तार चोरी कर लिए गए हैं। सरकारी आंकड़े में हर साल ग्रामीण क्षेत्रों को बिजलीकरण के अधीन दर्शाया जाता है। लेकिन वास्तविकता कुछ और होती है। ग्रामीण क्षेत्र निवासी रोशनी तथा ऐशोआराम के लिए बिजली नहीं चाहते हैं। वे कृषि के लिए बिजली चाहते हैं ताकि अनावृष्टि की अवस्था में भी मोटर पंप, ओपेन बोरिंग, कुआं इत्यादि के सहारे कुछ अन्न उत्पादन कर अपने आपको जीवित रखें। ग्रामवासी बिजली बिल का भुगतान भी करना

चाहते हैं। लेकिन बिजली कर्मचारी उनसे मिलकर बिजली चोरी का रास्ता बतलाते हैं तथा उनके बदले में घर-घर से धान-चावल, गेहूँ इत्यादि तसील कर ले जाते हैं। इससे कर्मचारी की आय में वृद्धि होती है, लेकिन सरकारी खजाना खाली होता जाता है। परिणामस्वरूप टूटे खंभे, चोरी की गयी तार, गली हुई तार, ट्रांसफार्मर, तेल इत्यादि नहीं बदले जाते हैं। इसके कारण गांवों को फिर से बिजली सेवा बहाल कराने में कई वर्ष बीत जाते हैं।

6. शिक्षा की समस्या—भारतीय ग्रामवासियों को शिक्षा की समस्या का सामना करना पड़ता है। स्वतंत्रता प्राप्ति के बाद ग्रामीण क्षेत्रों में शिक्षा के विकास हेतु हमारी सरकार द्वारा प्राथमिक, मिडिल, उच्च विद्यालयों की स्थापना की गयी है। 14 वर्ष की आयु तक के बच्चों के लिए शिक्षा मुफ्त कर दी गयी है। इसके बावजूद अभी ग्रामीण क्षेत्र में शिक्षा का अभाव पाया जाता है। अभी भी कई परिवार ऐसे हैं जिनका कोई भी सदस्य साक्षर नहीं है। यानी उन परिवारों का कोई भी सदस्य अपना नाम, ग्राम पता इत्यादि लिख नहीं सकता है। किसी प्रकार के लिखवाने तथा पढ़वाने के लिए उसे दूसरे के पास जाना पड़ता है। अधिकांश दलित, पिछड़ी जातियों एवं महिलाओं के बीच अभी भी अशिक्षा की स्थिति बनी हुई है। गांवों में उच्च जाति की बच्चियों को अपने गांव में दूर स्थित स्कूलों में पढ़ने नहीं जाने दिया जाता है। उनसे तरह-तरह के घरेलू काम करवाए जाते हैं। गांवों में यह आम धारणा बनी है कि लड़कियां पराया धन होती हैं। उन्हें दूसरों के घर जाना पड़ता है अतः उसे पढ़ने के स्थान पर खाना बनाने तथा घरेलू काम करने का प्रशिक्षण देना चाहिए। अभी भी सभी भारतीय गांवों में प्राथमिक स्कूल नहीं हैं। बच्चे-बच्चियों को दूसरे गांव में जाकर पढ़ना पड़ता है। जब बालिकाओं का घर से बाहर नहीं निकलने दिया जाता है, तब उन्हें दूसरे गांवों में पढ़ने कैसे भेजा जा सकता है। दलित तथा अत्यंत पिछड़ी जातियों के लोग अपनी बच्चियों को स्कूल में नामांकन तक नहीं करा पाते हैं। उनके बीच ऐसी धारणा प्रचलित है कि शिक्षा केवल बड़े तथा धनी व्यक्तियों के लिए होती है। नीचे तबके तथा गरीब बच्चों का नामांकन करा भी देते हैं, तो उन्हें नियमित रूप से स्कूल नहीं जाने दिया जाता है। बच्चों से घर का काम कराया जाता है ताकि मजदूरी कमाकर परिवार की आय वृद्धि में सहयोग करें। धीरे-धीरे ये बच्चे सदा के लिए स्कूल छोड़ देते हैं। गरीब माता-पिता के पास सुबह नाश्ता देकर स्कूल भेजने का सामर्थ्य नहीं होता है। बच्चे भूखे स्कूल नहीं जा सकते हैं। लेकिन जब बच्चे सुबह मालिक के यहां काम करने जाते हैं, तब उन्हें भोजन तथा नाश्ता के साथ मजदूरी भी मिलती है। सरकार गरीब छात्रों के लिए तथा ग्रामीण क्षेत्र के छात्र-छात्राओं के लिए पुस्तक, कापी, कलम, वस्त्र, छात्रवृत्ति तथा मध्य दिवसीय भोजन की योजना चालू की है, लेकिन इन योजनाओं मे अनियमितता के कारण छात्र-छात्राओं का आकर्षण विद्यालय की ओर नहीं हो पाता है।

सरकारी स्कूलों में शिक्षिकों की संख्या काफी बढ़ गयी है। लेकिन शिक्षकों द्वारा पढ़ाई पर ध्यान नहीं दिया जाता है। ज्यादातर शिक्षक स्कूल से अनुपस्थित रहते हैं तथा अपने अधिकारियों को खुश कर अपना वेतन भुगतान करवा लेते हैं। ऐसे शिक्षक अपने

घरेलू व्यवसाय में व्यस्त रहते हैं तथा बिना पढ़ाए प्रत्येक साल वेतन द्वारा लाखों रुपये के आस-पास कमा लेते हैं। ऐसे शिक्षकों का कहना है कि पढ़ाई दूध में मिलाकर पिला देने वाली वस्तु नहीं है। लड़का नहीं आता है, पढ़ना नहीं चाहता है, तो हम लोग क्या करें। हम लोग नियमित ढंग से स्कूल आना चाहते हैं, लेकिन जब बच्चे आना छोड़ देते हैं, तब हम लोग भी स्कूल आना बंद कर देते हैं। हम लोग तो जान पर खेलकर चुनाव ड्यूटी करते हैं तथा जनगणना का कार्य कर देते हैं। पैदल तथा साइकिल से मीलों चलकर स्कूल आते हैं। हमें परिश्रम के अनुसार कुछ भी नहीं मिल पाता है।

ग्रामीण क्षेत्र में स्थित स्कूलों के अधिकांश भवन गिर गए हैं तथा नए भवन बन नहीं पाए हैं। अधिकांश ऐसे स्कूल बरगद, पीपल, गुलर, पाकड़ इत्यादि वृक्ष के नीचे चलते हैं। बरसात के दिनों में ऐसे स्कूलों को बंद कर दिया जाता है। अगर कोई ग्रामवासी अपने दरवाजा पर स्थान देते हैं, तब वहीं पर स्कूल बरसात के दिनों में चलता है।

ग्राम में निवास करने वाले परिवारों द्वारा अपने बच्चों को निजी विद्यालयों में भेजा जाने लगा है। इसके कारण सरकारी स्कूलों में छात्र-छात्राओं की कमी हो गयी है। अब सरकारी स्कूल केवल गरीब परिवार के बच्चों के लिए रह गए हैं। बच्चों की संख्या कम होने तथा संपन्न लोगों द्वारा शिक्षकों पर ध्यान नहीं दिए जाने के कारण ग्राम स्थित सरकारी स्कूलों की हालत दिनोंदिन नाजुक होती जा रही है। कुछ भारतीय ग्रामों में नक्सलवादियों का अड्डा बन गया है। नक्सल आंदोलन के कारण शिक्षक रात्रि में स्कूल में नहीं रह पाते हैं। उन्हें दूर-दराज से स्कूल आना पड़ता है। अभिभावक तथा शिक्षकों में दूरी बढ़ती जा रही है। कुछ नक्सली समूह शिक्षकों से कर के रूप में वेतन का एक चौथाई हिस्सा मांगते हैं। नहीं देने पर नक्सली समूह द्वारा उन्हें नंगा कर पीटा भी जाता है। इस स्थिति से निपटने के लिए शिक्षक नक्सली समूह को अपना वेतन का अंश देकर स्कूल से अनुपस्थित रहते हैं। कुछ शिक्षक ग्रामीण क्षेत्र से अपना स्थानांतरण शहरी क्षेत्र में करा लिए हैं। बहुत स्कूलों में एक भी शिक्षक नहीं है। उपरोक्त सभी प्रकार की समस्याओं के कारण ग्रामीण क्षेत्र की जनता को शिक्षा की समस्या का सामना करना पड़ रहा है।

7. स्वास्थ्य की समस्या—ग्रामीण क्षेत्र की जनता को भीषण स्वास्थ्य समस्या का सामना करना पड़ता है। गांवों का पर्यावरण बरसात के दिनों में और खराब हो जाता है। गांव के घरों में समुचित नाली की व्यवस्था नहीं रहती है। गली में गड्ढा खोदकर बर्तन धोने के लिए पानी को गिराया जाता है। कुछ घरों में तो घर के अंदर ही गड्ढा नाली का काम करता है। इन गड्ढों में गंदा पानी रहता है, जिसके कारण मच्छरों की भीड़ लगी रहती है। मच्छरों से मलेरिया तथा फाइलेरिया नामक बीमारियां फैलती हैं। गांवों में शौचालय का अभाव होता है। गांव की गली, नाली तथा पास-पड़ोस के सड़क के किनारे लोग शौचालय जाते हैं। इससे पर्यावरण प्रदूषित होता है तथा मक्खियों द्वारा कई तरह की बीमारियां फैलाई जाती हैं। बरसात के दिनों में गांव के आस-पास खेतों में फसल लगे रहते हैं, इस कारण गांव की गली, नाली तथा रास्ता पर शौच ही शौच नजर आते हैं।

ज्यादातर गांवों में अभी भी लोग कुआं तथा पोखरा का पानी खाना बनाने, पीने, बरतन धोने तथा स्नान करने के लिए प्रयोग में लाते हैं। कुआं तथा पोखरा की सफाई समय-समय पर नहीं की जाती है। उसमें पत्तियां, गंदे कपड़े, पुआल इत्यादि सड़ते रहते हैं। बरसात के दिनों में नाली तथा गली का पानी भी कुआं तथा पोखरा में मिल जाता है। पोखरा के किनारे मवेशियों को भी धोया जाता है। कुछ लोग पोखरा के आस-पास शौच करने जाते हैं। इस प्रकार के दूषित जल को जब व्यवहार में लाया जाता है, तब उनके बीच जल जनित रोगों का फैलाव हो जाता है। गांव-घर में तरह-तरह की बीमारियां फैल जाती हैं।

गांव के लोग के बीच स्वास्थ्य शिक्षा का अभाव भी पाया जाता है। लोग शौच करके उस पर मिट्टी नहीं डालते हैं। शौच के बाद राख से हाथ नहीं धोते हैं। पोखरा तथा कुआं के जल को उबालकर नहीं पीते हैं। पीने के पानी तथा भोजन को ढककर नहीं रखते हैं। घर के आस-पास के गड्ढों को मिट्टी से भरते नहीं हैं। कपड़े की सफाई पर ध्यान नहीं देते हैं। ठीक ढंग से स्नान नहीं करते हैं। ग्रामवासियों को स्वास्थ्य संबंधी समस्याओं का सामना करना पड़ता है।

ग्रामवासियों के बीच अभी भी ऐसा विश्वास प्रचलित है कि भूत-प्रेत तथा डायन के कारण असाध्य रोग उत्पन्न होते हैं। अत: रोगी को डॉक्टर के पास न ले जाकर ओझा, गुणी, मौलवी, पादरी इत्यादि के पास लाया जाता है। जब मरीज की हालत खराब होने लगती है, तब उसे साधारण हकीम के पास लाया जाता है। जब रोगी अंतिम सांस गिनने लगता है तब उसे किसी डॉक्टर के पास लाया जाता है। अंधविश्वास के कारण कितने ग्रामीण लोगों का इलाज सही ढंग से नहीं हो जाता है तथा कितने लोग अस्वस्थ होकर समय से पहले ही कालकवलित हो जाते हैं।

अंधविश्वास के कारण गर्भवती महिलाओं को भी मौत का शिकार होना पड़ता है। ग्रामीण क्षेत्रों में गर्भावस्था की सूचना पास-पड़ोस को भी नहीं दी जाती है। इलाज के लिए उन्हें ओझा अथवा गुणी के पास लाया जाता है। ऐसी स्थिति में गर्भवती महिलाओं को अपनी जान भी गंवानी पड़ती है। ग्रामीण क्षेत्रों में अभी भी प्रसव किसी चमाइन अथवा दाई की देख-रेख में घर पर ही कराया जाता है। इस कारण कई केसों में माता तथा शिशु अथवा माता या शिशु को जान गंवानी पड़ती है।

गांव में गरीबी भी चरम पर रहती है। गरीबी के कारण गर्भवती महिला, दूध पिलाने वाली महिला, शिशुओं, वृद्धजनों इत्यादि को कुपोषण का शिकार होना पड़ता है। गरीबी के कारण अधिकांश ग्रामवासी संतुलित आहार तथा निश्चित कैलोरी नहीं ले पाते हैं। वे लोग कुपोषण के शिकार हो जाते हैं। समय के पहले उनमें बुढ़ापा के लक्षण आ जाते हैं। बहुत लोग वृद्धावस्था के पहले ही अपना जीवन लीला त्याग देते हैं।

(छ) ग्रामीण विकास कार्यक्रम

स्वतंत्रता प्राप्ति के पश्चात् भारतीय गांवों के विकास हेतु अनेक कार्यक्रम तैयार कर

क्रियान्वित किए गए हैं। जैसे गांवों में गली निर्माण, रास्ता निर्माण, मुख्य पथ से जोड़ने वाली सड़कों का निर्माण, गांव को बाजार से जोड़ने वाली सड़कों का निर्माण, गांव को प्रखंड से जोड़ने वाली सड़कों का निर्माण, बिजली की व्यवस्था, सिंचाई की व्यवस्था, पेयजल की व्यवस्था, शिक्षा एवं स्वास्थ्य की व्यवस्था। आजादी के बाद हमारी केन्द्र तथा राज्य सरकारों द्वारा गांवों के विकास के लिए अनेक कदम उठाए गए हैं। यहां ग्रामीण विकास कार्यक्रम के संबंध में वर्णन प्रस्तुत किया जा रहा है—

1. नाली तथा गली निर्माण से संबंधित योजनाएं—हमारी केन्द्र सरकार द्वारा ऐसा अनुभव किया गया है कि भारतीय ग्रामवासियों की एक महत्वपूर्ण समस्या गांवों में गली तथा नाली की उचित व्यवस्था न होना है। गली तथा नाली की समुचित व्यवस्था न होने के कारण ग्रामवासी अपने ही गांव में सही ढंग से आ जा नहीं सकते हैं। गली तथा नाली के लिए ग्रामवासियों के बीच मारपीट, खूनी संघर्ष तथा मृत्यु तक की घटना घट जाती हैं। गली तथा नाली की व्यवस्था न होने के कारण प्रत्येक ग्रामवासियों के दरवाजे तक रिक्शा तथा गाड़ी नहीं पहुंच पाती हैं। ऐसे लोग पीढ़ी दर पीढ़ी आवागमन की सुविधा से वंचित रह जाते हैं। उन्हें अपने घर समान लाने तथा ले जाने के लिए कुली तथा मजदूर लगाना पड़ता है। इन सभी बातों को ध्यान में रखकर सरकार द्वारा भारतीय गांवों में नाली तथा गली निर्माण से संबंधित योजनाओं का सृजन किया गया है, जो निम्नलिखित हैं—

(i) जवाहर रोजगार योजना—जवाहर रोजगार योजना ग्रामीण क्षेत्र में रोजगार सृजन से संबंधित एक योजना है। यह एक केन्द्र प्रायोजित योजना है जिसमें केन्द्र सरकार की राशि 80 प्रतिशत तथा राज्य सरकार की राशि 20 प्रतिशत रहती है। यह योजना कभी भी आरंभ की जा सकती है। इस योजना को ग्राम पंचायत के माध्यम से लागू की जाती है। योजना की स्वीकृति ग्रामसभा से की जाती हैं। इसके लिए राशि जिला ग्रामीण विकास अभिकरण (डी.डी.ए.) एवं जिला पार्षद द्वारा उपलब्ध करायी जाती हैं। पंचायत द्वारा प्राप्त राशि को किसी सार्वजनिक बैंक या सहकारी बैंक में रखा जाता है। पैसा निकासी की सूचना ग्राम सभा को दे दी जाती है। जवाहर रोजगार योजना श्रम वर्द्धक योजना है। इसमें 60 प्रतिशत खर्च मजदूरी खर्च पर तथा 20 प्रतिशत खर्च समानों की खरीद पर की जाती है।

जवाहर रोजगार योजना के माध्यम से भारतीय गांवों की नाली तथा गली का पक्कीकरण किया गया है तथा किया जा रहा है। गांव की गली में एक किनारे पक्की नाली बनायी जाती हैं। इस मुख्य नाली से सभी घरों से निकलने वाली नालियों को जोड़ दिया जाता है। इसके बाद इसे ढाल किया जाता है। गली को नाली के बगल से ईंट द्वारा खरौंजा कर दिया जाता है। फिर खरौंजा के बगल में मिट्टी तथा बालू बिछा दिया जाता है। गली तथा नाली के पक्कीकरण से ग्रामवासियों को बहुत लाभ हुआ है। अब प्रत्येक घर के दरवाजा पर सवारी, ट्रैक्टर, रिक्शा इत्यादि आसानी से आ-जा सकते हैं।

जवाहर रोजगार योजना के अंतर्गत काम किसी ठेकेदार से नहीं कराए जाते हैं। इस काम को ग्राम सभा के सदस्यों की निगरानी में कराया जाता है। इसमें न लाभ न हानि

सिद्धांत पर काम कराये जाते हैं। इस योजना का लाभ अभी सभी भारतीय ग्रामवासियों को नहीं मिल सका है। अभी बहुत से गांव ऐसे हैं, जहां गली तथा नाली की समस्या ज्यों की त्यों बनी हुई है।

(ii) राष्ट्रीय ग्रामीण रोजगार कार्यक्रम—इस कार्यक्रम को छठी योजना के अंतर्गत चालू की गई है। इस योजना की शुरुआत 1 अप्रैल, 1981 को की गयी थी। यह एक केन्द्र प्रायोजित कार्यक्रम है जिसमें केन्द्र तथा राज्य सरकार की सहभागिता 50 : 50 है। इस योजना के माध्यम से भारतीय गांवों में नाली तथा गली का अनुरक्षण सुधार तथा मरम्मत किया जाता है। इस योजना के माध्यम से भी भारतीय गांवों की गलियों तथा नालियों का पक्कीकरण किया गया है।

(iii) ग्रामीण भूमिहीन नियोजन कार्यक्रम—इस योजना के माध्यम से भी भारतीय गांवों की गलियों तथा नालियों का निर्माण किया गया है तथा किया जा रहा है।

(iv) सुनिश्चित रोजगार योजना—इस योजना द्वारा वैसे व्यक्तियों को रोजगार सुनिश्चित किया जाता है, जिन्हें साल भर बेरोजगार रहना पड़ता है। ऐसे लोगों के लिए पंचायत कार्यालय में एक रोजगार पुस्तिका रहती है। इच्छुक व्यक्तियों को अपना नाम, पता इस पुस्तिका में दर्ज करना पड़ता है। इसके द्वारा बेरोजगार को रोजगार सुनिश्चित किया जाता है। गली तथा नाली के पक्कीकरण का काम भी इस योजना के माध्यम से कराया जाता है।

(v) संसद स्थानीय विकास योजना—प्रत्येक संसद सदस्य को अपने क्षेत्र के विकास के लिए एक करोड़ की राशि प्रदान की जाती है। लोकसभा सदस्य द्वारा अपने चुनाव क्षेत्र तथा राज्यसभा के सदस्य द्वारा अपने राज्य के किसी भी जिला में एक करोड़ तक का विकास कार्यक्रम प्रत्येक साल कराया जा सकता है। ग्रामीण गली तथा नाली निर्माण भी इस कार्यक्रम के अंतर्गत कराए जाते हैं।

(vi) विधायक स्थानीय प्रक्षेत्र विकास योजना—प्रत्येक विधायक को भी अपने क्षेत्र में विकास कराने के लिए 50 लाख तक की राशि एक साल में प्रदान की जाती है। इस राशि से भी गांवों में गली तथा नाली का निर्माण कार्य कराया जाता है।

2. ग्रामीण पथ (सड़क) निर्माण योजना—ग्रामीण क्षेत्र यानी भारतीय गांवों में पथ अथवा सड़क निर्माण के लिए निम्नलिखित प्रकार की योजनाएं चलाई जा रही हैं—

(i) जवाहर रोजगार योजना—इस योजना के माध्यम से गांवों को मुख्य मार्ग से जोड़ने वाले पथों का निर्माण कराया जा रहा है। प्रत्येक गांवों को मुख्य सड़क से जोड़ने वाले पथों का पक्कीकरण कराना इस योजना का मुख्य लक्ष्य है। इस ग्रामीण पथ निर्माण योजना को जवाहर रोजगार योजना से जोड़ दिया गया है।

(ii) राष्ट्रीय ग्रामीण रोजगार कार्यक्रम—इस कार्यक्रम के द्वारा भी ग्रामीण पथों का निर्माण कार्य कराया गया है तथा कराया जाता है। इस कार्यक्रम के लिए ग्रामीण पथों के निर्माण की योजना ग्राम सभा में बनाई जाती है तथा योजना की स्वीकृति भी ग्रामसभा को देनी पड़ती है। इस योजना द्वारा प्रत्येक ग्राम पंचायत अपने क्षेत्र में पड़ने वाले गांवों के पथों को मुख्य सड़क से जोड़ने का प्रयास करता है। ग्रामीण पथों का इस योजना द्वारा पक्कीकरण किया जाता है।

(iii) ग्रामीण भूमिहीन नियोजन कार्यक्रम—इस योजना द्वारा भी ग्रामीण पथों का निर्माण कार्य कराया जाता है। मुख्य मार्ग से जोड़ने वाले ग्रामीण पथों का पक्कीकरण इस योजना द्वारा किया जाता है। ग्रामीण पथों को झामा, ईंट, बालू तथा सीमेंट द्वारा पक्कीकरण किया गया है ताकि प्रत्येक गांव में सवारी आसानी से आ-जा सके तथा ग्रामीणों के उपजों को बाजार तक लाया जा सके।

(iv) सुनिश्चित रोजगार कार्यक्रम—इस कार्यक्रम के माध्यम से भी ग्रामीण पथों का पक्कीकरण किया जा रहा है। इस योजना के अंतर्गत ग्रामीण पथों का चुनाव पक्कीकरण के लिए किया जाता है। इस योजना में ग्रामीण पथों को मिट्टी भरकर उच्च किया जाता है। इसके बाद झामा, ईंट, बालू तथा सीमेंट द्वारा पथ को पक्का बना दिया जाता है। कुछ गांवों में गिट्टी के ऊपर मोरम डालकर पक्कीकरण का काम किया गया है।

(v) संसद स्थानीय प्रक्षेत्र विकास योजना—इस योजना के माध्यम से भी ग्रामीण पथों का निर्माण कार्य संपन्न कराया जा रहा है। प्रत्येक सांसद को अपने क्षेत्र के विक़ास के लिए सालाना एक करोड़ की राशि दी जाती है। इस राशि से ग्रामीण पथों के निर्माण से संबंधित योजनाओं का सृजन किया जाता है तथा जिलाधिकारी के माध्यम से उन योजनाओं का कार्यान्वयन किया जाता है।

(vi) विधायक स्थानीय प्रक्षेत्र विकास योजना—सांसदों की भांति विधायकों को भी अपने क्षेत्र के विकास के लिए राशि आवंटित की जाती है। उक्त राशि से विधायक द्वारा अपने विधानसभा क्षेत्र में ग्रामीण पथ निर्माण की योजना बनाई जाती है तथा जिलाधिकारी द्वारा लागू की जाती है।

(vii) न्यूनतम आवश्यकता कार्यक्रम—ग्रामीण सड़क निर्माण योजना न्यूनतम आवश्यकता कार्यक्रम का महत्त्वपूर्ण अंग है। गांवों की आर्थिक स्थिति को तभी सुधारा जा सकता है, जब गांवों में होने वाली उपजों का उचित मूल्य प्राप्त हो सके। यह तभी संभव है जब गांवों को हाट-बाजार से पक्की सड़क द्वारा जोड़ दिया जाये। जब गांवों को पक्की सड़क द्वारा जोड़ दिया जायेगा, तब गांवों में आवागमन की सुविधा बढ़ेगी। गांवों में डॉक्टर, सरकारी कर्मचारी तथा गैर-सरकारी व्यक्ति आसानी से आ-जा सकते हैं। ग्रामीण सड़कों के निर्माण में ग्रामवासियों को रोजगार भी मिलता है। इस योजना के अंतर्गत 10 वर्षों में सभी गांवों को हाट-बाजार तथा प्रखंडों से पक्की सड़क द्वारा जोड़ देने की योजना है।

3. सिंचाई से संबंधित योजनाएं—ग्रामवासियों की अर्थव्यवस्था कृषि पर आधारित होती है। कृषि कर्म के लिए सिंचाई के साधन की आवश्यकता होती है। इसके लिए सरकार नदी में बांध बनाकर नहर निकालती है तथा बिजली तैयार करती है। बिजली के सहारे लिफ्ट सिंचाई की व्यवस्था की जाती है। बिजली के सहारे जमीन के अंदर स्थित पानी का प्रयोग सिंचाई के लिए किया जाता है। जमीन में कुआं बनाकर बिजली मोटर के सहारे जमीन की निचली सतह में स्थित पानी को ऊपर लाकर सिंचाई के रूप में प्रयोग किया जाता है। कुआं खोदकर उसके पानी का प्रयोग सिंचाई के लिए किया जाता है।

सिंचाई के लिए सरकार द्वारा कुआं बनवाया जाता है। कुआं से लाठ कुंडी अथवा डीजल पंप द्वारा पानी को ऊपर लाकर जमीन को सिंचित किया जाता है। आहर, पोखर, तालाब आदि का प्रयोग सिंचाई के लिए किया जाता है। आहर, पोखर, तालाब इत्यादि की खुदाई, मरम्मत तथा किनारा निर्माण के लिए योजना बनायी जाती है। इस प्रकार सिंचाई के लिए सरकार द्वारा निम्नलिखित साधनों का विकास किया जाता है—

(i) बांध एवं बिजली का निर्माण
(ii) बांध एवं नहर का निर्माण
(iii) राजकीय नलकूपों का निर्माण
(iv) निजी नलकूप, बांस बोरिंग तथा सिंचाई कूप का निर्माण
(v) निजी कूप डीजल मशीन तथा पंप सेट

सिंचाई के साधनों को विकसित करने के लिए निम्नलिखित प्रकार की योजनाओं का सृजन किया गया है—

(i) सिंचाई विभाग द्वारा संचालित योजनाएं—राज्य सरकार द्वारा प्रत्येक राज्य में सिंचाई विभाग की स्थापना की गई है ताकि सरकार द्वारा कृषकों को सिंचाई की सुविधा प्रदान की जा सके। सिंचाई विभाग द्वारा नहर तथा राजकीय नलकूपों का निर्माण कर कृषकों को सिंचाई की सुविधा प्रदान की जाती है। साथ ही सिंचाई विभाग द्वारा नहरों तथा राजकीय नलकूपों की मरम्मत का कार्य भी कराया जाता है। किसानों को पानी उपलब्ध कराने के लिए सरकार द्वारा कर वसूला जाता है। सिंचाई विभाग का वार्षिक बजट होता है जिसके अनुसार वह कार्य करता है। सिंचाई विभाग द्वारा सार्वजनिक सिंचाई के साधन का प्रयोग किया जाता है।

(ii) मिलियन नलकूप (जलधारा) योजना—यह एक निजी सिंचाई कार्यक्रम का अंग है। इसके द्वारा 10 लाख नलकूपों के निर्माण की योजना है। इस योजना का लाभ अनुसूचित जाति, अनुसूचित जनजाति तथा गरीबी रेखा से नीचे के गैर-अनुसूचित जाति/जनजाति के परिवारों को दिया जा रहा है। इस योजना में जवाहर रोजगार योजना का 30 प्रतिशत खर्च किया जाना है। इस प्रकार गरीबी रेखा से नीचे रह रहे अनुसूचित जाति, अनुसूचित जनजाति तथा गैर अनुसूचित जाति/जनजाति के परिवारों को सिंचाई के निजी साधन विकसित करने के लिए एक-एक नलकूप का निर्माण कराया जाता है। नलकूप का निर्माण उस परिवार की निजी जमीन पर कराया जाता है। एक नलकूप पर करीब 27 हजार रुपये खर्च करने की व्यवस्था है।

(iii) जवाहर रोजगार योजना—इस योजना के माध्यम से गांव की सिंचाई नाली, पोखर, आहर, नाला इत्यादि का निर्माण एवं मरम्मत कार्य किया जाता है।

(iv) राष्ट्रीय ग्रामीण भूमिहीन नियोजन कार्यक्रम—इस योजना के अंतर्गत गांव की सिंचाई नाली, पोखर, आहर, नाला, कुंआ इत्यादि का निर्माण तथा मरम्मत कार्य कराया जाता है।

(v) सुनिश्चित रोजगार कार्यक्रम—इस योजना के अंतर्गत भी गांव की सिंचाई कुआं, नाली, तालाब, पोखरा, आहर इत्यादि का निर्माण तथा मरम्मत कार्य किया जाता है।

(vi) स्थानीय सांसद विकास कार्यक्रम—स्थानीय सांसद कोटा कार्यक्रम के द्वारा भी गांव की सिंचाईं कुआं, बोरिंग, नाली, आहर, पोखर, तालाब, नाला इत्यादि का निर्माण तथा मरम्मत कार्य किया जाता है।

(vii) सिंचाईं साधनों पर अनुदान योजना—कृषकों को सिंचाईं के मामले में आत्मनिर्भर होने के लिए सिंचाईं योजनाओं के अंतर्गत सरकार द्वारा निजी नलकूपों, बोरिंग, बांस बोरिंग, डीजल पंपसेट इत्यादि पर लाभान्वितों को अनुदान सीमा 13,750 रु. निर्धारित की गई है। इस प्रकार सिंचाईं कूप पर अधिकतम अनुदान सीमा 19,600 रु. अभी निर्धारित है। अश्वशक्ति के डीजल चालित पंपसेटों पर अधिकतम अनुदान की सीमा अभी 9,800 रु. है। निजी सिंचाई अनुदान कार्यक्रम के अंतर्गत अनुदान सीमा निम्न प्रकार की है—

कृषक का विवरण		बोरिंग/बांस बोरिंग/सिंचाई कूप	पंपसेट
(क)	10 एकड़ तक अनुसूचित जाति/ अनुसूचित जनजाति के कृषक	100%	100%
(ख)	2.5 एकड़ तक सामान्य जाति के सीमांत किसान	90%	33.13%
(ग)	2.5 से 5 एकड़ तक सामान्य जाति के लघु कृषक	75%	25%
(घ)	5 से 10 एकड़ तक सामान्य जाति के कृषक	60%	00%
(ङ)	10 एकड़ से अधिक सामान्य जाति के कृषक	45%	00%
(च)	10 एकड़ से ऊपर अ.जा./अ.ज. जाति के कृषक	60%	00%

4. पेय जल से संबंधित योजनाएं—स्वतंत्रता प्राप्ति के बाद हमारी सरकार द्वारा ग्रामवासियों को पेयजल की सुविधा प्रदान करने के लिए सरकारी कुआं तथा चापाकल की व्यवस्था की गई है। इन कुओं तथा चापाकल के स्थापित होने संबंधी खर्चों का वहन सरकार द्वारा किया जाता है। सरकार समय-समय पर इन कुओं तथा चापाकलों की मरम्मत का कार्य भी किया करती है। इसके लिए सरकार पी.एच.ई.डी. नामक विभाग की स्थापना की है। जिसका एक मुख्य काम ग्रामीण क्षेत्र में जल आपूर्ति की व्यवस्था करना है। साथ ही साथ सरकार पेयजल के लिए निजी कुआं निर्माण तथा चापाकल लगाने के लिए भी लोगों को उत्प्रेरित करती है। इसके लिए सरकार अनुदान राशि भी प्रदान करती है। सरकार द्वारा ग्रामीण सार्वजनिक स्थानों पर कुंआ अथवा चापाकल अथवा दोनों की सुविधा प्रदान की जा रही है। सभी स्कूलों, चौराहों, देव स्थलों, पंचायत भवनों तथा ग्रामीण बाजारों, स्वास्थ्य उपकेन्द्रों इत्यादि पर कुआं अथवा चापाकल की व्यवस्था की गई है तथा कुछ स्थानों पर की जा रही है। सरकार द्वारा पेयजल की व्यवस्था निम्नलिखित कार्यक्रम के अंतर्गत की जाती है—

(i) जवाहर रोजगार योजना—जवाहर रोजगार योजना के माध्यम से गांवों में पीने के पानी के लिए कुआं बनाए जाते हैं तथा चापाकल लगाये जाते हैं।

(ii) राष्ट्रीय ग्रामीण भूमिहीन नियोजन योजना—इस योजना के अंतर्गत भी गांव के पेयजल आपूर्ति संबंधी कुआं तथा चापाकल लगाए जाते हैं। साथ ही साथ मरम्मत संबंधी कार्य भी किए जाते हैं।

(iii) सुनिश्चित रोजगार कार्यक्रम—इस योजना के अंतर्गत भी गांव में पेयजल आपूर्ति से संबंधित कुआं तथा चापाकल की व्यवस्था की जाती है तथा मरम्मत संबंधी कार्य कराए जाते हैं।

(iv) स्थानीय सांसद विकास कोटा कार्यक्रम—इस योजना के द्वारा भी ग्रामों में पेयजल सुविधा प्रदान करने के लिए कुआं तथा चापाकल बनवाए गए हैं।

(v) स्थानीय विधायक विकास कोटा कार्यक्रम—इस योजना के द्वारा भी ग्रामों में पेयजल सुविधा प्रदान करने के लिए कुआं तथा चापाकल बनवाए गए हैं।

(vi) यूनिसेफ—यूनिसेफ द्वारा भारतीय गांवों में पेयजल की सुविधा प्रदान करने के लिए गैर सरकारी संगठनों को राशि प्रदान की गई है। गैर-सरकारी संगठनों द्वारा यूनिसेफ से उपलब्ध राशि के माध्यम से गांवों में शुद्ध पेयजल उपलब्ध कराने के लिए चापाकल लगाए जा रहे हैं तथा पुराने चापाकल के मरम्मत कराए जा रहे हैं।

(vii) पी.एच.ई.डी. द्वारा—सार्वजनिक स्थानों पर पी.एच.ई.डी. द्वारा भी गांवों में पेयजल की सुविधा प्रदान करने के लिए चापाकल लगाए जाते हैं तथा पुराने चापाकल के मरम्मत किए जाते हैं।

5. बिजली संबंधित कार्यक्रम—ग्रामीण क्षेत्रों में विद्युत की आपूर्ति हेतु सरकार द्वारा विद्युत विभाग की स्थापना की गई है। इस विभाग द्वारा प्रत्येक साल ग्रामीण क्षेत्र में बिजली आपूर्ति की व्यवस्था की जाती है। सरकार की योजना अनुसार धीरे-धीरे सभी गांवों को बिजली से जोड़ देना है। लेकिन इस दिशा में सफलता की दर बहुत कम है। सभी गांवों को बिजली से जोड़ना वर्तमान समय में विद्युत विभाग की हालत देखकर एक स्वप्न समान ही दिखता है।

6. शिक्षा संबंधी कार्यक्रम—शिक्षा विकास का एक महत्त्वपूर्ण साधन है। शिक्षा द्वारा अनेक प्रकार की कुरीतियों एवं बुराइयों को दूर किया जा सकता है। साथ ही शिक्षा के माध्यम से आधुनिक रोजगार के अवसर प्राप्त होते हैं। शिक्षा से शोषण तथा उत्पीड़न को भी नियंत्रण किया जा सकता है। अत: स्वतंत्रता प्राप्ति के बाद भारतीय गांवों में आधुनिक शिक्षा के प्रचार के लिए कई महत्त्वपूर्ण कदम उठाए गए हैं।

(i) प्राथमिक शिक्षा—राज्य सरकार द्वारा गांवों में साक्षरता दर बढ़ाने तथा आधुनिक शिक्षा के प्रसार-प्रचार के लिए करीब प्रत्येक गांवों में एक प्राथमिक विद्यालय की स्थापना का लक्ष्य रखा गया है। हालांकि अभी प्रत्येक गांवों में प्राथमिक विद्यालय की स्थापना नहीं हो सकी है, फिर भी इतना अवश्य हो पाया है कि प्रत्येक गांव से 4-5 कि.मी. की परिधि में एक प्राथमिक विद्यालय अवश्य अस्तित्व में आया है। प्राथमिक विद्यालयों में वर्ग एक से वर्ग पांच तक की पढ़ाई होती है। प्रत्येक विद्यालय में एक प्रधानाध्यापक तथा चार

सहायक शिक्षक होते हैं। सभी शिक्षकों का वेतन भुगतान सरकार करती है। इन विद्यालयों में गांव के सभी बच्चों का नामांकन किया जाता है। अनुसूचित जाति, अनुसूचित जनजाति, पिछड़ी जाति तथा गरीबी रेखा से नीचे के सामान्य जाति के बच्चों को स्कूल पोशाक, किताब, कापी, कलम, पेंसिल इत्यादि सरकार द्वारा दिए जाते हैं।

(ii) मध्य दिन भोजन—ग्रामीण बच्चों को शिक्षा की ओर आकर्षित करने के लिए सरकार द्वारा नि:शुल्क दोपहर में भोजन देने की योजना शुरू की गई है। इस योजना के लिए अनाज केन्द्र सरकार द्वारा उपलब्ध कराया जाता है। मुफ्त भोजन की व्यवस्था माह में 20 दिनों के लिए की गई है। आपूर्ति केन्द्र से विद्यालय तक अनाज ढुलाई का खर्च 25 रु. प्रति बोरा के हिसाब से केन्द्र सरकार देती है। प्रति छात्र प्रतिमाह तीन किलो चावल या आटा की व्यवस्था की गई है। रसोईया के भुगतान तथा रसोई घर निर्माण पर खर्च की जिम्मेवारी जवाहर रोजगार योजना से ग्राम पंचायत पर सौंपी गई है।

(iii) माध्यमिक शिक्षा—छठी पंचवर्षीय योजना के अंतर्गत प्रत्येक प्रखंड में कम से कम चार उच्च विद्यालयों की स्थापना का लक्ष्य रखा गया है जिसमें एक कन्या उच्च विद्यालय की अवधारणा विकसित की गई है। उच्च विद्यालयों में भी ग्रामीण छात्र-छात्राओं का नामांकन नि:शुल्क किया जाता है। किसी प्रकार का मासिक शुल्क उनसे नहीं लिया जाता है।

(iv) नवोदय विद्यालय—नवोदय विद्यालयों की स्थापना भारत सरकार द्वारा की गई है। करीब प्रत्येक जिले में भारत सरकार की शत-प्रतिशत खर्च पर एक नवोदय विद्यालय की स्थापना की गई है। यह एक अवासीय विद्यालय है जहां गांवों के प्रतिभावना छात्रों को नि:शुल्क शिक्षा दी जाती है। छात्रों को रहने, खाने तथा घर आने-जाने की नि:शुल्क व्यवस्था है।

(v) व्यवसायिक शिक्षा—राष्ट्रीय शिक्षा नीति 1986 के अंतर्गत माध्यमिक स्तर के +2 विद्यालयों में व्यवसायिक शिक्षा की व्यवस्था की गई है। व्यावसायिक शिक्षा के माध्यम से छात्रों को आत्मनिर्भर तथा स्वनियोजन योग्य बनाने की व्यवस्था की गई है।

(vi) छात्रवृत्तियां—सरकार द्वारा ग्रामीण क्षेत्र के मेधावी छात्रों के लिए छात्रवृत्ति की व्यवस्था की गई है। विभिन्न स्तर की शिक्षा हेतु निम्न प्रकार की छात्रवृत्ति की व्यवस्था की गई है—

(क) प्राथमिक स्तर शिक्षा से संबंधित छात्रवृत्ति—प्राथमिक स्तर के स्कूलों में उच्च प्राथमिक छात्रवृत्ति तथा मेधा-सह निर्धनता छात्रवृत्ति प्रदान की जाती है।

(ख) माध्यमिक स्तर शिक्षा से संबंधित छात्रवृत्ति—माध्यमिक स्तर की शिक्षा से संबंधित राज्य प्रतिभा छात्रवृत्ति तथा मेधा निर्धनता छात्रवृत्ति प्रदान की जाती है।

(ग) विश्वविद्यालय स्तर की छात्रवृत्तियां—विश्वविद्यालय स्तर की शिक्षा हेतु राष्ट्रीय छात्रवृत्ति, विशेष राज्य मेधाविता छात्रवृत्ति, राष्ट्रीय शिक्षक संतान छात्रवृत्ति, राज्य शिक्षक संतान छात्रवृत्ति इत्यादि की व्यवस्था की गई है।

(vii) विश्वविद्यालय शिक्षा—विश्वविद्यालय स्तर की शिक्षा के लिए नाम मात्र शुल्क पर शिक्षा की व्यवस्था की गई है। शिक्षकों एवं कर्मचारियों का वेतन भुगतान सरकार द्वारा किया जाता है।

(viii) व्यस्क शिक्षा कार्यक्रम—15 से 35 वर्ष की आयु वाले लोगों को साक्षर बनाने के लिए व्यस्क शिक्षा कार्यक्रम 1978 से चलाए जा रहे हैं। इस कार्यक्रम द्वारा व्यस्क ग्रामीणों के बीच शिक्षा का प्रसार किया जाता है ताकि वे साक्षर होकर शोषण तथा उत्पीड़न से बच सकें।

(ix) साक्षरता मिशन—1988 में केंद्र सरकार द्वारा राष्ट्रीय साक्षरता मिशन की स्थापना की गई है। यह व्यस्क शिक्षा कार्यक्रम केन्द्रों के माध्यम से संचालित होता था। लेकिन साक्षरता मिशन के अंतर्गत क्षेत्र के ऊपर विशेष बल दिया गया है। इसे गैर-सरकारी संगठनों के माध्यम से भी संचालित किया जा रहा है। इस कार्यक्रम के द्वारा 15 से 45 वर्ष की आयु वाले निरक्षरों को साक्षर बनाने की व्यवस्था है।

(x) अनौपचारिक शिक्षा—जो बच्चे किसी कारणवश विद्यालय नहीं जा पाते हैं अथवा किसी कारणवश विद्यालय छोड़कर घर बैठ जाते हैं, उनके लिए अनौपचारिक शिक्षा की व्यवस्था की गई है। इस कार्यक्रम के तहत सामाजिक तथा आर्थिक दृष्टि से कमजोर एवं उपेक्षित बच्चों को वर्ग पांच स्तर तक की शिक्षा की व्यवस्था की गई है। इसमें विद्यालय की तरह चार दीवारी की समस्या नहीं रहती है।

(xi) साक्षरता की परिभाषा में परिवर्तन—साक्षरता मिशन कार्यक्रम में साक्षरता की परिभाषा को परिवर्तित करने का प्रयास किया गया है। पहले साक्षरता का अर्थ नाम लिखने से लगाया जाता था, अब साक्षर के अंतर्गत निम्नलिखित बातों पर ध्यान दिया जाता है—

(क) अक्षर ज्ञान तथा अंक ज्ञान में निर्भरता प्राप्त करना

(ख) उपेक्षित रहने के कारणों से अवगत होना

(ग) संगठन एवं विकास की प्रक्रिया में अपनी सहभागिता दर्शाना तथा अपनी स्थिति को सुधारना

(घ) अपने को खुशहाल बनाने के लिए कुशलता अर्जित करना

(ङ) राष्ट्रीय एकता, पर्यावरण संरक्षण, महिलाओं की समानता तथा छोटे परिवार के मानक इत्यादि के महत्व को समझना।

7. स्वास्थ्य संबंधी कार्यक्रम—ग्रामीणों के स्वास्थ्य स्थिति में सुधार लाने के लिए सरकार द्वारा कई तरह के कार्यक्रम बनाए गए हैं तथा उन्हें कार्यान्वित किया गया है। सरकार द्वारा ग्रामवासियों के स्वास्थ्य की देख-रेख के लिए निम्नलिखित प्रकार के कार्यक्रम चलाए जा रहे हैं—

(i) न्यूनतम आवश्यकता कार्यक्रम—ग्रामवासियों के स्वास्थ्य की देख-रेख के लिए न्यूनतम आवश्यकता कार्यक्रम के अंतर्गत रेफरल अस्पतालों, प्राथमिक स्वास्थ्य

केन्द्रों, अतिरिक्त प्राथमिक स्वास्थ्य केंद्रों, सबसिडियरी स्वास्थ्य केन्द्रों तथा उपकेंद्रों के माध्यम से ग्रामीण जनता को समुचित स्वास्थ्य सेवाएं प्रदान की जाती हैं। साथ ही साथ इन संस्थाओं के माध्यम से संक्रामक रोगों को नियंत्रित किया जाता है। इन संस्थाओं के माध्यम से नि:शुल्क दवा का वितरण भी किया जाता है।

(ii) औषधालय एवं अस्पताल—सरकार द्वारा प्रत्येक जिला मुख्यालयों में औषधालय एवं सदर अस्पताल की व्यवस्था की गई है। इन औषधालयों से विभिन्न स्वास्थ्य केंद्रों तथा उपकेंद्रों पर दवा उपलब्ध कराई जाती है। जिला स्तर पर सदर अस्पताल तथा अनुमंडल स्तर पर अनुमंडलीय अस्पताल कार्यरत हैं।

(iii) औषधि नियंत्रण प्रशासन—राज्य स्तर पर औषधि नियंत्रण प्रशासन के अंतर्गत मुख्य औषधि नियंत्रक, उप-औषधि नियंत्रक, सहायक औषधि नियंत्रक, अनुमंडल स्तर पर क्षेत्रीय अनुज्ञापन पदाधिकारी तथा जिला स्तर पर औषधि निरीक्षक कार्यरत रहते हैं। इन पदाधिकारियों का मुख्य उद्देश्य उपभोक्ताओं को उचित मूल्य पर मानक स्तर की औषधि उपलब्ध कराना है।

(iv) खाद्य अपमिश्रण निवारण कार्यक्रम—खाद्य पदार्थों में व्यापारियों द्वारा अन्य पदार्थों को मिश्रित कर देने से उनकी गुणवत्ता समाप्त हो जाती है। इसका उपभोक्ताओं के स्वास्थ्य पर भी प्रतिकूल प्रभाव पड़ता है। व्यापारियों द्वारा उत्पादित खाद्य पदार्थों की गुणवत्ता न खत्म कर देने के उद्देश्य से ही खाद्य आप मिश्रण निवारण कार्यक्रम प्रत्येक राज्य में प्रारंभ किए गए हैं। इस योजना के तहत राज्य स्तर पर खाद्य नियंत्रण कोषांग की स्थापना की गई है। इसके लिए संयुक्त खाद्य नियंत्रक का पद स्वीकृत किया गया है। जिला स्तर पर स्वास्थ्य पदाधिकारी की नियुक्ति की गई है। खाद्य पदार्थों की गुणवता सुनिश्चित करने के लिए इस विभाग द्वारा समय-समय पर छापामारी की जाती है ताकि अपमिश्रण द्वारा उत्पादित खाद्य पदार्थों के निर्माण एवं बिक्री पर रोक लगाई जा सके।

(v) राष्ट्रीय स्वास्थ्य कार्यक्रम—ग्रामीण जनता को स्वास्थ्य सेवा प्रदान करने के लिए केन्द्र सरकार द्वारा निम्नलिखित प्रकार के स्वास्थ्य कार्यक्रम चलाए जा रहे हैं—

(क) राष्ट्रीय मलेरिया उन्मूलन कार्यक्रम—इस योजना द्वारा ग्रामीण जनता को मलेरिया रोग से बचाने का प्रयास किया जाता है। इस कार्यक्रम के अंतर्गत डी.डी.टी. के छिड़काव के साथ मलेरिया से पीड़ित व्यक्तियों की खोज एवं रक्त जांच भी की जाती है। इस योजना के संचालन हेतु राज्य स्तर पर मुख्य मलेरिया पदाधिकारी, प्रमंडल स्तर पर क्षेत्रीय मलेरिया पदाधिकारी तथा जिला स्तर पर जिला मलेरिया पदाधिकारी एवं सहायक मलेरिया निरोध पदाधिकारी के पद सृजित किए गए है तथा उन पदों पर व्यक्तियों की नियुक्ति भी की गई है।

(ख) यक्ष्मा नियंत्रण कार्यक्रम—सरकार द्वारा यक्ष्मा रोग के नियंत्रण हेतु प्रत्येक राज्य में जिला यक्ष्मा केन्द्रों की स्थापना की गई है। यक्ष्मा केन्द्रों के साथ वार्ड संलग्न किए गए हैं जहां यक्ष्मा रोग से पीड़ित व्यक्तियों की जांच तथा उपचार किए जाते हैं। इन यक्ष्मा केन्द्रों को चलाने के लिए सरकार द्वारा अनुदान दी जाती है।

(ग) राष्ट्रीय कुष्ठ उन्मूलन कार्यक्रम—ग्रामीण क्षेत्र में कुष्ठ रोग एक गंभीर समस्या है। कुष्ठ रोग को दैविक अभिशाप माना जाता है। कुष्ठ रोगियों को समाज से अलग-अलग जीवन व्यतीत करना पड़ता है। परिवार के सदस्य भी उन्हें अछूत समान व्यवहार करते हैं। कुष्ठ रोग से पीड़ित व्यक्ति के परिवार में कोई शादी विवाह नहीं करना चाहता है। भारत सरकार की ओर से कुष्ठ रोग उन्मूलन हेतु महत्त्वाकांक्षी एम.टी.डी. योजना लागू की गई है। इस कार्यक्रम के अंतर्गत कुष्ठ रोग से पीड़ित व्यक्ति को बहु औषधि (रिफाम्पीसीन, लैप्रीन तथा डैट सोन) से चिकित्सा की जाती है। मात्र 6 माह से 2 वर्ष तक के उपचार के पश्चात् रोगी रोग मुक्त हो जाता है। इस कार्यक्रम को जिला स्तर पर जिलाधिकारी की अध्यक्षता में गठित जिला समिति से कार्यान्वित कराई जाती है। इस कार्यक्रम के लिए अनुदान भारत सरकार से प्राप्त होता है।

(घ) राष्ट्रीय अंधापन नियंत्रण कार्यक्रम—यह एक केन्द्र सरकार द्वारा अनुदानित योजना है। इस योजना के अंतर्गत प्रत्येक राज्य में स्वाथ्य विभाग के अंतर्गत राज्य चक्षु कोषांग की स्थापना की गई है। प्रत्येक प्रखंड में एक-एक चेत्र चिकित्सक की नियुक्ति का प्रावधान है। इंदिरा गांधी आयुर्विज्ञान संस्थान में क्षेत्रीय चक्षु संस्थान की स्थापना की गई है। इसके लिए उपकरण भारत सरकार द्वारा उपलब्ध कराए गए हैं।

(ङ) राष्ट्रीय फाइलेरिया उन्मूलन कार्यक्रम—इस कार्यक्रम को केन्द्र तथा राज्य सरकार के आधा-आधा खर्च पर चलाया जा रहा है। इस रोग के नियंत्रण हेतु फाइलेरिया नियंत्रण ईकाई, फाइलेरिया क्लीनिक, फाइलेरिया नियंत्रण ईकाई सहक्लीनिक एवं सर्वेक्षण इकाई की स्थापना की गई है। इन केन्द्रों पर फाइलेरिया रोग से पीड़ित रोगियों का उपचार किया जाता है।

(च) राष्ट्रीय एड्स नियंत्रण कार्यक्रम—भारत में इस कार्यक्रम को विश्व बैंक की सहायता से 1992-93 से शुरू किया गया है। यहां रोगियों के रक्त की जांच की जाती है तथा एड्स से बचाने के उपायों से संबंधित शिक्षा दी जाती है। एड्स रोग से पीड़ित रोगियों को जीने के तरीके बतलाए जाते हैं।

(छ) राष्ट्रीय घेंघा रोग नियंत्रण कार्यक्रम—घेंघा आयोडिन की कमी से होने वाला एक रोग है। इस रोग के नियंत्रण के लिए कार्यक्रम चलाए जा रहे हैं। इस योजना के अंतर्गत आयोडिन युक्त नमक के प्रयोग का प्रचार-प्रसार किया जाता है ताकि आम जनता घेंघा रोग से पीड़ित न हो सकें।

(ज) क्षय चिकित्सा—प्रत्येक राज्यों में राज्य की गरीब जनता को क्षय रोग की समुचित चिकित्सा के लिए क्षय रोग संस्थान की स्थापना की गई है।

(झ) महाविद्यालय एवं अस्पताल—गरीब जनता को विभिन्न प्रकार की स्वास्थ्य सेवा उपलब्ध कराने के उद्देश्य से प्रत्येक राज्यों में चिकित्सा महाविद्यालयों एवं अस्पतालों की स्थापना की गई है जहां गरीब रोगियों के आंख, कान, गला, हृदय, गुर्दा, न्यूरो, शल्य चिकित्सा के क्षेत्र में उपचार किया जाता है।

(ञ) देशी चिकित्सा—आधुनिक चिकित्सा के साथ-साथ सरकार द्वारा देशी चिकित्सा पर भी ध्यान दिया जा रहा है। देशी चिकित्सा के अंतर्गत सरकार द्वारा ग्रामीण क्षेत्रों में आयुर्वेद, औषधालयों, होमियोपैथिक औषधालयों तथा यूनानी औषधालयों की स्थापना की गई है। देशी चिकित्सा पदाधिकारी की स्थापना की गई है।

(ट) नर्सिंग प्रशिक्षण—प्रत्येक राज्य में राज्य के चिकित्सा महाविद्यालयों के अंतर्गत नर्सिंग प्रशिक्षण की स्थापना की गई है।

(ठ) परिवार कल्याण कार्यक्रम—यह एक राष्ट्रीय कार्यक्रम है जिसका कार्यान्वयन भारत सरकार से प्राप्त शत-प्रतिशत सहायता राशि एवं दिशा-निर्देश पर राज्य सरकार द्वारा किया जाता है। जनसंख्या वृद्धि पर नियंत्रण हेतु परिवार कल्याण कार्यक्रम भारत सरकार द्वारा चलाया जा रहा है। मूलत: यह एक स्वैच्छिक कार्यक्रम है। इसमें जनसंख्या नियंत्रण से परिवार कल्याण के लिए विशेष वातावरण तैयार किया जाता है। इस कार्यक्रम के द्वारा माता-पिता तथा बच्चों के शारीरिक, मानसिक तथा सामाजिक विकास पर ध्यान दिया जाता है। इसके अंतर्गत अनचाहे गर्भधारण तथा बच्चों के जन्म से उत्पन्न स्वास्थ्य संबंधी समस्याओं से लोगों को अवगत कराया जाता है। परिवार कल्याण की सुविधा हर व्यक्ति को उपलब्ध कराने के उद्देश्य से राज्य के स्वास्थ्य केन्द्रों, उपकेन्द्रों, रैफरल, अनुमंडल, सदर तथा चिकित्सा महाविद्यालय अस्पतालों में परिवार कल्याण कार्यक्रम चलाया जा रहा है।

(ड) कालाजार नियंत्रण कार्यक्रम—इस योजना के अंतर्गत काला जार नामक रोग के नियंत्रण हेतु कार्यक्रम चलाए जाते हैं। इस योजना का वित्तीय भार केन्द्र तथा राज्य सरकार के बीच 50 : 50 के अनुपात में वहन किया जाता है।

(ढ) ग्रामीण स्वच्छता कार्यक्रम—गांवों में स्वच्छता को बनाए रखने के लिए कई प्रकार के कार्यक्रम सरकार द्वारा चलाए जा रहे हैं। इन कार्यक्रमों को क्रियान्वित करने का मुख्य उद्देश्य ग्रामवासियों के बीच स्वच्छता के प्रति रुचि उत्पन्न कर स्वस्थ वातावरण तैयार करना है ताकि प्रदूषण के कारण बीमारी के फैलाव को रोका जा सके। स्वच्छता कार्यक्रम के अंतर्गत निम्नलिखित प्रकार की योजनाओं का सृजन एवं कार्यान्वयन किया गया है—

(i) गरीबी रेखा से नीचे के 20 परिवारों के लिए एक साथ सेनिटरी शौचालय का निर्माण

(ii) ऊठाउ शौचालयों को सेनिटरी पैखाना में बदलने की योजना

(iii) महिलाओं के लिए अलग शौचालयों का निर्माण

(iv) गांवों में नाली का निर्माण

(v) स्थानीय उपलब्ध तकनीक के अनुसार सेनिटरी शौचालय का निर्माण

(vi) एक-एक परिवार के लिए सेनिटरी शौचालय निर्माण हेतु अभियान।

12

अनुसूचित जातियाँ

(SCHEDULED CASTES)

आप सभी लोग अनुसूचित जातियां (Scheduled Castes) शब्द से अवश्य परिचत होंगे। क्या आप जानते हैं अनुसूचित जातियां कौन हैं ? तथा उन्हें क्यों अनुसूचित जनजातियों की संज्ञा प्रदान की गयी है ? अनुसूचित जातियां उन जातियों का संवैधानिक एवं राजनीतिक नाम है जिनका स्थान हिन्दू समाज की जाति व्यवस्था में सबसे निम्न रहा है। अक्सर ही उन जातियों का संबंध अशुद्ध एवं अपवित्र पेशे से रहा है। जैसे आदमी का मल-मूत्र ढोना या साफ करना, अशुद्ध कपड़ों को साफ करना, जानवरों का मल-मूत्र साफ करना, मरे हुए जानवरों को ले जाकर उनके चमड़े से जूता, चप्पल इत्यादि बनाना। अपवित्र पेशों के आधार अपनी जीविका चलाने के कारण उन जातियों के साथ अपवित्रता की धारणा जुड़ गयी थी जिसके कारण उन्हें अछूत कहा जाने लगा। साहित्य में उन जातियों के लिए अनेक नाम प्रकट होते हैं। जैसे दास, चंडाल, शूद्र, अछूत, हरिजन, सेड्यूल्ड कास्ट्स, अनुसूचित जातियां, दलित इत्यादि। अछूत होने के कारण इन जातियों को समाज में अनेक प्रकार की निर्योग्यताओं का सामना करना पड़ा है।

स्वतंत्र भारत सरकार की अनुशंसा के आधार पर माननीय राष्ट्रपति महोदय द्वारा अक्टूबर 1950 में कई जातियों को अनुसूचित जातियां के रूप में सूचीबद्ध किया गया। इस संज्ञा के साथ वे सरकार की ओर से चलाए जा रहे कल्याण एवं विकास योजनाओं के लाभकर्त्ता बने। अब तक हमारे देश में करीब 700 जातियों को अनुसूचित जातियों के रूप में सूचीबद्ध किया गया है। चमार, दुसाध, डोम, पासी, मेहतर, महार, बलाय आदि द्रविड़ इत्यादि कुछ संख्या की दृष्टि से प्रसिद्ध अनुसूचित जातियां हैं। अनुसूचित जातियां आजकल अपने आपको दलित शब्द से पहचान बनाती हैं। स्वतंत्रता प्राप्ति के बाद सामाजिक मानदंडों में परिवर्तन के कारण कई अनुसूचित जाति के लोग मुख्यमंत्री, प्रधानमंत्री, राष्ट्रपति जैसे महान पद पर आसीन होकर अपना राजनीतिक योगदान प्रदान किए हैं।

अछूत के रूप में इन जातियों को सामाजिक, आर्थिक, राजनीतिक, धार्मिक, शैक्षणिक तथा स्वास्थ्य संबंधी निर्योग्यताओं का सामना करना पड़ा है। मानवाधिकारों से वंचित होना

पड़ा है। असमानता एवं सामाजिक-आर्थिक शोषण का शिकार होना पड़ा है। लेकिन आजादी के बाद इन्हें नागरिकता, मौलिक अधिकार, मताधिकार, मानवाधिकार इत्यादि प्रदान किए गए हैं। अछूत प्रथा को समाप्त कर दिया गया है। सामाजिक समानता प्रदान की गयी है। सामाजिक, आर्थिक एवं राजनीतिक विकास के लिए संवैधानिक प्रावधानों के अनुकूल कदम उठाए गए हैं। इसके परिणामस्वरूप अनुसूचित जातियों की स्थिति में सुधार अवश्य हुआ है। लेकिन अभी भी उन्हें अनेक प्रकार की समस्याओं का सामना करना पड़ता है।

अनुसूचित जातियों की स्थिति—करीब 90 प्रतिशत अनुसूचित जातियां गांवों में निवास करती है। केवल 10 प्रतिशत अनुसूचित जातियां नगरों में निवास करती है। पूरे भारतवर्ष की कुल जनसंख्या का करीब 15 प्रतिशत भाग हमारे अनुसूचित जातियों का है। उनकी सर्वाधिक जनसंख्या हमारे देश में उन क्षेत्रों में है जहाँ सघन रूप से कृषि कर्म किया जाता है। क्योंकि वे हमारे देश के कृषि श्रमिक बल रहे हैं। पंजाब, हरियाणा, उत्तर प्रदेश, बिहार, पश्चिम बंगाल, पूर्वी एवं पश्चिमी समुद्र तटीय क्षेत्रों में अनुसूचित जनजातियां अधिक संख्या में पायी जाती हैं। उत्तर प्रदेश, पश्चिम बंगाल तथा बिहार प्रत्येक राज्यों में अनुसूचित जातियों की जनसंख्या दस मिलियन से अधिक है। केवल गंगा के मैदान में अनुसूचित जातियों की जनसंख्या देश की कुल अनुसूचित जाति जनसंख्या का 51 प्रतिशत है। सबसे अधिक अनुसूचित जातियों की जनसंख्या वाला राज्य पंजाब है। यहां पर अनुसूचित जातियों का संख्या बल 26.9 प्रतिशत है।

उत्तर प्रदेश के पहाड़ी क्षेत्रों, हिमाचल प्रदेश के पहाड़ी क्षेत्रों, संपूर्ण उत्तर-पूर्वी राज्यों, विन्ध्याचल के पहाड़ी क्षेत्रों, छोटा नागपुर, कर्नाटक तथा महाराष्ट्र में अनुसूचित जातियों का सांद्रण कम है।

राज्य स्तरीय वितरण

विभिन्न राज्यों में अनुसूचित जातियों के वितरण को निम्नलिखित ढंग से दर्शाया जा सकता है—

(i) 18 प्रतिशत से अधिक जनसंख्या—हरियाणा, हिमाचल प्रदेश, पंजाब, तमिलनाडु, उत्तर प्रदेश, पश्चिम बंगाल तथा दिल्ली में अनुसूचित जातियों की जनसंख्या 18 प्रतिशत से अधिक है।

(ii) 12 से 18 प्रतिशत जनसंख्या—आंध्र प्रदेश, बिहार, कर्नाटक, मध्य प्रदेश, उड़ीसा, राजस्थान, त्रिपुरा, चंडीगढ़ तथा पांडिचेरी में अनुसूचित जातियों की जनसंख्या 12-18 प्रतिशत हे।

(iii) 6 से 12 प्रतिशत जनसंख्या—गुजरात, जम्मू-कश्मीर, महाराष्ट्र एवं असम में अनुसूचित जातियों की संख्या 6 से 12 प्रतिशत है।

(iv) 6 प्रतिशत से कम—अरुणाचल प्रदेश, गोवा, मणिपुर, मेघालय, सिक्किम, दादरा एवं नगर हवेली, दमन एवं दीव में अनुसूचित जातियों की जनसंख्या 6 प्रतिशत से कम है

अनुसूचित जातियों की समस्या

अनुसूचित जातियों की समस्या का अध्ययन हम निम्नलिखित शीर्षक के अंतर्गत कर सकते हैं—

(क) अछूत प्रथा या अस्पृश्यता की समस्या
(ख) गरीबी की समस्या
(ग) अस्पृश्यता (अपराध) अधिनियम, 1955

(क) अछूत प्रथा या अस्पृश्यता की समस्या—आज जिन जातियों को हम अनुसूचित जातियों के नाम से जानते हैं, उन्हें जातिपद व्यवस्था के अंतर्गत अशुद्ध तथा घृणित पेशा के आधार पर अपने आपको जीवित रखना पड़ता था। जैसे पखाना ढोना, साफ करना, पेशाबखाना साफ करना, नाली साफ करना, गौशाला से पशुओं के मल-मूत्र साफ करना, जन्म एवं मरण से संबंधित अशुद्ध वस्त्र साफ करना, मरे जानवरों को ढोना, चमड़ा निकालना तथा उससे सामान बनाना, शमशान घाट पर सेवा प्रदान करना इत्यादि। समाज में इन सेवाओं की आपूर्ति अनिवार्य थी। लेकिन इन परंपरागत जातीय पेशाओं को अपवित्र एवं घृणित माना जाता था। इन पेशाओं के आधार पर अपनी जाविका चलाने वालों को अछूत कहा जाता था। अछूत प्रथा के कारण अनुसूचित जातियों को अनेक प्रकार की निर्योग्यताओं का सामना करना पड़ता था। अछूत प्रथा से संबंधित निर्योग्यताएँ निम्नलिखित थीं—

1. सामाजिक संपर्क पर प्रतिबंध—अछूतों को समाज में उच्च तथा मध्य स्थान वाली जातियों से सामाजिक संपर्क पर निषेध का पालन करना पड़ता था। उन्हें गांव से बाहर अलग-अलग टोलों में रहने दिया जाता था। उन्हें ग्राम सभा, त्योहार, उत्सव एवं समारोह में भाग नहीं लेने दिया जाता था। ग्राम स्तर की पूजा में भी उन्हें दूर रखा जाता था। उनके बच्चे गांव के अन्य बच्चों के साथ नहीं खेलते थे, नहीं बात करते थे और नहीं उठते-बैठते थे। हालांकि उनसे घरों में अपवित्र कार्य करवाए जाते थे तथा बेगार लिए जाते थे। लेकिन सामाजिक उत्सवों पर उन्हें अलग-थलग कर दिया जाता था। अछूतों को रात्रि में सार्वजनिक सड़कों पर चलने का अधिकार प्राप्त था। दक्षिण भारत में तो अछूतों की छाया से भी अलग रहा जाता था। अछूत अपने पैर में झांझ, कमर में ढोल, कंधा में सिंघा तथा हाथ में थाली लेकर बजाते हुए रात्रि में सार्वजनिक सड़कों से गुजरते थे ताकि आवाज सुनकर अन्य जाति के लोग अलग हट जाएं।

2. पके हुए भोजन एवं पानी पर प्रतिबंध—अछूतों के हाथ से पका हुआ भोजन तथा पानी उच्च एवं मध्य स्थान वाली जातियों को स्वीकार्य नहीं था।

3. सार्वजनिक वस्तु के उपयोग पर प्रतिबंध—अछूतों को सार्वजनिक कुआं, तालाब, चारागाह, कब्रगाह, शमशान घाट, नदी घाट इत्यादि का प्रयोग करना प्रतिबंधित था।

4. मंदिर में प्रवेश पर निषेध—अछूतों को मंदिरों में प्रवेश नहीं करने दिया जाता था। उन्हें न तो धार्मिक ग्रंथ पढ़ने दिया जाता था और न ही धार्मिक उपदेश एवं उच्चारण को सुनने दिया जाता था।

5. सेवाओं पर प्रतिबंध—पुजारी, कारीगर जातियां, नाई, धोबी, डोम उनके घरों में अपनी सेवाएं नहीं प्रदान करते थे। हालांकि धोबी तथा डोम भी अनुसूचित जाति के ही अंतर्गत आते हैं, लेकिन उन्हें छूत शूद्र (Touchable Shudra) कहा जाता था। इसलिए वे अछूत शूद्रों (Untouchable Shudras) के यहां अपनी सेवाओं की आपूर्ति नहीं करते थे।

6. अछूतों में भी अछूत—अछूतों के बीच आपसी संपर्क पर भी प्रतिबंध था। एक अछूत जाति अपने को श्रेष्ठ समझती थी तथा दूसरी अछूत जाति से दूरी बनाए रखती थी। वे अपने को छूत तथा दूसरे को अछूत समझती थीं।

7. आश्रितता—विभिन्न प्रकार की निर्योग्यताओं के कारण अनुसूचित जाति के लोग उच्च तथा मध्य जातियों के ऊपर अपने अस्तित्व के लिए आश्रित थे। इस आश्रितता के कारण अनुसूचित जाति के रूप में संवैधानिक स्थिति प्राप्त कर लेने पर भी उन्हें अछूत प्रथा से पूर्णतः मुक्ति नहीं मिल पायी है।

(ख) गरीबी की समस्या—अनुसूचित जातियों को अछूत होने के कारण आर्थिक अधिकारों से वंचित कर दिया गया था। आर्थिक रूप से परतंत्र होने के कारण वे दूसरों पर आश्रित रह गए तथा दिनोंदिन गरीब होते चले गए। गरीबी के कारण उन्हें निम्नलिखित समस्याओं का सामना करना पड़ता है—

1. भौतिक वंचन—अनुसूचित जातियों को अछूत होने के कारण उन्हें संपत्ति रखने के योग्य नहीं समझा जाता था। उन्हें आर्थिक रूप से निर्योग्य घोषित कर दिया गया था। उन्हें धन, संपत्ति, मकान, पशु, गहना इत्यादि नहीं रखने दिया जाता था। अतः उन्हें भौतिक वंचन का शिकार होना पड़ा था।

2. भूमिहीनता—अनुसूचित जातियों को भूमिहीनता की स्थिति का सामना करना पड़ा है। उन्हें घर बनाने के लिए तथा खेती करने के लिए जमीन नहीं रखने दिया जाता था। इसके कारण वे भूमिहीन हो गए। वे अपने मालिक की जमीन पर झोंपड़ी लगाकर रहते थे तथा मालिक की जमीन पर कृषि मजदूर के रूप में काम करते थे।

3. शैक्षणिक पिछड़ापन—अनुसूचित जाति के बच्चों से चरवाहा के रूप में काम लिया जाता था। उन्हें पढ़ने नहीं दिया जाता था। उनके सामने रोटी की समस्या रहती थी। वे अपने माता-पिता के साथ मालिक के घर में या खेतों में काम करके भोजन पाते थे। इसके कारण अनुसूचित जाति के लोग शिक्षा के क्षेत्र में दिनोंदिन पिछड़ते चले गए। आजादी के बाद गांवों में प्राथमिक स्कूल खोले गए हैं। लेकिन अभी भी उनके बच्चों का शत-प्रतिशत स्कूलों में नामांकन नहीं हो पाया है।

4. नियुक्ति एवं नौकरी—अनुसूचित जातियों को अपने अस्तित्व की रक्षा के लिए उन जातियों पर निर्भर होना पड़ता था जिनके पास कृषि योग्य भूमि थी। उनकी पहचान उस व्यक्ति के आदमी के रूप में होती थी, जिनकी जमीन पर झोंपड़ी लगाकर वे रहते थे तथा जिनके खेतों में वे काम करते थे। लेकिन आजादी के बाद अनुसूचित जातियों में से कुछ लोगों को सरकारी संस्थानों में सफाई मजदूर (झाड़ू-पोंछा लगाने वाला), चपरासी, पहरेदार इत्यादि के रूप में नियुक्ति प्रदान की गई है। आजादी के बाद इन जातियों के कुछ लोग उच्च शिक्षा प्राप्त कर उच्च पदों पर भी आसीन हैं। लेकिन अधिकांश लोग अभी भी कृषि मजदूर के रूप में अपना भरण-पोषण कर रहे हैं। उन्हें अनेक प्रकार के शोषण एवं उत्पीड़न का सामना करना पड़ता है।

5. ऋणग्रस्तता एवं बंधुआ श्रम—अधिकांश अनुसूचित जाति के परिवार गरीबी रेखा से नीचे जीवन व्यतीत करते हैं। उन्हें घर, मकान, वस्त्र को कौन कहे, दो जून की रोटी भी नहीं नसीब होती। उन्हें अपनी आर्थिक एवं सामाजिक आवश्यकताओं की पूर्ति हेतु मालिक, महाजन, बनिया इत्यादि से ऋण लेना पड़ता है। ऋण पर उन्हें उच्च दर से सूद देना पड़ता है। ऋण तथा सूद नहीं चुकाने की स्थिति में उन्हें अपना श्रम बंधक रख देना पड़ता है। इस प्रकार वे बंधुआ मजदूर बन जाते हैं। उन्हें तब तक बंधुआ मजदूर के रूप में काम करना पड़ता है जब तक ऋण एवं सूद की राशि वसूल न हो जाये। बंधुआ मजदूर के रूप में उन्हें मजदूरी कम दिया जाता है। उन्हें दूसरे के हाथों अपना श्रम बेचने का अधिकार नहीं होता। सबसे ज्यादा बंधुआ मजदूर इसी समुदाय से आते रहे हैं।

6. स्वास्थ्य एवं पोषण—अनुसूचित जातियों को झोपड़ी में जीवन गुजारना पड़ता था। उनके घर में रोशनी, नाली, पखाना, पेशाब खाना, रसोईघर इत्यादि का अभाव रहता था। उनके घर के अंदर एवं बाहर गली भी गंदे रहते थे। उन्हें शुद्ध पीने का पानी नहीं नसीब होता था। जाड़ा, गर्मी, बरसात में दिन-रात काम करना पड़ता था। उन्हें अपने स्वास्थ्य से ज्यादा मालिक के काम पर ध्यान देना पड़ता था। उन्हें खाने के लिए जूठा,सड़ा-गला भोजन, बासी भोजन इत्यादि दिया जाता था। इस कारण उन्हें स्वास्थ्य एवं कुपोषण की समस्या का सामना करना पड़ता था। आजादी के बाद भी उन्हें स्वास्थ्य एवं कुपोषण की समस्या का सामना करना पड़ रहा है।

7. अत्याचार—अनुसूचित जनजातियों को किसी प्रकार का राजनीतिक अधिकार नहीं दिए गए थे। उन्हें राजनीतिक दृष्टि से शक्तिहीन एवं निर्बल बना दिया गया है। इसके परिणामस्वरूप उनके साथ मार-पीट, गाली-गलौज, हत्या, आगजनी, चोरी, बलात्कार, समूह बलात्कार इत्यादि की घटना आम बात रही है। उन्हें तरह-तरह से सताया गया है तथा उत्पीड़ित किया गया है। आज भी उन्हें अत्याचारों का सामना करना पड़ता है। गरीबी के कारण वे न्यायालय की शरण में भी जाना नहीं चाहते। उन्हें अपमान बर्दाश्त करना पड़ता है।

(ग) अस्पृश्यता (अपराध) अधिनियम 1955—भारतीय संविधान की धारा

17 का अनुसरण करते हुए, मार्च 15, 1954 को संसद में अस्पृश्यता (अपराध) विधेयक लाया गया था। मई 8, 1955 को इस विधेयक को संसद की स्वीकृति प्रदान कर दी गयी थी। संसद की स्वीकृति मिल जाने के बाद यह विधेयक अस्पृश्यता (अपराध) अधिनियम, 1955 के नाम से जाना जाता है। इस अधिनियम के द्वारा अस्पृश्यता को अपराध घोषित किया गया तथा अछूत प्रथा के पालन करने वालों को अपराधी करार दिया गया। इस अधिनियम के द्वारा निम्नलिखित प्रकार के व्यवहारों को दंडनीय अपराध माना गया है—

1. किसी व्यक्ति को उसी धर्म के पूजा स्थल, कुआं, तालाब इत्यादि के प्रयोग करने से रोकना।

2. किसी व्यक्ति को दुकान, धर्मशाला, होटल, सराय, आम मनोरंजन के स्थान, कार्यस्थल, पेशा स्थल, नदी घाट, कब्रगाह या शमशान घाट, सफाई सुविधा, दान स्थल, आम सवारी या आवागमन के साधन, सामाजिक तथा धार्मिक रीति-रिवाजों के पालन करने से रोकना।

3. किसी व्यक्ति को किसी सामान को बेचने या काम करने से रोकना।

4. किसी व्यक्ति को अस्पताल में भर्ती नहीं लेना या पहले से भर्ती मरीजों के साथ भेदभाव करना।

5. अछूत प्रथा से संबंधित अन्य अपराध जैसे किसी का अधिकार एवं स्वतंत्रता हनन करना, मारपीट, गाली-गलौज, छेड़खानी, अपशब्द का प्रयोग, अश्लील व्यवहार इत्यादि।

इस अधिनियम के अनुसार अछूत प्रथा का पालन करना तथा अछूतों के साथ भेद-भाव रखना एक दंडनीय अपराध है। ऐसे व्यक्ति को 6 माह जेल की सजा या 500 रु. जुर्माना या सजा और जुर्माना दोनों प्रकार के दंड भोगना पड़ेगा।

इस अधिनियम का पालन सभी राज्यों द्वारा किया गया है। इन कानून को प्रभावशाली बनाने के लिए असम, बिहार, गुजरात, हरियाणा, जम्मू और कश्मीर, महाराष्ट्र पंजाब, राजस्थान, गोआ, दमन एवं दीव राज्यों एवं केन्द्रशासित प्रदेशों में राज्य स्तरीय समिति का निर्माण किया गया था। कर्नाटक एवं उड़ीसा में राज्य परामर्शदाता परिषद के अधीन एक उपसमिति का गठन किया गया था।

केरल में अछूत प्रथा की समाप्ति हेतु कसार गोड़ क्षेत्र में एक विशेष समिति का गठन किया गया था। तमिलनाडु में तालुक, जिला एवं राज्य स्तर पर हरिजन कल्याण बोर्ड की स्थापना की गयी थी।

महाराष्ट्र में अछूत प्रथा से संबंधित मामलों को जल्द से जल्द निपटारा के लिए एक विशेष न्यायिक मजिस्ट्रेट की नियुक्ति उच्च न्यायालय द्वारा की गयी थी। महाराष्ट्र के पुलिस को अछूत प्रथा (अपराध) अधिनियम की जानकारी विस्तारपूर्वक प्रशिक्षण अवधि में दी जाती है। गुजरात में अगर कोई पंचायत हरिजन के साथ भेदभाव बरतता है तब उसका अनुदान रोक दिया जाता है।

जब से यह अधिनियम अस्तित्व में आया, तभी से इसकी सफलता की आलोचना आरंभ हो गयी। अनुसूचित जाति एवं जनजाति आयुक्त ने अपने प्रतिवेदनों में इस कानून के अंदर दी जाने वाली सजा एवं जुर्माना को बहुत कम एवं अपर्याप्त बतलाया। इन आलोचनाओं को ध्यान में रखकर इलायापेरुमल समिति ने अपने प्रतिवेदन (1969) में इस कानून में संशोधन की आवश्यकता पर विशेष बल दिया। इस अनुशंसा को ध्यान में रखकर अप्रैल 1952 को लोकसभा में अस्पृश्यता (अपराध) संशोधन एवं विविध विधेयक पेश किया गया। इस विधेयक को 1972 में संसद के दोनों सदनों के संयुक्त समिति को सुपुर्द किया गया। संयुक्त समिति ने अपना प्रतिवेदन 1974 को सौंपा। इसे 1976 में संसद द्वारा नये शीर्षक 'नागरिक अधिकार (संरक्षण) अधिनियम' के अंतर्गत स्वीकृति प्रदान की गयी। इस तरह नागरिक अधिकार संरक्षण कानून (1976) अस्तित्व में आया। इस कानून के अनुसार अस्पृश्यता का पालन एक अपराध है। इसके अपराधी को जुर्माना एवं जेल दोनों तरह का दंड मिल सकता है।

नए कानून के तहत प्रथम बार अपराध करने वालों को सबसे कम दंड के रूप में एक माह जेल तथा 100 रु. जुर्माना निर्धारित किया गया है। दूसरी बार अपराध करने पर 6 माह जेल तथा 500 रु. जुर्माना निर्धारित किया गया है। तीसरे बार अपराध करने पर एक साल जेल तथा 1000 रु. जुर्माना निर्धारित किया गया है।

नवीन अधिनियम के अंतर्गत प्रत्यक्ष या अप्रत्यक्ष रूप से अस्पृश्यता की शिक्षा तथा ऐतिहासिक, दार्शनिक एवं परंपरागत आधार पर इसे सही करार देना एक अपराध है। इस अधिनियम द्वारा निजी मंदिरों को भी इस अधिनियम के अंतर्गत लाया गया है। इस कानून के अंतर्गत किसी भी व्यक्ति को मल-मूत्र ढोने, मरे जानवरों को ढोने, शौचालयों की सफाई करने के लिए बाध्य करना एक अपराध है।

नवीन कानून के अनुसार अस्पृश्यता अपराध में दोषी पाए गए व्यक्तियों को चुनाव लड़ने के योग्य नहीं माना जायेगा। नए कानून में किसी जनसेवक द्वारा दंडनीय अपराध के जांच-पड़ताल में लापरवाही बरतने पर उसे भी अपराधी माना जायेगा एवं दंड दिया जायेगा।

नए कानून में अपराधियों से निपटने के लिए राज्य सरकारों को असीम शक्ति प्रदान की गयी है। राज्य सरकार किसी वैसे क्षेत्र पर विशेष कर सामूहिक रूप से दंड लगा सकती है जिसके निवासी अछूत प्रथा में लिप्त पाए गए हैं अथवा अछूत प्रथा को बढ़ावा देते हैं। अछूत प्रथा के भुक्तभोगी व्यक्तियों के लिए सरकार पर्याप्त सुविधा मुहैया करा सकती है।

नए कानून के अंतर्गत राज्य सरकारों को कानून के पालन कराने के लिए विशेष पदाधिकारियों की नियुक्ति की शक्ति प्रदान की गयी है। इससे संबंधित मामलों के निपटारा हेतु राज्य सरकार न्यायालय की स्थापना कर सकती है। राज्य सरकार विभिन्न स्तरों पर समिति का निर्माण कर सकती है। समय-समय पर सर्वेक्षण कराकर उन क्षेत्रों का पता लगा सकती है जहाँ अछूत प्रथा का पालन किया जाता है। सरकार कानून को शक्तिपूर्वक पालन करवा सकती है।

अनुसूचित जातियों की संवैधानिक व्यवस्था (Constitutional Provisions)

जब हमारे राष्ट्र के निर्माताओं द्वारा स्वतंत्र भारत के संविधान सृजन का प्रयास आरंभ किया गया था, तब तक अछूत प्रथा के विरोध में हमारे देश में विशाल जनमत तैयार हो चुका था। अछूत प्रथा के विरोध में जनमत तैयार करने वालों में महात्मा गांधी, ठक्कर बापा तथा अन्य लोगों की भूमिका सराहनीय एवं प्रभावकारी रही थी। हमारे संविधान में एकल एवं समान नागरिकता की बात को संपूर्ण भारत के लिए स्वीकार किया गया है। इसके द्वारा सभी भारतीय नागरिकों को सुरक्षा एवं संरक्षण प्रदान किए गए हैं। सामान्य नागरिक होने के नाते सभी को आर्थिक तथा शैक्षणिक विकास की व्यवस्था की गयी है तथा सामाजिक निर्योग्यताओं को दूर करने का प्रयास किया गया है।

1. संवैधानिक सुरक्षा—भारतीय संविधान की अनेक धाराओं में अनुसूचित जाति की सुरक्षा एवं संरक्षण की व्यवस्था दी गयी है। उन सभी संवैधानिक सुरक्षा व्यवस्थाओं की जानकारी नीचे प्रस्तुत की जा रही है।

हमारे संविधान की धारा 15 के अंतर्गत व्यवस्था दी गयी है कि राज्य किसी भी नागरिक के विरुद्ध धर्म, जाति, वंश, लिंग, जन्म, स्थान इत्यादि के आधार पर किसी प्रकार का भेदभाव नहीं करेगा।

संविधान की धारा 15(2) के अनुसार जनोपयोगी सेवाओं में लिंग, जाति, धर्म, प्रजाति इत्यादि के आधार पर भेदभाव को पूर्णतः निषिद्ध माना गया है। इस धारा के अनुसार रेल, वायुयान, सड़क, सार्वजनिक मनोरंजन स्थल, आम स्थल, सड़क, दुकान, होटल, तालाब, नदी घाट, कुआं इत्यादि के प्रयोग से कोई किसी को रोक नहीं सकेगा।

भारतीय संविधान की धारा 16(2) के अनुसार राज्य अपने कार्यालय या किसी प्रकार की नियुक्ति में धर्म, प्रजाति, जाति, वंश, जन्म स्थान, निवास स्थान इत्यादि के आधार पर किसी प्रकार का भेदभाव नहीं करेगा।

संविधान की धारा 17 के अनुसार अछूत प्रथा समाप्त कर दी गयी है तथा इस प्रथा का किसी भी रूप में पालन पूर्णतः निषिद्ध है। अछूत प्रथा से संबंधित किसी भी प्रकार की निर्योग्यताएं कानून की दृष्टि में अपराध है तथा इस प्रथा के पालन करने वालों को कानून के अनुसार दंड भुगतना पड़ेगा।

संविधान की धारा 19 के अनुसार अनुसूचित जातियों की व्यावसायिक निर्योग्यता समाप्त कर दी गयी है। उन्हें किसी भी व्यवसाय अपनाने की आजादी प्रदान की गयी है।

संविधान की धारा 23 के अनुसार अनुसूचित जातियों के मध्य प्रचलित बेगार एवं बालश्रमिक प्रथा को प्रतिबंधित कर दिया गया है।

संविधान की धारा 25 के अनुसार अनुसूचित जातियों को सार्वजनिक हिन्दू देव-स्थलों एवं तीर्थ स्थलों पर प्रवेश करने तथा पूजा-पाठ करने की स्वतंत्रता प्रदान की गयी है। उन्हें संपत्ति रखने, बढ़ाने तथा बेचने का पूरा अधिकार है।

संविधान की धारा 29 के अनुसार किसी भी जाति को जाति, लिंग, प्रजाति, धर्म, वंश इत्यादि के आधार पर सरकारी अथवा अर्ध-सरकारी संस्थाओं के प्रवेश से नहीं रोका जा सकता है।

संविधान की धारा 46 के अनुसार राज्य सरकार कमजोर वर्ग के लोगों की आर्थिक तथा शैक्षणिक हितों की रक्षा करेगी तथा अन्याय एवं शोषण से मुक्ति दिलवायेगी।

संविधान की धारा 330 एवं 332 के अनुसार संसद तथा राज्य विधान सभाओं में अनुसूचित जातियों के लिए स्थान आरक्षित रखने की व्यवस्था दी गयी है। ग्राम पंचायत, जिला परिषद, पंचायत समिति, नगर पालिकाओं, नगर निगम में भी अनुसूचित जाति के लिए स्थान आरक्षित किए गए हैं।

संविधान की धारा 325 के अनुसार अनुसूचित जातियों के मताधिकार की व्यवस्था की गयी है।

संविधान की धारा 341 के अनुसार माननीय राष्ट्रपति महोदय को अनुसूचित जातियों की सूची तैयार करने तथा समय-समय पर उसमें परिवर्तन लाने की व्यवस्था दी गयी है।

संविधान की धारा 338 के अनुसार माननीय राष्ट्रपति महोदय जी को यह अधिकार दिया गया है कि वे अनुसूचित जातियों के प्रदत्त सुरक्षात्मक उपायों की जांच हेतु एक विशेष पदाधिकारी, अनुसूचित जाति आयुक्त की नियुक्ति करें।

संविधान की धारा 339 के अनुसार माननीय राष्ट्रपति अनुसूचित जातीय प्रशासन को देख-रेख के लिए अनुसूचित जाति आयोग का गठन कर सकते हैं।

संविधान की धारा 320 के अनुसार अनुसूचित जातियों के लिए सरकारी नौकरियों एवं शिक्षण संस्थानों में आरक्षण की व्यवस्था दी गयी है।

संविधान की धारा 275 के अनुसार केन्द्र सरकार द्वारा राज्यों को अनुसूचित जाति के कल्याण हेतु विशेष धन राशि उपलब्ध कराने की व्यवस्था दी गयी है।

अनुसूचित जातियों की विकासात्मक व्यवस्था

हमारे संविधान में अनुसूचित जातियों को सुरक्षात्मक व्यवस्था के साथ विकास करने के लिए भी व्यवस्था दी गयी है।

संविधान की धारा 15 में अनुसूचित जातियों के साथ आर्थिक भेदभाव के ऊपर प्रतिबंध की व्यवस्था दी गयी है।

संविधान की धारा 16 में अनुसूचित जातियों को समान कार्य के लिए समान वेतन पाने का हक प्रदान किया गया है।

संविधान की धारा 19 के अनुसार अनुसूचित जातियों को अपनी संपत्ति रखने, बढ़ाने, अर्जित करने तथा बेचने का अधिकार प्रदान करने की व्यवस्था दी गयी है।

संविधान की धारा 46 के अनुसार अनुसूचित जातियों को शैक्षणिक तथा आर्थिक विकास की व्यवस्था दी गयी है।

संविधान की धारा 275 के अनुसार केन्द्र सरकार द्वारा राज्यों को अनुसूचित जाति कल्याण के लिए विशेष धन राशि उपलब्ध कराने की व्यवस्था दी गयी है।

भारतीय संविधान की धारा 399 के अंतर्गत केन्द्र सरकार द्वारा राज्यों को अनुसूचित जातियों के कल्याण हेतु योजना निर्माण एवं क्रियान्वयन के लिए दिशा निर्देश देने की व्यवस्था दी गयी है।

प्रशासनिक व्यवस्था

1. अनुसूचित जाति तथा जनजाति आयुक्त—संविधान की धारा 338 के अनुसार माननीय राष्ट्रपति महोदय द्वारा अनुसूचित जातियों की सुरक्षात्मक उपायों की समीक्षा हेतु एक सक्षम विशेष पदाधिकारी की नियुक्ति की व्यवस्था दी गयी है। संविधान की इस धारा का अनुसरण करते हुए माननीय राष्ट्रपति महोदय द्वारा अनुसूचित जाति एवं अनुसूचित जनजाति आयुक्त की नियुक्ति की गयी है। अनुसूचित जाति तथा अनुसूचित जनजाति आयुक्त की नियुक्ति 1958-59 में ही की गयी थी। इस विशेष पदाधिकारी का मुख्य कार्य प्रति वर्ष अनुसूचित जाति तथा जनजाति के सुरक्षात्मक उपायों की समीक्षा कर माननीय राष्ट्रपति जी को अपना प्रतिवेदन भेजना था। 1987-88 तक इस आयुक्त द्वारा 28 प्रतिवेदन प्रस्तुत किए जा चुके थे।

2. अनुसूचित जाति तथा जनजाति आयोग—संविधान की धारा 399 के अनुसार माननीय राष्ट्रपति महोदय द्वारा राष्ट्रीय अनुसूचित जाति एवं जनजाति आयोग के गठन की व्यवस्था दी गयी है। इस आयोग में एक अध्यक्ष, एक उपाध्यक्ष एवं पांच सदस्य की व्यवस्था दी गयी है। यह आयोग 1987-88 से ही कार्य कर रहा है। इस आयोग द्वारा निम्नलिखित कर्त्तव्यों का पालन किया जा रहा है—

(i) संविधान में वर्णित कानूनों एवं सरकार के द्वारा निर्देशित अनुसूचित जातियों एवं अनुसूचित जनजातियों के उपायों की समीक्षा करना।
(ii) सामाजिक अधिकार से वंचन संबंधित शिकायतों की जांच करना।
(iii) अनुसूचित जातियों एवं अनुसूचित जनजातियों के विकास हेतु योजनाओं का सूत्रीकरण, क्रियान्वयन एवं मूल्यांकन करना।
(iv) प्रतिवेदनों की अनुसंशाओं को लागू करना।
(v) प्रतिवेदनों के आधार पर अनुसरण कार्य को आगे बढ़ाना।

3. राज्य स्तरीय समिति का गठन—संविधान की धारा 17 के अनुसार अछूत प्रथा निषिद्ध कर दी गयी है। अछूत प्रथा (अपराध) अधिनियम 1955 से ही लागू है। इस अधिनियम के अनुसार अछूत प्रथा (अपराध) अधिनियम को प्रभावशाली ढंग से लागू करने के लिए राज्य स्तरीय समिति एवं उपसमिति गठन का प्रावधान है।

4. हरिजन थाना की स्थापना—अछूत प्रथा (अपराध) अधिनियम के तहत हरिजनों के ऊपर हो रहे अत्याचारों को रोकने के लिए हरिजन थाना की स्थापना का प्रावधान है। इन थानों में जाकर हरिजन अछूत प्रथा एवं अत्याचार के विरोध में केस दर्ज करा सकते हैं।

5. हरिजन कोर्ट की स्थापना—हरिजन के ऊपर शोषण, उत्पीड़न, अत्याचार से संबंधित केसों के निपटारा हेतु हरिजन कोर्ट की स्थापना का भी प्रावधान अछूत प्रथा (अपराध) अधिनियम के अंतर्गत है।

अनुसूचित जातियों की आरक्षणात्मक व्यवस्था

1. लोकसभा में स्थान आरक्षण—संविधान की धारा 330 के अनुसार लोकसभा में अनुसूचित जातियों के लिए स्थान आरक्षण की व्यवस्था दी गयी है। लोकसभा के 543 स्थानों में से 70 स्थान अनुसूचित जातियों के लिए आरक्षित है।

2. विधान सभाओं में स्थान आरक्षण—संविधान की धारा 333 के अनुसार राज्य विधान सभाओं में अनुसूचित जातियों के लिए स्थान आरक्षित किए गए हैं। राज्य विधान सभाओं के 3997 स्थानों में से 577 स्थान अनुसूचित जातियों के लिए आरक्षित किए गए हैं।

3. पंचायतों, जिला परिषद्, नगरपालिकाओं तथा नगर निगमों में स्थान आरक्षण—ग्राम पंचायतों, जिला परिषदों, नगरपालिकाओं तथा नगर निगमों में जनसंख्या के आधार पर अनुसूचित जातियों के लिए स्थान आरक्षित किए गए हैं।

4. नामांकन में आरक्षण—संविधान की धारा 46 के अनुसार अनुसूचित जातियों के शैक्षणिक विकास की व्यवस्था दी गयी है। केन्द्रीय विद्यालयों, उच्च शिक्षण संस्थानों, इंजीनियरिंग तथा मेडिकल संस्थानों, कॉलेजों, विश्वविद्यालयों इत्यादि में अनुसूचित जाति के छात्रों के लिए स्थान आरक्षित किए गए हैं। केन्द्रीय संस्थानों में आरक्षण 15 प्रतिशत तथा राज्य स्तरीय संस्थानों में आरक्षण जनसंख्या के अनुपात में निर्धारित किया गया है।

5. नौकरी में आरक्षण—संविधान की धारा 46 के अनुसार अनुसूचित जातियों के आर्थिक विकास हेतु व्यवस्था दी गयी है। इस धारा का अनुसरण करते हुए अनुसूचित जातियों को केन्द्र सरकार द्वारा अखिल भारतीय स्तर की नियुक्तियों में 15 प्रतिशत स्थान आरक्षित किए गए हैं। अन्य प्रकार की रिक्तियों में 16 $^{2}/_{3}$ प्रतिशत स्थान आरक्षित किए गए हैं। तृतीय एवं चतुर्थ वर्गीय रिक्तियों में स्थानीय उम्मीदवारों को जनसंख्या के अनुपात में स्थान आरक्षित किए जाते हैं। अनुसूचित जातियों को पदोन्नति में भी 15 प्रतिशत स्थान आरक्षित किए गए हैं। यह आरक्षण व्यवस्था विभागीय द्वितीय, तृतीय एवं चतुर्थ वर्गीय कर्मचारियों के लिए लागू किया गया है। अनुसूचित जातियों के प्रथम, द्वितीय, तृतीय, चतुर्थ वर्गीय कर्मचारियों को पदोन्नति में भी आरक्षण व्यवस्था लागू की गयी है।

अनुसूचित जातियों से संबंधित कुछ अधिनियम

अनुसूचित जातियों को अछूत प्रथा के कारण अनेक प्रकार की निर्योग्यताओं का सामना करना पड़ा है। हालांकि शोषितों, वंचितों एवं शक्तिहीनों की स्थिति में सुधार लाने के लिए ब्रिटिश शासनकाल में ही प्रयास आरंभ हो गए थे। 1884 के अधिनियम के अनुसार बेगार प्रथा को समाप्त कर दिया गया था। लेकिन आजादी के बाद कई कानून सरकार द्वारा समय-समय पर बनाए गए हैं। हमारी सरकार द्वारा उनकी सामाजिक एवं आर्थिक स्थिति में सुधार के लिए कई तरह के कानून बनाए गए हैं। अनुसूचित जातियों को शोषण एवं उत्पीड़न से बचाने के लिए भी अनेक प्रकार के कानून बनाए गए हैं। उन कानूनों को अस्तित्व में आ जाने से अनुसूचित जातियों की स्थिति में बहुत कुछ सुधार हुआ है। अनुसूचित जातियों से संबंधित प्रमुख अधिनियमों का विवरण नीचे दिया जा रहा है—

1. अस्पृश्यता (अपराध) अधिनियम, 1955—इस अधिनियम के संबंध में वर्णन विस्तारपूर्वक पहले ही दिया जा चुका है। अत: इसी अध्याय में उसे पुन: प्रस्तुत करना युक्ति संगत नहीं लगता है। इतना अवश्य है कि इस अधिनियम के अस्तित्व में आ जाने के बाद अछूत प्रथा की समाप्ति में काफी सहयोग मिला है। अनुसूचित जातियों से संबंधित अनेक प्रकार की निर्योग्यताओं एव निषेधों का अंत किया जा चुका है।

2. न्यूनतम मजदूरी अधिनियम—अनुसूचित जातियों के अधिकांश सदस्यों की आजीविका का साधन मजदूरी कमाना है। कृषि क्षेत्र के मजदूर का वे मुख्य स्रोत आरंभ से रहे हैं। लेकिन उन्हें मजदूरी का भुगतान उचित ढंग से नहीं हो पाता है। उन्हें उचित मजदूरी दिलवाने तथा आर्थिक शोषण से बचाने के लिए न्यूनतम मजदूरी अधिनियम बनाए गए हैं। इस अधिनियम को सर्वप्रथम 1949 में बनाया गया था। तब से लेकर अब तक इसमें कई बार संशोधन किया गया है। न्यूनतम मजदूरी भुगतान की देख-रेख एवं निगरानी हेतु प्रखंड स्तर पर श्रम निरीक्षक की नियुक्ति की गयी है।

3. जमींदारी प्रथा (उन्मूलन अधिनियम) 1951—इस अधिनियम के द्वारा जमींदारी प्रथा के साथ-साथ सभी प्रकार की मध्यस्थ पट्टेदारियों का उन्मूलन कर दिया गया है। जमींदारी प्रथा का अंत हो जाने से अनुसूचित जातियों को बसने वाली जमीन का स्वामित्व प्राप्त हुआ है।

4. भूहदबंदी कानून (लैंड सिलिंग एक्ट) 1950, 1960, 1972—भूहदबंदी कानून सर्वप्रथम 1950 में बनाया तथा लागू किया गया था। उसमें पुन: संशोधन 1972 में किया गया था। इस अधिनियम के अनुसार जोत की अधिकतम सीमा निर्धारित की गयी है। सीमा से अधिक जमीन को अधिग्रहण कर सरकार द्वारा गरीबों के बीच वितरित कर दिया जाता है। इस कानून के अस्तित्व में आ जाने के बाद अनुसूचित जातियों के बीच खेती योग्य जमीन का सरकार द्वारा वितरण किया गया है।

5. बंटायीदारी कानून (1972)—यह कानून बंटायी पर खेती करने वाले अनुसूचित जातियों को जमीन के मालिकों के शोषण से रक्षा करता है तथा उसे स्वामित्व का अधिकार दिलवाता है।

6. बंधुआ श्रम (उन्मूलन) अधिनियम, 1976—इस अधिनियम के माध्यम से बंधुआ श्रम प्रथा का अंत कर दिया गया है। उन्हें पहचान कर स्वतंत्र कर दिया गया है। उन्हें पुनर्वास सुविधा भी प्रदान की गयी है। उनके ऊपर मालिकों के सभी प्रकार के ऋण समाप्त कर दिए गए हैं। चूँकि अनुसूचित जातियों के ही लोग इस प्रथा से ज्यादा त्रस्त थे। अतः इस कानून के लागू होने से अनुसूचित जातियों को विशेष लाभ हुआ है।

7. अनुसूचित जाति (अत्याचार निवारण) अधिनियम, 1989 (हरिजन एक्ट)—अनुसूचित जातियों के ऊपर अत्याचार को रोकने के लिए केन्द्र सरकार द्वारा 1989 में अनुसूचित जाति (अत्याचार निवारण) अधिनियम पारित किया गया। यह अधिनियम 30 जनवरी, 1990 से लागू है।

इस अधिनियम के अंतर्गत अत्याचार के भुक्तभोगी को विशेष सहायता प्रदान की जाती है। विशेष सहायता द्वारा अपराधियों को दंड दिलवाया जाता है।

त्वतरित न्याय हेतु विशेष न्यायालय की स्थापना की जाती है। सरकार द्वारा पीड़ितों को अनुदान दिया जाता है। अनुदान निम्नलिखित कार्यों के लिए दिया जाता है—

(i) न्यायालय में उपस्थित होने के लिए गवाहों पर खर्च
(ii) पीड़ित महिलाओं को न्यायालय आने-जाने का खर्च
(iii) पीड़ितों की सहायता एवं पुनर्वास
(iv) विशेष लोक अभियोजकों का मानदेय।

अनुसूचित जाति के लोगों को अत्याचार से पीड़ित होने पर क्षति पूर्ति भी दी जाती है। क्षतिपूर्ति के रूप में निम्नलिखित प्रकार के अत्याचार के लिए निम्नलिखित प्रकार की राशि प्रदान की जाती है—

क्र.सं.	अत्याचार	राशि रुपये में
1.	हत्या	10,000
2.	अपंगता	5,000
3.	अस्थायी अपंगता	1,000
4.	चोट	5,000
5.	बलात्कार	2,000
6.	घर क्षतिग्रस्त	2,000
7.	पशु की क्षति	1,000
8.	अनाज तथा घरेलू सामान की क्षति	5,000
9.	सिंचाईं उपकरण की क्षति	5,000

इसके अतिरिक्त अनुसूचित जाति की बलपूर्वक हड़पी गयी जमीन को वापसी हेतु फौजदारी, दीवानी तथा राजस्व संबंधी मुकदमा लड़ने के लिए सरकार द्वारा आर्थिक सहायता दी जाती है।

अनुसूचित जातियों के विकास से जुड़ी संस्थाएं एवं संगठन

हमारे संविधान की धारा 275 के अनुसार अनुसूचित जातियों के विकास के लिए कल्याण कार्यक्रम चलाए जाने की व्यवस्था दी गयी है। इस व्यवस्था को ध्यान में रखते हुए हमारे देश की सरकारों द्वारा अनुसूचित जातियों के शैक्षणिक एवं आर्थिक विकास के लिए कल्याण योजनाओं का सूत्रीकरण एवं क्रियान्वयन किया गया है। इन योजनाओं को कार्यरूप प्रदान करने के लिए सरकार द्वारा धन राशि प्रदान की जाती है। कल्याण योजनाओं के निर्माण, क्रियान्वयन, अनुश्रवण, मूल्यांकन एवं प्रगति की समीक्षा का दायित्व कल्याण मंत्रालय को सौंपा गया है। माननीय राष्ट्रपति महोदय द्वारा भी अनुसूचित जाति के कार्यक्रमों की समीक्षा के लिए आयोग का गठन किया गया है। अनुसूचित जाति आयोग राष्ट्रपति महोदय को अपने वार्षिक प्रतिवेदन के माध्यम से अनुसूचित जातियों की वर्तमान स्थिति से अवगत कराता है। कई संस्थानों तथा स्वयंसेवी संगठनों को अनुसूचित जातियों के कल्याण के लिए जोड़ा गया है। अनुसूचित जातियों के कल्याण एवं विकास से जुड़ी संस्थाएं एवं संगठन निम्नलिखित हैं—

1. गृह मंत्रालय
2. सामाजिक न्याय एवं सशक्तिकरण मंत्रालय
3. मानव संसाधन विकास मंत्रालय
4. कल्याण मंत्रालय
5. अनुसूचित जाति आयुक्त
6. अनुसूचित जाति आयोग
7. पिछड़ा वर्ग आयोग
8. महिला आयोग
9. हरिजन शोध संस्थान
10. सांस्कृतिक शोध संस्थान
11. स्वयंसेवी संगठन
12. गैर सरकारी संगठन
13. संसदीय समिति।

अनुसूचित जातियों के कल्याण कार्यक्रम

अनुसूचित जातियों के विकास हेतु कई विशिष्ट योजनाएं कार्यान्वित की गयी हैं। उन

योजनाओं का मुख्य उद्देश्य अनुसूचित जातियों को ऐसी सहायता पहुंचाना है जिससे उनकी कार्यकुशलता बढ़े, रोजगार के अवसर प्राप्त हों तथा आमदनी की वृद्धि हो। अंततोगत्वा उन योजनाओं का उद्देश्य अनुसूचित जातियों के जीवन स्तर में सुधार लाना है। कुछ महत्वपूर्ण कल्याण योजनाओं के संबंध में विवरण नीचे दिया गया है—

1. विद्यालय छात्रवृत्ति—यह राज्य प्रायोजित कार्यक्रम है। अनुसूचित जाति के छात्र-छात्राओं के पढ़ने के लिए छात्रवृत्ति प्रदान की जाती है। इसके अंतर्गत राज्य सरकार द्वारा वर्ग 10 तक के छात्र-छात्राओं को छात्रवृत्ति के रूप में राशि प्रदान की जाती है। छात्रवृत्ति की राशि प्रति छात्र/छात्रा प्रति माह वर्तमान में निम्नलिखित है—

- वर्ग एक से चार तक प्रति छात्र प्रतिमाह 4 रु.
  वर्ग पांच से छह तक प्रति छात्र प्रतिमाह 19 रु.
  वर्ग सात से वर्ग दस तक प्रति छात्र प्रतिमाह 34 रु.।

शौचालय की सफाई में लगे लोगों के बच्चों के लिए विशेष छात्रवृत्ति प्रदान की जाती है। जो बच्चे छात्रावास में रहकर पढ़ते हैं उनको वर्ग एक से आठ तक 200 रु. प्रति माह (दस माह के लिए) तथा वर्ग नौ से दस तक 250 रु. प्रतिमाह प्रतिवर्ष (दस माह के लिए) दिए जाते हैं।

जो बच्चे छात्रावास में रहकर नहीं पढ़ते हैं उन्हें वर्ग एक से पांच तक 25 रु. प्रति छात्र प्रति माह साल में दस माह तक दिए जाते हैं। वर्ग छह से आठ तक प्रति छात्र प्रति माह 40 रु. वर्ष में दस माह तक तथा वर्ग नौ से दस तक प्रति छात्र प्रति माह 50 रु. वर्ष में दस माह तक छात्रवृत्ति के रूप में दिए जाते हैं।

इसके अतिरिक्त सभी बच्चों को वर्ष में 500 रु. तदर्थ अनुदान भी दिया जाता है।

हरिजन के बच्चों को स्कूल में पढ़ने के लिए आकर्षित करने हेतु प्रतिदिन एक रुपया भी देने की योजना चल रही है। प्रति छात्र प्रति माह इस योजना के अंतर्गत 20 रु. प्राप्त करते हैं।

2. निःशुल्क स्कूली शिक्षा—अनुसूचित जाति के छात्र-छात्राओं से किसी भी सरकारी स्कूलों में किसी भी प्रकार का शुल्क नहीं लिया जाता है।

3. निःशुल्क परीक्षा—अनुसूचित जाति के छात्र/छात्राओं को सरकारी स्कूलों में किसी प्रकार का परीक्षा शुल्क नहीं देना पड़ता है।

4. आवासीय विद्यालय—अनुसूचित जाति के बच्चों को पढ़ने की सुविधा प्रदान करने के लिए आवासीय स्कूलों की स्थापना राज्य सरकारों द्वारा की गयी है। इसके लिए अनुदान राशि की व्यवस्था निम्नलिखित ढंग से की जाती है—

(i) भोजन हेतु 300 रु. प्रति छात्र प्रति माह

(ii) पोषाक हेतु 500 रु. प्रति छात्र प्रति माह

(iii) पठन-पाठन सामग्री 300 रु. प्रति छात्र प्रति माह

(iv) तेल साबुन इत्यादि 15 रु. प्रति छात्र प्रति माह

5. निःशुल्क छात्रावास—अनुसूचित जाति के छात्रों के लिए निःशुल्क छात्रावास की व्यवस्था की जाती है। इन छात्रावासों में रहने वाले अनुसूचित जाति के छात्र/छात्राओं को प्रति माह उपस्कर, रसोइया, रोशनी, बर्तन आदि की सुविधाएं निःशुल्क उपलब्ध करायी जाती हैं।

6. बालिका छात्रावास—यह केन्द्र प्रायोजित योजना है। इसके अंतर्गत अनुसूचित जाति की छात्राओं के रहने तथा पढ़ने के लिए छात्रावास का निर्माण कराया जाता है। छात्रावास में रहने वाले छात्रों से किसी प्रकार का शुल्क नहीं लिया जाता है। उपस्कर, बर्तन, भोजन, पोशाक, सर्फ, साबुन, तेल इत्यादि निःशुल्क प्रदान किए जाते हैं।

7. पोषाक अनुदान—अनुसूचित जाति के वे छात्र जो छात्रावास में नहीं रहते हैं उन्हें भी वर्ष में दो सेट पोशाक खरीदने के लिए अनुदान दिए जाते हैं।

8. निःशुल्क शिक्षण सामग्री—अनुसूचित जाति के छात्रों को निःशुल्क किताब, कलम, कापी, पेंसिल इत्यादि दिए जाते हैं।

9. महाविद्यालय छात्रवृत्ति—महाविद्यालय एवं विश्वविद्यालय में पढ़ने वाले अनुसूचित जाति के छात्रों को छात्रवृत्ति प्रदान की जाती है। यह एक केन्द्र प्रायोजित योजना है। 1500 रु. तक प्रति माह आय वाले परिवार के छात्रों से किसी प्रकार का शिक्षा शुल्क नहीं लिया जाता है। साथ ही साथ उन्हें निम्नलिखित दर से छात्रवृत्ति प्रदान की जाती है।

क्र. सं.	वर्ग	दिवाकालीन छात्र/ छात्राओं की छात्रवृत्ति	छात्रावास में रहने वाले छात्र/ छात्राओं की छात्रवृत्ति
1.	इंटरमीडिएट	65 रु. प्रति छात्र प्रति माह	115 रु. प्रति छात्र प्रति माह
2.	स्नातक	90 रु. प्रति छात्र प्रति माह	175 रु. प्रति छात्र प्रति माह
3.	स्नातकोत्तर	125 रु. प्रति छात्र प्रति माह	280 रु. प्रति छात्र प्रति माह
4.	मेडिकल/इंजीनियरिंग	125 रु. प्रति छात्र प्रति माह	280 रु. प्रति छात्र प्रति माह
5.	आयुर्वेदिक/यूनानी/होमियोपैथिक	125 रु. प्रति छात्र प्रति माह	190 रु. प्रति छात्र प्रति माह
6.	अग्निशमन, पुस्तकालय, सहकारिता, सामुदायिक विकास की पढ़ाई	125 रु. प्रति छात्र प्रति माह	190 रु. प्रति छात्र प्रति माह
7.	संगीत, ललितकला, कानून, क्राफ्ट, इंस्ट्रक्टर, होटल प्रबंधन, पर्यावरण, परिवहन, प्रबंधन डिग्री/डिप्लोमा	125 रु. प्रति छात्र प्रति माह	190 रु. प्रति छात्र प्रति माह
8.	पशु चिकित्सा एवं कृषि	125 रु. प्रति छात्र प्रति माह	190 रु. प्रति छात्र प्रति माह

10. प्राक् परीक्षा प्रशिक्षण—संघ लोक सेवा आयोग एवं राज्य स्तरीय सेवा आयोग की परीक्षाओं में अनुसूचित जाति के छात्रों को सफल बनाने के उद्देश्य से सभी विश्वविद्यालयों में प्राक् परीक्षा प्रशिक्षण की व्यवस्था की गयी है। प्री-मेडिकल तथा प्री-इंजीनियरिंग के लिए भी अनुसूचित जाति के छात्रों के लिए प्रशिक्षण की व्यवस्था की गयी है। यहां प्रशिक्षण पाने वाले छात्रों को 200 रु. प्रति माह प्रति छात्र की दर से छात्रवृत्ति प्रदान की जाती है।

11. कम परीक्षा शुल्क—संघ लोक सेवा आयोग, राज्य लोक सेवा आयोग, चिकित्सा, अभियंत्रण, प्रबंधन संस्थानों इत्यादि की परीक्षा में शामिल होने के लिए अनुसूचित जाति के छात्रों को कम परीक्षा शुल्क लिए जाते हैं।

12. उम्र सीमा में छूट—विभिन्न प्रकार की प्रतियोगी परीक्षाओं एवं नौकरियों में अनुसूचित जाति के उम्मीदवारों को उम्र सीमा में विशेष छूट दिए जाते हैं।

13. विदेश में पढ़ने के लिए छात्रवृत्ति—अनुसूचित जाति के विद्यार्थियों को विदेशों में उच्च शिक्षा एवं तकनीकी शिक्षा प्राप्त करने के लिए सरकार द्वारा छात्रवृत्ति की व्यवस्था की जाती है।

14. मध्य दिवसीय भोजन—स्कूल में पढ़ने वाले अनुसूचित जाति के बच्चों के लिए मध्य दिवसीय भोजन कार्यक्रम चलाए जा रहे हैं।

15. अहर्ता मानदंड में छूट—अनुसूचित जाति के उम्मीदवारों को अहर्त्ता मानदंड में छूट दी जाती है।

16. रिसर्च वैज्ञानिक तथा तकनीकी स्तरों में छूट—अनुसूचित जाति के उम्मीदवारों को रिसर्च वैज्ञानिक तथा तकनीकी स्तरों में छूट प्रदान की जाती है।

17. अत्याचार के शिकारों की क्षतिपूर्ति—अत्याचार के शिकार हुए अनुसूचित जाति के लोगों को क्षतिपूर्ति के रूप में राशि प्रदान की जाती है।

18. हरिजन कालोनी का निर्माण—अनुसूचित जाति के लोगों को आवास एवं स्वच्छ वातावरण प्रदान करने के लिए सरकारी खर्च पर हरिजन कालोनी, शौचालय, गली, नली, सड़क इत्यादि का निर्माण कराया जा रहा है।

19. पक्के घर का निर्माण—अनुसूचित जाति के लोगों को पक्का घर प्रदान करने के लिए योजनाएं चलायी जा रही हैं। विभिन्न योजनाओं के अंतर्गत घर बनाकर उन्हें दिया जाता है अथवा गृह निर्माण के लिए अनुदान राशि प्रदान की जाती है।

20. अनुसूचित जाति विकास निगम की स्थापना—अनुसूचित जाति के लोगों के आर्थिक स्तर को सुदृढ़ बनाने के लिए अनुदान तथा ऋण उपलब्ध कराने हेतु अनुसूचित जाति विकास निगम की स्थापना की गयी है। इसके माध्यम से अनुसूचित जाति के लोगों को गरिमा कार्यक्रम के अंतर्गत छोटे तथा मध्य श्रेणी के व्यवसाय हेतु अनुदान तथा ऋण दिए जाते हैं। इसके अंतर्गत रिक्शा, ट्रेक्टर, मिनी बस, बस इत्यादि के लिए भी ऋण तथा अनुदान दिए जाते हैं।

21. अंतर्जातीय विवाह के लिए कल्याण राशि—अनुसूचित जाति की लड़कियों के साथ दूसरी जाति के लड़कों के विवाह करने पर उन्हें कल्याण राशि प्रदान की जाती है ताकि वे अपना परिवार बसा सकें।

22. रैन बसेरा कार्यक्रम—शहरी क्षेत्र में अनुसूचित जाति को मकान उपलब्ध कराने के लिए रैनबसेरा कार्यक्रम के अंतर्गत बहुमंजिलें इमारतों का निर्माण किया गया है।

अनुसूचित जातियां एवं पंचवर्षीय योजनाएं

स्वतंत्रता प्राप्ति के बाद अनुसूचित जातियों की सामाजिक-आर्थिक स्थिति एवं शैक्षणिक स्थिति में सुधार लाने के लिए अनेक योजनाओं का सूत्रीकरण तथा कार्यान्वयन किया गया है। उनमें कल्याण योजनाओं के ऊपर विशेष ध्यान दिया गया है। प्रत्येक पंचवर्षीय योजनाओं में अनुसूचित जातियों के कल्याण मद में विशेष राशि की व्यवस्था सरकार द्वारा की गयी है। विभिन्न योजना मद में अनुसूचित जातियों के कल्याण कार्यक्रम पर खर्च की जाने वाली राशियों का विवरण निम्नलिखित है—

प्रथम पंचवर्षीय योजना (1951-1956)—प्रथम पंचवर्षीय योजना में अनुसूचित जातियों के कल्याण कार्यक्रम के ऊपर 70.8 मिलियन रुपये खर्च किए गए थे।

द्वितीय पंचवर्षीय योजना (1956-1961)—द्वितीय पंचवर्षीय योजना के अंतर्गत अनुसूचित जातियों के कल्याण तथा विशिष्ट योजनाओं के ऊपर 274.8 मिलियन रुपये खर्च किए गए थे।

तृतीय पंचवर्षीय योजना (1961-1966)—तृतीय पंचवर्षीय योजना के अंतर्गत अनुसूचित जातियों की विशेष योजना के ऊपर 377.8 मिलियन रुपये खर्च किए गए थे।

चतुर्थ पंचवर्षीय योजना (1969-1974)—चतुर्थ पंचवर्षीय योजना में अनुसूचित जातियों की विशेष योजना के ऊपर कुल 6750 मिलियन रुपये की राशि व्यय की गयी थी।

पंचम पंचवर्षीय योजना (1974-79)—इस पंचवर्षीय योजना में अनुसूचित जाति की विशेष योजनाओं के ऊपर 1,105.9 मिलियन रुपये की राशि खर्च किए गए थे। इस योजना से अनुसूचित जनजातियों के लिए जनजातीय उपयोजना की शुरुआत की गयी थी। अनुसूचित जनजातियों की विशेष योजनाओं को अनुसूचित जातियों से पृथक कर लिया गया था। अनुसूचित जातियों के लिए विशेष सहायता घटक योजना की शुरुआत केन्द्र सरकार द्वारा की गयी थी।

प्रथम पंचवर्षीय योजना से लेकर पंचम पंचवर्षीय योजना तक अनुसूचित जातियों को विभिन्न कल्याण योजनाओं के माध्यम से कुछ न कुछ दिया जाता रहा। उन्हें विकास का प्रतिभागी न मानकर कल्याण राशि के प्राप्तकर्त्ता माना गया। उन्हें विकास योजनाओं का प्रतिभागी नहीं बनाया गया था। लेकिन छठी पंचवर्षीय योजना से उन्हें विकास का प्रतिभागी बनाया गया। कल्याण योजनाओं के साथ-साथ उन्हें विकास योजनाओं से जोड़ा गया एवं उनकी सहभागिता सुनिश्चित की गयी।

छठी पंचवर्षीय योजना (1979-84)—छठी पंचवर्षीय योजना में अनुसूचित जाति के विकास हेतु विशेष केन्द्रीय सहायता घटक योजना के ऊपर 600 करोड़ रुपये व्यय किए गए थे। अनुसूचित जातियों के सामाजिक तथा आर्थिक विकास पर विशेष ध्यान दिए गए थे। शिक्षा, रोजगार, स्वास्थ्य तथा सफाई कार्यक्रमों को सूचीबद्ध किया गया। कृषि तथा मजदूरी विकास के साथ-साथ पशुपालन, बागवानी, सुअर पालन, मुर्गी पालन से संबंधित योजनाओं की शुरुआत की गयी।

सप्तम पंचवर्षीय योजना (1985-90)—इस योजना अवधि में भी कृषि, मजदूरी, पशुपालन, शिक्षा, स्वास्थ्य, सफाई इत्यादि पर विशेष ध्यान दिया गया। अनुसूचित जातियों को उन विकास योजनाओं से जोड़ा गया। रोजगार पर विशेष ध्यान दिया गया। शोषण से मुक्ति प्रदान करने का हर संभव प्रयास किया गया। निर्योग्यता एवं अयोग्यता का पता लगाकर उन्हें दूर करने का प्रयास किया गया।

अष्टम पंचवर्षीय योजना (1992-97)—इस पंचवर्षीय योजना में सप्तम पंचवर्षीय योजना में चालू की गयी योजनाओं को जारी रखा गया। स्पेशल कंपोनेंट प्लान के अंतर्गत 3086.06 करोड़ का उपबंध इस योजना के अंतर्गत था। संस्थागत विकास तथा सामाजिक सेवा के ऊपर विशेष बल दिया गया था। गैर-सरकारी संगठनों को अनुसूचित जाति विकास के साथ जोड़ा गया। स्वयंसेवी संगठनों के माध्यम से कल्याण योजनाओं को गति देने का प्रयास किया गया।

नवम पंचवर्षीय योजना (1997-2002)—इस पंचवर्षीय योजना के अंतर्गत अनुसूचित जातियों के सशक्तिकरण पर विशेष बल दिया गया। कृषि, मजदूरी, ग्रामीण विकास तथा आर्थिक विकास पर विशेष ध्यान रखा गया। सभी के लिए भोजन तथा पोषण सुरक्षा, पेयजल, प्राथमिक शिक्षा, आवास, स्वास्थ्य इत्यादि पर विशेष बल दिया गया। पर्यावरण विकास के ऊपर भी विशेष ध्यान दिया गया। पंचायती राज संस्थाओं, सहकारी बैंकों एवं सहायता समूहों को लोगों के विकास के साथ जोड़ा गया। अनुसूचित जाति की महिलाओं को सशक्त बनाने का हर संभव प्रयास किया गया। अनुसूचित जातियों में आत्म विश्वास उत्पन्न करने का हर संभव प्रयास किया गया।

दशम पंचवर्षीय योजना (2002-2007)—इस पंचवर्षीय योजना में भी अनुसूचित जातियों के सशक्तिकरण, स्वास्थ्य, शिक्षा, पर्यावरण एवं कल्याण योजनाओं के ऊपर होने वाले व्यय को आगे जारी रखा गया है।

अनुसूचित जातियों की वर्तमान स्थिति

कल के अछूत जिन्हें हमारा संविधान अनुसूचित जाति की संज्ञा प्रदान करता है आज अपने आपको दलित के रूप में पहचान बनाए हुए हैं। 1991 की जनगणना के अनुसार देश की कुल आबादी में इनका प्रतिशत 16.37 है। अतीत से ही ये लोग हमारे देश के सबसे दबे-कुचले समुदाय रहे हैं। भारतीय समाज की संरचना में इन्हें निम्न स्थान में डाल दिया गया है तथा उन्हें निर्योग्य घोषित कर दिया गया है। इसके कारण ये लोग सामाजिक अधिकार से वंचित, आर्थिक अधिकार के निर्योग्य, राजनीतिक अधिकार से रहित तथा स्वास्थ्य जीवन से वंचित रह गए हैं। ये लोग वंचित एवं शोषित समुदाय के रूप में जीते रहे हैं। सबसे दुखद पहलू यह है कि इनका अतीत ही नहीं वरन् वर्तमान भी कम त्रासद नहीं है। नौ पंचवर्षीय योजनाओं के पूरा हो जाने, आजादी के 58 वर्ष बीत जाने और हमारे समाज के 21वीं सदी में प्रवेश कर जाने के बाद भी दलितों की हालत बहुत बदली हुई नहीं है।

50 प्रतिशत अनुसूचित जाति के लोग गरीबी रेखा से नीचे जीवनयापन कर रहे हैं। 68 प्रतिशत लोग अभी भी निरक्षर हैं। ग्रामीण क्षेत्रों में 63 प्रतिशत लोगों को मजदूरी नहीं मिल पाती है। केवल 20 प्रतिशत अनुसूचित जातियों के पास कृषि योग्य जमीन है। 80 प्रतिशत अनुसूचित जाति के लड़के-लड़कियां हाई स्कूल के बाद पढ़ायी छोड़ देते हैं। प्रत्येक दिन दो अनुसूचित जातियों की महिलाओं के साथ बलात्कार होता है तथा दो अनुसूचित जाति के व्यक्तियों की हत्या की जाती है।

अनुसूचित जाति की इन स्थितियों को नीचे सारणी में प्रस्तुत किया गया है।

सारणी 12.1: भारत के विभिन्न राज्यों में अनुसूचित जातियों की आर्थिक, सामाजिक एवं शैक्षणिक स्थिति

क्र. सं.	राज्य	एस.सी. आबादी (%)	साक्षर एस.सी. (%)	गरीब एस.सी (%)	सेकेंडरी स्तर पर स्कूल छोड़ने वाले (%)
1.	आंध्र प्रदेश	15.93	31.95	34.92	86.00
2.	अरुणाचल प्रदेश	0.47	57.27	—	—
3.	असम	7.40	53.94	29.86	62.42
4.	बिहार	14.56	19.49	62.91	89.39
5.	गोवा	2.08	58.73	—	81.07
6.	गुजरात	7.41	61.07	38.62	71.29
7.	हरियाणा	19.75	39.22	35.07	78.12
8.	हिमाचल प्रदेश	25.34	53.02	27.70	67.78
9.	जम्मू और कश्मीर	—	—	—	—
10.	कर्नाटक	16.38	38.06	54.00	75.03
11.	केरल	9.92	79.66	34.01	51.05
12.	मध्य प्रदेश	14.54	35.08	55.41	61.58
13.	महाराष्ट्र	11.10	56.46	52.10	71.96
14.	मणिपुर	2.02	56.44	—	81.70
15.	मेघालय	0.51	44.27	—	30.57
16.	मिजोरम	0.10	77.92	—	—
17.	नागालैंड	—	—	—	—
18.	उड़ीसा	16.20	36.78	48.2	81.54
19.	पंजाब	28.31	41.09	25.02	79.34
20.	राजस्थान	17.29	26.29	43.50	82.07
21.	सिक्किम	5.93	51.03	—	91.51
22.	तमिलनाडु	19.18	46.74	52.77	77.32
23.	त्रिपुरा	16.36	56.66	—	87.29
24.	उत्तर प्रदेश	21.04	26.85	58.50	72.20
25.	पश्चिम बंगाल	23.62	42.21	41.51	88.81
26.	दिल्ली	19.05	57.60	—	65.36

स्रोत—अल्टरनेटिव इकोनॉमिक सर्वे, 2002-03।

उपरोक्त सारणी के अवलोकन से अनुसूचित जातियों की वर्तमान वास्तविक सामाजिक, आर्थिक एवं शैक्षणिक स्थिति पर प्रकाश पड़ता है। अनुसूचित जातियों की अभी भी इस त्रासद स्थिति के कई कारण हैं। कुछ कारण आंतरिक हैं तो कुछ कारण बाह्य भी हैं। अनुसूचित जातियों के बीच व्याप्त सामाजिक-आर्थिक जड़ता के कारण इनकी प्रगति बाधित हुई है।

शिक्षा किसी भी समाज के विकास का मुख्य आधार होता है। लेकिन आर्थिक तंगी तथा स्कूलों की कमी के कारण अनुसूचित जातियों के बीच शिक्षा का प्रचार-प्रसार बहुत ही धीमा रहा है। पाठ्यक्रम एवं अध्ययन सामग्री को समाज के उच्च तबकों के लोगों को ध्यान में रखकर बनाया गया है। इस शिक्षा में दलितों को बहुत कम स्थान मिला है। दलितों के इतिहास, श्रम एवं संस्कृति को इस शिक्षा में बहुत कम स्थान प्राप्त हुआ है। इस कारण भी दलित अपने आपको इस शिक्षा से जोड़ पाने की कोशिश नहीं किए हैं। सामाजिक अड़चनों एवं निषेधों के कारण भी वे शिक्षा से अपने आपको नहीं जोड़ पाए। सबसे अधिक स्कूल छोड़ने वालों की संख्या दलितों के मध्य ही पायी जाती है। शिक्षा प्राप्त दलित युवक-युवतियों की एक लंबी फौज तैयार हो गयी है। वे बेकार हैं। वे परंपरागत पेशों को स्वीकार नहीं करते। नयी पेशा उन्हें प्राप्त नहीं होती। उनके सामने नया भविष्य दिखायी नहीं देता। उनके सामने नौकरी का संकट दिखायी देता है। प्रबंधन एवं तकनीक से जुड़ी नौकरियों में दलितों को नियुक्ति पाना कठिन हो गया है। उत्पादन के आधुनिकीकरण के कारण उनकी परंपरागत पेशा भी समाप्त हो गयी है। निजीकरण के कारण ठेकेदारी प्रथा उनकी वंशानुगत पेशों को खत्म कर दी है। परिणामस्वरूप दलित अधिकाधिक गरीब होते चले जा रहे हैं।

दलितों की दशा सुधारने के लिए हमारे संविधान में समानता का नारा प्रदान किया गया है। अवसर की समानता लाने के उद्देश्य से दलितों के लिए आरक्षण का प्रावधान किया गया है। स्वतंत्रता प्राप्ति के बाद दलितों को तीन क्षेत्रों में आरक्षण का लाभ मिला। ये तीन क्षेत्र हैं—(i) राजनीतिक आरक्षण, (ii) नौकरी में आरक्षण तथा (iii) शिक्षा में आरक्षण। राजनीतिक निकायों में दलितों के लिए स्थान आरक्षित किए गए। केन्द्र तथा राज्य सरकार के सार्वजनिक उपक्रमों, बैंकिंग तथा इन्श्योरेंस क्षेत्रों में दलितों को आरक्षण दिया गया है। दलितों को शैक्षणिक संस्थानों तथा अन्य सुविधाओं में आरक्षण दिया गया है। इन कदमों के फलस्वरूप दलित आगे बढ़े हैं। लेकिन संविधान में वर्णित प्रावधानों के बावजूद केन्द्र सरकार कभी भी नौकरियों में दलितों के स्थान को नहीं भर पायी है। नीचे प्रस्तुत आंकड़ों का अवलोकन इस सच्चाई की पुष्टि करते हैं।

सारणी 12.2: विभिन्न नौकरियों में दलितों की स्थिति

श्रेणी	केन्द्रीय नौकरियां (%)	सार्वजनिक उपक्रम (%)	सार्वजनिक क्षेत्र के बैंक व वित्तीय संस्थान (%)	बीमा क्षेत्र (%)
A	11.29	10.35	12.51	13.67
B	12.68	11.05	14.88	12.40
C	15.72	18.93	24.46	17.24

सारणी 12.3: विभिन्न केन्द्रीय विश्वविद्यालय में दलित शिक्षकों की स्थिति

श्रेणी	BHU	AMU	JNU	DU	ZAMIA	Vidya Bharati	Hyderabad
प्रोफेसर	1/360	0/233	2/183	3/332	0/80	1/184	1/72
रीडर	1/396	0/385	3/100	2/197	1/128	1/70	2/87
लेक्चरर	1/396	0/521	11/70	9/140	1/216	16/188	13/44

आई.आई.टी. और प्रबंधन संस्थानों में तो दलितों की स्थिति और भी दयनीय है। आई.आई.टी. चेन्नई के 450 फैकल्टी सदस्यों में से केवल तीन ही अनुसूचित जाति/अनुसूचित जनजाति के सदस्य थे। वे भी अपनी योग्यता के आधार पर आए थे। अत: आरक्षण को भी सही ढंग से लागू नहीं किया जा सका है।

उदारीकरण के बाद नौकरी में कटौती एक सामान्य परिघटना बन गयी है। यह केवल सरकारी नौकरियों के लिए ही सत्य नहीं है, वरन् निजी क्षेत्र की नौकरियों की भी यही स्थिति है। 2003 के अंत तक सरकार ने 18 पब्लिक सेक्टरों में से 10 को निजी क्षेत्र के लिए खोल दिया है। बाकी 8 के बारे में भी निर्णय जल्द लिए जाने की संभावना है। विनिवेश की जा रही कंपनियों में दलितों को कोई हिस्सा नहीं है। लेकिन जब वे कंपनियां सरकारी कब्जे में थीं तब उनमें दलितों के लिए आरक्षण था। पांचवे वेतन आयोग ने नौकरियों में 30 फीसदी कटौती का प्रस्ताव दिया है। सरकारी खर्च घटाने के नाम पर सरकारी क्षेत्र में अवसरों में भारी कटौती हो रही है। इसका असर आम लोगों के साथ-साथ दलितों पर भी होगा। इससे दलितों की स्थिति और खराब हो जायेगी। क्योंकि उनकी हालत पहले से ही खराब है।

बदलते समय में दलितों के पक्ष में कुछ उत्साहजनक परिणाम भी सामने आए हैं। आज वे राजनीतिक ताकत हैं। सामाजिक, आर्थिक, राजनीतिक एवं सांस्कृतिक क्षेत्रों में उनकी हिस्सेदारी किसी की दया पर निर्भर नहीं है। आर्थिक नीतियों ने दलितों के लिए अवसर पैदा किए हैं। बाजार उनके लिए सहायक सिद्ध हुआ है।

अनुसूचित जातियों के ऊपर अत्याचार (Atrocities)

अत्याचार का संबंध दुष्कर्म, अनैतिक कर्म, यौनाचार, दुराचार इत्यादि से है। अनुसूचित जातियों को अछूत के रूप में सदियों से सामाजिक, आर्थिक, धार्मिक, राजनीतिक, शैक्षणिक तथा स्वास्थ्य संबंधी निर्योग्यताओं का सामना करना पड़ा है। समाज में उनका स्थान निम्न रहा है जिसके कारण वे सामाजिक अधिकारों से वंचित रहे हैं। चूँकि उन्हें संपत्ति रखने का अधिकार नहीं था, अत: वे आज भी साधनहीन तथा संपत्तिहीन के रूप में जीवन गुजार रहे हैं। समाज की राजनीति में उनका कोई स्थान नहीं रहा है, इसलिए वे संख्या बल प्राप्त करने के बाद भी शक्तिहीन रहे हैं। स्वतंत्रता प्राप्ति के बाद अनुसूचित जातियों को अपने संख्या बल का एहसास हुआ है। इसके कारण समाज में उच्च तथा मध्य स्थान वाली जातियां उन्हें दबाने के लिए अत्याचार का सहारा ले रही हैं। साधनहीन विशेषकर भूमिहीन होने के कारण समाज में उन्हें कई तरह के अत्याचारों का सामना तथा सहन करना पड़ता है। अनुसूचित जातियों के ऊपर साधन संपन्न जातियों द्वारा निम्नलिखित प्रकार का अत्याचार किया जाता है—

1. व्यक्तिगत जमीन से होकर जाने पर प्रतिबंध—फसल के दिनों में अनुसूचित जाति के लोगों को जमीन मालिकों की जमीन से होकर गुजरने पर प्रतिबंध लगा रहता है। अगर वे किसी कारणवश इस प्रतिबंध का पालन नहीं कर पाते हैं, तब उन्हें गाली सुनना पड़ता है।

2. घास काटने पर प्रतिबंध—अनुसूचित जाति के लोगों के पास अपनी जमीन नहीं होती है। वे लोग एक या दो गाय, बकरी, बाछा, बाछी इत्यादि पालते हैं। उन्हें खिलाने के लिए वे घास काटते हैं। वे सरकारी अथवा सार्वजनिक जमीन पर घास काट सकते हैं, लेकिन निजी जमीन पर उन्हें घास काटने की छूट नहीं दी जाती है। अगर वे इस नियम को तोड़ते हैं, तब उन्हें गाली गलौज तथा मार-पीट की स्थिति का सामना करना पड़ता है।

3. निजी जमीन में शौच करने पर प्रतिबंध—फसल के दिनों में अनुसूचित जाति के लोगों को निजी जमीन पर शौच नहीं करने दिया जाता है, अगर कोई व्यक्ति इस नियम को तोड़ता है, तब उसे गाली तो सुनना ही पड़ता है साथ ही साथ दंड भी भरना पड़ता है।

4. पशुचारण पर प्रतिबंध—अनुसूचित जाति के लोगों को सार्वजनिक जमीन पर पशुचारण की स्वतंत्रता दी जाती है, लेकिन निजी जमीन पर उन्हें पशुचारण करने नहीं दिया जाता है। इस नियम को तोड़ने पर उन्हें गाली, गलौज, मार-पीट तथा आर्थिक दंड का सामना करना पड़ता है।

5. वृक्ष से सुखी लकड़ी तोड़ने पर प्रतिबंध—अनुसूचित जाति के लोगों के पास अपना पेड़ नहीं होता है। जलावन के लिए सुखी लकड़ी तथा पत्तियां दूसरों के पेड़ों से जमा करना पड़ता है। लेकिन इस कार्य के लिए उन्हें स्वतंत्रता नहीं दी जाती है। उन्हें अपने

मालिकों से पूछना पड़ता है। अगर कोई व्यक्ति इस नियम का उल्लंघन करता है, तब उसे अपमानित होना पड़ता है। कभी-कभी दंड भी भरना पड़ता है।

6. साग काटने पर प्रतिबंध—चना, खेसारी तथा मटर के फसल के दिनों में किसान लोग साग काटने पर प्रतिबंध लगा देते हैं। अनुसूचित जाति के लोग साग काटने के लिए खेत पर पहुंच जाते हैं। कभी वे सफल भी हो जाते हैं। लेकिन जब पकड़े जाते हैं तब उन्हें गाली दी जाती है, पीटा जाता है तथा दंड भी वसूल लिया जाता है।

7. फल तोड़ने पर प्रतिबंध—गांवों में करीब प्रत्येक किसान के पास आम, अमरूद, बेर, बेल, इमली इत्यादि फसलदार वृक्ष होते हैं। अनुसूचित जाति के लोगों के पास वृक्ष के अभाव होते हैं। फल देखकर फल खाने की इच्छा उनमें जागृत होती है। वे फल चोरी करते हैं। अगर फल तोड़ते पकड़े जाते हैं, तब उन्हें गाली-गलौज तथा मार-पीट की स्थिति का सामना करना पड़ता है। साथ ही दंड भी देना पड़ता है।

8. महुआ चुनने पर प्रतिबंध—अनुसूचित जाति के लोगों को बिना मालिक के अनुमति के महुआ चुनने पर प्रतिबंध लगा रहता है। लेकिव वे लोग महुओं की चोरी करने का प्रयास करते हैं। अगर वे पकड़े जाते हैं तब उन्हें बुरी तरह पीटा जाता है तथा दंड वसूला जाता है।

9. अनुसूचित जाति के घर चोरी—अनुसूचित जाति के लोगों को परेशान करने के लिए उनके घर से अनाज, बक्सा, रुपया तथा अन्य सामानों की चोरी कर ली जाती है।

10. अनुसूचित जाति के पशु की चोरी—अनुसूचित जाति के लोगों को परेशान करने के लिए उनके घर के पालतू जानवरों की चोरी कर ली जाती है। जैसे गाय, भैंस, बकरी, मुर्गी इत्यादि की चोरी।

11. खेत खलिहान से फसल की चोरी—अनुसूचित जाति के लोगों को परेशान करने के लिए उनके खेत-खलिहान से फसल चुरा लिए जाते हैं। आजकल अनुसूचित जाति के लोगों के पास अपनी जमीन भी है। वे लोग जमीन बटाईदारी के लिए लेते हैं। उनके खेत खलियान से फसल चुरा लिए जाते हैं।

12. घर तथा खलिहान में आग लगाना—आजकल हरिजन जाति के पास भी अच्छे-अच्छे खपरैल तथा पक्के मकान हैं। उनके पास खेती योग्य भूमि भी है। वे लोग बंटाई तथा पट्टा पर जमीन लेकर भी खेती करते हैं। उनके घर तथा खलिहान में आग लगा दी जाती है ताकि उसकी संपत्ति का नुकसान हो सके।

13. डकैती—शादी विवाह तथा पर्व-त्योहार के अवसर पर अनुसूचित जाति के लोगों को परेशान करने के उद्देश्य से डकैती कर ली जाती है।

14. बहू-बेटियों के साथ बलात्कार—अनुसूचित जाति की महिलाएं शौच, स्नान, पानी, घास, जलावन के लिए अपने मालिक की जमीन पर जाती हैं। सुनसान स्थान में अन्य जाति के पुरुषों द्वारा उन्हें बलात्कार की स्थिति का सामना करना पड़ता है। मिट्टी

लाने, साग काटने, ईख तोड़ने इत्यादि के क्रम में भी उसके साथ बलात्कार किया जाता है। साधनहीन तथा शक्तिहीन होने के कारण बलात्कार को विरोध करने की हिम्मत उनमें नहीं आती है।

15. सामूहिक बलात्कार—होली, दशहरा तथा अनेक उत्सविक अवसरों तथा एकांत निर्जन स्थानों में अनुसूचित जाति की महिला को सामूहिक बलात्कार का शिकार होना पड़ता है। फल तोड़ने, साग खोटने, महुआ चुनने, ईख तोड़ने, घास काटने के वक्त उनके साथ सामूहिक बलात्कार किया जाता है।

16. रखनी प्रथा का शिकार—दलित महिलाओं को रखनी प्रथा का शिकार होना पड़ता है। साधन संपन्न पुरुष उन्हें रखनी बनाकर रखते हैं तथा उनके साथ तरह-तरह के अत्याचार करते हैं।

17. संगठित अपराध—आजकल दलितों के ऊपर संगठित अपराध के माध्यम से अत्याचार किया जा रहा है। संगठित अपराध द्वारा दलितों के संपूर्ण टोला को नरसंहार का रूप दे दिया जाता है।

दलित महिलाएं तिहरे शोषण की शिकार

दलित महिलाएं भारतीय समाज का सबसे पिछड़ा तबका है। समाज में उसकी स्थिति जाति से निर्धारित होती है। चूंकि उसकी जाति का स्थान निम्न होता है, अत: समाज में उसका स्थान भी निम्न माना जाता है। वे विकास की सीढ़ी की अंतिम अवस्था में हैं। इस प्रकार वे तिहरे—सामाजिक, सांस्कृतिक और आर्थिक—शोषण की शिकार होती हैं। उच्च जाति की महिलाएं दोहरे शोषण की शिकार होती हैं। एक स्त्री होने के नाते समाज में उन्हें दोयम दर्जा प्राप्त होता है। भारतीय समाज में उन्हें सम्मानजनक स्थान प्राप्त है। लेकिन दलित महिला को समाज में सम्मानजनक स्थान नहीं प्राप्त होता है। उच्च जाति की स्त्री अपने पति की संपत्ति की मालकिन कहलाती है। दलित महिला मजदूर की पत्नी होने के कारण आर्थिक रूप से भी शोषित होती हैं। मजदूर के रूप में काम करने के कारण उन्हें समाज में उचित स्थान नहीं मिल पाता है। उन्हें समाज में इज्जत नहीं मिल पाती है। अछूत होने के कारण सांस्कृतिक अनुष्ठानों में उन्हें निषिद्ध माना जाता है। उच्च जाति के पुरुष उन्हें मात्र भोग की वस्तु मानते हैं। इसीलिए वे यौन शोषण की सबसे अधिक शिकार होती हैं। दलित महिलाओं के ऊपर डायन कहकर अत्याचार किया जाता है। उन्हें नंगे घुमाया जाता है, गुप्तांग को दागा जाता है, सामूहिक बलात्कार किया जाता है। दलित पुरुष भी दलित महिलाओं पर कम अत्याचार नहीं करते हैं। वे भी उन्हें डायन के नाम पर शोषण एवं उत्पीड़न करते हैं।

सारणी 12.4: 1981-2000 के बीच दलित पर अत्याचार की घटनाएं

वर्ष	हत्या	भारी क्षति	बलात्कार	आगजनी	हरिजन एक्ट (1989) के तहत मामला	अपराध	कुल
1981	493	1492	604	1295	10343	14318	28636
1982	514	1429	635	1035	11441	15054	30108
1983	525	1351	640	993	11440	14949	29898
1984	541	1454	692	973	12327	15987	31974
1985	502	1367	700	980	11824	15373	30746
1986	564	1408	727	1002	11715	15416	30832
1995	571	4544	837	500	11056	13925	31433
1996	543	4585	949	464	13862	9620	30023
1997	504	3462	1002	384	12149	7831	25138
1999	506	3241	1000	337	11820	7289	25093

सारणी 12.5: कुछ राज्यों में हरिजन एक्ट (1989) के तहत लंबित मामले

क्र.सं.	राज्य	मामले की संख्या	प्रतिशत
1.	उत्तर प्रदेश	74303	21.04
2.	महाराष्ट्र	8218	11.10
3.	राजस्थान	5836	17.29
4.	उड़ीसा	5669	16.20
5.	आंध प्रदेश	1845	15.93
6.	तमिलनाडु	1810	19.18
7.	कर्नाटक	1749	16.38
8.	केरल	1768	9.92

दलित एवं मानवाधिकार हनन

उपरोक्त आंकड़ों से यह स्पष्ट होता है कि दलितों के ऊपर विभिन्न प्रकार के अत्याचार अभी भी जारी है। दलितों के मानवाधिकार का हनन अतीत से किया जाता रहा है तथा आज भी जारी है। दलित मानवाधिकार की चर्चा करने से पूर्व यहां कुछ तथ्यों पर ध्यान देना अनिवार्य प्रतीत होता है। लेकिन यहां यह जानना आवश्यक है कि मानवाधिकार क्या है। एक मानव होने के नाते समान रूप से जीने के अधिकार को ही मानवाधिकार कहा जा सकता है। एक मानव होने का पूरा-पूरा अधिकार मानवाधिकार कहलाता है। हमारे संविधान में दलितों को समानता का अधिकार प्राप्त है। लेकिन क्राइम इन इंडिया (1999) का प्रतिवेदन तथा अनुसूचित जाति/जनजाति आयोग का प्रतिवेदन स्पष्ट दर्शाता है कि दलितों को समानता का अधिकार व्यवहार में नहीं प्राप्त हुआ है। हमारे यहां प्रत्येक दिन, घर घंटे और हर पल दलितों के मानवाधिकार का हनन होता है।

विश्व स्तर पर मानवाधिकार की घोषणा 10 दिसंबर, 1948 को की गयी थी। इसीलिए 10 दिसंबर को अंतरराष्ट्रीय मानवाधिकार दिवस के रूप में मनाया जाता है। दलित लोग इसे दलित मानवाधिकार दिवस के रूप में मनाते हैं। इसका कारण यह है कि दलित सदियों से सबसे ज्यादा मानवाधिकारों से वंचित रहे है।

हमारे देश में दलितों की सुरक्षा की व्यवस्था संविधान के विभिन्न धाराओं में दी गयी है। उन्हें शोषण, उत्पीड़न तथा वंचन से बचाने के लिए अनेक कानून बनाए गए हैं। उनकी शिक्षा, आवास, स्वास्थ्य पर विशेष ध्यान दिया गया है। लेकिन इसके बावजूद उन पर अत्याचार थमने का नाम नहीं ले रहा है। इसका कारण है अछूत प्रथा। यह प्रथा नियमतः प्रतिबंधित है। लेकिन मानसिक स्तर पर यह अभी भी जारी है। लोगों के सोच-विचार में अभी भी अंतर नहीं आया है। इस प्रथा के कारण वे समाज से अलग-थलग रहे। उन्हें शिक्षा, स्वास्थ्य, भोजन, आवास, सत्ता एवं संसाधन से हमेशा हाथ धोना पड़ा है। जीवन से जुड़े संसाधनों से अलग रखकर उन्हें सदियों से भूखमरी का शिकार बनाया गया। आजादी के 58 वर्ष व्यतीत हो जाने के बाद भी उन्हें इस वीभत्स परिघटना से उबारने के लिए कोई ठोस कदम नहीं उठाए गए हैं।

भारत में दलितों की आबादी करीब 16 करोड़ है। लेकिन आबादी के अनुसार जमीन संसाधन में उनकी भागीदारी नहीं है। उन्हें काश्तकार या मालिक नहीं बनाया जाता है। अगर कुछ दलित काश्तकार या मालिक बने हैं अथवा प्रगति किए हैं तो वे अपने मेहनत के बल पर ही आगे हैं। भूमि सुधार अधिनियम को लागू हुए करीब पांच दशक बीत चुके हैं। लेकिन 60 प्रतिशत दलित आज भी खेतीहर मजदूर के रूप में जीवन व्यतीत कर रहे हैं। ऐसी स्थिति में वे जमीन मालिकों के ऊपर अपनी जीविका के लिए आश्रित हैं। दूसरों पर निर्भरता के कारण ही उन्हें शोषण, वंचन, उत्पीड़न एवं अत्याचार का शिकार होना पड़ता है। दलित महिलाओं और बच्चों की तो स्थिति और दयनीय है। बाल मजदूर में भी सबसे ज्यादा बच्चे दलित समुदाय से ही आते हैं। यह मानवाधिकार हनन का प्रत्यक्ष उदाहरण है। जन्म तो इनके माता-पिता दे देते हैं। लेकिन इन्हें अपना पेट पालन, तन ढकने तथ पारिवारिक आय में कुछ योगदान देने के लिए उन्हें दूसरों के घर काम करना पड़ता है। शिक्षा की जगह वे रोटी को ज्यादा महत्त्वपूर्ण मानते हैं। सरकार शिक्षा के विश्वव्यापीकरण की बात करती है। लेकिन दलित समुदाय के 70 प्रतिशत छात्र-छात्राएं उच्च शिक्षा प्राप्त करने में विफल हो जाते हैं।

हमारे देश में 1989 में हरिजन एक्ट बना। लेकिन दलितों पर अत्याचार और बढ़ गए हैं।

अतः दलितों की इस स्थिति को बदलने के लिए केवल दलित छात्रों, बुद्धिजीवियों एवं शिक्षाविदों को ही आगे आना नहीं चाहिए। वरन् समाज के सभी लोगों को मिल-जुलकर इस समस्या के समाधान में योगदान देना चाहिए। इसके लिए निम्नलिखित उपाय किए जा सकते हैं—

1. दलितों की वर्तमान सामाजिक, आर्थिक, धार्मिक तथा राजनीतिक धरातल को समझने का प्रयास किया जाना चाहिए।

2. अनुसूचित जाति आयोग को और शक्तिशाली बनाना होगा ताकि वह दलितों के शोषण, वंचन, उत्पीड़न एवं अत्याचार का उन्मूलन करने में सक्षम हो सकें।

3. दलितों के प्रति नकारात्मक सोच में बदलाव लाना होगा।

4. सभी संसाधनों में दलितों का हक सुनिश्चित किया जाना चाहिए।

देश के साथ-साथ विश्व स्तर पर भी व्यापक बदलाव लाया जाना चाहिए। विश्व स्तर पर भी निम्नलिखित ढंग से चर्चा होनी चाहिए—

1. नस्लवाद के समान जातिवाद पर भी अंतरराष्ट्रीय स्तर की चर्चा होनी चाहिए। डरबन तथा वैंकुवर (कनाडा) की तरह नियमित रूप से अंतरराष्ट्रीय सम्मेलन होना चाहिए।

2. अप्रवासी दलित संगठित होकर जातिवाद को विश्व स्तर पर बेनकाब करें।

3. अंतरराष्ट्रीय स्तर पर दलित मुक्ति का स्वर मुखरित हो।

अनुसूचित जातियों का शोषण

साधन संपन्न तथा शक्ति संपन्न द्वारा साधनहीन तथा शक्तिहीन लोगों का शोषण आरंभ से ही होते आया है। अछूत के रूप में अनुसूचित जातियों का स्थान आरंभ से ही समाज में निम्न रहा है। समाज में निम्न स्थान के कारण उन्हें सामाजिक, धार्मिक तथा राजनीतिक अधिकारों से वंचित होना पड़ा है। अपने अधिकारों से वंचित होने के कारण वे समाज में साधनहीन तथा शक्तिहीन हो गए हैं। साधनहीनता तथा शक्तिहीनता के कारण उन्हें शोषण का शिकार होना पड़ा है। अनुसूचित जातियों के शोषण का अध्ययन निम्नलिखित क्षेत्रों में विभाजित कर किया जा सकता है—

1. अनुसूचित जाति के शोषण का सामाजिक क्षेत्र
2. अनुसूचित जाति के शोषण का धार्मिक क्षेत्र
3. अनुसूचित जाति के शोषण का आर्थिक क्षेत्र
4. अनुसूचित जाति के शोषण का राजनीतिक क्षेत्र

1. अनुसूचित जाति के शोषण का सामाजिक क्षेत्र—अनुसूचित जाति के शोषण के सामाजिक क्षेत्र के अंतर्गत बालक-बालिकाओं का शोषण, महिलाओं का शोषण एवं वृद्धजनों के शोषण का उल्लेख किया जा रहा है। प्रत्येक समाज में बालक, महिला तथा वृद्धजनों का शोषण नहीं होता है। ठीक इसके विपरीत साधनहीन समाज में बालक, महिला तथा वृद्धजनों को शोषण का शिकार होना पड़ता है। अनुसूचित जातीय समाज में साधनहीनता तथा अस्तित्व-अभिमुख अर्थ व्यवस्था के कारण बालकों, महिलाओं तथा वृद्धजनों को शोषण का शिकार होना पड़ता है।

बालक-बालिका का शोषण—अनुसूचित जातीय समाजों में बालकों का शोषण अपने परिवार से ही आरंभ हो जाता है। ज्यों ही बालक-बालिकाएं चार-पांच वर्ष के हो जाते हैं, उनसे घरेलू काम करवाया जाने लगता है। उन्हें ठीक ढंग से भोजन-वस्त्र नहीं दिया जाता है, न ही उन्हें स्कूल भेजा जाता है। वरन् उन्हें पानी लाने, झाड़ू लगाने, चूल्हा साफ करने, बर्तन धोने इत्यादि घरेलू कामों में लगा दिया जाता है। जब घरेलू काम से वे निश्चिंत होते हैं तब उन्हें बकरी चराने, चारा लाने, घास लाने, झुरी, सुखी पत्तियां लाने इत्यादि के लिए भेज दिया जाता है। जब वे थोड़ा और बड़े हो जाते हैं, तब उन्हें किसी मालिक के घर चरवाही करने, घरेलू काम करने, गोशाला साफ करने इत्यादि के लिए भेज दिया जाता है। उन्हें गैराज मालिक, होटल मालिक, खटाल मालिक के यहां काम करने के लिए भेज दिया जाता है। मालिकों के यहां उन्हें भर पेट भोजन तथा बर्तन कपड़ा तो नसीब होता है, लेकिन उनका शारीरिक तथा मानसिक शोषण भरपूर किया जाता है। मालिक उन्हें गाली-गलौज करते हैं तथा मारते-पीटते है। कभी-कभी पैसा भी नहीं देते हैं। ऊपर से उन पर चोरी का इल्जाम लगाते हैं। इस प्रकार अनुसूचित जातीय समाज में बालकों की बाल्यावस्था छीन ली जाती है। यही वह अनमोल समय है जब एक व्यक्ति को शारीरिक, मानसिक तथा शैक्षणिक विकास होता है। लेकिन साधनहीनता के कारण उनका दैहिक, मानसिक तथा शैक्षणिक शोषण हो जाता है।

महिला का शोषण—अनुसूचित जातीय समाज में बालकों के साथ-साथ महिलाओं का भी दोहन होता है। अनुसूचित जातीय परिवार साधनहीन होते हैं। उनकी अर्थव्यवस्था मजदूरी पर आधारित होती है। जिस परिवार में मजदूरी कमाने वाले सदस्यों की संख्या जितनी अधिक होती है, उस परिवार की आय अधिक होती है। अनुसूचित जातीय महिलाओं को घरेलू काम-काज के साथ-साथ मजदूरी भी कमाना पड़ता है। वे सुबह चार बजे जग जाती हैं तथा शाम में नौ बजे तक सो जाती हैं। यही दैनिक कार्यक्रम सभी दिनों तथा सभी मौसम के लिए होता है। सुबह आठ बजे तक घरेलू काम निपटाकर, खाना बनाकर, परिवार के सदस्यों को खाना खिलाकर, मालिक के खेतों में काम करने चली जाती है। वे शाम में पांच बजे काम से वापस आती है तथा खाना बनाने में लग जाती है। परिवार के सभी सदस्यों को खाना खिलाकर नौ बजे तक सोने के लिए चली जाती है। घरेलू काम तथा मजदूरी की कमाई के साथ-साथ वे गर्भधारण, जन्म तथा शिशु पालन के कार्य भी करती है। अनुसूचित जातीय परिवार को चलाने में महिलाओं का महत्त्वपूर्ण योगदान रहता है। वे अपने शरीर तथा स्वास्थ्य का ध्यान नहीं रखते हुए भी परिवार की आय बढ़ाने में रात-दिन लगी रहती है। गर्भवती होने की स्थिति में भी केवल घरेलू काम ही नहीं करती हैं, वरन् मजदूरी कमाने भी चली जाती है। सिर्फ अंतिम माह में वे मजदूरी कमाना छोड़ती हैं, लेकिन घर का काम करती है। प्रसव के एक सप्ताह बाद ही वे घरेलू काम करने लगती हैं। पंद्रह या बीस दिनों के बाद काम पर चली जाती है तथा मजदूरी कमाने लगती हैं। जब काम का अभाव रहता है, तब वे ईंधन के लिए लकड़ियां, पत्तियां,

घास, पुआल, गोबर इत्यादि जुटाती हैं। घर के मरम्मत का कार्य करती हैं। रस्सी, चटाई, बढनी, इत्यादि बनाती हैं। अपने बच्चों के साथ-साथ अनाज के अभाव में भूखे भी सो जाती है। अनाज खाना नहीं बच जाने की स्थिति में उन्हें कभी दिन तो कभी रात भूखे ही रह जाना पड़ता है। अगर घर में खर्ची नहीं रहता है, तब उन्हें महाजन के यहां से कर्ज के रूप में अनाज लाना पड़ता है। बच्चे तथा पति के इलाज के लिए उन्हें महाजन या मालिक से कर्ज लेना पड़ता है। ऋण लेन-देन में उन्हें महाजन से शोषित होना पड़ता है। इसी प्रकार अनुसूचित जातीय परिवार में महिलाओं को मानसिक तथा शारीरिक शोषण का शिकार होना पड़ता है।

वृद्धजन का शोषण—अनुसूचित जातीय समाज में वृद्धजनों को भी शोषण का शिकार होना पड़ता है। वृद्धावस्था अपने आप में एक समस्या बन जाती है। इस अवस्था में शारीरिक ताकत क्षीण हो जाती है तथा व्यक्ति अपने परिवार समाज पर आश्रित हो जाता है। वह काम करने में असमर्थ हो जाता है। परिवार के सदस्य अपनी कमाई से उसकी आवश्यकता पूर्ति करते हैं। साधन संपन्न परिवार में भी वृद्धजनों को उपेक्षा का शिकार होना पड़ता है। अनुसूचित जातीय समाज साधनहीन होता है। इस समाज में वृद्धावस्था और समस्या बन जाती है। साधन के अभाव में परिवार के सदस्य अपने वृद्धजनों की कई आवश्यकताओं की पूर्ति नहीं कर पाते हैं। उन्हें अपना खर्च चलाने के लिए किसी न किसी प्रकार का काम तब तक करना पड़ता है, जब तक वे चलने-फिरने योग्य रहते हैं। उन्हें केवल भोजन तथा फटे पुराने कपड़ों पर मालिक के घर, बगिया, खेत, खलिहान इत्यादि की रखवाली करते हुए देखा जाता है। उन्हें कम मजदूरी पर दिन भर काम करते हुए देखा जाता है। साधनहीनता के कारण अनुसूचित जातीय समाज में वृद्धाजनों को शोषित तथा अपमानित होना पड़ता है।

2. अनुसूचित जाति के शोषण का धार्मिक क्षेत्र—अनुसूचित जाति के लोग हिंदू समाज के अभिन्न अंग होते हैं। लेकिन हिन्दू समाज में उन्हें असमानता की स्थिति को झेलना पड़ता है। पहले उन्हें अनेक धार्मिक निर्योग्यताओं का सामना करना पड़ता था। आजादी के बाद जब धर्मनिरपेक्ष प्रजातांत्रिक राज्य के रूप में भारतीय गणराज्य की स्थापना हुई, तब हिन्दू समाज की मानसिकता में परिवर्तन आया। हिन्दू समाज में धर्म के नाम पर अनुसूचित जाति का शारीरिक, आर्थिक एवं मानसिक शोषण आरंभ हुआ। आजकल मंदिर निर्माण, तालाब निर्माण, यज्ञ, हवन, हरि कीर्तन, पर्व-त्योहार इत्यादि के नाम पर हरिजनों का शारीरिक, आर्थिक तथा मानसिक शोषण किया जाने लगा है। गांव में अथवा विशेष स्थान पर मंदिर निर्माण के समय अनुसूचित जाति के सदस्यों को शामिल किया जा रहा है। उनसे पैसे के बदले में शारीरिक श्रम दान करने को कहा जाता है। धर्म के नाम पर प्रत्येक हरिजन परिवार को मंदिर निर्माण में तीन-चार दिन श्रमदान करना पड़ता है। ईश्वरीय भय के कारण वे श्रमदान से पीछे नहीं हट पाते हैं। उसी प्रकार तालाब निर्माण अथवा तालाब मरम्मत, घाट निर्माण, घाट सफाई, यज्ञ, हवन, हरि कीर्तन, मूर्ति स्थापना, धार्मिक पर्व

जुलूस इत्यादि के नाम पर हरिजनों से श्रम दान लिया जाता है। श्रम दान के कारण उनका शारीरिक, मानसिक तथा आर्थिक शोषण होता है।

3. अनुसूचित जाति के शोषण का आर्थिक क्षेत्र—अनुसूचित जाति समाज की अर्थव्यवस्था मजदूरी पर आधारित होती है। लेकिन उन्हें उचित मजदूरी नहीं मिल पाती है। इस कारण उनका आर्थिक शोषण होता है। काम के अभाव में वे अपने श्रम का मोल-जोल नहीं कर पाते हैं। अपने अस्तित्व को बचाने के लिए उन्हें जो कुछ भी मिलता है, उसी पर काम करना पड़ता है। दूसरी महत्वपूर्ण बात यह है कि वे ऋण के आधार पर मालिक के यहां श्रम बेचने के लिए तैयार होते हैं। मालिक उन्हें मनमाना कर्ज देते हैं। कर्ज पर सूद देना पड़ता है। सूद की दर अधिक होती है। अतः मूल तथा सूद लौटाना उनके वश की बात नहीं रह जाती है। उन्हें अपनी जमीन, मकान, गाय, भैंस, बकरी, मुर्गी इत्यादि बेचकर कर्ज था सूद लौटाना पड़ता है। अगर इससे भी कर्ज नहीं लौट पाता है, तब उन्हें बंधुआ मजदूर के रूप में जीवन भर काम करना पड़ता है। मालिकों द्वारा अनुसूचित जाति के लोगों को कम मजदूरी दिया जाता है। अनुसूचित जाति के लोग जमीन मालिकों के यहां चरवाहा, दाई, नौकर, चाकर, बनिहारा, दैनिक मजदूर, बंधुआ मजदूर इत्यादि के रूप में काम करते हैं। लेकिन उन्हें मजदूरी बहुत कम दिया जाता है। चरवाहा के रूप में बच्चों एवं किशोरों को नियुक्त किया जाता है। उन्हें भोजन, वस्त्र के अतिरिक्त नाममात्र का वेतन दिया जाता है। गौशाला सफाई के लिए अनुसूचित जाति की महिलाओं को नियुक्त किया जाता है। उन्हें साल में एक बार नया वस्त्र, केवल सुबह का नाश्ता तथा नाममात्र का वार्षिक वेतन तथा भोजन-वस्त्र दिया जाता है। दैनिक मजदूरों को भी न्यूनतम मजदूरी का भुगतान नहीं किया जाता है। दैनिक मजदूर के रूप में काम करने वाले सभी मजदूरों की मजदूरी भी एक समान नहीं दी जाती है। किशोरों, वृद्धजनों तथा महिलाओं को आठ घंटा तक काम करने के लिए आधी मजदूरी दी जाती है। काम के अभाव में उन्हें आधी मजदूरी पर ही काम करना पड़ता है।

अनुसूचित जाति के लोगों को हमेशा अन्न तथा पैसा की आवश्यकता पड़ती है। इसके लिए उन्हें दुकानदारों, महाजनों तथा मालिकों का दरवाजा खट-खटाना पड़ता है। कर्ज मिलने में उन्हें दिक्कत नहीं होती है, क्योंकि उन्हें महिलाओं के आभूषण अथवा अपना श्रम बंधक रखना पड़ता है। ऋण पाने तथा वसूल करने के क्रम में नौजवान महिलाओं को यौन शोषण का शिकार होना पड़ता है। कुछ महिलाओं को अपना घर चलाने के लिए बहुत कम रुपये पर अपनी यौन सेवा बेचनी पड़ती है। महाजनों को अपनी यौन सेवा से संतुष्ट कर वे अल्प अवधि के लिए बिना सूद के कर्ज प्राप्त करती हैं। अगर सूद पर कर्ज लेती हैं, तब उन्हें सूद माफ कराने के लिए महाजनों को यौन सेवा से संतुष्ट कराना पड़ता है।

अनुसूचित जाति के लोग कम पढ़े-लिखे होते हैं। महाजन कर्ज तथा सूद का हिसाब मनमाना ढंग से करते हैं। अशिक्षा के अभाव में उन्हें महाजन की बात को स्वीकार करना पड़ता है। जब कर्ज तथा सूद की राशि अधिक हो जाती है, तब महाजन उनकी गाय,

भैंस, बकरी, मुर्गी इत्यादि बेचकर वसूल करना चाहता है। जब उससे भी कर्ज तथा सूद की राशि नहीं वसूल हो पाती है, तब उसे काम करके वसूलने के लिए कहा जाता है। अगर उसे मर जाने के बाद भी कर्ज नहीं वसूल हो पाता है, तब उसके लड़कों को काम करके कर्ज वसूलना पड़ता है। अगर किसी अनुसूचित जाति के व्यक्ति के पास अपनी जमीन होती है, तब उसे कर्ज के बदले रेहन में रख लिया जाता है। रेहन के बाद उसे व्यय करा लिया जाता है। महाजन उन्हें थोड़ा कर्ज देकर अपने जाल में फंसाकर उनकी सारी संपत्ति तथा जीवन हड़प लेते हैं। संपत्ति के साथ-साथ उनकी बहू-बेटियों का दैहिक शोषण भी किया जाता है। उनकी आर्थिक स्थिति ऐसी रहती है जिसमें महिलाओं को दैहिक शोषण के लिए हमेशा तैयार रहना पड़ता है।

ठेकेदारों द्वारा भी अनुसूचित जातियों का शोषण किया जाता है। विभिन्न प्रकार के ठेकेदार अनुसूचित जाति के लोगों को सड़क, मकान, पुल, पुलिया, ईंट-भट्टा, बालू ढुलाई इत्यादि के विभिन्न स्थानों पर ले जाते हैं। ठेकेदार द्वारा भी न्यूनतम मजदूरी का भुगतान नहीं किया जाता है। ठेकेदारों द्वारा महिलाओं का शोषण भी किया जाता है। ईंट भट्टा मालिकों तथा ट्रक मालिकों द्वारा भी अनुसूचित जाति के लोगों का शोषण किया जाता है। अनुसूचित जाति के लोग ईंट भट्टा में तथा ट्रक पर रेजा के रूप में काम करते हैं। उन्हें मालिक द्वारा न्यूनतम मजदूरी का भुगतान नहीं किया जाता है। प्रवसन स्नान पर उन्हें सुविधा नहीं दी जाती है। उनके स्वास्थ्य का ध्यान भी नहीं रखा जाता है। उन्हें आने-जाने के लिए भाड़ा भी नहीं दिया जाता है। वहां उन्हें बंधुआ मजदूरी के रूप में काम करना पड़ता है। अनुसूचित जाति के लोगों को काम की खोज तथा अधिक मजदूरी के लिए दूसरे राज्यों तथा स्थानों पर जाना पड़ता है। प्रवासी मजदूर के रूप में उन्हें अनेक प्रकार की समस्याओं का सामना करना पड़ता है। उनसे 16-18 घंटे प्रत्येक दिन काम लिए जाते हैं। नाश्ता भोजन में मादक पदार्थ मिलाकर उन्हें दिया जाता है ताकि वे अधिक से अधिक काम एक दिन में कर सकें। काम के अनुपात में भोजन तथा मजदूरी कम मिलता है। नए स्थान पर उन्हें डरा-धमका कर रखा जाता है। उन्हें स्वास्थ्य संबंधी सुविधाएं नहीं प्रदान की जाती हैं। नौजवान महिलाओं को शोषण का शिकार होना पड़ता है।

गांवों में अनुसूचित जाति के लोग अगर फसल चुराते पकड़े जाते हैं, तब उस पर कठोर आर्थिक दंड लगाया जाता है। दंड के रूप में उन्हें एक माह, दो माह या तीन माह बिना मजदूरी का काम करना पड़ता है। अगर वे ऐसा नहीं करते हैं तब उनकी संपत्ति जब्त कर ली जाती है।

अनुसूचित जाति के लोग अगर किसी महाजन का कर्ज लेकर उस गांव से भाग जाते हैं, तब उनके घर की जमीन पर महाजन कब्जा जमा लेता है। महाजन को पैसा देने के बाद ही कोई दूसरा अनुसूचित जाति का व्यक्ति उस जमीन को खरीद पाता है। इस प्रकार हम देखते हैं कि साधनहीनता तथा भूमिहीनता के कारण अनुसूचित जाति के लोगों को आर्थिक शोषण का शिकार होना पड़ता है। अधिकांश अनुसूचित जातीय परिवार ऐसे

हैं जिनके सदस्य कर्ज में ही जन्म लेते हैं, कर्ज में ही बड़े होते हैं तथा कर्ज में ही मृत्यु को प्राप्त कर लेते हैं। कर्ज के कारण ही उनका आर्थिक, यौनिक, शारीरिक तथा मानसिक शोषण होते रहा है। अनुसूचित जाति के लोग कर्ज लेना तथा कर्ज को लौटाना अपना पावन धर्म समझते हैं। उनके धार्मिक विश्वास के अनुसार कर्ज नहीं लौटाने वाले व्यक्ति को मोक्ष नहीं मिलता है। उन्हें पुनर्जन्म धारण करना पड़ता है। पुनर्जन्म में उन्हें गदहा, बैल, गाय, भैंस, कुत्ता इत्यादि में जन्म लेकर महाजन अथवा उसके परिवार के सदस्य की सेवा करनी पड़ती है। ज्यों ही कर्ज वसूल हो जाता है, पशु योनि से उन्हें मुक्ति मिल जाती है। अत: एक अनुसूचित जाति का व्यक्ति अपने जीवनकाल में अपने ऊपर का ऋण वसूल करके ही मरना चाहता है।

4. अनुसूचित जाति के शोषण का राजनीतिक क्षेत्र—अनुसूचित जातियों के पास संख्या बल होने के बावजूद, समाज में प्रबल जाति के रूप में उन्हें मान्यता नहीं मिलती है। उनके ऊपर समाज में प्रबल स्थान वाली जातियों का शासन रहा है। राजनीतिक दृष्टि से निर्बल तथा शक्तिहीन होने के कारण, अनुसूचित जातियों को अभी भी उत्पीड़न का शिकार होना पड़ता है।

अनुसूचित जाति के लोग मजदूर के रूप में अपनी जीविका चलाते हैं। उनके पास आजकल अपना घर होता है। लेकिन और किसी प्रकार की जमीन उनके पास नहीं के बराबर है। अनुसूचित जाति के लोगों को समाज में कई तरह के प्रतिबंधों का पालन करना पड़ता है। अगर निषेधों का पालन वे नहीं करते हैं, तब उन्हें कई ढंग से उत्पीड़ित किया जाता है।

अनुसूचित जाति के लोगों के पास अपने फलदार वृक्ष नहीं होते हैं। उनके बच्चे तथा वे स्वयं फल देखकर फल तोड़ने का प्रयास करते हैं। अगर कोई मालिक उन्हें देख लेता है, तब उन्हें मारते-पीटते अपने दरवाजे पर लाता है। गांव की पंचायत बुलाई जाती है। पंचायत में शारीरिक दंड जैसे पांच व्यक्ति द्वारा 10-10 लाठी पीटा जाना, बाल काटकर तथा गदहा पर बैठाकर गांव में घुमाना, नंगे करके गुप्तांग को आग से दागना, नंगा करके कालिख लगाकर पूरे गांव में घुमाना इत्यादि दिए जाते हैं। शारीरिक दंड से उनका उत्पीड़न होता है तथा भविष्य में वैसा नहीं करते हैं।

फल के अलावा उन्हें फसल चुराते, लकड़ी चुराते, ईख चुराते, महुआ चुराते इत्यादि वक्त पकड़ लिया जाता है, तब गांव की पंचायत में उन्हें शारीरिक यातना तो दी ही जाती है, साथ ही साथ उन्हें कठोर आर्थिक दंड का भुगतान भी करना पड़ता है।

साग खोटने, फसल भरे खेत से गुजरने, फसल वाले खेत में शौच करने, फसल भरे खेत में जानवर छोड़ देने इत्यादि प्रकार के कर्मों के लिए अनुसूचित जाति के सदस्यों को प्रबल जाति द्वारा कठोर शारीरिक यातना के साथ-साथ आर्थिक दंड भुगतना पड़ता है। कभी-कभी पुत्र के लिए पिता को दंड भरना पड़ता है। महिलाओं को तो आर्थिक दंड के साथ-साथ यौनिक दंड भी दिया जाता है। बिना अनुमति के घास काटने, साग काटने,

मवेशी चराने, लकड़ी तोड़ने इत्यादि के जुर्म में उनके साथ बलात्कार अथवा सामूहिक बलात्कार की घटना भी घटित होती है। अगर वे अपने बलात्कार के खिलाफ मुंह खोलना चाहती हैं, तब उन पर प्रबल जातियों द्वारा अपराध निर्धारण कर आर्थिक दंड की भरपाई का आदेश दिया जाता है। मुखिया, सरपंच, चौकीदार इत्यादि के द्वारा भी अनुसूचित जाति के लोगों को उत्पीड़ित किया जाता है। ज्यादातर मुखिया, सरपंच, चौकीदार इत्यादि प्रबल जाति से आते हैं। अगर अनुसूचित जातियों से संबंधित कोई मामला उनके पास आता है, तब वे उन्हें शोषित तथा उत्पीड़ित करने का प्रयास करते हैं।

अगर कोई अनुसूचित जाति का व्यक्ति जुर्म के खिलाफ थाना पुलिस के पास जाता है, तब थानेदार द्वारा उन्हें भगा दिया जाता है अथवा घूस के रूप में मोटी रकम लेने के बाद ही केस दर्ज किया जाता है। लेकिन प्रतिवादी से ज्यादा पैसा लेकर पुलिस उनके केस को कमजोर बना देती है। पुलिस द्वारा हरिजनों के घर से बकरी, मुर्गी, बत्तख इत्यादि की मांग की जाती है। अनुसूचित जाति के लोगों को ग्राम सेवक तथा पंचायत सेवक द्वारा भी शोषित तथा उत्पीड़ित किया जाता है। ग्राम सेवक तथा पंचायत सेवकों के माध्यम से ग्राम वासियों को विकास योजनाओं के संबंध में जानकारी दी जाती है। लेकिन विकास योजनाओं का लाभ उठाने के लिए जनसेवकों, पंचायत सेवकों तथा अन्य सरकारी अधिकारियों द्वारा अनुसूचित जाति के लोगों का शोषण तथा उत्पीड़न किया जाता है। इंदिरा आवास, जवाहर रोजगार योजना, ग्रामीण नियोजन योजना, महिला विकास कार्यक्रम, शिशु विकास कार्यक्रम इत्यादि में लाभांवित के रूप में स्थान पाने के लिए अनुसूचित जाति के लोगों को घूस के रूप में रुपये अथवा बकरी या मुर्गा देना पड़ता है। बैंक से कर्ज लेने के लिए प्रखंड विकास पदाधिकारी कार्यालय तथा बैंक कर्मियों को भी घूस के रूप में रुपये देने पड़ते हैं। रुपये के साथ-साथ बकरी तथा मुर्गा द्वारा उन्हें सत्कार भी करना पड़ता है।

स्थानीय नेताओं द्वारा भी अनुसूचित जाति के लोगों का शोषण किया जाता है। स्थानीय नेता अनुसूचित जाति के लोगों को प्रखंड तथा कचहरी से काम कराने के लिए अच्छी रकम लेते हैं। ऐसे नेता उनके साथ जाते हैं। उन्हीं के पैसा से वे यात्रा करते हैं तथा खाते-पीते हैं। घूस देने के नाम पर उनसे पैसा भी लेते हैं। अनुसूचित जाति के लोगों को अपनी जाति के नेताओं द्वारा भी शोषण किया जाता है। जाति नेता उनसे प्रखंड, थाना, कचहरी में काम कराने के लिए रकम लेते हैं। रकम वे लोग यात्रा, भोजन तथा घूस के नाम पर लेते हैं। चुनावों के समय भी अनुसूचित जाति के लोगों को शोषण तथा उत्पीड़न का शिकार होना पड़ता है। स्थानीय तथा जातीय नेता अनुसूचित जातियों के वोट के नाम पर राजनीतिक दलों से पैसा ऐंठ लेते हैं। नेतागण स्वयं मोटी रकम ले लेते हैं तथा उन्हें नाममात्र के पैसा देकर वोट दिलवाने ले जाते हैं। वे लोग संख्या बल होने के बावजूद अपने निर्णय से वोट नहीं डाल पाते हैं। स्थानीय तथा जातीय नेता मतदान के समय उनका शोषण करते हैं। कई स्थानों पर प्रबल जातियों तथा स्थानीय गुंडों द्वारा अनुसूचित जाति के लोगों को मतदान नहीं देने दिया जाता है। उनके नामों पर बोगस मतदान दे दिए जाते हैं। अगर

वे लोग मत देना चाहते हैं, तब उन्हें डरा-धमका कर भगा दिया जाता है। कभी-कभी उन्हें मतदान के समय मौत के घाट भी उतार दिया जाता है।

इस प्रकार हम देखते हैं कि अनुसूचित जाति के लोगों को सामाजिक, धार्मिक तथा राजनीतिक क्षेत्रों में शोषण तथा उत्पीड़न का शिकार होना पड़ता है।

दलित विकास के कुछ सुझाव

आजादी के बाद जब हमारे देश के संविधान की प्रस्तावना लिखी गयी, उसी में भारत को संपूर्ण प्रभुत्व संपन्न समाजवादी, धर्मनिरपेक्ष लोकतांत्रिक गणराज्य बनाने का निर्णय लिया गया। हमारे देश का संविधान हमारे देश के नागरिकों को निम्नलिखित अधिकार सुनिश्चित करता है—

1. न्याय—सामाजिक, सांस्कृतिक एवं आर्थिक
2. स्वतंत्रता—विचार अभिव्यक्ति, उपासना, विश्वास, धर्म
3. भाईचारा—व्यक्तिगत गरिमा एवं राष्ट्रीय एकता तथा अखंडता।

इस प्रकार भारतीय संविधान की प्रस्तावना में ही आर्थिक न्याय की चर्चा की गयी है। लेकिन आजादी के 58 वर्षों बाद भी दलित समानता एवं न्याय के अधिकार के लिए लालायित हैं। 1991 की जनगणना रिपोर्ट के अनुसार अनुसूचित जाति के कुल श्रम शक्ति का 49.06 प्रतिशत भाग कृषि मजदूरों का है। अत: अनुसूचित जाति का प्रत्येक दूसरा व्यक्ति कृषि मजदूर होता है। इसका तात्पर्य यह हुआ कि अनुसूचित जाति जनसंख्या का आधा भाग निश्चित रूप से पौष्टिक आहार, रहने योग्य घरों, आधुनिक स्वास्थ्य और शैक्षणिक सुविधाओं से वंचित रहने को बाध्य है।

भारत की कृषि जनगणना (1985-86) के अनुसार 70.6 प्रतिशत अनुसूचित जाति की जोतें सीमांत तथा 16.2 प्रतिशत जोतें लघु श्रेणियों में हैं। अत: यह कहा जा सकता है कि अनुसूचित जाति के जोतदारों के पास सापेक्षिक रूप से निम्न श्रेणी की भूमि है। अनुसूचित जाति के जोतदार इस स्थिति में नहीं हैं कि वे आवश्यक रासायनिक खाद, कीटनाशक दवाएं, उत्तम कोटि के बीज और आधुनिक कृषि औजारों का प्रयोग कर सकें। अनुसूचित जाति की कुल मुख्य श्रम शक्ति का मात्र 25.44 भाग जोतदार श्रेणी के अंतर्गत आता है। उनकी भू-जोतों का 86.6 प्रतिशत भाग सीमांत और लघु श्रेणियों के अधीन आता है। मात्र 13.4 प्रतिशत दलित अर्द्ध मध्यम, मध्यम एवं बड़े जोतों के मालिक हैं। इन्हें आर्थिक रूप से संपन्न की श्रेणी में रखा जा सकता है।

अनुसूचित जाति को निम्न कोटि का ही काम करने को मिलता है। हमारे देश की आर्थिक नीति एवं वैश्वीकरण के प्रभाव के कारण दलित दिनोंदिन सरकारी नौकरी से बेदखल होते जा रहे हैं। तकनीकी संस्थानों की फीस अधिक होने के कारण दलित तकनीकी एवं प्रबंधन संस्थानों से शिक्षा पाने में विफल हो रहे हैं। रोजगार एवं प्रशिक्षण

महानिदेशालय (1993) की रिपोर्ट के अनुसार अनुसूचित जाति के 49.6 लाख युवक युवतियां बेरोजगार हैं। इनकी संख्या और अधिक हो सकती है। क्योंकि प्रत्येक युवा बेरोजगार का नाम पंजीकृत नहीं होता है। भारी आर्थिक दबाव के कारण अंततोगत्वा इन युवक-युवतियों का पलायन शहर की ओर होता है। शहर में ये शारीरिक श्रमिक बन जाते हैं। झुग्गी-झोपड़ी में उन्हें रहना पड़ता है। उनके सुख, शांति तथा समृद्धि के सपने सदा के लिए खत्म हो जाते हैं। उन्हें स्वच्छ पेयजल, बिजली, शौचालय तथा स्वच्छ पर्यावरण नसीब नहीं होता है। 1991 के जनगणना रिपोर्ट के अनुसार अनुसूचित जातियों के 19.83 प्रतिशत की तुलना में अनुसूचित जातियों के बीच मात्र 6.62 प्रतिशत घरों में स्वच्छ पेयजल, बिजली तथा शौचालय की सुविधा उपलब्ध है। यह असमानता का उत्कृष्ट नमूना है। दलित असमानता के और भी उदाहरण हैं। जैसे अनुसूचित जाति के लोग घरेलू उद्योग में 2.41 प्रतिशत तथा वाणिज्य व्यापार में 2.95 प्रतिशत हैं।

दलितों को इन परिस्थिति से उबारने का एक उपाय यह हो सकता है कि भारत भी अमेरिका के समान व्यापार विविधता (डीलर डायवर्सिटी) दृष्टिकोण का अनुसरण करें। इसमें योग्यता की बात भी सामने नहीं आती। आपूर्तिकर्त्ता एवं व्यापार विविधता सिद्धांत के अनुसार दलितों को आपूर्तिकर्त्ता के रूप में आगे बढ़ाया जा सकता है। इस सिद्धांत के आधार पर अमेरिका में अश्वेतों को काफी आगे बढ़ाया गया है। इसी सिद्धांत के कारण आज अश्वेत हॉलीवुड से निकलने वाली किसी भी फिल्म में दिखायी पड़ता है। क्योंकि वहां अश्वेतों के लिए कुछ प्रतिशत जगह आरक्षित कर दिए गए हैं। संगीत कंपनियों में उनके आरक्षण के कारण उनकी संगीतों की धूम मची हुई है। वाशिंगटन पोस्ट समाचार के मालिकों ने अश्वेतों के लिए वहां कुछ स्थान आरक्षित कर दिए हैं। आज काफी अश्वेत भी धनी हो गए हैं। इसी प्रकार खेल में सेरेना विलियम्स एवं विनियस विलियम्स बहनों को देखा जा सकता है। उसी प्रकार फुटबाल, क्रिकेट, सभी स्थानों पर उन्हें जगह देकर आगे बढ़ाया जाना चाहिए।

इसी प्रकार भारत के विभिन्न होटलों में मांस, मुर्गी, अंडा, मछली इत्यादि आपूर्तिकर्त्ता के रूप में कुछ दलितों के लिए स्थान आरक्षित कर दिया जाना चाहिए। सिनेमा, खेल-कूद, समाचारपत्र इत्यादि में दलितों के लिए स्थान आरक्षित कर दिया जाना चाहिए।

नौकरशाही भारतीय प्रशासन का एक अभिन्न अंग है। यह केन्द्र सरकार एवं राज्य सरकारों के बीच सेतु का कार्य करती है। यह पूरे प्रशासन की रीढ़ होती है। पूरे प्रशासन में सलाहकार एक नौकरशाह होता है। राष्ट्रपति, प्रधानमंत्री, मुख्यमंत्री, मंत्री, राज्यपाल इत्यादि को सलाह देने वाले नौकरशाह ही होते हैं। अतः नौकरशाह बहुत शक्तिशाली व्यक्ति होता है। ऐसी स्थिति में दलितों का प्रतिनिधित्व नौकरशाही में अनिवार्य प्रतीत होता है। लेकिन नौकरशाही में दलितों का स्थान बहुत ही सीमित है।

नौकरशाही के उच्च स्तर पर दलित नहीं के बराबर हैं। एक पुस्तक अनटचेबल्स इन आइ ए एस के अनुसार एक दलित को काफी अत्याचार सहन करना पड़ता है।

भीमराव अंबेडकर का भी मानना था कि उन्हें नौकरशाह तथा पढ़े-लिखे लोगों ने काफी धोखा दिया था। बड़ा पद पा लेने के बाद लोग संवेदनशील नहीं हो पाते हैं। उन पर बड़े अधिकारियों का दबाव भी रहता है। आज तक हमारे देश में दलित मजदूर पार्टी नहीं बन पायी है।

दलितों के विकास का मॉडल शिक्षा, स्वास्थ्य, भोजन, घर, पर्यावरण, बाजार, मानवाधिकार एवं मानव होना चाहिए। उनके लिए निजी क्षेत्रों एवं बाजारों में भी आरक्षण होना चाहिए। दलितों के विकास हेतु शिक्षा का पूर्ण सरकारीकरण तथा कमजोर वर्गों के लिए उचित प्रतिनिधित्व की व्यवस्था जरूरी है।

दलित आंदोलन

अछूत प्रथा से जुड़ी हुई मानसिक धारणा के निर्माण में असत्य धार्मिक विश्वास महत्वपूर्ण भूमिका निभाया है। अस्पृश्यता की धारणा को बनाए रखने में चतुर वर्ण व्यवस्था का भी महत्त्वपूर्ण योगदान रहा है। चतुरवर्ण व्यवस्था अपनी उत्पत्ति काल में बिल्कुल सरल संस्था थी। एक ब्राह्मण का कर्म समुदाय के लोगों की शैक्षणिक एवं आध्यात्मिक आवश्यकताओं की पूर्ति करना था। क्षत्रिय वर्ण का मुख्य कर्म बाह्य आक्रमण से समुदाय की रक्षा करना तथा समुदाय में कानून व्यवस्था को बनाए रखना था। वैश्ववर्ण के लोग समुदाय की भौतिक एवं आर्थिक आवश्यकताओं की पूर्ति करते थे। शूद्र वर्ण के जो कर्म निर्धारित किए गए थे वे कम सम्मानजनक एवं महत्त्वपूर्ण नहीं थे। वे जमीन की जुताई करके अनाज के उत्पादन में महत्त्वपूर्ण भूमिका निभाते थे। अगर सत्य कहा जाये तो शूद्र ही समुदाय को जीने का आधार प्रदान करते थे।

आरंभ में यह व्यवस्था लचीली थी। एक शूद्र भी बौद्धिक क्षमता अर्जित कर ब्राह्मण की भूमिका समाज में निभा सकता था। कालांतर में वर्णव्यवस्था कर्म पर आधारित न होकर जन्म पर आधारित हो गयी। इससे अनेक जातियों का निर्माण हुआ। ऊँच-नीच की भावना एवं सामाजिक संस्तरण अस्तित्व में आया। इसी के साथ हिन्दू धर्म के अंधकार युग की शुरुआत हुई। अनेक जाति के लोगों को शोषण, उत्पीड़न, वंचन एवं अत्याचार का शिकार होना पड़ा। सबसे ज्यादा प्रभावित शूद्र वर्ण के लोग हुए।

हालांकि कोई भी संस्था परिवर्तनविहीन होने का दावा नहीं कर सकती। समय के साथ अछूत प्रथा से जुड़ी हुई रूढ़िवादिता को समाप्त करने के अनेक प्रयास भी हमारे समाज में हुए। सर्वप्रथम भगवान बुद्ध ने अछूत प्रथा पर प्रहार किया। भगवान बुद्ध बहुत बड़े विवेकशील एक तार्किक बुद्धि वाले व्यक्ति थे। उन्होंने धर्म में प्रचलित अंध विश्वासों एवं जाति पूर्वाग्रह को समाप्त करने पर विशेष बल दिया। उन्होंने जोर देकर कहा कि शूद्रों के लिए भी निर्वाण का मार्ग खुला रहता है। उनके धर्म के अनुयायियों में शूद्रों की संख्या बहुत अधिक थी। शूद्र भिक्षुक-भिक्षुणों का जीवन भी व्यतीत करते थे।

जैन धर्म में भी मानवीय समानता पर विशेष बल दिया गया तथा अहिंसा के सिद्धांत को व्यक्ति के दैनिक जीवनचर्या से जोड़ा गया।

रामायण एवं महाभारत में भी अछूत प्रथा के उन्मूलन की शिक्षा प्रदान की गयी है। मर्यादा पुरुषोत्तम राम के गुरु वशिष्ठ ने एक अछूत कन्या अरुणधती के साथ विवाह किया था। महाभारत में विश्वामित्र को राजा हरिश्चन्द्र के साथ अछूतों के अधिकार के लिए शिक्षा देते हुए दर्शाया गया है। महान हिन्दू धर्म विज्ञानी शंकराचार्य ने भी मानव-मानव के बीच अंतर को स्पष्ट रूप से नकारा था। उनके बारे में एक कथा प्रचलित है कि भगवान शंकर का दर्शन उन्हें चंडाल के रूप में वाराणसी में गंगा किनारे हुआ था। चंडाल के वेश में भगवान शंकर उन्हें मानव के बीच समानता का उपदेश दिया था। इसे प्रचारित-प्रसारित करने का दायित्व भी उन्हीं पर सौंपा गया था। शंकराचार्य ने अछूतों को अपना गुरु माना था।

मुसलमान काल में अछूत प्रथा से त्रस्त होकर अनेक अछूत जाति के लोग मुसलमान बन गए थे। क्योंकि मुसलमान धर्म में ऊँच-नीच के भेदभाव नहीं थे। वह धर्म एवं समाज समतामूलक सिद्धांत पर आधारित था। इसका प्रभाव हिन्दू धर्म पर भी हुआ। हिन्दू धर्म में भी समतामूलक सिद्धांत को अपनाया गया। भक्ति आंदोलन के माध्यम से अछूतों को हिन्दू समाज में सम्मानजनक स्थान देने का प्रयास किया गया। रामानुजाचार्य ने अछूतों को हिन्दू समाज में वैदिक सम्मान दिलाया। महाधवाचार्य ने खुले रूप से दलितों को भगवान के पुजारी के रूप में आमंत्रित किया। तिरुप्पन अलवार, एक शूद्र को, संतों के संत के रूप में स्थान मिला था। महान संतों—कबीर, तुलसीदास, नानक, रामदास, कनकदास, चैतन्य, नामदेव, नरसिंह मेहता, बासवाचार्य, रामकृष्ण परमहंस इत्यादि—द्वारा हिन्दू समाज में समानता एवं भाईचारा का पाठ पढ़ाया गया। उनमें से अनेक अपने आपको हरिजन बतलाते और हरिजनों की बस्तियों में जाकर रहते थे। उन्होंने अछूतों को सजग बनाया।

मध्य युग में संत कबीर ने जाति प्रथा के विरुद्ध आंदोलन चलाया था। कबीर पंथ आज भी जीवित है। यह पंथ एक मानव को दूसरे मानव से अलग नहीं करता है। किसी भी जाति या धर्म के लोग कबीर पंथ के अनुयायी हो सकते हैं। वे साथ-साथ बैठकर भजन-कीर्तन करते हैं। कबीर के शिष्य रायदास जाति के चमार थे। लेकिन वे प्रसिद्ध कवयित्री मीरा बाई के गुरु थे। उनके अभी भी अनेक अनुयायी हैं। उन्होंने अछूतों को सम्मान दिलवाया था।

सिख पंथ के जन्म दाता गुरु नानक ने भी अछूत प्रथा के विरुद्ध उपदेश दिया था। सिख पंथ में जाति तथा अछूत के समान कोई भेदभाव नहीं है।

19वीं सदी के आरंभ में राजा राममोहन राय ने ब्रह्म समाज की स्थापना की। यह समाज समतामूलक सिद्धांत पर आधारित था। उन्होंने अंतरजातीय विवाह को प्रोत्साहित किया तथा अछूत प्रथा की जमकर आलोचना की। राजा राममोहन राय के शिष्य स्वामी दयानंद के द्वारा आर्य समाज की स्थापना की गयी। उन्होंने अछूत प्रथा को समाप्त करने के लिए संघर्ष किया। उसी काल में स्वामी विवेकानंद ने देशवासियों को अछूत प्रथा के विरोध में आंदोलन चलाने का सुझाव दिया। रवीन्द्र नाथ टैगोर ने भी अछूत प्रथा समाप्त करने के लिए संघर्ष किया। राष्ट्रपिता महात्मा गांधी ने अछूतोद्धार के लिए अनेक प्रयास

किए। उन्होंने जोर देकर कहा कि अछूत प्रथा मानवता के नाम पर कलंक एवं अपराध है। वे स्वतंत्रता आंदोलन के समय अछूतोद्धार के नायक थे। उन्होंने जीवन पर्यंत अछूतोद्धार के लिए कार्य किया तथा अछूतों को हरिजन की संज्ञा प्रदान की। हालांकि हरिजन शब्द का प्रयोग सर्वप्रथम एक गुजराती कवि नरसिंह मेहता ने किया था। महात्मा गांधी ने अपनी साप्ताहिक पत्रिका का नाम हरिजन रखा। इस पत्रिका के माध्यम से उन्होंने अछूत प्रथा के विरुद्ध व्यापक अभियान छेड़ा। 1932 में जब ब्रिटिश सरकार द्वारा अछूतों को हिन्दू समाज से पृथक करने का प्रयास किया गया, तब महात्मा गांधी द्वारा उपवास आंदोलन चलाया गया। उन्होंने अछूतों को हिन्दू समाज का अभिन्न अंग माना तथा बने रहने का सुझाव दिया।

महात्मा गांधी के रचनात्मक कार्यक्रम में अछूत प्रथा उन्मूलन प्रमुख स्थान पाया था। उन्होंने हिन्दू बंधुओं से अंतरात्मा की आवाज सुनकर ऊंच-नीच के भेदभाव को समाप्त करने का आह्वान किया था। वे अछूत प्रथा के विरुद्ध आजीवन संघर्ष करते रहे। गांधी जी कर्म में विश्वास करते थे। वे अपना शौचालय स्वयं साफ करते थे। वे हिन्दुओं को भी इस कर्म के लिए प्रोत्साहित करते थे ताकि अछूतों को समाज में मान-सम्मान मिल सके। उन्होंने एक हरिजन लड़की को अपनी पुत्री के रूप में गोद लिया। वे जहां कहीं भी जाते थे हरिजन कालोनी में रात्रि विश्राम करते थे। दिल्ली में भंगी कालोनी उनका निवास स्थान हुआ करता था। गांधी जी के शिष्य ठक्कर बापा ने गांधी के छोड़े हुए कर्मों को आगे बढ़ाया तथा अछूतों के उद्धार हेतु अनेक कार्य किए।

दलितों का मंदिरों में प्रवेश उनकी समाज में स्वीकृति का एक सार्थक परिणाम था। गांधीजी उस मंदिर में नहीं जाते थे जहां अछूतों का प्रवेश वर्जित था।

इस प्रकार आधुनिक भारतीय दलित आंदोलन करीब 140 वर्ष पुराना है। हालांकि संत रविदास का भक्ति आंदोलन, रामानुजाचार्य एवं माधवाचार्य का भक्ति आंदोलन करीब 500 वर्ष पुराना है। दलित समुदाय के लोग तथा दलित उद्धार से जुड़े समाज सुधारकों ने दलितों को सम्मान दिलाने के लिए कई तरह के आंदोलन किए। इसमें धर्म परिवर्तन आंदोलन सर्वप्रथम है। दलितों ने समाज में सम्मानजनक स्थान पाने के लिए बौद्ध, जैन, मुसलमान, सिख तथा ईसाई धर्म को स्वीकार किया। इसी प्रकार कालांतर में उन्होंने आदि धर्म, आदि हिन्दू, आदि द्रविड़, आदि आंध्र, आदि कर्नाटक अंध धर्म जैसे आंदोलन चलाकर भारतीय समाज में अपना सम्मानजनक स्थान पाने का प्रयास किए। 18वीं शताब्दी के अंत में मद्रास प्रेसीडेंसी के कोलार गोल्ड फिल्ड के प्रांगण में आयोतिताश के नेतृत्व में दलितों ने प्रथम बार बौद्ध धर्म में प्रवेश किया। परन्तु उपरोक्त सभी आंदोलन भारतीय समाज में दलितों को उचित स्थान दिलाने में सफल नहीं हुए। हालांकि उपरोक्त आंदोलनों ने जाति प्रथा तथा हिन्दू समाज के रुढ़िवादिता पर प्रहार किए, लेकिन वे आर्थिक एवं राजनीतिक वैकल्पिक व्यवस्था देने में सफल नहीं हुए। पूरे आंदोलन की कार्य प्रणाली इस प्रकार रही है कि यह आंदोलन कोई एक व्यक्ति के नाम से जाने जाने लगे। उस व्यक्ति की मृत्यु के बाद वे आंदोलन स्वतः समाप्त हो गए।

18वीं शताब्दी के मध्य में प्रथम स्वतंत्रता संग्राम के बाद अंग्रेजों ने अपनी सेना को विभिन्न शहरों में बसाना शुरू किया। अब उन्हें अनेक प्रकार के सेवकों की आवश्यकता पड़ी। उन्होंने भारतीय गांवों से विभिन्न जातियों को आमंत्रित किया। दलित जाति के कुछ लोग जैसे दुसाध, चमार, धोबी, पासी इत्यादि अपने-अपने गांवों के जमींदारों से जजमानी रिश्ता तोड़कर अंग्रेजों के पास शहर में पहुंचे। जाति के बंधन टूटने, अंग्रेजों के साथ रहने तथा हाथ में मुद्रा आने से दलित जातियों में नयी चेतना जागृत हुई।

अंग्रेजों द्वारा भारतीय समाज के लिए अनेक कानून बनाए गए तथा परिवर्तन लाए गए। इससे जाति बंधन में शिथिलता आयी। इसके परिणामस्वरूप भारत के प्रत्येक भागों में दलितों के मध्य चेतना जागृत हुई। गोपाल बाबा बावलंकर ने महाराष्ट्र, स्वामी अछूतानंद ने उत्तर प्रदेश, भाग्यरेडी वर्मा आंध्र प्रदेश, योगेन्द्र राय मंडल ने बंगाल में आंदोलन किए। इन समाज सुधारकों द्वारा दलितों के मध्य अशिक्षा, अज्ञान, मदिरापान, परंपरागत व्यवसाय छोड़ने इत्यादि के प्रति चेतना जागृत की गयी। उन लोगों द्वारा ब्रिटिश सरकार से दलितों के लिए अधिक अधिकार मांगे गए। कई मामलों में उन्हें सफलता भी मिली थी।

1920 के आस-पास बाबा साहेब डॉ. भीमराव अंबेडकर का उदय दलित आंदोलन के क्षितिज पर हुआ। बाबा साहब अंबेडकर अंग्रेजी शिक्षा, विधि, अर्थशास्त्र, राजनीति जैसे विषयों में पारंगत थे। इसलिए उन्होंने दलित आंदोलन को आधुनिक हथियारों से लैस कर दिया। उन्होंने दलित आंदोलन को नयी दिशा एवं दशा प्रदान की। बाबा साहब अंबेडकर के आंदोलनों को चार भागों में विभाजित किया जा सकता है। अपने आंदोलन के प्रथम भाग में बाबा साहब अंबेडकर ने दलित समाज को सामाजिक रूप से उद्वेलित किया। उनके अंदर सामाजिक अधिकारों के प्रति चेतना जागृत की। इस कार्य के लिए उन्होंने महाराष्ट्र सत्याग्रह (1927), चौदावर तालाब सत्याग्रह तथा कालाराम मंदिर आंदोलन चलाया।

सामाजिक आंदोलन के पश्चात् बाबा साहब ने दलितों के लिए राजनीतिक एवं शैक्षणिक आंदोलन चलाए। यह बाबा साहेब के आंदोलन का दूसरा भाग था। शिक्षा के लिए आंदोलन की शुरुआत करते हुए सर्वप्रथम उन्होंने पत्र एवं पत्रिका का संपादन आरंभ किया। इसके अंतर्गत उन्होंने मूक नायक, बहिष्कृत भारत तथा जनता एवं प्रभुत्व भारत जैसे पत्र-पत्रिकाओं का संपादन किया। उन्होंने बहिष्कृत भारत तथा एजुकेशन सोसायटी जैसी संस्था का निर्माण किया। इन संस्थानों के माध्यम से वे दलितों के बीच शैक्षणिक चेतना जागृत करने का प्रयास किया था। दलितों के राजनीतिक अधिकार के लिए उन्होंने पृथक निर्वाचन की गुहार लगायी। बाद में उन्होंने लेबर पार्टी अनुसूचित जाति परिसंघ का गठन किया। उन्होंने रिपब्लिकन पार्टी आफ इंडिया जैसे राजनीतिक संगठन की नींव रखी। इस प्रकार बाबा साहब अंबेडकर ने भारतीय समाज में दलितों को राजनीतिक अधिकार दिलवाने की दिशा में एक सार्थक प्रयास किया। उन्होंने दलितों को पृथक राजनीतिक अस्मिता प्रदान की।

बाबा साहब अंबेडकर के दलित आंदोलन का तीसरा भाग संविधान निर्माण सभा की सदस्यता से शुरू होता है। उन्होंने संविधान निर्माण समिति के सदस्य होने के नाते दलितों के सभी जनतांत्रिक अधिकारों को संविधान में शामिल कराया तथा दलितों की संवैधानिक सुरक्षा की व्यवस्था की। इसका असर शिक्षा तथा कर्मचारी तंत्र में दिखायी देता है।

अपने आंदोलन के चौथे भाग में बाबा साहब अंबेडकर आध्यात्मिक क्रांति के तरफ अग्रसर हुए। उनका महानिर्वाण 6 दिसम्बर 1956 को हुआ।

बाबा साहब अंबेडकर ने संवैधानिक अधिकारों के माध्यम से दलित आंदोलन को आगे बढ़ाया। उनके अथक प्रयास से दलित आंदोलन आज आठ धाराओं में अग्रसर हो रहा है। ये धाराएं निम्नलिखित हैं—

1. सामाजिक आंदोलन
2. आर्थिक आंदोलन
3. राजनीतिक आंदोलन
4. साहित्य आंदोलन
5. कर्मचारी तंत्रीय आंदोलन
6. महिला आंदोलन
7. मानवाधिकार आंदोलन
8. अंतरराष्ट्रीय आंदोलन

उपरोक्त सभी आंदोलनों में आज राजनीतिक आंदोलन विशेष महत्त्वपूर्ण हो गया है। आज दलित आंदोलन उत्तर भारत में बहुजन समाज पार्टी, दलित सेना तथा लोक जनशक्ति पार्टी के नाम से जाना जाता है। एक स्वतंत्र राजनीतिक आंदोलन के रूप में इसकी शुरुआत इंडिपेंडेंट लेबर पार्टी के रूप में हुई थी। इसके बाद अनुसूचित जाति परिसंघ, रिपब्लिकन पार्टी आफ इंडिया, दलित पैंथर, बहुजन समाज पार्टी, दलित सेना तथा लोक जनशक्ति पार्टी के रूप में दलित राजनीतिक आंदोलन अस्तित्व में आया। इस प्रकार दलितों द्वारा अपने अधिकारों की प्राप्ति तथा सुरक्षा के लिए अनेक राजनीतिक आंदोलन चलाए गए हैं। इन आंदोलनों का नेतृत्व वे स्वयं कर रहे हैं। वे अपने आंदोलन के माध्यम से दलित आंदोलन को पृथक स्मिता प्रदान करते हैं।

दलितों के लिए आंदोलन गैर दलितों द्वारा भी चलाए जाते हैं। गैर दलित-समुदाय के लोग दलितों की स्थिति में सुधार के लिए अपने एजेंडा के अनुसार आंदोलन चलाते रहे हैं तथा चला रहे हैं। वे अपनी मर्जी से दलित हित की आवाज उठाते हैं तथा समय आने पर चुप भी हो जाते हैं।

आज के दलित कर्मचारी तंत्र, साहित्य, मानवाधिकार तथा अंतरराष्ट्रीय आवाज के माध्यम से अपने अधिकारों की मांग कर रहे हैं।

दलित अपने दलित साहित्य के माध्यम से आवाज उठा रहे हैं कि भारतीय साहित्य केवल कला एवं सौंदर्य का प्रदर्शन करता है। भारतीय साहित्य दलितों द्वारा भोगी गयी पीड़ा, शोषण, उत्पीड़न, वंचन इत्यादि का प्रदर्शन नहीं करता है। दलित अपने दलित साहित्य द्वारा अतीत में भोगी गयी पीड़ा को लिखित रूप दे रहे हैं। दलित इतिहास पर भी प्रश्न उठाना शुरू कर दिया है। दलितों द्वारा यह आवाज उठायी जाती है कि क्यों दलित इतिहास को इतिहास के पन्नों से गायब कर दिया गया है। अतीत के उनके योगदानों को क्यों इतिहास एवं साहित्य से छीन लिया गया हे। अतः वे अपने साहित्य एवं इतिहास का पुनर्निर्माण स्वयं कर रहे हैं। अपने साहित्यिक एवं ऐतिहासिक योगदानों को वे प्रकाश में ला रहे हैं।

आज के दलित दलित मानवाधिकार की बात करते हैं। उनके अनुसार दलित भी अन्य मानवों की भांति मानव हैं। लेकिन उनके अधिकारों का हनन हुआ है। अतः वे दलित मानवाधिकार की आवाज बुलंद कर दलितों के अधिकार दिलवाने की कोशिश करते हैं। वे संगष्ठित होकर दलितों के ऊपर अत्याचार, दलितों के शोषण, उत्पीड़न एवं वंचन के विरोध में जुलूस, धरना, प्रदर्शन इत्यादि का आयोजन करते हैं। वे अधिकारी–पदाधिकारी का घेराव करते हैं। आमरण अनशन पर बैठ जाते हैं। इस प्रकार सरकार पर दबाव बनाकर दलित अपने मानवाधिकार का संरक्षण प्राप्त करते हैं।

दलित मानवाधिकार से संबंधित आंदोलन आज केवल राष्ट्रीय स्तर पर ही नहीं वरन् अंतरराष्ट्रीय स्तर पर भी पहचान बनाने में सफल हुआ है। भूमंडलीकरण के इस युग में हमारे समाज के दलित अपने अंतरराष्ट्रीय बंधुओं से भी जुड़ गए हैं। वे अपने अप्रवासी दलितों को दलित आंदोलन से जोड़ पाने में सफलता अर्जित कर चुके हैं। उनके अथक प्रयास से अप्रवासी दलित एक मंच पर इकट्ठे हुए हैं तथा दलित हित के पक्ष में अपनी आवाज बुलंद किए हैं। 28 अगस्त से 8 सितम्बर 2002 तक डरबन में अप्रवासी दलितों का एक विशाल सम्मेलन आयोजित किया गया। इस अंतरराष्ट्रीय सम्मेलन के माध्यम से दलित नस्लवाद के विरोध में अपनी आवाज बुलंद किए। संयुक्त राष्ट्र संघ मानवाधिकार आयोग के समक्ष विश्व समुदाय के दलितों ने अपने मानवाधिकार के लिए गुहार लगायी।

विश्व स्तर पर दलितों का दूसरा सम्मेलन 16 मई से 28 मई, 2003 तक वैंकुवर (कनाडा) में आयोजित किया गया। इस सम्मेलन में भारत में दलितों के मानवाधिकार हनन के विरोध में आवाज अंतरराष्ट्रीय स्तर पर उठायी गयी। भारत में दलितों के मानवाधिकार की रक्षा के लिए अंतरराष्ट्रीय मुद्रा कोष, विश्व बैंक तथा संयुक्त राष्ट्र संघ मानवाधिकार आयोग को ज्ञापन सौंपा गया। ज्ञापन के माध्यम से इन अंतरराष्ट्रीय संस्थाओं से आग्रह किया गया कि वे दलित मानवाधिकार हनन की घटना को रोकें तथा दलित मानवाधिकार की रक्षा करें। ज्ञापन में इस बात पर भी जोर दिया गया कि विश्व के विभिन्न विश्वविद्यालयों में दलित साहित्य की पढ़ायी शीघ्रातिशीघ्र प्रारंभ की जाये।

अंतरराष्ट्रीय स्तर पर आयोजित दलित आंदोलन ने भारतीय विद्वानों, साहित्यकारों, सामाजिक वैज्ञानिकों, शिक्षाविदों, इतिहासकारों तथा मीडिया से जुड़े लोगों पर प्रश्नचिह्न लगा दिया है। उनके द्वारा जाति प्रथा के विकृत स्वरूप को अंतरराष्ट्रीय समुदाय के समक्ष क्यों नहीं प्रस्तुत किया गया।

अंतरराष्ट्रीय स्तर पर अप्रवासी भारतीयों ने सम्मेलन का आयोजन कर दलितों की समस्याओं को अंतरराष्ट्रीय पटल पर उपस्थित किया है। इन सम्मेलनों के कारण भारतीय समाज दलित हित के संबंध में सोचने को बाध्य हुआ है। दलित आंदोलन के इतिहास में यह एक नए अध्याय की शुरुआत मानी जा रही है।

13

भारतीय मानवशास्त्र की उत्पत्ति एवं विकास

(GROWTH OF INDIAN ANTHROPOLOGY)

भारतीय मानवशास्त्र के विकास को समझने के लिए भारतीय मानवशास्त्र की उत्पत्ति एवं इतिहास को जानना अत्यावश्यक प्रतीत होता है। मानव समाज एवं संस्कृति भारत में अध्ययन के विषय अतीत काल से ही रहे हैं। मनु स्मृति में हमें भारतीय समाज एवं उसकी संरचना का वृहत विवरण प्राप्त होता है। मनु द्वारा प्रस्तुत भारतीय सामाजिक संरचना के कुछ महत्त्वपूर्ण सिद्धांत निम्नलिखित हैं—

1. विश्व उत्पत्ति का सिद्धांत
2. वर्ण सिद्धांत
3. आश्रम सिद्धांत
4. असमान उत्पत्ति एवं समाज आनंद प्राप्ति का सिद्धांत
5. श्रम विभाजन का सिद्धांत
6. अपना धर्म चयन का सिद्धांत
7. चयनित पंचायत द्वारा ग्राम नियंत्रण का सिद्धांत
8. समाज की लघु इकाई परिवार का सिद्धांत
9. संपत्ति उत्तराधिकार का सिद्धांत इत्यादि।

अगर सच कहा जाये तो मनु ने भारतीय समाज की सनातन सामाजिक संरचना को बड़े ही सुंदर ढंग से प्रस्तुत किया है। भारतीय समाज की सनातन संरचना का आंतरिक पक्ष समानता एवं भाईचारा पर आधारित था।

रामायण एवं महाभारत जैसे धार्मिक काव्यों में हमें पुनः भारतीय समाज, संस्कृति एवं सभ्यता की विस्तृत जानकारी उपलब्ध होती है। रामायण के रचयिता महर्षि वाल्मिकी ने भारतवर्ष यानी भारतीय समाज में प्रचलित सभी प्रकार के मानवीय चरित्रक विशेषताओं को बड़े सुंदर ढंग से चित्रित किया है। उन्होंने राजा दशरथ के पारिवारिक जीवन, पिता-पुत्र मर्यादा, पति-पत्नी आदर्श, गुरु-शिष्य आदर्श, भाई-भाई आदर्श, माता-पुत्र आदर्श, मित्रता, शत्रुता एवं ईर्ष्या का विवरण बड़ा ही सामाजिक ढंग से प्रस्तुत किया है। उनके द्वारा

भारतवर्ष का मानव जातीय विवरण भी प्रस्तुत किया गया हे। उदाहरण के लिए आर्य, देव, अनार्य, असुर, राक्षस, दानव, रीछ, वानर, भील, निषाद, वनवासी इत्यादि।

महाभारत में भी विभिन्न प्रकार के समुदाय एवं वंश का विवरण प्राप्त होता है। उदाहरण के लिए सूर्यवंश, चन्द्रवंश, यदुवंश, भील, अहीर, ग्वाला इत्यादि।

श्रीमद्भागवत गीता में एक व्यक्ति की अपनी धुरी पर की चारित्रिक विशेषताओं का विवरण प्रस्तुत किया गया है। भगवान बुद्ध के उपदेशों में मनुष्य के कर्म एवं निर्वाण प्राप्ति के विषय में विवरण मिलता है। सम्राट अशोक के शिलालेखों से हमें मनुष्य एवं उसके सामाजिक जीवन के संबंध में वर्णन प्राप्त होता है।

मध्य युग में सूरदास, तुलसीदास, कबीरदास इत्यादि सामाजिक विचारकों ने भारतीय सामाजिक जीवन का गहन अनुभव प्राप्त कर भारतीय लोक जीवन एवं संस्कृति का सजीव चित्रण किया है।

आधुनिक वैज्ञानिक युग में मानव, समाज, संस्कृति एवं सभ्यता के अध्ययन हेतु मानव विज्ञान का विकास किया गया। मानव विज्ञान के माध्यम से मानव का समग्रता में वैज्ञानिक विधि से अध्ययन आरंभ हुआ। अब मानव समाज, संस्कृति एवं सभ्यता का अध्ययन राजाओं, महाराजाओं एवं उनके राजकीय कृत्यों के माध्यम होना अंत हुआ। मानव के सामाजिक एवं सांस्कृतिक जीवन का अध्ययन मानव विज्ञान विषय के अंतर्गत आरंभ हुआ। क्षेत्र विज्ञान होने के कारण मानवविज्ञान मानव समाज एवं संस्कृति का विवरण वैज्ञानिक ढंग देने में सफल हुआ।

भारतीय मानवशास्त्र की उत्पत्ति का इतिहास करीब 230 वर्ष पुराना है। भारतीय मानवशास्त्र की उत्पत्ति एक ब्रिटिश न्यायाधीश सर विलियम्स जान के करकमलों के माध्यम से सन् 1774 ई. में हुई। इस वर्ष विलियम्स जॉन द्वारा एशिएटिक सोसायटी आफ बंगाल की स्थापना की गयी। इस समाज की स्थापना का मुख्य उद्देश्य भारतवर्ष में प्रकृति एवं मानव के अध्ययन की वैज्ञानिक परंपरा की नींव रखना था। ब्रिटिश शासनकाल में कई विदेशी मानवशास्त्री आकर भारत के जनजातीय समुदायों की जीवनशैली का अध्ययन किया तथा उनके ऊपर पुस्तक का प्रकाशन किया। ब्रिटिश शासनकाल में ब्रिटिश साम्राज्य के विस्तार की दृष्टि से भी ब्रिटिश प्रशासकों द्वारा भारतीय समुदायों एवं उनकी जीवन शैलियों का अध्ययन किया गया तथा पुस्तक का प्रकाशन किया गया। विभिन्न भारतीय विद्वानों द्वारा भी जनजातीय जीवनशैली का अध्ययन कर पुस्तक का प्रकाशन किया गया। कई शोध पत्रिकाओं की स्थापना की गयी तथा वैज्ञानिक ढंग से विद्वानों के शोधपत्रों का प्रकाशन आरंभ हुआ।

आजादी प्राप्ति के बाद हमारी सरकार द्वारा मानव विज्ञान विषय की पढ़ायी तथा अनुसंधान पर विशेष ध्यान दिया गया। भारत के विभिन विश्वविद्यालयों में मानवशास्त्र विभागों की स्थापना हुई, सामाजिक एवं सांस्कृतिक अनुसंधान संस्थानों की स्थापना की गयी। भारतीय मानव वैज्ञानिक अमरीकी मानव वैज्ञानिकों के संपर्क में आए। भारतीय

सभ्यता के विस्तारों–जनजातीय, ग्राम, कृषक एवं नगरीय समाजों का अध्ययन आरंभ हुआ। मुंबई समाजशास्त्रीय अध्ययन का केन्द्र तथा कलकत्ता एवं मद्रास को मानवशास्त्रीय अध्ययन का केन्द्र बनाया गया। लखनऊ को आर्थिक, मानवशास्त्रीय एवं समाजशास्त्रीय अध्ययन का मिश्रित केन्द्र बतलाया है।

भारत में मानव विज्ञान की उत्पत्ति एवं विकास के ऊपर कुछ अध्ययन

भारत में मानव विज्ञान की उत्पत्ति एवं विकास के संबंध में कुछ भारतीय विद्वानों द्वारा पुनरावलोकन प्रस्तुत किए गए हैं। शरत चन्द्र राय (1921) ने जनजातियों एवं जातियों के अध्ययन से संबंधित ग्रंथ विज्ञान प्रस्तुत किया था। उन्होंने भारतीय जनजातियों एवं जातियों से संबंधित शोधपत्रों, संपादित पुस्तकों एवं मोनोग्राफ का ग्रंथ विज्ञानीय विवरण अपने शोधपत्र में प्रस्तुत किया था।

श्रीराय के पश्चात् डी.एन. मजुमदार ने (1950, 1956) नागपुर विश्वविद्यालय के अपने स्मरण आख्यान में भारतवर्ष में मानव विज्ञान के विकास का पुनरावलोकन प्रस्तुत करते हुए ब्रिटिश प्रशासकों एवं मानव वैज्ञानिकों के प्रयासों को प्रकाश में लाया।

जी.एस. धुर्ये ने अपने यूनेस्को खंड में मुंबई को समाजशास्त्र, कोलकता एवं मद्रास को मानवशास्त्र तथा लखनऊ को आर्थिक मानवशास्त्र एवं समाजशास्त्र का केन्द्र बतलाया।

श्यामाचरण दुबे ने (1952) अपने शोधपत्र में विलुप्त जनजातियों, उनकी लोक संस्कृति, कला, ग्राम संगठन, जाति गतिशीलता के अध्ययन की आवश्यकता पर प्रकाश डाला। उन्होंने सरकार, विश्वविद्यालय एवं व्यक्तिगत विद्वानों के बीच सहयोग की आवश्यकता बतलायी। उन्होंने भारतीय मानवशास्त्र के विकास के लिए अंतरराष्ट्रीय स्तर के संगठन के निर्माण पर विशेष बल दिया। साथ ही साथ सामाजिक कार्यकत्ताओं एवं कतिपय स्वयंसेवी संगठनों के मानवशास्त्र एवं मानवशास्त्रियों के प्रति दोषपूर्ण एवं नकारात्मक सोच को भी प्रकाश में लाया।

एफ.जी. बेले ने (1962) भारतीय मानवशास्त्र के विषय में प्रकाश डालते हुए बतलाया कि भारत सामाजिक–सांस्कृतिक मानवशास्त्र का प्रयोगशाला है। लेकिन इस दिशा में अपर्याप्त अनुसंधान हुए हैं। उन्होंने कहा कि भारत के जटिल समाज की संरचना के ऊपर अधिक से अधिक शोध करके प्रकाशित करने की आवश्यकता है।

भारतीय मानवशास्त्र के निर्माताओं में से एक एन.के. बोस ने (1963) भारत में मानवशास्त्र की प्रगति संबंधी साहित्यों का पुनरावलोकन किया तथा भारतीय मानवशास्त्री की प्रगति को तीन खंडों में प्रस्तुत किया—

(i) प्रागैतिहासिक पुरातत्व शास्त्र
(ii) शारीरिक मानवशास्त्र
(iii) सांस्कृतिक मानवशास्त्र

सामाजिक-सांस्कृतिक मानवशास्त्रीय अनुसंधानों का पुनरावलोकन करते हुए उन्होंने कहा कि भारत में सामाजिक-सांस्कृतिक मानवशास्त्र के क्षेत्र में ग्राम अध्ययन, जाति अध्ययन, विवाह एवं परिवार के ऊपर अनुसंधान किए गए हैं।

एल.पी. विद्यार्थी (1966) ने सामाजिक मानवशास्त्रीय अनुसंधानों की प्रगति की समीक्षा प्रस्तुत करते हुए मानवशास्त्रीय विकास की अवस्थाओं को तीन महत्त्वपूर्ण अवधि में प्रस्तुत किया। उन तीनों का अध्ययन वैज्ञानिक विधि से आरंभ किए गए। कई मानवशास्त्रीय अवधारणाओं का विकास किया गया तथा उनका परीक्षण वैज्ञानिक दृष्टिकोणों एवं विधियों से किया गया। कई मानवशास्त्रीय सिद्धांतों का निर्माण क्षेत्र कार्य एवं वैज्ञानिक विधि के आधार पर किया गया। कालांतर में प्रशासन, कल्याण कार्यक्रम, योजना निर्माण, योजना क्रियान्वयन, अनुश्रवण एवं मूल्यांकन में मानवशास्त्र एवं मानवशास्त्री की भूमिका अस्तित्व में आयी।

वर्तमान समय में एंथ्रोपोलोजिकल सर्वे आफ इंडिया की शाखाएँ देश के विभिन्न भागों में स्थापित हैं। मानवशास्त्र विषय की पढ़ायी हमारे देश के विभिन्न विश्वविद्यालयों में हो रही है। पूरे देश में कई सांस्कृतिक अनुसंधान केन्द्र एवं जनजातीय कल्याण अनुसंधान केन्द्र अस्तित्व में हैं। मानव विज्ञान विषय के छात्र नए-नए क्षेत्रों में अनुसंधान कर रहे हैं। कई लोग प्रशासन, कल्याण एवं मानव सेवा में लगे हुए। कई लोग मानवीय समस्याओं के समाधान में लगे हुए हैं। मानव विज्ञान विषय के पाठ्यक्रम को संपूर्ण भारतवर्ष में यू.जी.सी. द्वारा विश्वव्यापी बनाया गया है। कई नए पत्रों का प्रवेश मानव विज्ञान विषय के अंतर्गत हुआ है। 21वीं सदी में मानव विज्ञान अपने नए-नए पाठ्यक्रम, नए-नए क्षेत्रों में अनुसंधान एवं नयी-नयी समस्याओं के निदान हेतु प्रयास के साथ प्रवेश किया है।

भारतीय मानवशास्त्र के विकास की अवस्थाएं

टी.के. पेरीमैन ने अपनी पुस्तक *हंडरेड इयर्स आफ एंथ्रोपोलोजी* (1955) में विश्व मानवशास्त्र के विकास की चार अवस्थाओं का उल्लेख किया है। उन अवस्थाओं को (i) आरंभिक अवस्था (Formulatory Period), (ii) निर्माण अवस्था (Constructive Period), (iii) विश्लेषणात्मक अवस्था (Analytical Period), (iv) आलोचनात्मक अवस्था (Critical Period) कहा जाता है।

टी.के. पेरीमैन के विश्व मानवशास्त्र के विकास का अनुसरण करते हुए विद्यार्थी ने भारतीय मानवशास्त्र के विकास का इतिहास तीन अवस्थाओं के माध्यम से प्रस्तुत किया है। उनके अनुसार भारतीय मानवशास्त्र की उत्पत्ति एवं विकास के इतिहास को तीन क्रमिक अवस्थाओं के माध्यम से प्रस्तुत किया जा सकता है। विद्यार्थी द्वारा प्रस्तुत भारतीय मानवशास्त्र के विकास की अवस्थाएं निम्नलिखित हैं—

(i) आरंभिक काल (1774—1919)

(ii) निर्माण काल (1920—1949)

(iii) विश्लेषणात्मक काल (1950 से ऊपर)

टी.के. पेरीमैन द्वारा प्रस्तुत विश्व मानवशास्त्र के विकास की अवस्थाओं को अपनाते हुए डी.एन. मजुमदार ने भारतीय मानवशास्त्र की उत्पत्ति एवं विकास की कहानी को तीन क्रमिक अवस्थाओं के माध्यम से दर्शाने का प्रयास किया है। मजुमदार द्वारा प्रस्तुत भारतीय मानवशास्त्र की उत्पत्ति एवं विकास अवस्थाएं निम्नलिखित हैं—

(i) आरंभिक काल (1774—1911)

(ii) निर्माणकाल (1912-1937)

(iii) आलोचनात्मक काल (1938 से ऊपर)

विद्यार्थी तथा मजुमदार दोनों ने टी.के. पेरीमैन द्वारा प्रस्तुत अवस्थाओं का अनुसरण किया है। लेकिन दोनों के विचार में कुछ मौलिक अंतर हैं। मजुमदार ने विकास की तृतीय अवस्था को आलोचनात्मक काल की संज्ञा प्रदान की तो विद्यार्थी ने विकास की तृतीय अवस्था को विश्लेषणात्मक काल की संज्ञा से विभूषित किया।

आरंभिक काल की अवधि

मजुमदार एवं विद्यार्थी दोनों का मानना था कि भारतीय मानवशास्त्र की उत्पत्ति का वर्ष 1774 था। इसी वर्ष कलकत्ता उच्च न्यायालय के न्यायाधीश सर विलियम्स जान द्वारा एशिएटिक सोसायटी आफ बंगाल की स्थापना की गयी। इस समाज की स्थापना के साथ भारत में मानव एवं प्रकृति का वैज्ञानिक ढंग से अध्ययन एवं अनुसंधान आरंभ हुआ। इस समाज द्वारा वैज्ञानिक पत्रिका का प्रकाशन आरंभ हुआ जिसमें भारतीय समाज के ऊपर वैज्ञानिक विधि से किए गए अनुसंधानों को प्रकाशित किया जाने लगा। मजुमदार के अनुसार आरंभिक काल 1911 तक जारी रहा। लेकिन विद्यार्थी के अनुसार प्रारंभिक काल 1774 से आरंभ होकर 1919 तक जारी रहा।

निर्माणकाल की अवधि

मजुमदार के अनुसार भारतीय मानवशास्त्र का निर्माणकाल 1912 से आरंभ हुआ तथा 1937 तक जारी रहा। सन् 1912 ई. में भारतीय मानवशास्त्री शरत चंद्र राय द्वारा लिखित मोनोग्राफ *मुंडा एंड देयर कंट्री* का प्रकाशन हुआ था। भारतीय मानवशास्त्र के लिए यह एक महत्त्वपूर्ण घटना थी। अब विदेशी विद्वानों द्वारा ही नहीं वरन् भारतीय विद्वानों द्वारा भी भारतीय जनजातियों की जीवनशैली के ऊपर अनुसंधान निष्कर्ष प्रकाशित होने लगे। मोनोग्राफ लेखन का कार्य 1937 तक जोर-शोर से चला। ए.सी. राय के मोनोग्राफ, उरांव आफ छोटा नागपुर (1914), बिरहोर (1925), उरांव रेलिजन एवं कस्टम (1928), हिल भुईया आफ उड़ीसा (1935) तथा खारिया दो खंड (1937) के रूप में प्रकाशित किए गए।

विद्यार्थी के अनुसार भारतीय मानवशास्त्र का निर्माण काल 1920 से आरंभ होता है। 1920 में कलकत्ता विश्वविद्यालय में मानवशास्त्र विषय की पढ़ायी स्नातकोत्तर स्तर पर आरंभ हुई। भारतीय मानवशास्त्र के निर्माण में यह एक महत्त्वपूर्ण घटना थी। क्योंकि मानवशास्त्र विषय को पढ़कर एवं विशेषज्ञों द्वारा प्रशिक्षण प्राप्त कर मानवशास्त्री अस्तित्व में आए। भारतीय मानवशास्त्र का निर्माणकाल 1949 तक जारी रहा। विद्यार्थी एस.सी. राय द्वारा प्रकाशित मुंडा एंड देयर कंट्री (1912) से निर्माणकाल का शुभारंभ नहीं मानते हैं। क्योंकि भारतीय जनजातियों के ऊपर मोनोग्राफ लेखन एवं प्रकाशन एस.सी. राय से पहले भी हुआ था। उदाहरण के लिए रिवर्स द्वारा प्रकाशित *टोडा जनजाति* (1906) का मोनोग्राफ।

आलोचनात्मक अथवा विश्लेषणात्मक काल की अवधि

मजुमदार के अनुसार भारतीय मानवशास्त्र का आलोचनात्मक काल 1938 से प्रारंभ हुआ तथा उसके बाद तक जारी रहा। 1938 में लाहौर में अखिल भारतीय विज्ञान कांग्रेस का आयोजन किया गया। इस विज्ञान सम्मेलन में ब्रिटिश मानवशास्त्रियों द्वारा भाग लिया गया तथा भारत में मानवशास्त्रीय अध्ययन की दशा एवं दिशा पर विस्तारपूर्वक विचारों का आदान-प्रदान हुआ। इसी वर्ष मजुमदार का हो जनजाति के ऊपर समस्या अभिमुख अध्ययन पुस्तक के रूप में प्रकाशित किया गया। इस प्रकार भारतीय मानवशास्त्र का आलोचनात्मक काल आरंभ हुआ। अब केवल जनजातियों की संस्कृति का क्रमबद्ध ढंग से लेखन ही नहीं वरन् आलोचनात्मक ढंग से अध्ययन भी आरंभ हुआ।

विद्यार्थी के अनुसार भारतीय मानवशास्त्र का विश्लेषणात्मक काल का शुभारंभ 1950 से हुआ। 1950 से भारतीय मानवशास्त्री अमरीकी मानवशास्त्रियों के संपर्क में आए। कई अमेरिकी मानवशास्त्रियों का आगमन भारत में हुआ। जैसे राबर्ट रेडफिल्ड, मैक्कमी मैरियट, मेडलवाम, मिल्टन सिंगर इत्यादि अमेरिकी मानवशास्त्रियों ने ब्रिटिश मानवशास्त्रियों की जनजातियों के ऊपर मोनोग्राफ लेखन की परंपरा से हटकर भारतीय मानवशास्त्र में ग्राम अध्ययन, धर्म अध्ययन, शक्ति संरचना अध्ययन, जजमानी प्रथा अध्ययन, कृषक समाज का अध्ययन, सभ्यता का अध्ययन आरंभ किया। ग्राम अध्ययन एवं सभ्यता अध्ययन की व्याख्या हेतु कई अवधारणाओं का विकास एवं परीक्षण किया गया। उदाहरण के लिए लघु परंपरा एवं महान परंपरा, सार्वभौमिकीकरण एवं स्थानीयकरण, लोक नगरीय सातत्य, कृषक समाज, लोक समाज, नगरीय समाज, संस्कृतिकरण, प्रबल जाति, ग्राम की एकता एवं विस्तार, ग्रामीण विश्व नागरिकता, धार्मिक संकुल, प्रकृति, मानव-ईश्वर संकुल इत्यादि। इस प्रकार 1950 के बाद भारतीय मानवशास्त्र में मोनोग्राफिक अध्ययन के स्थान पर विश्लेषणात्मक अध्ययन आरंभ हुए। विद्यार्थी के अनुसार विश्लेषणात्मक काल 1950 से आरंभ होकर आगे जारी है।

आरंभिक काल के अध्ययन (1774-1919)

जैसा कि पहले कहा जा चुका है कि सर विलियम्स जान्स द्वारा 1774 ई. में एशिएटिक सोसायटी आफ बंगाल की स्थापना के साथ भारतीय मानवशास्त्र के आरंभिक काल की शुरुआत हुई। सर विलियम जान्स इस समाज के अध्यक्ष थे। उन्होंने इस समाज की स्थापना का मुख्य लक्ष्य प्रकृति एवं मानव का वैज्ञानिक अध्ययन एवं अनुसंधान निर्धारित किया। उन वैज्ञानिक अध्ययन एवं अनुसंधानों को उन्होंने इस समाज द्वारा प्रकाशित पत्रिका में विशेष स्थान देकर उसका प्रकाशित रूप विद्वानों के समक्ष प्रस्तुत किया तथा भावी पीढ़ी के विद्वानों के लिए सुरक्षित एवं संरक्षित किया। इस समाज एवं शोध पत्रिका की स्थापना के पश्चात् ब्रिटिश प्रशासकों, धर्म प्रचारकों, यात्रियों, व्यवसायियों एवं मानवशास्त्रीय पहलुओं में अभिरुचि रखने वाले व्यक्तियों के वैज्ञानिक लेखों का प्रकाशन एशिएटिक सोसायटी आफ बंगाल (1784), इंडियन एंटिक्वीटी (1872), बिहार एवं उड़ीसा अनुसंधान समाज (1915) तथा मैन इन इंडिया (1921) नामक पत्रिकाओं में आरंभ हुआ।

भारत के विभिन्न भागों में स्थापित विद्वान ब्रिटिश प्रशासकों द्वारा अपने-अपने क्षेत्र के लोगों के जीवन एवं संस्कृति के संबंध में सर्वज्ञान संपन्न सूची तैयार की गयी थी। उदाहरण के लिए रिजले, डाल्टन तथा ओ'माल्लेय द्वारा पूर्वी भारत के लोगों के जीवन एवं संस्कृति की सूची तैयार की गयी थी। रस्सेल द्वारा मध्य भारत के लोगों के जीवन एवं संस्कृति का सूचीबद्ध किया गया था। क्रुक्स द्वारा उत्तर भारत के लोगों के जीवन एवं संस्कृति का सूचीबद्ध किया गया था। इन विद्वान ब्रिटिश प्रशासकों द्वारा भारतीय जनजातियों एवं जातियों के ऊपर लिखित पुस्तिकाओं के नाम निम्नलिखित हैं—

1. ओ'माल्लेय, एल.एस. 1906-25: *बंगाल डिस्ट्रिक्ट गजेटियर्स,* बंगाल सेकरेटेरियट बुक डिपो, कोलकत्ता।

2. क्रुक्स, डब्ल्यू. 1897: *द नार्थ-इस्टर्न प्रोविंसेस आफ इंडिया,* माथुअरी एंड कंपनी, लंदन।

3. डाल्टन, ई.टी. 1872: *डेस्क्रीपटिव एथनोलोजी आफ बंगाल,* गवर्मेंट प्रिंटिंग प्रेस, कोलकत्ता।

4. रस्सेल एंड हीरालाल 1916: *ट्राइब्स एंड कास्ट्स आफ सेंट्रल प्रोविंसेस आफ इंडिया,* मैकमिलन एंड कंपनी, लदंन।

विद्वान ब्रिटिश प्रशासकों की इन पुस्तिकाओं के अतिरिक्त अन्य विद्वान ब्रिटिश प्रशासकों ने विस्तारपूर्वक भारतीय मानव जातिशास्त्र के ऊपर पुस्तकों का प्रकाशन किया। उन विद्वानों द्वारा प्रकाशित मानव जातिशास्त्रीय पुस्तकों की सूची निम्न है—

1. कैम्पबेल जे.एम. 1856: एथनोग्राफी आफ इंडिया, *जरनल आफ एशिएटिक सोसायटी आफ बंगाल,* खंड-35।

2. लाथम, आर.जी. 1859: *एथनोग्राफी आफ इंडिया,* लंदन।

3. रिजले, एच.एच. 1891: *ट्राइब्स एंड कास्टस आफ बंगाल,* कोलकत्ता।

4. रिजले, एस.एच. 1901: *सेंसस आफ इंडिया,* इंडिया रिपोर्ट।

5. रिजले, एच.एच. 1905: द *पिपुल आफ इंडिया, सेकरेटेरियट प्रेस,* कोलकत्ता।

उपरोक्त सामान्य अध्ययनों के अतिरिक्त कुछ अन्य प्रशासक विद्वानों द्वारा कई जनजातियों एवं जातियों के ऊपर विस्तृत वर्णन पुस्तक के रूप में प्रदान किया गया। उदाहरण के लिए—

1. शेक्सपियर जे. 1912: द *लुशाय कुकी क्लान्स,* खंड I एवं II, मैकमिलन एवं कंपनी, लंदन।

2. गर्डन, पी.आर.टी. 1914: द *खासिज,* मैकमिलन एंड कंपनी, लंदन।

3. मिल्स, जे.पी. 1917: *लहोटा नागा,* मैकमिलन एंड कंपनी, लंदन।

4. अय्यर, एल.के. अनंत 1908: *कोचिन ट्राईब्स एंड कास्ट्स,* लंदन।

5. अय्यर, एल.के. अनंत 1912: *कोचिन ट्राईब्स एंड कास्ट्स,* लंदन।

उपरोक्त सभी विद्वानों के ऊपर ब्रिटिश मानवशास्त्री रिवर्स (1906), सेलिग मैन (1911) तथा रैडक्लिफ-ब्राउन (1922) का प्रभाव व्याप्त था।

आरंभिक भारतीय मानवशास्त्री एवं भारतीय मानव जाति शास्त्र के जनक पदवी से विभूषित शरत चन्द्र राय ने अपनी दो पुस्तकों का प्रकाशन इसी अवधि में किया।

1. राय, एस.सी., 1912: *मुंडा एंड देयर कंट्री,* सीटी बार लायब्रेरी, कोलकत्ता।

2. राय, एस.सी. 1915: *उरांव आफ छोटानागपुर,* राँची बार लायब्रेरी, राँची।

निर्माणकाल में किए गए अध्ययन (1920-1949)

इसमें संदेह नहीं कि भारत में सामाजिक मानवशास्त्र का इस काल में तथ्य विषयक विकास हुआ। भारत के दो प्रमुख विश्वविद्यालयों के पाठ्यक्रम में मानवशास्त्र विषय को प्रमुख स्थान प्राप्त हुआ। मुंबई विश्वविद्यालय (1919) तथा कोलकत्ता विश्वविद्यालय (1920)। इस अवधि में ब्रिटिश प्रशासक विद्वानों के मानवजातीय पुस्तक प्रकाशन के साथ-साथ नातेदारी संगठन, सामाजिक संगठन इत्यादि का अध्ययन प्रशिक्षित मानवशास्त्रियों द्वारा आरंभ किया गया। भारतीय विद्वान शरत चंद्र राय के अतिरिक्त के.पी. चटोपाध्याय, टी.सी. दास, डी.एन. मजुमदार, जी.एस. धूर्ये, एम.एन. श्रीनिवास, इरावती कार्वे, एल.के. अनंत कृष्ण अय्यर तथा ए. ऐयप्पन द्वारा भारतीय मानवशास्त्रियों को अनुसंधान कार्य का प्रशिक्षण देकर जनजातीय एवं ग्रामीण संस्कृति के ऊपर वैज्ञानिक अनुसंधान की शुरुआत की गयी। इस काल के प्रमुख अध्ययन एवं प्रकाशन निम्नलिखित हैं—

1. पैरी एन.ई. 1932: द *लाखर्स,* मैकमिलन एंड कंपनी, लंदन।

2. बोडिंग, पी.ओ. 1925: द *संथाल मेडिसिन,* एशिएटिक सोसायटी आफ बंगाल, खंड-2 संख्या-10।

3. हट्टन जे.एच. 1921: द *अंगामी नागा,* मैकमिलन एंड कंपनी, लंदन।

4. हट्टन जे.एच. 1921: द *सेमा नागा,* मैकमिलन एंड कंपनी, लंदन।

5. राय, एच.सी. 1925: द *बिरहोर,* मैन इन इंडिया औफिस, राँची।

6. राय, एच.सी. 1928: *उरांव रेलिजन एंड कस्टम,* मैन इन इंडिया औफिस, राँची।

7. राय, एच.सी. 1935: द *हिल भुईयां आफ उड़ीसा,* मैन इन इंडिया औफिस, राँची।

8. राय एच.सी. एंड आर.सी. राय, 1937: द *खाटिया,* मैन इन इंडिया औफिस, राँची।

9. अय्यर, एल.ए. कृष्ण, 1937: द *ट्रैवेनकोर ट्राइब्स एंड कास्ट्स,* खंड-I गवर्मेंट प्रेस, केरल।

10. अय्यर, एल.ए. कृष्ण 1939: द *ट्रैवेनकोर ट्राइब्स एंड कास्ट्स,* खंड-II गवर्मेंट प्रेस केरल।

11. अय्यर, एल.ए. कृष्ण 1941: द *ट्रैवेनकोर ट्राइब्स एंड कास्ट्स,* खंड-III गवर्मेंट प्रेस, त्रिवेन्द्रम।

12. अय्यर, एल.के. अनंत, 1928: द *मैसुर ट्राइब्स एंड कास्ट्स,* खंड-III, मैसूर यूनिवर्सिटी, मैसूर।

13. अय्यर, एल.के. अनंत, 1930: *मैसूर ट्राइब्स एंड कास्ट्स,* खंड-III, मैसूर यूनिवर्सिटी, मैसूर।

14. अय्यर, एल.के. अनंत, 1931: द *मैसुर ट्राइब्स एंड कास्ट्स,* खंड-IV, मैसूर, यूनिवर्सिटी, मैसूर।

15. अय्यर, एल.के. अनंत, 1935: द *मैसुर ट्राइब्स एंड कास्ट्स,* खंड V, मैसुर यूनिवर्सिटी, मैसूर।

16. ओ'माल्लेय, एल.एस. 1932: *इंडियन कास्ट्स कस्टम,* कैम्ब्रिज यूनिवर्सिटी प्रेस, कैम्ब्रिज।

17. ओ'माल्लेय, एल.एस. 1934: *इंडियाज सोसल हैरिटेज,* कारेंडन प्रेस, आक्सफोर्ड, लंदन।

18. एलविन, वेरियर, 1939: द *बैगा,* जान मुराय, लंदन।

19. एलविन, वेरियर, 1942: द *अगारिया,* आक्सफोर्ड यूनिवर्सिटी प्रेस, लंदन।

20. एलविन, वेरियर, 1943: *मारिया मर्डर एंड सुसायड,* आक्सफोर्ड यूनिवर्सिटी प्रेस, बांबे।

21. एलविन, वेरियर, 1943: द *एबोरिजनल्स,* ऑक्सफोर्ड यूनिवर्सिटी प्रेस, बांबे।

22. एलविन, वेरियर 1947: *मिथ्स आफ मिडिल इंडिया,* आक्सफोर्ड यूनिवर्सिटी प्रेस, जियोफेरी कैम्ब्रिज।

23. फ्युरर सी. वान, हैमेन डार्फ 1943: द *चेंचुजः जंगल फोक आफ डेक्कन,* मैकमिलन एंड कंपनी, लंदन।

24. फ्युरर सी. वान, हैमेन डार्फ, 1945: *द रेडीज आफ बेसन हिल्सः ए स्टडी इन एकल्चरेसन,* मैकमिलन एंड कंपनी, लंदन।

25. फ्युरर सी. वान, हैमेन डार्फ, 1948: *द राज गोंड आफ अदिदाबादः ए पिजेंट कल्चर आफ डेक्कन,* मैकमिलन एंड कंपनी, लंदन।

26. धूर्ये, जी.एस. 1943: द *एबोरिजिन्सः सो काल्ड एंड देयर फ्यूचयर,* गोखले इंस्टीट्यूट आफ पोलिटिक्स एंड इकोनामिक्स, पूना।

27. श्रीनिवास, एम.एन. 1942: *मैरेज एंड फैमिली इन मैसुर,* बाम्बे।

28. मजुमदार डी.एन. 1937: *ए ट्राइब इन ट्रांजिसनः ए स्टडी इन कल्चर पैटर्नस,* लैंगमैन्स ग्रीन एंड कंपनी, लंदन।

29. मिल्स, जे.पी. 1926: *दएओ नागाज,* मैकमिलन एंड कंपनी लंदन।

30. मिल्स, जे.पी. 1937: द *रेंगमा नागाज,* मैकमिलन एंड कंपनी, लंदन।

31. गुहा, बी.एस. 1935: *रेसियल एलेमेन्ट्स इन इंडियन पोपुलेसन,* ऑक्सफोर्ड यूनिवर्सिटी प्रेस, लंदन।

विश्लेषणात्मक काल के अध्ययन एवं अनुसंधान

द्वितीय विश्वयुद्ध के पश्चात् विशेषकर स्वतंत्रता प्राप्ति के बाद भारतीय मानवशास्त्र का विश्लेषणात्मक काल आरंभ हुआ। इस अवधि के आरंभ में अमेरिकी सामाजिक मानवशास्त्रियों का आगमन हमारे देश भारतवर्ष में हुआ। अमेरिकी मानवशास्त्रियों के दल के भारत आगमन एवं भारतीय समाज के अध्ययन के पीछे निम्नलिखित उद्देश्य थे—

1. भारतीय ग्रामों का क्रमबद्ध एवं वैज्ञानिक विधि से अध्ययन करना
2. कतिपय अवधारणाओं का निर्माण एवं परीक्षण करना
3. अनुसंधान विधियों को और परिष्कृत करना
4. भारतीय ग्रामों के विकास के लिए चलायी जा रही सामुदायिक विकास योजनाओं में सहयोग प्रदान करना।

भारत आने वाले अमेरिकी मानवशास्त्रियों के दल में कार्नेल विश्वविद्यालय के मोरिस ई. ओपलर, इल्लीनोआयस विश्वविद्यालय के ओस्कार लेविस, कैलिफोर्निया विश्वविद्यालय के डैविड मेंडेल बाम तथा अनेक छात्रगण शामिल थे।

विश्लेषणात्मक काल के अध्ययन एवं अनुसंधान की व्याख्या हम निम्नलिखित शीर्षक के अंतर्गत कर सकते हैं—

1. जनजातीय अध्ययन की परंपरा
2. ग्राम अध्ययन की परंपरा

3. जाति अध्ययन की परंपरा
4. धर्म अध्ययन की परंपरा
5. शक्ति एवं नेतृत्व अध्ययन की परंपरा
6. नगर अध्ययन की परंपरा
7. व्यावहारिक एवं क्रियात्मक अध्ययन की परंपरा
8. सामाजिक मनोवैज्ञानिक अध्ययन की परंपरा
9. लोक संस्कृति अध्ययन की परंपरा
10. जाति जनजाति सातत्य अध्ययन की परंपरा
11. परिवर्तन एवं पुनर्अध्ययन की परंपरा
12. प्रभाव अध्ययन की परंपरा।

1. जनजातीय अध्ययन की परंपरा

भारत में जनजातीय अध्ययन की परंपरा आरंभिक काल से ही स्थापित है। यह परंपरा भारतीय मानवशास्त्र के निर्माणकाल में भी जारी थी तथा आज विश्लेषणात्मक काल में भी जारी है। भारतीय जनजातियों के ऊपर विश्लेषणात्मक काल में निम्नलिखित ढंग से अनुसंधान एवं अध्ययन किए गए हैं—

1. एलविन, वेरियर, 1950: *बोंडो हाइलैंडर्स,* आक्सफोर्ड यूनिवर्सिटी प्रेस, बांबे।

2. एलविन, वेरियर 1951: *ट्राइबल आर्ट्स आफ मिडिल इंडिया,* ऑक्सफोर्ड यूनिवर्सिटी प्रेस, बांबे।

3. एलविन, वेरियर 1952: *लोस आफ नर्वस।*

4. एलविन, वेरियर 1954: *ट्रायबल मिथ्स आफ उड़ीसा,* ऑक्सफोर्ड यूनिवर्सिटी प्रेस, बांबे।

5. एलविन, वेरियर 1955: *द रेलिजन आफ एन इंडियन ट्राइब,* ऑक्सफोर्ड यूनिवर्सिटी प्रेस, गोयेफेरी कैम्ब्रिज।

6. एलविन, वेरियर 1958: *मिथ्स आफ नार्थ-ईस्ट फ्रोंटियर्स आफ इंडिया,* नेफा, शिलांग।

7. एलविन, वेरियर 1960: *ए फिलोस्फी आफ नेफा,* शिलांग।

8. एलविन, वेरियर 1960: *नागालैंड,* शिलांग।

9. एलविन, वेरियर 1962: *आर्ट्स आफ नेफा,* शिलांग।

10. फ्युरर, सी. वान, हैमेन डार्फ 1955: *हिमालयन बार्बेरी,* जेमुराय, लंदन।

11. धुर्ये, जी.एस. 1957: *द महादेव कोली,* पोपुलर बुक डिपो, बांबे।

12. बोस, एन.के. 1971: *ट्रायबल लाइफ इन इंडिया,* नेशनल बुक ट्रस्ट, न्यू दिल्ली।

13. मजुमदार, डी.एन. 1950: *द अफेयर्स आफ ए ट्राइब : ए स्टडी इन ट्रायबल डिनैमिक्स,* युनिवर्सल पब्लिशर्स लिमिटेड, लखनऊ।

14. मजुमदार, डी.एन. 1961: *रेसेस एंड कल्चर आफ इंडिया,* एशिया पब्लिशिंग हाऊस, बांबे।

15. मजुमदार, डी.एन. 1963: *हिमालयन पोलियंड्री,* एशिया पब्लिशिंग हाऊस, न्यू दिल्ली।

16. मजुमदार, डी.एन. 1963: *फ्रांटियर्स आफ प्रिमिटिव ट्रायब्स,* युनिवर्सल पब्लिशर्स, लखनऊ।

17. दुबे, एस.सी. 1951: *द कमार,* युनिवर्सल पब्लिशर्स, लखनऊ।

18. विद्यार्थी, एल.पी. 1963: *मालर : नेचर-मैन-स्पिरिट कंपलेक्स इन ए हिल ट्राइब आफ बिहार,* बुक लैंड प्राइवेट लिमिटेड, कोलकत्ता।

19. विद्यार्थी, एल.पी. 1964: *कल्चरल कंटूर्स आफ ट्रायबल बिहार,* कोलकत्ता।

20. विद्यार्थी, एल.पी. 1966: *कल्चरल टाइप्स इन ट्रायबल इंडिया विथ स्पेशल रिफ्रेंस टू ट्रायबल,* बिहार, एन.सी. दत्ता द्वारा संपादित, कोलकत्ता।

21. विद्यार्थी, एल.पी. 1966: *घाघरा: ए विलेज इन ट्रायबल बिहार,* सेंसस ओपरेशन, दिल्ली।

22. विद्यार्थी, एल.पी. 1968: *ट्रायबल लेबरर्स,* मैनेजर पब्लिकेशन, दिल्ली।

23. विद्यार्थी, एल.पी. 1976: *डायनामिक्स आफ ट्रायबल लीडरशिप इन बिहार,* इलाहाबाद।

24. विद्यार्थी, एल.पी. 1976: *ट्रायबल कल्चर आफ इंडिया,* कंसेप्ट पब्लिकेशन, नई दिल्ली।

25. विद्यार्थी, एल.पी. 1961: *बिहार के आदिवासी,* पटना।

26. विद्यार्थी, एल.पी. 1979: *खारिया : देन एंड नाउ,* कंसेप्ट पब्लिकेशन, नई दिल्ली।

27. सहाय के.एन. 1976: *अंडर द शैडो आफ क्रास,* कोलकत्ता।

28. श्रीवास्तव, एस.के. 1958: *द थारू: ए स्टडी इन कल्चर डायनामिक्स,* यूनिवर्सिटी प्रेस, आगरा।

29. प्रसाद, एन. 1964: *लैंड एंड पिपुल आफ ट्रायबल बिहार,* ट्रायबल वेलफेयर रिसर्च इंस्टीट्यूट, राँची।

30. अटल योगेश, 1965: *आदिवासी भारत,* राजमहल प्रकाशन, दिल्ली।

उपरोक्त भारतीय जनजातियों के ऊपर किए गए अनुसंधान, अध्ययन एवं प्रकाशनों के अध्ययन से भारतीय जनजातियों के विषय में निम्नलिखित तथ्य प्रकाश में आते हैं—

1. भारतीय जनजाति लघु परंपरा के रूप में अपनी समग्रता बनाए हुए हैं।

2. प्रत्येक भारतीय जनजाति की अपनी सांस्कृतिक एवं मानवजातीय पहचान होती है।

3. सरना स्थल, युवागृह, अखरा तथा ससानदिरी भारतीय जनजातीय ग्राम की विशेषताएं हैं।

4. भारतीय जनजातियों के बीच युवा संगठन अपना महत्त्व खोता जा रहा है।

5. भारतीय जनजातियों के ऊपर संस्कृतिकरण, हिन्दूकरण, इस्लामीकरण तथा ईसाईकरण का प्रभाव पड़ा।

6. भारतीय जनजातियों के ऊपर नगरीकरण, उद्योगीकरण, पश्चिमीकरण, आधुनिकीकरण तथा धर्मनिरपेक्षीकरण प्रक्रियाओं का प्रभाव पड़ा है।

7. परियोजनाओं के कारण भारतीय जनजातियों को विस्थापन एवं पुनर्वास की समस्या का सामना करना पड़ा है।

8. भारतीय जनजातियों की जीवन शैली को खाद्य संकलन एवं शिकार, पशुपालन एवं पशुचारण, झूम कृषि (स्थानांतरण कृषि), स्थायी कृषि, दस्तकारी जनजातियां तथा जनजातीय श्रमिक के रूप में समझा जा सकता है।

9. जनजातियों का मानव जाति वर्णन प्रकृति-मानव-ईश्वर संकुल की अवधारणा के आधार अभिलेखित किया जा सकता है।

10. भारतीय जनजातियों की कला एवं लोक संस्कृति विलोपन की स्थिति में पहुंच गयी है।

11. भारतीय जनजातियों को अपनी-अपनी संस्कृति, क्षेत्र एवं पहचान की रक्षा हेतु कई प्रकार के आंदोलन करने पड़े हैं।

12. भारतीय जनजातियों को अशिक्षा, गरीबी, बेरोजगारी, भू-हस्तांतरण, झूम-कृषि, खाद्य संकलन एवं शिकार, प्रवासी मजदूर, बंधुआ मजदूर, शराब सेवन, स्वास्थ्य, स्वच्छता, संप्रेषण इत्यादि की समस्याओं का सामना करना पड़ता है।

13. हमारी केन्द्र एवं राज्य सरकारों द्वारा भारतीय जनजातियों के कल्याण एवं विकास के लिए कई तरह के कार्यक्रम चलाए जा रहे हैं।

14. आदिवासियों के बीच भूत-प्रेत तथा डायन में विश्वास प्रचलित है तथा इसके कारण महिलाओं को शोषण एवं उत्पीड़न का शिकार होना पड़ता है।

ग्राम अध्ययन की परंपरा

स्वतंत्रता प्राप्ति के पहले भारतीय मानवशास्त्र के ऊपर ब्रिटिश मानवशास्त्र का प्रभाव व्याप्त था। ब्रिटिश मानवशास्त्र के प्रभावाधीन भारतीय मानवशास्त्र के अंतर्गत जनजातीय समाज का ऐतिहासिक एवं सांस्कृतिक पुनर्निर्माण कार्य आरंभ हुआ। स्वतंत्रता प्राप्ति के बाद भारतीय मानवशास्त्र अमेरिकी मानवशास्त्र के संपर्क में आया। अमरीकी मानवशास्त्री राबर्ट रेडफिल्ड द्वारा विकसित लोक समाज, कृषक समाज, नगरीय समाज, लोक नगरीय सातत्य, लघु समुदाय एवं सभ्यता की अवधारणाओं को सत्य मानते हुए उनका परीक्षण भारतीय समाजों में आरंभ हुआ। रेडफिल्ड द्वारा विकसित अवधारणाओं की सत्यता की

जांच हेतु भारतीय ग्राम का अध्ययन आरंभ हुआ। भारतीय ग्राम सभ्यता के इतिहास, संरचना, अर्थव्यवस्था, शक्ति व्यवस्था, धार्मिक व्यवस्था तथा महान एवं लघु परंपरा के बीच संबंधों का अध्ययन विस्तारपूर्वक किया जाने लगा।

अमेरिकी मानवशास्त्रियों का एक दल भारत आया। इस अध्ययन दल में कार्नेल विश्वविद्यालय के मोरिस ई. ओपलर, कैलिफोर्निया विश्वविद्यालय के डेविड मेंडल बाम, इल्लिनायस विश्वविद्यालय के ओस्कार लेवि तथा शिकागो विश्वविद्यालय के मैक्कीम मैरियट एवं उनके अनेक शिष्यगण शामिल थे।

अमेरिकी मानवशास्त्रियों द्वारा ग्राम अध्ययन का मुख्य उद्देश्य भारतीय ग्राम सभ्यता को जानना, ग्राम की एकता एवं विस्तार को जानना, लघु परंपरा एवं महान परंपरा के बीच अंतर संबंधों को जानना, लघु परंपरा को महान परंपरा में तथा महान परंपरा को लघु परंपरा में समाहित होने की प्रक्रिया को जानना, ग्राम में प्रचलित जाति व्यवस्था, जजमानी प्रथा, दस्तकारी प्रथा के बारे में ज्ञान अर्जित करना, कृषक समाज की विशेषताओं को प्रकाश में लाना, शक्ति एवं नेतृत्व को जानना तथा सामुदायिक विकास योजनाओं को कार्यान्वित कराना था। भारतीय ग्राम एक ओर एकता दर्शाते हैं तो दूसरी ओर वे दूसरे गांवों तथा शहरों से अपना संबंध बनाए रखते हैं। इस प्रकार भारतीय ग्राम एकता एवं विस्तार तथा ग्रामीण विश्व नागरिकता के अच्छे उदाहरण हैं।

भारतीय ग्रामों के ऊपर मानवशास्त्रियों द्वारा किए गए अध्ययन का विवरण नीचे प्रस्तुत किया जा रहा है।

1. पंजाब दिल्ली सांस्कृतिक भाषायी क्षेत्र में ओस्कार लेविस ने दिल्ली राज्य के अंतर्गत रामपुर ग्राम का अध्ययन अक्टूबर 1952—जून 1953 के बीच किया। इस ग्राम के अध्ययन के आधार पर लेविस ने अपनी दो पुस्तकों का प्रकाशन करवाया, जो निम्नलिखित हैं—

(i) ग्रुप डिनामिक्स आफ एन इंडियन विलेज, 1954।

(ii) लाइफ इन ए नार्थ इंडियन विलेज, 1958।

2. मोरिस ई. ओपलर ने एक भारतीय विद्वान रुद्रदत्त के साथ उत्तर प्रदेश राज्य के सेनापुर नामक ग्राम का अध्ययन किया। इन दोनों विद्वानों द्वारा भारतीय ग्राम की एकता एवं विस्तार की अवधारणा का विकास 1952 ई. में किया गया।

3. मैक्कीम मैरियट ने उत्तर प्रदेश राज्य के अधीन किसानगढ़ी ग्राम का अध्ययन 1951–52 की अवधि में किया। इस अध्ययन के आधार पर उसने सार्वभौमिकीकरण (युनिवर्सलाइजेशन) तथा स्थानीयकरण (पैरोकलायजेशन) की अवधारणा का विकास किया।

4. धीरेन्द्र नाथ मजुमदार ने लखनऊ के समीप मोहनपुर ग्राम का अध्ययन 1953–55 के बीच किया। इस अध्ययन के आधार पर उन्होंने अपनी पुस्तक, कास्ट्स एंड कम्युनिकेशन इन एन इंडियन विलेज का प्रकाशन 1958 में किया था।

मजुमदार ने एक और उत्तर प्रदेश के मिर्जापुर जिलांतर्गत चित्तौर ग्राम का अध्ययन 1955 में किया। इसके आधार पर उन्होंने अपनी पुस्तक चोर के एक ग्राम का प्रकाशन 1960 में किया।

5. जान टी. हिटकाक ने उत्तर प्रदेश राज्य के अंतर्गत कालापुर नामक ग्राम का अध्ययन 1953–55 के बीच किया। उनका अध्ययन पीएच.डी. अनुसंधान कार्य पर आधारित था।

इसी ग्राम कालापुर का अध्ययन पी.एम. महार तथा जे.जे. गुम्पर्ज द्वारा उसी अवधि में पीएच.डी. अनुसंधान कार्य के लिए किया गया था।

6. हैराल्ड ए. गाउड ने उत्तर प्रदेश राज्य के फैजाबाद जिलांतर्गत शेरपुर नामक ग्राम का अध्ययन 1950–60 के बीच किया।

7. एक ब्रिटिश मानवशास्त्री एफ.जी. बेली ने उड़ीसा राज्य के फुलबनी जिलांतर्गत बीसीपारा नामक ग्राम का अध्ययन 1952–54 के बीच किया।

8. एक अन्य ब्रिटिश मानवशास्त्री ए.सी. मेयर ने मध्य प्रदेश राज्य के अंतर्गत रामखेरी ग्राम का अध्ययन 1954–56 के बीच किया।

9. के.एस. माथुर ने राजस्थान राज्य के अंतर्गत पोटलाद ग्राम का अध्ययन 1955–56 में किया।

10. कारस्टेयर्स ने राजस्थान के उदयपुर के समीप देओली नामक ग्राम का अध्ययन 1951–52 के बीच किया।

11. बी.आर. चौहान ने राजस्थान राज्य के उदयपुर के समीप चितौरगढ़ जिलांतर्गत सादरी ग्राम का अध्ययन किया।

12. गेतल पी. स्टीड ने गुजरात राज्य के अहमदाबाद जिलांतर्गत कसैन्द्रा ग्राम का अध्ययन 1950–51 की अवधि में किया।

13. महाराष्ट्र राज्य के अंतर्गत हैनरी ओनरी स्टीन ने पूना जिला के एक गांव का अध्ययन 1954–55 में किया।

14. जी.एस. धुर्ये ने हवेली तालुक का अध्ययन 1954–58 के बीच किया।

15. एस.सी. दुबे ने आंध्र प्रदेश राज्य के अंतर्गत हैदराबाद तथा सिकंदराबाद के बीच स्थित शामीर पेट नामक ग्राम का अध्ययन 1951–52 के बीच किया।

16. वाय.वी. लक्ष्मण ने आंध्र प्रदेश राज्य के अंतर्गत दो गांवों—कथरू तथा पोथरू का अध्ययन 1955 में किया।

17. कर्नाटक राज्य के अंतर्गत धिलौन ने हारपुर नामक ग्राम का अध्ययन 1955 में किया।

18. कर्नाटक राज्य के अंतर्गत एम.एन. श्रीनिवास ने रामपुर नामक ग्राम का अध्ययन 1948–52 की अवधि में किया।

19. ए.आर. विल्स ने कर्नाटक राज्य के अंतर्गत दो गांवों नामहाली तथा गोपालपुर का अध्ययन किया।

20. स्कार्लेट एपस्टीन ने कर्नाटक के दो गांव वांगला तथा दोनेला का अध्ययन 1954-55 के बीच किया।

21. ई.बी. हार्पर ने कर्नाटक राज्य के अंतर्गत टोटागदल नामक ग्राम का अध्ययन 1954-55 के बीच किया।

22. के. ईश्वरण ने धारवाड़ के समीप शेरापुर नामक ग्राम का अध्ययन 1958-60 की अवधि में किया। उन्होंने दो पुस्तकों की रचना की। ट्रेडिशन एंड इकोनामी इन विलेज इंडिया (1966) तथा शिवपुर : ए साउथ इंडियन विलेज (1968)।

23. कथलिन गाउफ ने केरल राज्य के अंतर्गत कुम्बा पोटाची नामक ग्राम का अध्ययन किया था।

24. एल.पी. विद्यार्थी ने वर्तमान झारखंड राज्य के घाघरा नामक ग्राम का अध्ययन 1966 में किया था।

25. सच्चिदानंद ने जनजातीय ग्राम का अध्ययन 1968 में किया था।

भारतीय ग्रामों के ऊपर विभिन्न विद्वानों द्वारा किए गए अनुसंधानों के आधार पर भारतीय ग्राम की निम्नलिखित विशेषताएं प्रकट होती हैं—

1. भारतीय ग्राम एकता एवं विस्तार के अनोखा उदाहरण प्रस्तुत करते हैं।
2. भारतीय ग्राम जाति प्रथा को बनाए रखने में महत्त्वपूर्ण योगदान देते हैं।
3. भारतीय गांवों में विभिन्न जातियां विभिन्न टोलों में निवास करती हैं।
4. भारतीय गांवों में प्रत्येक जाति अपने पद के अनुसार व्यवहार करती है।
5. प्रत्येक गांव की अपनी सीमा एवं अपना रकबा होता है।
6. गांव की भूमि गांव में रहने वाले परिवारों के बीच वितरित रहती है। गांवों में भूमि का वितरण समान रूप से नहीं होता है।
7. गांव में रहने वालों की मुख्य जीविका कृषि तथा कृषि आधारित अन्य पेशा होती है।
8. जजमानी प्रथा द्वारा ग्राम की विभिन्न जातियां एक-दूसरे पर आधारित एवं एक-दूसरे से संबंधित होती हैं।
9. भारतीय ग्राम अंश एवं समग्रता के अनोखे उदाहरण प्रस्तुत करते हैं।
10. भारतीय गांवों में प्रबल जाति की अवधारणा पायी जाती है।
11. भारतीय गांवों में पंच एवं पंचायत व्यवस्था प्रचलित रहती है।
12. हालांकि भारतीय ग्राम परंपरा से बंधे होते हैं, लेकिन गांवों के ऊपर नगरीकरण, उद्योगीकरण, आधुनिकीकरण, सार्वभौमिकीकरण, संस्कृतिकरण इत्यादि का प्रभाव पाया जाता है।

13. प्रत्येक गांव के अपने-अपने देवी-देवता होते हैं।

14. प्रत्येक गांव के अपने-अपने पुजारी होते हैं।

15. प्रत्येक गांव के लोग पूजा-पाठ तथा पर्व-त्योहार सामूहिक रूप से मनाते हैं। इसके लिए सभी परिवार चंदा देते हैं।

16. भारतीय गांवों में कुछ जातियों द्वारा जातीय त्योहार भी मनाए जाते हैं। लेकिन इसमें अन्य जाति के लोगों को भी आमंत्रित किया जाता है।

17. ग्रामवासी महान परंपरा से जुड़े रहते हैं। महान परंपरा के पुजारी ग्रामवासियों के साथ जजमानी संबंध रखते हैं।

18. भारतीय ग्रामवासियों का दल तीर्थाटन करने समूह में जाता है।

19. उत्तर भारत के गांवों में ग्रामबहिर्विवाही नियम का पालन किया जाता है।

20. मिश्रित गांव में जनजातियां जाति के समान कार्य करती हैं।

21. भारतीय ग्रामों में उत्प्रेरित परिवर्तन के माध्यम से परंपरागत पेशा, अछूत प्रथा, प्रबल जाति, भूमि स्वामित्व इत्यादि पर व्यापक रूप से प्रभाव पड़ा है।

ग्राम अध्ययन के वृहत योगदान

ग्राम अध्ययन के वृहत योगदान निम्नलिखित हैं—

1. ग्राम अध्ययन से सामुदायिक विकास योजनाओं के दिशा-निर्देश में सरकार को लाभ प्राप्त हुआ है।

2. ग्राम अध्ययन के माध्यम से मानवशास्त्रियों को अपनी विधि, तकनीक, परिकल्पना, अवधारणा एवं सिद्धांत निर्माण तथा परीक्षण में विशेष लाभ हुआ है।

3. मानवशास्त्रियों द्वारा गांव को भारतीय सभ्यता की लघु इकाई के रूप में मान्यता दिलायी गयी है।

4. अनेक मानवशास्त्रीय अवधारणाओं का जन्म दिया गया तथा उनका परीक्षण भारतीय ग्रामों के संदर्भ में किया गया।

5. भारतीय गांवों की परंपरा एवं सच्चाई से विश्व समुदाय को अवगत कराया गया।

भारतीय ग्राम अध्ययन में वर्ष 1955 का योगदान

वर्ष 1955 को भारतीय ग्राम अध्ययन के ऊपर प्रकाशित पुस्तकों के वर्ष के रूप में याद किया जाता है। इसी वर्ष तीन मानवशास्त्रियों द्वारा भारतीय ग्रामों के ऊपर तीन पुस्तकों का प्रकाशन किया गया। उन तीनों विद्वानों तथा पुस्तकों के नाम नीचे दिए जा रहे हैं—

1. एस.सी. दुबे, 1955: इंडियन विलेज।
2. एम.एन. श्रीनिवास, 1955: इंडियाज विलेज।
3. मैक्कीम मैरियट, 1955: विलेज इंडिया।

एस.सी. दुबे की पुस्तक इंडियन विलेज भारतीय ग्राम के ऊपर एक विनिबंधात्मक अध्ययन प्रस्तुत करती है। यह पुस्तक आंध्र प्रदेश राज्य के अंतर्गत हैदराबाद एवं सिकंदराबाद शहर के बीच स्थित शमीरपेट नामक ग्राम के विस्तारपूर्वक अध्ययन पर आधारित है। इस पुस्तक में एक भारतीय ग्राम की जनसांख्यिकीय, सामाजिक, सांस्कृतिक, धार्मिक, आर्थिक, राजनीतिक इत्यादि विशेषताओं का विस्तारपूर्वक उल्लेख मिलता है। दुबे ने परिवार के सदस्यों के बीच, विभिन्न जातियों के बीच तथा विभिन्न गांवों के बीच संबंधों की चर्चा मानवशास्त्रीय ढंग से की है। उन्होंने ग्राम जीवन की बाल्यावस्था, युवावस्था तथा वृद्धावस्था पर भी प्रकाश डाला है। इस प्रकार दुबे की पुस्तक को ग्राम अध्ययन के ऊपर एक आदर्श मॉडल पुस्तक के रूप में मान्यता प्राप्त हुई है।

श्रीनिवास की पुस्तक इंडियाज विलेज एक संपादित पुस्तक है। श्रीनिवास ने इस पुस्तक में विभिन्न मानवशास्त्रियों द्वारा भारतीय ग्राम के अध्ययन के आधार पर लिखे गए शोधपत्रों का संपादन किया है। इस पुस्तक के संपादन में कुल 13 मानवशास्त्रियों ने अपना-अपना योगदान अपने शोधपत्रों के माध्यम से दिया है। 13 विद्वानों में से 5 अमेरिकी, 5 ब्रिटिश तथा 3 भारतीय विद्वान थे।

अमेरिकी विद्वानों के नाम विल्स, मैंडेल बाम, गाउफ, मैरियट तथा मार्टिन हैं। ब्रिटिश विद्वानों के नाम बेली, कोलिन, कारस्टेयर्स, मिल्लर तथ निवेल हैं। भारतीय विद्वानों में दुबे, शर्मा तथा श्रीनिवास के नाम शामिल हैं। इस पुस्तक में भारतीय ग्रामों के संबंध में अनेक प्रकार की अवधारणाओं एवं अध्ययन विधि का उल्लेख मिलता है।

मैक्कीम मैरियट की पुस्तक विलेज इंडिया भी एक संपादित पुस्तक है। मैरियट ने आठ भारतीय विद्वानों द्वारा भारतीय ग्रामों के ऊपर लिखे गए मानवशास्त्रीय लेखों का संपादन किया है। इन शोधपत्रों में भारतीय ग्रामों के संबंध में अवधारणात्मक एवं शोध पद्धति के संबंध में मानवशास्त्रीय जानकारी उपलब्ध करायी गयी है। इन शोधपत्रों में भारतीय ग्रामों को सांस्कृतिक पृथक के रूप में अस्वीकार कर दिया गया है। यहाँ यह दर्शाने का प्रयास किया गया है कि किस प्रकार भारतीय ग्राम महान परंपरा से जुड़े हुए हैं तथा भारतीय सभ्यता के विकास में वे कौन-सी भूमिका निभाते हैं।

जाति अध्ययन की परंपरा

भारतीय मानवशास्त्र में जाति अध्ययन की शुरुआत भी ग्राम अध्ययन की परंपरा के साथ हुई। भारतीय गांवों के लिए जाति एक सार्वभौमिक सच्चाई है। प्रत्येक भारतीय गांवों में कई जाति के लोग साथ-साथ रहते हैं। भारतीय ग्राम जाति प्रथा को बनाए रखने में अपना योगदान देते आये हैं। प्रत्येक जाति के लोग अलग-अलग टोला में एक ही गांव में निवास करते हैं। वे अपने निर्धारित स्थान एवं पद के अनुसार व्यवहार करते हैं। प्रत्येक जाति अपने अंत:विवाही नियम का पालन करती है। साथ ही साथ गोत्र बहिर्विवाही नियम का पालन भी करती हैं। प्रत्येक जाति की परंपरागत पेशा निर्धारित रहती है। जाति के लोग

विवाह एवं खान-पान संबंधी निषेधों का पालन आवश्यक रूप से करते हैं। मानवशास्त्रियों द्वारा भारतीय जातियों के ऊपर किए गए अनुसंधानों का विवरण नीचे प्रस्तुत किया जा रहा है—

1. ओस्कार लेविस ने 1952-53 में दिल्ली के समीप एक जाट जाति के रामपुर नामक ग्राम का अध्ययन कर अपनी दो पुस्तकों की रचना की थी, जो निम्नलिखित हैं—

(i) ग्रुप्स डिनैमिक्स इन ए नार्थ इंडियन विलेज, 1954।

(ii) लाइफ इन ए नार्थ इंडियन विलेज, 1958।

अपनी प्रथम पुस्तक में लेविस ने रामपुर गांव में रहने वाली 12 जातियों की जनसांख्यिकीय, सामाजिक, आर्थिक तथा राजनीतिक विशेषताओं का उल्लेख किया है। उन्होंने दर्शाया है कि इस गांव में जाट जाति के लोग अपनी प्रभुता बनाए हुए हैं। गांव के विभिन्न जातियों के बीच लड़ाई-झगड़ा भी प्रचलित थे। गांवों में जातीय तथा अंतरजातीय संघर्ष की स्थिति भी बन जाती है। संघर्ष का समाधान पंच, पंचायत एवं जाति पंचायत इत्यादि के माध्यम से करने का प्रयास भी होता है।

2. मोरिस ई. ओपलर तथा रुद्रदत्त सिंह ने 1952 में उत्तर प्रदेश के सेनापुर ग्राम का अध्ययन भारतीय गांवों को एकता एवं विस्तार के ऊपर विस्तारपूर्वक प्रकाश डाला है। इन विद्वानों ने यह दर्शाने का प्रयास किया है कि भारतीय गांवों में विभिन्न जातियों के बीच सामाजिक, आर्थिक, धार्मिक तथा राजनीतिक एकता बनी रहती है। विभिन्न जाति के लोग एक ही गांव में पृथक ढंग से नहीं रहते। उनमें आपसी निर्भरता तथा पारस्परिकता बनी रहती है। गांव की जातियों के मध्य एकता के साथ-साथ सामाजिक, आर्थिक, धार्मिक एवं राजनीतिक विस्तार भी पाए जाते हैं।

3. धीरेन्द्र नाथ मजुमदार ने कार्नेल-लखनऊ विश्वविद्यालय के संयुक्त तत्वावधान में 1954-55 के बीच दो गांव चित्तौर तथा मोहनपुर का अध्ययन किया था। अपने अध्ययन के आधार पर उन्होंने दो पुस्तकों की रचना की थी, जो निम्नलिखित हैं—

(i) कास्ट्स एंड कम्यूनिकेशन इन एन इंडियन विलेज, 1958।

(ii) चोर का एक गांव, 1960।

मजुमदार की पहली पुस्तक मोहन ग्राम की जाति प्रथा एवं संवाद विनिमय के संबंध में जानकारी प्रस्तुत करती है। उन्होंने यह दर्शाया है कि विभिन्न जाति के लोग अपनी सामाजिक स्थिति एवं पद के अनुसार संवाद विनिमय के समय संबोधन शब्दों का प्रयोग करते हैं। जजमानी प्रथा के अंतर्गत कार्य करने वाली जातियों द्वारा मौखिक अथवा लिखित संवाद भिजवाये जाते हैं। अपने रिश्तेदारों के यहां स्वयं जाकर भी संवाद दिया जाता है। उच्च जाति की महिलाओं के साथ गांव के अन्य पुरुष एवं स्त्रियों का संवाद विनिमय वर्जित रहता है। अन्य जातियों की महिलाओं के बीच संवाद विनिमय की स्वतंत्रता रहती है।

मजुमदार की दूसरी पुस्तक उत्तर प्रदेश के मिर्जापुर जिलांतर्गत चितौरा ग्राम के अध्ययन पर आधारित है। इस पुस्तक में 12 जातियों एवं 5 जनजातियों के संबंध में

जानकारी प्रदान की गयी है। उन्होंने दर्शाया कि है गांव में रहने वाली कुछ जातियों को चोर की श्रेणी में रखा जाता है। क्योंकि चोरी करना उनकी पेशा है। गांव के लोग एकजूट होकर उन्हें गांव में चोरी नहीं करने देते हैं।

4. एस.सी. दुबे ने आंध्र प्रदेश राज्य के अंतर्गत शामीरपेट ग्राम का अध्ययन कर अपनी पुस्तक इंडियन विलेज का प्रकाशन 1955 में किया था। यह एक मिश्रित गांव था जहां 18 हिन्दू जातियों के अतिरिक्त कई मुसलमान जाति के लोग भी साथ-साथ रहते थे। दुबे ने दर्शाया है कि गांव में रहने वाले हिन्दू एवं मुसलमान जाति के लोग जजमानी प्रथा द्वारा सामाजिक एवं आर्थिक रूप से निर्भर रहते हैं। सामाजिक उत्सव एवं सुख-दुख में साथ-साथ रहते हैं।

5. एच.सी. दुबे ने उत्तर प्रदेश राज्य के दो गांवों का अध्ययन कर अपनी पुस्तक इंडियाज चेंजिंग विलेजेज: ह्यूमन फैक्टर्स इन कम्यूनिटी डेवलपमेंट (1958) का प्रकाशन किया। इस पुस्तक में एक राजपूत जाति के गांव तथा एक त्यागी जाति के गांव में सामुदायिक विकास योजनाओं के माध्यम से तथा मानवीय कारकों के आधार पर विकास को दर्शाने का प्रयास किया गया है।

6. जान टी. हिटकाक ने उत्तर प्रदेश के एक ग्राम कालापुर का अध्ययन कर 1956 ई. में अपना शोधपत्र प्रबंध कार्नेल विश्वविद्यालय में प्रस्तुत किया था। यह एक राजपूत जाति का गांव था। उन्होंने अपने निष्कर्ष में दर्शाया है कि राजपूत जाति के लोग अपने आपको महान प्रतापी तथा योद्धा की संतान मानते हैं। उन्हें राजपूत जाति में जन्म लेने से गर्व का अनुभव होता है।

7. पी.एम. महार ने उसी गांव कालापुर का अध्ययन उसी अवधि में करके राजपूत जाति का हिन्दू समाज में प्रबल स्थान एवं स्वभाव का विस्तारपूर्वक विवरण प्रस्तुत किया है।

8. जे.जे. गुम्बर्ज ने भी उसी अवधि में कालापुर ग्राम का अध्ययन कर सामाजिक स्तरण के अनुसार संप्रेषण व्यवस्था का विवरण प्रस्तुत किया है। उन्होंने जन संप्रेषण तथा सांस्कृतिक संप्रेषण व्यवस्था पर भी प्रकाश डाला।

9. कोलेंडा नामक विद्वान ने भी उसी अवधि में कालापुर नामक गांव का अध्ययन कर भंगी जाति के बीच प्रचलित कर्म एवं पुनर्जन्म की अवधारणा का परीक्षण किया।

10. हैराल्ड ए. गाउड ने उत्तर प्रदेश के शेरपुर नामक ग्राम का अध्ययन किया। उन्होंने इस गांव में 12 जातियों के लोगों को साथ-साथ रहते हुए पाया। साथ ही साथ जजमानी प्रथा के माध्यम से उनके बीच सामाजिक एवं आर्थिक निर्भरता का प्रचलन पाया। इस प्रथा के अंतर्गत नाई, कुम्हार, बढ़ई, लोहार, धोबी इत्यादि जाति के लोगों द्वारा कृषि कर्म में लगी जातियों को अपनी परंपरागत सेवाएं प्रदान की जाती हैं तथा वे बदले में साल में दो बार अनाज का भुगतान पाते हैं। धार्मिक त्योहार तथा सामाजिक उत्सव के अवसर पर वे अपने-अपने जजमानों के घर से भोजन, वस्त्र तथा अनाज उपहार स्वरूप पाते हैं। जातियों के बीच सेवा, वस्त्र एवं अनाज का पारस्परिक विनिमय भारतीय गांव की विशेषता रही है।

11. एफ.जी. बेली की पुस्तक कास्ट एंड इकोनामिक फ्रंटियर्स (1957) उड़ीसा राज्य के बिसीपारा गांव में निवास करने वाली जातियों की पारंपरिक पेशा में परिवर्तन के संबंध में विवरण प्रस्तुत करती है। उनके अनुसार बाजार एवं प्रशासनिक व्यवस्था के कारण बिसीपारा गांव की जातियों की आर्थिक व्यवस्था में अनेक प्रकार के परिवर्तन लाए गए हैं।

बेली की दूसरी पुस्तक ट्राइब कास्ट एंड नेशन (1959) में उड़ीसा राज्य के बिसीपारा एवं बेदरी गांव की जनजातियों एवं जातियों के बीच अंतर संबंध को दर्शाने का प्रयास करती है। उन्होंने यह दर्शाने का प्रयास किया है कि मिश्रित गांव की जनजातियां भी जातियों के समान व्यवहार करती हैं तथा राष्ट्र की भावना उनमें समान रूप से पायी जाती है।

बेली की तीसरी पुस्तक पोलिटिकल एंड सोशल चेंज (1960) है। इस पुस्तक में बेली ने मोहनपुर गांव का अध्ययन कर उस गांव में रहने वाली जातियों के मध्य सामाजिक एवं राजनीतिक परिवर्तनों का उल्लेख किया है। उन्होंने पाया कि इस परंपरागत गांव में अपनी तरह की एकता थी। लेकिन आधुनिक प्रशासनिक एवं प्रजातांत्रिक संस्थाओं के प्रभाव के कारण जातीय तथा ग्राम एकता प्रभावित हुई है। मतदान के समय गांवों में जातीय समीकरण तथा संघर्ष के दृश्य भी पाए जाते हैं।

12. मध्य प्रदेश राज्य के अंतर्गत एक ब्रिटिश मानवशास्त्री ए.सी. मेयर ने रामखेरी गांव की जातियों का अध्ययन कर अपनी पुस्तक कास्ट एंड किनशिप सिस्टम इन मिडिल इंडिया (1958) में प्रकाशित किया। इस पुस्तक में उन्होंने दर्शाया है कि जाति प्रथा को बनाए रखने में उपजाति की भूमिका सबसे महत्वपूर्ण होती है। एक जाति कई उपजातियों में विभाजित रहती है। प्रत्येक उपजाति का अपना गोत्र होता है। वे गोत्र बहिर्विवाही नियम का पालन आवश्यक रूप से करते हैं। विवाह के माध्यम से जाति प्रथा नातेदारी प्रथा से घनिष्ठ रूप से जुड़ी रहती है। विवाह द्वारा उपजातियों के बीच संबंध स्थापित होता है। विवाह के पश्चात् संतानोत्पत्ति की जाती है। इससे रक्त संबंध बनते हैं। इस प्रकार जाति प्रथा में विवाह संबंध एवं रक्त संबंध पीढ़ी दर पीढ़ी जारी रहते हैं। गांव में रक्त संबंधी परिवार, वंश एवं गोत्र के रूप में रहते हैं। गांव के लोग ग्राम बहिर्विवाही नियम का पालन करते हैं। यही कारण है कि उनके विवाह संबंधी विभिन्न गांवों में पाए जाते हैं।

13. के.एस. माथुर ने राजस्थान के पोटलाड नामक ग्राम का अध्ययन कर अपनी पुस्तक कास्ट एंड रिचुअल इन मालवा विलेज (1964) का प्रकाशन किया। इस पुस्तक में उन्होंने जाति प्रथा की विशेषताओं का उल्लेख किया है। उन्होंने संपूर्ण जाति प्रथा को शुद्धता एवं अशुद्धता की धारणा के अनुसार कार्य करते हुए पाया। उन्होंने पाया कि भारतीय ग्राम में अंतरजातीय एवं जातीय संबंध शुद्धता एवं अशुद्धता की धारणा के अनुसार नियंत्रित होता है।

14. कारस्टेयर्स ने राजस्थान राज्य के देवली ग्राम का अध्ययन कर अपनी पुस्तक ट्वाइस बोर्न: ए स्टडी आफ हाई कास्ट हिन्दू (1957) का प्रकाशन किया। इस पुस्तक में उन्होंने दर्शाया है कि द्विज हिन्दू जातियां समाज में अपना स्थान एवं पद उच्च मानती हैं। उन्होंने उपनयन संस्कार करने का सामाजिक एवं धार्मिक अधिकार प्राप्त है। इस गांव में 16 जातियां साथ-साथ रह रही थीं। उच्च जातियों में भी धार्मिक विशेषज्ञ होने के कारण ब्राह्मण जाति का स्थान सर्वोच्च था। इसके बाद राजपूत जाति का स्थान आता था। वैश्य समुदाय से जुड़ी जातियों का स्थान समाज में तीसरे स्थान पर था। इन जातियों को द्विज होने पर भी समाज में मध्यम श्रेणी का स्थान प्राप्त था। उच्च हिन्दू जातियों के बीच भोजन-पानी संबंध प्रचलित था। लेकिन वे लोग दूसरी उच्च जातियों के घर से केवल पक्की भोजन सामग्री (पूड़ी, हलुआ, पुआ, सब्जी) स्वीकार करते थे।

15. कर्नाटक राज्य के अंतर्गत एम.एन. श्रीनिवास ने रामपुर ग्राम का अध्ययन कर प्रबल जाति की अवधारणा का विकास (1959) में किया। उनके अध्ययन से प्रबल जाति की अवधारणा एक सामाजिक सच्चाई के रूप में प्रकट हुई।

एम.एन. श्रीनिवास ने रामपुर ग्राम का अध्ययन कर भारतीय जाति व्यवस्था एवं सामाजिक परिवर्तन के ऊपर चार पुस्तकों की रचना की है जो निम्नलिखित हैं—

(i) रेलिजन एंड सोसायटी एमांग कुगर्स आफ साउथ इंडिया, 1952।

(ii) कास्ट इन मार्डर्न इंडिया, 1962।

(iii) कास्ट इन मार्डर्न इंडिया एंड अदर एसेज, 1962।

(iv) सोशल चेंज इन मार्डर्न इंडिया, 1966।

उपरोक्त पुस्तकों में श्रीनिवास ने भारतीय जाति व्यवस्था एवं सामाजिक परिवर्तन को संस्कृतिकरण, पश्चिमीकरण, आधुनिकीकरण, धर्मनिरपेक्षीकरण, प्रबल जाति, जाति एकता, हिन्दूवाद का विस्तार जाति गतिशीलता इत्यादि की अवधारणाओं के माध्यम से प्रस्तुत किया है।

मानवशास्त्रियों द्वारा भारतीय समाज की जाति प्रथा का अध्ययन कर निम्नलिखित विशेषताओं को प्रकाश में लाया गया है—

1. भारतीय गांवों में जाति व्यवस्था एक सार्वभौमिक सामाजिक सच्चाई है।

2. जाति व्यवस्था में प्रत्येक जातियों का स्थान निश्चित होता है। लेकिन ब्राह्मण जाति का स्थान सर्वोच्च होता है।

3. ब्राह्मण जाति के बाद क्षत्रिय जाति का स्थान आता है। उसके बाद वैश्य जातियों का स्थान आता है।

4. शूद्र वर्ण की जातियों का स्थान समाज में निम्न होता है।

5. ब्राह्मण, क्षत्रिय तथा वैश्य जातियों को द्विज हिन्दू जातियां कहीं जाती हैं। उन्हें उपनयन संस्कार करने का सामाजिक एवं धार्मिक अधिकार प्राप्त था।

6. समाज में स्थान, ग्राम भूमि पर अधिकार तथा संख्या बल के आधार पर कुछ जातियों का भारतीय समाज में स्थान प्रबल जाति के रूप में प्राप्त होता है।

7. प्रजातांत्रिक संस्थाओं के अस्तित्व में आ जाने के बाद संख्या बल का महत्त्व बढ़ गया है तथा प्रबल जाति के निर्धारण में संख्या की भूमिका महत्त्वपूर्ण हो गयी है।

8. जाति प्रथा में विभिन्न जातियां जजमानी प्रथा के माध्यम से एक-दूसरे के साथ सामाजिक तथा आर्थिक रूप से जुड़ी रहती हैं। उनमें पारस्परिक निर्भरता बनी रहती है।

9. गांवों में मुसलमान जाति के लोग भी जजमानी प्रथा से जुड़े रहते हैं।

10. मिश्रित गांव की जनजातियां भी जातियों के समान व्यवहार करती हैं।

11. शुद्धता एवं अशुद्धता की अवधारणा के आधार पर एक जाति दूसरी जाति से भोजन-पानी संबंध स्थापित करती है।

12. सभी जातियां अंतर्विवाही नियम का पालन कर अपनी शुद्धता एवं पहचान बनाए रखती हैं।

13. जजमानी प्रथा के अंतर्गत जजमानी का गांव होता है जहां परंपरागत सेवाएं प्रदान करने वाली जातियां अपनी-अपनी सेवा प्रदान करती हैं तथा बदले में वर्ष में दो बार अनाज के माध्यम से भुगतान पाती हैं।

14. जजमानी प्रथा में जजमान एवं सेवा प्रदान करने वाली जातियों के बीच सेवा एवं उपहार का पारस्परिक विनिमय होता है।

15. समाज में जातीय संघर्ष, सहयोग एवं प्रतियोगिता तीनों प्रकार की प्रक्रियाएं प्रचलित रहती हैं।

16. जाति पद व्यवस्था के अनुसार संवाद विनिमय एवं संप्रेषण में संबोधन शब्दों को प्रयोग में लाया जाता है।

17. जाति व्यवस्था में नाई तथा गोड़ाईत जाति के लोगों को संवाद वाहक के रूप में सेवा प्रदान करना पड़ता है।

18. समाज में मध्य स्थान तथा निम्न स्थान वाली जातियों के द्वारा संस्कृतिकरण प्रक्रिया द्वारा ब्राह्मण तथा क्षत्रिय जातियों की जीवनशैली अपनायी जा रही है।

19. नातेदारी प्रथा द्वारा जातीय संबंध बनाए रखा जाता है।

20. भोजन-पानी तथा निमंत्रण विनिमय द्वारा अंतरजातीय संबंध बनाए रखा जाता है।

21. गांव में साथ-साथ रहने वाले विभिन्न जाति के लोग एक-दूसरे को नातेदारी शब्दों से संबोधित करते हैं।

22. जातियों के बीच उर्ध्वाधर तथा क्षैतिक एकता बनी रहती है।

23. पश्चिमीकरण, आधुनिकीकरण तथा धर्मनिरपेक्षीकरण प्रक्रियाओं के माध्यम से जातीय तथा पेशायी गतिशीलता प्रकाश में आयी है।

धर्म अध्ययन की परंपरा

भारतीय संदर्भ में आदिम धर्म के ऊपर अध्ययन करके अपनी पुस्तक प्रकाशित करने का श्रेय भारतीय मानवशास्त्री शरत चन्द्र राय को जाता है। उन्होंने अपनी पुस्तक उरांव रेलिजन एंड कस्टम (1915) में उरांव जनजाति की धार्मिक रीति-रिवाजों एवं विश्वासों का विनिबंधात्मक अध्ययन प्रस्तुत किया है। यह भारतीय जनजाति के ऊपर भारतीय विद्वान द्वारा लिखित प्रथम पुस्तक थी। इस पुस्तक में उरांव जनजाति के धार्मिक विश्वास, पर्व-त्योहार, देवी-देवता, पूजा-पाठ, सामाजिक उत्सव एवं अनुष्ठान का उल्लेख मिलता है। इस पुस्तक की रचना भारतीय मानवशास्त्र के आरंभिक काल में ही हुई थी।

शरत चन्द्र राय के पश्चात् धीरेन्द्र नाथ मजुमदार ने वर्तमान झारखंड राज्य के सिंह भूमि क्षेत्र में निवास करने वाली हो जनजाति का अध्ययन कर बोंगाबाद (Bongaism) की अवधारणा का विकास किया है। उनके द्वारा प्रकाशित पुस्तक का नाम अफेयर्स आफ ए ट्राइब (1950) है। इस पुसतक में उन्होंने बोंगाबाद की व्याख्या विस्तारपूर्वक किया है। हो जनजाति के विश्वास के अनुसार बोंगा सबसे बड़ा देवता होता है। हो जनजाति के मध्य बोंगा सभी प्रकार के कर्मों एवं फलों को प्रभावित करता है। सफलता-विफलता, सुख-दुख, जन्म-मरण इत्यादि के लिए बोंगा ही जिम्मेदार होता है। इसीलिए पूजा-पाठ, बलि तथा अनुष्ठान के माध्यम से बोंगा को प्रसन्न रखा जाता है।

वेरियर एलविन ने अपनी पुस्तक रेलिजन आफ एन इंडियन ट्राइब (1955) में सवरा जनजाति के धर्म के ऊपर अपना विनिबंधात्मक अध्ययन प्रस्तुत किया है। इस पुस्तक में उन्होंने सवरा जनजाति के विश्वास, देवी-देवता, पूजा-पाठ, पर्व-त्योहार, बलि, अनुष्ठान, मंत्रोजाप, धार्मिक विशेष इत्यादि का विस्तारपूर्वक विवरण प्रस्तुत किया है।

भारतीय ग्राम के संबंध में धर्म के ऊपर अध्ययन की शुरुआत एम.एन. श्रीनिवास द्वारा की गई थी। उन्होंने अपने पुस्तक रेलिजन एंड सोसायटी एमांग कुगर्स आफ साउथ इंडिया (1952) में भारतीय ग्राम की धार्मिक व्यवस्था में ब्राह्मण जाति का सर्वोच्च स्थान दर्शाया है। भारतीय ग्राम समाज में ब्राह्मण का स्थान सर्वश्रेष्ठ होता है। वह समाज का धार्मिक विशेषज्ञ होता है। देवी-देवता एवं आम लोग के बीच वह मध्यस्थ का कार्य करता है। इसलिए समाज में उसकी विशिष्ट जीवन शैली होती है। उदाहरण के लिए सुबह उठकर स्नान करना, सूर्य भगवान को अर्धदान करना, मंदिर में जाकर पूजा-पाठ करना, घर में रामायण एवं गीता का पाठ करना, जजमान के यहां पूजा-पाठ करना, जनेऊ धारण करना, ललाट पर चंदन लगाना, मांस मदिरा का सेवन नहीं करना इत्यादि। ब्राह्मण जातीय जीवनशैली का अनुकरण मध्य एवं निम्न स्थान वाली जातियों के द्वारा किया जाता है। उनके लिए ब्राह्मण जातीय जीवनशैली आदर्श एवं अनुकरणीय होता है।

जनजातीय एवं ग्रामीण धर्म की व्याख्या एवं विश्लेषण हेतु एल.पी. विद्यार्थी ने प्रकृति-मानव-ईश्वर संकुल की अवधारणा का विकास किया है। उन्होंने प्रकृति-मानव-

ईश्वर संकुल की अवधारणा का विकास एवं परीक्षण झारखंड राज्य के संथाल परगना में निवास करने वाली सौरिया पहाड़िया (मेलर) के ऊपर किया है। इस अध्ययन के आधार पर उन्होंने अपनी पुस्तक मेलर : नेचर मैन स्पिरिट कंप्लेक्स इन ए हिल ट्राइब आफ बिहार (1963) का प्रकाशन किया है।

भारतीय हिन्दू धार्मिक सभ्यता के अध्ययन तथा लघु एवं महान धार्मिक परंपराओं के बीच संबंधों को जानने तथा दर्शाने के लिए विद्यार्थी ने धार्मिक संकुल (Sacred Complex) की अवधारणा का विकास किया है। उन्होंने हिन्दू सभ्यता की महान परंपरा वाले धार्मिक नगर गया का मानव वैज्ञानिक अध्ययन कर अपनी पुस्तक सैकरेड कंप्लेक्स इन हिन्दू गया का प्रकाशन (1961) किया। इस पुस्तक में उन्होंने हिन्दू सभ्यता के महान परंपरा वाले धार्मिक धाम गया के धार्मिक भूगोल, धार्मिक केन्द्र, धार्मिक अनुष्ठान तथा धार्मिक विशेषज्ञ का विवरण विस्तारपूर्वक दिया है।

प्रोफेसर विद्यार्थी के अध्ययन को हिन्दू सभ्यता के महान केन्द्रों के अनुसंधान का मॉडल मानकर हिन्दू सभ्यता के अनेक महान परंपरा के धामों का अध्ययन अनेक मानव वैज्ञानिकों द्वारा किया गया। उदाहरण के लिए माखन झा द्वारा जनकपुर (1971) माखन झा द्वारा रत्नपुर (1978), वी.एस. उपाध्याय द्वारा द्वारिका (1974), माखन झा द्वारा पुरी (1974), के.एन. सहाय द्वारा रामेश्वरम (1972), सच्चिन्द्र नारायण द्वारा देवघर एवं राजगिर (1972), बी.एन. सरस्वती द्वारा काशी (1978), के.एन. सहाय द्वारा तिरुपति (1974) तथा महा पात्रा द्वारा लिंगराज मंदिर। इन अध्ययनों में लघु पंरपरा एवं महान परंपरा के बीच अंतर संबंधों की व्याख्या अनुष्ठान, तीर्थाटन, पूजा-पाठ धार्मिक विशेषज्ञ इत्यादि के माध्यम से की गयी है।

अमरीकी मानवशास्त्री मैक्कीम मैरियट ने उत्तर प्रदेश राज्य के किसानगढ़ी ग्राम का अध्ययन (1955) करके भारतीय धार्मिक परंपराओं के सार्वभौमिकीकरण एवं स्थानीयकरण प्रक्रियाओं का उल्लेख विस्तारपूर्वक किया है। उन्होंने राबर्ट रेडफिल्ड द्वारा प्रतिपादित लघु परंपरा एवं महान परंपरा को गतिशील बनाते हुए सार्वभौमिकीकरण एवं स्थानीयकरण की अवधारणा का विकास किया है। ग्राम की परंपरा लघु परंपरा होती हे जो अलिखित रूप से पीढ़ी दर पीढ़ी हस्तांतरित होती है। यह निरक्षरों की परंपरा होती है। इसमें ग्राम जीवन के मूल्य एवं मान्यताएं रहती हैं। प्राचीन नगरों में स्थित धार्मिक केन्द्रों तथा पुजारियों की महान परंपरा होती है। यह साक्षरों की परंपरा होती है। यह एक क्षेत्र विशेष अथवा संपूर्ण देश का धार्मिक मूल्य रखता है। महान परंपरा का पालन करते हुए ग्राम समाज यानी लघु परंपरा वाले लोग तीर्थाटन, अनुष्ठान, पूजा-पाठ, दान-पुण्य इत्यादि करने उन स्थानों पर जाते हैं। वहां के मंदिरों में स्थित देवी-देवता का दर्शन एवं पूजा-पाठ नदी या सरोवर में स्थान के पश्चात् करते हैं। महान परंपरा के विशेषज्ञ लघु परंपरा वाले ग्रामवासियों को जजमान के रूप में अतिथि-सत्कार करते हैं। बदले में ग्रामवासी उन्हें दान-दक्षिणा इत्यादि देते हैं। गांव में पहुंचने पर पुजारी का अतिथि सत्कार एवं आदरपूर्वक दान देकर विदाई की जाती है।

इस तरह महान परंपरा एवं लघु परंपरा के बीच अंतर संबंध स्थापित रहता है। इसी संबंध के माध्यम से महान परंपरा के तत्व लघु परंपरा में शामिल होकर स्थानीय मूल्य एवं मान्यताएं प्राप्त कर लेते हैं। दूसरी इसी संबंध के आधार पर लघु परंपरा के तत्व महान परंपरा में शामिल कर लिए जाते हैं तथा विश्वव्यापी मूल्य प्राप्त कर लेते हैं। मैरियट ने पहली प्रक्रिया को स्थानीयकरण (Parochialisation) तथा दूसरी प्रक्रिया को सार्वभौमिकीकरण की संज्ञा प्रदान की है। ये दोनों प्रक्रियाएं एक-दूसरे के विपरीत हैं लेकिन धार्मिक दृष्टि से दोनों गतिशील हैं तथा भारतीय हिन्दू सभ्यता में अपना महत्त्वपूर्ण स्थान बनाए हुए हैं।

विद्यार्थी द्वारा आस्पेक्ट्स आफ रेलिजन इन इंडियन सोसायटी (1961) नामक पुस्तक का संस्करण किया गया था। इस पुस्तक में भारतीय धर्म के विभिन्न पहलुओं पर मानवशास्त्रियों द्वारा लिखित शोध पत्रों को पुस्तक के रूप में संपादित किया गया है। इस पुस्तक में गोपालाशरण, मैक्कीम मैरियट, ऐ. यप्पन, शर्मा, श्रीनिवास, कारस्टेयर्स, माथुर, सिंह, विद्यार्थी, मदन, अटल तथा चट्टोपाध्याय जैसे मानवशास्त्रियों ने अपने-अपने अनुसंधान पत्रों के माध्यम से योगदान दिया था।

अमेरिकी मानवशास्त्री मिल्टन सिंगर द्वारा लिखित पुस्तक ट्रेडिशनल इंडिया : स्ट्रक्चर एंड चेंज (1956) में भी भारतीय धार्मिक परंपराओं का उल्लेख हमें प्राप्त होता है। इस पुस्तक में सांस्कृतिक संकुल, सांस्कृतिक केन्द्र, सांस्कृतिक विशेष सांस्कृतिक माध्यम इत्यादि के विषय में विस्तृत जानकारी हमें मिलती है।

हार्पर की पुस्तक रेलिजन इन साउथ एशिया (1964) भारतीय धर्म पर आयोजित एक कर्मशाला का परिणाम है। इस पुस्तक में नौ मानवशास्त्रियों ने अपना योगदान शोधपत्रों के माध्यम से दिया है। उनके नाम मैंडल बाम, एम्स, ब्रेमैन, कोलेंडा, ओपलर, गुम्पर्ज, विल्स, येलमैन तथा हार्पर हैं। इन विद्वानों के सभी शोधपत्र भारत के विभिन्न भागों में धर्म के ऊपर किए गए अध्ययन पर आधारित हैं।

शक्ति संरचना एवं नेतृत्व के ऊपर अध्ययन एवं अनुसंधान

भारतीय ग्रामों में शक्ति संरचना एवं निर्णय निर्माण की व्याख्या का प्रयास अमेरिकी मानवशास्त्री ओस्कार लेविस तथा उनके भारतीय सहयोगियों को जाता है। प्रोफेसर ओस्कार तथा उनके सहयोगियों द्वारा भारतीय ग्राम में दलबंदी एवं नेतृत्व के ऊपर अध्ययन का शुभारंभ किया गया। ओस्कार लेविस ने दिल्ली के समीप एक जाट जाति के रामपुर नामक ग्राम का अध्ययन किया था। उस अध्ययन के आधार पर उन्होंने भारतीय ग्राम की शक्ति संरचना एवं नेतृत्व के ऊपर अपनी दो पुस्तकों का प्रकाशन किया था।

(i) ग्रुप्स डिनैमिक्स इन ए नार्थ इंडियन विलेज, 1954।
(ii) लाइफ इन ए नार्थ इंडियन विलेज, 1958।

उन्होंने अपनी पुस्तक में जाति के आधार पर गुटबंदी का उल्लेख किया है। साथ ही साथ जाट के प्रबल जाति होने के कारण ग्राम के निर्णय निर्माण में महत्त्वपूर्ण भूमिका निभाते हुए दर्शाया है। इन दोनों पुस्तकों का प्रकाशन योजना आयोग के तत्त्वावधान में किया गया था। इस पुस्तक के प्रकाशन से ग्रामीण भारत के निर्णय निर्माण में नातेदार समूहों एवं जाति आधारित गुटबंदी की भूमिका प्रकाश में आयी। ओस्कार लेविस के अध्ययन से उत्साह पाकर अनेक भारतीय विद्वानों ने ग्रामीण भारत की शक्ति संरचना एवं नेतृत्व अध्ययन को अपने-अपने अनुसंधान का विषय बनाया।

विद्यार्थी द्वारा संपादित ट्राइबल एंड रुरल लीडरशिप इन इंडिया (1967) इस विषय पर आयोजित अखिल भारतीय स्तर के कार्यशाला का परिणाम था। इस कार्यशाला का आयोजन मानवशास्त्र विभाग तथा सामाजिक एवं सांस्कृतिक शोध परिषद, बिहार के संयुक्त तत्वावधान में किया गया था। इस पुस्तक में विभिन्न विद्वानों द्वारा जनजातीय एवं ग्रामीण नेतृत्व से संबंधित अनुसंधान पत्रों को संपादित किया गया है। इस पुस्तक के दो भाग हैं। प्रथम भाग में दस अध्याय हैं। इन अध्यायों में जनजातीय एवं ग्रामीण नेतृत्व के सैद्धांतिक एक कार्यप्रणालीय स्तर प्रदान करने का प्रयास किया गया है। इस पुस्तक के द्वितीय भाग में तेरह अध्याय हैं जिनके माध्यम से जनजातीय एवं ग्रामीण भारत में प्रचलित प्रभुत्व एवं नेतृत्व को दर्शाने का प्रयास किया गया है।

विद्यार्थी की दूसरी पुस्तक डायनामिक्स आफ ट्रायबल लीडरशिप इन बिहार (1976) में बिहार राज्य के जनजातीय नेतृत्व गतिशीलता को दर्शाने का प्रयास किया गया है। उन्होंने बिहार (अब झारखंड) राज्य के जनजातीय नेतृत्व की उत्पत्ति, स्वतंत्रता बाद झारखंड आंदोलन तथा उसकी स्थितिकीय, सामाजिक एवं आर्थिक संरचनात्मक पृष्ठभूमि को प्रस्तुत करने का प्रयास किया है। उन्होंने जनजातीय नेताओं के जीवन इतिहास के आधार पर जनजातीय नेतृत्व के विभिन्न आयामों की चर्चा की है। जनजातीय मतदान व्यवहार का भी विवरण प्रस्तुत किया है। उन्होंने जनजातीय ग्राम तथा क्षेत्रस्तर के नेताओं की भूमिका का उल्लेख किया है।

अपनी तीसरी पुस्तक स्टुडेंट अनरेस्ट इन छोटानागपुर (1976) में विद्यार्थी ने छात्रों, अभिभावकों, प्रशासकों तथा शिक्षकों के अध्ययन के आधार पर विद्यार्थियों के बीच प्रचलित असंतोष को प्रस्तुत करने का प्रयास किया है।

नगर के ऊपर अध्ययन एवं अनुसंधान

शिकागो विश्वविद्यालय के राबर्ट रेडफिल्ड, मिल्टन सिंगर तथा मैक्कीम मैरियट द्वारा भारतीय सभ्यता के अध्ययन हेतु सैद्धांतिक तथा क्षेत्र कार्य प्रणालीय नेतृत्व प्रदान किया गया। भारतीय सभ्यता के वितार के अंतर्गत लोक समाज, कृषक समाज, जाति प्रथा, जजमानी प्रथा, नगरीय समाज, लोक नगरीय सातत्य इत्यादि का अध्ययन आरंभ हुआ। नगर अध्ययन

के संदर्भ में लोकनगरीय सातत्य, महान परंपरा, प्राथमिक नगरीकरण तथा द्वितीयक नगरीकरण की अवधारणा का विकास किया गया। शहर की सांस्कृतिक विकास एवं भूमिका को जानने का प्रयास किया गया। शहरों के ऐतिहासिक पुनर्निमाण का प्रयास आरंभ हुआ तथा औद्योगिक शहरों की समस्याओं को प्रकाश में लाने का प्रयास किया गया।

भारतीय संदर्भ में सिंगर ने मद्रास, मैरियट ने वाय तथा उरांव ने जमशेदपुर शहर का अध्ययन किया था। इस सभी अध्ययनों में शहर के सांस्कृतिक विकास एवं भूमिका को प्रकाश में लाया गया था।

एन.के. बोस ने कलकत्ता (1958), मजुमदार ने कानपुर (1961), मुखर्जी एवं सिंह ने लखनऊ (1961) तथा विद्यार्थी ने गया (1961) एवं राँची (1969) शहरों का अध्ययन किया। इन अध्ययनों में इन शहरों की उत्पत्ति, इतिहास, जनसंख्या, सामाजिक संरचना, आर्थिक संस्थाएं एवं पेशाओं, प्रशासन, नागरिक सुविधा, पर्यटन, सांस्कृतिक भूमिका तथा समस्याओं का विवरण विस्तारपूर्वक प्राप्त होता है।

व्यावहारिक एवं क्रियात्मक अध्ययन एवं अनुसंधान

भारतीय मानवशास्त्र में व्यावहारिक एवं क्रियात्मक मानवशास्त्रीय अध्ययन की शुरुआत की गयी। विद्यार्थी की पुस्तक अप्लायड एंथ्रोपोलोजी इन इंडिया (1968) अपने समय के सुप्रसिद्ध मानव वैज्ञानिकों द्वारा व्यावहारिक मानवशास्त्रीय अनुसंधान एवं अध्ययन पर लिखे गए शोधपत्रों का संकलन है। यह पुस्तक चार खंडों में विभाजित है तथा इसमें कुल 36 शोधपत्रों का संपादन पुस्तक के रूप में किया गया है। पहले खंड में व्यावहारिक मानवशास्त्र से संबंधित सिद्धांत, अवधारणा तथा कार्य प्रणालीय पहलुओं को प्रकाश में लाया गया है। दूसरे भाग के शोधपत्र जनजातीय कल्याण योजनाओं से संबंधित हैं। तीसरा भाग विशेष जनजातियों के वैयक्तिक अध्ययन पर आधारित है। चौथा तथा अंतिम भाग शारीरिक मानवशास्त्र की समस्या एवं व्यावहारिक पहलुओं पर प्रकाश डालता है।

भारत में जनजातीय एवं ग्रामीण विकास के लिए चलायी जा रही योजनाएं भारतीय मानवशास्त्रियों को जनजातीय तथा ग्रामीण समाज में हो रहे उत्प्रेरित परिवर्तनों की व्याख्या एवं मूल्यांकन अध्ययन करने का अवसर प्रदान की। इन विकास योजनाओं के अस्तित्व में आने के पश्चात् अमरीकी मानवशास्त्री साल टैक्स द्वारा प्रतिपादित क्रियात्मक मानवशास्त्र की अवधारणा ब्रिटिश साम्राज्यवादियों द्वारा विकसित व्यावहारिक मानवशास्त्र की अवधारणा को आंशिक रूप से बदल दिया। भारतीय मानवशास्त्रियों के लेखन में क्रियात्मक मानवशास्त्रीय अनुसंधान एवं अध्ययन विधि प्रकाश में आयी। उदाहरण के लिए मजुमदार 1940, दुबे (1960), एलविन (1958), विद्यार्थी (1953, 1960, 1968, 1972) तथा जय (1959) के लेखन में क्रियात्मक मानवशास्त्र को स्थापित करने का प्रयास किया गया है।

सामाजिक मनोवैज्ञानिक अध्ययन एवं अनुसंधान

अमेरिकी मानवशास्त्रियों के प्रभाव से भारत में संस्कृति एवं व्यक्तित्व के बीच संबंधों का अध्ययन आरंभ हुआ। बी.एस. गुफा के नेतृत्व में एंथ्रोपोलोजिक सर्वे आफ इंडिया के दो विद्वानों उमा चौधरी (1955) तथा पी.सी. राय (1955) द्वारा जनजातियों के मध्य प्रजातीय भिन्नता एवं व्यक्तित्व प्रकार को जानने के लिए किया गया।

उसी अवधि में अमेरिकी मानवशास्त्री गीतल पी. स्टीड (1955) ने गुजरात के एक हिन्दू ग्राम में व्यक्तित्व निर्माण प्रक्रिया का अध्ययन किया।

एक ब्रिटिश मानवशास्त्री जी.एम. कारस्टेयर्स (1957) ने राजस्थान के विभिन्न समुदायों का अध्ययन कर व्यक्तित्व निर्माण की प्रक्रिया को प्रकाश में लाया।

प्रोफेसर एल.पी. विद्यार्थी ने अपनी पुस्तक सैकरेड कंप्लेक्स इन हिन्दू गया (1961) में पुजारी समुदाय गयावाल के व्यक्तित्व निर्माण प्रक्रिया का अध्ययन प्रस्तुत किया है। उन्होंने यह दर्शाने का प्रयास किया कि आरंभिक दिनों में गयावाल समुदाय के बच्चे पूर्णरूप से अपने माता-पिता पर आश्रित रहते हैं। लेकिन युवावस्था में उन्हें अपने जजमान पर आश्रित होना पड़ता है। पुजारी एवं जजमानी प्रथा के कारण उनका व्यक्तित्व निर्माण की प्रक्रिया दूसरे समुदायों से भिन्न हो जाती है। गयावाल समुदाय की एक विशिष्ट जीवनशैली होती है।

अपनी दूसरी पुस्तक मार्लर : नेचर-मैन-स्पिरिट कंप्लेक्स इन ए हिल ट्राइब आफ बिहार (1963) में विद्यार्थी ने सौरिया पहाड़िया जनजाति के व्यक्तित्व प्रकार एवं व्यक्तित्व निर्माण प्रक्रिया का विस्तारपूर्वक विवरण प्रस्तुत किया।

प्रोफेसर ए.बी. शरण ने अपनी पुस्तक मर्डर एंड सुसायड एमंग ट्राइब्स आफ छोटानागपुर में मुंडा एवं उरांव जनजाति के बीच प्रचलित हत्या एवं आत्महत्या की घटना का सामाजिक एवं मनोवैज्ञानिक विश्लेषण प्रस्तुत किया है।

लोक साहित्य के ऊपर अध्ययन एवं अनुसंधान

भारतीय मानवशास्त्र में लोक साहित्य का अध्ययन विभिन्न मोनोग्राफों में प्रस्तुत लोक कथा एवं लोकगीतों के रूप में आरंभ हुआ। लेकिन धीरे-धीरे लोक साहित्य का अध्ययन पूर्णरूप से आरंभ हुआ। वेरियर एलविन ने अपनी पुस्तक मिथ्स आफ मिडिल इंडिया (1947), ट्रायबल आर्ट्स आफ मिडिल इंडिया (1951) तथ ट्रायबल मिथ्स आफ उड़ीसा (1954) में जनजातीय लोक साहित्य का विवरण कला एवं मिथक कथाओं के माध्यम से प्रस्तुत किया। लोक साहित्य में निहित सामाजिक सांस्कृतिक व्यवहारों को कुछ मानवशास्त्रियों एवं साहित्यकारों ने प्रकाश में लाने का प्रयास किया।

प्रोफेसर विद्यार्थी अखिल भारतीय लोक साहित्य सभा के अध्यक्ष (1965) थे। वे लोक साहित्य शीर्षक शोध पत्रिका के संपादक भी थे। उन्होंने अपने विभाग में लोक साहित्य की पढ़ायी तथा अनुसंधान पर विशेष बल दिया। वे भारत मे विभिन्न भागों में रह रहे जनजातियों एवं जातियों का अध्ययन कराते रहें। उन्होंने बिहार के विभिन्न क्षेत्रों मगही, भोजपुरी, मैथिली तथ जनजातीय लोक साहित्यों का अध्ययन किया था। उन्होंने अपनी पुस्तक मालर (1963) में भी मालर के लोक साहित्य का विवरण प्रस्तुत किया है। अपनी संपादित पुस्तक फोक लोकर रिसर्चेज इन इंडिया (1973) में भारत के प्रसिद्ध मानवशास्त्रियों द्वारा लोकसाहित्य पर आधारित लिखित शोधपत्रों का संकलन प्रस्तुत किया है।

जनजाति-जाति सातत्य के ऊपर अध्ययन

अमरीकी मानवशास्त्री राबर्ट रेडफिल्ड द्वारा विकसित लोक-नगरीय सातत्य की अवधारणा को आधार मानकर भारतीय मानवशास्त्र में जनजाति-जाति सातत्य की अवधारणा का विकास एवं परीक्षण किया गया। चूँकि अधिकांश जनजातीय समुदाय शताब्दियों से हिन्दू समुदायों के साथ रहते आ रहे हैं, अत: जनजातियों के मध्य जाति निर्माण की प्रक्रिया भी अतीत से जुड़ा हुआ है। संस्कृतिकरण, हिन्दूकरण, जनजाति-जाति सातत्य, जनजाति-राजपूत सातत्य, आर्यकरण इत्यादि प्रक्रियाओं एवं अवधारणाओं का संबंध जनजातियों के मध्य जाति निर्माण से संबंधित है।

जी.एस. धुर्ये ने अपनी पुस्तक द शेड्यूल्ड ट्राइब (1959) में जनजातियों को पिछड़ा हिन्दू (Backward Hindus) की संज्ञा प्रदान की।

राय बर्मन (1972) ने जनजातियों का वर्गीकरण हिन्दू सामाजिक व्यवस्था के आधार पर किया है। कुछ जनजातियां जैसे झारखंड के भूमिज, भील, गौंड तथा असम के राजा, मोची तथा राजाग पूरी तरह हिन्दू व्यवस्था में शामिल हो गयी हैं। वे पूरी तरह जाति बन गयी हैं। उन्हें हिन्दू कृषकों से किसी भी प्रकार से अलग नहीं किया जा सकता। संथाल, उरांव तथा मुंडा में भी हिन्दू सामाजिक व्यवस्था पायी जाती है। लेकिन उन्हें जाति के रूप में मान्यता नहीं प्राप्त है। लेकिन इन जनजातियों द्वारा हिन्दू जातियों के प्रतीक एवं लौकिकता को अपना लिया गया है। हिन्दूकरण एक निरंतर प्रक्रिया है यह किसी प्रकार का रूपांतरण नहीं दर्शाता है।

संस्कृतिकरण हिन्दूकरण की एक प्रक्रिया है जिसमें एक जनजाति उच्च हिन्दू जाति बनने का दावा करती है। वह मांसाहारी भोजन का परित्याग कर देती है। सूअर तथा मुर्गी पालन की पेशा छोड़ देती है। शराब सेवन छोड़ देती है। वह अपने आपको अंततोगत्वा हिन्दू व्यवस्था में शामिल कर लेती है। इसके बाद वह हिन्दू विश्वास, परंपरा, रीति-रिवाज, देवी-देवता, पर्व-त्योहार, कर्मकांड इत्यादि को अपना कर पूर्ण रूपेण हिन्दू जाति बन जाती है।

मजुमदार द्वारा खस जनजाति का अध्ययन (1952) तथा एस.के. श्रीवास्तव द्वारा थारु जनजाति का अध्ययन (1958) यह दर्शाता है कि खस तथा थारु विशिष्ट प्रकार की जनजातीय रिवाजों का पालन करती हैं। लेकिन वे अपने आपको क्षत्रिय के वंशज मानती हैं। अपने आपको वे क्षत्रिय बतलाती भी हैं। थारु अपने आपको ठाकुर कहते हैं। वे जनेऊ धारण करते हैं तथा ठाकुर के साथ ही विवाह संबंध स्थापित करते हैं। वे संस्कार एवं कर्मकांड का पालन हिन्दू पद्धति से करते हैं। हिमालय क्षेत्र की जनजाति की जीवनशैली ब्राह्मण एवं ठाकुर जाति की जीवनशैली का मिश्रण प्रस्तुत करती है।

सुरजीत सिन्हा (1962) ने अपने शोधपत्र स्टेट फार्मेशन एंड राजपूत मिथ इन ट्रायबल आफ सेंट्रल इंडिया में जनजाति-राजपूत सातत्य की अवधारणा का विकास एवं परीक्षण किया है। भूमिज जनजाति के बीच अध्ययन कर उन्होंने यह दर्शाने का प्रयास किया है कि झारखंड राज्य की भूमिज अपने आपको राजपूत कहते हैं। वे अपने आदि पूर्वज को राजपूत बतलाते हैं। वे अपने आपको राजपूत के समान वीर योद्धा मानते हैं। वे धार्मिक तथा लौकिक स्तर पर राजपूत जाति की जीवनशैली अपना लिए हैं। इस प्रकार उन्होंने जनजाति-जाति सातत्य की अवधारणा का विकास एवं परीक्षण भूमिज जनजाति के संदर्भ में किया है।

झारखंड राज्य के पलामू जिले में रहने वाले चेरो तथा खरवार जनजाति के लोग अपने आपको क्षत्रिय राजा की संतान बतलाते हैं। क्षत्रिय कहने में उन्हें गौरव का मान होता है। वे अपने नाम के साथ सिंह पदवी भी लगाते हैं। क्षत्रिय के समान हिन्दू कर्मकांड में विश्वास रखते हैं। धार्मिक एवं सामाजिक अनुष्ठान में ब्राह्मण पुजारी का सहयोग लेते हैं। हिन्दू देवी-देवताओं की पूजा करते हैं। हिन्दू पर्व-त्योहार मनाते हैं। हिन्दू के समान ग्राम बहिर्विवाही नियम का पालन करते हैं।

एन.के. बोस प्रथम मानवशास्त्री थे जिन्होंने जनजातियों के हिन्दू व्यवस्था में समावेश की ओर विद्वानों का ध्यान आकर्षित किया। उन्होंने अपने शोधपत्र हिन्दू मेथड्स आफ ट्राइबल एवजोर्पसन में जनजातियों को हिन्दू व्यवस्था में समावेश के संबंध में चर्चा की है। उनका कहना था कि जनजातियों का दस्तकारी एवं कृषि आधारित हिन्दू समाज में विलय हो गया है। यही कारण है कि जनजातियों एवं हिन्दू कृषकों तथा कारीगरों के बीच अंतर नहीं के बराबर रह गया है। बोस ने यह प्रस्तुत करने का प्रयास किया है कि जनजाति हिन्दू जाति व्यवस्था में शामिल कर लिए हैं। इस प्रकार जनजाति-जाति सातत्य का वे उपयुक्त उदाहरण प्रस्तुत करता है।

कुछ मानवशास्त्रियों द्वारा अपने पीएच.डी. शोधकार्य में जनजाति-जाति सातत्य की अवधारणा का परीक्षण किया गया है। के.सी. सासमल ने अपने पीएच.डी. शोध विनिबंध—ए स्टडी आफ ए बौरी विलेज में यह दर्शाने का प्रयास किया है कि पश्चिम बंगाल की बौरी जनजाति के सदस्य अपने आपको ब्राह्मण होने का दावा करते हैं। वे ब्राह्मण के समान जनेऊ धारण करते हैं, प्रातःकाल में स्नान करके सूर्य को जल अर्पण करते हैं, ललाट पर

चंदन लगाते हैं, मंदिर में पूजा-पाठ करते हैं तथा मांस-मदिरा का सेवन नहीं करते हैं। वे गांव की दो हिन्दू देवियों शीतला एवं मनसा की पूजा बड़े श्रद्धा के साथ करते हैं।

सेन गुप्ता ने अपने पीएच.डी. शोध विनिबंध ने यह दर्शाने का प्रयास किया है कि मिदनापुर जिला के महाली जनजाति के सदस्य अपने आपको हिन्दू जाति बतलाते हैं। वे हिन्दू देवी-देवता की पूजा, हिन्दू पर्व-त्योहार मनाते हैं, वे हिन्दू के समान कर्म, छुआछूत, स्वच्छता इत्यादि में विश्वास करते हैं। वे हिन्दू के समान श्राद्ध एवं विवाह भोज का आयोजन करते हैं।

घाघरा ग्राम के ऊपर प्रोफेसर विद्यार्थी का अध्ययन (1961) दर्शाता है कि मांझी, मुंडा जनजाति की एक शाखा ने हिन्दू जाति की जीवनशैली अपना लिए हैं। वे अपने आपको मुंडा जनजाति से अलग कर लिए हैं।

प्रोफेसर सच्चिदानंद का शोधपत्र ट्राइब-कास्ट कंटिनुअम: ए स्टडी आफ गौंड इन बिहार (1970) प्रस्तुत करता है कि उत्तरी बिहार के गौंड अपने आपको हिन्दू जाति के सदस्य मानते हैं। वे हिन्दू विश्वास, देवी-देवता, पर्व-त्योहार, सामाजिक उत्सव, कर्मकांड इत्यादि को अपना लिए हैं। वे अपनी पहचान पिछड़ी हिन्दू जाति के रूप में बनाए हुए हैं। हिन्दू समाज द्वारा उन्हें मान्यता भी प्राप्त हो गयी है। वे लोग बहुपत्नी विवाह प्रथा तथा विधवा विवाह प्रथा का परित्याग कर दिए हैं। मांस-मदिरा का सेवन वे छोड़ दिए हैं। उनका झारखंड राज्य की गौंड जनजाति के साथ विवाह संबंध होते आ रहा है।

झारखंड राज्य के गौंड जनजाति हैं तो बिहार राज्य के गौंड जाति हैं। वे हिन्दू जजमानी प्रथा में पानी भरने तथा भुंजा भुंजने का काम करते हैं।

उपरोक्त सभी मानवशास्त्रीय अध्ययनों में जनजाति का जाति के रूप में परसंस्कृतिकरण को दर्शाया गया है। चूँकि सदियों से जनजातियां जातियों के साथ रहते आयी हैं तथा अभी भी रह रही हैं, अत: हिन्दू जाति व्यवस्था के प्रभाव से वे अपने आपको अलग नहीं रख पायी हैं। हिन्दू एक वृहत समाज है, अत: हिन्दू समाज की जातीय विशेषताओं को ग्रहण कर जनजातियां वृहत समाज के साथ अनुकूलन कर ली हैं। उनके द्वारा हिन्दू संस्कृति एवं व्यवस्था को अपनायी गयी है। भारतीय समाज में जनजाति-जाति सातत्य एवं जातियों का जनजातिकरण एक ऐतिहासिक सच्चाई रही है।

ईसाईकरण के ऊपर अध्ययन

भारतीय समाज को ईसाईकरण प्रक्रिया ने भी बहुत प्रभावित किया है। यों तो इसका प्रभाव हिन्दू एवं मुसल जातियों पर भी आंशिक रूप से पड़ा है, लेकिन इसका व्यापक रूप से प्रभाव जनजातियों के ऊपर पड़ा है। भारतीय मानवशास्त्र में हिन्दूकरण, संस्कृतिकरण तथा जनजाति-जाति सातत्य प्रक्रियाओं के समान ईसाईकरण प्रक्रिया का भी व्यापक रूप से अध्ययन किया गया।

प्रोफेसर के.एन. सहाय ने झारखंड राज्य की मुंडा एवं उरांव जनजाति के ऊपर ईसाईकरण के प्रभावों का विस्तारपूर्वक अध्ययन किया है। अपने अध्ययन के आधार पर उन्होंने ईसाईकरण से संबंधित अपनी दो पुस्तकों का प्रकाशन किया है—

1. अंडर द शैडो आफ क्रास, कलकत्ता, 1976।
2. क्रिशचिनिटी एंड कल्चर चेंज, राँची, 1978।

औद्योगीकरण के प्रभाव का अध्ययन

भारतीय मानशास्त्र के अंतर्गत औद्योगीकरण के प्रभाव का अध्ययन भी आरंभ किया गया। प्रोफेसर विद्यार्थी की पुस्तक इंप्लिकेशंस आफ इंडस्ट्रीयलाइजेशन इन इंडिया (1970) झारखंड राज्य की राजधानी राँची के हाटिया क्षेत्र के औद्योगिक संकुल के प्रभाव का विवरण प्रस्तुत करती है। प्रोफेसर विद्यार्थी ने इस अध्ययन के माध्यम से यह दर्शाने का प्रयास किया है कि हाटिया औद्योगिक संकुल की स्थापना से जनजातीय गांवों पर प्रतिकूल प्रभाव पड़ा है। ग्राम की संरचनाएं नष्ट हो गयीं। विस्थापन एवं पुनर्वास की समस्या प्रकाश में आयी। प्रोफेसर विद्यार्थी ने अपने शोध प्रतिवेदन, इंपैक्ट आफ इंडस्ट्रीयलाइजेशन आन ट्राइब्स आफ सेंट्रल इंडिया (1985) में झारखंड के हाटिया औद्योगिक संकुल, पश्चिम बंगाल के दुर्गापुर औद्योगिक संकुल तथा मध्यप्रदेश के भिलायी औद्योगिक संकुल का तुलनात्मक अध्ययन कर जनजातीय जीवन पर उनके प्रभावों का उल्लेख विस्तारपूर्वक किया है। उन्होंने दर्शाया है कि औद्योगिक संकुलों की स्थापना से जनजातीय गांवों में विस्थापन एवं पुनर्वास की समस्या, ग्रामसंस्थाओं के विलोपन की समस्या, ऋणग्रस्तता की समस्या, मनोवैज्ञानिक कुंठा की समस्या तथा दैहिक शोषण की समस्या का सामना करना पड़ रहा है।

प्रोफेसर सच्चिदानंद की पुस्तक, इंडस्ट्रीयलाइजेशन एंड सोशल डिस्आर्गेनाइजेशन (1982) जनजातीय जीवन पर उद्योगीकरण के प्रभाव का विस्तारपूर्वक विवरण प्रस्तुत करती है। उन्होंने दर्शाया है कि उद्योगीकरण के कारण जनजातियों को सामाजिक विघटन की समस्या का सामना करना पड़ा रहा है। ऋण ग्रस्तता एवं शराब सेवन का प्रभाव व्यक्तित्व विघटन, परिवार विघटन एवं समाज विघटन पर पड़ा है। भूखमरी एवं देह व्यापार की समस्या भी जनजातीय क्षेत्र में पहुंच चुकी है। उन्होंने यह भी दर्शाया है दो-दो बार विवाह कर लेने के कारण जहां परिवार विघटन की समस्या उत्पन्न हुई, वहीं उनके बीच औद्योगिक समाज में पुनर्गठन की प्रक्रिया भी आरंभ हुई। उनके अध्ययन से उद्योगीकरण के कारण सामाजिक विघटन एवं सामाजिक पुनर्गठन की प्रक्रिया प्रकाश में आयी।

अनुसूचित जाति के ऊपर अध्ययन

भारतीय मानवशास्त्र में अनुसूचित जाति के ऊपर भी अध्ययन एवं अनुसंधान कार्य आरंभ किया गया। प्रोफेसर विद्यार्थी ने अपनी पुस्तक हरिजन टुडे (1977) में बिहार की

अनुसूचित जातियों के संबंध में विस्तारपूर्वक विवरण प्रस्तुत किया है। उन्होंने बिहार की अनुसूचित जातियों की वर्तमान जनसांख्यिकीय, सामाजिक, आर्थिक, राजनीतिक तथा धार्मिक स्थिति को प्रकाश में लाने का प्रयास किया है।

प्रोफेसर सच्चिदानंद ने अपनी पुस्तक हरिजन एलिट (1976) में अनुसूचित जातियों के विशिष्ट वर्ग की विशेषताओं एवं भूमिकाओं पर प्रकाश डाला है।

पुनर्अध्ययन एवं परिवर्तन के ऊपर अध्ययन

हालांकि अमेरिकी मानवशास्त्री मार्गरेट मीड द्वारा पुनर्अध्ययन विधि द्वारा परिवर्तन दर्शाने संबंधी अध्ययन एवं अनुसंधान 1950 में ही आरंभ किया गया था। भारतीय मानवशास्त्र में भी पुनर्अध्ययन के माध्यम से परिवर्तन दर्शाने के लिए अनुसंधान कार्य आरंभ किए गए। प्रोफेसर विद्यार्थी की पुस्तक खारिया देन एंड नाउ (1979) पुनर्अध्ययन विधि का अनुसरण करते हुए खारिया जनजाति के बीच परिवर्तन दर्शाती है। इस अध्ययन में आधार आंकड़े एस.सी. राय की पुस्तक खारिया (1937) से लिए गए थे। करीब 40 वर्ष बाद इस जनजाति का अध्ययन विद्यार्थी द्वारा किया गया। 40 वर्षों में इस जनजाति के बीच जो परिवर्तन आए उसे विभिन्न अध्यायों के माध्यम से प्रस्तुत किया गया है।

प्रदीप कुमार सिंह (1984) ने अपने पीएच.डी. शोध प्रबंध मालर : ए रीस्टडी में सौरिया पहाड़िया जनजाति का पुनर्अध्ययन कर उनके बीच होने वाले परिवर्तनों को प्रकाश में लाया है। मालर का अध्ययन प्रोफेसर विद्यार्थी द्वारा 1957-58 में किया गया था। मालर के ऊपर उनकी पुस्तक का प्रकाशन 1963 में हुआ था। विद्यार्थी के अध्ययन के करीब 25 वर्ष बाद प्रदीप कुमार सिंह ने मालर का पुनर्अध्ययन करके मालर के मध्य होने वाले परिवर्तनों को प्रकाश में लाया। उन्होंने प्रोफेसर विद्यार्थी द्वारा विकसित प्रकृति-मानव-ईश्वर संकुल की अवधारणा का गणितीय सूत्र भी प्रदान किया।

$$t \times e \times r \times g = K \text{ (constant)}$$

जहां t = तकनीकी

r = मानव-मानव के मध्य संबंध

g = ईश्वर

e = क्षमता

इस प्रकार तकनीक, मानव संबंध, ईश्वर तथा क्षमता परिवर्तनशील हैं। लेकिन प्रकृति-मानव-ईश्वर संकुल हमेशा स्थिर होता है।

जनजातीय कल्याण एवं विकास योजनाओं का अध्ययन

भारतीय मानवशास्त्र में जनजातीय कल्याण एवं विकास योजनाओं के ऊपर भी मानवशास्त्रीय

अध्ययन आरंभ किया गया। प्रोफेसर विद्यार्थी की पुस्तक एंथ्रोपोलोजी एंड ट्रायबल वेलफेयर इन इंडिया (1960) जनजातीय कल्याण योजनाओं का मानवशास्त्रीय ढंग से अध्ययन कर लिखे गए लेखों का संकलन है। इस पुस्तक में विभिन्न विद्वानों ने जनजातीय कल्याण योजनाओं का मूल्यांकन प्रस्तुत किया है तथा जनजातीय कल्याण में मानवशास्त्र की भूमिका पर प्रकाश डाला।

वी.एस. उपाध्याय ने अपने पीएच.डी. शोध प्रबंध—ट्राइबल रिहैबिलिटेशन स्कीम (1964) में झारखंड में जनजातीय विकास के लिए चलायी जा रही पुनर्वास योजनाओं का पुनरावलोकन एवं मूल्यांकन प्रस्तुत किया है।

प्रोफेसर पी.के. भौमिक ने अपनी पुस्तक द लोधाज आफ वेस्ट बंगाल: ए सोसियो-इकोनामिक स्टडी (1963) में लोधा जनजाति की आर्थिक एवं सामाजिक स्थिति के साथ-साथ उनके विकास के लिए चलायी जा रही योजनाओं का विवरण प्रस्तुत किया है।

गया पाण्डेय ने अपने पीएच.डी. शोध प्रबंधन (1983) में पलामू जिले के बंधुआ मजदूरों की सामाजिक एवं आर्थिक स्थिति के विवरण के साथ-साथ बंधुआ मजदूरों के लिए चलायी जा रही पुनर्वास योजनाओं का पुनरावलोकन एवं मूल्यांकन विस्तारपूर्वक प्रस्तुत किया है।

सीता टोप्पो ने अपनी पुस्तक ट्राइबल एजुकेशन (1980) में छोटानागपुर में जनजातियों के मध्य शिक्षा एवं शिक्षा विकास के लिए चलायी जा रही योजनाओं का विस्तारपूर्वक वर्णन किया है।

एन.के. अंबस्ठ ने अपनी पुस्तक क्रिटिकल स्टडी आफ ट्राइबल एजुकेशन (1966) में जनजातियों के मध्य शिक्षा की स्थिति को प्रकाश में लाया है। साथ ही साथ उन्होनें जनजातियों के मध्य चलायी जा रही शिक्षा योजनाओं का आलोचनात्मक ढंग से विवरण प्रस्तुत किया है।

दसवीं अंतरराष्ट्रीय मानवशास्त्रीय एवं मानवजातीय विज्ञान कांग्रेस का 1978 में भारत में आयोजन

अंतरराष्ट्रीय मानवशास्त्रीय एवं मानव जातीय विज्ञान कांग्रेस की स्थापना 1934 में हुई थी। मानव वैज्ञानिकों एवं मानव जातीय वैज्ञानिकों का यह अंतरराष्ट्रीय सम्मेलन प्रत्येक पांच वर्ष पर आयोजित किया जाता है। नौवीं अंतरराष्ट्रीय मानवशास्त्रीय एवं मानवजातीय विज्ञान कांग्रेस का आयोजन शिकागो में 1973 में हुआ था। इसी सम्मेलन में 10वीं अंतरराष्ट्रीय सम्मेलन को भारत की राजधानी दिल्ली में आयोजित करने का निर्णय लिया गया। राँची विश्वविद्यालय मानवविज्ञान विभाग के अध्यक्ष प्रोफेसर एल.पी. विद्यार्थी को 10वीं अंतरराष्ट्रीय विज्ञान कांग्रेस का अध्यक्ष नियुक्त किया गया। 1978 में भारत की राजधानी दिल्ली के विज्ञान भवन में इस सम्मेलन का आयोजन किया गया। करीब 3200 मानवशास्त्रीय एवं

मानवजातीय वैज्ञानिक भारत एवं विदेशों से इस सम्मेलन में भाग लिए। यह पहला मौका था जब किसी तृतीय विश्व की राजधानी में तृतीय विश्व के मानव वैज्ञानिक की अध्यक्षता में यह अंतरराष्ट्रीय विज्ञान सम्मेलन संपन्न हुआ था। इस सम्मेलन का शुभारंभ तत्कालीन प्रधानमंत्री श्री मोरारजी देसाई के कर कमलों द्वारा किया गया था। इस सम्मेलन में भारतीय मानवशास्त्री विदेशी मानवशास्त्रियों के साथ भारत में हो रहे मानवशास्त्रीय अनुसंधानों के संबंध में विचार विनिमय किए। साथ ही साथ विश्व मानवशास्त्र में हो रहे अनुसंधानों से अवगत भी हुए।

उत्तर आधुनिकता एवं भारत में मानवशास्त्रीय अनुसंधान

वर्ष 1990 तक उद्योगीकरण एवं आधुनिकीकरण का दौर विश्व में समाप्त हो गया। औद्योगिक क्रांति के स्थान पर संचार क्रांति का उदय हुआ। इस संचार क्रांति के युग में कई मानव जातीय समूहों द्वारा अपने ऊपर लिखे गए साहित्यों की आलोचना की जाने लगी। उन मानव जातीय समूहों के विद्वानों द्वारा अपने ऊपर लिखने वाले साहित्यकारों के ऊपर पक्षपातपूर्ण रवैया अपनाने का दोष लगाया गया। उन मानवजातीय समूहों के विद्वानों का मानना था कि उनके द्वारा भोगी गयी पीड़ा, शोषण, यातना, उत्पीड़न का वर्णन उस ढंग से साहित्यकारों द्वारा नहीं किया गया है जैसा उन लोगों ने भोगा है। अपने ऊपर लिखने वाले साहित्यकारों को उन लोगों ने साम्राज्यवाद एवं आधुनिक समाज का पक्षधर बतलाया। वे लोग अपने आपको उत्तर आधुनिकता की विचारधारा से जोड़ लिए। उत्तर आधुनिकता का शाब्दिक अर्थ आधुनिकता से परे होता है। इस प्रकार इस विचारधारा को परंपरावादी भी कहा जाता है। उत्तर आधुनिकता की विचारधारा सर्वप्रथम साहित्य में आयी। इसके परिणामस्वरूप दलित साहित्य, महिला साहित्य एवं जनजातीय साहित्य की स्थापना विश्व स्तर पर हुई। दलितों द्वारा दलित साहित्य, महिलाओं द्वारा महिला साहित्य, जनजातियों द्वारा जनजातीय साहित्य लिखे जाने लगे। अपने-अपने साहित्यों के माध्यम से दलित, वंचित, उत्पीड़ित मानवजातीय समूहों ने अपनी-अपनी व्यथा, दंश के संबंध में जानकारी देना आरंभ किया। उन समूहों द्वारा अंतरराष्ट्रीय स्तर पर संगठन बनाया गया तथा अपनी समस्याओं को विश्व के समक्ष प्रस्तुत करने के लिए अंतरराष्ट्रीय दलित सम्मेलन, अंतरराष्ट्रीय महिला सम्मेलन, अंतरराष्ट्रीय जनजातीय सम्मेलन का आयोजन किया गया। उत्तर आधुनिक काल में दलित समुदाय का दलितों द्वारा, महिला समुदाय का महिला द्वारा तथा जनजातीय समुदायों का जनजातीय विद्वानों द्वारा अध्ययन एवं अनुसंधान आरंभ किया गया।

उत्तर आधुनिक काल का प्रभाव भारतीय मानवशास्त्र के ऊपर भी व्यापक रूप से पड़ा। अनुसूचित जनजाति एवं अनुसूचित जाति के मानव वैज्ञानिकों द्वारा अपने-अपने समुदायों का अध्ययन कर पुस्तकों की रचना की जाने लगी। महिला मानवशास्त्रियों द्वारा महिलाओं के ऊपर अनुसंधान करके पुस्तकों की रचना की गयी। साथ ही साथ उत्तर आधुनिक विचारधाराओं से प्रभावित होकर अन्य मानवशास्त्रियों ने भी दलितों, महिलाओं,

जनजातियों द्वारा भोगी गयी पीड़ा एवं यातना का अनुसंधान करके पुस्तकों की रचना आरंभ की।

मानवशास्त्र विभाग राँची विश्वविद्यालय राँची में सीता टोप्पो करमा उरांव, प्रकाश चंद्र उरांव, निशिकांत होरो, सत्यनारायण मुंडा जैसे मानवशास्त्र विषय के शिक्षक कार्यरत रहे हैं। सीता टोप्पो द्वारा जनजातीय शिक्षा का अध्ययन किया गया। करमा उरांव द्वारा मुंडा धर्म का अध्ययन किया गया है। प्रकाश चंद्र उरांव द्वारा उरांव जनजाति के ऊपर अध्ययन किया गया है। निशिकांत होरो द्वारा अंडमान निकोबार द्वीप समूह की शाम्पेन जनजाति का अध्ययन किया गया है। सत्य नारायण मुंडा द्वारा जनजातीय शोषण एवं उत्पीड़न का अध्ययन किया गया है।

सुषमा सहाय (1988) द्वारा ट्राइबल वुमैन लेबरर्स : आस्पेक्ट्स आफ फिजिकल एक्सप्लायटेशन का अध्ययन किया गया है। इस पुस्तक में जनजातीय महिला श्रमिकों के दैहिक शोषण का विवरण विस्तारपूर्वक किया गया है।

जे.पी. सिंह, एम.एन. व्यास तथा आर.एस. मान की पुस्तक ट्रायबल वुमैन एंड डिवलपमेंट (1985) जनजातीय महिलाओं की स्थिति एवं उनके विकास के लिए चलायी जा रही योजनाओं का विवरण प्रस्तुत करती है।

डॉ. अजीत कुमार सिंह तथा डॉ. गया पाण्डेय द्वारा लिखित पुस्तक ट्रायबल वुमैन वर्कर्स इन इंडिया (2004) में महिला श्रमिकों की वर्तमान स्थिति एवं समस्याओं का विस्तारपूर्वक विवरण प्रस्तुत करती है।

प्रोफेसर नारायण मिश्र की पुस्तक, एट्रोसिटी एंड एक्सप्लायटेशन आफ हरिजन इन बिहार (2003) में बिहार राज्य की अनुसूचित जातियों के शोषण एवं अत्याचार का विवरण विस्तारपूर्वक प्रस्तुत करती है।

प्रोफेसर वी.एस. उपाध्याय एवं डॉ. गया पाण्डेय की पुस्तक ट्राइबल डेवलपमेंट इन इंडिया (2003) में जनजातियों की समस्याओं एवं विकास कार्यक्रम की समीक्षा विस्तारपूर्वक प्रस्तुत करती है।

मानवशास्त्रियों द्वारा प्रकाशित कुछ वर्तमान उत्कृष्ट पुस्तकों की सूची

1. उपाध्याय, वी.एस. एंड गया पाण्डेय, 1993: *हिस्ट्री आफ एंथ्रोपोलोजिकल थौट,* कंसेप्ट पब्लिशिंग कंपनी, नयी दिल्ली।

2. उपाध्याय, बी.एस. एवं गया पाण्डेय, 2001: *मानवशास्त्रीय विचारक एवं विचार धाराएं,* हिन्दी माध्यम, कार्यान्वयन निदेशालय, दिल्ली विश्वविद्यालय, दिल्ली।

3. उपाध्याय, वी.एस. एवं गया पाण्डेय, 2002: *विकासात्मक मानवशास्त्र,* मध्य प्रदेश ग्रंथ अकादमी, भोपाल।

4. उपाध्याय, वी.एस. एवं गया पाण्डेय, 2002: *जनजातीय विकास,* मध्य प्रदेश ग्रंथ अकादमी, भोपाल।

5. उपाध्याय, वी.एस. एवं गया पाण्डेय, 2003: *ट्राइबल डिवलपमेंट इन इंडिया,* क्राउन पब्लिकेशन, राँची।

6. शरण ए.बी. एवं गया पाण्डेय, 1991: *सन वर्शिप इन इंडिया,* नादर्न बुक सेंटर, नई दिल्ली।

7. हल्दर, ए.के. एवं गया पाण्डेय, 2002: *आर्टिजन ट्राइब्स आफ बिहार एंड बंगाल,* कोलकत्ता।

8. सिंह ए.के., गया पाण्डेय एवं पी.के. सिंह, 1997: *फोरेस्ट एंड ट्राइबल्स,* क्लासिकल पब्लिशिंग कंपनी, नई दिल्ली।

9. सिंह ए.के. एवं गया पाण्डेय, 2004: *ट्राइबल वुमैन वर्कर्स इन इंडिया,* क्लासिकल पब्लिशिंग कंपनी, नई दिल्ली।

10. उपाध्याय वी.एस. एवं गया पाण्डेय, 2004: *सामाजिक-सांस्कृतिक मानवशास्त्र,* क्राउन पब्लिकेशन, राँची।

11. सहाय, वी.एस. एवं पी.के.सिंह, 1998: *इंडियन एंथ्रोपोलोजी,* के.के. पब्लिकेशंस, इलाहाबाद।

12. सहाय, के.एन., 1993: *विजुअल एंथ्रोपोलोजी इन इंडिया एंड इट्स डेवलपमेंट।*

13. सहाय, के.एन., 1994: *इंटरएक्शंस आफ कल्चरल ट्रेडिशंस इन इंडिया।*

14. सहाय, के.एन., 1998: *डायनामिक्स एंड डायमेंसंस आफ ट्राइबल सोसायटीज इन इंडिया।*

15. सहाय, के.एन., 1998: *एंथ्रोपोलोजिकः ए स्टडी आफ कार्टून्स इन इंडिया।*

16. सहाय, के.एन., 1998: *स्पिरिचुअल एंथ्रोपोलोजी।*

भारत के विभिन्न विश्वविद्यालयों में मानवशास्त्र की पढ़ाई

भारतीय मानवशास्त्र के विकास को जानने के लिए भारत के विभिन्न राज्य के विश्वविद्यालयों में मानवशास्त्र विषय की पढ़ाई के बारे में भी जानना यहां युक्तिसंगत लगता है। भारत के निम्नलिखित विश्वविद्यालयों में मानवशास्त्र की पढ़ाई स्नातकोत्तर स्तर पर की जाती है—

1. कलकत्ता विश्वविद्यालय, कोलकाता, पश्चिम बंगाल।
2. लखनऊ विश्वविद्यालय, लखनऊ, उत्तर प्रदेश।
3. दिल्ली विश्वविद्यालय, दिल्ली, दिल्ली।
4. राँची विश्वविद्यालय, राँची, झारखंड।
5. विनोबा भावे विश्वविद्यालय, हजारी बाग, झारखंड।
6. तिलका मांझी विश्वविद्यालय, भागलपुर, बिहार।
7. भुवनेश्वर विश्वविद्यालय, भुवनेश्वर, उड़ीसा।
8. सांबलपुर विश्वविद्यालय, सांबलपुर, उड़ीसा।

9. गुरु धासी दास विश्वविद्यालय, रायपुर, छत्तीसगढ़।
10. रायपुर विश्वविद्यालय, रायपुर, छत्तीसगढ़।
11. सागर विश्वविद्यालय, सागर, मध्य प्रदेश।
12. बरखतुल्ला विश्वविद्यालय, भोपाल, (स्ववित्त पोषित), मध्य प्रदेश।
13. बनारस हिन्दू विश्वविद्यालय, वाराणसी (स्ववित्त पोषित), उत्तर प्रदेश।
14. इलाहाबाद विश्वविद्यालय, इलाहाबाद, उत्तर प्रदेश।
15. कृषि विद्यालय, इलाहाबाद, उत्तर प्रदेश।
16. गढ़वाल विश्वविद्यालय, गढ़वाल, उत्तरांचल।
17. मणिपुर विश्वविद्यालय, इंफाल, मणिपुर।
18. डिबरुगढ़ विश्वविद्यालय, डिबरुगढ़, असम।
19. नार्थ ईस्टर्न हिल यूनिवर्सिटी, शिलांग, असम।
20. तिरुपति विश्वविद्यालय, तिरुपति, आंध्र प्रदेश।
21. त्रिवेंद्रम विश्वविद्यालय, त्रिवेन्द्रम, केरल।
22. मैसूर विश्वविद्यालय, मैसूर, कर्नाटक।
23. मद्रास विश्वविद्याल, मद्रास, तमिलनाडु।
24. डेक्कन कॉलेज, पूना विश्वविद्यालय, पूना, महाराष्ट्र।
25. एम.जी. गवर्मेंट कॉलेज, मायाबंदर, अंडमान एवं निकोबार, अडंमान एवं निकोबार।
26. गौहाटी विश्वविद्यालय, गुवाहाटी, असम।
27. सिलचर विश्वविद्यालय, सिलचर, असम।
28. विद्यासागर विश्वविद्यालय, मेदनीपुर, पश्चिम बंगाल।
29. नादर्न बंगाल विश्वविद्यालय, पश्चिम बंगाल।
30. विश्वभारती विश्वविद्यालय, शांति निकेतन, पश्चिम बंगाल।
31. चंडीगढ़ विश्वविद्यालय, चंडीगढ़।
32. पंजाब विश्वविद्यालय, पटियाला, पंजाब।
33. ए.एन. सिन्हा इंस्टीट्यूट आफ सोशल स्टडी, पटना, बिहार।

14

भारतीय मानवशास्त्र के निर्माता

(BUILDERS OF INDIAN ANTHROPOLOGY)

भारतीय मानवशास्त्र के ऊपर हमारा ज्ञान अधूरा रह जायेगा अगर हम भारतीय मानवशास्त्र के निर्माताओं के व्यक्तित्व एवं कृतित्व के संबंध में जानकारी नहीं प्राप्त कर लें। अत: इस अध्याय में भारतीय मानवशास्त्रियों के व्यक्तित्व एवं कृतित्व के संबंध में जानकारी प्रदान करने का प्रयास किया जा रहा है। जिन भारतीय मानवशास्त्रियों के अथक प्रयास से भारतीय मानवशास्त्र की स्थापना हुई तथा भारतीय मानवशास्त्र वर्तमान स्थिति तक पहुँचा है, उनके नाम निम्नलिखित हैं:

1. शरत चंद्र राय, 2. निर्मल कुमार बोस, 3. धीरेन्द्र नाथ मजुमदार, 4. श्याम चरण दुबे, 5. एम.एन. श्रीनिवास, 6. ललिता प्रसाद विद्यार्थी, 7. सच्चिदानंद, 8. के.पी. चट्टोपाध्याय, 9. बी.एस. गुहा, 10. एल.ए. कृष्णा अय्यर, 11. ए. ऐयप्पन, 12. आर.के. मुखर्जी, 13. जी.एस. धुर्ये, 14. सुरजीत सिन्हा, 15. इरावती कार्वे, 16. बी.के. राय बर्मन।

1. शरत चन्द्र राय (1871-1942)

शरत चन्द्र राय को भारतीय मानवशास्त्र से संबंधित अनेक उपाधियों से विभूषित किया गया है। आप भारतीय मानवजातिशास्त्र के जनक, प्रथम भारतीय मानवजाति वर्णनकर्त्ता तथा प्रथम भारतीय मानवशास्त्री के रूप में भारतीय एवं विश्व मानवशास्त्र में जाने जाते हैं। आपका जन्म 4 नवंबर 1871 ई. में पूर्व बंगाल (अब बंगलादेश) में हुआ था। आपका जन्म उस क्षेत्र के एक संभ्रांत कायस्थ परिवार में हुआ था। आपके पूर्वजों की गणना वहां के 12 महान जमींदारों में होती थी। आपके पिता बंगाल न्यायिक सेवा में कार्यरत थे। आप अपने पिता के साथ उन सभी स्थानों पर गए जहां-जहां उनका पदस्थापन एवं स्थानांतरण होते रहता था। जब आपके पिता पुरुलिया में नियुक्त थे तब आपका संपर्क जनजातियों से हुआ। लेकिन आपके सिर से पिता की छत्रछाया मात्र चौदह वर्ष की अवस्था में ही हट गयी। आपकी माँ ने आपकी शिक्षा का दायित्व अपने कंधों पर उठाया। आप माँ की

छत्रछाया में अंग्रेजी प्रतिष्ठा की पढ़ायी स्काटिश चर्च कॉलेज कलकत्ता में जारी रखे। आपने सन् 1892 में स्नातक प्रतिष्ठा की उपाधि प्राप्त की। पुनः उसी संस्थान से आपने स्नातकोत्तर की उपाधि 1894 में प्राप्त की। आपने रिपन कॉलेज कोलकत्ता से विधिशास्त्र की उपाधि भी 1895 में प्राप्त की। अपने कुछ वर्ष तक मैमन सिंह उच्च विद्यालय में प्रधानाध्यापक के रूप में कार्य किया। आपने जी.ई.एल. मिशन उच्च विद्यालय, राँची में भी प्राचार्य के रूप में योगदान दिया है। राँची प्रवास के दरम्यान आपका संपर्क यहाँ की जनजातियों से हुआ। जनजातियों के संपर्क में आने के बाद आपने शिक्षण कार्य का परित्याग किया तथा अधिवक्ता के रूप में कार्य करने का निर्णय लिया। आप सर्वप्रथम अलीपुर चौबीस परगना के जिला न्यायालय में अधिवक्ता बने। 1898 में आप अधिवक्ता के रूप में काम करने राँची आए। यहाँ शीघ्र ही आपकी पहचान एक सफल अधिवक्ता के रूप में बनी।

आप न्यायिक आयोग की ओर से एक अधिवक्ता के रूप में छोटानागपुर से सुदूर ग्रामीण क्षेत्रों में जाया करते थे तथा यहाँ की आदिवासियों को समीप से देखा करते थे। आप मुंडा तथा अन्य आदिवासियों के शोषण एवं उत्पीड़न पर सरकार की उपेक्षापूर्ण रवैया से काफी दुखी हुए। उन्होंने पाया कि आदिवासियों की समस्याओं का निदान न्यायालय द्वारा नहीं हो रहा है। क्योंकि संबंधित वकीलों को आदिवासी संस्कृति, रीति-रिवाज तथा परंपरागत कानूनों की जानकारी बिलकुल नहीं थी। उन्हें जनजातियों के प्रति लगाव एवं सहानुभूति भी नहीं थी। आपने जनजातीय भाषा सीखने तथा जनजातीय संस्कृति को लिपिबद्ध करने की प्रतिज्ञा की। इस प्रतिज्ञा को सफलतापूर्वक पूरा करने के लिए आपने अपने आदिवासी मुवक्किलों से और घनिष्ठ रूप से जुड़ गए। उनके साथ उनके गाँवों का भ्रमण किया तथा उनकी भौतिक संस्कृतियों, रीति-रिवाजों, पर्व-त्योहारों, भाषा इत्यादि के संबंध में अधिक से अधिक जानकारी प्राप्त की। आपने उन सभी सूचनाओं को मोनोग्राफ के रूप में लिखित रूप प्रदान किया। इस प्रकार आप भारतीय मानवजाति वर्णनकर्त्ता तथा भारतीय मानवजातिशास्त्री बने।

भारतीय मानवजाति के प्रति आपकी अनुसंधान भावना एवं समर्पण को देखते हुए आपको उड़ीसा तथा बिहार शोध समाज का महासचिव बनाया गया। इस समाज की स्थापना 1915 ई. में हुई थी। इस समाज के मानवशास्त्र तथा लोक साहित्य शाखा का प्रधान आपको बनाया गया था। आप अपने व्यक्तिगत संकलन से पटना संग्रहालय को समृद्ध बनाया था। आपका चयन 1921 से 1937 के बीच कई बार बिहार विधान परिषद् के सदस्य के रूप में हुआ था। आपको साइमन कमिशन के साथ वार्ता हेतु गठित समिति का भी सदस्य बनाया गया था। आपके द्वारा सन् 1921 ई. में मैन इन इंडिया नामक अनुसंधान पत्रिका का संपादन आरंभ किया गया था। इसके स्थापना वर्ष से आजीवन आप संपादक का कार्य करते रहे। मानवशास्त्रीय अध्ययन में गहन अभिरुचि के कारण आपने वकालत की पेशा का परित्याग सन् 1933 ई. में कर दिया। इसके पश्चात् आप अपनी मृत्यु तक मानवशास्त्र की सेवा करते रहे।

आप कई प्रकार के पदक एवं पुरस्कार के विजेता थे। 1913 में आपको सामाजिक सेवा के उपलक्ष्य में केसरी हिन्द रजत पदक प्रदान किया गया था। 1920 में आपका चयन लंदन लोक साहित्य समाज के सदस्य के रूप में किया गया था। इसी वर्ष आपको अखिल भारतीय विज्ञान कांग्रेस के मानवशास्त्र एवं पुरातत्व शास्त्र शाखा का अध्यक्ष बनाया गया था। अखिल भारतीय विज्ञान कांग्रेस की ओर से आपके सम्मान में अभिनन्द ग्रंथ तैयार किया गया था जिसका शीर्षक एसेज इन एंथ्रोपोलोजी था। इसका प्रकाशन आपकी मृत्यु के एक सप्ताह बाद हुआ था।

आपका स्वर्गवास 30 अप्रैल, 1942 को गुरु पूर्णिमा के दिन हो गया। इस शोक समाचार पाने के बाद विश्व मानवशास्त्रीय जगत में शोकाकुल वातावरण व्याप्त हो गया था तथा कई स्थानों पर आपको श्रद्धांजलि अर्पित करने हेतु शोकसभा का आयोजन किया गया था।

आज आप हमारे बीच नहीं हैं। लेकिन आपका व्यक्तित्व एवं कृतित्व सदैव हमारे साथ हैं। भारतीय मानव विज्ञान सदा आपका आभारी रहेगा।

भारतीय मानवशास्त्र में श्री शरतचन्द्र राय के योगदानों की चर्चा निम्नलिखित उपशीर्षकों में विभाजित कर की जा सकती है—

1. जनजातीय अध्ययन में योगदान
2. शारीरिक मानवशास्त्र में योगदान
3. प्रागैतिहासिक पुरातत्व शास्त्र में योगदान
4. लोक साहित्य अध्ययन में योगदान
5. व्यावहारिक मानवशास्त्र में योगदान

1. जनजातीय अध्ययन में योगदान—जनजातियों के प्रति विशेष आकर्षक के कारण ही शरत चन्द्र राय का झुकाव मानवशास्त्र की ओर हुआ था। अत: जनजातीय अध्ययन में उनका प्रमुख योगदान रहा है। शरत चन्द्र राय ने सबसे पहले छोटानागपुर की जनजातियों के ऊपर कुछ शोधपत्रों का प्रकाशन ऐशिएटिक सोसायटी आफ बंगाल, बिहार तथा उड़ीसा शोध समाज तथा मैन इन इंडिया नामक पत्रिका में किया था। इसके पश्चात् आपका ध्यान छोटानागपुर की एक वृहत जनजाति मुंडा की ओर गया। मुंडा जनजाति के ऐतिहासिक पुनर्निर्माण तथा सांस्कृतिक पुनर्निर्माण के लिए आपने अपने मुंडा मुवक्किलों का साक्षात्कार लिया, उनके ग्रामों का भ्रमण किया तथा इस जनजाति से संबंधित अनेक पुस्तकों का अध्ययन किया। प्राथमिक एवं द्वितीयक स्रोतों से प्राप्त सभी आंकड़ों को उन्होंने मोनोग्राफ के रूप में प्रकाशित किया। मुंडा जनजाति के ऊपर प्रकाशित उनके मोनोग्राफ का शीर्षक मुंडा एवं देयर कंट्री (1912) था। जिस समय श्री राय द्वारा लिखित मुंडा जनजाति के ऊपर इस मोनोग्राफ का प्रकाशन हुआ, उस समय विश्व मानवशास्त्र में उद्विकासवाद एवं प्रसारवाद के माध्यम से मानवजाति का ऐतिहासिक पुनर्निर्माण की परंपरा जोरों पर थी। यही कारण है कि श्री राय ने इस पुस्तक के पाँच अध्यायों में मुंडा जनजाति का ऐतिहासिक

पुनर्निर्माण करने का प्रयास किया है। केवल एक अध्याय मुंडा जनजाति के सांस्कृतिक पुनर्निर्माण (एथनोग्राफी) से संबंधित है। उन्होंने बड़ी सफलता एवं विद्वतापूर्वक मुंडा जनजाति का ऐतिहासिक पुनर्निर्माण वैदिक काल से लेकर आधुनिक काल तक किया है। मानव जाति वर्णन शास्त्र के अंतर्गत उन्होंने मुंडा के रूप-रंग, वस्त्र, आभूषण, भाषा, लोक साहित्य, सामाजिक संगठन, पर्व-त्योहार, धर्म, विश्वास एवं पारंपरिक रीति-रिवाजों एवं कानूनों का विवरण प्रस्तुत किया है। लेकिन राय ने विभिन्न क्षेत्रों की मुंडाओं की संस्कृति में क्षेत्रीय विभिन्नता को नहीं दर्शाया है। श्री राय की यह पुस्तक किसी भारतीय विद्वान द्वारा भारतीय जनजाति के ऊपर लिखित प्रथम पुस्तक थी।

जनजातीय अध्ययन में शरत चन्द्र राय के कृतित्व का दूसरा उदाहरण उरांव जनजाति के ऊपर *उरांव आफ छोटा नागपुर* (1915) शीर्षक मोनोग्राफ का प्रकाशन था। अपनी पहली पुस्तक के विपरीत इस पुस्तक में उन्होंने केवल एक अध्याय उरांव के ऐतिहासिक पुनर्निर्माण के ऊपर समर्पित किया है। जबकि अन्य पांच अध्यायों में उन्होंने उरांव जनजाति का मानव जाति वर्णन (एथनोग्राफी) प्रस्तुत किया है। उरांव जनजाति के ऐतिहासिक पुनर्निर्माण में उन्होंने उरांव का प्रवसन पश्चिम भारत से विंध्या पहाड़ी होते हुए रोहतासगढ़ तथा रोहतासगढ़ से छोटा नागपुर में दर्शाया है। मानवजाति वर्णन के अंतर्गत आपने धमखुरिया (एक प्रकार का युवा संगठन) ग्राम संगठन, ग्राम पंचायत, परहा पंचायत इत्यादि का विवरण बड़ा ही रोचक एवं विद्वतापूर्ण ढंग से प्रस्तुत किया है।

आप केवल छोटा नागपुर की वृहत जनजाति के ऐतिहासिक तथा सांस्कृतिक पुनर्निर्माण तक ही सीमित नहीं रहे। आपने छोटा नागपुर की लघु जनजाति को भी अपने अध्ययन में शामिल किया। आपकी पुस्तक द बिरहोर (1925) इस संबंध में उत्कृष्ट नमूना प्रस्तुत करता है। आपने इस भ्रमणकारी जनजाति के अध्ययन में करीब 15 वर्षों की अवधि लगायी थी। आपने इस अध्ययन में एक बुद्धिमान बिरहोर से हरसंभव सहायता प्राप्त की थी। उस बिरहोर की सहायता से आप बिरहोर के टंडाओं में गए तथा उनकी जीवनशैली का अवलोकन किया। बिरहोर जनजाति के ऊपर आपके अध्ययन से जनजातियों के मध्य भ्रमणकारी जीवनशैली प्रकाश में आयी। इस पुस्तक में आपने दो प्रकार की बिरहोर जनजाति का उल्लेख किया है—(i) उथलु बिरहोर तथा (ii) जग्धी बिरहोर। उथलु बिरहोर टंडा में रहते हैं तथा घूम-घूम कर वन उपजों का संकलन करते हैं। उनका स्थायी निवास नहीं होता। जग्धी बिरहोर का निवास स्थान स्थायी होता है। वे गांव में रहकर कृषि कर्म करते हैं। पुस्तक के परिशिष्ट में आपने 16 लोक कथाओं का उल्लेख किया है। आपने बिरहोर के मध्य पाए जाने वाले खेल, कहावत, पहेली तथा मनोरंजन के साधनों का भी उल्लेख किया है।

सन् 1928 में आपकी उरांव रेलिजन एंड कस्टम शीर्षक पुस्तक का प्रकाशन हुआ। यह भारतीय विद्वान द्वारा प्रकाशित प्रथम पुस्तक थी जिसमें किसी एक जनजाति के एक पहलू का विस्तारपूर्वक वर्णन किया गया था। इस पुस्तक में आपने उरांव जनजाति के धर्म,

जादू, रीति-रिवाज, पर्व-त्योहार, अनुष्ठान, विशेषज्ञ इत्यादि के संबंध वर्णन प्रस्तुत किया है। आपने यह भी दर्शाने का प्रयास किया है कि किस प्रकार त्योहार तथा भोज ग्राम की एकता प्रस्तुत करते हैं। पुस्तक के अंत में आपने उरांवों के बीच प्रचलित देशी सुधारवादी आंदोलन, तानाभगत आंदोलन का भी उल्लेख किया है। आपने उरांव के बीच हिन्दूवाद के प्रभाव की भी चर्चा की है। श्री राय ने तानाभगत आंदोलन के राजनीतिक पक्ष को उजागर नहीं किया है। आपने 1921 के असहयोग आंदोलन में उरांवों की भूमिका पर भी प्रकाश नहीं डाला है।

श्री राय का जनजातीय अध्ययन केवल छोटानागपुर तक ही सीमित नहीं था। आपने उड़ीसा की पहाड़ी भुईयां जनजाति को भी अपने अध्ययन में शामिल किया। आपकी हिल भुईयां आफ उड़ीसा शीर्षक पुस्तक का प्रकाशन 1935 ई. में हुआ था। इस जनजाति के ऊपर अध्ययन में आपने अपने पुत्र रमेश चन्द्र राय की सहायता ली थी। श्री राय ने भुईयां संस्कृति में प्रचलित क्षेत्रीय तथा स्थानीय असमानता के ऊपर प्रकाश नहीं डाला है।

आपकी छठी तथा अंतिम पुस्तक का शीर्षक द खारिया (1937) है। यह पुस्तक दो खंडों में प्रकाशित थी। इस अध्ययन में भी आपने अपने पुत्र रमेश चन्द्र राय की सहायता प्राप्त की थी। आपने खारिया के ऊपर अध्ययन में 12 वर्षों की अवधि लगायी थी। आपके अध्ययन में खारिया जनजाति की तीन उपशाखाएं—दूध खारिया, ढेलकी खारिया तथा हिल खारिया—प्रकाश में आयीं। इस पुस्तक में आपने ऐतिहासिक पुनर्निर्माण पर अपना ध्यान नहीं केन्द्रित किया है। आपने कुछ पौराणिक कथाओं के आधार पर इस जनजाति की उत्पत्ति एवं प्रवसन को दर्शाने का प्रयास किया है। आपने खारिया जनजाति की शारीरिक, आर्थिक, धार्मिक, सामाजिक एवं राजनीतिक विशेषताओं की चर्चा विस्तारपूर्वक की है।

इन पुस्तकों के अतिरिक्त आपने जनजातीय संस्कृति के ऊपर अपने शोधपत्रों का प्रकाशन देश एवं विदेश के ख्याति प्राप्त शोध पत्रिकाओं में किया। आपने छोटानागपुर की असुर जनजाति के बीच प्रचलित टोटमबाद, हो जनजाति की संस्कृति एवं कोरवा जनजाति की संस्कृति के ऊपर भी शोधपत्र प्रकाशित किया। आपने छोटा नागपुर से बाहर की जनजातियों पर भी अपना शोधपत्र प्रकाशित किया। अपाचे का मृत्यु संस्कार, मार्गर (सिक्किम) की नातेदारी व्यवस्था, खासी नातेदारी शब्दावली, खोंड के बीच प्रचलित मानव बलिदान, कोल के यादगार पाषाण अभिलेखों का अध्ययन कर आपने अपने शोधपत्रों का प्रकाशन विभिन्न शोध पत्रिकाओं में किया।

शारीरिक मानवशास्त्र में योगदान—हालांकि आप मुख्य रूप से सामाजिक-सांस्कृतिक मानवशास्त्री थे, लेकिन आपने शारीरिक मानवशास्त्र को भी अछूता नहीं छोड़ा। आपने पटना विश्वविद्यालय में एक आख्यान दिया था जिसमें शारीरिक मानवशास्त्र एवं इसके अध्ययन क्षेत्रों पर प्रकाश डाला था। आपके अनुसार शारीरिक मानवशास्त्र के अंतर्गत मानव का प्रकृति में स्थान, मानव उद्विकास, मानव की प्राचीनता, मानव जीवाश्म, मानव का प्रथम गृह, प्रजातीय प्रवसन, प्रजातीय वर्गीकरण का अध्ययन किया जाना

चाहिए। इस प्रकार आपने शारीरिक मानवशास्त्र के विषयवस्तु पर व्यापक रूप से प्रकाश डाला था।

जनजातियों के ऊपर लिखित अपने मोनोग्राफ्स में आपने उन मानव जातियों की विशेषताओं को भी विस्तारपूर्वक प्रस्तुत किया है। आपने अपने पुत्र रमेश चन्द्र राय के सहयोग से हिल भुईयां तथा खारिया जनजाति के लोगों का नृमिती भाव लिया तथा उस आधार पर उन जनजातियों की शारीरिक विशेषताओं का विवरण प्रस्तुत किया है।

प्रागैतिहासिक पुरातत्व शास्त्र में योगदान—आपने छोटा नागपुर के प्रागैतिहासिक पुरातत्व शास्त्र को भी समृद्ध बनाने का प्रयास किया। सर्वप्रथम 1914 में आपने अपने एक मुवक्किल के माध्यम से एक त्रिभूजाकार पाषाण कुल्हाड़ी शीर्ष प्राप्त की थी। उसके बाद आपने पाषाण अस्त्रों का संकलन आरंभ किया। आपने उन 40 स्थानों का उल्लेख किया है जहां से आपको पाषाण अस्त्र मिले थे। वे सभी स्थान तत्कालीन राँची जिले की सीमा में आते थे। चक्रधरपुर के समीप एक स्थान से आपको शल्क, खुरचनी, चाकू तथा तक्षणी प्राप्त हुए थे। आपने इन पाषाण उपकरणों का संकलन बिनजय तथा संजय नदियों के तट से किया था। इन उपकरणों का निर्माण बटिकाश्म, स्तरित चट्टान, स्लेट, स्फटिक तथा असिताश्म द्वारा निर्मित थे।

प्रागैतिहासिक पुरातत्व शास्त्र में आपका योगदान असुर स्थल की खुदायी है। आपने विभिन्न असुर ग्रामों का भ्रमण कर प्राचीन ईंट भवन, पाषाण मूर्ति, चबूतरा, मंदिर, खंभा, तालाब, मिट्टी, तांबा, कांसा तथा लोहा के उपकरण एवं बर्तन का अध्ययन किया जिनका निर्माण असुरों द्वारा किया गया था। छोटा नागपुर में असुर मुंडा से भी पहले से रह रहे थे। असुर सभ्यता सिंधु घाटी सभ्यता के समकालीन थी।

लोक साहित्य के अध्ययन में योगदान—शरत चन्द्र राय जनजातियों के ऊपर लिखे गए अपने मोनोग्राफों में गीत, कथा, कहानी, कहावत, पहेली, खेल-कूदों इत्यादि का संकलन एवं विवरण प्रस्तुत किया है। यह लोक साहित्य में आपकी गहन अभिरुचि की ओर इंगित करता है।

छठी पूर्व देशीय ओरियंटल कांग्रेस (1930), पटना के अध्यक्षीय भाषण में आपने मानवशास्त्रियों को लोक साहित्य में अध्ययन एवं अनुसंधान करने के लिए आमंत्रित किया। आपके अनुसार पौराणिक कथा, गीत, पहेली, कहावत, बुझौनिया, मुहावरे इत्यादि परिवार, वंश, गोत्र, जनजाति, जाति क्षेत्र इत्यादि से संबंधित होते हैं। आपने लोक साहित्य को आदिम समाज का बौद्धिक उद्विकास बतलाया है। आपने लोक साहित्य को मानव मस्तिष्क का प्रागैतिहास बतलाया है।

व्यावहारिक मानवशास्त्र में योगदान—शरत चन्द्र राय मानवशास्त्र के व्यावहारिक पक्ष से पूर्ण अवगत थे। आप भली-भांति जानते थे कि मानवशास्त्रीय ज्ञान का व्यावहारिक प्रयोग मानवीय समस्याओं के निदान में है। जब सरकार जनजातीय प्रशासन संबंधी समस्याओं का सामना करती थी तब आपको सलाह देने के लिए आमंत्रित किया जाता था।

1921 के असहयोग आंदोलन के समय आपने मानवशास्त्रीय ज्ञान को प्रयोग में लाकर एक बहुत बड़ी घटना को टाल दिया था। उसी आंदोलन के समय एक जगह मुंडा राजाओं की सभा हो रही थी। पुलिस ने इसे गलत ढंग से लिया। पुलिस समझी की मुंडा राजाओं द्वारा सरकारी अधिकारियों के विरुद्ध आक्रमण करने की योजना बनायी जा रही है ताकि छोटा नागपुर में मुंडा राज की स्थापना की जा सके। जब यह सूचना उपायुक्त को मिली तथा आपको बुलाया गया। जनजातियों से भलीभांति अवगत आपने देखा कि मुंडा राजाओं द्वारा अपने ग्राम समाज की समस्याओं को सुलझाने के लिए परहा पंचायत की बैठक बुलायी गयी है। आपने सरकार के सामने सही स्थिति रख दिया। इस प्रकार एक बड़ी घटना घटने से बच गयी।

2. निर्मल कुमार बोस (1901-1972)

निर्मल कुमार बोस का जन्म कोलकत्ता में 22 जनवरी 1901 को हुआ था। आपने स्कूल स्तर की शिक्षा चार राज्यों में स्थित स्कूलों में प्राप्त की थी। आप एंग्लो-संस्कृत स्कूल, पटना (बिहार), सागरदत्त फ्री हाई स्कूल करमहाटी, 24 परगना (पश्चिम बंगाल), राँची जिला स्कूल, राँची (झारखंड) तथा पुरी जिला स्कूल, पुरी (उड़ीसा) के छात्र रहे थे। आपने अपनी मैट्रिक की परीक्षा 1917 ई. में पास की। इसके बाद आप स्काटिश चर्च कॉलेज, कोलकत्ता के छात्र बने तथा इंटरमीडिएट विज्ञान की परीक्षा 1919 में पास किए। 1921 में आपने प्रेसिडेंसी कॉलेज से स्नातक की परीक्षाा पास की। 1925 में आपने यूनिवर्सिटी साइंस कॉलेज, कोलकत्ता से स्नातकोत्तर मानव विज्ञान की परीक्षा पास की।

सन् 1929-30 में आपकी नियुक्ति कोलकत्ता विश्वविद्यालय के मानव विज्ञान विभाग में रिसर्चफेलो के रूप में हुई। लेकिन आप महात्मा गांधी के नमक आंदोलन से इतना प्रभावित हुए कि इसमें भाग लेने के लिए अपने इस पद का परित्याग कर दिया। लेकिन 1938 ई. में आपकी पुनः नियुक्ति कोलकत्ता विश्वविद्यालय के मानव विज्ञान विभाग में सहायक मानवशास्त्री के रूप में हुई।

आपने सहर्ष 1942 के भारत छोड़ो आंदोलन में भाग लिया। इस आंदोलन में भाग लेने के कारण आपको नौकरी छोड़नी पड़ी तथा जेल भी जाना पड़ा। जेल से वापस आने के बाद आपकी नियुक्ति कोलकत्ता साइंस कॉलेज में भूगोल विषय के व्याख्याता के रूप में हुई। पुनः आपकी नियुक्ति उसी विषय में रीडर के रूप में हुई।

आपको कैलिफोर्निया विश्वविद्यालय तथा बर्कले विश्वविद्यालय में अतिथि प्रोफेसर के रूप में काम करने के लिए आमंत्रित किया गया था। आपने पांच वर्ष (1959-64) तक एंथ्रोपोलोजिकल सर्वे आफ इंडिया के निदेशक के रूप में कार्य किया। इसी पद से आप सेवामुक्त भी हुए।

मानवशास्त्र में विशिष्ट योगदान के लिए आपको रायल सोसायटी आफ बंगाल द्वारा आनंदेल स्वर्ण पदक प्रदान किया गया था। आप 1949 में अखिल भारतीय विज्ञान कांग्रेस की मानवशास्त्रीय एवं पुरातत्व शास्त्रीय शाखा के अध्यक्ष भी रह चुके थे।

आपने एक सामाजिक कार्यकर्त्ता के रूप में खूब नाम अर्जित किया। आप कई लोकोपकारी सामाजिक संगठन के सक्रिय सदस्य थे। आप 1917 की बाढ़ग्रस्त स्थिति में स्वयंसेवी के रूप में काम किए। 1930 में आपने खादी संघ की स्थापना की। 1946 में आप महात्मा गांधी की बंगाल यात्रा के सचिव भी रह चुके थे। भारत के प्रथम राष्ट्रपति के कर कमलों से आपको 1946 में पद्मश्री पुरस्कार से सम्मानित किया गया। आप 1951 से मृत्यु तक मैन इन इंडिया नामक शोध पत्रिका के संपादक थे।

सांस्कृतिक मानवशास्त्र में योगदान—बोस की पुस्तक कल्चरल एंथ्रोपोलोजी के सांस्कृतिक मानवशास्त्र में एक महत्त्वपूर्ण योगदान माना जाता है। इस पुस्तक में बोस ने फ्रांज बोआस के आगमिक प्राकृतिक इतिहास दृष्टिकोण का समर्थन किया है। फ्रांज बोआस के समान आपका मानना था कि भाषा, प्रजाति एवं संस्कृति स्वतंत्र होते हुए भी ऐतिहासिक दृष्टि से एक दूसरे से संबंधित प्रतीत होती हैं। आपके ऊपर प्रसारवाद का भी प्रभाव पड़ा था। आपका कल्चर कांप्लेक्स आफ स्पिरिंग फेस्टिवल्स (1927) का अध्ययन प्रसारवाद सिद्धांत से संबंधित हैं। आपने इस पुस्तक में स्पिरिंग फेस्टिवल्स का प्रसार दर्शाया है।

इस पुस्तक में आपने अपना विचार व्यक्त करते हुए कहा है कि हिन्दू धर्मशास्त्र की श्रेणियों का प्रयोग संस्कृति के वर्गीकरण में किया जाना चाहिए। सत्व, रज, तम, धर्म, अर्थ, काम एवं मोक्ष इत्यादि का प्रयोग हिन्दू संस्कृति को वर्गीकृत करने में किया जाना चाहिए। आपके अनुसार किसी भी संस्कृति में चार प्रकार के व्यवहार प्रतिमान देखे जा सकते हैं— 1. वस्तु, 2. क्रिया, 3. संहति तथा 4. तत्व। तत्व को पुनः दो भागों में विभाजित किया जा सकता है। पहला विचारमूलक यानी प्रयोग पर आधारित तथा दूसरा विश्वास मूलक यानी विश्वास पर आधारित।

जाति व्यवस्था के अध्ययन में योगदान—जाति व्यवस्था के अध्ययन में आपका अनोखा योगदान रहा है। आपने अपने कई शोधपत्रों के माध्यम से जाति व्यवस्था के संबंध में महत्त्वपूर्ण तथ्य को प्रकाश में लाया है। अपने शोधपत्र हिन्दू मेथड्स आफ ट्राइबल एबजोर्पसन (1941) में आपने जनजातियों के मध्य जाति बनने की प्रक्रिया का उल्लेख किया है। आपने दर्शाया है कि जनजातियाँ हिन्दू जातियों के संपर्क में रहने के कारण जातीय गुण अपना लिए हैं। उनका व्यवहार जातियों के समान हो गया है। कई जनजातियां खुले आम अपने आपको जाति कहने लगी हैं। उनमें सामाजिक संस्तरण तथा ऊंच-नीच के भाव व्यवहार में आ गए हैं। इस प्रकार जनजातियों का हिन्दू जाति में समावेश हो गया है।

अपने एक अन्य शोधपत्र *कास्ट इन इंडिया* (1951) में यह दर्शाया है कि जाति प्रथा भारतीय ग्राम समाज की सच्चाई है। जाति व्यवस्था अंतर मानव जातीय सहिष्णुता द्वारा नियंत्रित होती है।

अपने शोधपत्र *सम आस्पेक्ट्स आफ कास्ट्स इन बंगाल* (1958) में उन्होंने विचार व्यक्त करते हुए कहा कि जाति व्यवस्था को बनाए रखने में गैर-उत्पादित संगठन द्वारा प्रदान की गयी आर्थिक तथा सामाजिक सुरक्षा उत्तरदायी रही है।

अपने शोधपत्र *कंपिटिंग प्रोडक्टिव सिस्टम* (1968) में आपने जाति व्यवस्था के जनसांख्यिकीय आधार की चर्चा की है। आपका मानना था कि जाति व्यवस्था में संरचनात्मक परिवर्तन गुणात्मक परिवर्तन द्वारा लाया जा सकता है। अर्थव्यवस्था में परिवर्तन के कारण जाति व्यवस्था में भी परिवर्तन हुआ है।

आपने अपने अध्ययन में यह दर्शाने का प्रयास किया कि किस प्रकार नगर में जाति व्यवस्था कार्य करती है। आपने अपना विचार व्यक्त करते हुए कहा कि जिस प्रकार भारतीय ग्रामों में जाति व्यवस्था को बनाए रखने में अधिसंरचना महत्त्वपूर्ण भूमिका निभाती है, उसी प्रकार शहर में भी जातीय संबंध को बनाए रखने में अधिसंरचना का योगदान महत्त्वपूर्ण होता है। शहर में विभिन्न मानव जातीय समूहों का बना रहना उसी प्रकार का संबंध दर्शाता है जिस प्रकार का संबंध भारतीय ग्रामों में जाति प्रथा दर्शाती है। गांवों से नौकरी, शिक्षा, पैरवी, सिफारिश इत्यादि के लिए लोग शहर में अपनी जाति, भाषा तथा क्षेत्र के लोगों के पास जाते हैं। इस प्रकार शहर में भी जाति, भाषा, धर्म, क्षेत्र इत्यादि के आधार पर संबंध देखे जाते हैं।

आपने राजनीतिक ढंग से अस्तित्व में आयी प्रतियोगी जाति समिति को जाति व्यवस्था को सबल बनाते हुए नहीं देखा। आपका मानना था कि जाति व्यवस्था गैर प्रतियोगी परंपरागत व्यवस्था से प्रतियोगी व्यवस्था की ओर अग्रसर हो रही है।

आपने कर्म की अवधारणा पर विचार व्यक्त करते हुए कहा कि कर्म की अवधारणा नैतिक सिद्धांत से जुड़ी हुई है। भगवान बुद्ध ने कर्म को नैतिकता से जोड़ा था। लेकिन उनके बाद कर्म का प्रयोग यथास्थिति को बनाए रखने के लिए किया गया। आपने जाति व्यवस्था को बनाए रखने में मंदिर, मठ, राजा इत्यादि की भूमिका का भी उल्लेख किया है।

जनजाति अध्ययन में योगदान—आपको अल्प समय तक उड़ीसा की जुआंग जनजाति के मध्य रहने का अवसर प्राप्त हुआ था। लेकिन उसी थोड़े समय में संकलित की गयी सूचनाओं के आधार पर आपने जुआंग जनजाति के ऊपर अपने तीन शोधपत्रों का प्रकाशन 1928, 1929 तथा 1930 में किया। इन शोधपत्रों में आपने जनजातीय आत्मसात्करण की हिन्दू विधि, जनजातीय अर्थव्यवस्था तथा जनजातीय आंदोलन की चर्चा की है। आपने दर्शाया है कि किस प्रकार झूम कृषि पर आधारित जुआंग जनजाति का समावेशन (आत्मसात्करण) कृषि तथा कारीगरी पर आधारित हिन्दू जाति व्यवस्था में हो रहा है।

अपनी पुस्तक ट्राइबल लाइफ इन इंडिया (1970) में आपने यह दर्शाने का प्रयास किया है कि कुछ क्षेत्रों को छोड़कर भारत में जनजातियों एवं हिन्दू कृषकों तथा कारीगरों की जीवनशैली में बहुत कम अंतर दिखायी देता है। जनजातीय तथा कृषक समाज की जीवनशैली में ग्राम समाज एवं शहरी समाज की जीवनशैली की तुलना में बहुत कम अंतर प्रकाश में आता है।

भारतीय सभ्यता के अध्ययन में योगदान—आपने अपने आपको केवल जनजाति एवं जाति अध्ययन तक ही सीमित नहीं रखा। जनजाति एवं जाति अध्ययन के पश्चात् आपकी अभिरुचि भारतीय सभ्यता के अध्ययन में जागृत हुई। असहयोग आंदोलन की शुरुआत होने पर आप कोलकत्ता से पुरी आकर बस गए थे। पुरी में आपकी भेंट एक मंदिर वास्तुकार राम महाराणा से हुई। मंदिर वास्तुकार से मिलन एवं बातचीत आपके अंदर उड़ीसा की परंपरागत वास्तुकला की ओर आकर्षण जागृत कर दिया। अपने उड़ीसा भाषा में शिल्पशास्त्र के ऊपर एक पुस्तक का संपादन किया। आपका मानना था कि एक सभ्यता के विद्वान को पुस्तक, वास्तु तथा विशेषज्ञता का अध्ययन करना चाहिए।

आपका मानना था कि भारतीय सभ्यता की सृजनात्मक क्षमता का सही मूल्यांकन केवल उत्तर मुगलकालीन आधुनिक सभ्यता के आधार पर नहीं किया जाना चाहिए। सभ्यता का अध्ययन विस्तार एवं आत्मविश्वास के आधार पर किया जाना चाहिए। कोणार्क मंदिर के संबंध में विचार व्यक्त करते हुए आपने कहा कि कोणार्क मंदिर की सभ्यता भारतीय गौरवमयी परंपरा तथा आत्मविश्वास पर प्रकाश डालती है। इस मंदिर का निर्माण तेरहवीं सदी में राजा नरसिंह देव द्वारा किया गया था। उनका राज्य संपन्न था। चारों ओर हर्षोल्लास का वातावरण व्याप्त था। हर्षोल्लास की भावना की अभिव्यक्ति संपूर्ण कोणार्क मंदिर की वास्तुकला से प्राप्त होती है।

आपने भारतीय सभ्यता को केवल वास्तुकला तक ही सीमित नहीं रखा। आपने अपनी बंगला भाषा में लिखी पुस्तक हिन्दू समाजेरगठन (हिन्दू समाज की संरचना, 1949) में भारतीय सभ्यता के अनेक आयामों की चर्चा की है। जैसे जनजाति, जनजातियों का हिन्दू समाज में समावेशन, ग्राम समुदायों की आत्मनिर्भरता, उनका नातेदारी संबंध, ग्राम समुदायों का मेला, तीर्थस्थलों तथा नगरों से संबंध, धार्मिक एवं लौकिक जीवन, जाति की अर्थव्यवस्था, मुगलकालीन तथा ब्रिटिशकालीन सामाजिक आंदोलन। उनके अनुसार भारतीय सभ्यता को जानने-समझने के लिए शास्त्रीय साहित्य, मुगलकालीन साहित्य, ब्रिटिशकालीन प्रशासनिक अभिलेख, भूमि स्वामित्व, जाति संगठन, जाति अर्थव्यवस्था, तीर्थ यात्रा, मेला तथा राजा-राजधानी इत्यादि संबंधी ज्ञान अनिवार्य होता है।

आपने विचार व्यक्त करते हुए कहा कि वर्ण तथा जाति व्यवस्था जिस प्रकार अस्तित्व में आयी वह वर्तमान समय में संभव नहीं था। क्योंकि अब भारतीय जनसंख्या में बहुत वृद्धि हुई है। प्रति व्यक्ति भूमि वितरण में भी कमी आयी है।

आपका मानना था कि भारतीय सभ्यता के छात्रों को दो महान सांस्कृतिक विभाजनों के संबंध में जानकारी प्राप्त करना अनिवार्य है। इन दोनों सांस्कृतिक विभाजनों को उत्तर भारतीय आर्य सभ्यता तथा दक्षिण भारतीय द्रविड़ सभ्यता के नाम से जाना जाता है। लेकिन भारतीय सभ्यता को केवल भाषा के आधार पर ही नहीं वरन् भौतिक तत्व के वितरण के आधार पर भी समझना चाहिए। क्योंकि भारत के विभिन्न भाषायी क्षेत्रों में समान भौतिक सांस्कृतिक तत्त्व पाए जाते हैं।

अपनी पुस्तक *कल्चर एंड सोसायटी इन इंडिया* (1957) में आपने भारतीय सभ्यता की एकता का स्तंभीय रूप प्रस्तुत करने का प्रयास किया है। क्षेत्रीयता किसी देश की विभिन्नता से संबंधित होती है। लेकिन संपूर्ण देश के सामाजिक संगठन के संदर्भ में भिन्नता की मात्रा कम होती जाती है। क्षेत्रीयता जीवन की भौतिक कला का प्रमाण होती है। लेकिन अगर कोई जीवन के उच्च खंड में प्रवेश कर जाता है, तब वह आदर्श, विश्वास तथा कला की ओर अग्रसर होता है। उसके जीवन के भौतिक स्तर की भिन्नता धीरे-धीरे कमजोर होती जाती है। अंत में अभिलाषा एवं विश्वास की एकता प्रकट होती है। यही भारतीय सभ्यता की अपनी विशिष्टता है। इस प्रकार भारतीय सभ्यता की एकता की तुलना एक स्तंभ से की जा सकती है।

राष्ट्रीय अखंडता के अध्ययन में योगदान—आपने अपनी पुस्तक प्रोब्लम आफ नेशनल इंटीग्रेशन (1957) तथा प्रोब्लम आफ नेशनालिज्म (1969) में राष्ट्रवाद एवं राष्ट्रीय अखंडता की समस्या का विस्तारपूर्वक उल्लेख किया है। आपका मानना था कि राष्ट्रवाद एक देश के लोगों को अपने राष्ट्र के प्रति श्रद्धा दर्शाता है। यह एक देशवासियों की विचारधारा है जो उन्हें एक सूत्र में बांधे रहती है। एक देश के लोग कई क्षेत्र, भाषा, संस्कृति, धर्म इत्यादि में विभाजित होते हैं। लेकिन उनमें देश प्रति भावना सबसे ऊपर होती है। लेकिन अभाग्यवश जातिवाद, प्रजातिवाद, क्षेत्रवाद एवं संप्रदायवाद के कारण राष्ट्रवाद कमजोर होता जा रहा है। अतः राष्ट्रवाद को बढ़ावा देने के लिए जातिवाद, प्रजातिवाद, लिंगवाद, भाषावाद, नस्लवाद, क्षेत्रवाद पर अंकुश लगाना होगा अथवा ऐसी व्यवस्था बनानी होगी जिससे लोगों के बीच घृणा उत्पन्न न हो।

उनका मानना था कि स्वतंत्रता प्राप्ति के पश्चात् हमारे देश में क्षेत्रवाद के कारण उपराष्ट्रवादी आंदोलन हुए हैं। उपराष्ट्रवादी आंदोलन का मुख्य कारण विभिन्न राज्यों एवं समुदायों में असमान सामाजिक, आर्थिक एवं राजनीतिक परिवर्तन है। असमान परिवर्तन के कारण सभी राज्यों तथा समुदायों को विकास का समान अवसर नहीं उपलब्ध हो सका। अतः राष्ट्रीय अखंडता की रक्षा हेतु सभी राज्यों एवं समुदायों को सरकार द्वारा समान अवसर प्रदान किया जाना चाहिए।

गांधीवाद पर योगदान—प्रोफेसर बोस महात्मा गांधी की विचारधाराओं से काफी प्रभावित हुए थे। आप गांधी जी के असहयोग आंदोलन के समय से ही उनके शिष्य एवं अनुयायी बन गए थे। आपने खादी संघ की स्थापना की थी। आप महात्मा गांधी के बिहार-बंगाल यात्रा के सचिव भी रह चुके थे। आपने गांधी जी के ऊपर कई पुस्तकों की रचना की थी। उदाहरण के लिए सेलेक्शन फ्राम गांधी, माई डेज विद गांधी (1953), गांधी चरित्र (1969), गांधी की चाव (1969), स्टडीज आन गांधीज्म (1959)।

प्रागैतिहासिक पुरातत्व शास्त्र में योगदान—धरनी घर सेन के साथ आपने मयूरभंज के प्रागैतिहासिक पुरातत्व शास्त्र में महत्त्वपूर्ण योगदान दिया। इस स्थल के उत्खनन से प्राप्त उपकरणों को आपने स्तरीय क्रमों में प्रस्तुत करने का प्रयास किया। आपने स्तर स्थापित

कर उसका संबंध विवर्तनिक गति (टेकटोनिक मूवमेंट) से दर्शाया। आपने उन स्तरों का संबंध वर्षाकाल तथा हिमकाल के स्तर से नहीं दर्शाया। आपने प्रागैतिहासिक उपलब्धियों को समकालीन मानव जाति वर्णन के संदर्भ में प्रस्तुत करने का प्रयास किया।

नगरीय मानवशास्त्र में योगदान—आपने कोलकत्ता शहर (1958) का अध्ययन कर नगरीय मानवशास्त्र में महत्त्वपूर्ण योगदान दिया है। आपके अनुसार नगर का अपना इतिहास, अपनी जनसंख्या, अपना प्राकृतिक एवं सांस्कृतिक धरोहर होता है। नगर में मानवजातीय समूह जाति प्रथा, रीतिरिवाज, परंपरा, अनुष्ठान इत्यादि को बनाए रखते हैं। नगर में अंतरजातीय तथा अंतर धार्मिक संबंधों का विकास होता है। यहां जातीय पेशा का बंधन नहीं होता। सभी जाति के लोग अपने मनोनुकूल पेशा अपनाने के लिए स्वतंत्र हैं। नगरीय समाज की समस्या ग्रामीण समाज से भिन्न होती है। इस प्रकार आपने कोलकत्ता नगर की ऐतिहासिक, सांस्कृतिक, आर्थिक, धार्मिक तथा राजनीतिक विशेषताओं को प्रकाश में लाने का प्रयास किया है। आपने कोलकत्ता शहर की समस्याओं की ओर भी ध्यान आकृष्ट किया है।

3. धीरेन्द्र नाथ मजुमदार (1903-1960)

धीरेन्द्र नाथ मजुमदार का जन्म 3 जून, 1903 ई. में बिहार राज्य की राजधानी पटना में हुआ था। आपकी माता का नाम कुसुम कुमारी तथा पिता का नाम रेवती रमन मजुमदार था। आप अपनी माता-पिता की दूसरी संतान थे। आपके पिता कुसुमाथी राज (अब बंगलादेश) के एक नामी जमींदार थे। आपके मामा पटना में उस समय दंडनायक थे जब आपका जन्म वहां हुआ था।

आपने मैट्रिक तथा इंटर विज्ञान की परीक्षा ढाका सरकारी विद्यालय से प्राप्त की। स्नातक स्तर की शिक्षा हेतु आपने अपना नामांकन यूनिवर्सिटी कॉलेज कोलकत्ता में करवाया। आपने स्नातक की परीक्षा 1922 ई. में कीर्तिमान अंकों के साथ पास की। आपने कोलकत्ता विश्वविद्यालय से मानवशास्त्र विषय में स्नातकोत्तर की परीक्षा सन् 1924 ई. में प्रथम श्रेणी में उत्तीर्ण की। इसी वर्ष आप छोटा नागपुर (अब झारखंड) आए। यहां आपकी भेंट शरत चन्द्र राय से हुई। श्री राय ने आपको मानवशास्त्रीय अध्ययन के लिए उत्साहित किया। सन् 1926 ई. में आपको कोलकत्ता विश्वविद्यालय द्वारा मानवशास्त्रीय अनुसंधान हेतु प्रेमचन्द छात्रवृत्ति प्रदान की गयी। इसी आधार पर आपने झारखंड राज्य के कोल्हन (पश्चिमी सिंहभूम) की हो जनजाति के ऊपर शोध कार्य संपन्न किया।

सन् 1928 में आपकी नियुक्ति लखनऊ विश्वविद्यालय के अर्थशास्त्र एवं समाजशास्त्र विभाग में आदिम अर्थशास्त्र के व्याख्याता के रूप में हुई। यहाँ पर आपने पाँच वर्षों की सेवा प्रदान की। इसके बाद आप 1933 में मानवशास्त्र में अध्ययन करने कैम्ब्रिज विश्वविद्यालय लंदन चले गए। वहाँ पर आपने सामाजिक मानवशास्त्र की शिक्षा टी.सी.

हैड्सन तथा शारीरिक मानवशास्त्र की शिक्षा जी.एम. मोरांग के मार्गदर्शन में प्राप्त की। वहाँ पर लंदन स्कूल आफ इकोनामिक्स द्वारा आयोजित कार्यशाला में आपकी भेंट जगत प्रसिद्ध मानवशास्त्री बी.के. मैलिनोवस्की से हुई। मैलिनोवस्की के प्रकार्यवाद सिद्धांत का प्रभाव आप पर व्यापक रूप से पड़ा। 1937 में आपको कैंब्रिज विश्वविद्यालय द्वारा पीएच.डी. की उपाधि प्रदान की गयी। आपका चयन रायल एंथ्रोपोलोजिकल इंस्टीट्यूट आफ ग्रेट ब्रिटेन एंड आयरलैंड में फेलो के रूप में भी हुआ था।

लंदन प्रवास के दौरान आपको विएना जाने का अवसर प्राप्त हुआ। वहाँ आपने भारतीय जनजातीय संस्कृति पर अनेक आख्यान दिए।

1936 में आप भारत लौटकर लखनऊ विश्वविद्यालय में पुनः योगदान दिया। 1938 में लाहौर में आयोजित अखिल भारतीय विज्ञान कांग्रेस के मानव विज्ञान शाखा का अध्यक्ष आपको बनाया गया।

1946 में लखनऊ विश्वविद्यालय द्वारा आपको रीडर बनाया गया। 1950 में आपको प्रोफेसर बनाया गया। जब 1951 में लखनऊ विश्वविद्यालय में मानवशास्त्र विषय की स्वतंत्र रूप से स्थापना हुई तब आपको उस विभाग का अध्यक्ष बनाया गया।

आपके द्वारा 1945 ई. में एथनोग्राफिक एंड फोक कल्चर सोसायटी की स्थापना की गई। 1947 में आपने मानवशास्त्रीय पत्रिका ईस्टर्न एंथ्रोपोलोजी की स्थापना की।

1960 में आपको लखनऊ विश्वविद्यालय द्वारा कला संकाय का संकायाध्यक्ष बनाया गया। आपका निधन 31 मई, 1960 ई. को हो गया। आप कई पदकों के विजेता थे। आप अमेरिका में अतिथि प्रोफेसर भी रह चुके थे।

सांस्कृतिक मानवशास्त्र में योगदान—सांस्कृतिक मानवशास्त्र में आपकी गहन अभिरुचि थी। आप सांस्कृतिक मानवशास्त्र को मानव के क्रियाकलापों का अध्ययन मानते थे। उदाहरण के लिए भाषा, धर्म, जादू, कला, समूह, संगठन, संस्था, सेवा इत्यादि। आपके अनुसार सामाजिक मानवशास्त्र सांस्कृतिक मानवशास्त्र की एक शाखा हो सकता है, विकल्प नहीं।

आपने मैलिनोवस्की के प्रकार्यवाद को मानव व्यवहार के अध्ययन तथा विश्लेषण के लिए सर्वश्रेष्ठ विधि बतलाया। आपने अपने द्वारा लिखित विभिन्न मोनोग्राफों में सांस्कृतिक गतिकी की चर्चा की। आपने मैलिनोवस्की के इस विचार को जीवित रखा कि संस्कृति परिवर्तनशील होते हुए भी अपनी समग्रता बनाए रखती है।

आपने अपनी पुस्तक *ए ट्राइब इन ट्रांजिसन : ए स्टडी इन कल्चर पैटर्न* (1937) में एक जनजाति पर आधुनिक सभ्यता के प्रभाव का विस्तारपूर्वक विवरण प्रस्तुत किया। यह भारतीय जनजाति की समस्या संबंधी भी एक पुस्तक है।

आपकी दूसरी पुस्तक *द फारचुन्स आफ प्रिमिटिव ट्राइब्स* (1944) में उत्तर प्रदेश की जनजातियों का मानव जाति वर्णन प्रस्तुत किया गया है। इस पुस्तक में जनजातियों के मध्य परिवर्तन प्रक्रियाओं का विस्तारपूर्वक विवरण प्राप्त होता है।

आपने हो जनजाति के ऊपर सर्वप्रथम 1937 ई. में पुस्तक का प्रकाशन किया था। आप हो जनजाति के साथ तीन वर्ष रहे। उस प्रवास के दौरान संकलित सूचनाओं के आधार पर आपने दर्शाने का प्रयास किया कि हो जनजाति संक्रमण दौर से गुजर रही है। 12 वर्ष बाद आपने पुनः हो जनजाति का अध्ययन किया। आपने हो जनजाति के ऊपर दूसरी पुस्तक की रचना की जिसका शीर्षक *अफेयर्स आफ ए ट्राइब : ए स्टडी इन ट्राइबल डायनामिक्स* (1950) की रचना की। इस पुस्तक में आपने हो जनजाति के ऊपर खानों, कारखानों तथा युद्ध के प्रभावों का उल्लेख किया है।

इस पुस्तक में आपने बोंगावाद/मानावाद की अवधारणा का विकास किया है। हो जनजाति के लोगों का मानना था कि प्रत्येक जड़ एवं चेतन वस्तुओं में माना होती है जिसके कारण उस वस्तु द्वारा विशेष प्रकार का कार्य संपन्न किया जाता है।

आपके द्वारा उत्तर प्रदेश की खस, कोरवा तथा थारु जनजाति का अध्ययन किया गया था। आपने मध्य प्रदेश की गौंड तथा गुजरात की भील जनजाति का भी अध्ययन किया था। आपकी मृत्यु पश्चात् प्रकाशित पुस्तक हिमालयन पोलियंड्री (1962) में खस के मध्य प्रचलित बहुपत्नी-पति प्रथा (Polygenandry) का विवरण विस्तारपूर्वक किया है।

टी.एन. मदन के साथ लिखी गयी अपनी पाठ्यपुस्तक, एन इन ट्रोडक्सन टु सोशल एंथ्रोपोलोजी (1957) में आपने भारतीय जनजातियों का सांस्कृतिक वर्गीकरण प्रस्तुत किया। आपने भारतीय जनजातियों को तीन श्रेणी में विभाजित किया, जो निम्नलिखित हैं—

1. वे जनजातियाँ जो ग्रामीण तथा नगरीय समुदायों से सांस्कृतिक दृष्टि में बहुत दूर हैं।
2. वे जनजातियां जिन पर ग्रामीण तथा नगरीय समुदायों का प्रभाव पड़ा है जिसके कारण उन्हें अनेक प्रकार की समस्याओं का सामना करना पड़ा है।
3. वे जनजातियां जिन्हें ग्रामीण एवं नगरीय समुदायों के संपर्क में आने पर भी किसी प्रकार की समस्या का सामना नहीं करना पड़ा है।

शारीरिक मानवशास्त्र में योगदान—शारीरिक मानवशास्त्र में भी आपका महत्त्वपूर्ण योगदान रहा है। आपने उत्तर प्रदेश, गुजरात तथा पश्चिम बंगाल में मानवमितीय तथा सीरम संबंधी अध्ययन किया था। आपने वर्तमान झारखंड राज्य की हो जनजाति तथा मध्य प्रदेश की गौंड जनजाति का भी मानवमितीय तथा सीरम सर्वेक्षण किया था। आपने सूचनादाताओं के सांख्यिकीय प्रयोग की महत्ता को स्वीकार किया। आपने अपने अध्ययन में डी-2 विधि यानी सामान्य दूरी सांख्यिकीय विधि का प्रयोग भी अपने अध्ययन में किया था। उसी समय से जीवमितीय मानवशास्त्र की यह एक महत्त्वपूर्ण विधि बन गयी है।

सीरम अध्ययन के आधार पर आपने उत्तर प्रदेश की जनसंख्या का आनुवंशिक संबंध पंजाब तथा बंगाल से दर्शाने का प्रयास किया है। उत्तर प्रदेश की जनसंख्या का अध्ययन कर उन्होंने दर्शाया कि जातियों के मध्य उच्च एवं निम्न स्थान की भावना का आधार जीवमितीय भी है। उन जातियों के मध्य जीवमितीय समानता पायी जाती है जिनका स्थान जाति पद व्यवस्था में एक समान रहता है।

अपनी पुस्तक *रेसेस एंड कल्चर आफ इंडिया* (1944) में आपने प्रजाति को परिभाषित करते हुए कहा कि प्रजाति लोगों का एक ऐसा समूह होता है जिसके सदस्य सामान्य भौतिक या शारीरिक विशेषता दर्शाते हैं तथा उसके आधार पर अपने आपको दूसरी प्रजाति से अलग करते हैं। प्रजाति के सदस्य बिखरे हुए होते हैं फिर भी वे एक समूह का निर्माण करते हैं। इस पुस्तक में आपने बी.एस. गुहा के इस मत का खंडन किया कि निग्रीटो भारत की सबसे पुरानी प्रजाति है। रक्त समूहों के अध्ययन के आधार पर आपने दर्शाया कि भारतीय जनसंख्या में निग्रीटो प्रजातीय तत्वों की उपस्थिति प्रमाणित नहीं होती है। आपने प्रोटो आस्ट्रालायड प्रजाति को भारत के सबसे आरंभिक निवासी माना है।

शारीरिक मानवशास्त्र के क्षेत्र में आपका भारतीय शिशुओं के वृद्धि के ऊपर अध्ययन भी एक महत्त्वपूर्ण योगदान माना जाता है। आपने लखनऊ शहर के 30,000 शिशुओं का अध्ययन किया तथा उनकी वृद्धि के लिए जिम्मेदार सांस्कृतिक तथा भौतिक पहलुओं को प्रकाश में लाया।

अपनी मृत्यु के समय आप उत्तर प्रदेश की अपराधिक जनजातियों के मध्य रक्त समूह का अध्ययन कर रहे थे।

ग्राम अध्ययन में योगदान—मजुमदार ने लखनऊ विश्वविद्यालय तथा कार्नेल विश्वविद्यालय अमेरिका के संयुक्त तत्वावधान में लखनऊ के समीप एक मोहन नामक ग्राम का अध्ययन किया। इस अध्ययन के आधार पर आपने अपनी पुस्तक *कास्ट एंड कम्युनिकेशन इन इंडियन विलेज* का प्रकाशन 1958 में किया। आपने मिर्जापुर के समीप एक चितौरा नामक ग्राम का अध्ययन किया। इस अध्ययन में संकलित सूचनाओं का प्रकाशन आपने पुस्तक के रूप में किया जिसका शीर्षक चोर का एक गांव (1960) है। इसमें ग्राम जीवन के समस्त पहलुओं का विवरण मिलता है।

जाति प्रथा एवं संप्रेषण अध्ययन में योगदान—अपनी पुस्तक *कास्ट एंड कम्युनिकेशन इन एन इंडियन विलेज* (1958) में आपने यह दर्शाया है कि ग्राम समुदाय में जाति प्रथा एक सच्चाई है। जाति प्रथा में एक ही गांव में रहने वाली जातियों का स्थान एक समान नहीं रहता है। अपने स्थान के अनुसार ही विभिन्न जातियाँ आपस में व्यवहार करती हैं। जाति प्रथा ग्राम समाज की संवाद विनिमय व्यवस्था को नियंत्रित करती है। विभिन्न स्थानवाली जातियां अपने पद एवं स्थान के अनुसार ही एक दूसरे के लिए संबोधन शब्दों का प्रयोग करती हैं। संबोधन शब्दों के उच्चारण में ही किसी जाति का ग्राम में स्थान का पता चल जाता है। संप्रेषण अथवा संवाद विनिमय के वक्त ग्राम समाज में जातीय स्थिति पर विशेष ध्यान दिया जाता है।

नगरीय मानवशास्त्र में योगदान—आपने अपनी पुस्तक *सोशल कंटुर्स आफ एन इंडस्ट्रीयल सिटी* (1960) में नगरीय मानवशास्त्र के ऊपर महत्त्वपूर्ण योगदान दिया है। आपके अनुसार नगर केवल जनसंख्या घनत्व ही नहीं दर्शाता है, वरन् प्रत्येक नगर की एक सामाजिक रूप रेखा भी होती है। इस रूप रेखा के विकास का अपना इतिहास होता है। यह

इतिहास दर्शाता है कि विभिन्न मानवजातीय समूहों का आगमन किन-किन कारणों से तथा किन-किन कालों में हुआ। उनके द्वारा कौन-कौन सी पेशा अपनायी गयी। एक ही स्थान पर रहने वाले एक ही मानवजाति के परिवारों तथा विभिन्न मानवजातियों के बीच सामाजिक संबंध किस प्रकार बना रहता है। नगरीय जीवनशैली अपनाने से कौन-कौन सी सामाजिक समस्याएं उत्पन्न हुई हैं। नगरीय जाति व्यवस्था, धर्मव्यवस्था, परिवार व्यवस्था, नातेदारी व्यवस्था तथा राजनीतिक व्यवस्था कैसे कार्य करती है। इस पुस्तक में आपने चर्म उद्योग के लिए विश्वविख्यात शहर कानपुर की सामाजिक विशेषताओं का विवरण बड़ा ही विस्तारपूर्वक किया है।

प्रागैतिहासिक पुरातत्वशास्त्र में योगदान—आपने अपनी गोपाला शरण के साथ लिखी गयी पुस्तक *प्रागितिहास* में भारतीय विश्वविद्यालयों के मानवशास्त्र विभागों में पढ़ाया जाने वाला प्रागितिहास विषय के पाठ्यक्रम को लिखित रूप प्रदान किया है। यह प्रागितिहास के ऊपर लिखी गयी पाठ्यपुस्तक है। यह पुस्तक छात्रोपयोगी है तथा प्रागितिहास के ऊपर हिन्दी माध्यम से लिखी गयी पुस्तक है।

4. श्यामाचरण दुबे (1922-1996)

श्यामाचरण दुबे नागपुर विश्वविद्यालय से राजनीति विज्ञान में स्नातकोत्तर की उपाधि प्राप्त किए थे। स्नातकोत्तर स्तर पर आपको मानवशास्त्र की पढ़ायी विशिष्ट पत्र के रूप में करने का अवसर प्राप्त हुआ था। उसी समय से आपकी अभिरुचि मानवशास्त्र की ओर जागृत हो गयी थी। आपने अपने पीएच.डी. शोध कार्य हेतु कमार जनजाति का चुनाव किया तथा इन जनजाति के ऊपर अपना शोध विनिबंध नागपुर विश्वविद्यालय में प्रस्तुत किया। नागपुर विश्वविद्यालय से आपको पीएच.डी. की उपाधि प्रदान की गयी।

आपको सागर, नागपुर, लखनऊ तथा उसमानिया विश्वविद्यालयों में प्राध्यापक के रूप में कार्य करने का सुअवसर प्राप्त हुआ। आप लंदन तथा अमेरिका में अतिथि प्रोफेसर के रूप में भी कार्य किए थे। आप एंथ्रोपोलोजिकल सर्वे आफ इंडिया तथा राष्ट्रीय संस्थान में कम्युनिटी डेवलपमेंट प्रोग्राम में भी अपनी सेवा प्रदान किए थे।

आपने गहन क्षेत्र कार्य कर अपने अनुभवों को समृद्ध किया था। आपका क्षेत्र कार्य छत्तीसगढ़, तेलांगना, उड़ीसा, आंध्र प्रदेश का उत्तरी भाग तथा उत्तर प्रदेश राज्यों से संबंधित था। आपकी सैद्धांतिक अभिरुचि भारतीय ग्राम की सामाजिक संरचना एवं परिवर्तन में थी।

आपने विदेशों में जाकर कई कार्यशालाओं में भाग लिया था। आप कार्यशाला में भाग लेने के लिए साइप्रस, मनीला, हवाई, यूनेस्को इत्यादि स्थानों पर गए। आप इंडियन इंस्टीट्यूट आफ एडवांस स्टडी शिमला के निदेशक भी रह चुके थे। आप जम्मू विश्वविद्यालय एवं सागर विश्वविद्यालय के कुलपति भी रह चुके थे। आपकी मृत्यु 1996 में हुई। आपने अपने जीवन काल में अनेक पुस्तकों की रचना की। आपने भारतीय समाज, संस्कृति एवं

सभ्यता के ऊपर गहन अध्ययन किया तथा उन्हें पुस्तकों एवं शोधपत्रों के माध्यम से विद्वानों के बीच पहुंचाया तथा भारतीय मानवशास्त्र को समृद्ध किया। आपका व्यक्तित्व प्रतिभा संपन्न था।

जनजातीय अध्ययन में योगदान—आपने अपनी प्रथम पुस्तक द *कमार* (1954) में मध्य प्रदेश की कमार जनजाति का मानव जाति वर्णन प्रस्तुत किया है। आपने इस पुस्तक में कमार जनजाति की जीवनशैली का अभिलेखन किया है। सांस्कृतिक, सामाजिक संरचना, जादू, धर्म, राजनीतिक संगठन इत्यादि का वर्णन विस्तारपूर्वक किया गया है। आपकी अपनी संपादित पुस्तक टाइब्ल हैरिटेज आफ इंडिया (1977) में जनजातीय विरासत पर विद्वानों द्वारा लिखे गए शोध पत्रों का संकलन प्रस्तुत किया है।

ग्राम अध्ययन में योगदान—भारतीय मानवशास्त्र में आपकी विशेष पहचान ग्राम अध्ययन के ऊपर विशेष योगदान से बनी है। आपकी पुस्तक, इंडियन विलेज (1955) ग्राम अध्ययन के लिंए एक आदर्श मॉडल पुस्तक के रूप में जानी जाती है। इस पुस्तक में आपने आंध्र प्रदेश के तेलांगना क्षेत्र में स्थित शामीरपेट नामक ग्राम का अध्ययन प्रस्तुत किया है। आप इस ग्राम अध्ययन परियोजना के निदेशक भी थे। आपके अध्ययन दल में पांच अन्वेषक तथा पांच सामाजिक कार्यकर्त्ता थे। यह ग्राम हैदराबाद तथा सिकंदराबाद शहर के बीच में स्थित हैं। जिस समय आपने इस ग्राम का अध्ययन किया था उस समय इसकी जनसंख्या 2494 थी। इस ग्राम में हिन्दू एवं मुसलमान जाति के लोग साथ-साथ रहते थे। इस गांव में 19 प्रकार के मानव जातीय समूह रहते थे। आंकड़ों के आधार पर इस ग्राम शामीरपेट का समकालीन विवरण प्रस्तुत किया गया है। इस पुस्तक का आमुख कार्नेल विश्वविद्यालय अमेरिका के प्रोफेसर मोरिस ई. ओपलर द्वारा लिखा गया है। ओपलर ने इस पुस्तक को ग्राम समुदाय अध्ययन के ऊपर सर्वश्रेष्ठ पुस्तक बतलाया है। अगर अमेरिकी मानवशास्त्री राबर्ट रेडफिल्ड को प्रथम ग्राम अध्ययन करने वाले के रूप में मानवशास्त्रीय जगत में पहचान बनी है, तब दूबे को प्रथम भारतीय ग्राम अध्ययन का श्रेय जाता है। भारतीय ग्राम जीवन के संबंध में आपने जो निष्कर्ष प्रस्तुत किया है वह सर्वमान्य है तथा इसकी भूरी-भूरी प्रशंसा विद्वान जगत में हुई है।

आपने दर्शाया है कि भारत का कोई भी ग्राम पूर्ण स्वशासी तथा स्वतंत्र नहीं है। क्योंकि प्रत्येक ग्राम वृहत सामाजिक व्यवस्था की इकाई होते हैं। एक व्यक्ति मात्र किसी गांव का ही सदस्य नहीं होता है वरन् उसका संबंध जाति एवं धर्म से भी होता है। इस प्रकार ग्राम का क्षेत्रीय विस्तार प्रकट होता है। गांव के लोग आपस में जाति प्रथा द्वारा जुड़े होते हैं। जजमानी प्रथा द्वारा वे एक-दूसरे पर निर्भर रहते हैं। अखिल भारतीय हिन्दूवाद के तत्व क्षेत्रीय हिन्दूवाद के विश्वास एवं व्यवहार से जुड़ गए हैं। ग्राम में त्योहार परिवार, ग्राम तथा जाति स्तर पर मनाए जाते हैं। मुसलमान के त्योहार हिन्दू के त्योहार से भिन्न होते हैं। लेकिन गांव में हिन्दू-मुसलमान एक-दूसरे के त्योहार मनाने में साथ देते हैं। आपने लौकिकता, अंतरजातीय तथा अंतर धार्मिक संबंध एवं रुढ़िबद्ध धारणा का भी उल्लेख किया

है। आपने व्यक्तिगत जीवन की अवस्थाओं—शैशवावस्था, युवावस्था तथा वृद्धावस्था—के संबंध में भी मानवशास्त्रीय सूचना प्रदान की है।

आपने उत्तर प्रदेश राज्य के दो ग्राम का अध्ययन भी किया था। एक गांव त्यागी जाति का तथा दूसरा गांव राजपूत जाति का था। इस अध्ययन के आधार पर आपने अपनी पुस्तक इंडियाज चेंजिंग विलेजेज (1958) तथा पावर एंड कनफ्लिक्ट इन इंडियन विलेज (1958) का प्रकाशन किया।

राजनीतिक मानवशास्त्र में योगदान—आपकी पुस्तक *पावर एंड कनफलिक्ट इन विलेज इंडिया* (1958) को राजनीतिक मानवशास्त्र में एक महत्त्वपूर्ण योगदान माना जाता है। इस पुस्तक में आपने दर्शाया है कि भारतीय गांवों में शक्ति के लिए संघर्ष होने लगा है। पहले जाति पद व्यवस्था में सभी जातियों का स्थान निश्चित था। उसी के अनुसार उनके पास शक्ति थी। लेकिन आजादी के बाद प्रजातांत्रिक प्रक्रियाओं के लागू हो जाने तथा लोकसभा, विधानसभा एवं ग्राम पंचायत के चुनावों के कारण भारतीय ग्रामों में शक्ति के लिए संघर्ष होने लगे हैं। पहले जो संख्या बल होने के बावजूद भी शक्तिहीन थे, वे अब शक्ति संपन्न हो गए हैं। उनके पास शक्ति आ गयी है। नए शक्ति संपन्न लोगों तथा पुराने शक्ति संपन्न लोगों के बीच संघर्ष होने लगा है। अत: भारतीय ग्राम अब जाति संघर्षविहीन नहीं रह गया है।

आपने अपने शोधपत्र *डोमिनेंट कास्ट एंड विलेज लीडरशिप* (1961) में श्रीनिवास द्वारा प्रतिपादित प्रबल जाति की अवधारणा को अस्वीकार कर दिया है। आपका मानना था कि इसमें दो मत नहीं हैं कि जाति व्यवस्था एक सामाजिक सच्चाई है। लेकिन जाति व्यवस्था में एक जाति के सभी व्यक्ति प्रबल नहीं होते। वरन् उस जाति के कुछ ही लोग प्रबल भूमिका निभाते हैं। अत: प्रबल जाति की अवधारणा सही नहीं प्रतीत होती है। आपने प्रबल जाति के स्थान पर प्रबल व्यक्ति की अवधारणा को प्रकाश में लाया है। आपके अनुसार भारतीय गांवों में किसी जाति विशेष की प्रधानता न होकर व्यक्ति विशेष की प्रधानता पायी जाती है। आजकल व्यक्तियों की प्रबल भूमिका विभिन्न चुनावों में भी देखी जा सकती है।

अपने शोधपत्र *रेस्टिव स्टुडेंट्स : स्ट्रांड्स एंड थिम्स इन कंटेंपोरेरी यूथ कल्चर* (1972) में भारतीय विद्यार्थी या समकालीन विद्यार्थी शब्द के प्रयोग को अस्वीकार कर दिया है। आपने छात्रों की चार उपसंस्कृतियों का उल्लेख किया है—

1. हिप्पी के भारतीय प्रतिरूप
2. पश्चिमी संस्कृति से प्रभावित परिवारों के छात्र
3. दलित एवं पिछड़े परिवार के विशेष सुविधा प्राप्त छात्र
4. प्रथम शिक्षित माता-पिता के छात्र।

आपके अनुसार रोजगार के अवसर न मिलने के कारण शिक्षित छात्र तनाव की स्थिति से गुजर रहे हैं।

सामुदायिक विकास योजना अध्ययन में योगदान—आपने अपनी पुस्तक इंडियाज चेंजिंग विलेजेज: ह्यूमन फैक्टर्स आफ कम्युनिटी डेवलपमेंट (1958) में भारतीय गांवों में सामुदायिक विकास योजनाओं के माध्यम से लाए गए परिवर्तनों का उल्लेख किया है।

भारतीय ग्राम तकनीकी रूप से पिछड़े रहे हैं। लेकिन सामुदायिक विकास योजनाओं के माध्यम से उनके पिछड़ेपन को दूर किया जा रहा हैं। सामुदायिक विकास योजनाओं द्वारा योजनाबद्ध ढंग से विकास किया जा रहा है। इसके कारण भारतीय गांवों में परिवर्तन हो रहे हैं। यह परिवर्तन आर्थिक, सामाजिक, शैक्षणिक तथा राजनीतिक क्षेत्रों में हुआ है।

अपनी संपादित पुस्तक इंस्टीट्यूशन बिल्डिंग फार कम्यूनिटी डेवलपमेंट (1968) में सामुदायिक विकास में संस्था निर्माण से संबंधित विद्वानों द्वारा लिखित शोधपत्रों का संकलन आपने प्रस्तुत किया है।

परिवार नियोजन अध्ययन में योगदान—केन्द्रीय परिवार नियोजन संस्थान, दिल्ली द्वारा विनिबंध समूह संख्या (6) एवं (8) (1969) में आपके द्वारा परिवार नियोजन के ऊपर किए गए अनुसंधानों का विवरण प्रस्तुत किया गया है। विनिबंध संख्या (6) में आपने आई.यू.सी.डी. के प्रचार-प्रसार का विवरण प्रस्तुत किया है। आपने प्रयोगकर्त्ताओं की जीवनशैली का भी उल्लेख किया है। आपका मानना था कि परिवार नियोजन कार्यक्रम के प्रसार में समय तथा स्वीकृति प्रक्रिया पर विशेष ध्यान दिया जाना चाहिए।

विनिबंध संख्या (8) में आपने परिवार नियोजन कार्यक्रमों से जुड़ी हुई संचार व्यवस्था को प्रकाश में लाया है।

आधुनिकीकरण के ऊपर योगदान—आपने भारतीय समाज के संदर्भ में आधुनिकीकरण के ऊपर अनेक शोधपत्रों एवं पुस्तकों का प्रकाशन किया है। आपकी पुस्तक *एसेज आन माडर्नाइजेशन* (1971) आधुनिकीकरण से संबंधित विचारों का संकलन है।

आपकी दूसरी पुस्तक *कंटेम्पोरेरी इंडिया एंड इट्स माडर्नाइजेशन* (1973) समकालीन भारतीय समाजों में आधुनिकीकरण की प्रक्रिया का विवरण प्रस्तुत करती है।

आपकी तीसरी पुस्तक *माडर्नाइजेशन एंड डेवलपमेंट* (1988) आधुनिकीकरण के माध्यम से लाए गए विकास का विवरण विस्तारपूर्वक देती है।

परंपरा एवं विकास के ऊपर योगदान—आपकी पुस्तक *ट्रेडिसन एंड डेवलपमेंट* (1990) परंपरा एवं विकास के बीच संबंधों को प्रस्तुत करते हुए आपके द्वारा लिखे गए 30 शोधपत्रों का संकलन है। इसके माध्यम से आपने यह दर्शाने का प्रयास किया है कि परंपराएं विकास विरोधी नहीं हैं। वरन् परंपराएं विकास को अपने अंदर शामिल कर लेती हैं। इसके कारण परंपराओं में नए तत्वों का योगदान होते जाता है तथा नए-नए मूल्यों एवं भावनाओं का विकास होते जाता है।

5. मैंसूर नरसिंहाचर श्रीनिवास (1916-1999)

आपका जन्म 6 नवंबर 1916 ई. में हुआ था। आप स्नातक की परीक्षा मैसूर विश्वविद्यालय

से 1936 ई. में पास किए थे। इसके बाद आप समाजशास्त्र विषय में स्नातकोत्तर की परीक्षा 1939 में बांबे विश्वविद्यालय से पास किए। 1945 में आपने बांबे विश्वविद्यालय द्वारा पीएच.डी. की परीक्षा उत्तीर्ण की। 1947 में आपने ऑक्सफोर्ड विश्वविद्यालय, लंदन से सामाजिक मानवशास्त्र में डी.फिल. की उपाधि प्राप्त की।

सन् 1940-42 में आप बांबे विश्वविद्यालय के समाजशास्त्र विभाग में रिसर्च फेलो थे। 1942-44 में उसी विभाग में आप रिसर्च एसोसिएट बने। 1947-51 तक आप ऑक्सफोर्ड विश्वविद्यालय लंदन में भारतीय समाजशास्त्र के व्याख्याता रहे थे। 1953-59 तक आप एम.एस. विश्वविद्यालय बड़ौदा में समाजशास्त्र के प्रोफेसर बने। 1959-73 तक आप दिल्ली स्कूल आफ इकोनामिक्स में समाजशास्त्र के प्रोफेसर रहे। इसके बाद आप सामाजिक एवं आर्थिक परिवर्तन संस्थान, बंगलोर के संयुक्त निदेशक बने। यही से आप सेवा निवृत्त हुए।

आपको अपने अध्ययन के लिए अनेक प्रकार की छात्रवृत्ति प्रदान की गयी थी। आपको अनेक प्रकार के पुरस्कार भी प्राप्त करने का सौभाग्य मिला। 1971 में आपको शिकागो विश्वविद्यालय, अमेरिका द्वारा डी.एससी. की उपाधि से सम्मानित किया गया। 1972 में मैसूर विश्वविद्यालय द्वारा आपको डी. लिट की उपाधि प्रदान की गयी। 1977 में भारत सरकार ने आपको पद्म भूषण अलंकरण से सम्मानित किया। आपका स्वर्गवास 1999 में हो गया। आपकी मुख्य कृतियां निम्नलिखित हैं—

1. 1942: मैरेज एंड फैमिली इन मैसूर, बांबे।
2. 1952: रेलिजन एंड सोसायटी एमांग कुर्ग्स आफ साउथ इंडिया, बांबे।
3. 1962: कास्ट इन माडर्न इंडिया, वर्कले।
4. 1962: कास्ट इन माडर्न इंडिया एंड अदर एसेज, बांबे।
5. 1966: सोशल चेंज इन माडर्न इंडिया, कैलिफोर्निया।
6. 1976: द रिमेंबर्ड विलेज, कैलिफोर्निया।
7. 1976: नेशन बिल्डिंग इन इंडिपेंडेंट इंडिया, ऑक्सफोर्ड।
8. 1986: डोमिनेंट कास्ट एंड अदर एसेज।
9. 1989: द कोहेसिव रोल आफ संस्कृटाइजेशन।
10. 1992: आन लिविंग इन ए रिवोलुशन।
11. 1996: विलेज, कास्ट, जेंडर एंड मेथड।
12. 1997: कास्ट: इट्स ट्वेंटिस्थ सेंचुरी अवतार।

संपादित पुस्तकों की सूची—

1. 1955: इंडियाज विलेज, बांबे।
2. 1959: मेथड्स इन सोशल साइंस (ए.आर. रैडक्लिफ ब्राउन के साथ)।
3. 1969: इंडियाज सोशल स्ट्रक्चर।
4. 1977: डायमेनसंस आफ सोशल चेंज इन इंडिया, दिल्ली।

भारतीय मानवशास्त्र को समृद्ध बनाने में आपका बहुमूल्य योगदान रहा है। आपने भारत की सामाजिक संरचना, जाति प्रथा, धर्म, परिवर्तन एवं राष्ट्र निर्माण के संबंध में अनेक अवधारणाओं का विकास किया। उन सभी अवधारणाओं का परीक्षण आपने क्षेत्र कार्य के आधार पर किया। आपके द्वारा विकसित कुछ महत्त्वपूर्ण अवधारणां निम्नलिखित हैं—

1. संस्कृतिकरण की अवधारणा
2. पश्चिमीकरण की अवधारणा
3. आधुनिकीकरण की अवधारणा
4. धर्मनिरपेक्षीकरण की अवधारणा
5. हिन्दूवाद के विस्तार की अवधारणा
6. क्षैतिज एवं उर्ध्व जाति एकता की अवधारणा
7. प्रबल जाति की अवधारणा
8. भारतीय सामाजिक संरचना की अवधारणा
9. राष्ट्र निर्माण की अवधारणा
10. ग्राम अध्ययन की अवधारणा

उपरोक्त अवधारणाओं में से संस्कृतिकरण, पश्चिमीकरण, आधुनिकीकरण एवं धर्म निरपेक्षीकरण की अवधारणाओं के संबंध में विस्तृत जानकारी अध्याय 6 के अंतर्गत दिया गया है। इन अवधारणाओं के ऊपर पुन: यहां विवरण देना युक्ति संगत नहीं लगता है। अत: पाठकों से निवेदन है कि संस्कृतिकरण, पश्चिमीकरण, आधुनिकीकरण तथा धर्मनिरपेक्षीकरण की अवधारणाओं को समझने के लिए अध्याय 6 के अंतर्गत अध्ययन करें। यहां पर श्रीनिवास द्वारा विकसित अन्य अवधारणाओं का विवरण प्रस्तुत किया जा रहा है—

प्रबल जाति की अवधारणा—श्रीनिवास द्वारा प्रबल जाति की अवधारणा का विकास 1959 में मैसूर राज्य के रामपुरा नामक ग्राम के अध्ययन के आधार पर किया गया था। रामपुरा ग्राम का वास्तविक नाम कोडधहल्ली था। इस ग्राम के अध्ययन के आधार पर आपने एक शोधपत्र लिखा जिसका शीर्षक डोमिनेंट कास्ट्स इन रामपुरा था। इस शोधपत्र का प्रकाशन अमेरिकन एंथ्रोपोलोजिस्टस नामक शोधपत्रिका के भाग 61 संख्या-1, पृष्ठ संख्या 1—16 (1959) में हुआ था। अपने अध्ययन के क्रम में आपने जाति को भारतीय गांवों में भूमि का नियंत्रण, सामाजिक जीवन का नियंत्रण, राजनीतिक पहलुओं का नियंत्रण तथा धार्मिक क्रियाकलापों का नियंत्रण करते हुए पाया। आपने निम्न जातियों को उच्च जातियों की जीवनशैली का अनुकरण करते हुए पाया। अपने अवलोकनों के आधार पर आपने प्रबल जाति की अवधारणा का विकास किया।

प्रबल जाति की परिभाषा प्रदान करते हुए आपने कहा कि एक जाति को प्रबल जाति की श्रेणी में रखा जा सकता है अगर उसके पास संख्या बल हो तथा आर्थिक एवं

राजनीतिक शक्ति उसके पास हो। एक संख्या बल एवं आर्थिक तथा राजनीतिक संपन्न जाति आसानी से प्रबल जाति का स्थान प्राप्त कर लेती है अगर उसका स्थान सामाजिक संस्तरण में ज्यादा निम्न नहीं हो। अत: अगर एक जाति के पास इन सभी गुणों का समावेश होता है, तब वह प्रबल जाति के रूप में अपना स्थान बना लेती है। इस प्रकार श्रीनिवास के अनुसार प्रबल जाति के रूप में स्थान पाने के लिए एक जाति के पास निम्नलिखित गुणों का होना अनिवार्य है—

1. संख्या बल
2. आर्थिक शक्ति
3. राजनीतिक शक्ति
4. सामाजिक-धार्मिक स्थिति।

श्रीनिवास के अनुसार भारतीय ग्राम समाज प्रबल जाति द्वारा नियंत्रित होता है। प्रबल जाति की पहचान ग्रामीण सामाजिक संगठन के संबंध में जानकारी प्रदान करती है। प्रबल जाति की परिषद द्वारा ग्राम समाज में सत्ता संरचना का निर्माण किया जाता है। उसी सत्ता संरचना के माध्यम से गांव की समस्याओं का निपटारा किया जाता है। प्रबल जाति ग्राम समाज के झगड़ों के निपटारा कराने में सहयोग देती है। प्रबल जाति परिषद का क्षेत्र संपूर्ण ग्राम होता है। उस गांव में रहने वाली गैर प्रबल जातियों की समस्या का समाधान भी प्रबल जाति परिषद द्वारा किया जाता है।

हालांकि श्रीनिवास ने प्रबल जाति के निर्धारण में चार कारकों का उल्लेख किया है। लेकिन आजादी के बाद प्रजातंत्र एवं धर्म निरपेक्षीकरण के माध्यम से ग्राम समाज में अनेक प्रकार के परिवर्तन लाए गए हैं। इसका प्रभाव प्रबल जाति की अवधारणा एवं संरचना पर भी पड़ा है। पश्चिमी शिक्षा, प्रशासन में स्थान, आपके नगरीय स्रोत इत्यादि के द्वारा ग्राम में रहने वाली जातियों की स्थिति का निर्धारण होने लगा है। व्यस्क मताधिकार एवं पंचायती राज संस्थाओं ने अस्तित्व में आने के कारण गैर-प्रबल जातियों के पास भी शक्ति आयी है। इन सभी परिवर्तनों के फलस्वरूप परंपरागत प्रबल जाति की संरचना प्रभावित हुई है। फिर भी प्रबल जाति भारतीय ग्राम समाज में एक सच्चाई है।

पहले संख्या बल में कम होने पर भी उच्च स्थान वाली जातियों को प्रबल जाति के रूप में स्थान प्राप्त हो जाता था। क्योंकि उनके पास जमीन का नियंत्रण होता था। वे जमींदार हुआ करते थे। उनके पास शक्ति थी। जमींदार ब्रिटिश प्रशासन के अंग थे। उच्च जाति के होने के कारण समाज में उनका स्थान उच्च था। अत: उस गांव में उन्हें प्रबल जाति का दर्जा प्राप्त हो जाता था। लेकिन आजादी के बाद संख्या बल के आधार पर वैसी जातियों के पास भी शक्ति आयी जिनका स्थान समाज में नीचे था। वैसी जातियों द्वारा भी प्रबल जाति के रूप में स्थान प्राप्त करने का प्रयास किया जा रहा है। लेकिन उन्हें प्रबल जाति द्वारा मान्यता नहीं प्रदान की जा रही है। अछूतों के मुखिया, सरपंच, प्रधान, एम.एल.ए., एम.पी. इत्यादि बन जाने पर भी उस जाति विशेष को प्रबल जाति के रूप में मान्यता नहीं मिल पाती है।

दूसरी तरफ ब्राह्मण धार्मिक विशेषज्ञ होने के कारण समाज में सभी उच्च जातियों में उच्च स्थान रखते हैं। उनकी सामाजिक एवं धार्मिक स्थिति नि:संदेह सर्वोच्च होती है। लेकिन संख्या बल एवं आर्थिक शक्ति के अभाव में ब्राह्मण को प्रबल जाति का दर्जा नहीं प्राप्त होता है।

कई समाज में मध्य स्थान वाली जातियों की पहचान प्रबल जाति के रूप में हुई है। जैसे कोयरी, कुरमी, अहीर, यादव, बनिया इत्यादि समाज में इनका स्थान उच्च नहीं है। लेकिन इनके पास आर्थिक एवं राजनीतिक शक्ति होने के कारण इनकी पहचान प्रबल जाति के रूप में हुई है।

अत: क्षेत्र अध्ययन के आधार पर कहा जा सकता है कि ब्राह्मण एवं अछूतों को प्रबल जाति से बाहर रखा गया है। ब्राह्मण को संख्या बल कम होने तथा भूमि पर स्वामित्व नहीं होने के कारण प्रबल जाति से बाहर रहना पड़ता है, जबकि अछूतों को समाज में निम्न स्थान एवं दरिद्र होने के कारण प्रबल जाति से बाहर रखा जाता है।

श्रीनिवास का मानना था कि प्रबल जाति का संबंध केवल एक गांव तक ही सीमित नहीं है। एक क्षेत्र विशेष में एक या एक से अधिक प्रबल जातियों का अधिपत्य होता है। विभिन्न गांवों की प्रबल जातियों में भी संबंध बना रहता है प्रबल जातियों का नेटवर्क (संबंध) तगड़ा होता है। उनका नेटवर्क पूरे क्षेत्र या देश में फैला रहता है। यही कारण है कि एक गांव में संख्या बल कम होने पर भी वे प्रबल स्थान रखती हैं।

श्रीनिवास द्वारा प्रतिपादित प्रबल जाति की अवधारणा की आलोचना कई उनके समकालिक मानव वैज्ञानिकों द्वारा की गयी है। श्यामाचरण दुबे ने अपने शोधपत्र (1968) में प्रबल जाति के स्थान पर प्रबल व्यक्ति की अवधारणा का विकास किया है। उनके अनुसार भारतीय ग्राम समाज में एक जाति विशेष के सभी लोग प्रबल नहीं होते हैं। वरन् उस जाति विशेष के कुछ ही लोग प्रबल भूमिका निभाते हैं। कुछ ही लोगों को पंच के रूप में, पंचायत में, झगड़ा मिटाने में तथा विवाह, मरण एवं पर्व-त्योहार में मार्गदर्शन के लिए बुलाया जाता है। अत: प्रबल जाति के स्थान पर प्रबल व्यक्ति की अवधारणा भारतीय ग्राम समाज के लिए सही प्रतीत होती है।

बी.के. रायबर्मन ने भी श्रीनिवास द्वारा प्रतिपादित प्रबल जाति की अवधारणा को अस्वीकार कर दिया गया है। उन्होंने प्रबल जाति के स्थान पर प्रबल समुदाय की अवधारणा का विकास किया है। उनका मानना था कि भारतीय गांव समाज में प्रबल जाति नहीं वरन् प्रबल समुदाय का बोलबाला रहता है। यह समुदाय अगड़ी जातियों, पिछड़ी जातियों, अनुसूचित जातियों, अनुसूचित जनजातियों, हिन्दुओं, मुसलमानों, सिखों इत्यादि का हो सकता है। ग्राम समुदाय को भी प्रबल समुदाय के रूप में पहचान बनती है।

एफ.जी. बेली (1960) ने प्रबल जाति के स्थान पर क्षेत्रीय प्रबलता की अवधारणा का समर्थन किया है। उनके अनुसार प्रबलता के निर्धारण में क्षेत्रीयता की भी भूमिका महत्त्वपूर्ण होती है।

हिन्दूवाद के विस्तार की अवधारणा—श्रीनिवास ने भारतवर्ष में हिन्दूवाद को समझने के लिए विस्तार की अवधारणा का विकास किया है। अपनी पुस्तक *रेलिजन एंड सोसायटी एमांग कुर्ग्स आफ साउथ इंडिया* (1952) में उन्होंने विचार व्यक्त करते हुए कहा है कि हमारे देश भारत में हिन्दूवाद का एक लंबा इतिहास है। इस लंबी अवधि में हिन्दूवाद का विस्तार क्षेत्रीय, राष्ट्रीय एवं अंतरराष्ट्रीय स्तर पर हुआ है।

श्रीनिवास ने प्रसार के आधार पर चार प्रकार के हिन्दूवाद की चर्चा की है, जो निम्नलिखित है—

1. स्थानीय हिन्दूवाद
2. क्षेत्रीय हिन्दूवाद
3. राष्ट्रीय हिन्दूवाद
4. प्रायद्वीपीय हिन्दूवाद।

स्थानीय हिन्दूवाद की पहचान स्थानीय हिन्दुओं के विश्वास, अनुष्ठान, पर्व-त्योहार, धार्मिक अनुष्ठान इत्यादि के आधार पर बनती है। क्षेत्रीय हिन्दूवाद एक क्षेत्र विशेष में रहने वाले हिन्दुओं के विचार, विश्वास, रीति-रिवाज, कर्मकांड अनुष्ठान, पर्व-त्योहार इत्यादि में समानता दर्शाता है। राष्ट्रीय हिन्दूवाद का संबंध संपूर्ण राष्ट्र के हिन्दुओं की जीवनशैली में समानता से है। प्रायद्वीपीय हिन्दूवाद प्रायद्वीपों में रहने वाले हिन्दुओं की जीवनशैली में समानता प्रस्तुत करता है। इस प्रकार श्रीनिवास ने समानता एवं विभिन्नता के आधार पर हिन्दूवाद के विस्तार को भारत के संदर्भ में समझने का प्रयास किया है। उन्होंने इस बात पर विशेष बल दिया कि बौद्ध धर्म जिसका विकास हिन्दू धर्म में प्रचलित ब्राह्मणवाद एवं कर्मकांड के विरोध में हुआ, फैलकर अन्य एशियाई देशों में पहुंच गया था। जैसे श्रीलंका, थाईलैंड, मलाया, जावा, सुमात्रा, तिब्बत इत्यादि।

क्षैतिज एवं ऊर्ध्वस्थ एकता की अवधारणा—श्रीनिवास ने अपनी पुस्तक कास्ट इन माडर्न इंडिया (1962) तथा कास्ट इन माडर्न इंडिया एंड अदर एसेज (1962) में क्षैतिज एवं ऊर्ध्वस्थ जाति एकता की अवधारणा का प्रतिपादन किया है। आपका मानना था कि वर्ण व्यवस्था जाति व्यवस्था के संबंध में सही विवरण नहीं प्रस्तुत कर सकी है। उनका मानना था कि जाति व्यवस्था को वर्ण व्यवस्था के आधार पर समझने का प्रयास बिलकुल गलत है। हालांकि आपने जाति की परिभाषा स्पष्ट रूप से नहीं प्रदान की है, लेकिन आपका मानना था कि जाति हिन्दू समाज की संरचना का आधार संपूर्ण भारतवर्ष में रही है। आपने जातियों एवं उपजातियों के विभिन्न पहलुओं तथा उनके मध्य अंतरसंबंध को परीक्षण करने का सफल प्रयास किया है।

हालांकि हमारे यहां जातीय विविधता भी खूब पायी जाती है, लेकिन विभिन्न जातियों के मध्य क्षैतिज एवं ऊर्ध्वस्थ एकता पायी जाती है। आपने एक क्षेत्र विशेष में रहने वाली सभी हिन्दू जातियों को समान भाषा का प्रयोग करते हुए, समान भोजन-वस्त्र का प्रयोग करते हुए, समान धार्मिक एवं सामाजिक अनुष्ठान का पालन करते हुए तथा समान

पर्व-त्योहारों को मनाते हुए देखा। इसे आपने ऊर्ध्वस्थ हिन्दू एकता की संज्ञा प्रदान की। दूसरी तरफ आपने एक क्षेत्र विशेष में रहने वाली प्रत्येक जातियों को अपनी-अपनी रीति-रिवाजों, विश्वासों, अनुष्ठानों एवं पर्व-त्योहारों का पालन करते हुए पाया। इसे आपने क्षेतिज जाति एकता की संरक्षा प्रदान की। इस प्रकार आपने संपूर्ण भारतवर्ष में जाति प्रथा को ऊर्ध्वस्थ एवं क्षैतिज एकता के आधार पर समझने का प्रयास किया।

अपनी पुस्तक *कास्ट्स : इट्स टवेंटिथ सेंचुरी अवतार* (1992) में यह दर्शाने का प्रयास किया है कि प्रजातांत्रिकरण प्रक्रिया के माध्यम से जाति की ऊर्ध्वस्थ एकता पर प्रहार जमकर किया जा रहा है। सभी जातियों को क्षैतिज रूप से समान रूप से लाने का प्रयास हो रहा है। लेकिन इसके बावजूद भी जाति प्रथा में क्षैतिज एवं ऊर्ध्वस्थ एकता बरकरार है।

ग्राम अध्ययन में योगदान—श्रीनिवास एक कुर्ग्स ग्राम रामपुरा का अध्ययन 1942 में आरंभ किए तथा अपने जीवन के अंतिम काल तक समय-समय पर वहां अध्ययन के लिए जाते रहे। इस ग्राम के अध्ययन के आधार पर आपने संस्कृतिकरण, पश्चिमीकरण, आधुनिकीकरण, धर्मनिरपेक्षीकरण, प्रबल जाति, हिन्दू विस्तार एवं एकता की अवधारणाओं का प्रतिपादन एवं परीक्षण किया।

ग्राम अध्ययन पर आपने एक पुस्तक का संपादन किया जिसका शीर्षक *इंडियाज विलेज* है तथा जिसका प्रकाशन 1955 ई. में हुआ था। इस पुस्तक में आपने भारतीय ग्राम पर अनुसंधान कर लिखे गए महान मानवशास्त्रियों के शोधपत्रों का संपादन किया है। इस पुस्तक में आपने तेरह विद्वानों के शोधपत्रों का संकलन किया है। इनमें 5 अमेरिकी, 5 ब्रिटिश तथा 3 भारतीय मानव वैज्ञानिक थे अमेरिकी मानव वैज्ञानिकों के नाम बिल्स, मैंडेलबाम, गाउफ, मैरियट तथा मार्टिन थे। ब्रिटिश मानव वैज्ञानिकों के नाम बेली, कोल्लीन, कारस्टेयर्स, मिलर तथा नेवेल थे। भारतीय विद्वानों में दुबे, शर्मा एवं आप स्वयं थे। मैंडेल बाम के पत्र को छोड़कर सभी मानव वैज्ञानिकों के शोधपत्र भारतीय ग्रामों के मानवशास्त्रीय अध्ययन पर आधारित थे। इन सभी शोधपत्रों में भारतीय ग्राम से संबंधित अनेक अवधारणाओं का प्रतिपादन किया गया है तथा उन्हें परीक्षण के लिए शोधकार्य-प्रणाली पर प्रकाश डाला गया है।

6. ललिता प्रसाद विद्यार्थी (1931-1985)

भारतीय मानवशास्त्र के निर्माताओं में से एक महान विभूति का नाम ललिता प्रसाद विद्यार्थी था। आपका जन्म 28 फरवरी, 1931 को पटना जिला (अब बाद) के बख्तियारपुर नामक ग्राम में हुआ था। आपने अपनी मैट्रिक की परीक्षा सन् 1946 में सिटी हाई स्कूल गया से पास की। आप पटना विश्वविद्यालय के पटना कॉलेज से इंटरमीडिएट कला की परीक्षा 1948 में उत्तीर्ण हुए। इसी कालेज से आप भूगोल प्रतिष्ठा की परीक्षा प्रथम श्रेणी में पास किए। आप भूगोल विषय में स्नातकोत्तर की उपाधि हेतु पटना विश्वविद्यालय में नामांकन

करवाए। आप स्नातकोत्तर भाग एक की परीक्षा में प्रथम श्रेणी में उत्तीर्ण हुए। लेकिन आप भूगोल स्नातकोत्तर अंतिम भाग की परीक्षा नहीं दे सके, क्योंकि आपका चयन लखनऊ विश्वविद्यालय में मानवविज्ञान विभाग में स्नातकोत्तर की पढ़ायी हेतु हो गया। इस प्रकार आप लखनऊ विश्वविद्यालय मानव विज्ञान विभाग के स्नातकोत्तर छात्र बने। आप इस विश्वविद्यालय से स्नातकोत्तर मानव विज्ञान की परीक्षा 1953 में पास किए। आपका स्थान सभी सफल छात्रों में सर्वश्रेष्ठ था। इसके लिए लखनऊ विश्वविद्यालय द्वारा आपको इंद्रजीत सिंह स्वर्ण पदक प्रदान किया गया था।

आप 1953 ई. में तत्कालीन बिहार विश्वविद्यालय, मानव विज्ञान विभाग (राँची) में व्याख्याता बने। इसी विभाग में 1958 में आप रीडर बने। जब 1960 में विश्वविद्यालय से अलग राँची विश्वविद्यालय का गठन हुआ तब आप मानव विज्ञान विभाग, राँची विश्वविद्यालय के अध्यक्ष बने। इसी विभाग में आप 1968 ई. में प्रोफेसर बने।

आपको फोर्ड फाउंडेशन तथा शिकागो विश्वविद्यालय, अमेरिका द्वारा संथाल परगना (अब झारखंड राज्य) की सौरिया पहाड़िया (मालर) के ऊपर अनुसंधान करने के लिए फेलोशिप प्राप्त हुआ था। आपको सन् 1958 में शिकागो विश्वविद्यालय, अमेरिका द्वारा पीएच.डी. की उपाधि प्रदान की गयी थी।

आप प्रतिभा संपन्न एवं कर्त्तव्य परायण मानव वैज्ञानिक थे। आपको अपने कर्म से विशेष लगाव था। आप अपने कर्म एवं सहयोगियों के सहयोग से मानव विज्ञान विभाग, राँची विश्वविद्यालय, राँची को यू.जी.सी. से एडवांस सेंटर के रूप में स्थान उपलब्ध कराया। आप इस विभाग से बहुत पहले जन्म लेने वाले कलकत्ता विश्वविद्यालय, लखनऊ विश्वविद्यालय तथा दिल्ली विश्वविद्यालय के मानवशास्त्र विभागों को अपने कर्म के आधार पर काफी पीछे छोड़ दिए थे। इसके लिए आप निश्चित रूप से बधायी के पात्र बने थे। उन विभागों के साथ ही साथ आपको अपने विश्वविद्यालय में भी ईर्ष्या का पात्र बनना पड़ा था। आपकी सफलता अनेक विभागाध्यक्षों को ईष्यालु बना दी थी। लेकिन आपके पास ईर्ष्या का जरा भी स्थान नहीं था। आप सदैव अपने प्रगति के पथ पर अग्रसर रहे, विभाग का नाम देश एवं विदेश में रोशन करते रहे तथा भारतीय मानव विज्ञान को अपने अध्ययन एवं अनुसंधान से धनी बनाते रहे। आपका मानना था कि व्यक्ति को ईर्ष्यालु नहीं होना चाहिए। उसे प्रतियोगी होना चाहिए। क्योंकि प्रतियोगिता प्रगति के पथ पर अग्रसर करती है, जबकि ईर्ष्या हमें अवनति के तरफ ले जाता है।

आप कई पुरस्कारों एवं छात्रवृत्तियों के विजेता थे। आप दसवीं अंतरराष्ट्रीय मानवशास्त्रीय एवं मानव जातीय विज्ञान कांग्रेस के अध्यक्ष (1973-78) भी रह चुके थे। आप कई सरकारी आयोग के अध्यक्ष भी रह चुके थे। जैसे भारतीय श्रम आयोग (1968), जनजातीय क्षेत्र विकास (1972) तथा भारत में आदिम जातियों की पहचान (1974)।

आपका अचानक स्वर्गवास एक दिसंबर 1985 में हो गया। आपके निधन का समाचार सुनकर संपूर्ण मानव विज्ञान जगत स्तब्ध रह गया। आपके अचानक निधन से

उत्पन्न ज्ञान की खायी को पाटना संभव नहीं था। इस अपूरणीय क्षति की भरपायी न हुई है और न हो सकेगी।

आप एक सफल शिक्षक, कुशल अभिवावक, तेज-तरार अनुसंधानकर्त्ता, स्पष्ट वक्ता एवं समाज सेवी थे। आपने अनेक वृहत अनुसंधान परियोजनाओं का सफलतापूर्वक संचालन किया। उन्हें लिखितरूप प्रदान कर भावी पीढ़ी के विद्वानों के लिए सुरक्षित रख दिया। आप 40 पुस्तकों एवं 150 शोधपत्रों के रचयिता थे। आपने मानव विज्ञान की किसी भी शाखा को अछूता नहीं छोड़ा है। आपके अध्ययन को बिना संदर्भ में लिए मानवशास्त्रीय अनुसंधान पूरा नहीं हो सकता है। आज आप हमारे बीच नहीं हैं। लेकिन आपकी कृति हर पीढ़ी के मानवशास्त्रियों के बीच आपको अमर बनाए रखेगी।

आपके प्रमुख कृतित्व की चर्चा निम्नलिखित उपशीर्षकों में विभाजित करके की जा सकती है—

1. धार्मिक संकुल की अवधारणा का विकास
2. प्रकृति-मानव-ईश्वर संकुल की अवधारणा का विकास
3. सांस्कृतिक प्रकार की अवधारणा का विकास
4. राजनीतिक मानवशास्त्र में योगदान
5. नगरीय एवं औद्योगिक मानवशास्त्र में योगदान
6. सभ्यता अध्ययन में योगदान
7. धर्म अध्ययन में योगदान
8. लोक साहित्य अध्ययन में योगदान
9. मनोवैज्ञानिक मानवविज्ञान में योगदान
10. अनुसूचित जाति अध्ययन में योगदान
11. व्यावहारिक मानव विज्ञान में योगदान
12. भारतीय मानव विज्ञान की अवस्थाओं के निर्धारण में योगदान
13. विश्व मानव विज्ञान के उत्थान पर योगदान
14. बिहार मानव विज्ञान के उत्थान में योगदान।

धार्मिक संकुल की अवधारणा—जैसा कि पहले बतलाया जा चुका है कि प्रोफेसर विद्यार्थी को शिकागो विश्वविद्यालय, अमेरिका द्वारा अनुसंधान करने के लिए फेलोशिप प्राप्त हुई थी। उस छात्रवृत्ति के आधार पर आपने मालर (सौरिया पहाड़िया) की जीवनशैली पर अपना पीएच.डी. शोध प्रबंध शिकागो विश्वविद्यालय में प्रस्तुत किया था। आपको शिकागो विश्वविद्यालय से पीएच.डी. की उपाधि (1958) प्रदान की गयी थी। शिकागो प्रवास के दरम्यान आप रॉबर्ट रेडफिल्ड एवं मिल्टन सिंगर के संपर्क में आए। आप रॉबर्ट रेडफिल्ड की महान परंपरा तथा लघु परंपरा की अवधारणा से काफी प्रभावित हुए थे। साथ ही साथ आप पर मिल्टन सिंगर के सांस्कृतिक संकुल की अवधारणा का भी प्रभाव पड़ा था। रॉबर्ट रेडफिल्ड तथ मिल्टन सिंगर से प्रभावित होकर आपने हिन्दू सभ्यता

के अध्ययन के लिए धार्मिक संकुल की अवधारणा का विकास किया। धार्मिक संकुल की अवधारणा तीन धार्मिक तत्वों का संयोग प्रस्तुत करती है। इन तीनों धार्मिक तत्वों को आपने धार्मिक भूगोल, धार्मिक विशेषज्ञ तथा धार्मिक अनुष्ठान की संज्ञा प्रदान की है। आपका मानना था कि भारतीय हिन्दू सभ्यता को धार्मिक दृष्टि से इन तीनों तत्वों—धार्मिक भूगोल, धार्मिक विशेषज्ञ तथा धार्मिक अनुष्ठान के माध्यम से अध्ययन किया जा सकता है। आपके अनुसार भारतीय हिन्दू सभ्यता धार्मिक भूगोल, धार्मिक अनुष्ठान तथा धार्मिक विशेषज्ञ का सुखद संश्लेषण है। प्राचीन नगरों की उत्पत्ति के कारण हिन्दू सभ्यता में महान परंपरा का जन्म हुआ है। महान परंपरा की अपनी विशेषता होती है जिसे बनाए रखने में धार्मिक विशेषज्ञ अथवा पुजारियों की भूमिका महत्त्वपूर्ण होती है। धार्मिक विशेषज्ञ अपनी लेखनी, विशिष्ट जीवन शैली, धार्मिक विश्वासों एवं नैतिकता द्वारा महान परंपरा को बनाए रखते हैं। महान परंपरा लोक एवं कृषक समुदाय के लिए आदर्श, धार्मिक दृष्टि से लाभदायक एवं नैतिक मूल्य से जुड़े होते हैं। हालांकि लोक एवं नगरीय समाज की परंपरा लघु परंपरा होती है। इस परंपरा में लेखन का अभाव एवं जादू की प्रधानता होती है। लेकिन धार्मिक दृष्टि से लघु परंपरा का मिलन महान परंपरा से होता है। तीर्थाटन, मेला एवं विशेष पूजा-अर्चना के लिए लोक एवं कृषक समाज के लोग महान परंपरा के केन्द्रों पर जाते हैं। उनका पुजारियों के साथ जजमानी संबंध स्थापित होता है। वे वहां पर धार्मिक अनुष्ठान संपन्न कर अपने आपको धन्य समझते हैं तथा पारिवारिक सुख, शांति एवं समृद्धि की कामना करते हैं। इस प्रकार महान परंपरा का प्रभाव क्षेत्र स्थापित होता है। प्रभाव क्षेत्र के अंतर्गत लोक एवं नगरीय समाज अपनी लघु परंपरा के साथ अस्तित्व में बना रहता है। उसके लिए महान परंपरा आदर्श एवं मूल्यवान होती है।

आप रेडफिल्ड के अतिरिक्त मिल्टन सिंगर की संस्कृति केन्द्र, संस्कृति भूगोल, संस्कृति विशेषज्ञ तथा सांस्कृतिक अनुष्ठान की अवधारणाओं से भी काफी प्रभावित थे। अतः आपने हिन्दू सभ्यता को धार्मिक संकुल के माध्यम से समझने का प्रयास किया। आपने अपनी पुस्तक सैकरेड कांप्लेक्स इन हिन्दू गया (1961) में प्राचीन नगर गया के धार्मिक संकुल को प्रस्तुत किया है। गया नगर की सांस्कृतिक एवं धार्मिक भूमिका प्राचीनकाल से जुड़ी हुई है। गया नगर हिन्दू सभ्यता का केन्द्र रहा है। इस शहर का अपना धार्मिक संकुल है। वर्ष में विभिन्न अवसरों पर यहां लघु परंपरा एवं महान परंपरा का सुखद मिलन होता है।

इस अध्ययन में प्रोफेसर विद्यार्थी अवधारणात्मक ढंग से बिल्कुल स्पष्ट दिखते हैं। आपने भारतीय सभ्यता के स्थान पर हिन्दू सभ्यता शब्द का प्रयोग किया है। आपने संस्कृति के स्थान पर धार्मिक शब्द का प्रयोग किया है। धार्मिक शब्द के प्रयोग के आधार पर आपने धार्मिक भूगोल, धार्मिक विशेषज्ञ एवं धार्मिक अनुष्ठान की अवधारणा का विकास किया है। आपने धार्मिक संकुल को परिवर्तन के अंतर्गत शामिल किया है। आपका मानना था कि लघु एवं महान परंपरा के मिलन से कुछ नवीन एवं आधुनिक तत्वों का समावेश भी धार्मिक संकुल के अंतर्गत होता है।

आपने धार्मिक भूगोल के अंतर्गत गया नगर के विभिन्न धार्मिक केन्द्रों, धार्मिक तालाबों, घाटों, स्थानों इत्यादि का विवरण प्रस्तुत किया है। धार्मिक विशेषज्ञ के अंतर्गत आपने धार्मिक केन्द्रों में कार्यरत पुजारियों के संबंध में विवरण विस्तारपूर्वक किया है। आपने गया के पुजारी वर्ग गयाबाल समुदाय की विशिष्ट शैली को प्रकाश में लाया है। पुजारी एवं उनकी जजमानी प्रथा अतिथि सत्कार एवं विदायी के संबंध में भी विवरण दिया है। पुजारियों के माध्यम से ही ग्राम समाज के लोग महान परंपरा के भगवान, देवी-देवता इत्यादि से जुड़ते हैं। इस प्रकार पुजारी वर्ग लघु परंपरा एवं महान परंपरा को एक साथ बांधे रहते हैं। धार्मिक अनुष्ठान के अंतर्गत आपने दैनिक, सासाहिक, पाक्षिक, मासिक तथा वार्षिक अनुष्ठानों, मेलाओं का उल्लेख किया है। आपने धार्मिक अनुष्ठान से जुड़ी हुई वस्तुओं की खरीद-बिक्री का भी उल्लेख किया है। जजमानों द्वारा पुजारियों को दिया जाने वाला दान-दक्षिणा का भी उल्लेख आपने किया है।

धार्मिक संकुल की अवधारणा के आधार पर आपने भारतीय सभ्यता में प्रचलित राष्ट्रवाद की प्राचीनता एवं ऐतिहासिकता पर भी प्रभाव डाला है। आपने दर्शाया है कि गया नगर प्राचीनकाल से भारत की एकता पर प्रकाश डा़लता है। प्राचीनकाल से ही संपूर्ण भारत के जजमान गया के पुजारी से जुड़े हुए हैं। इस प्रकार राष्ट्रवाद के विकास में सांस्कृतिक एवं धार्मिक नगरी गया की भूमिका विशेष महत्त्व रखती है।

आपने केवल धार्मिक संकुल की अवधारणा का विकास ही नहीं किया वरन् उसके क्षेत्र परीक्षण हेतु शोधकार्य प्रणाली का भी विकास किया। आपके द्वारा गया नगरी के धार्मिक संकुल के अध्ययन के प्रकाशन के बाद कई मानव वैज्ञानिकों द्वारा भारत देश के विभिन्न क्षेत्रों में स्थित प्राचीन सांस्कृतिक एवं धार्मिक नगरों का अध्ययन हुआ। राजगीर, बाबा धाम, काशी, अयोध्या, मथुरा, रामेश्वरम्, पुरी, जनकपुर, तिरुपति इत्यादि धामों के धार्मिक संकुल का अध्ययन कर भारतीय राष्ट्रवाद की प्राचीनता, धार्मिकता एवं ऐतिहासिकता को प्रकाश में लाया गया है।

प्रकृति-मानव-ईश्वर संकुल की अवधारणा—प्रोफेसर विद्यार्थी ने अपने पीएच.डी. शोध विनिबंध को सन् 1963 में पुस्तक के रूप में प्रकाशित किया। इस पुस्तक का शीर्षक *मालर: नेचर-मैन-स्पिरिट कांप्लेक्स इन ए हिल ट्राइब आफ बिहार* है। इस पुस्तक में आपने जनजातियों की जीवनशैली के मानव जाति वर्णन करने के लिए एक प्रकृति-मानव-ईश्वर संकुल की अवधारणा का विकास किया। आपने केवल इस अवधारणा का विकास हीं नहीं किया वरन् इस अवधारणा की सत्यता की जाँच हेतु शोध विधि का विकास किया तथा मालर (सौरिया पहाड़िया) के बीच इसका सत्यापन किया। क्षेत्र कार्य द्वारा सत्यापन के आधार पर आपने प्रकृति-मानव-ईश्वर संकुल की अवधारणा को सैद्धांतिक रूप प्रदान किया। इस अवधारणा के आधार पर विश्व के किसी भी भाग में किसी भी जनजाति की जीवनशैली को व्याख्यात्मक एवं विश्लेषणात्मक रूप प्रदान किया जा सकता है।

आपने सौरिया पहाड़िया जनजाति की जीवनशैली की व्याख्यात्मक एवं विश्लेषणात्मक विवरण के लिए तीन प्रमुख तत्वों का चयन किया जिन्हें आपने प्रकृति, मानव एवं ईश्वर की संज्ञा प्रदान की है। प्रकृति, मानव एवं ईश्वर तीनों तत्वों के संयोग से एक संकुल का निर्माण होता है। यह संकुल एक जनजाति के जीवन का विवरण प्रदान करता है।

प्रकृति तत्व के अंतर्गत आपने सौरिया पहाड़िया जनजाति एवं जंगल के साथ उनके संबंधों का विस्तारपूर्वक वर्णन किया है। सौरिया पहाड़िया अपनी समग्र आवश्यकताओं की पूर्ति हेतु आस-पास के जंगल पर निर्भर है। जंगल में वे खाद्य संकलन करते हैं। जंगल में वे शिकार करके अपनी पेट की आग को शांत करते हैं। जंगल में वे स्थानांतर कृषि (कालु या कोरवा कृषि) कर्म करते हैं। लघुवन उपजों का संकलन कर वे रस्सी बनाते हैं। रस्सी बनाने में वे जंगली घास, पत्ती तथा पेड़ों की छाल का प्रयोग करते हैं। जंगल से वे अनेक प्रकार की देहाती दवाओं का संकलन एवं प्रयोग करते हैं। जंगल से लकड़ी, घास, पत्ती, बांस इत्यादि लाकर वे घर तथा घरेलू उपकरण का निर्माण करते हैं। वे जंगल के पेड़, पौधा, पशु-पक्षी, नाग, गुफा, झरना इत्यादि की पूजा करते हैं। उनके पूर्वज देव, ग्राम देव तथा अन्य प्रकार के देवी-देवताओं का वास स्थान भी जंगल में ही होता है। इस प्रकार जंगल सौरिया पहाड़िया के जीवन एवं संस्कृति से अभिन्न रूप से जुड़े हुए हैं। आपने जंगल को केवल पेड़-पौधों का संग्रह नहीं, वरन् सौरिया पहाड़िया की अर्थव्यवस्था एवं सांस्कृतिक व्यवस्था का अभिन्न अंग के रूप में प्रस्तुत किया है। इस प्रकार आपने जंगल में निवास करने वाली इस जनजाति का सांस्कृतिक पारिस्थितिकी का वर्णन मानवशास्त्रीय दृष्टि से बड़ा ही विस्तारपूर्वक प्रस्तुत किया है।

सौरिया पहाड़िया जनजाति का दूसरा महत्त्वपूर्ण तत्व आपने मानव को माना है। यहाँ मानव का तात्पर्य केवल हाड़-मांस के पुतला वाले व्यक्ति से नहीं है। वरन् सामाजिक संस्था एवं संगठन से है जिसमें व्यक्ति एक-दूसरे से जुड़कर समाज का निर्माण करते हैं तथा सामाजिक आवश्यकताओं की पूर्ति हेतु संगठित रूप से कार्य करते हैं। यहाँ पर आपने सौरिया पहाड़िया के विवाह, परिवार एवं नातेदारी व्यवस्था का उल्लेख किया है। इस जनजाति के मध्य जीवन साथी प्राप्त करने का सबसे प्रचलित तरीका वधू मूल्य एवं प्रेम है। इस जनजाति में गोत्र संगठन नहीं पाया जाता है। जीवनसाथी का चुनाव वंश समूह से बाहर किया जाता है। इनके बच्चे जंगल में साथ-साथ खाद्य संकलन एवं लघु वन उपजों का संकलन करते हैं। जब वे किशोरावस्था में प्रवेश करते हैं तब वे एक दूसरे के प्रति आकर्षित होते हैं। वंश समूह के बाहर लड़का-लड़की के प्रेम को समाज विवाह के रूप में स्वीकृति प्रदान कर देता है। लेकिन वंश समूह के अंतर्गत लड़का-लड़की के प्रेम को समाज दंडनीय अपराध मानता है। क्योंकि वे रक्त संबंधी होते हैं। रक्त संबंधियों के बीच में विवाह वर्जित रहता है। आमतौर पर एक पति-पत्नी विवाह का प्रचलन है। लेकिन विधवा, विधुर या संतानहीनता की स्थिति में दूसरे विवाह का भी प्रचलन पाया जाता है। सौरिया पहाड़िया का परिवार एक पति-पत्नी विवाही, पितृ सत्तात्मक, पितृस्थानीय तथा

पितृरेखी होता है। परिवार के सदस्यों के बीच मधुर संबंध पाया जाता है। परिवार को चलाने के लिए परिवार के सदस्य आयु एवं लिंग के अनुसार श्रम विभाजन का पालन करते हैं। परिवार आर्थिक, सामाजिक, सांस्कृतिक, धार्मिक तथा राजनीतिक क्रियाकलापों का केन्द्र होता है। परिवार एवं वंश रक्त संबंधियों का समूह होते हैं। परिवार एवं वंश में परिहार एवं परिहास संबंध का पालन कड़ाई से किया जाता है। एक परिवार का दूसरे परिवार से भी संबंध बड़ा ही मधुर होता है। लेकिन अतिरिक्त यौन संबंध के कारण दो परिवारों के बीच तनाव की स्थिति उत्पन्न हो जाती है। सौरिया पहाड़िया के बीच आपसी संबंध भी मधुर होता है। आस-पास के समान जनजाति के सदस्यों तथा अन्य जनजाति एवं जाति के सदस्यों से भी इनका अच्छा संबंध होता है। इस प्रकार सौरिया जनजाति की सामाजिक संस्थाएं एवं सामाजिक संगठन इसके सदस्यों को सामाजिक एवं सांस्कृतिक प्राणी बनते है।

सौरिया पहाड़िया जनजाति के ईश्वर तत्व के अंतर्गत आपने इस जनजाति के देवी-देवताओं, उनके वास स्थानों, अन्य धार्मिक जगहों, धार्मिक अनुष्ठानों तथा धार्मिक विशेषज्ञों का उल्लेख विस्तारपूर्वक किया है। आपने सौरिया पहाड़िया के धार्मिक भूगोल (धार्मिक स्थानों एवं केन्द्रों) का विवरण प्रस्तुत किया है। आपके अनुसार भूगोल समस्त पृथ्वी का अध्ययन करता है। लेकिन पृथ्वी का वह भाग जहां देवी-देवताओं का निवास होता है, पूजा अर्चना की जाती है तथा जिसे आम लोग धार्मिकता के आधार पर अन्य भूमि से अलग करते हैं, धार्मिक भूगोल का निर्माण करता है। इस प्रकार धार्मिक भूगोल के अंतर्गत कई धार्मिक केन्द्र आते हैं। मालर के समस्त गांव तथा उसके आस-पास के जंगल धार्मिक भूगोल के अंतर्गत आते हैं। इस क्षेत्र में उनके पूर्वज देव, ग्राम देव, बुढ़ादेव, बुढ़ी देई, नागदेव, बाघदेव, जंगल देव तथा अनेक देवी-देवताओं का निवास स्थान रहता है। इन देवताओं के निवास स्थानों पर सिंदूर, अरवा चावल, फूल-पत्ती चढ़े रहते हैं। इनके देवताओं के वास स्थान पत्थर के टुकड़े, टीला, जड़, सुखे पेड़, पुराने पेड़, बांस के जड़, लकड़ी के खंभे इत्यादि के रूप में होते हैं।

मालर के मध्य तीन प्रमुख देवता होते हैं जिन्हें छाल गोसैयन, राक्सी गोसैयन तथा कांदो गोसैयन के नाम से जाना जाता है। छाल गोसैयन का निवास स्थान सरना में होता है। इसकी पूजा प्रत्येक धार्मिक अवसरों पर की जाती है। इसकी पूजा करने से गांव में अमन-चैन तथा सुख-शांति का वातावरण व्याप्त रहता है। राक्सी गोसैयन का निवास स्थान गांव से थोड़ा हटकर होता है। यह गांव में प्रेतात्मा, बीमारी तथा अकाल को प्रवेश नहीं करने देते हैं। प्रत्येक धार्मिक अवसर पर इनकी भी पूजा आवश्यक रूप से की जाती है। कांदो गोसैयन का निवास स्थान सौरिया पहाड़िया के धार्मिक विशेष के घर के पास होता है। इनका प्रतिनिधित्व एक लकड़ी के खंभा से किया जाता है।

उपरोक्त तीन प्रमुख देवताओं के अतिरिक्त मालर के मध्य अनेक देवी-देवता पाए जाते हैं जिन्हें मांझीनाडु, छालनाडु, सिंगपाते नाडु, कन्हैयानाडु इत्यादि नामों से जाना जाता

है। कन्हैयानाडु नदी, तालाब तथा झरना के देवता को कहा जाता है। छालनाडु पर्वत देव को कहा जाता है। सिंगपाते नाडु का प्रतिनिधित्व दो काले पत्थर करते हैं।

मालर के धार्मिक विशेषज्ञों को कांदो मांझी, कोतवार तथा चावला कहा जाता है। कांदो मांझी धार्मिक प्रधान विशेषज्ञ होता है। मालर गांव का समस्त धार्मिक क्रियाकलाप उसके मार्गदर्शन में संपन्न होता है। यह पद वंशानुगत होता है। प्रधान पुजारी के सहयोगी को कोतवार कहा जाता है। इसका चुनाव सर्वसम्मति से किया जाता है। कोतवार के सहयोगी को चावला कहा जाता है। इसका भी चुनाव आम राय से किया जाता है।

मालर अपने गोसैयन एवं नाडु को प्रसन्न करने के लिए धार्मिक अनुष्ठान करते हैं। मुर्गा, अंडा, सूअर इत्यादि की बलि देवी-देवताओं को खुश करने के लिए दी जाती है। धार्मिक अनुष्ठान परिवार एवं ग्राम स्तर पर किए जाते हैं। भैंसे की भी बलि दी जाती है। पूजन सामग्री के रूप में अरवा चावल, सिंदूर, गुड़, दधि, धूप, गुगुल, अगरबत्ती, फूल, फल इत्यादि का प्रयोग किया जाता है।

इस प्रकार मालर की जीवनशैली की व्याख्या एवं विश्लेषण आपने प्रकृति-मानव-ईश्वर संकुल की अवधारणा के माध्यम से किया है। अपने एक ऐसी शोध प्रणाली का विकास किया जिसके द्वारा जनजातियों की जीवनशैली की व्याख्या विस्तारपूर्वक की जा सकती है।

सांस्कृतिक प्रकार की अवधारणा—आपने अपने अनुसंधान पत्र कल्चरल टाइप्स इन ट्राइबल इंडिया विद स्पेशल स्फ्रिंस टु ट्राइबल बिहार (1961) में आपने संस्कृति प्रकार की अवधारणा का विकास किया। इस अवधारणा के आधार पर आपने बिहार (अब झारखंड) की जनजातियों का सांस्कृतिक वर्गीकरण प्रस्तुत किया है। सांस्कृतिक प्रकार की अवधारणा के अंतर्गत आपने निम्नलिखित पहलुओं को शामिल किया है—

1. अर्थव्यवस्था, 2. पारिस्थितिकी, 3. अर्थव्यवस्था एवं पारिस्थितिकी का अनुकूलन, 4. धार्मिक विश्वास तथा 5. समकालिक स्थिति।

आपके अनुसार जनजातीय बिहार को चार सांस्कृतिक प्रकार में विभाजित किया जा सकता है, जो निम्नलिखित हैं—

1. शिकार एवं खाद्य संकलन प्रकार—उथलु बिरहोर।
2. झूमकृषि प्रकार—सौरिया पहाड़िया।
3. समतल कृषि प्रकार—मुंडा, उरांव, हो, संथाल।
4. कारीगर प्रकार—लोहरा, करमाली, महली, चिकबराइक।
5. औद्योगिक एवं नगरीय श्रमिक प्रकार—सभी जनजातियों के कुछ सदस्य।

अपनी पुस्तक ट्राइबल कल्चर आफ इंडिया (1977) में आपने जनजातीय भारत में निम्नलिखित सांस्कृतिक प्रकार का उल्लेख किया है—

1. शिकार एवं खाद्य संकलन प्रकार
2. पशुचारण प्रकार

3. झूम कृषि प्रकार
4. स्थायी कृषि प्रकार
5. कारीगर प्रकार
6. लोक कलाकार प्रकार
7. संगठित श्रमिक प्रकार
8. असंगठित श्रमिक प्रकार।

राजनीतिक मानव विज्ञान में योगदान—प्रोफेसर विद्यार्थी ने अपने अनुसंधान कार्य द्वारा राजनीतिक मानव विज्ञान को समृद्ध बनाया है। आपने अपनी पुस्तक *लीडरशिप इन इंडिया* (1967) तथा *ट्राइबल एंड रुरल लीडरशिप इन इंडिया* (1960) में नेतृत्व की समस्या को सैद्धांतिक एवं कार्य प्रणालीय स्तर पर दर्शाया है। साथ ही साथ आपने ग्रामीण एवं जनजातीय समाज में प्रचलित प्रभुत्व एवं नेतृत्व व्यवस्था का उल्लेख किया है। आपने अपनी पुस्तक डायनामिक्स आफ ट्राइबल लीडरशिप इन बिहार (1976) में बिहार राज्य (अब झारखंड) के जनजातीय नेतृत्व की गतिशीलता को वैज्ञानिक ढंग से प्रस्तुत किया है। आपने बिहार में जनजातीय नेतृत्व का विवरण तथा स्वतंत्रता प्राप्ति के बाद झारखंड आंदोलन के भौगोलिक, आर्थिक, सामाजिक संरचनात्मक पृष्ठभूमि प्रस्तुत किया है। आपने जनजातीय नेतृत्व के विभिन्न आयामों, जनजातीय मतदान व्यवहार तथा ग्राम स्तर एवं क्षेत्रीय स्तर के नेताओं की भूमिका का उल्लेख इस पुस्तक में किया है। इस प्रकार राजनीतिक मानव विज्ञान को समृद्ध बनाने में आपकी भूमिका महत्त्वपूर्ण रही है।

नगरीय एवं औद्योगिक मानव विज्ञान में योगदान—आपने परपंरागत शहर गया तथा नगरीय एवं औद्योगिक शहर राँची का अध्ययन कर नगरीय एवं औद्योगिक मानवशास्त्र को समृद्ध बनाने में अनोखा योगदान दिया है। अपनी पुस्तक सैकरेड कांप्लेक्स इन हिन्दू गया (1961) में आपने परंपरागत नगर गया की सांस्कृतिक भूमिका का उल्लेख बड़ा ही वैज्ञानिक ढंग से प्रस्तुत किया है।

आपने अपनी पुस्तक *कल्चरल कनफिगरेशन आफ राँची* (1969) में राँची नगर की उत्पत्ति, आकार एवं विकास की चर्चा की है। आपने राँची को जनजातीय शहर बतलाया तथा जनजातीय संस्कृति परिवर्तन का केन्द्र माना है। आपने ग्राम तथा नगरों में रह रहे जनजातियों के बीच अंतर-संबंधों की भी चर्चा की है। यह पुस्तक राँची नगर के ऐतिहासिक, भौगोलिक, जनसांख्यिकीय, सामाजिक, सांस्कृतिक, आर्थिक, धार्मिक तथा राजनीतिक विशेषताओं को दर्शाने वाली एक महत्त्वपूर्ण पुस्तक है।

छोटा नागपुर की औद्योगिक जटिलता का अध्ययन कर आपने औद्योगिक मानवशास्त्र को भी अपने योगदानों द्वारा धनी बनाया है। आपने अपनी पुस्तक *इंप्लिकेशंस आफ इंडस्ट्रीयलाइजेशन इन इंडिया* (1970) में राँची के हाटिया क्षेत्र की औद्योगिक जटिलता के परिणाम का उल्लेख विस्तारपूर्वक किया है। एस.ई.सी. हाटिया की स्थापना के बाद इस अविकसित क्षेत्र में होने वाले सांस्कृतिक परिवर्तनों को आपने दर्शाने का प्रयास किया है।

हाटिया संकुल के अस्तित्व में आने के बाद विस्थापन एवं पुनर्वास की समस्या भी आपकी पुस्तक में प्रमुख स्थान पायी है।

सभ्यता अध्ययन में योगदान—आपने सैकरेड कांप्लेक्स (धार्मिक संकुल) की अवधारणा का विकास एवं परंपरागत नगर गया के ऊपर इसका परीक्षण करके भारतीय हिन्दू सभ्यता के अध्ययन के ऊपर अनोखा योगदान दिया है। आपकी पुस्तक सैकरेड कांप्लेक्स इन हिन्दू गया (1961) में सभ्यता को लघु एवं महान परंपरा की जटिल संरचना तथा धार्मिक भूगोल, धार्मिक विशेषज्ञ एवं धार्मिक अनुष्ठान का सुखद संश्लेषण बतलाया है। आपने धार्मिक संकुल को लोक एवं नगरीय समाज को जोड़ते हुए तथा राष्ट्रवाद को बढ़ावा देते हुए पाया। यह भारतीय सभ्यता की विशेषता रही है।

धर्म के अध्ययन में योगदान—आपने अपने अनुसंधानों द्वारा हिन्दू धर्म के अध्ययन का मॉडल विकसित किया तथा धार्मिक दृष्टि से लोक समाज एवं नगरीय समाज को एक विशेष संरचना प्रदान करते हुए दर्शाया। आपका हिन्दू धर्म के अध्ययन का धार्मिक संकुल मॉडल धर्म के अध्ययन में एक अनोखा योगदान माना जाता है। इसी मॉडल के आधार पर आपने जनजातीय धर्म का भी विवेचन प्रस्तुत किया है। आपकी पुस्तक सैकरेड कांप्लेक्स इन हिन्दू गया (1961) तथा मालर: नेचर-मैन-स्पिरिट कांप्लेक्स इन ए हिल ट्राइब आफ बिहार (1963) हिन्दू धर्म एवं जनजातीय धर्म की संरचना के अध्ययन में एक अनोखा योगदान है।

लोक साहित्य के अध्ययन में योगदान—आप भारतीय लोक साहित्य परिषद के अध्यक्ष (1965) निर्वाचित हुए थे। आपने अपने विभाग में विशिष्ट पत्र के रूप में लोक साहित्य एवं भाषा विज्ञान की पढ़ायी शुरु करवायी थी। आप अपने छात्रों को भेजकर भारतवर्ष के विभिन्न भागों में निवास करने वाली जनजातियों के लोक साहित्य का अध्ययन करवाते थे। आपने अपनी पुस्तक मालेर (1963) में भी मालेर के लोक साहित्य का वर्णन प्रस्तुत किया है। अपनी संपादित पुस्तक *फोक लोर रिसर्चेज इन इंडिया* (1973) में भारत के विभिन्न विद्वानों द्वारा लोक साहित्य के ऊपर लिखे गए लेखों का संकलन किया है।

मनोवैज्ञानिक मानवविज्ञान में योगदान—आपने अपनी पुस्तक *सैकरेड कांप्लेक्स इन हिन्दू गया* (1961) में गया धाम के गयावाल पुजारी समुदाय की समाजीकरण प्रक्रिया एवं व्यक्तित्व निर्माण का उल्लेख किया। अपनी पुस्तक *मालेर* (1963) में आपने मालेर के मध्य व्यक्तित्व एवं व्यक्तित्व निर्माण की प्रक्रियाओं का उल्लेख किया है। व्यक्तित्व निर्माण का अध्ययन आपने व्यक्तिगत जीवन परिचय के आधार पर किया है।

अनुसूचित जाति अध्ययन में योगदान—आपका अध्ययन केवल जनजातियों तक ही सीमित नहीं था। आपने अनुसूचित जातियों को भी अध्ययन का विषय बनाया। आपकी पुस्तक *हरिजन टुडे* (1977) बिहार की अनुसूचित जातियों की वर्तमान सामाजिक, सांस्कृतिक, ऐतिहासिक, धार्मिक, आर्थिक तथा राजनीतिक स्थिति का विवरण प्रस्तुत करती है।

व्यावहारिक मानव विज्ञान में योगदान—आप अनुसूचित जाति, अनुसूचित जनजाति, पिछड़ा वर्ग एवं श्रमिकों के लिए भारत सरकार द्वारा गठित अनेक आयोगों एवं समितियों के अध्यक्ष रह चुके थे। आप मानवशास्त्री होने के नाते मानवशास्त्रीय ज्ञान के आधार उनके विकास के लिए अनेक सुझाव दिए थे। इस प्रकार आपने मानव विज्ञान के ज्ञान को व्यावहारिक महत्त्व प्रदान कर व्यावहारिक मानव विज्ञान में महत्त्वपूर्ण योगदान दिया है। अपनी पुस्तक *अप्लाइड एंथ्रोपोलोजी इन इंडिया* (1968) में आपने व्यावहारिक मानव विज्ञान के सैद्धांतिक एवं कार्य प्रणालीय पक्षों के ऊपर विभिन्न मानव वैज्ञानिकों द्वारा लिखित लेखों का संकलन प्रस्तुत किया है। इसमें कुल 38 शोधपत्रों का संकलन प्रस्तुत किया गया है। यह पुस्तक चार भागों में विभाजित है। पहला भाग व्यावहारिक मानवविज्ञान के सैद्धांतिक एवं व्यावहारिक पहलुओं पर प्रकाश डालता है। दूसरा भाग जनजातीय कल्याण का विवरण प्रस्तुत करता है। तीसरा भाग विशिष्ट जनजातियों के वैयक्तिक अध्ययन का विवरण देता है तथा चौथा भाग शारीरिक मानव विज्ञान के व्यावहारिक पहलुओं को प्रकाश में लाता है।

भारतीय मानव विज्ञान के विकास की अवस्थाओं का निर्धारण—आपने अपनी पुस्तक *राइज आफ एंथ्रोपोलोजी इन इंडिया,* दो खंड (1977) में भारतीय मानवशास्त्र के विकास की अवस्थाओं का निर्माण ऐतिहासिक दृष्टि के आधार पर किया है। आपके अनुसार भारतीय मानवशास्त्र विकास के तीन क्रमिक अवस्थाओं से होकर गुजरा है। आपने उन तीनों क्रमिक विकास की अवस्थाओं को निम्नलिखित नामकरण प्रदान किया है—

1. प्रारंभिक काल (1784—1919)
2. निर्माण काल (1920—1949)
3. विश्लेषणात्मक काल (1950 से अब तक)

इन तीनों अवस्थाओं के संबंध में विस्तारपूर्वक विवरण भारतीय मानवशास्त्र के विकास शीर्षक अध्याय में दिया गया है।

इन दोनों पुस्तकों में आपने भारतीय मानवशास्त्र के अंतर्गत विभिन्न विकासात्मक अवस्थाओं में किए गए जनजाति, जाति, ग्राम, धर्म, नेतृत्व, नगर, औद्योगिक शहर, लोक साहित्य, मनोवैज्ञानिक अध्ययन तथा व्यवहारिक मानव विज्ञान के ऊपर वैज्ञानिक विवरण एवं पुनरावलोकन प्रस्तुत किया है। इस पुस्तक के दोनों खंड भारतीय मानवशास्त्र के विकास के ऊपर पूर्ण जानकारी प्रदान करते हैं।

विश्व मानवशास्त्र के विकास में योगदान—आपने अपनी पुस्तक *राइज आफ वर्ल्ड एंथ्रोपोलोजी* (1980) में विश्व मानवशास्त्र के विकास का वर्णन ऐतिहासिक परिप्रेक्ष्य में किया है। आपने दर्शाया है कि किस प्रकार मानवशास्त्र का विकास ब्रिटेन, अमरीका, जर्मनी, फ्रांस तथा भारतवर्ष में हुआ तथा मानवशास्त्रीय सिद्धांत एवं अध्ययन का वर्तमान रुझान क्या है।

बिहार मानवशास्त्र के विकास में योगदान—आपने अपनी पुस्तक *ग्रोथ एंड डेवलपमेंट आफ एंथ्रोपोलोजी इन बिहार* (1978) में बिहार में मानव विज्ञान के विकास के ऊपर बिहार के मानवशास्त्रियों द्वारा लिखित शोधपत्रों का संकलन प्रस्तुत किया है।

कृषक अध्ययन के ऊपर योगदान—आपने अपनी पुस्तक, *पिजेंट आर्गेनाइजेशन इन इंडिया* (1977) में भारतीय कृषकों की समस्या, संगठन एवं आंदोलन का विस्तारपूर्वक विवरण प्रस्तुत किया है। कृषक अध्ययन के ऊपर आपका यह अनोखा योगदान है।

7. सच्चिदानंद (1925—......)

सच्चिदानंद का जन्म 28 अक्टूबर, 1925 ई. में बिहार राज्य के छपरा नामक स्थान में हुआ था। आप भारतीय मानवशास्त्र को विकसित करने वाले महारथियों में से एक रहे हैं। आपकी शिक्षा पटना कॉलेजिएट स्कूल एवं तत्पश्चात् पटना कॉलेज में हुई। आप 1947 ई. में इतिहास विषय की एम.ए. परीक्षा पटना विश्वविद्यालय से प्रथम श्रेणी में उत्तीर्ण किए। आपने कॉलेज जीवन में अनेक प्रकार के स्वर्ण पदक एवं मेधा छात्रवृत्ति प्राप्त की। इसी वर्ष आपकी नियुक्ति पटना विश्वविद्यालय के इतिहास विभाग में व्याख्याता के पद पर हुई। 1950 ई. में आपको लंदन विश्वविद्यालय में मानवशास्त्र के अध्ययन हेतु राज्य छात्रवृत्ति प्राप्त हुआ। आपको स्कूल आफ ओरियंटल तथा अफ्रीकन स्टडीज, लंदन द्वारा 1952 ई. में मानवशास्त्र में एम.ए. की उपाधि प्रदान की गयी। लंदन में आपने सी. वान फ्यूरर हैमेनडार्फ के मार्गदर्शन में अध्ययन किया। लंदन से जब आप अपने घर वापस हुए तब आपकी नियुक्ति 1953 के जुलाई माह में बिहार विश्वविद्यालय, मानव विज्ञान विभाग, राँची में विभागाध्यक्ष के रूप में हुई।

सन् 1957 में आप मानव विज्ञान विभाग, राँची के विभागाध्यक्ष पद त्यागकर सामुदायिक विकास एवं सहयोग मंत्रालय द्वारा संचालित सामाजिक शिक्षा आयोजक प्रशिक्षण केन्द्र राँची के निदेशक पद को सुशोभित किया। इस केन्द्र द्वारा सामाजिक शिक्षा आयोजकों को जनजातीय क्षेत्रों के जनजातीय विकास प्रखंडों में से काम करने के लिए प्रशिक्षण प्रदान किया जाता था। यह केन्द्र संपूर्ण देश के जनजातीय क्षेत्रों में स्थित जनजातीय प्रखंडों में कार्यरत सामाजिक सेवा संगठनकर्त्ताओं को प्रशिक्षण देने का कार्य करता था। इस अवधि में आपको देश के सभी भागों में चल रहे कल्याण योजनाओं को अध्ययन करने का सुअवसर प्राप्त हुआ। सन् 1961 में आपको पटना विश्वविद्यालय से डाक्टर आफ लिटरेचर की उपाधि प्रदान की गयी।

सन् 1962 में आपकी नियुक्ति बिहार जनजातीय शोध संस्थान, राँची के निदेशक के रूप में हुई। इस अवधि में आपने छोटा नागपुर एक संथाल परगना की जनजातियों के बीच सघन रूप से कार्य किए तथा अपने अनुसंधानों का प्रकाशन करवाया। लेकिन यहाँ भी आपने मात्र चार वर्ष तक कार्य किया। सन् 1966 में आप ए.एन. सिन्हा इंस्टीट्यूट आफ

सोशल स्टडीज, पटना में समाजशास्त्र एवं सामाजिक मानवशास्त्र विभाग के प्रोफेसर एवं अध्यक्ष बने। 1971 में आप इस प्रमुख संस्थान के निदेशक भी बने।

सन् 1973 में आप सिटी विश्वविद्यालय न्यूयार्क (अमेरिका) में मानव विज्ञान में सहायक प्रोफेसर के रूप में गए। 1978 में आप भारतीय विज्ञान कांग्रेस की पुरातत्व एवं मानवशास्त्र शाखा के अध्यक्ष बने। आप कई राष्ट्रीय एवं अंतरराष्ट्रीय मानवशास्त्रीय एवं समाजशास्त्रीय संस्थाओं से घनिष्ठ रूप से जुड़े हुए थे। आपको भारतीय सामाजिक अनुसंधान परिषद दिल्ली एवं राष्ट्रीय शैक्षिक एवं प्रशिक्षण परिषद, दिल्ली से गहरा लगाव आरंभ से ही रहा है। सेवानिवृत्त होने के बावजूद आप ए.एन. सिन्हा इंस्टिट्यूट आफ सोशल स्टडीज के अध्यक्ष के रूप में अपनी सेवा प्रदान कर रहे हैं।

आपका व्यक्तित्व बहुमुखी प्रतिभा संपन्न रहा है। आपमें मानवशास्त्रीय एवं समाजशास्त्रीय ज्ञान कूट-कूट कर भरा हुआ है। आपकी भाषा सरल एवं आसानी से पाठकों के ग्रहण योग्य रही है। आपका भाषण कर्णप्रिय एवं स्त्रोताओं को मुग्ध करने वाला रहता है। आपके द्वारा राष्ट्रीय एवं अंतरराष्ट्रीय स्तर के पत्रिकाओं में कई शोध पत्र प्रकाशित किए गए हैं। आपके मार्गदर्शन में अनेक मानवशास्त्र एवं समाजशास्त्र के विद्यार्थियों द्वारा पीएच.डी. की उपाधि प्राप्त की गयी है। आपके द्वारा योजना आयोग एवं भारतीय सामाजिक विज्ञान अनुसंधान परिषद एवं योजना आयोग, भारत सरकार द्वारा वित्त प्रदत्त कई अनुसंधान परियोजनाओं को सफलतापूर्वक अंतिम रूप प्रदान किया गया है।

आपका प्रमुख कृतित्व निम्नलिखित रहा है—

1. 1964: कल्चर चेंज इन ट्रायबल बिहार।
2. 1966: प्रोफाइल्स आफ ट्रायबल कल्चर इन बिहार।
3. 1968: ट्रायबल विलेज इन बिहार: यूनिटी एंड एक्सटेंशन।
4. 1972: सोशल डायमेंशंस आफ एग्रिकल्चरल डेवलपमेंट।
5. 1976: ट्रायबल वोटर्स इन बिहार।
6. 1977: सर्वोदय एंड डेवलपमेंट।
7. 1977: हरिजन एलिट।
8. 1980: चेंजिंग मुंडा।
9. 1984: स्टेट्स आफ वुमैन इन इंडिया।
10. 1986: शेड्यूल्ड कास्ट्स।
11. 1987: इंडस्ट्रीयलाइजेशन एंड सोशल डिसआर्गेनाइजेशन।
12. 1987: स्वीडन कल्टीवेशन इन इंडिया।

आपके प्रमुख योगदान निम्नलिखित हैं—

जनजातीय अध्ययन में योगदान—आप कल्याण मंत्रालय भारत सरकार के साथ जनजातीय विकास प्रखंड कार्यक्रम से घनिष्ठ रूप से जुड़े हुए थे। आप बिहार जनजातीय शोध संस्थान, राँची के निदेशक भी रह चुके थे। इन अवधियों में आपने जनजातीय क्षेत्रों का गहन अध्ययन किया तथा जनजातियों के ऊपर अपनी कई पुस्तकों की रचना की।

आपकी पुस्तक प्रोफाइल आफ ट्राइबल कल्चर इन बिहार (1966) बिहार (अब झारखंड) की जनजातियों की सांस्कृतिक रूपरेखा प्रस्तुत करती है। इस पुस्तक में आपने दर्शाया है कि बिहार में 30 प्रकार की जनजातियां हैं। उन सभी को एक ही शब्द जनजाति द्वारा पुकारा जाता है। लेकिन प्रत्येक जनजाति एक सांस्कृतिक ईकाई के रूप में अपनी पहचान बनाए रहती है। इस प्रकार एक जनजाति की संस्कृति दूसरी जनजाति से भिन्न रहती है। अपनी सांस्कृतिक परंपराओं एवं प्रथाओं के माध्यम से वे अपनी-अपनी अलग पहचान बनाए रहती हैं। जनजातीय संस्कृति के कुछ तत्व समान होते हैं, लेकिन अनेक तत्व बिल्कुल भिन्न होते हैं। भिन्नता अलग पहचान से संबंधित है।

आपने जनजातीय संस्कृति के मध्य हो रहे परिवर्तनों पर भी अपना ध्यान केन्द्रित किया। आपकी पुस्तक *कल्चर चेंज इन ट्रायबल बिहार* (1964) बिहार की जनजातियों (मुंडा एवं उरांव) के मध्य हो रहे सांस्कृतिक परिवर्तनों का उल्लेख करती है। आपके अनुसार कोई भी संस्कृति स्थिर नहीं होती। समय के साथ उसमें परिवर्तन स्वतः आता है। यह बात जनजातीय संस्कृति के लिए भी सत्य है। मुंडा एवं उरांव के मध्य सांस्कृतिक परिवर्तन केवल भौतिक तत्वों में ही नहीं वरन् अभौतिक तत्वों में भी हो रहा है। जनजातियों के मध्य सांस्कृतिक परिवर्तन के लिए संस्कृतिकरण, आधुनिक शिक्षा, हिन्दूकरण, ईसाईकरण, उद्योगीकरण एवं नगरीकरण महत्त्वपूर्ण कारक रहे हैं।

आपने अपनी पुस्तक चेंजिंग मुंडा (1980) में पुनर्अध्ययन विधि के आधार पर मुंडा जनजाति के बीच हुए परिवर्तन को दर्शाया है। आपने एस.सी. राय की पुस्तक मुंडा एंड देयर कंट्री (1912) से आधार आंकड़े लिए हैं। इसके बाद आपने 1977-78 में मुंडा जनजाति का अध्ययन किया। इन 52 वर्षों में मुंडा समाज में क्या-क्या परिवर्तन हुए हैं, इसका उल्लेख आपने अपनी इस पुस्तक में विस्तारपूर्वक किया है। आपने दर्शाया है कि इन 52 वर्षों में मुंडा जनजाति के जीवन का प्रत्येक क्षेत्र परिवर्तन के अधीन चला गया है। मुंडा जनजाति की भौतिक संस्कृति, सांस्कृतिक प्रथाएं, सामाजिक जीवन, आर्थिक जीवन, राजनीतिक जीवन एवं शैक्षणिक जीवन में व्यापक परिवर्तन हुए हैं। इस प्रकार आपने परिवर्तन परक मुंडा जनजाति का मानव जाति वर्णन प्रस्तुत किया है।

आपने अपनी पुस्तक *स्वीडन कल्टीवेशन* (1987) में उत्तरी-पूर्व राज्यों की जनजातियों के मध्य प्रचलित झूम कृषि प्रथा एवं इसकी समस्याओं का विस्तारपूर्वक विवरण प्रस्तुत किया है।

ग्राम अध्ययन में योगदान—आपने अपनी पुस्तक, *ट्राइबल विलेज इन बिहार* (1968) में जनजातीय ग्राम के अध्ययन में अनोखा योगदान दिया है। आपने जनजातीय ग्राम का अध्ययन कर उसकी एकता एवं विस्तार को प्रकाश में लाया है। जनजातीय ग्राम कई परिवारों का एक समूह होता है। गांव के परिवार वंश समूह, गोत्र समूह एवं जनजाति में विभाजित रहते हैं। ग्राम स्तर पर उनमें एकता बनी रहती है। ग्रामवासी होने के कारण उनमें एकता की भावना रहती है। उनके आम अखरा, सरना स्थान, सशानदीरी (पूर्वज

स्थान), युवागृह, ग्राम प्रधान, ग्राम पुजारी, नदी घाट, तालाब, जंगल, चारागाह भूमि, शमशन भूमि, इत्यादि उनको एकता के सूत्र में बांधे रहते हैं। जनजातीय ग्राम में एकता के साथ-साथ विस्तार भी पाए जाते हैं। उस गांव की जनजाति का नातेदारी संबंध आस-पास के गांवों में होता है। आस-पास के गांवों से उनका निमंत्रण एवं विवाह भोज का विनिमय होता है। काम करने के लिए वे लोग आस-पास के गांवों में जाते हैं। समानों की खरीद-बिक्री के लिए सासाहिक बाजार जाते हैं। दुकानदारों से कर्ज लेते हैं। रस्सी, टोकरी, झाड़ू, खिलौना इत्यादि बनाकर आस-पास के गांवों एवं बाजारों में बेचते हैं। गांव के बच्चे स्कूलों एवं कॉलेजों में पढ़ने जाते हैं। वहाँ छात्रावास में रहते हैं। प्रत्येक गांव परहा पंचायत अथवा परगनैत व्यवस्था से जुड़ी रहती है। इस प्रकार प्रत्येक गांव का स्थानीय, क्षेत्रीय एवं राष्ट्रीय प्रसार होता है। इस पुस्तक में आपने मोरिस ई. ओपलर तथा आर.डी. सिंह द्वारा ग्राम अध्ययन के लिए प्रतिपादित एकता एवं विस्तार की अवधारणा को जनजातीय ग्रामों में परीक्षण एवं सत्यापन किया है।

कृषि विकास अध्ययन में योगदान—आपने अपनी पुस्तक सोशल डायमेंशंस आफ एग्रिकल्चरल डेवलपमेंट (1972) में कृषि विकास के सामाजिक विस्तार को प्रकाश में लाया है। आपने दर्शाया है कि किस प्रकार नए-नए आविष्कारों को प्रयोग में लाने से कृषि का सामाजिक विस्तार हो रहा है। पहले नए-नए कृषि उपकरणों एवं अधिक उपज देने वाले खाद एवं बीजों के प्रयोग तथा कीटनाशक दवाओं का सामाजिक विस्तार नहीं था। समाज ट्रैक्टर, अधिक उपज देने वाले बीज, रासायनिक खाद तथा कीटनाशक दवाओं के प्रयोग करने में हिचकिचाते थे। ऐसी धारणा थी कि ट्रैक्टर से जुताई करने पर भूमि की उर्वरक शक्ति नष्ट हो जाती है। एच.वाई.वी. सीड्स के प्रयोग से भी जमीन खराब हो जाती है। खाद एवं रसायनों के प्रयोग भी भूमि की उर्वरकता को प्रभावित करता है। लेकिन जब इनका सामाजिक विस्तार हुआ तब कृषि में भी विकास हुआ।

राजनीतिक मानव विज्ञान में योगदान—आपने अपनी पुस्तक ट्राइबल वोटर्स इन बिहार (1977) में जनजातीय मतदाताओं का अध्ययन कर राजनीतिक मानव विज्ञान में महत्त्वपूर्ण योगदान दिया है। आपने इस पुस्तक में जनजातीय मतदाताओं के मतदान व्यवहार का विवरण प्रस्तुत किया है। आपने दर्शाया है कि जनजातीय लोग मतदान में भाग लेते हैं। जनजातीय महिलाएं भी मतदान में भाग लेती हैं। लेकिन उनका मतदान व्यवहार स्थानीय नेता द्वारा प्रभावित होता है। वे मांस, शराब एवं हंडिया से प्रभावित होकर अपना मतदान करते हैं। उनका मानना है कि चुनाव जीत जाने के बाद कोई नहीं आता है। अत: चुनाव के समय उम्मीदवारों से खाने-पीने के लिए पैसा लिया जाये तथा मतदान किया जाये। अगर कोई पैसा नहीं देता है तब वे मतदान में रुचि नहीं दर्शाते हैं। अगर कोई उनका मत डाल भी देता है तब उन्हें कोई आपत्ति नहीं होती है। लेकिन यह बात सभी जनजातीय मतदाताओं के लिए सही नहीं है। पढ़े-लिखे तथा राजनीति से जुड़े जनजातीय मतदाता

अपना मत अवश्य देते हैं। वे लोग अपनी बुद्धि, विवेक एवं राजनीतिक प्रतिबद्धता के आधार पर अपना मत डालते हैं।

अनुसूचित जाति अध्ययन में योगदान—आपने अपनी पुस्तक *हरिजन एलिट* (1977) में अनुसूचित जाति के विशिष्ट वर्गों की भूमिका में अध्ययन किया है। आपने दर्शाया है कि आजादी के 30 वर्षों बाद तथा कल्याण कार्यक्रमों के क्रियान्वयन के कारण हरिजनों के मध्य विशिष्ट वर्गों का उदय हुआ है। इन विशिष्ट वर्गों की सामाजिक, आर्थिक, धार्मिक एवं राजनीतिक एवं स्वास्थ्य स्थिति में निश्चित रूप से सुधार हुआ है। लेकिन इन विशिष्ट वर्गों को अपने भाइयों के साथ विशेष लगाव नहीं रहता है। वे उनसे दूर रहना चाहते हैं। वे केवल अपना विकास चाहते हैं। वे खुद अपने से निम्न स्थिति वाले भाइयों से दूरी बनाए रखते हैं। उन्हें खुद अछूत समझते हैं। अनुसूचित जाति के नाम पर मिलने वाले सभी प्रकार की सुविधाओं को केवल विशिष्ट वर्ग के लोगों द्वारा प्रयोग में लाया गया है। उनका व्यवहार भी अपने पिछड़े भाइयों के साथ उसी प्रकार का होता है जिस प्रकार का व्यवहार उच्च एवं मध्य हिन्दू जाति के लोग करते हैं। विशिष्ट वर्ग के लोग अपने आपको हरिजन या अनुसूचित जाति कहलाना उचित नहीं मानते। वे इसका विरोध करते हैं। वे अपने आपको दलित कहना या कहलाना ज्यादा उचित मानते हैं।

महिलाओं के अध्ययन में योगदान—आप केवल अनुसूचित जनजाति एवं अनुसूचित जाति के अध्ययन तक ही अपने आपको सीमित नहीं रखे। आपने अपने अध्ययन में महिलाओं को भी शामिल किया। आपने अपनी पुस्तक *स्टेटस आफ वुमैन इन इंडिया* (1988) में भारतीय नारी की समसामयिक स्थिति का विवरण प्रस्तुत किया है। आपने महिलाओं के लिए संविधान द्वारा प्रदत्त प्रावधानों का भी विस्तारपूर्वक वर्णन किया है। आपने महिलाओं की समस्याओं को भी प्रकाश में लाया है। महिलाओं के लिए बनाए गए कानूनों का भी वर्णन इस पुस्तक में किया गया है। इस प्रकार भारतीय नारी की स्थिति पर विस्तारपूर्वक विवरण देने वाली यह पुस्तक है।

उद्योगीकरण एवं सामाजिक विघटन के ऊपर योगदान—आपने नगरीकरण के कारण सामाजिक विघटन का भी अध्ययन किया। आपकी पुस्तक *इंडस्ट्रीयलाइजेशन एंड सोशल डिस्आर्गेनाइजेशन* (1987) बिहार के जनजातीय क्षेत्र में उद्योगीकरण के कारण सामाजिक विघटन का विवरण प्रस्तुत करती है। आपने दर्शाया है कि उद्योगीकरण के कारण जनजातीय क्षेत्रों में देह व्यापार होने लगा है। पारिवारिक विघटन की समस्या भी सामने आयी है। नौकरी में आए पुरुष दोबारा विवाह कर रहे हैं। देह व्यापार एवं दोबारा विवाह समाज में विघटन ला रहा है। लेकिन नगरीकरण के कारण सामाजिक विघटन ही नहीं वरन् पुनर्सामाजिक गठन भी हो रहा है। नगरीकरण के कारण समाज अपने आपको नए ढंग से फिर से गठित कर रहा है। इस प्रकार उद्योगीकरण के कारण सामाजिक विघटन एवं सामाजिक पुनर्गठन की घटनाएं अस्तित्व में आई हैं।

हाल के वर्षों में आपके द्वारा प्रकाशित कुछ उत्कृष्ट पुस्तकें निम्नलिखित हैं—

1. 1997: *ट्रायबल स्टडीज सेरिज,* सेरियल पब्लिकेशन, नई दिल्ली।
2. 2001: *दलित वुमैन आन रोड,* सेरियल पब्लिकेशन, नई दिल्ली।
3. 2005: *वाटर सप्लाई मैनेजमेंट इन बिहार,* कंसेप्ट पब्लिशिंग कंपनी, नई दिल्ली।

8. के.पी. (क्षितिश प्रसाद) चट्टोपाध्याय (1897-1963)

के.पी. चट्टोपाध्याय का जन्म कलकत्ता में 14 दिसंबर, 1897 को हुआ था। आपके पिता एक धातु विज्ञानी थे। धातु विज्ञान में उनका प्रशिक्षण फ्रांस में हुआ था। वे प्रचंड देश भक्त परिवार के वंशज थे। वे राजा राममोहन राय के पुत्र राधा प्रसाद राय के पोता थे। आपकी माता पंडित ईश्वर चंद्र विद्यासागर की पोती थी। जमींदार परिवार से आने के बावजूद आपके पिता की आर्थिक स्थिति अच्छी नहीं थी। अत: आपकी बचपनावस्था अभाव में व्यतीत हुई। लेकिन आपने खूब मन लगाकर अपनी स्कूल, कॉलेज एवं विश्वविद्यालय की शिक्षा प्राप्त की। आप भौतिकशास्त्र में एम.एससी. करने के बाद भारतीय नागरिक सेवा की तैयारी करने लंदन गए। वहाँ आप सुभाष चन्द्र बोस तथा एम.एन. राय के संपर्क में आए। आप आई.सी.एस. की तैयारी छोड़कर प्रसिद्ध भौतिकशास्त्री सर जे.जे. थांपसन के मार्गदर्शन में आणविक भौतिकशास्त्र में अध्ययन करना आरंभ किए। लेकिन आप इसे भी पूरा नहीं कर सके। क्योंकि विकिरण से सुरक्षा के कोई उपाय उस समय उपलब्ध नहीं थे। आपका स्वास्थ्य भी बिगड़ने लगा था। अब आप मानवशास्त्र की ओर आकर्षित हुए। आई.सी.एस. की तैयारी करते समय आप मानवशास्त्र के संपर्क में आए थे। आप कैंब्रिज विश्वविद्यालय, लंदन से मानव विज्ञान में एम.एस.सी. की उपाधि सुप्रसिद्ध मानवशास्त्री डब्ल्यू.एच.आर. रिवर्स, ए.सी. हैड्डन तथा एम.एस. बर्किट के मार्गदर्शन में प्राप्त किए।

मानव विज्ञान में एम.एससी. करने के बाद आपको मानवशास्त्रीय अनुसंधान के लिए अंथोनी मिल्किंस छात्रवृत्ति प्राप्त हुई। आप नेपाल की नेवार जनजाति के मध्य काम करना चाहते थे। लेकिन ब्रिटिश पुलिस को पता चला कि आपका गहन संबंध लंदन में रह रहे क्रांतिकारियों से रहा है। पुलिस को यह भी पता चला कि आप लंदन के पूर्वी तट पर रहने वाले नाविकों के संगठनकर्त्ताओं में से एक थे। इस पर उनकी छात्रवृत्ति वापस ले ली गयी थी। आपको आर्थिक संकट का सामना करना पड़ा। उनके शिक्षक एवं अनुसंधान मार्गदर्शक डब्ल्यू.एच.आर. रिवर्स को कलकत्ता में मानवविज्ञान के अध्यक्ष का पद प्रदान किया गया। रिवर्स ने आपको कलकत्ता लौटकर अपना अनुसंधान कार्य पूर्ण करने की सलाह दी। अभाग्यवश रिवर्स की मृत्यु अपेंडिक्स के आपरेशन टेबल पर ही हो गयी। रिवर्स कोलकत्ता नहीं आ सके। आप कर्ज लेकर तथा लंदन में फ्रेंच तथा जर्मन पाठों को सिखाकर जो पैसा प्राप्त हुए उससे 1923 ई. में भारत लौटे।

कलकत्ता लौटने के बाद आपकी नियुक्ति वरीय व्याख्याता एवं विभागाध्यक्ष के रूप में मानवविज्ञान विभाग कलकत्ता में हुई। लेकिन यहां भी आप अधिक दिनों तक नहीं रुक सके। आप अपनी पत्नी के साथ देश बंधु चितरंजनदास के शिष्य बन गए। जब कलकत्ता नगर निगम में भारतीय राष्ट्रीय कांग्रेस का अधिपत्य स्थापित हुआ, आप विश्वविद्यालय की नौकरी छोड़कर इसके प्रथम शिक्षा पदाधिकारी बने। इसके कारण आपकी शैक्षिक गतिविधियों पर तो विराम लग ही गया, साथ ही साथ आपको आर्थिक तंगी का भी सामना करना पड़ा। शिक्षा पदाधिकारी के रूप में आप देश भक्त शिक्षकों को नियुक्त किए तथा उन्हें छात्रों को सही ढंग से पढ़ाने के लिए प्रशिक्षित किए। आपके कार्यकाल में कलकत्ता नगर निगम देशभक्तों का संगठन के रूप में परिणत हो गया था। जब 1930 में सुभाष चंद्र बोस कलकत्ता नगर निगम के अध्यक्ष थे तो आपने खुलकर अपने कर्मचारियों का साथ दिया था। आप सुभाष चंद्र बोस के ऊपर पुलिस द्वारा लगाए गए सभी आरोपों को अपने कंधों एवं सिर पर ले लेते थे। इसके चलते आपको कई बार बेहोशी की हालत में जेल ले जाया गया था। आप 1937 में कोलकत्ता नगर निगम को छोड़ दिए, क्योंकि कांग्रेस सत्ता से हट गयी थी।

आप पुन: 1937 में कोलकत्ता विश्वविद्यालय के मानव विज्ञान विभाग में प्रथम प्रोफेसर के रूप में नियुक्त हुए। इस विभाग से आप 1962 में सेवा निवृत्त हुए। इस अवधि में आपने अपनी शैक्षणिक गतिविधियों के साथ-साथ राष्ट्रवादी एवं राष्ट्र निर्माण संबंधी क्रियाकलापों को भी जीवित रखा।

आप अनेक प्रकार के पदक एवं छात्रवृत्ति के विजेता थे। आप राष्ट्रीय एवं अंतरराष्ट्रीय स्तर के कई संस्थानों, संगठनों एवं समाजों से जुड़े हुए थे।

आप सामाजिक कार्यकर्त्ता भी थे। आपने बाढ़ पीड़ित कैंपों, शरणार्थी के शिविरों, दंगा पीड़ित शिविरों में जनहित के लिए कार्य करते थे। आप इन शिविरों के राहत कार्य समिति से भी जुड़े हुए थे। नागरिक स्वतंत्रता समिति के माध्यम से आप आम जनता के अधिकार के लिए दिन-रात कार्य किया। आप बंगाल राज्य विधान परिषद के दो बार सदस्य भी रह चुके थे।

अवकाश प्राप्ति के पश्चात् भी आप सी.एस.आई.आर. के अवकाश प्राप्त वैज्ञानिक योजना के तहत अनुसंधान कार्य में व्यस्त रहे। आपकी मृत्यु 31 मई, 1963 को हो गयी। आप उस समय अपनी अंतिम पुस्तक, *प्राचीन भारतीय संस्कृति संपर्क एवं प्रवसन* के प्रूफ शोधन का कार्य कर रहे थे।

एक मानवशास्त्री के रूप में आपका अध्ययन संथालों के बीच केन्द्रित रहा। आपकी मुख्य अभिरुचि संथाल नातेदारी व्यवस्था एवं भौतिक संस्कृति में थी। आप संथाल के ऊपर दो पुस्तकों का लेखन करना चाहते थे। लेकिन आप केवल एक पुस्तक को ही अंतिम रूप दे सके थे। आप अपनी संथाल पर लिखित पांडुलिपि को कलकत्ता विश्वविद्यालय को सुपूर्द कर दिया था। लेकिन कलकत्ता विश्वविद्यालय प्रेस द्वारा यह पुस्तक आज तक अप्रकाशित है। आप अपनी दूसरी पुस्तक के लिए भी आंकड़ों को संगठित करना आरंभ कर दिए थे। लेकिन भगवान को इसे पूरा होना मंजूर नहीं था।

आप मैन इन इंडिया, रायल एशिएटिक सोसायटी आफ बंगाल तथा अन्य देश के प्रमुख शोध पत्रिकाओं में अपना लेख प्रकाशित किए।

आपका कुछ प्रमुख कृतित्व निम्नलिखित है—

1. 1922: सम मलयालम किनशिप टर्मस, मैन इन इंडिया, खंड-II, संख्या 2

2. 1923: एन एसे आन द हिस्ट्री आफ नेवार कल्चर, जर्नल आफ एशिएटिक सोसायटी आफ बंगाल, वॉल्यूम XIX, नं. I

3. 1927: सोशल आर्गेनाइजेशन आफ सत्कर्मीज एंड संगा, रायल एशिएटिक सोसायटी आफ बंगाल, वॉल्यूम XXIII

4. कंटैक्ट आफ पिपुल एंड अफेक्टिंग मैरेज रूल।

5. 1934: द मुंडा फेस्टिवल्स आफ छोटा नागपुर जे.ए.एस.बी. वॉल्यूम XXX, 151-61

6. 1952: सोसियो इकोनामिक्स सर्वे आफ जूट लेबर, कलकत्ता यूनिवर्सिटी।

7. 1957: स्टडी आफ चेंजेज इन ट्रेडिशनल कल्चर, कलकत्ता यूनिवर्सिटी।

8. 1962: हाउ गार्डियंस प्लान एजुकेशन, कलकत्ता यूनिवर्सिटी।

9. 1965: एशियंट इंडियन कल्चर कंटैक्ट्स एंड माइग्रेशन, डब्ल्यू.बी.सी. प्रेस, कलकत्ता।

10. 1965: संथाल वे आफ लाइफ, कलकत्ता यूनिवर्सिटी

11. 1965: कलेक्संस आफ एसेज, कलकत्ता, यूनिवर्सिटी।

9. बिरजा शंकर गुहा (1894-1961)

बिरजा शंकर गुहा आरंभ में दर्शनशास्त्र के छात्र रहे थे। आपने सन् 1915 में एम.ए. दर्शनशास्त्र की परीक्षां कलकत्ता विश्वविद्यालय से पास की थी। आरंभ से ही आपकी अभिरुचि प्राकृतिक इतिहास, पुरातत्व एवं जनजातियों में थी। आपका जन्म एक प्रख्यात भारतीय नागरिक सेवा पदाधिकारी के परिवार में हुआ था। आप ब्रिटिश पदाधिकारियों द्वारा किए जा रहे एथनोग्राफिक सर्वे से काफी प्रभावित हुए थे। आप प्रोफेसर आर.बी. डिक्सन के संपर्क में आए। प्रोफेसर डिक्सन ने आपको मानवशास्त्र विषय के अध्ययन हेतु हारवार्ड आने के लिए उत्प्रेरित किया। आपने हारवार्ड विश्वविद्यालय से अपनी एम.ए. मानवशास्त्र की उपाधि 1922 में प्राप्त की। दो वर्ष बाद यानी 1924 में उसी विश्वविद्यालय से आपको पीएच.डी. की उपाधि प्रदान की गयी।

जब आप हारवार्ड विश्वविद्यालय में अध्ययनरत थे तब आपको भौतिक मानवशास्त्र, व्यावहारिक, शारीरिक मानवशास्त्र, सांस्कृतिक मानवशास्त्र, अपराध मानवशास्त्र तथा प्रागितिहास पढ़ने का मौका मिला। आपको प्रोफेसर ई.ए. हुट्टन के साथ यूरोपियन आर्कियोलोजी, यूरोपियन एथनोग्राफी तथा अफ्रीकन एथनोग्राफी पढ़ने का सुअवसर प्राप्त

हुआ। आपने प्रोफेसर डिक्सन के साथ अमरीकी पुरातत्व शास्त्र, अमरीकी मानव जातिशास्त्र, ओसेनिमा का मानवजाति शास्त्र, एशिया का मानव जातिशास्त्र, आदिम कला एवं उद्योग अध्ययन किया। प्रोफेसर ए.एम. टोज्जर के साथ आपने आदिम समाजशास्त्र का अध्ययन किया। आपके डॉक्टर डिसर्टेशन का शीर्षक रेसियल बेसिस आफ कास्ट सिस्टम इन इंडिया था।

जब आप हारवार्ड विश्वविद्यालय अमेरिका से (1920–24) से अपने घर वापस 1924 में आए तब यहाँ के एक विश्वविद्यालय में मानवशास्त्र विषय की स्थापना कुछ ही वर्ष पहले हुई थी। सन् 1925 में आपको मानव विज्ञान विभाग, कलकत्ता विश्वविद्यालय में नियुक्ति व्याख्याता के रूप में हुई। 1927 में सर्वप्रथम भारत सरकार द्वारा जूलोजिकल सर्वे आफ इंडिया में मानव वैज्ञानिक का पद सृजित किया गया तथा आपकी नियुक्ति उस पद पर की गयी। यह पद भारतीय मानव विज्ञान के विकास का एक महत्त्वपूर्ण केन्द्र बना। आपने दिन-रात अथक प्रयास करके जूलोजिकल सर्वे आफ इंडिया में मानवशास्त्र शाखा का विकास किया। सन् 1936 आपने इंडियन एंथ्रोपोलोजिकल इंस्टिट्यूट की स्थापना कलकत्ता में की। सन् 1938 में आपके सहयोग से नेशनल इंस्टिट्यूट आफ साईंसेस आफ इंडिया की स्थापना की गयी। आप इसके संस्थापक सदस्य थे। आप 1938–42 तक इस संस्था के कोषाध्यक्ष भी थे। आप रायल एशिएटिक सोसायटी बंगाल के सचिव (1939–42) भी रहे थे। सन् 1943 में रायल एशिएटिक सोसायटी बंगाल द्वारा आनंदेल मेमोरियल मेडल प्रदान किया गया था। आपके सफल प्रयास से एंथ्रोपोलोजिकल सर्वे आफ इंडिया का गठन कलकत्ता में 1946 में हुआ। इसके पहले यह जूलोजिकल सर्वे आफ इंडिया में ही एक शाखा के रूप में था। आप आरंभ से ही इस नयी संस्था के निदेशक रहे। साथ ही साथ आप भारत सरकार के मानवशास्त्रीय सलाहकार भी रहे। इस पद पर आप अपनी सेवा निवृत्ति तक बने रहे (1946–54)।

1955–56 में भारत सरकार के आग्रह पर आपने जनजातीय प्रखंडों में जनजातीय विकास से जुड़े हुए सामाजिक शिक्षा संयोजकों के लिए प्रशिक्षण केन्द्र का संचालन किए। आपने 1956–59 तक बिहार सरकार के लिए भी जनजातीय विकास के लिए कार्य किया। आपने बिहार जनजातीय शोध संस्थान का पुनर्गठन बहुविषयक अनुसंधान संस्थान के रूप में किया। अपनी मृत्यु के समय आप शिक्षा मंत्रालय भारत सरकार द्वारा प्रदत्त परियोजना प्रागैतिहासिक मस्तिष्क के पुनर्निर्माण के ऊपर कार्य कर रहे थे।

एक मानवशास्त्री के रूप में अपने आरंभिक दिनों में क्षेत्र कार्य में आपकी विशेष रुचि थी। इसके चलते आप सुदूर क्षेत्रों में रहने वाली जनजातियों के मध्य क्षेत्र कार्य करने गए। हारवार्ड जाने के पहले आप असम एवं बंगाल की अनेक जनजातियों के संपर्क में आ गए थे। जब आप अमेरिका फ्लोराडो एवं न्यू मैक्सिको की उटेस एवं नवाजोस जनजातियों के मध्य रहे थे। तब आप वाशिंगटन डी.सी. स्थित स्मिथोनियन इंस्टिट्यूट के विशेष पदाधिकारी के रूप में कार्य किए थे।

जूलोजिक सर्वे आफ इंडिया में एक मानवशास्त्री के रूप में आपने नागा हिल्स के बीच व्याप्त नर बलि प्रथा को रोकने का प्रयास किया। 1931 में आपने संपूर्ण भारतवर्ष का प्रजातीय सर्वेक्षण किया। आप उत्तर-पूर्वी बलूचिस्तान जाकर मध्य भारत की जनजातियों एवं बलूचिस्तान की ब्राहुल्स की भाषायी सजातीयता की समस्या को सुलझाने का प्रयास किया। अनेक वर्षों तक आप मध्य हिमालय क्षेत्र के बहुपतिक खस जनजाति के मध्य काम किए। आप अनेक वर्षों तक अंडमान एवं निकोबार द्वीप समूह में भी काम किए। आपके प्रयास से अंडमान एवं निकोबार द्वीप समूहों में एंथ्रोपोलोजिकल सर्वे आफ इंडिया की शाखा स्थापित (1952) हुई। आपकी अभिरुचि कभी भी किसी एक जनजाति, क्षेत्र अथवा समस्या तक सीमित नहीं थी। आपका मानना था कि भारत मानव वैज्ञानिकों के अध्ययन के लिए विशाल क्षेत्र प्रदर्शित करता है। लेकिन प्रथम प्रयास एथनोलोजिक एवं एथनोग्राफिक अध्ययन का होना चाहिए। इसके बाद सिद्धांत परक अध्ययन किया जाना चाहिए। आपको प्राकृतिक इतिहास विधि से विशेष लगाव था। अपर्याप्त आंकड़ों के आधार पर निर्मित सिद्धांतों से आपको धनात्मक असहमति थी।

आप भारतीय मानव विज्ञान को समग्रता की दृष्टि से देखते थे। भारतीय मानव विज्ञान को समृद्ध बनाने में यही आपका महत्त्वपूर्ण योगदान था। आपने एंथ्रोपोलोजी को सांस्कृतिक मानवशास्त्र, मानवजातिशास्त्र, मानवजातिवर्णन, भौतिक मानवशास्त्र, प्रागैतिहासिक मानवशास्त्र एवं भाषायी मानवशास्त्र की समग्रता के रूप में विकसित किया। इसके लिए समाजशास्त्रीय ढंग से प्रशिक्षित मानवशास्त्रियों की आलोचना भी उन्हें झेलनी पड़ी थी। लेकिन आप अपने अडिग विश्वास के साथ इस विचार को प्रचारित एवं प्रसारित करते रहे। एंथ्रोपोलोजिकल सर्वे आफ इंडिया, इंडियन म्युजियम कलकत्ता तथा बिहार जनजातीय कल्याण शोध संस्थान आपके इस विचार के संबंध में सबल प्रमाण प्रस्तुत करते हैं।

जब 1956 में आप बिहार जनजातीय कल्याण शोध संस्थान के निदेशक बने तब आप इस संस्थान को छ: शाखाओं में विभाजित किया। सभी छ: प्रमुख शाखाएं निम्नलिखित थीं—

1. सांस्कृतिक मानवशास्त्र
2. शारीरिक मानवशास्त्र
3. भाषा विज्ञान
4. इतिहास
5. सामाजिक मनोविज्ञान
6. जीव सांख्यिकी एवं सांख्यिकी।

सभी शाखाओं को अनुभव प्राप्त एवं प्रशिक्षित व्यक्तियों के अधीन रखा गया था। सभी शाखाओं में अनुसंधान सहयोगी भी नियुक्त किए गए थे। आपके सहयोग से यहां पुस्तकालय एवं संग्रहालय की स्थापना की गयी थी। हालांकि आप मानवविज्ञान विभाग कलकत्ता में भी सेवा प्रदान किए थे और उस विभाग को भी आप इसी तरह सजाने का

प्रयास किए थे। लेकिन जनजातीय कल्याण शोध संस्थान राँची को आप विशेष ढंग से सजाने संवारने तथा निखारने का काम किए थे। आपकी इच्छा थी कि यह संस्थान भारत में सभी संस्थानों में अपना प्रमुख स्थान बनाए। आप इसके लिए यूरोप, अमेरिका एवं जापान से अनेक विद्वानों को आकर्षित एवं आमंत्रित भी किए थे। लेकिन परिस्थितिवश उन्हें अपनी योजनाओं पर विराम लगाना पड़ा। 1961 में एक रेल दुर्घटना में उनकी अचानक मृत्यु हो गयी।

आपका प्रमुख कृतित्व निम्नलिखित है—

1. 1944: रेसियल इलेमेंट्स आफ इंडियन पोपुलेशन, ऑक्सफोर्ड यूनिवर्सिटी प्रेस।
2. 1951: इंडियन ट्राइब्स, दो खंड।

आपका प्रमुख योगदान भारतीय जनसंख्या में मानवजातीय तत्वों के ऊपर है। आपके द्वारा प्रदत्त भारतीय जनसंख्या में विद्यमान मानवजातीय तत्वों को सभी वैज्ञानिकों ने स्वीकार किया है। भारतीय जनसंख्या में मानवजातीय तत्वों का विवरण अध्याय 4 के अंतर्गत किया गया है।

10. एल.के. अनंत कृष्ण अय्यर (1861-1937)

दीवान बहादुर एल.के. कृष्ण अय्यर का जन्म 1861 ई. में केरल के एक ग्राम लक्ष्मीनारायणपुरम में हुआ था। यह ग्राम केरल के पालघाट जिले के अंतर्गत आता है तथा उस समय मद्रास स्टेट का अंग था। आपने अपनी मैट्रिक की परीक्षा पालघाट स्कूल से 1878 में पास की। आपने अपनी बी.ए. की परीक्षा क्रिश्चियन कॉलेज मद्रास से 1883 में पास की। 23 वर्ष की अवस्था में आपने कैसल स्तुरी के अंतर्गत व्यानंद में भूमि बन्दोबस्त कार्यालय में एक किरानी की नौकरी प्राप्त की। लेकिन कुछ ही दिनों बाद इस पेशा से उबकर पालघाट विक्टोरिया कॉलेज में शिक्षण के कार्य करने लगे। उन्हें शिक्षक का जीवन बड़ा ही प्रेरणादायक पाया। उस कॉलेज में शिक्षण पेशा में स्थायीकरण के लिए आपने मद्रास जाकर एल.टी. की उपाधि प्राप्त की। लेकिन उसी वक्त उनकी पत्नी का अचानक निधन हो गया। इस घटना के बाद आप चंगनाचेरी के एक मिशन कॉलेज में प्रधानाध्यापक के रूप में कार्य करने लगे। लेकिन इस पद पर उन्हें थकान अधिक हो जाती थी। अत: आपने प्रधानाध्यापक का पद त्याग कर महाराजा कॉलेज अर्नाकुल्म में विज्ञान सहायक के पद पर काम करने लगे।

आपकी अभिरुचि मानव समाज के विकास में थी। आप आरंभ से ही अनेक लोगों के संपर्क में रहे। अत: आपमें मानवों तथा उनके तरीकों के आलोचनात्मक अवलोकन की आदत पड़ गयी है। यहीं से आपमें मानवशास्त्रीय अध्ययन का आधार स्थापित हुआ। सन् 1902 में आपको सरकार के आदेश से एथनोग्राफिक सर्वे का कार्य सुपूर्द किया गया। यह कार्य आपको एथनोग्राफर बना दिया। आप केरल की जाति एवं जनजाति के ऊपर अनेक

मोनोग्राफों की रचना की। यह कार्य आपने शिक्षण कार्य के अतिरिक्त किया। सर्वप्रथम 1908 में आपका मोनोग्राफ कोचिन ट्राइब्स एंड कास्ट्स प्रकाशित हुआ था।

जब भारतीय विज्ञान कांग्रेस सर्वप्रथम कलकत्ता में 1914 में संपन्न होना था तब आपको एथनोलोजी (अब मानवविज्ञान एवं पुरातत्व शास्त्र) शाखा का अध्यक्ष बनाया गया था।

आपको कोचिन के तत्काल दिवान अल्बियन बैनर्जी द्वारा स्कूल के उपनिरीक्षक बनाया गया था। सन् 1914 में आपको राज्य संग्रहालय का संग्रहालयाध्यक्ष एवं त्रिचुर प्राणिशास्त्रीय उपवन का अधिक्षक बनाया गया था।

मई 1920 में आपको कलकत्ता विश्वविद्यालय मानव विज्ञान विभाग में व्याख्याता के रूप में नियुक्ति मिली। यहाँ आप अपनी सेवा निवृत्ति (1933) तक बने रहे।

कोचिन राज्य में आपका अंतिम अध्ययन द एंथ्रोपोलोजी आफ श्रीयास क्रिश्चियंस का प्रकाशन सरकार द्वारा प्रकाशन 1921 में हुआ था। इसके बाद आपके द्वारा दिए गए आख्यानों का संग्रह किताब के रूप में कलकत्ता विश्वविद्यालय द्वारा क्लेक्शंस आन एथनोग्राफी शीर्षक के अंतर्गत प्रकाशित हुआ था।

विश्वविद्यालय सेवा से निवृत्त होने के बाद आप अपने मानवशास्त्रीय ज्ञानों एवं अनुभवों को विदेश पहुंचाने में जुट गए। आप फ्लोरेंस, पेरिस, विएना, बर्लिन तथा कैंब्रिज में एथनोग्राफी आफ इंडिया पर आख्यान दिए। आपका निधन 25 फरवरी, 1937 को मद्रास में हो गया।

आपका मुख्य कृतित्व निम्नलिखित है—

1. 1908: कोचिन ट्राइब्स एंड कास्ट्स, हिंग्गिन बोथम एंड कंपनी, लंदन।
2. 1912: कोचिन ट्राइब्स एंड कास्ट्स, हिग्गिन बोथम एंड संस, लंदन।
3. 1925: क्लेक्शंस आन एथनोग्राफी, कलकत्ता यूनिवर्सिटी।
4. 1926: द एंथ्रोपोलोजी आफ द श्रीयान क्रिश्चियंस, कोचिन गवर्मेंट प्रेस, अर्नाकुलम।
5. 1928–1935: मैसूर ट्राइब्स एंड कास्ट्स, चार खंडों में, मैसूर यूनिवर्सिटी, मैसूर।

11. ए. ऐयप्पन (1905)

आपका जन्म केरल में 5 फरवरी, 1905 को हुआ था। आप 1926 में मद्रास विश्वविद्यालय से अर्थशास्त्र में डिप्लोमा की उपाधि प्राप्त किए। उसी विश्वविद्यालय से उसी विषय में प्रतिष्ठा की उपाधि 1927 में आपने प्राप्त की। आपने अपनी पीएच.डी. की उपाधि समाजशास्त्र में लंदन विश्वविद्यालय से 1937 में प्राप्त की। यहाँ आपने सुप्रसिद्ध मानवशास्त्री मैलिनोवस्की के मार्गदर्शन में अध्ययन किया।

आप सन् 1940 से 1958 तक सरकारी संग्रहालय मद्रास में निदेशक के रूप में काम किए। यही से आप सेवानिवृत्त भी हुए। लेकिन अवकाश प्राप्ति के तुरंत बाद आपको उत्कल विश्वविद्यालय भुवनेश्वर में प्रोफेसर एवं विभागाध्यक्ष का पद प्राप्त हुआ। इस पद पर आप 1958 से 1966 तक बने रहे। आप जनजातीय अनुसंधान परिषद भुवनेश्वर के अवैतनिक निदेशक भी इस अवधि में रहे। उत्कल विश्वविद्यालय मानव विज्ञान विभाग से अवकाश प्राप्ति के बाद आंध्र विश्वविद्यालय, वाल्टेयर में यू.जी.सी. द्वारा सामाजिक मानव विज्ञान के प्रोफेसर बनाए गए। यहाँ आपने 1966–68 तक कार्य किया। सन् 1969 में आप केरल विश्वविद्यालय के कुलपति बने।

आप अनेक राष्ट्रीय एवं अंतरराष्ट्रीय पदक के विजेता रहे थे। आप कार्नेल विश्वविद्यालय, न्यूयार्क में सामाजिक मानव विज्ञान के अतिथि प्रोफेसर भी रहे थे। आपका घनिष्ठ रूप से संबंध एन.सी.आर.टी. से भी था।

आप मद्रास सरकार एवं भारत सरकार की कई समितियों में शामिल थे। आप योजना आयोग के साथ भी जुड़े हुए थे।

आपका मुख्य कृतित्व निम्नलिखित है—

1. 1937: सोशल एंड फिजिकल एंथ्रोपोलोजी आफ नायाडिज आफ मालाबार, बुलेटिन आफ मद्रास गवर्मेंट म्यूजियम।

2. 1942: द मैनली कलेक्शंस आफ स्टोन एज टूल्स, मैनेजर आफ पब्लिकेशंस, दिल्ली।

3. 1944: इरवाज एंड कल्चर चेंज, बुलेटिन आफ मद्रास गवर्मेंट म्यूजियम।

4. 1948: सोसियो इकोनामिक कंडिशंस आफ एबोरिजनल ट्राइब्स एंड बैकवार्ड कास्ट्स आफ प्रोविन्स आफ मद्रास गवर्मेंट प्रेस, मद्रास।

5. ट्राइब्स आफ साउथ वेस्टर्न इंडिया गवर्मेंट आफ इंडिया प्रेस, दिल्ली।

6. 1959: मेगालिथिक सर्वाबल एमांग द मुडुगास आफ आटापड़ा वैली, गवर्मेंट आफ इंडिया प्रेस।

7. 1965: सोशल रिवोलुशन इन केराला विलेज, एशिया पब्लिशिंग हाउस, दिल्ली।

आपके द्वारा संपादित पुस्तकें—

1. 1953: इंडियन सोसायटी।

2. 1955: हैंड बुक आफ म्यूजियम टेक्निक।

12. राधाकृष्ण मुखर्जी (1919–......)

आपका जन्म 28 अक्टूबर, 1919 को कलकत्ता में हुआ था। आप कलकत्ता विश्वविद्यालय द्वारा आयोजित बी.एससी. की परीक्षा प्रथम श्रेणी में 1939 में उत्तीर्ण किए। इसी विश्वविद्यालय से आप मानव विज्ञान विषय में एम.एस.सी. की उपाधि 1941 ई. में प्राप्त किए। आप अपनी पीएच.डी. की उपाधि कैंब्रिज विश्वविद्यालय से 1948 में प्राप्त किए।

आप अपनी सेवा अनेक देशों में अनेक क्षमताओं के रूप में प्रदान किए। आप हिज मैजेस्टीज सर्वे लंदन के प्रमुख अनुसंधान पदाधिकारी रहे थे। टर्की सरकार के आप परामर्शदाता रहे थे। आप नेशनल सैंपल सर्वे भारत सरकार के क्षेत्र विधि के निदेशक रहे थे। लंदन स्कूल आफ इकोनामिक्स के परामर्शदाता भी रहे थे। बर्लिन में सामाजिक मानवशास्त्र के प्रोफेसर भी रहे थे। आप इंडियन स्टैटिस्टिकल इंस्टिट्यूट कलकत्ता के अनुसंधान प्रोफेसर भी रहे थे। आपकी मुख्य अभिरुचि भारत में सामाजिक परिवर्तन विषय में रहा है। आप मुख्य रूप से अनुसंधान कार्य प्रणाली के विकास एवं सांख्यिकी के प्रयोग पर अपना ध्यान केन्द्रित किए।

आपने अपने अनेक शोधपत्रों का प्रकाशन राष्ट्रीय एवं अंतरराष्ट्रीय ख्याति प्राप्त अनुसंधान पत्रिकाओं में कराया है।

आपका मुख्य कृतित्व निम्नलिखित है—

1. 1961: सोशल प्रोफाइल आफ ए मेट्रोपोलिस सीटी लखनऊ, एशिया पब्लिशिंग हाऊस, दिल्ली।

13. गोविन्द सदाशिव धुर्ये (1893-1983)

जी.एस. धुर्ये भारतीय मानवशास्त्र एवं समाजशास्त्र को समृद्ध करने वाले एक महान हस्ती रहे हैं। आप बम्बई विश्वविद्यालय से समाजशास्त्र में एम.ए. की उपाधि प्राप्त किए। यहीं से आप पीएच.डी. की उपाधि भी प्राप्त किए। प्रेटिक गिड्डस के पश्चात् समाजशास्त्र विभाग बंबई विश्वविद्यालय के अध्यक्ष बनने वाले आप प्रथम भारतीय समाजशास्त्री थे।

सन् 1924 में आपको बंबई विश्वविद्यालय के समाजशास्त्र विभाग में रीडर के पद पर नियुक्ति प्रदान की गयी। 1934 में आप इसी विश्वविद्यालय के इसी विभाग में समाजशास्त्र के प्रोफेसर बने। आप 35 वर्षों तक इस विभाग को विकसित बनाने, राष्ट्रीय एवं अंतरराष्ट्रीय सम्मान दिलवाने में अथक प्रयास किए। आप इस विभाग से 1959 में सेवामुक्त हुए। लेकिन यू.जी.सी. द्वारा आपको इसी विभाग में सेवामुक्त प्रोफेसर का पद दो वर्षों के लिए प्रदान किया गया।

आप भारतीय विज्ञान कांग्रेस की मानवशास्त्र एवं पुरातत्वशास्त्र शाखा के अध्यक्ष 1934 में बने थे। आप रायल एशिएटिक सोसायटी, बंबई शाखा के सदस्य भी रहे थे। 1942 में आपको एंथ्रोपोलोजिकल सोसायटी बंबई का अध्यक्ष बनाया गया था। इंडियन सोसियोलोजिक सोसायटी की स्थापना (1952) में आपकी महत्त्वपूर्ण भूमिका रही थी। आप इस संस्था द्वारा प्रकाशित अनुसंधान पत्रिका के मुख्य संपादक भी रहे थे।

आपने बंबई विश्वविद्यालय के समाजशास्त्र को विशेष स्थिति दिलवाने में हर संभव प्रयास किया। आप प्रथम पीढ़ी के समाजशास्त्रियों को समाजशास्त्रीय अध्ययन एवं अनुसंधान में प्रशिक्षित किया। आपके मार्गदर्शन में करीब 55 छात्रों ने अपनी पीएच.डी.

शोध उपाधि प्राप्त की। आपके शिष्य कई शीर्ष संस्थानों में योगदान देकर समाजशास्त्र को प्रगति के पथ पर अग्रसर रखा है।

आपके द्वारा करीब 150 शोधपत्रों को राष्ट्रीय तथा अंतरराष्ट्रीय स्तर के शोध पत्रिकाओं में कराया गया। आपने करीब 50 पुस्तकों की रचना की है। आपकी रचनाओं में जनजाति, जाति, प्रजाति, धर्म, तनाव, साधु, प्रजातंत्र, संघर्ष, समाज, संस्कृति, सभ्यता, नगर इत्यादि से संबंधित मानवशास्त्रीय एवं समाजशास्त्रीय विवरण प्राप्त होता है।

आपका प्रमुख कृतित्व निम्नलिखित है—

1. 1932: कास्ट एंड रेस इन इंडिया।
2. 1938: सेक्स हैविट आफ मिडिल क्लास पिपुल।
3. 1943: द एबोरिजिन्स सो काल्ड एंड देयर फ्यूचर।
4. 1945: कल्चर एंड सोसायटी।
5. 1960: आफ्टर ए सेंचुरी एंड क्वार्टर।
6. 1961: कास्ट, क्लास एंड अकुपेशंस।
7. 1962: फैमिली एंड किन इन इंडो-यूरोपीयन कल्चर।
8. 1963: द शेडयूल्ड ट्राइब्स।
9. 1963: द महादेव कोलीज।
10. 1964: द इंडियन साधु।
11. 1965: रेलिजियस कंससनेस।
12. 1968: सोशल टेंशंस इन इंडिया।
13. 1973: आई एंड अदर एक्सप्लोरेशंस।
14. 1974: विदर इंडिया।
15. 1978: इंडिया रिक्रिएट्स डिमोक्रेसी।
16. 1979: वेदिक इंडिया।
17. 1980: द बर्निंग काल्ड्रोम आफ नार्थ-ईस्ट।

14. सुरजीत सिन्हा (1926—......)

आप समाजशास्त्र एवं मानव विज्ञान विभाग विश्व भारती शांति निकेतन के अध्यक्ष पद से सेवा निवृत्त हुए। आप एम.ए. एंथ्रोपोलोजी की शिक्षा मानव विज्ञान विभाग कलकत्ता से प्राप्त किए थे। आप शिकागो विश्वविद्यालय, अमेरिका से पीएच.डी. की उपाधि प्राप्त किए। आप शिकागो विश्वविद्यालय में राबर्ट रेडफिल्ड के मार्गदर्शन में अध्ययन एवं अनुसंधान किए। आप कलकत्ता विश्वविद्यालय मानवविज्ञान विभाग एंथ्रोपोलोजिकल सर्वे आफ इंडिया तथा अन्य शैक्षणिक संस्थानों से घनिष्ठ रूप से जुड़े हुए थे। आपका कर्म क्षेत्र वर्तमान झारखंड राज्य के मानभूम के भूमिज रहे हैं। आपने अपने अध्ययनों द्वारा जनजाति-जाति निरंतरण, जनजाति-कृषि निरंतरण एवं जनजाति राजपूत निरंतरण की

अवधारणाओं का विकास किया है। आपने दर्शाया है कि भूमिज जनजाति के लोग इन प्रक्रियाओं के माध्यम से हिन्दू जाति बन गए हैं। उनके व्यवहार एवं हिन्दू जाति के व्यवहार में कोई अंतर नहीं रह गया है। वे अपने आपको जनजाति की तुलना में जाति कहलाने में ज्यादा गौरव का अनुभव करते हैं। इस प्रकार जनजाति जाति सातत्य अथवा निरंतरण के ऊपर आपका प्रमुख योगदान रहा है।

आपकी प्रमुख कृतियां निम्नलिखित रही हैं—

1. 1957: ट्राइबल कल्चर आफ पेनिनसुलर इंडिया, मैन इन इंडिया, खंड-37।

2. 1957: द मेडिया एंड नेचर आफ हिन्दू भूमिज इंटरएक्शंस, जर्नल आफ एशिएटिक सोसायटी, खण्ड-23, नं. I

3. 1958: चेंज इन द सायकिल आफ फेस्टिवल्स इन भूमिज विलेज, जर्नल आफ सोशल रिसर्च, खंड-I, नं. I

4. 1959: भूमिज-क्षत्रिय मूवमेंट इन साउथ मानभूम, बुलेटिन आफ एंथ्रोपोलोजिकल सर्वे आफ इंडिया, खंड-3, नं.-2

5. 1961: एग्रिकल्चर, क्राफ्ट्स एंड विक्ली मार्केट्स इन साउथ मानभूम, जर्नल आफ एंथ्रोपोलोजिकल सोसायटी, खंड-10, नं. 1

6. 1962: स्टेट फार्मेशन एंड राजपूत मिथ्स इन सेंट्रल इंडिया मैन इन इंडिया, खंड-42, नं. 2

7. 1965: ट्राइब-कास्ट एंड ट्राइब-जिजेंट कंटिनुअम इन सेंट्रल इंडिया, मैन इन इंडिया, खंड-45, नं. 1.

संपादित पुस्तक—

1. 1972: आस्पेक्ट्स आफ इंडियन कल्चर एंड सोसायटी इन इंडिया।

15. ईरावती कार्वे (1905-1970)

आपका जन्म 15 दिसंबर, 1905 को बर्मा में हुआ था। आपकी आरंभिक शिक्षा पूना स्थित गर्ल्स उच्च विद्यालय में हुई। स्कूल स्तर की शिक्षा प्राप्त करने के बाद आप फार्गुसन कॉलेज पूना की छात्रा बनीं। स्नातकोत्तर की उपाधि हेतु आप बांबे विश्वविद्यालय की छात्रा बनीं। बांबे विश्वविद्यालय के समाजशास्त्र विभाग से आपने अपनी एम.ए. की उपाधि सन् 1927 में प्राप्त की। आपका स्नातकोत्तर शोध प्रबंध चितपवन ब्राह्मण के ऊपर था। आपने अपना पीएच.डी. कार्य बर्लिन में डॉ. यूजीन फिशर के मार्गदर्शन में संपन्न किया। पीएच.डी. की उपाधि प्राप्त कर आप 1931 में स्वदेश लौटीं।

स्वदेश लौटने के बाद आपकी नियुक्ति एस.डब्ल्यू.डी. कॉलेज यूनिवर्सिटी पूना में कुल सचिव के रूप में हुई। आप 1932-38 तक यहां पर इस पद पर योगदान देती रहीं। इसके पश्चात् आपने फार्गुसन कॉलेज में जर्मन भाषा पढ़ाने का कार्य किया। यहां पर आपने एक वर्ष की सेवा प्रदान की। इसके पश्चात् आपकी नियुक्ति डेक्कन कॉलेज पूना में

समाजशास्त्र एवं मानवशास्त्र विषय में उपाचार्य के रूप में हुई। 1966 में इसी संस्थान में आपको प्रोफेसर बनाया गया। इस पद को आप अपनी मृत्यु (1970) तक धारण करती रहीं।

आपका प्रमुख कृतित्व निम्नलिखित है—

1. 1953: किनशिप आर्गेनाइजेशन इन इंडिया, एशिया पब्लिशिंग हाउस, कलकत्ता।

2. 1968: किनशिप आर्गेनाइजेशन इन इंडिया, तृतीय संस्करण।

इन पुस्तकों के अतिरिक्त आपने करीब एक सौ शोधपत्रों का प्रकाशन राष्ट्रीय एवं अंतरराष्ट्रीय ख्याति प्राप्त शोधपत्रिकाओं में किया है। हालांकि आपकी मुख्य अभिरुचि नातेदारी संगठन में रही है। लेकिन आपने मानवजातिशास्त्र एवं प्रागितिहास को भी अछूता नहीं छोड़ा है।

16. बी.के. राय बर्मन (1922—......)

आप सेंटर फार द स्टडी आफ डेवलपिंग सोसायटीज में विजिटिंग फेलो थे इसके पूर्व आप विश्व भारतीय, शांति निकेतन में ग्रामीण विकास विभाग के प्रोफेसर थे। आप भारत सरकार के जनगणना विभाग के उपसचिव तथा जनगणना के आयुक्त भी रह चुके थे।

भारत सरकार के जनगणना विभाग में घनिष्ठ रूप से जुड़े होने के कारण आपने भारतीय जनजातियों के संबंध में विशेष जानकारी प्राप्त की तथा उनके ऊपर अपने अनेक शोधपत्रों को प्रकाशित करवाए—

आपके प्रमुख कृतित्व निम्नलिखित हैं—

1. 1961: बारमोइंग: एन आओ नागा विलेज, मोनोग्राफ सेरिज, पार्ट-VI, सेंसस आफ इंडिया, 1961, नई दिल्ली।

2. 1966: स्ट्रक्चर आफ ब्रिज एंड बफर कम्युनिटिज इन बोर्डर एरियाज, मैन इन इंडिया, वॉल्यूम-46, नं.-2।

3. 1969: ट्राइबल डिमोग्राफी इन इंडिया—ए प्रिलिमिनरी एप्रेजल।

4. 1970: मॉर्डनाइजेशन प्रोसेस इन द हिल्स आफ नार्थ ईस्ट इंडिया, जर्नल आफ इंस्टीट्यूट आफ डिफेंस स्टडीज, जनवरी 1970।

5. 1970: डिमोग्राफिक एंड सोशियो-इकोनामिक प्रोफाइल्स आफ हिल एरिया आफ नार्थ-ईस्ट इंडिया।

6. 1973: चेतलाट विलेज मोनोग्राफ, सेंसस आफ इंडिया, नई दिल्ली।

7. 1971: अप्रेलिमिनरी अप्रेजल आफ शेड्यूल्ड ट्राइब्स आफ इंडिया, मैनेजर पब्लिकेशंस, नई दिल्ली।

आपके प्रमुख योगदान निम्नलिखित हैं—

जनजातियों के भौगोलिक वितरण के ऊपर योगदान—आपने अपनी पुस्तक एक प्रिलिमिनरी अप्रेजल आफ शेड्यूल्ड ट्राइब्स आफ इंडिया (1971) में भारत के विभिन्न क्षेत्रों में रहने वाली जनजातियों को पाँच भौगोलिक समूहों में विभाजित किया है।

उन पाँचों भौगोलिक जनजातीय समूहों का विवरण निम्नलिखित है—

1. उत्तर-पूर्व भारत—इस भौगोलिक क्षेत्र के अंतर्गत आपने असम, मेघालय, नागालैंड, मणिपुर, अरूणाचल प्रदेश, मिजोरम एवं त्रिपुरा राज्यों की जनजातियों को शामिल किया है।

2. उत्तर एवं उत्तर-पश्चिम भारत का उप हिमालय क्षेत्र—इस भौगोलिक क्षेत्र के अंतर्गत आपने उत्तर प्रदेश के उत्तरी जिलों एवं हिमाचल प्रदेश की जनजातियों को शामिल किया है।

3. मध्य एवं पूर्व भारत—इस भौगोलिक क्षेत्र के अंतर्गत आपने पश्चिम बंगाल, बिहार, उड़ीसा, मध्य प्रदेश एवं आंध्र प्रदेश की जनजातियों को शामिल किया है।

4. दक्षिण भारत—इस भौगोलिक क्षेत्र के अंतर्गत आपने तमिलनाडु, केरल एवं कर्नाटक की जनजातियों को शामिल किया है।

5. पश्चिम भारत—इस भौगोलिक क्षेत्र के अंतर्गत आपने राजस्थान, महाराष्ट्र एवं गुजरात की जनजातियों को शामिल किया है।

जनजातियों के सांस्कृतिक वर्गीकरण में योगदान—आपने हिन्दू सामाजिक व्यवस्था की ओर अनुकूल के आधार पर जनजातीय संस्कृति का वर्गीकरण निम्नलिखित ढंग से प्रस्तुत किया है—

1. हिन्दू सामाजिक व्यवस्था में शामिल जनजातियां—उदाहरण के लिए भील एवं भूमिज।

2. हिन्दू सामाजिक व्यवस्था से धनात्मक अनुकूलन—उदाहरण के लिए मुंडा, उरांव, संथाल, हो इत्यादि।

3. हिन्दू सामाजिक व्यवस्था से ऋणात्मक अनुकूलन—उदाहरण के लिए नागा एवं मिजो।

4. हिन्दू सामाजिक व्यवस्था से उदासीन—अरूणाचलन प्रदेश की जनजातियों।

सेतु एवं प्रतिरोधक की अवधारणा (कंसेप्ट आफ ब्रीज ए बफर)—आपने अपने अनुसंधान पत्र स्ट्रक्चर आफ ब्रीज एंड बफर (1966) में बंगाल और भूटान की सीमा पर निवास करने वाली टोटो नामक जनजाति का अध्ययन कर सेतु एवं प्रतिरोधक की अवधारणा का विकास किया है। इस जनजाति के लोग मैदानी क्षेत्र से चावल और नमक तथा पहाड़ी क्षेत्र से फल एवं अन्य वन उपजों को इधर से उधर ले जाकर दो या दो से अधिक समुदायों के बीच सेतु का काम करते हैं। जिस प्रकार सेतु नदी के दो किनारों को जोड़ देता है, उसी प्रकार टोटो जनजाति भी दो या अधिक समुदायों को आपस में जोड़कर सेतु का कार्य करती है।

दूसरी ओर आपने मणिपुर क्षेत्र की जनजातियों को प्रतिरोधक की भूमिका निभाते हुए पाया। जैसे नाग और लुशाय, नागा और कचरी, लुशाय और कचरी तथा नागा और मैतेयी प्रतिरोधक की भूमिका निभाते हैं। इस प्रकार आपके अध्ययन से जनजातियों की सेतु सदृश एवं प्रतिरोधक सदृश भूमिका प्रकाश में आई।

15

भारतीय मानवशास्त्र के विदेशी निर्माता

(FOREIGN BUILDERS OF INDIAN ANTHROPOLOGY)

भारतीय मानवशास्त्र को जन्म देने तथा विकसित करने में विदेशी विद्वानों की भूमिका को भुलाया नहीं जा सकता है। अत: यहाँ पर उन विदेशी विद्वानों के व्यक्तित्व एवं कृतित्व के संबंध में सूचना प्रदान करना युक्तिसंगत लगता है। जिन विद्वानों ने भारतीय मानवशास्त्र को समृद्ध किया है, उनके नाम निम्नलिखित हैं—

1. सर विलियम जान्स
2. जेम्स प्रिंसेप
3. अलेक्जेंडर कनिंघम
4. सर जान मार्शल
5. के.एन दिक्षित
6. सर मार्टिमर ह्वीलर
7. एच.एच. रिजले
8. जे.एच. हट्टन
9. वेरियर एलविन
10. सी.वोन. फ्यूरर हैमेन डोर्फ
11. ए.सी. मेयर
12. एफ.जी. बेली
13. ओस्कार लेविस
14. मिल्टन सिंगर
15. मैक्कीम मैरियट
16. डेविड मेंडल बाम
17. मोरिस ई. ओपलर
18. हैराल्ड ए. गाउल्ड

1. सर विलियम जान्स

सर विलियम जान्स कलकत्ता उच्च न्यायालय के मुख्य न्यायाधीश थे। लेकिन भाषा विज्ञान में आपकी गहन अभिरुचि थी। 15 जून, 1774 ई. का दिन भारतीय मानवशास्त्र के लिए चिरस्मरणीय माना जाता है। क्योंकि इसी दिन सर विलियम जान्स ने कलकत्ता में रायल एशिएटिक सोसायटी आफ बंगाल की स्थापना की थी। इस संस्था के माध्यम से एक अनुसंधान पत्रिका *जार्नल आफ एशिएटिक सोसायटी आफ बंगाल* का प्रकाशन आरंभ हुआ। आप इस अनुसंधान पत्रिका के मुख्य संपादक भी थे। आप रायल एशिएटिक सोसायटी आफ बंगाल के अध्यक्ष भी थे।

आपके प्रयास से इस समाज तथा इससे प्रकाशित अनुसंधान पत्रिका द्वारा भारतवर्ष में मानव, उसका समाज एवं उसकी संस्कृति का अध्ययन विद्वानों द्वारा आरंभ हुआ। इस प्रकार भारतीय मानवशास्त्र की स्थापना आपके करकमलों द्वारा किया गया। इसके बाद भारतीय मानवशास्त्र सदा प्रगति के पथ पर अग्रसर रहा। एशिएटिक सोसायटी की ओर से एक संग्रहालय का भी निर्माण किया गया था। आरंभिक दिनों में एशिएटिक सोसायटी द्वारा भारतीय भाषा एवं साहित्य पर खूब काम किया गया। बाद में भारत में मानव की प्राचीनता, भारतीय जनजातियों, जातियों, प्रजातियों, विवाह, नातेदारी, परिवार इत्यादि के संबंध में लेख प्रकाशित होने लगे।

2. जेम्स प्रिंसेप

सन् 1833 ई. में जेम्स प्रिंसेप महोदय को रायल एशिएटिक सोसायटी का सचिव बनाया गया था। आपको यह पद प्राप्त होने से भारतीय मानवशास्त्र को काफी बल मिला। आप एक वैज्ञानिक थे तथा आपने वैज्ञानिक दृष्टिकोण को प्रश्रय दिया। आपके द्वारा ब्रह्मी एवं खरोष्ठी लिपियों का अध्ययन किया गया। आपने अशोक एवं पियदसी को अभिन्न प्रमाणित किया। आप मुद्राशास्त्र एवं अभिलेख के पंडित थे। आप सर्वेक्षण एवं अभिलेख संरक्षण पर विशेष ध्यान दिए। आपने विद्वानों का ध्यान भारत में उत्खनन की ओर आकृष्ट किया।

भारतीय पुरातत्वशास्त्र एवं भारतीय प्रागैतिहासिक मानवशास्त्र को आपसे बहुत बड़ी-बड़ी आशाएं थीं। लेकिन आपका असमयिक निधन हो गया। इससे भारतीय पुरातत्वशास्त्र को महती क्षति हुई।

आपके शिष्य जेम्स फार्गुसन महोदय द्वारा भारतीय वास्तुकला का चित्रात्मक इतिहास प्रस्तुत किया गया।

3. अलेक्जैंडर कनिंघम

सन् 1861 ई. में भारत सरकार द्वारा पुरातत्व विभाग की स्थापना की गयी। नव स्थापित पुरातत्व विभाग का कार्य भार अलेक्जैंडर कनिंघम महोदय को सौंपा गया। पुरातत्व

सर्वेक्षण के प्रधान के रूप में आपने भारतीय पुरातत्वशास्त्र के क्षेत्र में अनुसंधान कार्य को बड़ी लगन तथा उत्साह के साथ आगे बढ़ाया। आपके द्वारा पंजाब, उत्तर प्रदेश, राजस्थान, मध्य प्रदेश, बिहार और बंगाल के विस्तृत भूभाग का सर्वेक्षण किया गया। उस सर्वेक्षण के आधार पर उन राज्यों के अचल अवशेषों, स्मारकों एवं ऐतिहासिक महत्त्व के स्थलों का जो विवरण प्रस्तुत किया गया है वह भारतीय पुरातत्वशास्त्र के लिए बहुमूल्य निधि मानी जाती है। इससे भारतीय पुरातत्वशास्त्र में भावी अनुसंधान का मार्ग भी प्रशस्त हो गया।

कनिंघम महोदय के भारतीय पुरातात्विक सर्वेक्षण का प्रमुख उद्देश्य ह्वेनसांग के यात्रा विवरण में उल्लिखित प्राचीन बौद्ध स्थलों की खोज था। आपने ह्वेनसांग के यात्रा विवरण को अपना मार्गदर्शक बनाया था। जहां-जहां इस चीनी यात्री के चरण गए थे, वहाँ-वहाँ आप भी गए। यात्रा संबंधी तत्कालीन समस्याओं को देखते हुए यह कार्य बड़ा ही कठिन था। आपने अपनी अधिकांश यात्रा घोड़े, बैल-गाड़ी तथा पैदल की थी। आपने जिस पैमाने पर पुरातात्विक सर्वेक्षण का कार्य किया उतना आपके पूर्व किसी ने नहीं किया था। अत: आपको भारतीय पुरातत्व के जनक कहना अनुपयुक्त नहीं होगा।

यह सत्य है कि आपके द्वारा कई पुरातात्विक प्रमाणों को क्षति पहुंचायी गयी। लेकिन इसके लिए केवल आप ही को दोषी मानना उचित नहीं है। क्योंकि उस समय उतना पुरातत्व की वैज्ञानिक विधि का विकास नहीं हो पाया था। दूसरी बात यह थी कि आप कम से कम समय में अधिक से अधिक पुरातात्विक वस्तुओं की खोज कर लेना चाहते थे।

जब आप अपने पद से सेवा निवृत्त हो गए तब भारतीय पुरातात्विक सर्वेक्षण का पुनर्गठन किया गया। इस पुनर्गठन के अनुसार प्रमुख निदेशक के समन्वयात्मक अधिकारों को समाप्त कर दिए गए थे। पश्चिम भारत का कार्य जेम्स वर्गेस के हाथों में सौंप दिया गया था। वर्गेस महोदय पेशा और रुचि दोनों से वास्तुशिल्पी थे। आपने पश्चिम भारत के वास्तुकला की दृष्टि से महत्त्वपूर्ण सभी पुरावशेषों का सर्वेक्षण किया। आपने सर्वेक्षण विवरण में आपके द्वारा रेखाचित्र एवं छायाचित्र भी प्रस्तुत किए गए।

आपके तथा आपके अनुयायियों की कृपा से ही तत्कालीन विद्वत जगत को सातवाहन, चालुक्य, राष्ट्रकूट, पल्लव और होयशल इत्यादि राजवंशों द्वारा निर्मित गुफाओं एवं मंदिरों की कलात्मकता का ज्ञान प्राप्त हुआ।

अलेक्जैंडर की सुप्रसिद्ध पुस्तक एंशियंट जियोग्राफी आफ इंडिया है।

4. सर जान मार्शल

लार्ड कर्नल की राजाज्ञा से भारतीय पुरातत्व सर्वेक्षण विभाग का पुनर्गठन 1900 ई. में हुआ। सर जान मार्शल महोदय की नियुक्ति भारतीय पुरातत्व सर्वेक्षण विभाग के महानिदेशक पद पर की गयी। आप इस पद पर 1904-1934 तक बने रहे।

आप क्रीट, यूनान तथा टर्की से पुरातत्वशास्त्र में प्रशिक्षण प्राप्त किए थे। भारतीय पुरातत्व सर्वेक्षण के आपको महानिदेशक बन जाने से भारतीय पुरातत्वशास्त्र की उल्लेखनीय

प्रगति हुई। आपने 30 वर्षों के सुदीर्थ सेवाकाल में नई-नई खोजों से भारतीय पुरातत्व शास्त्र को समृद्ध किया। आपके सेवाकाल में भारत के कई राज्यों जैसे—मैसूर, ट्रावनकोर, जयपुर और बड़ौदा में पुरातत्व विभाग की शाखाएं स्थापित हुईं। चूँकि आप यूनान से प्राचीन पुरातत्वशास्त्र में विशेष प्रशिक्षण प्राप्त किया था। अत: आप भारतीय संस्कृति में यूनानी तत्वों की खोज में लगे रहते थे। लेकिन इसका अर्थ यह कदापि नहीं कि आप अन्य कार्य में अभिरुचि नहीं रखते थे। वस्तुत: भारतीय पुरातत्व शास्त्र में आपका अनुपम योगदान रहा है। आपने भारत के गौरवशाली अतीत की अध्यायों को उत्खननों के माध्यम से उद्‌घाटित किया है। आपके प्रयास से भारतीय पुरातत्व विभाग कई मंडलों में विभाजित किया गया। प्रत्येक मंडल के विद्वान प्रमुख स्मारकों के संरक्षण तथा नयी खोजों का कार्य करने लगे।

सन् 1914-20 का काल भारतीय पुरातत्व की प्रगति के लिए अच्छा नहीं रहा। प्रथम विश्वयुद्ध के कारण पुरातत्व का कार्य शिथिल पड़ गया था। लेकिन काम करने के जो भी थोड़ा बहुत समय मिला उसमें अनेक अभिलेख एवं स्मारक खोज निकाले गए। इस अवधि में कई स्थानों का उत्खनन भी किया गया। उत्तर भारत में जिन स्थानों का उत्खनन हुआ उनमें सर्वाधिक महत्त्व तक्षशिला एवं नालंदा का है। इसी अवधि में सांची, सारनाथ, भीटा इत्यादि स्थानों की खुदायी की गयी।

मार्शल महोदय के कार्यकाल में भारतीय पुरातत्व के क्षेत्र में तो प्रगति हुई, लेकिन इससे मानव का वह पक्ष जिसका संबंध आदिकाल से है, अछूता रह गया। अब तक ऐसी खोजें नहीं की जा सकीं जिनके आधार पर आदिकाल से सभ्यावस्था तक के मानव समाज की प्रगति को विभिन्न अवस्थाओं के माध्यम से प्रस्तुत किया जा सके। लेकिन इसके लिए भारतीय पुरातत्व को दोष देना उचित नहीं है। उन दिनों पूरे विश्व में पुरातत्व संबंधी कार्यों का प्रमुख उद्देश्य प्राचीन कलात्मक वस्तुओं के संग्रह द्वारा संग्रहालयों की शोभावृद्धि करना तथा बीते युगों का सनसनीखेज विवरण प्रस्तुत करना था। दूसरी बात यह थी कि पश्चिमी विद्वानों की यह धारणा बनी हुई थी कि भारत का इतिहास बहुत पुराना नहीं हो सकता। अत: भारत के आदिकाल पर ध्यान नहीं दिया गया। अनेक वर्षों तक तक्षशिला के अतिरिक्त ऐसा कोई अन्य स्थल उत्खनित नहीं हुआ जिससे भारतीय इतिहास के किसी युग विशेष के लोगों के रहन-सहन का ज्ञान प्राप्त होता है। साधारणत: विद्वानों ने यह धारणा बना ली थी कि धर्म प्रधान देश भारत में केवल धार्मिक महत्त्व के पुरावशेषों का अध्ययन उपयोगी होगा। अत: विभिन्न संप्रदायों के स्मारकों को ही इस देश की पुरातात्विक संपत्ति माना गया। पुरातत्व विभाग इसके संरक्षण को ही अपना प्रधान कर्त्तव्य समझा।

मार्शल महोदय यह अनुभव करते थे कि भारत के अतीत का पुनर्निर्माण करने के लिए वास्तविक अवशेषों का समुचित उपयोग नहीं किया जा रहा है। आपने अपनी पुस्तक कैंब्रिज हिस्ट्री आफ इंडिया में लिखा है कि भारतीय इतिहास का यह दुर्भाग्य रहा है कि इसके आदिकाल एवं अंधकार युगों का ज्ञान तत्कालीन अवशेषों से प्राप्त नहीं किया जा सकता है। ऐसा लिखने के दो वर्ष पश्चात् ही आपने हड़प्पा एवं मोहनजोदड़ों में सुविकसित

सभ्यता के प्रमाण उपलब्ध होने की घोषणा करके तत्कालीन इतिहास जगत में सनसनी पैदा कर दी। भारत के अतीत के विवरण में इस अध्याय को जुट जाने से इतिहासज्ञों को भारतीय सभ्यता की प्राचीनता के संबंध में अपने-अपने विचार परिवर्तन के लिए बाध्य होना पड़ा। एक-दूसरे से करीब 700 कि.मी. दूर स्थित दो समकालीन महानगरों में समान सभ्यता के प्रमाण उपलब्ध होने से विद्वान लोग भारतीय सभ्यता के उद्‌भव, विकास और प्रसार के विषय में चिंतन करने लगे। अब पुरातत्व सर्वेक्षण विभाग के दृष्टिकोण में भी परिवर्तन आए। अब यह विभाग मात्र प्राचीन वस्तुओं का संग्रह नहीं रह गया।

सन् 1935 में एक महत्त्वपूर्ण घटना यह घटी कि हिम युगों से संबद्ध संस्कृतियों की खोज के लिए कैंब्रिज एवं येल विश्वविद्यालय के संयुक्त तत्वावधान में कश्मीर घाटी तथा पंजाब की तलहट्टियों में कार्य किए गए। तीसरी सहस्राब्दी ई.पू. की भारत के एक विकसित सभ्यता के ठोस प्रमाण मिल चुके थे। परन्तु मनुष्य सभ्यता के इस अवस्था में सहसा नहीं पहुंचा होगा। वह भिन्न-भिन्न अवस्थाओं से होकर यहां तक पहुंचा होगा। इन प्रश्नों के उठने से पुरातत्वशास्त्र के क्षितिज का विस्तार भारतवर्ष में होने लगा।

5. राय बहादुर के.एन. दिक्षित

राय बहादुर के.एन. दिक्षित भारतीय पुरातत्वशास्त्र सर्वेक्षण विभाग के महानिदेशक के रूप में जान मार्शल के बाद नियुक्त हुए थे। आपके कार्यकाल में उत्खनन पर विशेष ध्यान दिया गया। आपने शिक्षण संस्थाओं का ध्यान भी प्रागैतिहासिक स्थलों के उत्खनन की ओर आकृष्ट किया। डेक्कन कॉलेज पूना के इतिहास एवं भाषा विज्ञान स्नातकोत्तर विभाग के एक शिक्षक ने आपके पास खोज कार्य की एक योजना का प्रारूप प्रस्तुत किया था। उस प्राध्यापक को पूना के पास कुछ महापाषाण मिले थे। अब तक इस प्रकार के पुरावशेषों पर ध्यान नहीं दिया जाता था। लेकिन आपने इस प्रकार के अनुसंधान के महत्त्वों को स्वीकार किया। अब सरकार तथा शोध संस्थानों के बीच सामंजस्य स्थापित होने लगा। इससे इस देश में पुरातत्वशास्त्र की प्रगति जोरों से होने लगी। डेक्कन कॉलेज पूना तथा गुजरात शोध संस्थान ने दिक्षित महोदय के आदेशानुसार गुजरात में अनुसंधान कार्य आरंभ किया तथा राबर्ट ब्रुश फूट द्वारा प्रतिपादित पुरापाषाण काल एवं नवपाषाणकाल के बीच विराम की समस्या का समाधान किया। आपके द्वारा कलकत्ता विश्वविद्यालय को भी बानगढ़ में उत्खनन के लिए अनुमति प्रदान की गयी थी।

6. सर मार्टिमर ह्वीलर

आप भारतीय पुरात्व सर्वेक्षण के महानिदेशक थे। आप एक मंजे हुए पुरातत्वज्ञ थे। आप वैज्ञानिक उत्खनन के हिमायती रहे थे। जब आपकी नियुक्ति भारतीय पुरातात्विक सर्वेक्षण

विभाग में महानिदेशक के रूप में हुई, आपको ज्ञात हुआ कि भारतीय पुरातत्वशास्त्र का संतुलित विकास नहीं हो पाया है। उत्तर भारत के बौद्ध स्थलों पर तो पूरा ध्यान दिया गया था। लेकिन दक्षिण भारत पूर्णतः अछूता रह गया था। तिथि सहित अवशेषों की उपलब्धि नहीं होने तथा प्रामाणिक सामग्रियों के अभाव के कारण चौथी-पांचवीं शताब्दी पूर्व दक्षिण भारत का तिथि क्रम अनिश्चित था। आपके द्वारा दक्षिण भारत के इतिहास की इस समस्या का समाधान किया गया। आपने दक्षिण भारत में उत्खनन का कार्य किया। उस उत्खनन के आधार पर तिथि क्रम निर्धारण हेतु 50 ई. सन् को एक निश्चित तिथि मानी गयी। इस प्रकार आपने भारतीय पुरातत्व को पूर्णरूप प्रदान किया।

आपने पाया कि दक्षिण भारत में महापाषाणिक समाधियां बिखरी पड़ी हुईं थीं। भारतीय इतिहास के ढाँचे में उन्हें निश्चित स्थान नहीं मिला था।

पांडिचेरी के रोमकालीन मृद्भाडों को देखकर आपने अरिका मेंडु का उत्खनन किया। इस उत्खनन से प्रथम शताब्दी ई. सन् में रोम और भारत के मध्य व्यापार के संबंध मिले। आपके द्वारा ब्रह्मगिरी एवं चन्द्रवल्ली का उत्खनन किया गया। इन उत्खननों के फलस्वरूप इतनी सामग्रियां उपलब्ध हो गयीं कि दक्षिण, पश्चिम और दक्षिण-पूर्व भारत का एक मोटा-मोटी संस्कृति-क्रम का निर्धारण संभव हो सका।

आपने अनुभव किया कि तत्कालीन भारतीय पुरातात्विक जगत में प्रशिक्षित पुरातत्वज्ञों का पूर्ण अभाव है। अब तक विभिन्न विश्वविद्यालयों के विद्यार्थीगण उत्खनन कार्य से बिल्कुल अनभिज्ञ रहे थे। लेकिन आपने विश्वविद्यालय के विद्यार्थियों को उत्खनन से जोड़ा। आप उनके साथ उत्खनन प्रशिक्षण में भाग लिए तथा उन्हें प्रशिक्षित किया। अरिका मेंडु, ब्रह्मगिरी तथा चन्द्रवल्ली उत्खनन शिविरों में भाग लेने के लिए विद्यार्थियों को भेजने संबंधी आग्रह आपने विश्वविद्यालय से किया था। आपने उन्हें आर्थिक सहायता भी प्रदान की थी।

7. एच.एच. रिजले

आप मूलतः भारतीय सिविल सेवा (आई.सी.एस. अब आई.ए.एस.) के एक विद्वान अधिकारी थे। आपने अपनी लेखनी द्वारा भारतीय शारीरिक मानवशास्त्र को विशेष रूप से समृद्ध किया। आप 1901 के भारत की जनगणना के आयुक्त थे।

सर्वप्रथम आपने अंपनी पुस्तक *ट्राइब्स एंड कास्ट्स इन बंगाल* का प्रकाशन 1890 में किया। इस पुस्तक में आपने बंगाल की जनजातियों एवं जातियों के बारे में संक्षिप्त में विवरण प्रस्तुत किया। आपके अनुसार जनजाति और जाति के बीच विभाजन रेखा खींचना कठिन है।

जब आप 1901 की जनगणना के आयुक्त बने तब आप भारतीय जनसंख्या में विद्यमान प्रजातीय तत्वों के अध्ययन की ओर अपना ध्यान केन्द्रित किए। आपने भारतीय

जनसंख्या में विद्यमान प्रजातीय तत्वों को सात वर्गों में विभाजित किया। आपने भारत में प्रजातीय अध्ययन का आधारशिला रखा। इसका विस्तारपूर्वक विवरण आपकी पुस्तक द पिपुल आफ इंडिया (1915) में मिलता है। इस पुस्तक के अनुसार भारतीय जनसंख्या में विद्यमान सात प्रजातीय तत्व निम्नलिखित हैं—

1. टर्की ईरानियन
2. इंडो आर्यन
3. सीथो द्रविडियन
4. आर्यो द्रविडियन
5. मंगोलो द्रविड़ियन
6. मंगोलायड
7. द्रविडियन

इनमें तीन प्रजातियाँ—द्रविड़, मंगोल और आर्य मौलिक हैं। शेष चार प्रजातियां इन तीन मौलिक प्रजातियों का सम्मिश्रण का परिणाम है।

आपने अपने प्रजातीय वर्गीकरण में नीग्रिटो प्रजाति को शामिल नहीं किया है। आपके अनुसार इस प्रजाति की भारत की जनसंख्या निर्माण में कोई भूमिका नहीं है। अपने द्रविड़ प्रजाति को प्राचीनतम प्रजाति माना है। आपने आस्ट्रेलिया की जनजातियों एवं भारत के द्रविड़ों के बीच किसी प्रकार के संबंध को स्वीकार नहीं किया है। आपने अंडमान और फिलीपींस द्वीपों के नीग्रिटो के साथ भी भारत के द्रविड़ों के संबंध को स्वीकार नहीं किया है।

आप अपने इस मत पर अडिग रहे कि द्रविड़ ही भारत के आरंभिक निवासी हैं।

8. जे.एच. हट्टन

सर एच.एच. रिजले के बाद जे.एच. हट्टन की नियुक्ति भारत के 1931 की जनगणना के आयुक्त के रूप में हुई। जनगणना आयुक्त होने के कारण आपकी अभिरुचि भारतीय जनसंख्या में विद्यमान प्रजातीय तत्वों की ओर जागृत हुई। आपने रिजले महोदय द्वारा प्रदत्त भारतीय जनसंख्या के प्रजातीय वर्गीकरण को अस्वीकार किया है। आपके अनुसार रिजले महोदय ने अन्य विद्वानों की भांति प्रजाति को भाषा समझने की भूल की है। आपके अनुसार द्रविड़ एवं आर्य प्रजाति सूचक शब्द नहीं हैं। वे भाषा मूलक शब्द हैं। आपने रिजले के इस मत का भी खंडन किया है कि द्रविड़ भारत के सबसे आरंभिक निवासी हैं। आपके अनुसार रिजले ने उन प्रजातियों का उल्लेख नहीं किया है जो भारत में समय-समय पर आयीं तथा जिनकी शारीरिक गुण भारतीय जनसंख्या में आज भी मिलते हैं।

आपके अनुसार भारत की सबसे प्राचीन प्रजाति नीग्रिटो है जिसका जन्म स्थान अफ्रीका है। ये लोग अफ्रीका से अरब होते हुए बलूचिस्तान और ईरान के समुद्र तट का अनुसरण करते हुए भारत पहुंचे। चूँकि इस प्रजाति को भारत में बाद में आए प्रजातियों द्वारा

पूर्णतः नष्ट कर दिया गया था, अतः नीग्रिटो प्रजाति का कोई भी चिह्न अब भारत के प्रमुख भागों में नहीं पाया जाता है।

आपके अनुसार नीग्रिटो प्रजाति के बाद भारत में आने वाली दूसरी प्रजाति प्रोटोआस्ट्रालायड थी। इस प्रजाति के पूर्वज पैलेस्टीन निवासी थे। ये पश्चिम से भारत आए।

प्रोटोआस्ट्रालायड के बाद भारत में भूमध्य सागरीय प्रजाति भारत में आई। इसकी दो शाखाएं थीं। एक शाखा को कृषि कर्म तथा दूसरी शाखा को धातुकर्म का ज्ञान था। आपके अनुसार दूसरी शाखा के लोगों ने ही सिन्धु घाटी सभ्यता का विकास किया होगा।

इसके बाद पूर्व के मार्ग से मंगोल प्रजाति के लोगों का प्रवेश भारत में हुआ होगा। इस प्रजाति के लोग बंगाल की खाड़ी से इंडोनेशिया तक फैल गए।

इसके बाद भारत में अल्पाइन प्रजाति के लोग आए। सबसे अंत में इंडो आर्य प्रजाति का आगमन पंजाब में हुआ।

आपके द्वारा जनजाति एवं जाति विवाद को भी सुलझाने का भरपूर प्रयास किया गया। इसके लिए आपने धर्म का प्रयोग कठोर मापदंड के रूप में किया। आपके अनुसार वे समूह जो स्पष्ट रूप से हिन्दू विश्वासों, कर्मकांडों और रीति-रिवाजों को अपना लिए हैं, उन्हें जाति माना जाना चाहिए। इसके विपरीत वे समूह जो जीववादी और प्रकृतिवादी हैं उन्हें जनजाति माना जाना चाहिए। उन्होंने अन्य मानदंडों को द्वितीय श्रेणी के अंतर्गत रखा। आपने जनजातियों को आत्म निर्णय के अधिकार देने तथा स्वायतशासन की वकालत भी की थी।

आपका प्रमुख कृतित्व निम्नलिखित हैं—

1. 1921: द अंगामी नागा, मैकमिलन एंड कंपनी, लंदन।
2. 1921: द सेमा नागा, मैकमिलन एंड कंपनी, लंदन।
3. 1923: द कनेक्शंस आफ डिफरेंट नागाज आफ असम, सेंसस आफ इंडिया, 1921, खंड-III।
4. 1931: एथनोग्राफिक नोट्स वाय वैरियस हैंड्स, सेंसस आफ इंडिया, खंड-1, पार्ट-III, गवर्मेंट प्रेस।

9. वेरियर एलविन (1902—......)

वेरियन एलविन अपने कृतित्व द्वारा भारतीय मानवशास्त्र को समृद्ध बनाने वाले एक विदेशी विद्वान थे। आपका जन्म इंग्लैंड में हुआ था। आपके पिता एक चर्च के बिशप थे। आपकी आरंभिक शिक्षा इंग्लैंड में हुई। उच्च शिक्षा प्राप्ति के बाद आपकी नियुक्ति इंग्लैंड के एक स्कूल में प्राचार्य के रूप में हुई। लेकिन आपके मित्रों ने भारत जाकर वहां के लोगों के अध्ययन करने का सुझाव दिया। आप उनके सुझाव से प्रभावित होकर भारत आए। सन् 1927 ई. में आप भारत आकर सर्वप्रथम पूना में ब्रिस्टा सेवा संघ में रहने लगे। लेकिन

आपने इस संघ के धर्म के प्रचार-प्रसार में कोई अभिरुचि नहीं दर्शायी। आप महात्मा गांधी से प्रभावित होकर साबरमती सेवा आश्रम में आकर रहने लगे। यहां आपकी भेंट ठक्कर बापा से हुई। आप ठक्कर बापा से प्रभावित होकर उनके साथ हरिजन बस्तियों में काम करना शुरू किए। इसके बाद आप सरदार बल्लभ भाई पटेल के संपर्क में आए। उनसे प्रभावित होकर आप स्वतंत्रता की लड़ाई से जुड़ गए। आपने पटेल के बारडोली आंदोलन पर एक पुस्तक की रचना की। इस पुस्तक.का शीर्षक *द डिस्टबर्ड गुजरात विलेज* था। इसके बाद आपने पेशावर के पठान आंदोलन पर कार्य किया। इस अध्ययन के आधार पर आपने *द डान आन इंडियन फ्रीडम* नामक पुस्तक की रचना की। इस बीच आप अपने अस्वस्थ्य माता से मिलने इंग्लैंड चले गए।

इंग्लैंड से वापस होने में आपको कठिनाइयों का सामना करना पड़ा, क्योंकि आप भारत के स्वतंत्रता आंदोलन में सक्रिय रूप से भाग ले रहे थे। इसलिए ब्रिटिश सरकार आपके भारत वापसी पासपोर्ट पर प्रतिबंध लगा दी थी। किन्तु आप किसी प्रकार भारत लौटने में सफल हुए। इस बार आप जनजातीय अध्ययन की ओर अपना ध्यान केन्द्रित किए। जनजातीय अध्ययन के लिए आप मध्य प्रदेश के बेतुल गए और बाद में पाटनगढ़ जाकर रहे। आपने 22 वर्ष की लंबी अवधि तक रहकर ए.सी. हैड्डुन के नेतृत्व में जनजातियों का अध्यन किया। यहां आपने अपने कैरियर की शुरुआत एक एथनोग्राफर के रूप में की। आपने शृंखला में मध्य प्रदेश की जनजातियों के ऊपर मोनोग्राफ लेखन का कार्य किया। आप मध्य प्रदेश की बैगा, अगारिया, मारिया तथा मुरिया जनजाति का सांस्कृतिक पुनर्निर्माण करके मध्य प्रदेश की जनजातीय विरासत को प्रकाश में लाया।

आपने अपनी पहली पुस्तक द बैगा (1939) में जनजातियों के लिए पार्कलैंड सिद्धांत का प्रतिपादन किया। इस सिद्धांत के प्रतिपादन के कारण एलविन को अनेक प्रकार की आलोचनाओं का सामना करना पड़ा।

आपने मध्य भारत की पौराणिक कथाओं का अध्ययन कर उस पर पुस्तक की रचना की। मध्य भारत की जनजातीय कलाओं को भी आपने अध्ययन का विषय बनाया तथा अनुसंधान करके उन पर पुस्तक की रचना की।

आप मध्य प्रदेश की जनजातियों से इतना घनिष्ठ रूप से जुड़ गए थे कि आपको उन्हें भूल पाना कठिन था। आप जनजातीय गांव में जनजातियों के संग जनजातीय ढंग से रहते थे। आपके जीवन में मध्य प्रदेश की जनजातियां इतना रस-बस गई थीं कि आपने उसे रिश्ता में बदल दिया। आप सीता और गीता नामक दो गौंड लड़कियों से विवाह करके सदा के लिए भारतीय बन गए। आपका जीवन सीधा-सादा था। जनजातियों के विकास में आपकी अभिरुचि थी। आप अपने रिसर्च कैंप में सीधा-सादा जीवन व्यतीत करते थे। आपके अनुसंधान कैंप में आपके अतिरिक्त एक आशुलिपिक एवं एक रसोइया रहता था।

मध्य प्रदेश की जनजातियों के अध्ययन करने के बाद आप उड़ीसा की जनजातियों का अध्ययन कर आपने मोनोग्राफ लेखन का काम किया।

आपने योजनाबद्ध परसंस्कृतिकरण की वकालत की। आपने अपना सुझाव व्यक्त करते हुए कहा कि अगर सही ढंग से जनजातियों को संरक्षण दिया जाये तथा उनके वास्तविक जीवन को कायम रखा जाये, तब उन जनजातियों का भविष्य आवश्यक रूप से सुखमय होगा जिन्हें आज स्नायु क्षति (लास आफ नर्वस) का सामना करना पड़ता है।

उड़ीसा के बाद आप उत्तर-पूर्व भारत की जनजातियों की ओर आकर्षित हुए। 1952 में आप असम के तत्काल गवर्नर के निमंत्रण पर असम गए और नेफा (मणिपुर और नागालैंड) की जनजातियों का अध्ययन कर उनकी पौराणिक कथाओं, धर्म, दर्शनशास्त्र इत्यादि को प्रकाश में लाए।

जन जातीय विकास के लिए तत्कालीन प्रधानमंत्री द्वारा प्रतिपादित पंचशील प्रोग्राम का सूत्रबद्ध आपने ही किया था। आप जनजातीय विकास के लिए गठित देवार आयोग के अध्यक्ष थे। इसीलिए देवार आयोग को एलविन समिति के नाम से जाना जाता है। आप जनजातीय मामलों में भारत सरकार के सलाहकार भी रह चुके थे।

हालांकि आपको पार्कलैंड सिद्धांत के प्रतिपादन के कारण काफी आलोचना का सामना करना पड़ा था। लेकिन आप भारत की अखंडता में विश्वास रखते थे। आपके चारों पुत्र चार धर्म के अनुयायी बने थे—हिन्दू, मुसलमान, सिख, ईसाई। आपको इसमें जरा भी आपत्ति नहीं हुई थी। आप भले ही जन्म से विदेशी थे। लेकिन आपमें भारतीयता कूट-कूट कर भरी हुई थी। आप कर्म से भारतीय थे तथा भारतीयता को बनाए रखने में विश्वास करते थे। भारत की जनजातियों से आपको विशेष लगाव था। उनके साथ आपने अटूट रिश्ता कायम रखा।

आपके मुख्य कृतित्व निम्नलिखित हैं—

1. 1939: द बैगा, जानमुराय, लंदन।
2. 1942: द अगारिया, ऑक्सफोर्ड यूनिवर्सिटी प्रेस, कैंब्रिज।
3. 1943: मारिया मर्डर एंड सुसाइड, ऑक्सफोर्ड यूनिवर्सिटी प्रेस, कैंब्रिज।
4. 1943: द एबोरिजनल्स, ऑक्सफोर्ड यूनिवर्सिटी प्रेस, कैंब्रिज।
5. 1947: द मुरिया एंड देयर, धोथुल, ऑक्सफोर्ड यूनिवर्सिटी प्रैस, कैंब्रिज।
6. 1947: मिथ्स आफ मिडिल इंडिया, ऑक्सफोर्ड यूनिवर्सिटी प्रेस, कैंब्रिज।
7. 1948: नोट्स आन जुआंग, मैन इन इंडिया, वॉल्युम-28।
8. 1950: बोडो हाइ लैंडर्स, ऑक्सफोर्ड यूनिवर्सिटी प्रेस, बांबे।
9. 1951: ट्राइबल आर्ट्स आफ मिडिल इंडिया, ऑक्सफोर्ड यूनिवर्सिटी प्रेस, कैंब्रिज।
10. 1952: द लास आफ द नवर्सस।
11. 1954: द ट्राइबल मिथ्स आफ उड़ीसा, ऑक्सफोर्ड यूनिवर्सिटी, प्रेस, बांबे।
12. 1955: द रेलिजन आफ एन इंडियन ट्राइब, ऑक्सफोर्ड यूनिवर्सिटी प्रेस, कैंब्रिज।

13. 1958: द मिथ्स आफ नार्थ-ईस्ट फ्रंटियर्स आफ इंडिया, नेफा, शिलांग।

14. 1959: इंडियाज नार्थ-ईस्ट फ्रंटियर्स एजेंसी इन द नाइटिंथ सेंचुरी, ऑक्सफोर्ड यूनिवर्सिटी प्रेस, कलकत्ता।

15. 1960: द फिलोसोफी आफ नेफा, नेफा, शिलांग।

16. 1960: नागालैंड एडवाइजर्स सेकरेटेरियट, रिसर्च डिपार्टमेंट, शिलांग।

17. 1962: द आर्ट आफ नेफा, नेफा, शिलांग।

10. सी.वान. फ्यूर हैमेनडार्फ (1909-1995)

क्रिस्टाफ वान फयूर्र हैमेनडार्फ का जन्म 1909 ई. में विएना में हुआ था। आपके पिता आस्ट्रिया की नागरिक सेवा में एक उच्च अधिकारी थे। आपकी मानवशास्त्र में दीक्षा सन् 1927 ई. में विएना विश्वविद्यालय में हुई। 1931 ई. में आपको डी.फिल. की उपाधि प्रदान की गयी। ब्रिटिश मानवशास्त्री मैलिनोवस्की से प्रेरणा प्राप्त कर आप 1936 में एक वर्ष के लिए भारत आए। इस प्रवास के समय आप असम की नागा जनजाति के मध्य अध्ययन किए। इसके बाद आप अपने देश लौट गए। 1939 में आप पुनः भारत आए। लेकिन द्वितीय विश्व युद्ध छिड़ जाने के कारण आपको दुश्मन राष्ट्र का साथ मानकर बन्दी बना लिया गया। आपको आंध्र प्रदेश के हैदराबाद में जेल के अंदर रखा गया। आपने अपनी बौद्धिक क्षमता का प्रयोग करते हुए बंदी का जीवन व्यतीत करते हुए हैदराबाद की चेंचु, रेड्डी तथा राजगैंड जनजातियों के ऊपर अपना अनुसंधान कार्य किया। आपने असम एवं अरूणाचल प्रदेश की जनजातियों के मध्य भी कार्य किया।

द्वितीय विश्वयुद्ध की समाप्ति के बाद आप हैदराबाद निजाम के सलाहकार बन गए। आपके द्वारा हैदराबाद में जनजातियों के विकास एवं कल्याण के लिए अनेक संस्थाएं स्थापित की गई थी।

1949 में आपकी नियुक्ति लंदन विश्वविद्यालय के प्राच्य और अफ्रीकी संस्थान में रीडर के रूप में हुई। इसी संस्थान मं 1951 में आप प्रोफेसर बने। आपके द्वारा इस संस्थान को विकसित करने का हर संभव प्रयास किया गया। 1953 में आप असम गए तथा वहां भी जनजातियों के ऊपर अपना अनुसंधान कार्य किए।

आपके प्रमुख कृतित्व निम्नलिखित हैं—

1. 1939: द नेकेड नागा।

2. 1941: ''सिजनल नोमैडिज्म एंड इकोनामिक्स आफ चेंचुज आफ हैदराबाद'', जर्नल आफ रायल एशिएटिक आफ बंगाल, वॉल्यूम-7।

3. 1942: ''द फार्चुन्स आफ प्रिमिटिव ट्राइब्स'' इंडियन जर्नल आफ सोशल वर्क, वॉल्यूम-1।

4. 1943: चेंचुजः द जंगल फोक आफ डेक्कन, मैकमिलन एंड कंपनी, लंदनी।

5. 1945: "द ट्राइबल पोपुलेशन आफ हैदराबाद", जर्नल आफ सोशल वर्क्स, वॉल्यूम-3।

6. 1945: द रेडिज आफ बेसन हिल्सः ए स्टडी इन ए कल्चरेशन (ऐलिजाबेथ वान सी फ्युरर हैमेन डार्फ के साथ), मैकमिलन एंड कंपनी, लंदन।

7. 1946: "द एग्रिकल्चर एंड लैंड टेनुर अमंगा अपाटानीज", मैन इन इंडिया, वॉल्यूम-26।

8. 1946: "एक नोट्स आन ट्राइबल जस्टिस अमांग द अपाटानीज", मैन इन इंडिया, वॉल्यूम-26।

9. 1947: एक्सप्लोरेशंस इन इस्टर्न हिमालयाज, असम गवर्मेंट प्रेस, शिलांग।

10. 1948: द राज गौंड्स आफ अदिदाबादः ए पिजेंट कल्चर आफ डेक्कन (विद एलिजाबेथ सी. वान फ्यूरर हैमेन डार्फ) मैकमिलन एंड कंपनी, लंदन।

11. 1950: "द प्रधान्स : द बार्डस आफ राजगौंड", इस्टर्न एंथ्रोपोलोजिस्ट, वॉल्यूम-4।

12. 1955: द हिमालयन बार्बेरी, जान मुराय, लंदन।

13. 1962: द अपाटानीज एंड देयर नेबर्सः ए प्रिमिटिव सिवलाइजेशन आफ द इस्टर्न हिमालयाज, केगन पाल, न्यूयार्क।

14. 1964: द शेरपाज आफ नेपाल, लंदन।

15. 1967: मोराल्स एंड मेरिट, लंदन।

16. 1969: द कोनियक नागाज, लंदन।

17. 1979: द गौंड्स आफ आंध्र प्रदेश, लंदन।

11. ए.सी. मेयर

आप लंदन स्कूल आफ इकोनामिक्स के प्राध्यापक थे। आप अपने अध्ययन के लिए भारत आए। आपने अनुसंधान के लिए मध्य प्रदेश राज्य के एक रामखेरी नामक ग्राम का चुनाव किया था। यह ग्राम देवास नामक शहर से 12 किमी. की दूरी पर स्थित था। उज्जैन से इसकी दूरी 48 किमी. थी। इस ग्राम का अध्ययन आपने 1954-56 के बीच में किया था। इस ग्राम के ऊपर किए गए अनुसंधान निष्कर्षों को आपने पुस्तक के रूप में प्रकाशित किया। इस पुस्तक का शीर्षक कास्ट एंड किनशिप सिस्टम इन मिडिल इंडिया था। इस पुस्तक का प्रकाशन 1960 ई. में हुआ था।

इस पुस्तक में आपने दर्शाया है कि जाति अंतर्विवाही नहीं होती है। यह उपजाति है जो अंतर्विवाही नियम का पालन आवश्यक रूप से करती है। आपने यह भी दर्शाया है कि जाति के पास व्यक्तियों के पद को सामंजन के लिए कोई साधन नहीं होता है। पद के लिए व्यक्तियों के बीच झगड़ा के निपटारा हेतु भी जाति के पास कोई यंत्र नहीं होता है।

आपने जी.एस. धुर्ये के निष्कर्ष से अपनी सहमति प्रकट करते हुए विचार व्यक्त किया कि जाति की पहचान समाज में वृहत स्तर पर होती है। लेकिन लघु स्तर पर उपजाति एवं व्यक्ति की ही पूछ होती है।

आपने जाति की बाह्य एवं आंतरिक पहलुओं का भी विश्लेषण किया है। आपने प्रस्तुत किया कि जाति के बीच बाह्य संबंध गांवों में देखा जाता है। लेकिन क्षेत्र स्तर पर आंतरिक संबंध रिश्तेदारों के बीच देखा जाता है। आप श्रीनिवास द्वारा प्रतिपादित क्षैतिज एवं उर्ध्व जातीय एकता की अवधारणा से प्रभावित दिखते हैं। आपने उसी आधार पर जाति के बीच बाह्य एवं आंतरिक संबंध का उल्लेख किया है। इस प्रकार आपने ग्राम अध्ययन एवं जाति अध्ययन कर अपने निष्कर्षों से भारतीय मानवशास्त्र को समृद्ध किया है।

आपने एक अन्य पुस्तक की रचना की थी जिसका शीर्षक लैंड एंड सोसायटी इन मालाबार (1952) था।

12. एफ.जी. बेली

आप एक ब्रिटिश मानवशास्त्री थे। आपका संबंध भी लंदन स्कूल आफ इकोनामिक्स से रहा था। आप स्वतंत्रता प्राप्ति के बाद अपने अनुसंधान के लिए भारत आए। आपने ग्राम, जनजाति, जाति एवं राष्ट्र का अध्ययन कर अपने योगदानों से भारतीय मानवशास्त्र को समृद्ध किया है। आप अपने अध्ययन के लिए उड़ीसा राज्य के अंतर्गत एक ग्राम बिसीपारा का चुनाव किया। यह ग्राम फुलबनी जिलांतर्गत स्थित है। इस ग्राम में आपने क्षेत्र कार्य 1952–54 के बीच किया था। अपने अध्ययन निष्कर्षों को आपने पुस्तक के रूप में प्रकाशित किया।

आपके प्रमुख कृतित्व निम्नलिखित हैं—

1. 1957: कास्ट एंड इकोनामिक फ्रंटियर्स, ऑक्सफोर्ड यूनिवर्सिटी प्रेस।
2. 1959: पोलिटिकल एंड सोशल चेंज: उड़ीसा, ऑक्सफोर्ड यूनिवर्सिटी प्रेस।
3. 1960: ट्राइब कास्ट एंड नेशन, ऑक्सफोर्ड यूनिवर्सिटी प्रेस।

इन पुस्तकों के प्रकाशन के पहले आपने उड़ीया विलेज के ऊपर दो अनुसंधानपत्रों का प्रकाशन श्रीनिवास द्वारा संपादित पुस्तक इंडियाज विलेज में कराया था।

कास्ट एंड इकानामिक फ्रंटियर्स नामक पुस्तक में आपने बिसीपारा ग्राम में आर्थिक एवं प्रशासनिक सरहद के विस्तार के कारण होने वाले आंतरिक संगठन में परिवर्तन का उल्लेख किया है। यह अध्ययन बिसीपारा ग्राम के कृषकों की अर्थव्यवस्था में परिवर्तन दर्शाता है। आर्थिक एवं प्रशासनिक विस्तार के कारण इस ग्राम के कृषकों का संपर्क सीमा पार के व्यापारियों के साथ हुआ। सरकारी नीतियों के चलते भी गांव के जातीय पेशा में परिवर्तन हुए।

अपनी पुस्तक *पोलिटिकल एंड सोसल चेंज:* उड़ीसा में आपने मोहनपुर नामक ग्राम का अध्ययन प्रस्तुत किया है। यह ग्राम नगर से घनिष्ठ रूप से जुड़ा हुआ था। आपने पाया कि मोहनपुर ग्राम की अपनी एकता थी जिसे परंपरागत ग्राम पंचायत, स्कूल, त्योहार, उत्सव, अनुष्ठान इत्यादि से बल मिलता था। लेकिन आजादी के बाद नई प्रशासनिक एवं पंचायत व्यवस्था के कारण अब ग्राम की वैसी एकता नहीं रही। शिक्षा एवं पेशायी गतिशीलता के कारण ग्राम में सामाजिक परिवर्तन एवं राजनीतिक परिवर्तन हुए।

अपनी एक अन्य पुस्तक *ट्राइब कास्ट एंड नेशन* में आपने बेदरी एवं बिसीपारा नामक ग्रामों का अध्ययन प्रस्तुत किया है। ये दोनों ग्राम हाइलैंड उड़ीसा के अंतर्गत आते हैं। आपने इस अध्ययन में जनजाति, जाति एवं राष्ट्र को समझने का प्रयास किया है। आपने दर्शाया है कि जनजातियों का परिवर्तन हिन्दू जातीय कृषकों के रूप में हो रहा है। हिन्दू कृषक और जनजातीय कृषक की रीति-रिवाज एवं सोच-विचार में कोई मौलिक अंतर नहीं रह गया है। सभी कृषक बाजार और राष्ट्र से जुड़ गए हैं। इस प्रकार भारतीय ग्राम में जनजाति-जाति एवं राष्ट्र की धारणा विकसित हुई है।

13. ओस्कार लेविस

ओस्कार लेविस इलिनायस विश्वविद्यालय अमेरिका के एक प्रसिद्ध मानवशास्त्री थे। आप वहां मानवशास्त्र विषय के प्राध्यापक थे। आपने स्वतंत्रता प्राप्ति के बाद भारत आकर ग्राम अध्ययन की परंपरा को समृद्ध किया। अन्य अमेरिकी मानवशास्त्रियों की भाँति आपका भी मानना था कि वर्तमान में भारतीय सभ्यता को जानने के लिए भारतीय ग्रामों का अध्ययन विस्तारपूर्वक किया जाना चाहिए। ग्राम अध्ययन के आधार पर भारतीय सभ्यता से जुड़ी हुई अवधारणाओं का विकास किया जाना चाहिए। उन अवधारणाओं के परीक्षण हेतु शोधकार्य प्रणाली का विकास किया जाना चाहिए। इसी उद्देश्य की पूर्ति हेतु आपका आगमन भारतवर्ष में हुआ।

आपने मैक्सिकन ग्राम का अध्ययन भी किया था। उस अध्ययन के आधार पर आपने मेक्सिकन ग्राम, मेक्सिकन परिवार तथा मेक्सिकन कृषक का अध्ययन कर गरीबी की संस्कृति (कल्चर आफ पोवर्टी) की अवधारणा का विकास किया था।

आपने भारत आकर पंजाब-दिल्ली प्रदेश के एक ग्राम रामपुर का अध्ययन किया तथा ग्रामीण विश्व नागरिकता (रूरल कास्मोपोलिटैनिज्म) की अवधारणा का विकास किया।

आपके प्रमुख कृतित्व निम्नलिखित हैं—

1. 1959: फाइव फैमिलिज: मेक्सिकन केस स्टडीज इन कल्चर आफ पोवर्टी, न्यूयार्क।

2. 1963: द चिल्ड्रेन आफ सांचेज: आटोबायोग्राफी आफ ए मेक्सिकन फैमिली, न्यूयार्क।

3. 1965: लाविडा : अ पटोरिकन फैमिली इन कल्चर आफ पोवर्टी, न्यूयार्क।

4. 1967: पर्डो मार्टिन्सः ए मेक्सिको पिजेंट एंड हिज फैमिली, न्यूयार्क।

5. 1954: ग्रुप डिनामिक्स इन ए नार्थ इंडियन विलेज, प्लानिंग कमीशन, दिल्ली।

6. 1958: लाइफ इन ए नार्थ इंडियन विलेज, यूनिवर्सिटी आफ इलिनायस प्रेस, उरबान।

आपके मुख्य योगदान निम्नलिखित हैं—

1. गरीबी की संस्कृति
2. ग्रामीण विश्व नागरिकता

गरीबी की संस्कृति—आपने अपने मेक्सिकन अध्ययनों (1959, 1963, 1965, 1967) में यह दर्शाने का प्रयास किया कि किस प्रकार दयनीय आर्थिक स्थिति के कारण समान व्यवहार का जन्म होता है। दूसरे शब्दों में कहा जा सकता है कि दयनीय आर्थिक स्थिति समान अकांक्षा एवं व्यवहार को जन्म देती है। इस प्रकार गरीबी संस्कृति के निर्माण में महत्त्वपूर्ण भूमिका निभाती है। गरीबी सांस्कृतिक व्यवहार प्रतिमान को प्रभावित करती है। गरीबों के मध्य समान व्यवहार प्रतिमान पाए जाते हैं। आपने अपने अध्ययन में दर्शाया कि दयनीय आर्थिक स्थिति वाले मेक्सिकोवासियों के बीच निराशा एवं भय व्याप्त रहता है। वे आधुनिक खेलों में भाग नहीं लेते हैं। उनका व्यक्तित्व लज्जालु होता है। उन्होंने कई गरीब परिवारों के बीच तुलनात्मक अध्ययन कर समान व्यक्तित्व प्रकार को प्रकाश में लाया तथा गरीबी की संस्कृति (कल्चर आफ पोवर्टी) की अवधारणा का विकस किया। उनके अध्ययन के बाद शोषितों, वंचितों के अध्ययन में एक नये आयाम का योगदान हुआ।

ग्रामीण विश्व नागरिकता—आप 1951 में भारत आए। आपके द्वारा अपने अनुसंधान के लिए पश्चिमी उत्तर प्रदेश के एक गांव रामपुर का अध्ययन किया गया। आपने समग्र भारतीय ग्राम की सच्चाई को प्रदर्शित करने के लिए ग्रामीण विश्व नागरिकता की अवधारणा का विकास किया। आपने पाया कि भारतीय ग्रामों में एकता की जड़ बहुत गहरी है। इस तरह की भावना एक व्यक्ति के दूसरे व्यक्ति के साथ संबंध तक ही नहीं सीमित है। वरन् इस प्रकार की भावना वहां के अन्य लोगों के साथ-साथ भूमि, घर, पशु, पक्षी, पेड़-पौधा, नदी, पहाड़, झरना, तालाब इत्यादि के साथ भी पायी जाती है। सभी प्राकृतिक वस्तुएं ग्राम की आंतरिक पर्यावरण से जुड़ी रहती हैं। आपने आगे पाया कि भूमि संबंध, वैवाहिक संबंध, धार्मिक संबंध, राजनीतिक संगठन, नौकरी एवं व्यापार के कारण भारतीय ग्राम के संबंध का विस्तार होता है। आपने भारतीय ग्राम के विस्तृत संबंध व्यवस्था को ग्रामीण विश्वनागरिकता की संज्ञा प्रदान की है।

आपने रामपुर ग्राम का अध्ययन अक्टूबर 1952 से जून 1953 के मध्य किया था। आपने अपने अनुसंधान निष्कर्षों को दो पुस्तकों के रूप में प्रकाशित किया था।

आपकी रामपुर ग्राम के अध्ययन पर आधारित प्रथम पुस्तक *ग्रुप डायनामिक्स आफ एन नार्थ इंडियन विलेज* का प्रकाशन 1954 में हुआ था। इस पुस्तक में आपने एक जाट

ग्राम जिसमें 12 मानवजातीय समूह के लोग साथ-साथ रहते थे, का जातीय एवं राजनीतिक तस्वीर उभारने का प्रयास किया है।

इसी ग्राम के अध्ययन पर आधारित आपकी दूसरी पुस्तक *लाइफ इन ए नार्थ इंडियन विलेज* (1958) में आपने अंतरजातीय संबंध एवं जजमानी प्रथा का उल्लेख किया है। भारतीय मानवशास्त्र को विकसित बनाने में आपका बहुमूल्य योगदान रहा है।

14. मिल्टन सिंगर

आप शिकागो विश्वविद्यालय के अध्यक्ष राबर्ट रेडफिल्ड के साथ घनिष्ठ रूप से जुड़े हुए थे। आप भी शिकागो विश्वविद्यालय में मानवशास्त्र के प्राध्यापक थे। आप राबर्ट रेडफिल्ड के साथ *कल्चरल रोल ग्रोथ आफ सिटी* नामक शोधपत्र लिखे। इस शोधपत्र का प्रकाशन मैन इन इंडिया शीर्षक शोधपत्रिका के खंड-36, नं.-2 (1956) में किया गया था। इस शोध पत्र में नगर की सांस्कृतिक भूमिका तथा नगरीकरण की प्रक्रियाओं को ऐतिहासिक दृष्टि से समझने का प्रयास किया गया था।

आपका आगमन भारत में 1954 ई. में हुआ। आप 1954 एवं 1955 की अवधि में मद्रास शहर की सांस्कृतिक भूमिका का अध्ययन किया। इसके पश्चात् आप सभ्यता की परंपराओं, परंपरागत भारत की संरचना एवं परिवर्तन तथा महान परंपरा के आधुनिकीकरण का विस्तारपूर्वक अध्ययन किया। इस प्रकार भारतीय मानवशास्त्र के विकास में आपका बहुमूल्य योगदान रहा है। आपके प्रमुख कृतित्व निम्नलिखित हैं—

1. 1956: कल्चरल रोल आफ सिटी (राबर्ट रेडफिल्ड के साथ) मैन इन इंडिया, वॉल्यूम-36, नं.-3।
2. 1958: द ग्रेट ट्रेडिशंस इन मेट्रोपोलिटन सेंटर आफ मद्रास, अमेरिकन फोक लोर वॉल्यूम-71, नं. 28.
3. 1958: ट्रेडिशनल इंडिया: स्ट्रक्चर एंड चेंज, स्पेशल नं., जर्नल आफ अमेरिकन फोक लोर, वॉल्यूम 78, नं. 28।
4. 1972: ह्वेन अ ग्रेट ट्रेडिशन मार्डनाइजेज: इन एंथ्रोपोलोजिकल एप्रोच टु इंडियन सिविलाइजेशन।
5. 1975: स्ट्रक्चर एंड चेंज इन इंडियन सोसायटी।

आपका प्रमुख योगदान निम्नलिखित है—

नगर की सांस्कृतिक भूमिका पर योगदान—आप अपने निर्माता राबर्ट रेडफिल्ड के साथ नगर की सांस्कृतिक भूमिका को प्रकाश में लाया है। आपके अनुसार परंपरागत नगर अतीत से ही संस्कृति केन्द्र के रूप में मशहूर रहे हैं। उनकी परंपरा महान परंपरा रही है। उनका एक प्रभाव क्षेत्र रहा है। प्रभाव क्षेत्र के लोगों की परंपरा लघु परंपरा रही है। लघु परंपरा अलिखित लोक समाज की परंपरा होती है। इसमें जादू का प्रचलन पाया जाता है।

महान परंपरा परंपरागत नगर की परंपरा रही है। यह लिखित परंपरा होती है इसमें धर्म का विशेष स्थान होता है। महान परंपरा एवं लोक परंपरा के लोग धर्म से नैतिक रूप से जुड़े रहते हैं। यही कारण है कि दोनों परंपराओं के बीच पारस्परिक संबंध बना रहता है। महान परंपरा सांस्कृतिक तत्वों का प्रसार लघु परंपरा के लोगों के बीच करती है। इस प्रकार संस्कृति के प्रसार में तथा बनाए रखने में महान परंपरा बहुमूल्य योगदान देती है। नगरीकरण प्रक्रिया की दृष्टि से महान परंपरा के केन्द्रों की उत्पत्ति को प्राथमिक नगरीकरण प्रक्रिया से जोड़ा गया है। खान, उद्योग, व्यापार प्रशासन एवं यातायात के कारण अस्तित्व में आए नगरों को द्वितीयक नगरीकरण का परिणाम माना जाता है। इसका स्वभाव धार्मिक नहीं होता है। इसका स्वभाव धर्म निरपेक्ष होता है। इस प्रकार अपने गुरु के साथ आपने शहर की सांस्कृतिक भूमिका के अध्ययन हेतु प्राथमिक नगरीकरण की अवधारणा का विकास किया।

मद्रास शहर के अध्ययन में योगदान—आपने अपने अनुसंधान पत्र *द ग्रेट ट्रेडिशंस इन मेट्रोपोलिटन सेंटर आफ मद्रास* (1958) में महानगर में महान परंपरा को स्थानीय बनाने की तीन विधियों का उल्लेख किया है, जो निम्नलिखित हैं—

1. धार्मिक भूगोल के अध्ययन द्वारा
2. व्यावसायिक प्रतिनिधित्व एवं उनके संगठन के अध्ययन द्वारा
3. सांस्कृतिक अनुष्ठान (कर्मकांड, उत्सव, पूजा-पाठ) के अध्ययन द्वारा

इस प्रकार आपने मद्रास महानगर के महान परंपरा केन्द्र को धार्मिक भूगोल, व्यवसायी संगठन एवं सांस्कृतिक अनुष्ठान के अध्ययन द्वारा प्रदर्शित करने हेतु एक कार्य प्रणाली का विकास किया। इसी को आधार बनाकर प्रोफेसर विद्यार्थी ने धार्मिक संकुल की अवधारणा का विकास किया। परंपरागत नगरी गया के धार्मिक संकुल का अध्ययन कर अपनी पुस्तक सैकरेड कांप्लेक्स इन हिन्दू गया (1961) का प्रकाशन किया था।

परंपरागत भारत की संरचना एवं परिवर्तन पर योगदान—आपने अपनी संपादित पुस्तक *ट्रेडिशनल इंडिया: स्ट्रक्चर एंड चेंज* (1958) में भारत की धार्मिक परंपराओं की संरचना एवं परिवर्तन के ऊपर विभिन्न विद्वानों द्वारा लिखे गए लेखों का संकलन प्रस्तुत किया है। इस पुस्तक में मौखिक एवं अभिलेखित परंपराओं का विश्लेषण पुस्तक एवं क्षेत्र कार्य के आधार पर किया गया है। इस पुस्तक का उद्देश्य भारत के वैभवशाली विरासतों एवं गहरी जड़ें वाली परंपराओं के विश्लेषण के आधार पर नवीन तस्वीर को प्रस्तुत करना है। करीब-करीब सभी अनुसंधान पत्रों का संबंध धर्म से रहा है। लेकिन कुछ पत्रों में किसी समुदाय के धार्मिक पहलुओं का उल्लेख भी प्राप्त होता है। उदाहरण के लिए मैककोरमैक ने अपने अनुसंधान पत्र में लिंगयात सम्प्रदाय के बीच प्रचलित संप्रेषण माध्यमों का उल्लेख किया है। वी. राघवन ने अपने शोधपत्र में दक्षिण भारत में प्रचलित धार्मिक उपदेश विधि को प्रकाश में लाया है। नायक ने अपने पत्र में गुजरात के एनाविल्स

के धर्म का उल्लेख किया है। कोन ने अपने पत्र में सेनापुर के चमार के धर्म का विवरण प्रस्तुत किया है। कफ ने अपने पत्र में नायक के मृतक के धर्म का विवरण प्रस्तुत किया है।

महान परंपरा के आधुनिकीकरण पर योगदान—आपने अपनी पुस्तक ह्वेन अ ग्रेट ट्रेडिशन मार्डनाईजेज : एन एंथ्रोपोलोजिक एप्रोच टु सिविलाइजेशन (1972) में यह दर्शाया है कि महान परंपरा में भी आधुनिकीकरण के तत्वों को अपनाया गया है। पूजन सामग्री, धार्मिक केन्द्र, भजन-कीर्तन, संप्रेषण के साधन, प्रसाद इत्यादि पर आधुनिकीकरण का प्रभाव पड़ा है। महान परंपरा की व्यवस्था में भी आधुनिकीकरण का प्रभाव हुआ है। आधुनिकीकरण के प्रभाव के कारण महान परंपरा में नवीन तत्वों का समावेश हुआ है। विभिन्न मेलाओं एवं उत्सवों पर महान परंपरा के पास अनेक संप्रदाय के लोग सामान बेचने, मेला घूमने, सामान खरीदने, आनंद उठाने जाते हैं। विभिन्न स्थानों के पर्यटक भी महान परंपरा के केन्द्रों की ओर आकर्षित हो रहे हैं।

15. मैक्कीम मैरियट

आप शिकागो विश्वविद्यालय के अध्यक्ष राबर्ट रेडफिल्ड के सहयोगी थे। आप शिकागो विश्वविद्यालय में मानवशास्त्र के प्राध्यापक थे। राबर्ट रेडफिल्ड के मार्गदर्शन का अनुसरण करते हुए आप ग्राम अध्ययन के लिए भारत आए। आपने राबर्ट रेडफिल्ड द्वारा प्रतिपादित लघु एवं महान परंपरा को गतिशील बनाते हुए स्थानीयकरण एवं सार्वभौमिकीकरण की अवधारणा का विकास किया। भारतीय ग्राम अध्ययन के ऊपर आपने पुस्तक का संपादन किया। आपने वाई शहर का अध्ययन कर नग़रीय मानवशास्त्र में योगदान दिया है।

आपके प्रमुख कृतित्व निम्नलिखित हैं—

1. 1955: विलेज इंडिया, शिकागो।

2. 1955: लिट्टल कम्युनिटिज इन एन इंडिजिनस सिविलाइजेशन, अमेरिकन एंथ्रोपोलोजिस्ट, वॉल्यूम-57।

आपके प्रमुख योगदान निम्नलिखित हैं—

ग्राम अध्ययन में योगदान—आपके द्वारा पश्चिमी उत्तर प्रदेश के एक किसानगढ़ी नामक ग्राम का अध्ययन गहन रूप से किया गया था। आपके अध्ययन की अवधि मार्च 1951 से 1952 तक रही थी। आपको भारत में ग्राम अध्ययन के लिए सोशल साईंस रिसर्च काउंसिल आफ अमेरिका द्वारा उपलब्ध करायी गयी थी। आपने अपने अध्ययन के लिए एक हिन्दू ग्राम किसानगढ़ी का चुनाव किया। यह ग्राम अलीगढ़ जिलांतर्गत स्थित था। इसकी दूरी दिल्ली से करीब 160 किमी. दक्षिण-पूर्व दिशा में थी। जिस समय आपने इस ग्राम का अध्ययन किया उस समय इसकी आबादी 875 व्यक्तियों की थी।

स्थानीयकरण एवं सार्वभौमिकीकरण की अवधारणा का विकास—जब आप उत्तर प्रदेश राज्य के किसानगढ़ी ग्राम का अध्ययन कर रहे थे तब आपके मस्तिष्क में

रेडफिल्ड एवं सिंगर द्वारा उठाए गए दो प्रश्न बारंबार आपके मस्तिष्क को कुरेद रहे थे। ये प्रश्न निम्नलिखित थे—

1. क्या इस प्रकार के एक गांव को समग्रता के रूप में संतोषप्रद ढंग से देखा जा सकता है ?

2. क्या इस प्रकार के एक गांव का अध्ययन वृहत स्तर पर समाज एवं संस्कृति को जानने में योगदान दे सकता है ?

अगर सच कहा जाए तो आप एक जटिल भारतीय सभ्यता के एक ग्राम के अध्ययन हेतु मानवशास्त्रीय विधि को परिष्कृत करना चाहते थे। आपने अपने अनुसंधान पत्र लिटिल कम्युनिटिज इन एन इंडिजिनस सिविलाइजेशन (1955) में इन प्रश्नों का समाधान क्रमबद्ध ढंग से एवं विश्लेषणात्मक ढंग से किया है। इन प्रश्नों का समाधान ढूंढते हुए आपने स्थानीयकरण (पेरोक्लाइजेश) तथा सार्वभौमिकीकरण (युनिवर्सलाइजेशन) की अवधारणा का विकास किया।

अपने अध्ययन में आपने राबर्ट रेडफिल्ड द्वारा प्रतिपादित लघु परंपरा (लिटिल ट्रेडिशन) एवं महान परंपरा (ग्रेट ट्रेडिशन) की अवधारणा का प्रयोग किया तथा उसे गतिशील संदर्भ में विश्लेषित किया। आपने अपने अध्ययन में पाया कि लघु एवं महान परंपरा एक-दूसरे पर आश्रित तथा एक-दूसरे से संबंधित हैं। एक के अभाव में दूसरा अपना अस्तित्व नहीं बनाए रख सकता है। यानी एक के अस्तित्व के लिए दूसरे का होना अनिवार्य है।

आपने अपने अध्ययन में त्योहार का रहस्यमय विश्लेषण करते हुए स्थानीयकरण एवं सार्वभौमिकीकरण को व्याख्यात्मक अस्त्र बनाया। आपके अनुसार स्थानीयकरण एवं सार्वभौमिकीकरण एक-दूसरे के प्रतिकूल प्रक्रियाएं हैं। ये दोनों प्रक्रियाएँ पर्व-त्योहार, धार्मिक अनुष्ठान, पूजा-पाठ इत्यादि से संबंधित है। स्थानीयकरण प्रक्रिया महान परंपरा के पर्व-त्योहार, पूजा-पाठ, अनुष्ठान, उत्सव इत्यादि को लघु परंपरा के बीच स्थान दिलाकर स्थानीय बना देती है। जबकि सार्वभौमिकीकरण लघुपरंपरा के स्थानीय पर्व-त्योहार, विश्वास, रीति-रिवाज, अनुष्ठान, उत्सव इत्यादि को महान परंपरा में स्थान दिलाकर विश्वव्यापी बना देता है। इस प्रकार स्थानीयकरण एवं सार्वभौमिकीकरण प्रक्रियाओं के माध्यम से लघु परंपरा एवं महान परंपरा दोनों अस्तित्व में बने रहते हैं।

नगर अध्ययन में योगदान—आपने पूना के समीप वाई नगर का अध्ययन किया। इस अध्ययन में आपने वाई नगर की सांस्कृतिक भूमिका एवं आर्थिक भूमिका पर प्रकाश डाला। अपने अध्ययन में आपने दर्शाया कि नगर के पर्व-त्योहार मनाने की विधि, आधुनिक साधन इत्यादि संप्रेषण के कारण गांवों में पहुंच रहे हैं। नगर में रहने वाले लोग भी अपने-अपने पर्व-त्योहारों को मनाते हैं। लेकिन वे लोग अपने पर्व-त्योहारों में आधुनिक साधनों का प्रयोग करते हैं। नगर में स्थित मंदिर एवं उनसे जुड़ी हुई पौराणिक कथाएं दिव्य लोक का दर्शन कराती हैं। लोक एवं कृषक समाज के लोग उन्हें आदर एवं श्रद्धा के

साथ देखते हैं। उन्हें धाम मानते हैं। विभिन्न अवसरों पर पूजा-पाठ करने के लिए तीर्थ यात्रा करते हैं। तीर्थयात्रियों एवं भक्तों को विभिन्न प्रकार की आवश्यकताओं की पूर्ति हेतु कई लोग तरह-तरह के व्यवसाय में लगे रहते हैं। इस प्रकार नगर की सांस्कृतिक एवं आर्थिक भूमिका महत्त्वपूर्ण रहती है। नगर लघु परंपरा एवं महान परंपरा को एक सूत्र में बांधे रहता है।

16. डैविड सी. मेंडल बाम

आप कैलिफोर्निया विश्वविद्यालय के मानवशास्त्र के प्राध्यापक थे। आप स्वतंत्रता प्राप्ति के पहले ही भारतीय गांव का अध्ययन करने भारत आए। आपने दक्षिण भारत की कोटा जनजाति के एक ग्राम का अध्ययन किया। आपने कोटा के अध्ययन के आधार पर कई शोधपत्रों का योगदान दिया। आपने मैक्कीम मैरियट तथा श्रीनिवास द्वारा संपादित पुस्तक भारतीय ग्राम में अपना बहुमूल्य योगदान दिया है।

आपके मुख्य कृतित्व निम्नलिखित हैं—

1. 1938: पोलियंड्री इन कोटा सोसायटी, अमेरिकन एंथ्रोपोलोजिस्ट, वॉल्यूम-40।
2. 1941: कल्चर चेंज एमांग निलगिरी ट्राइब्स, अमेरिकन एंथ्रोपोलोजिस्ट, न्यू सेरिज, राल्फ लिंटन, वॉल्यूम-4।
3. टेकनोलोजी क्रेडिट एंड कल्चर चेंज इन नीलगिरी विलेज, एम.एन. श्रीनिवास की संपादित पुस्तक इंडियाज विलेज, 1955।
4. 1955: द वर्ल्ड एंड वर्ल्ड भिव आफ कोटा, मैक्कीम मैरियट द्वारा संपादित विलेज इंडिया, 1955।

17. मोरिस ई. ओपलर

आप कार्नेल विश्वविद्यालय में मानवशास्त्र के प्राध्यापक थे। आपका संबंध संस्कृति एवं व्यक्तित्व संप्रदाय से था। आपने रूथ बेनेडिक्ट द्वारा प्रतिपादित संस्कृति प्रतिमान की अवधारणा को अस्वीकार किया। आपका मानना था कि संस्कृति का प्रतिमान केवल अपोलोनियन एवं डायोनायशियन प्रकार द्वारा ही नहीं दर्शाया जा सकता है। आपके अनुसार संस्कृति एकीकरण के अनेक आधार हो सकते हैं। आपने सांस्कृतिक एकीकरण के आधार को लय (थीम) के रूप में विश्लेषित किया है। आपके अनुसार लय एक प्रकार का व्यवहार होता है। यह व्यवहार बेनेडिक्ट के सांस्कृतिक प्रतिमान के समान केवल अपोनियन एवं डायोनायशियन तक ही सीमित नहीं है। लय अपने आप में अनेक प्रकार के व्यवहार को शामिल करता है। प्रत्येक संस्कृति का लय अलग-अलग होता है। अलग-अलग लय के कारण प्रत्येक संस्कृति के सदस्यों का व्यवहार अलग-अलग होता है।

आपने अपनी पुस्तक *एन अपाचे लाइफ वे: द इकोनामिक सोशल एंड रेलिजियस इंस्टिट्यूशन आफ छिरकाहुआ अपाचे* में यह दर्शाने का प्रयास किया है कि अपाचे भारतीय

संस्कृति में एकीकरण का आधार पुरुष प्रधानता है। संपूर्ण सांस्कृतिक, आर्थिक, धार्मिक एवं सामाजिक क्रियाकलापों में पुरुष की प्रधानता प्रकाश में आती है।

आप भारतीय ग्राम के अध्ययन करने भारत आए। भारत आने के बाद आपने उत्तर प्रदेश के गाँव को अपना अध्ययन केन्द्र बनाया। लखनऊ विश्वविद्यालय के सहयोग से आपने अनेक मानवशास्त्रियों को ग्राम अध्ययन का प्रशिक्षण दिया। आपने कार्नेल विश्वविद्यालय से भी अनेक शोधकर्त्ताओं को भारत में आकर अनुसंधान करने के लिए उत्प्रेरित एवं उत्साहित किया। आपने अपने भारतीय सहयोगी आर.डी. सिंह के साथ उत्तर प्रदेश में ग्राम अध्ययन परियोजना को सफल बनाया।

आप एवं आर.डी. सिंह ने अपने भारतीय ग्राम में श्रम विभाजन शीर्षक शोधपत्र (1948) में अंतरजातीय संबंध एवं जजमानी प्रथा को प्रकाश में लाया।

पुनः आर.डी. सिंह के साथ आपने अपने दूसरे शोधपत्र टु विलेजेज आफ ईस्टर्न उत्तर प्रदेश (1952) में दो ग्रामों—माधोपुर एवं रामपुर का तुलनात्मक विवरण प्रस्तुत किया है। इन दोनों ग्रामों के अध्ययन के लिए राशि कार्नेल विश्वविद्यालय से उपलब्ध करायी गयी थी। दोनों गांवों के चयन के आधार के संबंध में कोई जानकारी नहीं मिलती है। दोनों ग्रामों के आकार में एवं धार्मिक वातावरण में भी भिन्नता पायी गयी है। रामपुर ग्राम धार्मिक नगर इलाहाबाद के समीप स्थित था। इसका आकार माधोपुर ग्राम से बड़ा था।

माधोपुर ग्राम की आबादी 1852 व्यक्तियों की थी। इस गांव में 23 जाति के लोग साथ-साथ रहते थे। इस ग्राम में ठाकुर एवं चमार संख्या बल में प्रबल स्थान रखते थे। गांव में ठाकुर की सामाजिक स्थिति काफी सुदृढ़ थी। उनके पास गांव के करीब 80 प्रतिशत भूमि का स्वामित्व था। हालांकि इस गांव में दो ब्राह्मण जाति के परिवार भी रहते थे, लेकिन उनकी स्थिति प्रभावशाली नहीं थी। वे अन्य जातियों पर आश्रित थे।

रामपुर गांव की जनंसख्या 3000 व्यक्तियों की थी। इस गांव में 24 जातियां साथ-साथ रहती थीं। यह ग्राम गंगा नदी के किनारे स्थित था तथा धार्मिक शहर इलाहाबाद के समीप था। इस गांव में संख्या बल मल्लाह जाति के पास था। उनके बाद संख्या दृष्टि से ब्राह्मण पंडा का स्थान प्रबल था। इस गांव के अहीर जाति के पास शारीरिक बल था। वे आक्रामक स्वभाव के थे। इस गांव में ठाकुर जाति के लोग नहीं रहते थे।

आर.डी. सिंह के साथ अपने तीसरे शोधपत्र इकोनामिक, पोलिटिकल एंड सोशल चेंज (1952) में आप लोगों ने यह दर्शाने का प्रयास किया है कि किस प्रकार आधुनिक कारकों के कारण माधोपुर गांव में आर्थिक, राजनीतिक एवं सामाजिक परिवर्तन हुआ है।

आप आर.डी. सिंह के साथ उत्तर प्रदेश के गांवों का अध्ययन कर भारतीय ग्राम जीवन के सामाजिक, आर्थिक, धार्मिक एवं राजनीतिक पहलुओं का अध्ययन किया तथा अपने अनेक शोध पत्रों का प्रकाशन संपादित पुस्तकों एवं स्तरीय अनुसंधान पत्रिकाओं में करवाया।

अनेक लिखे गए शोधपत्रों में आपका भारतीय ग्राम के विस्तार के ऊपर लिखा गया अनुसंधान पत्र विशेष महत्त्व रखता है। आपने अपने शोधपत्र एक्सटेंशन आफ एन इंडियन

विलेज (1956) में उत्तर प्रदेश के एक ग्राम सेनापुर के विस्तार के संबंध में विस्तृत जानकारी प्रदान की है। सेनापुर ग्राम से संकलित आंकड़ों के आधार पर आपने एक भारतीय ग्राम के विस्तार को संबंधों के जाल के आधार पर दर्शाने का प्रयास किया है। आपने एक भारतीय ग्राम के जटिल भारतीय सभ्यता की जाल को विस्तार के रूप में प्रदर्शित किया है। आपने प्रस्तुत किया है कि गांव की जातियों के संबंध क्षेत्र में रहने वाली जातियों के साथ बना रहता है। इस प्रकार विभिन्न गांवों में रहने वाले एक ही जाति के लोग संबंध की जाल में बंधे रहते हैं। गांव की 15 प्रतिशत व्यस्क पुरुष जनसंख्या काम करने गांव से बाहर गयी हुई थी। लेकिन उनका घनिष्ठ संबंध अपने गांवों से था। उनके परिवार के सदस्य, पत्नी, बच्चे, वृद्ध माता-पिता गांव में ही रह रहे थे। वे प्रत्येक पर्व-त्योहार पर अपने परिवार के लोगों से मिलने गांव आया करते थे। गांव के लोग कपड़ा, दवा तथा अन्य सामग्रियों को समीपस्थ शहर से खरीदते थे। शहर के व्यापारियों से उनका संबंध था। व्यापारियों के यहां से वे सामान शाक पर उठाते थे। शिक्षा प्राप्ति के लिए भी गांव के नवयुवक शहर चले गए थे। केस, मुकदमा तथा न्याय के लिए लोग शहर स्थित थाने, कोर्ट, कचहरी जाया करते थे। विभिन्न धार्मिक अवसरों पर लोग शहर स्थित धामों के दर्शन करने तथा वहां विशेष पूजा-अर्चना करने जाते थे। इस प्रकार सेनापुर गांव क्षेत्र के अन्य गांवों एवं समीपस्थ शहर से घनिष्ठ रूप से जुड़ा हुआ था। सेनापुर गांव का संबंध बाहर के संगठन, स्थानों एवं घटनाओं के साथ था। इस गांव में इस प्रकार का संबंध अतीत से ही था, लेकिन इसके बावजूद भी इस गांव की पृथक पहचान एवं सामुदायिक एकता नहीं प्रभावित हुई थी।

आपके सहयोगी आर.डी. सिंह ने अपने शोधपत्र यूनिटी आफ एन इंडियन विलेज (1956) में दो प्रश्नों का समाधान ढूंढने का प्रयास किया है। ये दोनों प्रश्न निम्नलिखित हैं—

1. हम लोग किस प्रकार से एक भारतीय ग्राम की पहचान कर सकते हैं?
2. हमें इसकी एकता को जानने के लिए किन-किन तत्वों पर ध्यान देना चाहिए?

आपने सेनापुर ग्राम की एकता को जानने के लिए ग्राम स्थित प्राचीन मंदिर के ऊपर अपना ध्यान केन्द्रित किया है। आपने देखा कि ग्राम स्थित प्राचीन मंदिर के कारण सेनापुर के ग्रामवासियों के बीच एकता बनी हुई है। गांव के सभी लोग उस प्राचीन मंदिर में स्थित देवी-देवताओं के प्रति अपनी आस्था रखते हैं तथा एक गांव के निवासी होने से गर्व अनुभव करते हैं। उनमें एकता की भावना आती है। परंपरागत ग्राम पंचायत, ग्रामवासियों के बीच हम की भावना, अंतरजातीय संबंध एवं जजमानी प्रथा, सामूहिक पूजा-पाठ एवं पर्व-त्योहार का मनाना इत्यादि ग्रामवासियों के बीच एकता की भावना को संचारित करते हैं। आम गली, सड़क, तालाब, नदी घाट, शमशान, चारागाह, स्कूल, सामुदायिक भवन, नदी घाट इत्यादि ग्रामवासियों को एकता के सूत्र में बांधे रहते हैं।

इस प्रकार आपने अपने परम प्रिय सहयोगी आर.डी. सिंह के साथ भारतीय ग्राम की एकता एवं विस्तार की अवधारणा का विकास किया तथा इसकी सत्यता की जाँच हेतु

एक अनुसंधान प्रणाली का विकास किया जिसके आधार पर भारतीय ग्राम की एकता एवं विस्तार को प्रस्तुत किया जा सके।

आपके प्रमुख कृतित्व निम्नलिखित हैं—

1. 1941: अपाचे लाइफ वे, शिकागो।

2. 1952: लाइफ इन ए नार्थ इंडियन विलेज, शिकागो।

3. 1948: द डिविजन आफ लेबर इन एन इंडियन विलेज, (आर.डी. सिंह के साथ), रीडर इन जनरल एंथ्रोपोलोजी।

4. 1952: "टु विलेजेज आफ इस्टर्न उत्तर प्रदेश", इंडियन अमेरिकन एंथ्रोपोलोजिस्ट, वॉल्यूम-54 (आर.डी. सिंह के साथ)।

5. 1952: "इकोनामिक, पोलिटिकल एंड सोशल चेंज इन नार्थ सेंट्रल इंडिया", ह्यूमन आर्गेनाइजेशन, वॉल्यूम-II।

6. 1956: "एक्सटेंशंस आफ एन इंडियन विलेज", जर्नल आफ एशियन स्टडीज, वॉल्यूम-16, नं.-5।

7. 1956: यूनिटी आफ एन इंडियन विलेज, जर्नल आफ एशियन स्टडीज, वॉल्यूम-16, नं. 5 (द्वारा आर.डी. सिंह)।

18. हैराल्ड ए. गाउल्ड

आप भी कार्नेल विश्वविद्यालय एवं भारतीय ग्राम अध्ययन अभियान दल के साथ घनिष्ठ रूप से जुड़े हुए थे। आपने अपने अध्ययन द्वारा भारतीय मानवशास्त्र को समृद्ध किया है। आपने शेरापुर नामक एक ग्राम का अध्ययन किया। यह ग्राम उत्तरप्रदेश राज्य के फैजाबाद जिलांतर्गत स्थित है। इस ग्राम का अध्ययन आपने प्रथम बार 1959-60 में किया था। पुन: आपने इस ग्राम का अध्ययन 1960-62 में किया। आपने इस ग्राम के अध्ययन के आधार पर ग्राम की जजमानी प्रथा पर अनेक अंनुसंधान पत्रों का प्रकाशन राष्ट्रीय एवं अंतरराष्ट्रीय स्तर के जर्नल में किया।

आपने अपने प्रथम शोधपत्र विलेज जजमानी सिस्टम (1958) में जजमानी प्रथा के प्रकार्यात्मक पहलुओं को प्रकाश में लाया है। शेरापुर गांव में 91 परिवार रहते हैं। जो 12 प्रकार के जातियों में विभाजित हैं। इस गांव के धोबी, बढ़ई एवं नाई जाति के लोग गांव के जमीन मालिकों के साथ जजमानी संबंध रखते हैं। वे लोग जजमानी प्रथा के अंदर अपनी-अपनी सेवा अपने जजमानों को प्रदान करते हैं तथा बदले में अनाज का भुगतान वर्ष में दो बार पाते हैं। जमीन पर स्वामित्व रखने वाली जातियाँ भूमिहीनों तथा कम भूमि वालों पर हावी रहते हैं।

अपने दूसरे शोधपत्र द पिजेंट विलेज: सेन्ट्रीपिटल एंड सेंट्रीफ्यूगल (1959) में आपने दर्शाया है कि भारतीय ग्राम केन्द्राभिगामी (सेंट्रीपेटल) एवं केन्द्राप्रसारी (सेन्ट्रीफ्यूगल)

दोनों होते हैं। कृषक वर्ग स्वतंत्र एवं आत्मनिर्भर होते हैं। उनके बीच स्वतंत्रता एवं आत्मनिर्भरता केन्द्राभिगामी बल के समान कार्य करता है। लेकिन प्रत्येक ग्राम अपनी आवश्यकता पूर्ति हेतु नगर पर आश्रित होते हैं। अपनी अनेक आवश्यकता पूर्ति के लिए ग्रामवासी पराश्रित एवं परतंत्र होते हैं। पराश्रिता एवं परतंत्रता उनमें केन्द्राप्रसारी बल के समान क्रार्य करता है। इस प्रकार भारतीय ग्राम में केन्द्राप्रसारी एवं केन्द्राभिगामी दोनों प्रकार के बल क्रियाशील रहते हैं।

भारतीय ग्राम के विश्लेषण के क्रम में आपने तीन प्रकार के अनुभवों का उल्लेख किया है, जो निम्नलिखित हैं—

1. स्थानीय पुनर्प्रवर्तनीय अनुभव (Local re-enforcing experience)
2. परंपरागत पुनर्प्रवर्तनीय अनुभव (Traditional re-enforcing experience)
3. आधुनिक पुनर्प्रवर्तनीय अनुभव (Modern re-enforcing experience)

विवाह का उदाहरण प्रस्तुत करते हुए आपने कहा कि विवाह कृषक समुदाय के स्थानीय पुनर्प्रवर्तन अनुभव का प्रतिनिधित्व करता है। यह केन्द्राभिगामी प्रवृत्ति की सापेक्षिक शक्ति का प्रतिनिधित्व करता है।

आपके अनुसार तीर्थ यात्रा कृषक समुदाय का परंपरागत पुनर्प्रवर्तन अनुभव का प्रतिनिधित्व करती है। यह गैर औद्योगिक सभ्यता की सापेक्षिक शक्ति का प्रतिनिधित्व करती है। साथ ही साथ केन्द्राप्रसारी प्रवृत्ति पर प्रकाश डालती है। आपने काम की खोज में प्रवसन को आधुनिक पुनर्प्रवर्तन अनुभव का उदहारण माना है। आपने शेरापुर ग्राम के पारस्परिक प्रभाव के आकर्षक विश्लेषण हेतु केन्द्राभिगामी एवं केन्द्राप्रसारी चरित्र को प्रकाश में लाया है। आपके अनुसार स्थानीयता एवं परंपरा के कारण भारतीय ग्राम का केन्द्राभिगामी चरित्र उजागर होता है। लेकिन आधुनिकता के कारण भारतीय समाज का केन्द्राप्रसारी चरित्र प्रकाश में आता है।

आपने श्रमजीवीकरण (Proleterianisation) की अवधारणा का विकास किया। आपके अनुसार श्रमजीवीकरण एक प्रक्रिया है जिसके द्वारा गांव की निम्न जातियों एवं वर्गों को प्रकार्यात्मक ढंग से महत्त्वहीन बनाया जा रहा है तथा उन्हें काम की खोज में शहर जाने के लिए बाध्य किया जा रहा है। शेरापुर ग्राम में आपने उच्च जातियों को भी श्रमजीवी बनते हुए देखा। क्योंकि वे लोग भी काम करने गाँव से बाहर शहर की ओर गए थे।

एक अन्य शोधपत्र विलेज एक्सोगेमी इन नार्थ इंडिया (1961) में शेरापुर ग्राम में प्रचलित बहिर्विवाही प्रथा का विवरण प्रस्तुत किया है। आपने इस शोधपत्र में दर्शाया है कि शेरापुर के ग्रामवासी अपने गांव में लड़का-लड़की का विवाह नहीं करते हैं। ग्रामवासियों के अनुसार ग्राम के सभी लड़का-लड़की आपसी रिश्ते में भाई-बहन होते हैं अतः भाई-बहन के बीच विवाह वर्जित माना जाता है।

अपने एक अन्य शोधपत्र जजमानी सिस्टम आफ नार्थ इंडियाः इट्स स्ट्रक्चर, मैगनिचुट एंड मिनिंग (1964) में आपने जजमानी व्यवस्था की संरचना अर्थ एवं महत्त्व

को प्रकाश में लाया है। आप शेरापुर के अध्ययन के आधार पर जजमानी प्रथा के तीन पहलुओं को जानने का प्रयास किए, जो निम्नलिखित है—

1. विभिन्न जातियों के बीच संबंध एवं भुगतान को समझना।
2. ग्रामीण भारत के आर्थिक अंत:क्रिया को पारिस्थितिकी के संदर्भ में जानना।
3. भारत में पारंपरिक आर्थिक अंत:क्रिया के सापेक्षिक महत्त्व को जानना।

आपके अनुसार जजमानी प्रथा के सबसे महत्त्वपूर्ण इकाई आर्थिक संबंधों का जाल है। इसका विस्तार औद्योगिक सीमा नहीं दर्शाता है। इसका विस्तार विशेषज्ञ एवं जजमानों के घर होता है। आपका मानना है कि आर्थिक एवं राजनीतिक बदलाव के बावजूद भी जजमानी प्रथा अस्तित्व में बनी हुई है क्योंकि इसके द्वारा ग्राम जीवन में सामाजिक संगठन एवं स्थिति को बरकरार रखा जाता है। यह प्रथा हिन्दूवाद के सामाजिक संगठन से घनिष्ठ रूप से जुड़ा हुआ है।

आपका मानना था कि जजमानी प्रथा प्रदूषण से संबंधित विश्वासों को जोड़ती है। हालांकि उन्होंने प्रदूषण क्षमता की दृष्टि से जातीय भिन्नता पर प्रकाश नहीं डाला है।

जजमानी प्रथा के संबंध में आपके विचारों को एक अन्य कार्नेल विश्वविद्यालय के विद्वान कोलेन्डा ने अस्वीकार किया है। कोलेन्डा के अनुसार जजमान एवं कामिन के संबंध काल्पनिक नातेदारी पर आधारित नहीं होते हैं जैसा कि गाउल्ड का मानना था। वरन् उनके संबंध अनेक प्रकार के रीति-रिवाजों पर आधारित थे। रीति-रिवाजों के अनुसार ही जजमान एवं कामीन के बीच संबंध नियंत्रित होते हैं।

आपका मुख्य कृतित्व निम्नलिखित है—

1. 1958: ''द विलेज जजमानी सिस्टम'', साउथ वेस्टर्न जर्नल आफ एंथ्रोपोलोजी, वॉल्यूम-14, नं. 4

2. 1959: ''द पिजेंट विलेज: सेन्ट्रीफ्यूगल और सेन्ट्रीपेटल, ईस्टर्न एंथ्रोपोलोजी, वॉल्यूम-13, नं. 1

3. 1961: विलेज एक्सोगेमी इन नार्थ इंडिया, साउथ वेस्ट जर्नल आफ एंथ्रोपोलोजी, वॉल्यूम 17

4. 1964: जजमानी सिस्टम आफ नार्थ इंडिया: इट्स स्ट्रक्चर मैगनीचुड एंड मिनिंग, ईथनोलोजी, वॉल्यूम-3, नं. 1

ग्रंथ विज्ञान

(BIBLIOGRAPHY)

अटल, योगेश 1961: "द कल्ट आफ भेरु इन मेवार विलेज"। राँची: *जर्नल आफ सोशल रिसर्च,* वॉल्यूम-14।

अरोरा, जी.एस. 1962: *ट्राइब, कास्ट क्लास इनकाउंटर।* इलाहाबाद: स्टाफ एडमिनिस्ट्रेटिव कॉलेज।

——— 1965: *आदिवासी भारत।* दिल्ली: राजकमल प्रकाशन।

अय्यर, एल.ए. कृष्णा, 1937: *ट्रैवनकोर ट्राइब्स एंड कास्ट्स।* वॉल्यूम-I। त्रिवेन्द्रम: गवर्मेंट प्रेस।

——— 1939: *ट्रैवनकोर ट्राइब्स एंड कास्ट्स।* वॉल्यूम-II। त्रिवेन्द्रम: गवर्मेंट प्रेस।

——— 1941: *ट्रैवनकोर ट्राइब्स एंड कास्ट्स।* वॉल्यूम-III। त्रिवेन्द्रम: गवर्मेंट प्रेस।

अय्यर, एल.के. अनंत, 1908: *कोचिन ट्राइब्स एंड कास्ट्स।* वॉल्यूम-I। लंदन: हिगिन बोथन एंड कंपनी।

——— 1912: द *कोचिन ट्राइब्स एंड कास्ट्स।* वॉल्यूम-II। मैसुर: मैसुर यूनिवर्सिटी।

——— 1928: द *मैसुर ट्राइब्स एंड कास्ट्स।* वॉल्यूम-II। मैसुर: मैसुर यूनिवर्सिटी।

——— 1930: द *मैसुर ट्राइब्स एंड कास्ट्स।* वॉल्यूम-III। मैसुर: मैसुर यूनिवर्सिटी।

——— 1931: द *मैसुर ट्राइब्स एंड कास्ट्स।* वॉल्यूम-IV। मैसुर: मैसुर यूनिवर्सिटी।

——— 1935: *मैसुर ट्राइब्स एंड कास्ट्स।* वॉल्यूम-I। मैसुर: मैसुर यूनिवर्सिटी।

अटकिनसन, ई.टी.एच. 1884-86: द *हिमालय डिस्ट्रीक्ट्स आफ नार्थ वेस्टर्न प्रोविंसेस।* इलाहाबाद: नार्थ वेस्ट एंड अवध प्रेस।

अंबस्ठा, एन.के. 1966: *ए क्रिटिकल स्टडी आफ ट्रायबल एजुकेशन।* दिल्ली: एस. चांद एंड कंपनी।

अली, एस.ए. 1973: *ट्रायबल डिमोग्राफी आफ मध्यप्रदेश,* भोपाल: जय भारत पब्लिशिंग हाउस।

इब्बेटसन, डी. 1916: *पंजाब कास्ट्स।* पंजाब: गवर्मेंट प्रेस।

——— 1919: *ए गलोसरी आफ ट्राइब्स एंड कास्ट्स आफ पंजाब एंड नार्थ वेस्ट फ्रंटियर्स प्रोविंस।* पंजाब: गवर्मेंट प्रेस।

इंडिया, 1973: *इंडिया 1973।* दिल्ली पब्लिकेशन डिविजन।

ईश्वरण, के. 1964: ''कस्टमरी ला इन विलेज इंडिया''। *इंटरनेशनल जर्नल आफ कंपेरेटिव सोसियोलोजी,* वॉल्यूम–V, नं. 2।

——— 1966: *ट्रेडिशन एंड इकोनामी इन विलेज इंडिया।* लंदन: राउटलेज एंड केगन पाल।

———1968: *शिवपुरा: ए साउथ इंडियन विलेज।* लंदन: राउटलेज एंड केगन पाल।

——— 1968: *कास्ट इन साउथ इंडियन विलेज एंड अदर एसेज।* बांबे: एशिया पब्लिशिंग हाउस।

उपाध्याय, वी.एस. एंड गया पाण्डेय 1993: *हिस्ट्री आफ एंथ्रोपोलोजिकल थाउट।* दिल्ली: कंसेप्ट पब्लिशिंग कंपनी।

———— 2001: *मानवशास्त्रीय विचारक एवं विचारधाराएँ।* दिल्ली: हिन्दी माध्यम कार्यान्वयन निदेशालय, दिल्ली विश्वविद्यालय।

——— 2002: *विकासात्मक मानवविज्ञान।* भोपाल: मध्यप्रदेश हिन्दी ग्रंथ अकादमी।

——— 2002: *जनजातीय विकास।* भोपाल: मध्यप्रदेश ग्रंथ अकादमी।

——— 2002: *ट्रायबल डेवलपमेंट इन इंडिया।* राँची: क्राउन पब्लिकेशंस।

एंथ्रोपोलोजिकल सर्वे आफ इंडिया 1967: *ट्रायबल मैप आफ इंडिया।* कोलकत्ता: एंथ्रोपोलोजिकल सर्वे आफ इंडिया।

ऐयप्पन, ए. 1937: ''सोशल एंड फिजिकल एंथ्रोपोलोजी आफ द नायाडिज आफ मालाबार''। *बुलेटिन आफ मद्रास गवर्मेंट म्युजियम,* वॉल्यूम–11, नं. 4।

——— 1944: ''इरवाज एंड कल्चर चेंज''। *बुलेटिन आफ मद्रास गवर्मेंट म्यूजियम,* वॉल्यूम–5, नं. 1।

——— 1948: रिपोर्ट आन द सोसियो इकोनामिक कंडिशंस आफ द एबोरिजनल ट्राइब्स आफ मद्रास। मद्रास: गवर्मेंट आफ मद्रास।

——— 1960: ''द ट्राइब्स आफ साउथ एंड साउथ वेस्ट इंडिया'' आदिवासी, दिल्ली, पब्लिकेशन डिविजन।

——— 1965: *सोशल रिवोलुशन इन ए केराला विलेज।* बांबे: एशिया पब्लिशिंग हाउस।

——— 1969: अर्जेंट एंथ्रोपोलोजी फार साउदर्न इंडिया अर्जेंट रिसर्चेज इन सोशल एंथ्रोपोलोजी, शिमला: इंडियन इंस्टीट्यूट आफ एडवांस स्टडी।

एलविन, वेर्रियर, 1939: द *बैगा।* लंदन: जोन मुराय।

——— 1942: द *अगारिया।* ऑक्सफोर्ड यूनिवर्सिटी प्रेस।

——— 1943: *मारिया मर्डर एंड सुसाइड।* बांबे: ऑक्सफोर्ड यूनिवर्सिटी प्रेस।

——— 1947: द *मारिया एंड देयर गोथुल।* गोएफरी कैंब्रिज: ऑक्सफोर्ड यूनिवर्सिटी प्रेस।

——— 1947: *मिथ आफ मिडिल इंडिया।* गोएफरी कैंब्रिज: ऑक्सफोर्ड यूनिवर्सिटी प्रेस।

——— 1948: "नोट्स आन जुआंग"। राँची मैन इन इंडिया वॉल्यूम-28।

——— 1950: *बोडो हाइलैंडर्स।* बांबे: ऑक्सफोर्ड यूनिवर्सिटी प्रेस।

——— 1951: द *ट्रायबल आर्ट्स आफ मिडिल इंडिया,* बांबे: ऑक्सफोर्ड यूनिवर्सिटी प्रेस।

——— 1952: द *लौस आफ नर्वस: ए कंपेरेटिव स्टडी आफ कंटैक्ट आफ पिपुल इन द एबोरिजनल एरिया आफ बस्तर स्टेट।* सेंट्रल प्रोविंस आफ इंडिया।

——— 1954: द *ट्रायबल मिथ्स आफ उड़ीसा।* बांबे: ऑक्सफोर्ड यूनिवर्सिटी प्रेस।

———1955: द *रेलिजन आफ एन इंडियन ट्राइब।* गोएफरी कैंब्रिज: ऑक्सफोर्ड यूनिवर्सिटी प्रेस।

——— 1958: द *मिथ्स आफ नार्थ-ईस्ट फ्रंटियर्स आफ इंडिया,* नेफा: शिलांग।

——— 1959: *इंडियाज नार्थ-ईस्ट फ्रंटियर्स एजेंसी इन नाइनटिंथ सेंचुरी।* कोलकत्ता: ऑक्सफोर्ड यूनिवर्सिटी प्रेस।

——— 1960(A): *फिलोस्फी आफ नेफा।* शिलांग: द एडवरटाइजर टु गवर्मेंट आफ असम।

——— 1960(B): *नागालैंड।* शिलांग: रिसर्च डिपार्टमेंट, एडवर्टाइजर्स सेकरेटेरियट।

——— 1962: आर्ट्स आफ नेफा। नेफा: शिलांग।

ओपलर, मोरिस, ई. 1956: "एक्सटेंशन आफ एन इंडियन विलेज" *जर्नल आफ एशियन स्टडी,* वॉल्यूम-16।

ओ, मालेय 1932: *इंडियन कास्ट सिस्टम।* कैंब्रिज।

——— 1934: *इंडियाज सोशल हेरिटेज।* ऑक्सफोर्ड।

ओरेनस्टेइन हैनरी, 1965: *गांव: कंफलिक्ट एंड कोहेसन।* प्रिंसटन: यूनिवर्सिटी प्रेस।

कपाड़िया, के.एम. 1948: *मैरेज एंथ फैमिली इन इंडिया।* कोलकत्ता: ऑक्सफोर्ड यूनिवर्सिटी प्रेस।

कपाडिया, के.एम. एंड देवेन्द्र पिल्लई, 1972: *इंडस्ट्रीयलाइजेशन एंड रुरल सोसायटी।*

कपूर, डी. 1969: "द पिपुल आफ किन्नौर : एन एसे आन द प्रॉब्लेम आफ ट्राइब्स" प्रेजेंटेड इन ए सेमिनार आन ट्राइबल सिचुएशन इन इंडिया, शिमला: इंडियन इंस्टीट्यूट एडवांस स्टडी।

कपूर, डी. एंड चोपरा एस. आर.के. 1969: "द एथनिक एंड कल्चरल यूनिट इन ला-हैल" प्रेजेंटेड इन ए सेमिनार आन ट्राइबल सिचुएशन इन इंडिया। शिमला: इंडियन इंस्टीट्यूट आफ एडवांस स्टडी।

कारस्टेयर्स, जी.एम. 1952: "भिल विलेजेज आफ वेस्टर्न उदयपुर: ए स्टडी इन रेसिस्टेंस टु कल्चर चेंज" *इकोनामिक विकली,* वॉल्यूम-4।

——— 1953-54: ''द भिल्स आफ कोट्रा भोमर'' ईस्टर्न एंथ्रोपोलोजिस्ट, वॉल्यूम-7।

——— 1957: द ट्वाइस बोर्न: ए स्टडी आफ कम्यूनिटी आफ हाई कास्ट। लंदन: द होगेंथ प्रेस।

कार्वे, इरावती, 1957: ''सोशल एजुकेशन आफ शेड्यूल्ड ट्राइब्स'' वन्य जाति, वॉल्यूम-3, नं. 4।

——— 1958: *भिल्स आफ वेस्टर्न खंडेश।* बांबे: जर्नल आफ एंथ्रोपोलोजिकल सोसायटी।

——— 1969: ''द ट्रायबल्स आफ महाराष्ट्र'' अर्जेंट रिसर्चेज इन सोशल एंथ्रोपोलोजी। शिमला: इंडियन इंस्टीट्यूट आफ एडवांस स्टडी।

कालिया, एस.एल. 1961: ''संस्कृताइजेशन एंड ट्रायबलाइजेशन'' इन चेंजिंग ट्राइब एडिटेड बाई टी.बी. नायक। छिंदवाड़ा: ट्रायबल रिसर्च इंस्टीट्यूट।

कोकार्डे, आर.जी. 1957: *सोसियो इकोनामिक सर्वे आफ विमिंग कम्यूनिटी आफ सोलापुर।* पूना: गोखले इंस्टीट्यूट आफ पोलिटिक्स एंड इकोनामिक्स।

कोन, बी.एस. 1955: ''चेंजिंग स्टेट्स आफ डिप्रेस्ड कास्ट्स इन विलेज इंडिया'' इन विलेज इंडिया एडिटेड बाई मैक्कीम मैरियट। शिकागो: यूनिवर्सिटी प्रेस।

——— 1958: ''चेंजिंग ट्रेडिशन आफ लो कास्ट'' इन ट्रेडिशनल इंडिया स्ट्रक्चर एंड चेंज एडिटेड बाई मिल्टन सिंगर।

कोले, डब्ल्यू.एच.जी. 1912: ''एथनोग्राफिक नोट्स: द लुशाय'' सेंसस आफ इंडिया, 1911, वॉल्यूम-III, असम पार्ट। शिलांग: गवर्मेंट प्रेस।

कोलोगन, जे.एफ. आर. 1884: ''हिन्दू ट्राइब्स'' एथनोलोजिकल सेक्शन। कोलकत्ता: गवर्मेंट प्रिंटिंग प्रेस।

कोलेन्डा, पी.एम. 1959: ''टुवाड्र्स ए मॉडल आफ हिन्दू जजमानी सिस्टम''। ह्यूमन आर्गेनाईजेशन, वॉल्यूम-22, नं. 1।

कोसांबी, डी.डी. 1965: *कल्चर एण्ड सिविलाइजेशन आफ इण्डिया,* लंदन।

क्रुक, डब्ल्यू. 1896: *ट्राइब्स एंड कास्ट्स आफ नार्थ वेस्टर्न प्रोविंसेस एंड अवध* (चार खंड)। लंदन: मुराय एंड कंपनी।

खान, जी.ए. 1901-02: ''काश्मीर'' सेंसस आफ इंडिया। लाहौर: सिविल एंड मिलिट्री गजेट प्रेस। दो खंड।

——— 1935: ''द भिल्स आफ खंदेश''। राँची: मैन इन इंडिया वॉल्यूम-15।

——— 1942: ''द चेंचु'' इन एसेज इन एंथ्रोपोलोजी एडिटेड बाई जे.पी. मिल्स एंड अदर। लखनऊ: मैक्सवेल एंड कंपनी।

खाना पुरकर, डी.पी. 1946-47: ज्ञान: एन आदिवासी ट्राइब आफ साउथ गुजरात। बांबे: *जर्नल आफ बांबे यूनिवर्सिटी* वॉल्यूम-15, पार्ट-1।

गफ, ई.के. 1955: ''सोशल स्ट्रक्चर आफ तांजोर विलेज'' इन इंडियाज विलेज एडिटेड बाई एम.एन. श्रीनिवास।

———1952: ''सोशल सर्वे आफ ए तांजौर विलेज'' इन ई.पी.डब्ल्यू, वॉल्यूम-IV।

गडगिल, ए. 1952: *पूना: ए सोसियो इकोनामिक सर्वे।* पूना: गोखले इंस्टीट्यूट आफ पोलिटिक्स एंड इकोनामिक्स।

गनांबल, के. 1954: ''द कन्निकार आफ ट्रैवनकोर: देयर रेलिजियस एंड मैजिकल प्रैक्टिसेस। गवर्मेंट आफ इंडिया: *बुलेटिन आफ एंथ्रोपोलोजी डिपार्टमेंट,* वॉल्यूम-IV, नं. 2।

——— 1955: ''द मैजिकल राइट्स आफ उरैलिस''। गवर्मेंट आफ इंडिया: *बुलेटिन आफ डिपाजर्मेंट आफ एंथ्रोपोलोजी,* वॉल्यूम IV, नं. 2।

——— 1955: ''फ्यूनेरल कस्ट्म आफ उरैलिस''। गवर्मेंट आफ इंडिया: *बुलेटिन आफ एंथ्रोपोलोजी डिपार्टमेंट,* वॉल्यूम-IV, नं. 1.

——— 1955: ''रेलिजियस बिलिफ आफ उरैलिस''। गवर्मेंट आफ इंडिया: डिपार्टमेंट आफ एंथ्रोपोलोजी, वॉल्यूम-IV, नं. 2।

गाउल्ड, एच.ए. 1959: ''द पिजेंट लाइफ: सेन्ट्रिपेंटल आर. सेन्ट्रिफ्यूगल''। लखनऊ: इस्टर्न एंथ्रोपोलोजिस्ट, वॉल्यूम-13, नं. 1।

——— 1964: ''जजमानी सिस्टम आफ नार्थ इंडिया: इट्स स्ट्रक्चर, मैगनिच्यूट एंड मिनिंग''। इथनोलोजी, वॉल्यूम-III, नं. I।

गिब्बे, ई.टी. 1876: ''भिल्स इन डांग्स''। इंडियन एंटिक्वीटी: वॉल्यूम-5।

गिब्सन, ए. 1867-70: ''नोट्स आन भिल्स आफ नार्थ आफ नर्मदा बांबे: *जर्नल आफ रायल एशिएटिक सोसायटी,* बांबे ब्रांच, वॉल्यूम-9।

ग्रिगसन, डब्ल्यू.जी. 1931: सेंसस आफ इंडिया 1931, सी.पी. एंड बेरार।

——— 1938: द मारिया गौंड आफ बस्तर। लंदन: ऑक्सफोर्ड यूनिवर्सिटी प्रेस।

ग्रिफिथ, डब्ल्यू.जी. 1946: द कोल ट्राइब आफ सेंट्रल इंडिया। कोलकत्ता: रायल एशिएटिक सोसायटी आफ बंगाल।

गुहा, बी.एस. 1935: ''द रेसियल अफिनिटी आफ पिपुल आफ इंडिया'', वॉल्यूम-1, पार्ट-IIIB। शिमला।

———1944: रेसियल इलेमेंट्स इन इंडियन पोपुलेशन बांबे: ऑक्सफोर्ड यूनिवर्सिटी प्रेस।

———— (संपादित) 1951: द *ट्राइब्स आफ इंडिया,* (दो खंड) नई दिल्ली: भारतीय आदिम जाति सेवक संघ।

——— 1953: ''द अबोर मोसुप एज ट्रेनिंग सेंटर फार यूथ।'' वन्य जाति वॉल्यूम-।

——— 1955: ''इंडियन एबोरिजनल, हु आर दे''। आदिवासी। दिल्ली पब्लिकेशन डिविजन।

गुर्डन, पी.आर.टी. 1906: द *खासी।* लंदन: मैकमिलन एंड कंपनी।

गुंथोर्पे, ई.जे. 1886-89: ''नोट्स आन भोंडे कुमार्स'' बांबे: *जर्नल आफ एंथ्रोपोलोजिकल सोसायटी,* वॉल्यूम-1।

गुंपर्ज, जे.जे. "डायलेक्ट डिफरेंसेस एंड सोशल स्ट्राटिफिकेशन इन ए नार्थ इंडियन विलेज"। *अमेरिकन एंथ्रोपोलोजिस्ट* वॉल्यूम-60।

गैट, ई.ए. 1926: *हिस्ट्री आफ असम* (2nd एडिशन)। कोलकत्ताः ठाकर स्पिंक एंड कंपनी।

गोरे, एम.एस. 1956: *बेगर प्रॉब्लेम्स आफ मेट्रोपोलिटन दिल्ली*। दिल्ली स्कूल आफ सोशल वर्क।

गोरर, जी. 1938: *हिमालय विलेजः एन एकाउंट आफ लेपचाज आफ सिक्किम*। लंदनः माइकेल, जोसेफ।

गोस्वामी, बी.बी. 1969: "द ट्राइब्स आफ असमः ए फिव कमेंट्स आन देयर सोशल एंड कल्चरल टाइज विथ नन-ट्राइब्स" प्रेजेंटेड इन सेमिनार आन ट्राइबल सिचुएशन इन इंडिया। शिमलाः इंडियन इंस्टीट्यूट आफ एडवांस स्टडी।

गोस्वामी, एम.सी. 1967: "ट्राइब-पिजेंट रिलेशनशिप इन असम" ए कौमन पर्सपेक्टिव फार नार्थ-ईस्ट इंडिया एडिटेट बाई राथिन मित्रा एंड बी. दास।

धुर्ये, जी.एस. 1932: *कास्ट एंड रेसेज इन इंडिया*। लंदनः केगन पाल।

——— 1936-37: "ए नोट्स आन क्रौसकजन मैरेज एंड डुआल आर्गेनाइजेशन इन काठियावाड़" बांबेः *जर्नल आफ बांबे यूनिवर्सिटी*। वॉल्यूम-3, नं. 1।

——— 1938: सेक्स हैबिट आफ मिडिल क्लास पिपुल। पूनाः गोखले इंस्टीट्यूट आफ पोलिटिक्स एंड इकोनामिक्स।

——— 1943: द एबोरिजिन्स सो काल्ड एंड देयर फ्यूचर। पूनाः गोखले इंस्टीट्यूट आफ पोलिटिक्स एंड इकोनामिक्स।

——— 1945: *कल्चर एंड सोसायटी*, बांबेः पोपुलर बुक डिपो।

——— 1957: द *महादेव कॉलिज*। बांबेः पोपुलर बुक डिपो।

——— 1959: द *शेड्यूल्ड ट्राइब*, बांबेः पोपुलर प्रकाशन।

——— 1960: *आफ्टर ए सेंचुरी एंड क्वार्टर*। बांबेः पोपुलर प्रकाशन।

——— 1961: *कास्ट, क्लास एंड अकुपेशंस*। बांबेः पोपुलर प्रकाशन।

——— 1962: *फैमिली एंड किन इन इंडो-यूरोपीयन फैमिनी*। बांबे।

——— 1964: *इंडियन साधु*। बांबे।

——— 1968: *रेलिजियस कंससनेस*, बांबे।

——— 1968: *सोशल टेंशन इन इंडिया*। बांबे।

——— 1973: *आई एंड अदर एक्सप्लोरेशंस*। बांबे।

——— 1974: *विदर इंडिया*। बांबे।

——— 1978: *इंडिया रिक्रिएट्स डिमोक्रेसी*। बांबे।

——— 1979: *वैदिक इंडिया*। बांबे।

——— 1980: द *बर्निंग काल्ड्रोम आफ नार्थ-ईस्ट*। बांबे।

चटर्जी, ए.एस.के. 1968: *बाल्ट्स एंड आर्यन।* शिमला: इंडियन इंस्टीट्यूट आफ एडवांस स्टडी।

चट्टोपाध्याय, के.पी. 1922: *सम मलयालम किनशिप टर्म।* राँची: मैन इन इंडिया। वॉल्यूम-II, नं. 2।

——— 1923: "एन एसे आन द हिस्ट्री आफ नेवार कल्चर"। कोलकत्ता: *जर्नल आफ एशिएटिक सोसायटी,* बंगाल। वॉल्यूम-XIX, नं. 1।

——— 1927: सोशल आर्गेनाइजेशन आफ सत्कर्मीज एंड संगा। कोलकत्ता: *जर्नल आफ रायल एशिएटिक सोसायटी आफ बंगाल।* वॉल्यूम-XXIII, नं. ?।

——— 1931: कंटैक्ट आफ पिपुल एंड अफेक्टिंग मैरेज रूल। कोलकत्ता: *जर्नल आफ एशिएटिक सोसायटी आफ बंगाल।* वौल्यूम XXV।

——— 1934: "मुंडा फेस्टिवल आफ छोटा नागपुर"। कोलकत्ता: *जर्नल आफ एशिएटिक सोसायटी आफ बंगाल* वॉल्यूम-30।

——— 1952: *सोसियो इकोनामिक सर्वे आफ जुट लेबर।* कोलकत्ता: कोलकत्ता यूनिवर्सिटी।

——— 1957: *स्टडी आफ चेंज इन ट्रेडिशनल कल्चर।* कोलकत्ता: कोलकत्ता यूनिवर्सिटी।

——— 1965: *एंशियंट इंडियन कल्चर: कंसेप्ट्स एंड माइग्रेशन।* कोलकत्ता: डब्ल्यू. बी.सी. प्रेस।

——— 1965: *संथाल वे आफ लाइफ।* कोलकत्ता: कोलकत्ता। यूनिवर्सिटी।

——— 1965: *कलेक्शंस आफ एसेज।* कोलकत्ता: कोलकत्ता: यूनिवर्सिटीज।

चौहार, बी.आर. 1960: "एन इंडियन विलेज : समक्वेशचंस"। राँची: मैन इन इंडिया, वॉल्यूम-40।

——— 1970: *द टाउन्स इन ट्रायबल सेटिंग।* दिल्ली: नेशनल पब्लिशिंग हाउस।

चौहान, डी.एस. 1956: *ट्रेड्स आफ अर्बेनाइजेशन इन आगरा।* बांबे: एलायड पब्लिशर।

जय, एडवार्ड जे. 1970: *ए ट्राइबल विलेज आफ मिडिल इंडिया।* कोलकत्ता: एंथ्रोपोलोजिकल सर्वे आफ इंडिया।

जोशी, एल.डी. 1929: *द खासा फैमिली ला इन हिमालय डिस्ट्रिक्ट्स आफ यूनाइटेड प्रोविंसेस आफ इंडिया।* इलाहाबाद: गर्वमेंट प्रेस।

झा, माखन, 1971: *सैकरेड कांप्लेक्स आफ जनकपुर।* इलाहाबाद: यूनाइटेड पब्लिशर।

टर्नर, ए.सी. 1931: "कास्ट इन कुमायुं डिविजन एंड टेहरी गढ़वाल स्टेट" सेंसस आफ इंडिया। शिमला: गवर्मेंट प्रेस।

टोड, जेम्स 1950: *एनाल्स एंड एंटिक्वीटीज आफ राजपुताना* दो खंडों में। लंदन: राउटलेज एंड केगन पाल।

ट्रेलर, डब्ल्यू.जी: 1928: *स्टेटिस्टिकल स्केच आफ कुमायुं।*

ट्रेलर, आर. 1911: *नेटिव लाइफ इन अंडमान आइलैंड।*

टेसिटोरी, एल.पी. 1914: ''बार्डिक एंड हिस्टोरिकल सर्वे आफ राजपुताना'' *जर्नल आफ एशिएटिक सोसायटी,* बंगाल। वॉल्यूम–10।

ढक्कर, बापा, 1941: *हमारे आदिवासी भाई।* इन ठक्कर बापा द्वारा वियोगी हरि। नई दिल्ली: पब्लिकेशन डिविजन।

ड्यूमाट, लुईस 1970: *होमोहिरारकिकस: एन एसे इन कास्ट सिस्टम।* शिकागो: शिकागो यूनिवर्सिटी प्रेस।

डंडा, ए.के. 1971: डिफेरेंशिएशन आफ पोलिटिकल स्ट्रक्चर इन ट्राइबल छत्तीसगढ़। दिल्ली: *इंडियन एंथ्रोपोलोजिस्ट।* वॉल्यूम–1, नं. 1।

——— 1973: ''द ट्राइबल इकोनामी इन ट्रांजिशन''। ए केस स्टडी फ्राम छत्तीसगढ़। साइंस कांग्रेस: 1971।

डाल्टन, ई.टी. 1872: *डेस्क्रीपटिव एथनोलोजी आफ बंगाल।* कोलकत्ता: गवर्मेंट प्रिंटिंग प्रेस।

ढेकनेय, बी.सी: 1959: *हुबली सिटी।* घारवाड़ कर्नाटक यूनिवर्सिटी।

थापर, रमेश (संपादित) 1977: *ट्राइब, कास्ट एंड रेलिजन इन इंडिया।* दिल्ली: मैकमिलन इंडिया लिमिटेड।

थर्सटन, ई. 1896: ''एंथ्रोपोलोजी आफ द टोडा एंड द कोटा आफ द निलगिरी हिल्स, एंड ब्राह्मण, कमलान, पालिज एंड परिआह आफ मद्रास सिटी''। मद्रास: *बुलेटिन आफ मद्रास गवर्मेंट म्यूजियम।* वॉल्यूम–1, नं. 4।

——— 1897: ''बदगा एंड इरुला आफ निलगिरी: पनियान आफ मालाबार''। मद्रास: *बुलेटिन आफ मद्रासं गवर्मेंट म्यूजियम,* वॉल्यूम–2, नं. 1।

——— 1906: *एथनोग्राफिक नोट्स साउथ इंडिया।* मद्रास: गवर्मेंट प्रेस।

——— 1906: *कास्ट एंड ट्राइब्स आफ साउदर्न इंडिया।* वॉल्यूम–VII, मद्रास: गवर्मेंट प्रेस।

दत्ता, एन.के. 1931: *ओरिजिन एंड ग्रोथ आफ कास्ट इन इंडिया।* लंदन।

दत्ता, एम.एन. 1956: द *संथाल: ए स्टडी इन कल्चर चेंज।* दिल्ली: मैनेजर पब्लिकेशन डिविजन गवर्मेंट आफ इंडिया।

दत्ता, एम.पी., 1959: द *पिपुल आफ नेफा: द टंगसास आफ नमहिक एंड तिरप विलेज।* शिलांग: एडवटाईजरस सेक्रेटेरियट।

दास, ए.के. 1964: द *काराज एंड सम लिटल नोन कम्यूनिटी आफ वेस्ट बंगाल।* कोलकत्ता: कल्चरल रिसर्च इंस्टीट्यूट, गवर्मेंट आफ वेस्ट बंगाल।

——— 1968: *ट्रेंड्स आफ अकुपेशनल पैटर्न थ्रु जेनेरेशंस इन रुरल एरियाज आफ वेस्ट बंगाल।* कोलकत्ता: कल्चरल रिसर्च इंस्टीट्यूट।

——— 1969: द *टोटोज।* कोलकत्ता: कल्चरल रिसर्च इंस्टीट्यूट।

दास, ए.के. एंड एस.के बैनर्जी 1962(A): *इंपैक्ट आफ इंडस्ट्रीलाइजेशन आन लाइफ आफ द ट्राइबल्स आफ वेस्ट बंगाल।* कोलकत्ता: कल्चरल रिसर्च इंस्टीट्यूट।

——— 1962(B): *द लेपचाज आफ दार्जिलिंग डिस्ट्रीक्ट।* कोलकत्ता: कल्चरल रिसर्च इंस्टीट्यूट।

दास, ए.के. एंड एन.एन. बैनर्जी, 1964: *इंपैक्ट आफ टी इंडस्ट्रीज आन ट्राइबल्स आफ वेस्ट बंगाल।* कोलकत्ता कल्चरल रिसर्च इंस्टीट्यूट।

दास, एम.के. एंड एम.के. राहा, 1963: *द उरांव आफ सुंदर बन।* कोलकत्ता: कल्चरल रिसर्च इंस्टीट्यूट।

दास, एम.के., एम.के. राहा एंड बी.के. चौधरी, 1966: *द माल पहारिया आफ वेस्ट बंगाल।* कोलकत्ता: कल्चरल रिसर्च इंस्टीट्यूट।

——— 1966: *हैंड बुक आन शेड्यूल्ड कास्ट्स एंड शेड्यूल्ड ट्राइब्स आफ वेस्ट बंगाल।* कोलकत्ता: कल्चरल रिसर्च इंस्टीट्यूट।

दास के.आर.एस. 1986: "द मिणा ट्राइब आफ मेवाड़"। कोलकत्ता: *जर्नल आफ रायल एशिएटिक सोसायटी आफ बंगाल।* वॉल्यूम-55।

दुबे, बी.के. एंड एफ बहादुर 1967: *स्टडी आफ ट्राइबल पिपुल एंड ट्राइबल एरियाज:* इंदौर: गवर्मेंट रिजनल प्रेस।

दुबे, लाला एंड अब्दुल रहमान कुत्ती 1969: *मैट्रिलिनी एंड इसलाम।* दिल्ली, नेशनल पब्लिशर।

दुबे, एस.सी. 1954: द *कमार।* लखनऊ: यूनिवर्सल पब्लिशर।

——— 1955: *इंडिया विलेज।* लंदन: कार्नेल यूनिवर्सिटी प्रेस।

——— 1958: *इंडियाज चेंजिंग विलेजेज: ह्यूमन फैकटर्स इन कम्यूनिटी डेवलपमेंट।* लंदन: कार्नेल यूनिवर्सिटी प्रेस।

——— 1958: *पावरा एंड कनफलिक्ट इन विलेज इंडिया।* लंदन: कार्नेल यूनिवर्सिटी प्रेस।

——— 1960: *मानव और संस्कृति।* दिल्ली: राजकमल प्रकाशन।

——— 1962: *भारतीय समाज परिचय माला।* दिल्ली, राजकमल प्रकाशन।

——— (संपादित) 1968: *इंस्टीट्यूशन बिल्डिंग फार कम्युनिटी डेवलपमेंट।* हवाई: ईस्ट-वेस्ट सेंटर प्रेस।

——— (संपादित) 1971: *एसेज आन मार्डनाइजेशन।* दिल्ली: विकास पब्लिशिंग हाउस।

——— 1973: *कंटेपोररी इंडिया एंड इट्स मार्डनाइजेशन।* दिल्ली: विकास पब्लिशिंग हाउस।

——— (संपादित) 1977: *ट्राइबल हैरिटेज आफ इंडिया।* दिल्ली: विकास पब्लिशिंग हाउस।

——— 1990: *ट्रेडिशन एंड डेवलपमेंट*। दिल्ली: विकास पब्लिशिंग हाउस।

——— 1992: *अंडरस्टैंडिंग चेंज: पर्सपेक्टिव फ्रोम एंथ्रोपोलोजी एंड सोसियोलोजी*।

देसमुख, पी.एस. 1933: *ओरिजिन एंड डेवलपमेंट आफ रिलिजन इन वैदिक लिटरेचर*। लंदन।

धिलौन, एस. 1955: *लीडरशिप एंड ग्रुप्स इन साउथ इंडियन विलेज*। दिल्ली: प्लानिंग कमीशन।

नाग, डी.एस. 1958: *ट्राइबल इकोनामी एन इकोनामिक स्टडी आफ बैगा*। दिल्ली: भारतीय आदिम जाति सेवक संघ।

नाकाने, चाई. 1914: *इकोनामिक एंड सोशल स्ट्रक्चर आफ लेपचा, भुटिया आफ सेंट्रल सिक्किम*। पंजाब।

नाथ, वाई.वी.एस. 1960: *भील आफ रत्लमल,* बरोदा: एम.एस. यूनिवर्सिटी।

नायक, टी.बी. 1956: द *भील: ए स्टडी*। दिल्ली: भारतीय आदिम जाति सेवक संघ।

——— (संपादित) 1963: *अभुज मारिया*। छिंदवाड़ा: ट्राइबल रिसर्च इंस्टीट्यूट।

——— 1972: *बड़ा भाई बिंझवार*। भोपाल: मध्य प्रदेश ग्रंथ अकादमी।

नायक, टी.बी. एंड भौरास्कर के.एम. 1961: *चेंजिंग ट्राइब्स*। छिंदवाड़ा: ट्राइबल रिसर्च इंस्टीट्यूट।

——— 1964: *इकोनामिक आर्गेनाइजेशन एंड मार्केट*। छिंदवाड़ा: ट्राइबल रिसर्च इंस्टीट्यूट।

नेइगरमेयर, एच. 1964: खुटिया खोंड।

नेविले एंड बार्डो लोई 1923: *नोट्स आन सर्टेन फ्रंटियर्स ट्राइब*। सेंसस ऑफ इंडिया, 1921, वॉल्यूम-III, असम पार्ट-I। शिलांग: गवर्मेंट प्रेस।

नेवेल, डब्ल्यू.एच. 1961: "गोसुन: ए गड्डी विलेज इन हिमालया" इन इंडियाज विलेज एडिटेड बाई एम.एन. श्रीनिवास।

पंत, एस.डी. 1935: *सोसियो इकोनामिक लाइफ आफ किन्नौरी विलेज*। लखनऊ: लखनऊ यूनिवर्सिटी।

पब्ला, जी.एस. एंड जे.आर. वशिष्ठ 1963: *टांडी: ए विलेज इन लाहुल एंड स्पिति डिस्ट्रीक्ट्स आफ पंजाब स्टेट*। मैनेजर पब्लिकेशन, सेंसस ऑफ इंडिया, 1961।

प्रसाद, एन. 1964: *लैंड एंड पिपुल आफ बिहार*। राँची: बिहार ट्राइबल वेलफेयर रिसर्च इंस्टीट्यूट।

प्रसाद, आर.के. 1968: "इकोनामिक एंड सोशल चेंज एमांग द पहारिया आफ पलामु: ए स्टडी इन ट्राइबल डिनैमिक्स", राँची विश्वविद्यालय, अनपब्लिश्ड पीएच.डी. थेसिस।

प्रसाद, एस. 1967: "ह्वेयर द थ्री ट्राइब्स मिट—ए स्टडी इन ट्राइबल इंटरएक्शन" राँची विश्वविद्यालय: अनपब्लिश्ड पीएच.डी. थेसिस।

प्रसाद, एस.डी. 1961: विलेज सर्वे मोनोग्राफ आन कुमार भाग, बरखंगा एंड जमकुनाली। सेंसस आफ इंडिया, 1961 बिहार, वॉल्यूम-IV, पार्ट-VI।

——— 1963: *जोजोहातु: ए मुंडा विलेज।* सेंसस आफ इंडिया, 1961, बिहार विलेज मोनोग्राफ नं. 1।

प्लेजर, डब्ल्यू.एफ. 1944: "द भील: एन एंथ्रोपोलोजिकल स्टडी"। पीएच.डी. थेसिस सबमिटेड टू हरिफोर्ड सेमिनरी फाउंडेशन: केनेडी स्कूल आफ मिशन।

प्लेफेयर, ए. 1909: द *गारोज।* लंदन: डैविड एंड नट।

पाटनायक, एन. 1954: "कास्ट एंड अकुपेशन इन रुरल उड़ीसा"। राँची: मैन इन इंडिया वॉल्यूम-34।

——— 1960: "आउटकास्टिंग एमांग आयलमैन फार ड्रिंकिंग वाइन।" राँची: मैन इन इंडिया। वॉल्यूम-40, नं. 1।

——— 1960: सर्विस रिलेशन बिटवीन बार्बर एंड विलेजर। *इकोनामिक विकली।* वॉल्यूम-12, नं. 20।

पाठक, एस.एम. 1972: *विश्व की प्राचीन सभ्यताओं का अध्ययन।* पटना: बिहार हिन्दी ग्रंथ अकादमी।

पुनेकर, भी.बी. 1959: द *सोन कॉलिज आफ बांबे।* बांबे: पोपुलर बुक डिपो।

पुनेकर, एस.डी. एंड मिस कमला राव 1962: *ए स्टडी आफ प्रोस्टीट्यूट्स आफ बांबे।* बांबे: एलाइड पब्लिशर।

पेंटर, प्रिस, 1953: "द प्रॉब्लेम आफ टोडा सर्वावल्स" वन्य जाति, नं. 1।

——— 1953: "द पौसिबल सर्वावल्स आफ टोडा रिचुअल्स"। *बुलेटिन आफ मद्रास म्यूजियम,* मद्रास।

——— 1955: "द टोडा: सम एडिशंस एंड करेक्शंस टु डब्ल्यू.एच.आर. रिवर्स बुक ऑबजर्व्ड इन फिल्ड। मैन, वोल्यूम-61।

पैरी, एन.ई. 1932: द *लाखेर।* लंदन: मैकमिलन एंड कंपनी।

फ्यूरर हैमेन डोर्फ सी. वान 1939: "द नेकेड नागा"।

——— 1941: "सिजनल नोमैडिज्म एंड इकोनामिक्स आफ द चेंचुज आफ हैदराबाद"। *जर्नल आफ रायल एशिएटिक सोसायटी आफ बंगाल।* वॉल्यूम-7।

——— 1942: "फोरचुन्स आफ प्रिमिटिव ट्राइब्स"। *इंडियन जर्नल आफ सोशल वर्क,* वॉल्यूम-1।

——— 1943: *चेंचुज: द जंगल फोक आफ डेक्कन।* लंदन: मैकमिलन एंड कंपनी।

——— 1945(A): द *ट्राइबल पोपुलेशन आफ हैदराबाद।* हैदराबाद: रेवेन्यू डिपार्टमेंट (सेंसस)।

——— 1945(B): द *रेडिज आफ बेसन हिल्स: ए स्टडी इन एकल्चरेशन।* (दो खंडों में) लंदन: मैकमिलन एंड कंपनी।

——— 1946(A): "द एग्रिकल्चर एंड लैंड टेन्यूर एमांग द आपातानी" मैन इन इंडिया, वॉल्यूम-26।

——— 1946(B): "ए नोट्स आन ट्राइबल जस्टिस एमांग द आपातानीज"। मैन इन इंडिया वॉल्यूम-26।,

——— 1947: *एक्सप्लोरेशंस इन इस्टर्न हिमालयाज।* शिलांग: असम गवर्मेंट प्रेस।

——— 1948: *द राजगौंड आफ अदिदाबाद: ए पिजैंट कल्चर आफ डेक्कन।* लंदन: मैकमिलन एंड कंपनी।

——— 1950-51: *द प्रधान्स: द बाड्र्स आफ राजगौंड।* लखनऊ: इस्टर्न एंथ्रोपोलोजिस्ट, वॉल्यूम-4।

——— 1955: *द हिमालयन बार्बेरी।* लंदन: जान मुराय।

——— 1962: *द अपातानिज एंड देयर नेबर्स: ए प्रिमिटिव सिविलाइजेशन आफ इस्टर्न हिमालयाज।* न्यूयार्क: केगन पाल।

——— 1964: *द शेरपाज आफ नेपाल।* लंदन।

——— 1967: *मोराल्स एंड मेरिट।* लंदन।

——— 1969: *द कोनियक नागाज।* लंदन।

——— 1979: *द गौंड्स आफ आंध्र प्रदेश।* लंदन।

बर्मा, टी.के.एम. 1960: *द इदुमिस्मी।* शिलांग: एडवर्टाइजर्स सेकरेटेरियट।

बसु, एम.एन. 1939: "बनास आफ बंगाल" *जर्नल आफ कोलकत्ता यूनिवर्सिटी,* वॉल्यूम-32।

ब्लंट, ई.ए.एच. 1931: *कास्ट सिस्टम इन इंडिया।* लंदन: ऑक्सफोर्ड यूनिवर्सिटी।

बाडेन-पावेल, बी.एच: 1899: "नोट्स आन द ओरिजिन आफ लुनर एंड सोलर आर्यन ट्राइब्स एंड आन द राजपुत क्लैन्स"। *जर्नल आफ राय एशिएटिक सोसायटी आफ ग्रेट ब्रिटेन एंड आयरलैंड,* वॉल्यूम-31।

बार्नेश, 1907: "द भिल्स आफ वेस्टर्न इंडिया"। एशिएटिक सोसायटी आफ आर्ट्स, वॉल्यूम-35।

बालारत्नम, एल.के. 1958: *सोसायटी इन इंडिया।* मद्रास: सोशल साइंस एसोशिएशन।

——— 1953: *एंथ्रोपोलोजी आन मार्च।* मद्रास: बुक सेंटर।

——— एन.डी.: *सास्टा वर्शिप इन साउथ इंडिया।* मद्रास।

बाउगल, सी. 1977: *एसेस आन कास्ट सिस्टम।* कैंब्रिज यूनिवर्सिटी प्रेस।

बिंग्ले, ए.एच. 1904: *जाट्स, गुजर्स एंड अहिर्स।* हैंडबुक आफ इंडियन आर्मी। कोलकत्ता गवर्मेंट प्रेस।

बिल्स, ए.आर. 1962: *गोपालपुर: ए साउथ इंडियन विलेज।*

——— 1955: "चेंज इन द लीडरशिप आफ ए मैसुर विलेज" इन इंडियाज विलेज एडिटेड बाई एम.एन. श्रीनिवास, 1955।

——— 1955: "इंटरप्ले एमांग फैक्टर्स आफ सोशल चेंज इन ए मैसुर विलेज" इन विलेज इंडिया एडिटेड बाई मैक्कीम मैरियट, शिकागो, 1955।

——— 1959: "लीडरशिप इन ए मैसुर विलेज" इन लीडरशिप एंड पोलिटिकल इंस्टीट्यूशंस इन इंडिया एडिटेड बाई पार्क एंड टिंकर, ऑक्सफोर्ड, 1959।

ब्रीज, जी.डब्ल्यू. 1920: द *चमार:* कोलकत्ता एसोशिएशन प्रेस।

बीटे, आद्रे, 1966: *कास्ट, क्लास एंड पावर: चेंजिंग पैटर्न आफ स्ट्राटिफिकेशन इन तांजोर विलेज।* बांबे: ऑक्सफोर्ड यूनिवर्सिटी प्रेस।

——— 1969: *कास्ट ओल्ड एंड न्यू: एसेज इन सोशल स्ट्रक्चर एंड सोशल आर्गेनाइजेशन।* बांबे: ऑक्सफोर्ड यूनिवर्सिटी प्रेस।

बेनेडिक्ट, आर. 1946: *क्रिसजैन थेमम एंड सोर्ड।* बोस्टन: हाउटन मिफिन।

बेरेमैन, जी.डी. 1963: *हिन्दुज आफ हिमालयाज।* बर्कले: कैलिफोर्निया यूनिवर्सिटी प्रेस।

——— 1964: "ब्रह्मणिज्म एंड शमनिज्म इन राहर विलेज" इन रेलिजन इन साउथ एशिया एडिटेड बाई ई. हार्पर। सिटले: यूनिवर्सिटी आफ वाशिंगटन।

——— 1969: "अर्जेंट एंथ्रोपोलोजी इन इंडिया" इन अर्जेंट रिसर्चेज इन सोशल एंथ्रोपोलोजी। शिमला: इंडियन इंस्टीट्यूट आफ एडवांस स्टडी।

बेली, एफ.जी. 1958: *कास्ट एंड इकोनामिक फ्रंटियर्स।* बांबे: ऑक्सफोर्ड यूनिवर्सिटी प्रेस।

——— 1963: *पोलिटिकल एंड सोशल चेंज: उड़ीसा।* बांबे: ऑक्सफोर्ड यूनिवर्सिटी प्रेस।

——— 1960: *ट्राइब, कास्ट एंड नेशन।* बांबे: ऑक्सफोर्ड यूनिवर्सिटी प्रेस।

बैनब्रिज, आर.बी. 1907: "द साउरियाज आफ राजमहल हिल्स"। एशिएटिक सोसायटी आफ बंगाल, वॉल्यूम–2, नं. 4।

बैने, सर.ए. 1891: *सेंसस आफ इंडिया। ए रिपोर्ट।*

ब्रैडले बर्ट, एफ.बी. 1903: *स्टोरी आफ एन इंडियन अपलैंड, छोटा नागपुर ए लिटल नोन प्रोविंस आफ द एंपायर।* लंदन: स्मिथइल्डर एंड कंपनी।

बोस, एन.के. 1929: *कल्चरल एंथ्रोपोलोजी,* बांबे: एशिया पब्लिशिंग हाउस।

——— 1932: *कैनोनंस आफ ओरिसन आर्किटेक्चर।* कोलकत्ता: रामानंद चैटर्जी

——— 1949: *स्ट्रक्चर आफ हिन्दू सोसायटी।* कोलकत्ता: विश्वभारती ग्रंथालय।

——— 1967: *कल्चर एंड सोसायटी इन इंडिया।* बांबे: एशिया पब्लिशिंग हाउस।

——— 1968: *कोलकत्ता: ए सोशल सर्वे।* बांबे: लालवाणी पब्लिशिंग हाउस।

——— 1959: *माडर्न बंगाल।* विधोदया लाइब्रेरी: कोलकत्ता।

——— 1963: *फिफटी इयर्स आफ साइंस इन इंडिया। प्रोग्रेस आफ एंथ्रोपोलोजी एंड आर्कियोलोजी।* कोलकत्ता: इंडियन साइंस कांग्रेस एसोसिएशन।

——— 1952: *सेलेक्शन फ्रोम गांधी।* बांबे: नवजीवन पब्लिशिंग हाउस।

——— 1962: *स्टडीज इन गांधीज्म।* कोलकत्ताः मेरिट पब्लिशर।

——— 1969: *प्रॉब्लेम्स आफ नेशनल इंटिग्रेशन।* कोलकत्ताः एलायड पब्लिशर।

——— 1970: *ट्राइबल लाइफ इन इंडिया।* बांबेः एशिया पब्लिशिंग हाउस।

भौमिक, पी.के. 1963: *द लोधाज आफ वेस्ट बंगाल।* कोलकत्ताः पुंथी पुस्तक।

मजुमदार, डी.एन. 1937: *ए ट्राइब इन ट्रांजिशनः ए स्टडी इन कल्चर पैटर्न।* कोलकत्ता एंड लंदन। लौंग मैन्स ग्रीन एंड कंपनी।

——— 1944(A): *ए फौरचुन्स आफ प्रिमिटिव ट्राइब्स।* लखनऊः यूनिवर्सल पब्लिशर।

——— 1944(B): *रेसेस एंड कल्चर आफ इंडिया।* इलाहाबादः किताबिस्तान।

——— 1950: *द अफेयर्स आफ ए ट्राइबः ए स्टडी इन ट्रायबल डिनैमिक्स।* लखनऊः यूनिवर्सल पब्लिशर।

——— 1958: *कास्ट एंड कम्यूनिकेशन इन एन इंडियन विलेज।* बांबेः एशिया पब्लिशिंग हाउस।

——— 1960(A): *चोर का एक गाँव।* बांबेः एशिया पब्लिशिंग हाउस।

——— 1960(B): *सोशल कंटुर्स आफ एन इंडस्ट्रीयल सिटी लखनऊ।* बांबेः एशिया पब्लिशिंग हाउस।

——— 1962: *हिमालय पोलिएंड्री।* बांबेः एशिया पब्लिशिंग हाउस।

मजुमदार, डी.एन. एंड टी.एन. मदन 1956: *एन इंट्रोडक्शन टु सोशल एंथ्रोपोलोजी।* बांबेः एशिया पब्लिशिंग हाउस।

मलकानी, एच.सी. 1955: *सोसियो इकोनामिक सर्वे आफ बरोदा सिटी।* बरोदा सिटीः एम.एस. यूनिवर्सिटी।

मलहोत्रा, पी.सी. 1964: *सोसियो-इकोनामिक सर्वे आफ भोपाल एंड बैरागढ़।* बांबेः एशिया पब्लिशिंग हाउस।

माथुर, के.एस. 1964: *कास्ट एंड रिचुअल इन मालवा विलेज।* बांबेः एशिया पब्लिशिंग हाउस।

मेयर, एस.सी. 1952: *लैंड एंड सोसायटी इन मालाबार।* बांबेः एशिया पब्लिशिंग हाउस।

——— 1955: "चेंज इन मालाबार विलेज"। *इकोनामिक विकली,* वॉल्यूम-7, नं. 37।

——— 1960: *कास्ट एंड किनशिप इन सेंट्रल इंडिया।* लंदनः राउटलेज एंड केगन पाल।

मैक्कीम मैरियट (एडिटेड) 1955: विलेज इंडिया। शिकागोः *अमेरिकन एंथ्रोपोलोजिस्ट,* वॉल्यूम-57।

——— 1949: "इंटरएक्शनल एंड ए ट्रिब्युशनल थ्योरी आफ कास्ट रैंकिंग"। राँचीः *मैन इन इंडिया,* वॉल्यूम-39, नं. 20।

——— 1960: *कास्ट रैंकिंग एंड कम्यूनिटी स्ट्रक्चर इन फाइव रिजंस आफ इंडिया एंड पाकिस्तान।* पूनाः डेक्कन कॉलेज।

मैन, एच.जे.एस. 1871: *विलेज कम्युनिटिज इन ईस्ट एंड वेस्ट।* लंदन।

मैडेलबाम, डैविड, जी. 1938: "पोलिएंड्री इन कोटा सोसायटी"। *अमरीकन एंथ्रोपोलोजिस्ट,* न्यू सीरिज, वॉल्यूम-40।

——— 1941: "कल्चर चेंज एमांग निलगिरी ट्राइब्स"। *अमरीकन एंथ्रोपोलोजिस्ट,* न्यू सीरिज, वॉल्यूम-4।

——— 1955: "टेकनोलोजी क्रेडिट एंड कल्चर इन ए निलगिरी विलेज" इन *एंडियाज विलेज एडिटेड* बाई एम.एन. श्रीनिवास।

——— 1955: "द वर्ल्ड एंड द वर्ल्ड विमिव आफ द कोटा"। इन *विलेज इंडिया एडिटेड* बाई मैक्कीम मैरियट।

मालाकांद, बी.एल. 1938-39: "रेबरिज आफ काठियाबाड़"। *जर्नल आफ बांबे यूनिवर्सिटी,* वॉल्यूम-7।

मार्शल, डब्ल्यू.ई. 1873: *ट्रैवेल एमांग टोडा।* लंदन: लौंगमैंस ग्रीन एंड कंपनी।

मेय, जे.ए. 1873: "नोट्स आन बोंडोज आफ जयपुर"। *जर्नल आफ इंडियन एंटीक्वीटीज,* वॉल्यूम-7।

माथुर, एल.पी. 1968: *हिस्ट्री आफ अंडमान एंड निकोबार आइलैंड।* दिल्ली: स्टर्लिंग पब्लिशिंग प्राइवेट लिमिटेड।

मेहता बी.एच. 1934: "समरी आफ एवोरिजनल ट्राइब्स आफ गुजरात"। *जर्नल आफ बांबे यूनिवर्सिटी।* वॉल्यूम-2।

——— 1968: "गौंड एंड इट्स गौंडवानालैंड"। दिल्ली: प्लानिंग कमिशन।

मिल्स, जे.पी. 1922: *द लोहटा नागा।* लंदन: मैकमिलन एंड कंपनी।

——— 1928: *अओ नागा।* लंदन: मैकमिलन एंड कंपनी।

——— 1937: *रेंगमा नागा।* लंदन: मैकमिलन एंड कंपनी।

मुखर्जी, बी.बी. 1952: "मैरेज कस्टम एंड किनशिप आर्गेनाइजेशन इन उरैल"। गवर्मेंट आफ इंडिया: *जर्नल आफ एंथ्रोपोलोजी डिपार्टमेंट,* वॉल्यूम-1, नं. 2।

——— 1954: "डुअग आर्गेनाइजेशन एमांग उरैल" *वन्य जाति,* वॉल्यूम-11, नं. 4।

——— 1955-56: "मोयोंग एमांग गारोज आफ असम" लखनऊ: *इस्टर्न एंथ्रोपोलोजिस्ट,* दिसंबर-55 एंड जनवरी-56।

——— 1956: "मैरेज एमांग कन्निकार आफ ट्रैवनकोर" गवर्मेंट आफ इंडिया: *बुलेटिन आफ एंथ्रोपोलोजी डिपार्टमेंट,* वॉल्यूम-V, नं. 1।

——— 1957: "गारो फैमिली" *इस्टर्न एंथ्रोपोलोजिस्ट* सितम्बर-नवंबर 1957।

——— 1960: "संथाल इन रिलेशन टु इंडियन कास्ट।" राँची: *मैन इन इंडिया,* वॉल्यूम-IV, नं. 4।

मुखर्जी, आर.के. 1961: *सोशल प्रोफाइल आफ ए मेट्रोपोलिश सिटी लखनऊ।* दिल्ली: एशिया पब्लिशिंग हाउस।

राउट, एस.पी. 1966-67: ''द जुआंग एंड कल्चर चेंज'' *आदिवासी,* वॉल्यूम-III, नं. 1।

——— 1967-68: ''सोशल आर्गेनाइजेशन आफ भुईयां आफ कालाहांडी'' *आदिवासी,* वॉल्यूम-IX, नं. 1।

——— 1969: ''हैंड बुक आन जुआंग'' *आदिवासी,* वॉल्यूम-XI, नं. 2।

राय बर्मन, बी.के. 1961: ''वारमाउंग: एन आओ नागा विलेज''। मोनोग्राफ सीरिज, सेंसस आफ इंडिया, 1961, पार्ट-VI। नई दिल्ली: मिनिस्ट्री आफ होम अफेयर्स।

——— 1966: ''स्ट्रक्चर आफ ब्रिज एंड बफर कम्यूनिटिज इन बोर्डर एरिया''। राँची: *मैन इन इंडिया।* वॉल्यूम-46, नं. 2।

——— 1969: ''ट्राइबल डिमोग्राफी इन इंडिया—ए प्रिलिमनरी अप्रेजल'' *इन ट्राइबल सिचुएशन इन इंडिया।* शिमला: इंडियन इंस्टीट्यूट आफ एडवांस स्टडी।

——— 1970(A): ''माडर्नाइजेशन प्रोसेस इन हिल्स आफ नार्थ-ईस्ट इंडिया''। *जर्नल आफ द इंस्टीट्यूट आफ डिफेंस स्टडी,* जनवरी 1970।

——— 1970(B): ''डिमोग्राफिक एंड सोसियो इकोनामिक प्रोफाइल्स आफ हिल एरियाज आफ नार्थ-ईस्ट इंडिया'' नई दिल्ली: आफिस आफ रजिस्ट्रार जनरल, मिनिस्ट्री आफ होम अफेयर्स।

——— 1973: चेतलाट-विलेज मोनोग्राफ। सेंसस आफ इंडिया, नई दिल्ली: मैनेजर आफ पब्लिकेशंस।

राय बर्मन, बी.के. एंड एच.एल. हरित 1971: ए प्रिलेमनरी अप्रेजल आफ शेड्यूल्ड ट्राइब्स आफ इंडिया। नई दिल्ली: ऑफिस आफ रेजिस्टरार जेनरल, इंडिया।

राय, सचिन, 1960: आस्पेक्ट्स आफ पद्म-मिनियंग कल्चर्स। शिलांग: एडवर्टाइजर्स सेकरेटेरियट।

राय, एस.सी. 1912: *मुंडा एंड देयर कंट्री।* कोलकत्ता: सिटी बार लाइब्रेरी।

——— 1915(A): *उरांव आफ छोटानागपुर* राँची: बार लाइब्रेरी।

——— 1915(B): ''ए नोट आन सम एंशियंट असुरा रिमेंस आफ राँची डिस्ट्रिक्ट। *जर्नल आफ बिहार एंड उड़ीसा रिसर्च सोसायटी,* वॉल्यूम-1।

——— 1916(A): ''नोट्स आन स्टोन इंपलिमेंट्स फाउंड इन राँची डिस्ट्रिक्ट''। *जर्नल आफ बिहार एंड उड़ीसा रिसर्च सोसायटी,* वॉल्यूम-2।

——— 1916(B): ''रेलिक्स आफ कौपर एज फाउंड इन छोटा नागपुर'' *जर्नल आफ बिहार उड़ीसा रिसर्च सोसायटी,* वॉल्यूम-12।

——— 1916(C): ''फाइंड्स आफ एंशियंट ब्रोंज एज आर्टिकिल्स इन राँची डिस्ट्रिक्ट''। *जर्नल आफ बिहार एंड उड़ीसा रिसर्च सोसायटी,* वॉल्यूम-12।

——— 1920: ''डिस्ट्रिब्यूशन एंड नेचर आफ असुर साइट्स'' *जर्नल आफ बिहार एंड उड़ीसा रिसर्च सोसायटी,* वॉल्यूम-16।

——— 1922: ''रिसर्चेज इन एंथ्रोपोलोजी इन इंडिया। राँची: *मैन इन इंडिया,* वॉल्यूम-II।

——— 1924: ''द ब्लैक भिल्स आफ जैसामंद लेक इन राजपुताना'' *जर्नल आफ बिहार एंड उड़ीसा रिसर्च सोसायटी,* वॉल्यूम-19।

——— 1925: द बिरहोर: द लिटल नोन जंगल ट्राइब आफ छाटा नागपुर। राँची: *मैन इन इंडिया* ऑफिस।

——— 1928: उरांव रेलिजन एंड कस्टम। राँची: *मैन इन इंडिया* ऑफिस।

——— 1935: द हिल भुइया आफ उड़ीसा। राँची: *मैन इन इंडिया* ऑफिस।

——— राय, एस.सी. एंड आर.सी. राय, 1937: द खारिया, वॉल्यूम-I एंड II। राँची: *मैन इन इंडिया* ऑफिस।

रुहेलिया, सत्यपाल, 1967: द *गोडुलिया लोहार।* बांबे।

रुस्सेल एंड हीरालाल, 1916: *ट्राइब्स एंड कास्ट्स आफ सेंट्रल प्रोविंस आफ इंडिया* (चार खंडों में) लंदन: मैकमिलन एंड कंपनी।

रागोजिन, जनोयडे, ए. 1961: *वैदिक इंडिया।* दिल्ली: मुंशीराम मनोहर लाल।

रामदास, जी. 1925: द *एबोरिजनल ट्राइब्स इन रामायण,* वॉल्यूम-5।

राव, सी.एच. 1922-23: ''मैसुर ट्राइब्स एंड कास्ट्स: ए जेनेरल सर्वे''। बंगलौर: क्वाटर्ली *जर्नल आफ मिस्टिक सोसायटी,* वॉल्यूम-13।

राव, बी.के.आर.वी. एंड पी.बी. देसाई, 1965: *ग्रेटर दिल्ली: ए स्टडी इन अर्बेनाइजेशन।* बांबे: एशिया पब्लिशिंग हाउस।

रिजले, एच.एच. 1895: *ट्राइब्स एंड कास्ट्स आफ बंगाल।* कोलकत्ता: सेकरेटेरियट प्रेस।

——— 1905: द *पिपुल आफ इंडिया।* कोलकत्ता: सेकरेटेरियट प्रेस।

रेडफिल्ड, रॉबर्ट, 1930: *टोपाज लैन।* शिकागो: यूनिवर्सिटी प्रेस।

——— 1934: द *यान कौम* न्यूयार्क।

——— 1941: *फोक कल्चर आफ यूकाटाम।* शिकागो: यूनिवर्सिटी प्रेस।

——— 1953: *प्रिमिटिव वर्ल्ड एंड इट्स ट्रांसफोरमेशन।* न्यूयार्क।

——— 1955(A): द *लिटल कम्युनिटी: मिव पोआइंट फार द स्टडी आफ ह्यूमन होला* शिकागो: यूनिवर्सिटी प्रेस।

——— 1955(B): *थिंकिंग अबाउट सिविलाइजेशन।* शिकागो: यूनिवर्सिटी प्रेस।

——— 1956: *पिजेंट सोसायटी एंड कल्चर।* शिकागो: यूनिवर्सिटी प्रेस।

रेडफिल्ड, आर. एंड मिल्टन सिंगर, 1956: ''कल्चरल रोल आफ सिटी'' राँची: मैन इन इंडिया, वॉल्यूम-34, नं. 3।

लाथुम, आर.जी. 1895: *एथनोग्राफी आफ इंडिया।* लंदन: वूर्सट्।

लासेय 1931: *सेंसस आफ इंडिया: ए रिपोर्ट:* बिहार एंड उड़ीसा।

लेउआ, के.के. 1964: द *असुर: ए स्टडी आफ प्रिमिटिव आचरन स्मेल्टर्स।* नई दिल्ली: भारतीय आदिम जाति सेवक संघ।

लेविस, ओसकार, 1954: *ग्रुप डिनामिक्स इन ए नार्थ इंडियन: विलेज।* नई दिल्ली: प्लानिंग कमीशन।

——— 1958: *लाइफ इन ए नार्थ इंडियन विलेज।* डर्बन: यूनिवर्सिटी आफ इलिनास प्रेस।

व्यास, एन.एन. 1967: "बनजारा" द मैर्कनटाइल नोमैड्स आफ राजस्थान। उदयपुर: *ट्राइब,* वॉल्यूम-II, नं. 2।

——— 1969: "द भिल्स आन बोर्डर आफ राजस्थान: एन इमजिंग सिचुएशन" इन सेमिनार आन ट्राइबल सिचुएशन इन इंडिया। शिमला: इंडियन इंस्टीट्यूट आफ एडवांस स्टडी।

व्यास, एन.एन. एंड एन.डी. 1969: "फौरेस्ट कोओपेरेटिव एंड चेंज एमांग ट्राइब्स"। उदयपुर: *ट्राइब,* स्पेशल इसुज, वोल्यूम-5, नं. 4।

व्यास, एस.एन: 1967: *इंडिया इन रामायण एज।* दिल्ली: आत्माराम एंड संस।

वाइजर, डब्ल्यू.एच. 1936: *हिन्दू जजमानी सिस्टम।* लखनऊ: पब्लिशिंग हाउस।

विद्यार्थी, एल.पी. (एडिटेड) 1960: एंथ्रोपोलोजी एंड ट्राइबल वेलफेयर इन इंडिया: राँची: काउंसिल आफ सोशल एंड कल्चरल रिसर्च बिहार।

——— (एडिटेड) 1960: इंडियन एंथ्रोपोलोजी इन एक्शन। राँची: काउंसिल आफ सोशल एंड कल्चरल रिसर्च बिहार।

——— (एडिटेड) 1961: भारत के आदिवासी। पटना: कॉलेज सेंटर।

——— (एडिटेड) 1961: *आस्पेक्ट्स आफ रेलिजन इन इंडियन सोसायटी।* मेरठ: केदारनाथ रामनाथ।

——— 1961: *सैकरेड कांप्लेक्स इन हिन्दू गया।* न्यूयार्क: एशिया पब्लिशिंग हाउस।

——— 1963: द *मालर: नेचर मैन स्पिरिट कांप्लेक्स इन ए हिल ट्राइब आफ बिहार।* कोलकत्ता: बुकलैंड प्राइवेट लिमिटेड।

——— 1964: *कल्चरल कंटुर्स आफ ट्राइबल बिहार।* कोलकत्ता: पंथी पुस्तक।

——— 1966(A): *घाघरा: ए विलेज इन छोटा नागपुर।* नई दिल्ली: मिनिस्ट्री आफ होम अफेयर्स, सेंसस आफ इंडिया।

——— 1966(B): *भारतीय नगर।* नई दिल्ली: राजमहल प्रकाशन।

——— (एडिटेड) 1967: *लीडरशिप इन इंडिया।* बांबे: एशिया पब्लिशिंग हाउस।

——— (एडिटेड) 1968(A): *अपलायड एंथ्रोपोलोजी इन इंडिया।* इलाहाबाद: किताब महल।

——— (एडिटेड) 1968(B): *टेंशन, कनफलिक्ट एंड सोशल चेंज इन इंडिया।* कोलकत्ता: पंथी पुस्तक।

——— (एडिटेड) 1968(C): *ट्राइबल लेबर: एग्रिकल्चर एंड इंडस्ट्रीयल।* नई दिल्ली: मैनेजर आफ पब्लिकेशन।

——— 1969: *कल्चरल कंफिग्रेशन आफ राँची।* नई दिल्ली: प्लानिंग कमीशन पब्लिकेशंस।

——— 1970: *सोसियो कल्चरल इंप्लिकेशंस आफ इंडस्ट्रीयलाइजेशन इन इंडिया: ए केस स्टडी आफ ट्राइबल बिहार।* प्लानिंग कमीशन पब्लिकेशन।

——— 1973: *एसेज इन इंडियन फोकलोर कोलकत्ता:* इंडियन पब्लिकेशन।

——— 1976(A): *स्टुडेंट्स अनरेस्ट इन छोटा नागपुर।* कोलकत्ता: पंथी पुस्तक।

——— 1976(B): *भारतीय आदिवासी।* लखनऊ: हिन्दी समिति।

——— 1977(A): *पिजेंट आर्गेनाइजेशन इन इंडिया।* राँची : काउंसिल आफ सोशल एंड कल्चरल बिहार।

——— 1977(B): *राइज आफ एंथ्रोपोलोजी इन इंडिया: ए सोशल साइंस ओरिएंटेशन।* नई दिल्ली: कंसेप्ट पब्लिशिंग कंपनी। दो खंडों में

——— (एडिटेड) 1978: *ग्रोथ एंड डेवलपमेंट आफ एंथ्रोपोलोजी इन बिहार।* न्यू दिल्ली, क्लासिकल पब्लिशिंग कंपनी।

——— 1980(A): *ट्रेंड्स इन वर्ल्ड एंथ्रोपोलोजी।* न्यू दिल्ली: कंसेप्ट पब्लिशिंग कंपनी।

——— 1980(B): राइज आफ वर्ल्ड एंथ्रोपोलोजी। न्यू दिल्ली: कंसेप्ट पब्लिशिंग कंपनी।

विद्यार्थी एल.पी., के.एस. माथुर एंड आई.पी. सिंह, 1963: *मानवशास्त्र की रूपरेखा।* मेरठ सिटी: केदारनाथ रामनाथ।

विद्यार्थी एल.पी., बी.एन. सहाय एंड बी.के. श्रीवास्तव 1970: *गांधी एंड सोशल साइंस इन इंडिया।* नई दिल्ली: बुक एंड हाइव।

विद्यार्थी एल.पी. एंड जी. चौबे, 1971: *बिहार इन फोकलोकर स्टडी।* कोलकत्ता: इंडियन पब्लिकेशन।

विद्यार्थी, एल.पी. एंड बी.सी. अग्रवाल, 1973: *रिसर्चेज इन कांप्लेक्स सोसायटी इन इंडिया।* न्यू दिल्ली: इंडियन अकादमी आफ सोशल साइंस।

विद्यार्थी, एल.पी. एंड बी.के. राय 1976: *ट्राइबल कल्चर आफ इंडिया।* न्यू दिल्ली: कंसेप्ट पब्लिशिंग कंपनी।

विद्यार्थी, एल.पी. एंड नारायण मिश्र 1977: *हरिजन टुडे।* नई दिल्ली: क्लासिकल पब्लिशर।

विद्यार्थी, एल.पी., बी.एन. सरस्वती एंड एम. झा, 1978: *सैकरेड कांप्लेक्स इन काशी।* नई दिल्ली: कंसेप्ट पब्लिशिंग कंपनी।

विद्यार्थी, एल.पी., बी.बी. लाल एंड आई.पी. सिंह 1978: *रिसर्च इन प्रीहिस्ट्री एंड फिजिकल एंथ्रोपोलोजी इन इंडिया।* नई दिल्ली क्लासिकल पब्लिकेशंस।

विद्यार्थी, एल.पी. एंड वी.एस. उपाध्याय 1979: *खारिया देन एंड नाउ*। नई दिल्ली: कंसेप्ट पब्लिशिंग कंपनी।

विद्यार्थी, एल.पी. एंड बी.एन. सहाय 1979: *अपलायड एंथ्रोपोलोजी एंड डेवलपमेंट इन इंडिया*। नई दिल्ली: नेशनल पब्लिकेशन।

सच्चिदानंद 1964: *कल्चर चेंज इन ट्राइबल बिहार*। कोलकत्ता: बुकलैंड प्राइवेट लिमिटेड।

——— 1966: *प्रोफाइल आफ ट्राइबल कल्चर इन बिहार,* कोलकत्ता।

——— 1968: *ट्राइबल विलेज इन बिहार: ए स्टडी इन यूनिटी एंड एक्सटेंशन*। नई दिल्ली: मुंशीराम मनोहर लाल।

——— 1962: *सोशल डायमेंसंस आफ एग्रिकल्चरल डेवलपमेंट*। दिल्ली।

——— 1976: *ट्राइबल वोटर्स इन बिहार*। कोलकत्ता।

——— 1977: *सर्वोदय एंड डेवलपमेंट*। कोलकत्ता।

——— 1977: *हरिजन एलिट*। दिल्ली।

——— 1980: *चेंजिंग मुंडा*। कोलकत्ता।

——— 1984: *आस्पेक्ट्स आफ वुमैन इन इंडिया*। दिल्ली।

——— 1986: *शेड्यूल्ड कास्ट्स*। दिल्ली।

——— 1987: *इंडस्ट्रीयलाइजेशन एंड सोशल डिसआर्गेनाइजेशन*। दिल्ली।

——— 1987: *स्वीडन कल्टीवेशन इन इंडिया*। दिल्ली।

——— 1997: *ट्राइबल स्टडीज सीरिज:* दिल्ली: सेरियल पब्लिकेशंस।

——— 2001: *दलित वुमैन आन रोड*। दिल्ली: सेरियल पब्लिकेशंस।

——— 2005: *वाटर सप्लाई मैनेजमेंट इन बिहार*। दिल्ली: कंसेप्ट पब्लिशिंग कंपनी।

सक्सेना, आर. 1964: *ट्राइबल इकोनामी इन सेंट्रल इंडिया*। कोलकत्ता: एल.के. मुखोपाध्याय।

सहाय के.एन. 1976: *अंडर द शैडो आफ क्रोस*। कोलकत्ता: इंस्टीट्यूट आफ सोशल रिसर्च एंड अपलायड एंथ्रोपोलोजी।

——— 1975: *द हिन्दू श्राइंस आफ छोटा नागपुर*। शिमला: इंडियन इंस्टीट्यूट आफ एडवांस स्टडी।

——— 1977: *क्रिश्चनिटी एंड कल्चर चेंज*। राँची।

——— 1993: *विजुअल एंथ्रोपोलोजी एंड इट्स डेवलपमेंट इन इंडिया*। दिल्ली।

——— 1994: *इंटरएक्शंस आफ कल्चरल ट्रेडिशंस इन इंडिया*।

——— 1998: *डायनामिक्स एंड डायमेंसंस आफ ट्राइबल सोसायटीज इन इंडिया*। दिल्ली।

——— 1998: *एंथ्रोपोलोजिक स्टडी आफ कार्टून इन इंडिया*। दिल्ली।

——— 1998: *स्पिरिचुअल एंथ्रोपोलोजी*। दिल्ली।

सहाय, बी.एन. 1968: *डायनामिक्स आफ लीडरशिप*। दिल्ली।

सरकार, एस.एस. 1938: *मालर आफ राजमहल हिल्स।* कोलकत्ता: बुक कंपनी।

सरण, ए.बी. 1975: *मर्डर एंड सुसाइड एमांग द ट्राइब्स आफ छोटा नागपुर।* नई दिल्ली: नेशनल पब्लिशिंग हाउस।

सरण, ए.बी. एंड गया पाण्डेय 1992: *सन वर्शिप इन इंडिया।* दिल्ली: नादर्न बुक सेंटर।

सामंत रे, डी.के. 1971: "द खोंड्स आफ नायागढ़" उदयपुर: आदिवासी, वॉल्यूम–12, नं. 1–4।

सामुएल, ई.ए. 1956: "नोट्स आन ए फोरेस्ट रेस काल्उ पुटो आर जुआंग" कोलकत्ता: *जर्नल आफ एशिएटिक सोसायटी आफ बंगाल,* वॉल्यूम–25।

सिन्हा, सुरजीत 1957: "ट्राइबल कल्चर आफ पेनिसुलर इंडिया: डायमेंशंस आफ लिटिल ट्रेडिशंस इन स्टडी आफ इंडियन सिविलाइजेशन"। राँची: *मैन इन इंडिया,* वॉल्यूम–37।

——— 1957(A): "द मीडिया एंड नेचर आफ हिन्दू–भूमिज इंटरएक्शन"। कोलकत्ता: *जर्नल आफ एशिएटिक सोसायटी,* वॉल्यूम–23, नं. 1।

——— 1958: "चेंजेज इन द साइकिल आफ फेस्टीवल्स इन ए भूमिज विलेज"। राँची: *जर्नल आफ सोशल रिसर्च।* वॉल्यूम–1, नं. 1।

——— 1959: "भूमिज क्षत्रिय मुवमेंट इन साउथ मानभूम"। कोलकत्ता: *बुलेटिन आफ एंथ्रोपोलोजिकल सर्वे आफ इंडिया,* वॉल्यूम–8, नं. 2।

——— 1961: "एग्रिकल्चर, क्राफ्ट एंड विकली मार्केट इन साउथ मानभूम"। कोलकत्ता: *जर्नल आफ एंथ्रोपोलोजिकल सर्वे आफ इंडिया,* वॉल्यूम–10, नं. 1।

——— 1962: "स्टेट फौरमेशन एंड राजपूत मिथ इन सेंट्रल इंडिया"। राँची: *मैन इन इंडिया,* वॉल्यूम–42, नं. 2।

——— 1965: "ट्राइब कास्ट एंड ट्राइब पिजेंट कंटिनुअम इन सेंट्रल इंडिया"। कोलकत्ता: *मैन इन इंडिया,* वॉल्यूम–45, नं. 1।

——— 1968: *इज देयर एन इंडियन ट्रेडिशन इन सोशल कल्चरल एंथ्रोपोलोजी: रेट्रोस्पेक्ट एंड प्रोस्पेक्ट।* न्यूयार्क।

सिन्हा, एस.पी., 1964: *लाइफ एंड टाइम्स आफ बिरसा भगवान।* राँची: बिहार ट्राइबल वेलफेयर रिसर्च इंस्टीट्यूट।

स्मिथ, डब्ल्यू.सी. 1925: द *आओ नागा ट्राइब्स आफ असम।* लंदन: मैकमिलन एंड कंपनी।

श्रीनिवास, एम.एन. 1942: *मैरेज एंड फैमिली इन मैसूर।* बांबे।

——— 1952: *रेलिजन एंड सोसायटी अमांग कुर्ग्स आफ साउथ इंडिया।* बांबे।

——— (एडिटेड) 1955: *इंडियाज विलेज।* बांबे।

——— 1959: *मेथड्स इन सोशल साइंस।* लंदन।

——— 1962(A): *कास्ट इन माडर्न इंडिया,* बर्कले।

——— 1962(B): *कास्ट इन माडर्न इंडिया एंड अदर एसेज,* बांबे।

——— 1966: *सोशल चेंज इन माडर्न इंडिया,* बांबे।

——— 1976: *द रिमेंबर्ड विलेज।* कैलिफोर्निया।

——— 1976: *नेशन बिल्डिंग इन इंडीपेंडेंट इंडिया,* ऑक्सफोर्ड।

——— 1986: *डोमिनेंट कास्ट एंड अदर एसेज।* दिल्ली।

——— 1989: *द कोहेसिव रोल आफ संस्कृताइजेशन।* दिल्ली।

——— 1992: *आन लिविंग इन ए रिवोलुशन।* दिल्ली।

——— 1996: *विलेज, कास्ट, जेंडर एंड मेथड।* दिल्ली।

——— 1997: *कास्ट: इट्स टवेंटिथ सेंचुरी अवतार।* दिल्ली।

——— (संपादित) 1969: *इंडियाज सोशल स्ट्रक्चर।* दिल्ली।

——— (संपादित) 1977: *डायनामिक्स आफ सोशल चेंज इन इंडिया।* दिल्ली।

सिंगर, मिल्टन 1958: द ग्रेट ट्रेडिशन इन मेट्रोपोलिटन सेंटर आफ मद्रास। *अमरीकन फोकलोर।* वॉल्यूम-71, नं. 261।

——— (संपादित) 1958: ट्रेडिशन इंडिया स्ट्रक्चर एंड चेंज। *जर्नल आफ अमरीकन फोकलोर।* वोल्यूम-78, नं. 281।

——— 1972: *ह्वेन ए ग्रेट ट्रेडिशन मोडर्नाइजेज: एन एंथ्रोपोलोजिकल एप्रोच टु इंडियन सिवलाइजेशन।*

——— (संपादित) 1973: इंटरप्रेन्यूरशिप एंड मोडर्नाइजेशन आफ अकुपेशनल कल्चर इन साउथ एशिया। ड्यूक यूनिवर्सिटी मोनोग्राफ नं. 12।

सिंह, आर.डी. 1956: यूनिटी आफ एन इंडियन विलेज। *जर्नल आफ एशियन स्टडी,* वॉल्यूम-16, नं. 5।

सिंह, एस.के. 1955-56: डस्ट स्टोंम एंड हैंगिंग मिस्ट: बिरसा मुंडा एंड हिज मुवमेंट। कोलकत्ता: के.एल. मुखोपाध्याय।

सिंह, जे.पी., एम.एन. व्यास एंड आर.एस. मान 1985: ट्राइबल वुमैन एंड डेवलपमेंट। राजस्थान, जनजातीय अध्ययन संस्थान।

श्रीवास्तवा, एम.एन. 1942: *मैरेज एंड फैमिली इन मैसुर।* बांबे।

श्रीवास्तवा, एल.आर.एन. 1962: द *गैलोंग।* शिलांग: एडवाइजर्स सेकरेटेरियट।

श्रीवास्तवा, एस.के. 1958: द *थारु: ए स्टडी इन कल्चरल डाइनामिक्स।* आगरा: यूनिवर्सिटी प्रेस।

सेन, एस.एन. 1961: द *सिटी आफ कोलकत्ता: ए सोसियो इकोनामिक सर्वे।* कोलकत्ता: बुकलैंड प्राइवेट लिमिटेड।

सेनार्ट, एम.ई. 1930: *कास्ट इन इंडिया।* लंदन: मैथुन एंड कंपनी प्राइवेट लिमिटेड।

सेन गुप्ता, एस.के. 1969: *द पोटरेट आफ महली इकोनामी इन मिदनापुर: द अर्निंग पैटर्न आफ ट्राइबल बास्केट मेकर्स।* कोलकत्ताः एडिशन इंडियंस।

सेन, विश्वजीत 1969: "कास्ट, क्लास एंड लीडरशिप इन हिमालयन डिस्ट्रिक्ट" इन सेमिनार आन ट्राइबल सिचुएशन इन इंडिया। शिमलाः इंडियन इंस्टीट्यूट आफ एडवांस स्टडी।

सेम, के.जे. 1945: *द वार्लिसः ए स्टडी आफ एन एबोरिजनल ट्राइब आफ बांबे प्रेसिडेंसी।* बांबेः पद्मा पब्लिशर एंड कंपनी।

शाह, पी.जी. 1939: "भिल्सः द अर्लिएस्ट इन हैविटैंट्स आफ गुजरात" *जर्नल आफ गुजरात रिसर्च सोसायटी,* वॉल्यूम-1, नं. 4, बांबे।

——— 1962: "नन हिन्दू इलेमेंट्स इन कल्चर आफ भिल्स आफ गुजरात" इन एसेज इन एंथ्रोपोलोजी एडिटेड बाई जे.पी. मिल्स एंड अदर। लखनऊः मैक्समेल एंड कंपनी।

——— 1958: *दुबला।* बांबेः गुजरात रिसर्च सोसायटी।

——— 1959: *नायक-नायकादास।* बांबेः गुजरात रिसर्च सोसायटी।

——— 1964: *ट्राइबल लाइफ इन गुजरात।* बांबेः गुजरात रिसर्च सोसायटी।

शासमल, के.सी. 1967: *बौरिज आफ वेस्ट बंगाल।* कोलकत्ता यूनिवर्सिटीः पीएच.डी. थेसिस (अप्रकाशित)।

शेक्सपियर, जे. 1912: द *लुशाय कुकी कलैन्स,* पार्ट-I और पार्ट-II, लंदनः मैकमिलन एंड कंपनी।

शौर्ट, जान 1967-69: हैबिट्स एंड मैनर्स आफ मेवार ट्राइब्स। मेमोइर आफ एंथ्रोपोलोजिकल सोसायटी आफ लंदन। वॉल्यूम-3।

शुक्ला, बी.के. 1959: *डफला।* शिलांगः एडवाइजर्स सेकरेटेरियट।

टेलर, आर. 1911: नेटिव लाइफ इन अंडमान आइलैंड कोन्सः इलस्ट्रेटेड।

हल्दर, ए.के. एंड गया पाण्डेय 2002: *आर्टिजन ट्राइब्स आफ बिहार एंड बंगाल,* कोलकत्ता।

हट्टन, जे.एस. 1921: द *अंगामी नागा।* लंदन। मैकमिलन एंड कंपनी।

——— 1921: *सेमा नागा।* लंदनः मैकमिलन एंड कंपनी।

——— 1923: कनेकशंस आफ डिफरेंट नागाज एंड अदर ट्राइब्स इन असम। शिलांगः सेंसस आफ इंडिया 1921, वॉल्यूम-III।

——— 1931: एथनोग्राफिक नोट्स बाइ मेरियस हैंड्स। सेंसस आफ इंडिया 1931। शिमलाः गवर्मेंट प्रेस।

हकोर्ट, ए.एफ.पी. 1871: द *हिमालय डिस्ट्रिक्ट आफ कुलु, लाहौल एंड स्पिती।* लंदनः विलियम ए. हैलेन।

हार्कनेस, ए. 1932: *डिस्क्रीपशन आफ सिंगुलर एबोरिजनल रेंस इन हैबिटिंग द सुमित*

आफ निलगिरी माउंटेन आफ कोयंबटुर इन साउदर्न पेनुनसिला आफ इंडिया। लंदनः स्मिथ इल्डर एंड कंपनी।

हाजरा 1970: *द डोरला आफ बस्तर।* कोलकत्ताः एंथ्रोपोलोजिकल सर्वे आफ इंडिया।

हेडबर्ग, ई. 1924-28: "प्रोवभर्स एंड रिडल्स करेंट एमांग भिल्स आफ खंदेश। *जर्नल आफ एंथ्रोपोलोजिक सोसायटी आफ बांबे,* वॉल्यूम-13।

हेंडले, टी.एच. 1875: एन एकाउंट आफ मेवार भिल्स। कोलकत्ताः *जर्नल आफ एशिएटिक सोसायटी आफ बंगाल,* वोल्यूम-44।

वेविट, एफ.जे. 1888-89: अर्लि हिस्ट्री आफ नादर्न इंडिया। *जर्नल आफ रायल एशिएटिक सोसायटी आफ बंगाल।*

हैगसन, बी.एच. 1848: "द एबोरिजिन्स आफ इस्टर्न फ्रंटियर्स"। *जर्नल आफ रायल एशिएटिक सोसायटी आफ बंगाल,* वॉल्यूम-18, पार्ट-11।

हौर्ने, सी. 1876: *नोट्स आन हिमालन विलेजेज इन कुमायुं, गढ़वाल एंड सतलज।* बांबेः इंडियन एंटीक्वीटी वॉल्यूम-5।

हंटर, डब्ल्यू.डब्ल्यू. 1872-73: *ओरिशा।* लंदन स्मिथ एलडर।

अनुक्रमणिका

INDEX

अकबर, 29, 126
अछूत प्रथा, 225, 288
अजमेर शरीफ, 128
अजंता, 31
अनंत कृष्ण अय्यर, एल.के., 378
अनुलोम विवाह, 8
अनुसूचित जनजातियाँ, 37-38, 111-13, 251-90
  अत्याचार, 273-75
  अध्ययन, 326-27, 372-73
  आरक्षणात्मक व्यवस्था, 261-62
  कल्याण कार्यक्रम, 264-68
  गरीबी की समस्या, 254-56
  पंचवर्षीय योजना, 268-68
  प्रतिबन्ध, 273-75
  प्रशासनिक व्यवस्था, 260-61
  राज्य स्तरीय वितरण, 252-54
  विकासात्मक व्यवस्था, 259-65
  वर्तमान स्थिति, 269-71
  शोषण, 278-82
  संवैधानिक सुरक्षा, 258-59
  समस्याएं, 253-58
अनेकता में एकता, 130
अन्तर्विवाही नियम, 95-96
अन्न परासन संस्कार, 79-80
अपराध समस्या, 52
अभिजात्य युग, 11
अभौतिक तत्व, 25
अल्लाउद्दीन खिलजी, 18
अशिक्षा समस्या, 42
अश्वमेघ यज्ञ, 125
अष्टम पंचवर्षीय योजना, 157
असुर विवाह, 89
अस्पृश्यता (अपराध) अधिनियम 1955, 255-56, 262
अर्थव्यवस्था, 37
आर्थिक विशेषताएं, 223-24
आधुनिकीकरण, 207-211, 351
  प्रभाव, 207-210
आंध्र प्रदेश, मोपलाह आन्दोलन, 46
आर्यभट्ट, 34
आर्यभट्टीयम, 13
आर्य विवाह, 88
आर्य भाषा परिवार, 123-24
आस्ट्रो-एशिएटिक भाषा परिवार, 122
आश्रम व्यवस्था, 63-64
आरक्षण, 112
  का लाभ, 271-72
आरक्षणात्मक व्यवस्था, 261
इकबाल, 20
ईसाईकरण पर अध्ययन, 325-26
ईसाई धर्म, 163, 181-86
  उपदेश एवं विश्वास, 189
  प्रभाव, 181-86
    अर्थव्यवस्था पर, 183-84
    धार्मिक जीवन पर, 182
    शिक्षा पर, 183
    सामाजिक जीवन पर, 183-84
इस्लाम धर्म, 126, 176-80
  उपदेश, 177
  प्रभाव, 178-80
  सिद्धान्त, 176-77
उच्च जातियों पर आश्रित, 114
उत्तर वैदिक कालीन धर्म, 3-4, 165-66
उत्तरांचल, 119
उदारीकरण, 213-14
उद्योगीकरण, 198-99, 372
  प्रभाव, 199-200
एक पति-पत्नि विवाह, 90
एलविन, वेरियर, 317, 393
एलिफैन्टा, 18
एलोरा, 18
ऐयप्पन, ए., 379
ओपलर, मोरिस ई., 307, 405
औतारवाद सिद्धान्त, 17
औद्योगिक मानव विज्ञान, 365
औद्योगीकरण, 326-27
कन्यादान संस्कार, 84
कनिंघम, अलेक्जैंडर, 387

कंटाह ब्राह्मण, 74
कर्ण भेदन संस्कार, 80
काका कालेकर आयोग, 111
कालिदास, 12, 29
कार्वे, ईरावती, 383
कुमारिल भट्ट, 17
कुलीन विवाह, 96
कुषाण कालीन सभ्यता, 11
कोर्णाक मन्दिर, 32
कौटिल्यकृत अर्थशास्त्र, 7, 29
कृषक आन्दोलन (Peasant movement), 45-46, 48
  परिणाम, 47-48
  वर्तमान स्थिति, 48
कृषि विकास अध्ययन, 371
कृषि समस्या, 40-41
क्षत्रिय मॉडल, 93-94
खजुराहो, 18, 32
खरोष्ठी लिपि, 6-7
खारबेल, 8
गन्दी बस्ती की समस्या, 51
गंधर्व विवाह, 89
गर्भधारण संस्कार, 78
गांधार कला, 11
गाउल्ड, हैराल्ड ए., 408
गार्गी संहिता, 10
गाथा शप्तशती, 9
गालिब, 20
गीत गोबिन्द, 18
गुजरात, पाडो सत्याग्रह आन्दोलन, 46
गुप्तकालीन सभ्यता, 11-12
गुरु गोबिन्द सिंह, 186
गुरु नानक देव, 186, 288
गुहा, बिरजा शंकर, 375
ग्रंथपंच सिद्धान्त, 14
गृहस्थ आश्रम, 64
ग्राम अध्ययन की परंपरा, 306-10, 370
  वृहत योगदान, 310-11
ग्राम जीवन में परिवर्तन, 224-31
ग्रामीण जीवन शैली, 43-45
ग्रामीण भूमिहीन नियोजन कार्यक्रम, 241
ग्रामीण विकास कार्यक्रम, 45, 239-50
ग्रामीण विश्व नागरिकता, 400
ग्रामीण समस्याएं, 45, 234-39
  गली एवं नाली की, 234-35
  बिजली की, 236-37
  पेयजल की, 236-37
  शिक्षा की, 237-38
  सिंचाई की, 235-36
  स्वास्थ्य की, 238-39
ग्रामीण समाज, विशेषताएं, 48-49
ग्रियर्सन, जी.ए., 121
घरेलू हिंसा, 143-44
चट्टोपाध्याय, के.पी., 373
चन्द्रगुप्त मौर्य, 125
चन्द्रशेखर, एस., 116
चरक संहिता, 10, 11, 34
चीनी-तिब्बती भाषा परिवार, 112-13
चिकित्सा विज्ञान, 14, 34-35
चित्रकला, 31-32
चुमावन संस्कार, 83
छठी पंचवर्षीय योजना, 156
छद्म जनजातीयता की समस्या, 40-41
छुआछूत प्रथा, 11
छोटानागपुर काश्तकारी कानून, 41
जजमानी प्रथा, 4, 76-77, 110-13, 128
जजमानी व्यवस्था, 72-76
  गुण, 76
  दोष, 46
  परिवर्तन, 76-77
  विशेषताएं, 73-74
जनगणना प्रतिवेदन, 118-19
जनता दल सरकार, 112
जनसंख्या का वर्गीकरण, 125
  वृद्धि समस्या, 50-51
जनजातीय अध्ययन, परंपरा, 304-10, 323-25, 369-70
  में योगदान, 335, 349
जनजातीय अर्थव्यवस्था, 38
जनजातीय कल्याण एवं विकास योजनाएं, 327-28
जनजातीय जंगल की समस्या, 40
  भू-हस्तांतरण की समस्या, 41-42
  भाषा एवं बोलियाँ, 38-39
जनजातीय जीवन शैली, 36-39
  समस्याएं, 39-42
जनसांख्यिकीय विविधता, 117
जन्म संस्कार, 78
जमींदारी प्रथा, 21, 111, 262
जवाहर रोजगार योजना, 240, 241, 243-44
जाति अध्ययन की परम्परा, 311-17
जाति प्रथा, 4, 219-20
जाति व्यवस्था, आधुनिक परिवर्तन, 72
  सिद्धान्त, 70-72
जातीय विविधता, 124

जान्स, सर विलियम, 387
जैन धर्म, सिद्धान्त, 168–70
जैन साहित्य, 28–30
जैन एवं बौद्ध धर्म में समानता, 175–76
  का उत्थान, 4–5
जौहर प्रथा, 21
ज्योतिष सिद्धान्त, 14
डकैती, 274
डायन प्रथा, 150
तानसेन, 20, 31
ताना भगत आन्दोलन, 41
तिलक-दहेज प्रथा, 146–47, 226
तेलांगाना आन्दोलन, 46
तृतीय पंचवर्षीय योजना, 156
दलित आन्दोलन, 287
  धाराएं, 291–93
दलित विकास सुझाव, 285–87
दलित, हरिजन जाति, 111
  मन्दिर में प्रवेश, 232–34
दलित महिलाएं, शोषण की शिकार, 275–76
दलित एवं मानवाधिकार हनन, 276–77
दर्शन सिद्धान्त, 28
दसवीं अंतर्राष्ट्रीय मानव शास्त्रीय एवं मानव जातीय विज्ञान कांग्रेस, 328–29
दस्तकारी पेशा, 114
दशम पंचवर्षीय योजना, 158
द्रविड भाषा परिवार, 123
दान महोत्सव, 16
दास प्रथा, 11, 21
दास वंश, 18
दिक्षित, राय बहादुर के.एन., 390
द्वितीय पंचवर्षीय योजना, 156
द्वितीयक नगरीकरण, 58–59
दुबे, एम.सी., 296, 313, 348
दुरागमन संस्कार, 86
दुल्हन परीक्षण संस्कार, 85
देव विवाह, 88
दैवीय सिद्धान्त, 70
धन्वन्तरी, 14, 34
धर्म अध्ययन की परंपरा, 317–20
धर्म का प्रभाव, 104–05
  दाम्पत्य जीवन पर, 101
  परिवार समूह पर, 101
  पूजा पाठ पर, 104
  सामाजिक नियंत्रण पर, 103
  यौन जीवन पर, 102
  हिन्दू समाज पर, 100
धर्म की उत्पत्ति, 65
धर्मनिरपेक्षीकरण (secularisation), 204–07
  प्रभाव, 205–06
धातु विज्ञान, 14
धार्मिक विविधता, 124–25
धुर्ये, जी.एस., 323, 381
नक्सल आन्दोलन, 46
नक्सलवाद, 232
नगर पर अध्ययन एवं अनुसंधान, 320–21
नगरीकरण, 57–60, 196–98
नगरीय जीवन शैली, 49
नगरीय मानव शास्त्र, 347
नगरीय समाज, विशेषताएं, 49–50, 55–56
  समस्याएं, 50–52
नगरों की सांस्कृतिक भूमिका, 56–57
नवम पंचवर्षीय योजना, 157
नातेदारी व्यवस्था, उच्च हिन्दू जातियों की, 97–99
  कश्मीरी हिन्दुओं की, 99
  दलित हिन्दू जातियों की, 98
  पिछड़ी हिन्दू जातियों की, 97–98
नामकरण संस्कार, 79
नारी की समस्याएं, 137–47
  घरेलू हिंसा, 143–44
  तिलक-दहेज, 146–47
  बलात्कार, 148–49
  शोषण, 147, 48
नारी की स्थिति, 132–37
  उत्तर वैदिक काल, 131–32
  गुप्त काल, 133–34
  बौद्ध एवं जैन काल, 132–33
  मध्य युग, 134–35
  महाकाव्य युग, 132
  मौर्य काल, 133
  ऋग्वैदिक काल, 131
नारी मुक्ति आन्दोलन, 154–55
नालंदा, 15, 18, 32
नीग्रिटो, 107
निमंत्रण विनिमय, 114
निर्माणकाल के अध्ययन, 301–303
नृत्य एवं संगीत, 30–31
न्यूनतम मजदूरी कानून, 47
पंचम पंचवर्षीय योजना, 156
पंचवर्षीय योजनाएं, 155–59, 268–69
पतंजलि, 8, 29
परदा प्रथा, 21
परिवार कल्याण कार्यक्रम, 250–51
पश्चिमीकरण (Westernisation), 200–204
  आर्थिक जीवन में, 201
  धार्मिक जीवन में, 202

न्याय व्यवस्था में, 202
प्रशासनिक जीवन में, 202
शिक्षा में, 202
सामाजिक जीवन में, 201
पाकिस्तान, 126
पाटलिपुत्र, 33
पारसी धर्म (Zorastrianism), 188–89
पिछड़ा वर्ग, 110–15
आन्दोलन, 112–13
समस्याएं, 114–14
सरकारी नौकरियों में सुविधा, 115–16
पिंडदान सस्कार, 88
पुनर्जन्म की अवधारणाएं, 67
पुराण, 28
पुरुषार्थ व्यवस्था, 64–65
पूर्व वैदिक काल धर्म, 163–64
पेयजल समस्या, 51
योजनाएं, 244–45
पेरीमैन, टी.के., 297, 298
प्रजातीय सिद्धान्त, 70
प्रजातांत्रिक शासन व्यवस्था, 111
प्रतिलोम विवाह, 8
प्रथम पंचवर्षीय योजना, 155–56
प्रवसन समस्या, 42
प्रागैतिहासिक पुरातत्व शास्त्र में योगदान, 338, 348
प्राथमिक शिक्षा, 245–46
प्राथमिक एवं द्वितीयक नगरीकरण, 58–60
प्रोटो आस्ट्रोलायड, 107
प्रिंसेप, जेम्स, 387
फैशन डिजायनिंग, 24
फोर्ड फाउंडेशन, 358
फ्यूर हैमनडार्फ, सी. वान., 396
बंगाल, तेमागा आन्दोलन, 46
बंटायीदारी खेती की समस्या, 114–15, 263–64
बंधुआ श्रम (उन्मुलन) आन्दोलन, 263
बरखी संस्कार, 88
बर्मन, बी.के., 384
बलात्कार, 148–49
बहिर्विवाही नियम, 95
बहुपत्नी प्रथा, 17, 90
बाबा रामदास, 20, 31
बाबा साहब अंबेडकर, 290, 291
बालक-बालिका शोषण, 279
बाल विवाह, 21, 226
बालिका वध प्रथा, 21
बिजली समस्या, 51
बिरसा आन्दोलन, 41
बिहार जनजातीय कल्याण शोध संस्थान, 377
ब्रिटिश शासन कालीन सभ्यता, 20–22
बुद्धघोष, 13
बेरोजगारी की समस्या, 52
बेले, एफ.जी., 296, 398
बोस, निर्मल कुमार, 296, 339
बैजू बाबरा, 31
बौद्ध धर्म, 4, 171–72, 173–75
पतन का कारण, 173–74
प्रभाव, 174
सिद्धान्त, 171–72
बौद्ध साहित्य, 28–29
ब्रह्मचर्य आश्रम, 63
ब्राह्मण जातीय मॉडल, 191–92
ब्राह्मण विवाह, 89
ब्राह्मण साहित्य, 26–27
ब्राह्मी लिपि, 7
बृहत्सहिंता, 10
भंवर-भ्रमण संस्कार, 84
भाभी-विवाह, 96–97
भारतीय ग्राम, 218–250
धार्मिक जीवन में परिवर्तन, 232–35
विशेषताएं, 218–40
आर्थिक, 223–23
धार्मिक, 221–22
राजनीतिक, 223–24
सामाजिक, 219–20
भारतीय जनसंख्या, मानव जातीय तत्वों का वर्णन, 107–08
भारतीय मानवशास्त्र, आरंभिक काल के अध्ययन, 300
उत्पत्ति एवं विकास, 294–300
आलोचनात्मक काल की अवधि, 299–300
निर्माण काल की अवधि, 298–99
विकास की अवस्थाएं, 297–99
भारतीय विद्याशास्त्रीय दृष्टिकोण, 25–35
भारतीय समाज, एकता की प्रक्रिया, 125–30
जातीय विविधता, 124
धार्मिक विविधता, 124–25
नारी की स्थिति, 131–37
भाषायी विविधता, 120–21
भारतीय सामाजिक व्यवस्था, 61–104
भाषायी विविधता, 120–21
भूदान आन्दोलन, 46
भू-हस्तांतरण समस्या, 41
भौतिक तत्व, 25
भौतिक एवं रसायन विज्ञान, 34
भ्रष्टाचार, 52
मजुमदार, डी.एन., 298, 307, 312–14, 344

मताधिकार, 23
मथुरा कला, 11
मनोवैज्ञानिक मानव विज्ञान, 366
मदर टेरेसा, 116
महाकाव्य, 27-28
महाभारत, 3, 27, 129
महात्मा गांधी, 288, 289, 294
महावीर जैन धर्म, 4
महिला कानून, 150-52
महिला शोषण, 279-80
महिला सशक्तिकरण, 152-55, 158
  स्वयंसेवी कार्यों द्वारा, 159-60
मंगोलायड, 108
मंडल आयोग, 112
मंडल, बी.पी., 112
मानव विज्ञान की उत्पत्ति, 296
मामा-भांजी विवाह, 96
मानवजातीय तत्वों का वर्गीकरण, 105-06
मानवशास्त्रीय अनुसंधान 329-30
  दृष्टिकोण, 36-60
मार्शल, सर जान, 388
मिलियन नलकूप (जलधारा) योजना, 243
मिट्टी कोड़ संस्कार, 82
मुखर्जी, राधा कृष्ण, 380
मुंडन संस्कार, 40
मुसलमानकालीन सभ्यता, 18-19
मुसलमान धर्म, प्रभाव, 178-80
मुसलमानीकरण, 19
मूर्तिकला, 33
मूल द्वारिका, 128
मेंडल बाम, डेविड सी., 405
मेयर, ए.सी., 397
मैरियट मैक्कीम, 307, 310, 311, 403
मोक्ष, 66
मौर्य वंश, 6-7
मृत्यु संस्कार, 87
यहुदी धर्म, 189
यज्ञोपवित संस्कार, 80-81
यक्ष्मा निमंत्रण कार्यक्रम, 248-49
यौन व्यापार समस्या, 52
यौन संतुष्टि, 66
रघुनाथ मुर्म आन्दोलन, 41
रवीन्द्रनाथ टैगोर, 116, 288
राजनीतिक मानव विज्ञान, 365, 371
राजनीतिक मानवशास्त्र, 350
राजनीतिक विकेन्द्रीकरण, 16
राजनीतिक विशेषताएं, 223-24
राजपूतयुगीन सभ्यता, 16-17
राजा मोरध्वज, 65
राजा राममोहन राय, 288
राजा हरिशचन्द्र, 65
रामकृष्ण मिशन, 21
रामायण, 13, 27, 129, 294
राय, शरत चन्द्र, 296, 298, 333
राय बर्मन, बी.के., 355, 384
राष्ट्रीय ग्रामीण रोजगार कार्यक्रम, 241
राष्ट्रीय मलेरिया कार्यक्रम, 248
राष्ट्रीय स्वास्थ्य कार्यक्रम, 248-50
रिजले, एच.एच., 391
रेडफिल्ड, राबर्ट, 52, 57, 359, 360
रोजगार के अवसर, 23
लघु जनजातियाँ, 37
लघु परंपरा एवं महान परंपरा में अंतर, 53-54
लाखों बोदरा आन्दोलन, 41
लार्ड मैकावले, 22
लीलावती परिणय, 9
लिंग अनुपात विविधता, 117-18
लिंग विभेद, 138-42
लेविस, ओस्कार, 399
लोक साहित्य पर अध्ययन एवं अनुसंधान, 322-23, 328-40
वर्ण व्यवस्था, 61-63
  विशेषताएं, 62-63
वानप्रस्थ आश्रम, 64
वास्तु कला, 18-20, 32-34
विक्रम शिला, 18
विद्यार्थी, एस.सी. राय, 296, 299
विद्यार्थी, ललिता प्रसाद, 357
विनोबा भावे, 46
विज्ञान एवं शिल्पशास्त्र, 33-34
विधवा विवाह नियम, 21, 91-92
विवाह संस्कार, 81-86
विश्लेषणात्मक काल के अध्ययन, 303-304
विसंस्कृतिकरण, 195
वेदांग, 27
वैदिक सभ्यता, 3-5
वैधव्य (widowhood), 149-50
वैश्वीकरण, 211-14, 217
  तर्क, 214-16
  प्रभाव, 214-17
वैवाहिक अनुष्ठान, 92-93
वैश्व वर्ण, 62
वृद्धजन का शोषण, 280
वृहत जनजातियाँ, 38-39
  भाषाएं एवं बोलियाँ, 39-40
वृहत धर्म, 161-189

व्यावहारिक एवं क्रियात्मक अध्ययन, 321-22
व्यावहारिक मानवशास्त्र में योगदान, 338-39
शक शासन की सभ्यता, 10-11
शंकराचार्य, 17
शारीरिक मानवशास्त्र में अध्ययन, 337-38, 346
शिकागो विश्वविद्यालय, 358, 359
शिक्षा संबंधी कार्यक्रम, 245-47
शुंग कालीन सभ्यता, 7-8
शुद्र वर्ण, 62
शेक्सपियर, जे., 301
श्रीनिवास, एम.एन., 191-195, 204, 207, 315, 351, 353-55
सफाहोर आन्दोलन, 41
सच्चिदानंद, 324, 326, 368
संत कबीर, 288
संचार समस्या, 42
संन्यास आश्रम, 64
सती प्रथा, 21
सम्राट अशोक, 7, 125, 126
सर विलियम्स जान, 295
सरना धर्म, 161-62
संस्कार, 77-88
  धार्मिक पक्ष, 77
  सामाजिक पक्ष, 78-79
संस्कृतिकरण, 191-92
  जनजातीय समाज, 194-95
  ब्राह्मण जातीय मॉडल, 192
  वैश्य मॉडल, 194
  क्षत्रिय मॉडल, 193
सातवाहन कालीन सभ्यता, 8-9
सामाजिक परिवर्तन, 190-216
  आधुनिकरण, 207-11
  उद्योगीकरण, 198-200
  धर्मनिरपेक्षीकरण, 204-07
  नगरीकरण, 196-98
  पश्चिमीकरण, 200-01
  वैश्वीकरण, 211-17
  संस्कृतिकरण, 191-92
सामाजिक मनोवैज्ञानिक अध्ययन, 322
सामाजिक हिंसा, 145-46
सामुदायिक विकास योजना, 351
सामुहिक बलात्कार, 275
सारनाथ, 32, 33
साक्षरता मिशन, 247
सांस्कृतिक परंपराएं, 56
सांस्कृतिक विविधता, 118
सार्वभौमिकीकरण, 54-55
सिकन्दर, 6
सिख धर्म, 186-89
सिंगर, मिल्टन, 401
सिंदूर दान संस्कार, 84
सिंचाई समस्या, 235-36
  योजनाएं, 242-44
सिन्धु घाटी की सभ्यता, 2-3, 25, 196
सिंह, आर.डी., 406
सिंह, वी.पी., 112
सिन्हा, सुरजीत, 382
सुरदास, 20, 31
सुश्रित संहिता, 34
सेन, अमर्त्य, 116
सप्तम पंचवर्षीय योजना, 157
स्थानीयकरण, 54-55
स्मृति, 27
स्वर्णयुग, 11
स्वतंत्रोत्तर भारत की सभ्यता, 23-24
स्वामी रामानुज, 19
स्वामी विवेकानंद, 288
स्वास्थ्य संबंधी कार्यक्रम, 247-48
स्वास्थ्य एवं पोषण समस्या, 42
हट्टन, जे.एच., 392
हरिजन एक्ट, 277
हर्षवर्धनकालीन सभ्यता, 14-15
हल्दी तथा उबटन संस्कार, 83
हिटकाक, जान. टी., 311, 313
हितोपदेश, 10, 13
हिन्दू धर्म, 162-63
  विशेषताएं, 166-67
हिन्दू नातेदारी व्यवस्था, 93-96
  अधिमान्य नियम, 96-97
  विशेषताएं, 97-99
  निषेधात्मक नियम, 94-96
हिन्दू समाज, विवाह नियम, 90-92
हिन्दू सामाजिक व्यवस्था, 385
हिन्दुवाद, 355-56
हिन्दू विवाह अधिनियम, 151-52
हिन्दू विवाह व्यवस्था, 88-93
हिप्पोक्रेटस, 10
हुएन सांग, 16
ह्विलर, सर मार्टिमर, 390
ऋण ग्रस्तता, 42, 114
  अवधारणा, 67-68
ऋग्वेद, 5, 26, 164